2013

中国发展报告

CHINA DEVELOPMENT REPORT

中华人民共和国国家统计局 编

中国统计出版社
China Statistics Press

（京）新登字 041 号

图书在版编目（CIP）数据

中国发展报告．2013 / 中华人民共和国国家统计局编．-- 北京 ：中国统计出版社，2013.6
ISBN 978-7-5037-6835-4

Ⅰ．①中… Ⅱ．①中… Ⅲ．①经济发展－调查报告－中国－2013 ②社会发展－调查报告－中国－2013 Ⅳ．①F124

中国版本图书馆 CIP 数据核字（2013）第 123277 号

中国发展报告 2013

作　　者 / 中华人民共和国国家统计局 编
责任编辑 / 胡文华
装帧设计 / 张　冰　黄　晨
编辑部电话 /（010）63376925、63376872、63376918（传真）
编辑部信箱 / cbsyb@gj.stats.cn
网　　址 / http://csp.stats.gov.cn
出版发行 / 中国统计出版社
通信地址 / 北京市丰台区西三环南路甲 6 号　邮政编码 /100073
电　　话 / 邮购（010)63376907　书店（010)68783172
印　　刷 / 北京画中画印刷有限公司
经　　销 / 新华书店
开　　本 / 880×1230mm 1/16
字　　数 / 860 千字
印　　张 / 30.25
版　　别 / 2013 年 6 月第 1 版
版　　次 / 2013 年 6 月第 1 次印刷
定　　价 / 460.00 元

序　言（代）

我国经济仍处在重要战略机遇期

国家统计局局长　马建堂

2012年以来，面对异常复杂严峻的国内外形势，党中央、国务院按照稳中求进的工作总要求，冷静观察，沉着应对，不断加强和改善宏观调控，进一步提高政策的前瞻性、针对性和灵活性，把稳增长放在更加重要的位置，经济社会发展形势总体较好，呈现缓中趋稳、稳中有进的发展态势。从中长期看，我国经济发展的基本面没有发生根本变化，仍处于经济社会发展重要的战略机遇期，保持经济平稳较快发展仍拥有较多有利条件。

一、积极应对经济下行压力，经济运行总体平稳

2012年，国内外经济环境的复杂性、严峻性超出预期。从国际看，国际金融危机的深层次影响不断显现，世界主要国家经济持续低迷，失业率居高不下，外部需求持续乏力。从国内看，扩大有效需求面临不少制约因素，产能过剩矛盾凸显，企业生产经营困难增多，经济增速回落明显。

面对如此复杂的国内外形势，党中央、国务院坚持稳中求进的工作总基调，把稳增长放在更加重要的位置，启动一批事关全局、带动性强的重大项目；连续降低法定存款准备金率和存贷款基准利率，扩大利率特别是贷款利率浮动区间；加大结构性减税力度，重点推进营业税改征增值税试点，抓紧完善试点方案，扩大试点范围，同时实施一系列减轻小微企业税费负担的政策措施；出台“新36条”的42个实施细则，鼓励民间投资；出台减轻出口企业负担，稳定进出口的政策。所有这些措施对于增强市场信心，促进经济企稳起到了重要作用。

（一）主要经济指标仍处于预期目标区间，呈现总体平稳的发展态势

2012年，国内生产总值同比增长7.8%；其中：一季度增长8.1%，二季度增长7.6%，三季度增长7.4%，四季度增长7.9%。规模以上工业增加值增长10.0%，全社会固定资产投资增长20.3%，社会消费品零售总额增长14.3%，财政收入增长12.8%，总体上仍运行在年初确定的预期目标区间内。从月度走势来看，部分指标已经呈现出缓中趋稳的态势。社会消费品零售总额同比增速自8月开始持续加快，由7月的13.1%回升至12月的15.2%。固定资产投资累计同比增速由1–8月的20.2%持续回升至1–12月的20.6%。

（二）农业生产再获丰收，通货膨胀得到有效控制

2012年全年粮食产量达58958万吨，比上年增长3.2%，连续9年增产。进一步夯实了农业的基础地位，也明显减轻了通胀压力。全年居民消费价格指数同比上涨2.6%，6—12月同比涨幅稳定于1.7%至2.5%之间。全年固定资产投资价格上涨1.1%；工业生产者出厂价格下降1.7%；农产品生产者价格上涨2.7%。总体看，物价水平基本稳定。

（三）就业总体稳定，居民收入保持较快增长

2012年，城镇新增就业1266万人，高于去年同期水平，城镇登记失业率为4.1%，与上年基本持平，农村外出务工劳动力16336万人，同比增长3.0%。城镇居民人均可支配收入同比实际增长9.6%，农村居民人均纯收入实际增长10.7%。

（四）经济结构进一步优化，节能降耗取得新进展

从投资、消费和净出口三大需求结构看， 2012年最终消费对经济增长的贡献率为51.8%，资本形成对经济增长的贡献率为50.4%,最终消费对经济增长的贡献率比资本形成高1.4个百分点，内需仍然是经济增长的主要动力。从三次产业结构看，2012年第一产业占GDP比重为10.1%，基本与2011年持平，第二产业占GDP的比重为45.3%，比上年下降1.3个百分点，第三产业占GDP的比重为44.6%，比上年提高1.2个百分点，服务业对经济增长的贡献明显提高。从制造业内部结构看，2012年高技术制造业增加值比上年增长12.2%，高于规上工业增速2.2个百分点，六大高耗能行业增速9.5%，低于规上工业增速0.5个百分点，工业生产的科技含量在逐步提高。从区域经济发展结构看，2012年中西部地区的工业和投资增速均快于东部地区，其中中、西部地区规上工业增速分别快于东部2.5和3.8个百分点；全社会固定资产投资增速分别快于东部7.6和6.6个百分点。区域发展的协调性有所增强。

2012年，能源消费总量同比增长3.9%，比上年同期回落3.2个百分点；单位国内生产总值能耗下降3.6%，节能降耗成效明显。

在国际金融危机深层次影响不断显现、世界经济持续低迷的大背景下，中国经济仍能实现总体平稳运行，显得尤为难得。2012年，国内生产总值同比增长7.8%，不仅仍然高于年初7.5%的预期目标，从国际上看也是最快的。根据国际货币基金组织最新公布的数据，2012年世界经济增速为3.2%。其中美国为2.2%，欧元区为−0.6%，日本为2.0%。在新兴和发展中经济体中，俄罗斯为3.4%，印度为4.0%，巴西为0.9%，南非为2.5%。

二、经济增长速度的适度回落，符合经济增长阶段演进的客观规律

当前经济增速的适度回落，既有短期因素的影响，也与我国经济发展阶段变化有着密切联系。

（一）国内资源要素禀赋条件发生变化，经济增长面临的约束条件增强

我国已经历了几十年两位数左右的高速增长。应该说决定我国经济较快发展的基本因素仍然存在，从而会继续推动中国经济保持世界领先的速度格局，但制约经济继续高速成长的客观因素也在增加。

一是劳动力供给状况发生深刻变化，用工成本上升。2012 年，我国 15—59 岁人口的比重为 69．2%，比上年末下降 0.6 个百分点。伴随着人口年龄结构变化，近年来我国劳动力成本呈不断上升趋势。2005—2012 年，我国城镇单位就业人员平均货币工资年均增长 14.8%；2012 年，农村外出务工劳动力月均收入达 2200 元，同比增长 14.9%。人口老龄化、劳动力供给减缓、劳动力成本上升等因素，将会从多方面制约经济的增长。

二是资源环境约束加大，发展制约增多。改革开放以来，随着我国经济的持续快速增长，能源资源供需矛盾和环境污染问题也日益突出，对经济持续发展的约束增强。目前，我国石油和铁矿石等能源资源的对外依存度均在 50% 以上。与此同时，我国主要污染物排放量总体上也超过生态环境的承载能力。2002—2011 年间，我国环境污染治理投资由 1367 亿元增加到 6593 亿元，年均增长 19.1%。

（二）从国际范围来看，一般追赶型经济体在经过二三十年的快速发展后，经济增速会出现放缓

从二战后日本、德国、韩国等主要追赶型经济体的发展实践来看，追赶型经济体在步入中等或高收入国家的行列前，均经历过二三十年的高速发展，此后先前快速发展所依赖的后发优势和比较优势渐渐趋于消失，经济增速不可避免地会有一定幅度的放缓，甚至在部分国家和地区，经济增速回落的幅度往往还比较大。1956—1973 年期间，日本 GDP 年均增长率为 9.2%，1973 年后经济增速显著回落，1974—1991 年期间年均增长 3.7%。联邦德国经济高速增长维持了不到三十年即出现明显放缓。其中，1951—1960 年期间，联邦德国 GDP 平均增速为 8.2%；1961—1970 年期间，回落至 4.4%；1971—1991 年期间，进一步回落至 2.7%。韩国从上世纪 60 年代中期开始高速增长，1966—1995 年期间，韩国 GDP 平均增速为 8.4%；而在 1996—2011 年期间，仅为 4.2%。

可见，现阶段中国经济增速平稳回落到 7—8% 的区间，不仅符合现阶段我国要素供给和能源资源环境现状，也符合国际上大经济体高速成长一段时期后增长率下降的一般规律。而且从我国发展实际来看，当前经济增速的适度回调，也有利于淘汰落后产能，有利于提高资源配置效率，有利于加快转变经济发展方式和结构调整，有利于实现更长时期和更高质量的发展。

三、我国经济发展的基本面没有发生根本变化，保持经济平稳较快发展仍拥有较多有利条件

从国内增长阶段的演进过程和其他国家的实践看，我国经济增速适当回落符合客观规律，有利于调整经济结构，从而对经济增长速度的适当回落应保持平常心，提高容忍度。同时也要看到，支持我国经济平稳较快发展的基本动力仍然存在，只要调控得当，我国经济仍会在相当长的一段时期保持 7% 左右的增长速度，我国仍然处在大有可为的战略机遇期，对此我们更要坚定信心，全力利用。

（一）我国仍处于经济社会发展重要的战略机遇期

城镇化向更高层次迈进将提供有力的需求支撑。2012 年，我国城镇人口比重为 52.6%，远低于世界发达国家，与国际相同发展阶段国家的差距也依然明显。城镇化的快速推进将激发更多的投资需求和消费需求，对经济将产生持续的拉动作用。工业化加速推进将继续发挥作为经济增长重要引擎的作用。新中国成立以来我国工业发展取得了长足的进步，但目前仍处于工业化的中期阶段，与发达国家的差距较大，发展空间仍然巨大。工业化进程加速推进，既可以创造一定的投资需求，同时也能够提高经济的产出能力。市场化程度不断提高将促进资源的有效配置和激励技术创新。市场机制的不断完善，将促进资源的合理有效配置，提高经济运行效率。公平市场环境的建立，市场竞争力量的不断增强，特别是开放民营准入，将进一步增强市场活力，有效促进技术创新。国际化程度的进一步提升潜藏着重大的发展机遇。资金、资源的双向流动，以及充分利用和借鉴国际先进的生产技术和管理经验，将促进我国深度融入国际市场，充分利用“两种资源，两个市场”，在扩张经济总量的同时，促进经济发展质量的提高。农业现代化的大力发展将有效提高资源的利用效率。总体上看，我国农业现代化水平仍然较低。大力发展农业现代化，既有利于提高农业总产量和质量，增强农业的国际竞争力，也有利于更加有效地利用土地资源，实现有限土地资源用途的合理配置，还有利于从土地上释放出更多的劳动力进入工业和现代服务业，缓解劳动力供需矛盾。

（二）我国经济社会发展具备较好的物质技术基础

产业体系比较完整，供给能力不断增强。从产业体系看，我国工业行业类别比较齐全，拥有 41 个行业大类、201 个中类、581 个小类，具有联合国产业分类中所列的全部工业门类。而且随着我国信息化和市场化程度继续提高，将不断催生和壮大新的产业，我国产业体系将更趋丰富和完善，将不断增强供给能力。2011 年，主要农产品中，谷物、肉类、籽棉、花生等产品产量稳居世界第一；主要工业品中，钢、煤、水泥等产量稳居世界第一。基础设施建设不断完善，对经济增长的支撑作用持续增强。2002—2012 年期间，我国能源产量由 15.1 亿吨标准煤增加到 33.3 亿吨标准煤；铁路营业里程由 7.2 万公里增加到 9.8 万公里，高速公路里程由 2.5 万公里增加到 9.6 万公里。信息通信和邮政基础网络、环境管理和保护、城市公共设施等也得到进一步加强。

总之，我们既要看到当前中国经济处在发展转型的关键时期，经济增速放缓的现实，但更要看到中国经济仍处在重要战略机遇期，发展的潜力和空间依然巨大。面对当前的困难和挑战，全社会需要提高对经济增速回落的容忍度。与此同时，要坚定信心，充分利用当前经济增速回落的倒逼机制，下更大力气转方式、调结构，而转方式、调结构的核心在于提升企业技术创新能力。只要我们坚持以科学发展观统领经济社会发展全局，增强机遇意识，重视机遇，抓住机遇，在变革中寻求未来发展的动力，同时增强忧患意识，风险意识，坚定不移地推进改革，加快解决突出的矛盾和问题，着力营造有利于促进企业技术创新的宏观环境和体制机制，中国经济一定会在过去 30 多年快速发展的基础上，再创一个更高质量的发展时期，为到本世纪中叶基本实现现代化的宏伟目标奠定坚实的物质基础和体制基础。

《中国发展报告 2013》编委会与编辑部

目录

主题报告篇

地区报告篇

国民经济主要指标年度数据

国民经济主要指标省别比较数据

主要经济指标国际对比数据

专栏文章

Important Documents

一、主题报告篇

二、地区报告篇

三、统计图表篇

2012 年国民经济运行情况报告

2012 年，面对日趋严峻的国际经济形势和国内改革发展稳定的繁重任务，党中央、国务院审时度势，沉着应对，坚持以科学发展为主题，以加快转变经济发展方式为主线，按照稳中求进的工作总基调，及时加强和改善宏观调控，把稳增长放在更加重要的位置，国民经济运行缓中企稳，经济社会发展稳中有进。

一、2012 年国民经济运行基本情况

初步测算，全年国内生产总值 519322 亿元，比上年实际增长 7.8%，增速比上年回落 1.5 个百分点。分产业看，第一产业增加值 52377 亿元，增长 4.5%，加快 0.2 个百分点；第二产业增加值 235319 亿元，增长 8.1%，回落 2.2 个百分点；第三产业增加值 231626 亿元，增长 8.1%，回落 1.3 个百分点。

（一）农业生产稳定增长，粮食生产再获丰收

初步统计，全国粮食产量 11791 亿斤，比上年增产 367 亿斤，增长 3.2%。其中，夏粮产量 2599 亿斤，增产 71 亿斤，增长 2.8%；早稻产量 666 亿斤，增产 11 亿斤，增长 1.6%；秋粮产量 8527 亿斤，增产 285 亿斤，增长 3.5%。棉花产量 684 万吨，增长 3.8%；油料产量 3476 万吨，增长 5.1%；糖料产量 13493 万吨，增长 7.8%。

初步统计，全年猪牛羊禽肉产量 8221 万吨，比上年增长 5.4%，其中，猪肉产量 5335 万吨，增长 5.6%。生猪存栏 47492 万头，增长 1.6%。禽蛋产量 2861 万吨，增长 1.8%。牛奶产量 3744 万吨，增长 2.3%。

（二）工业生产平稳增长，企业利润增速由负转正

全年规模以上工业增加值比上年实际增长 10.0%（工业增加值增速均为扣除物价因素后的实际增速），增速比上年回落 3.9 个百分点。其中，一季度增长 11.6%，二季度增长 9.5%，三季度增长 9.1%，四季度增长 10.0%。

分经济类型看，国有及国有控股企业比上年增长 6.4%，增速比上年回落 3.5 个百分点；集体企业增长 7.1%，回落 2.2 个百分点；股份制企业增长 11.8%，回落 4.0 个百分点；私营企业增长 14.6%，回落 4.9 个百分点；外商及港澳台投资企业增长 6.3%，回落 4.1 个百分点。分轻重工业看，重工业增长 9.9%，回落 4.4 个百分点；轻工业增长 10.1%，回落 2.9 个百分点。

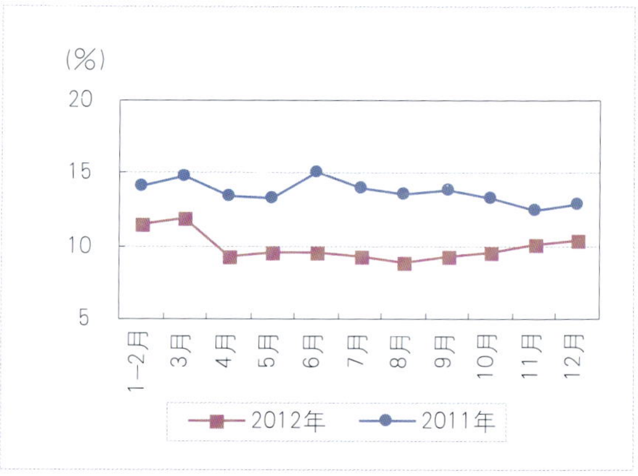

图 1　规模以上工业增加值当月增长速度

分行业看，41 个大类行业中，医药制造业增长 14.5%，农副食品加工业增长 13.6%，金属制品业增长 12.2%，计算机、通信和其他电子设备制造业增长 12.1%，食品制造业增长 11.8%，电气机械及器材制造业增长 9.7%，专用设备制造业增长 8.9%，通用设备制造业增长 8.4%，纺织服装、服饰业增长 7.2%，铁路、船舶、航空航天和其他运输设备制造业增长 4.6%，石油和天然气开采业增长 3.2%。

高耗能行业增速有所回落。全年六大高耗能行业比上年增长 9.5%，增速比上年回落 2.8 个百

分点。其中，非金属矿物制品业增长 11.2%，回落 7.2 个百分点；电力、热力生产和供应业增长 5.0%，回落 5.1 个百分点；化学原料及化学制品制造业增长 11.7%，回落 3.0 个百分点；石油加工、炼焦及核燃料加工业增长 6.3%，回落 1.3 个百分点；有色金属冶炼及压延加工业增长 13.2%，回落 0.4 个百分点；黑色金属冶炼及压延加工业增长 9.5%，回落 0.2 个百分点。

分地区看，东部地区规模以上工业增加值比上年增长 8.8%，增速比上年回落 2.9 个百分点；中部地区增长 11.3%，回落 6.9 个百分点；西部地区增长 12.6%，回落 4.2 个百分点。

全年规模以上工业企业出口交货值比上年名义增长 7.1%，增速比上年回落 9.5 个百分点。其中，一季度增长 7.4%，二季度增长 6.2%，三季度增长 4.4%，四季度增长 9.6%。分行业看，仪器仪表制造业增长 17.2%，计算机、通信和其他电子设备制造业增长 12.0%，金属制品业增长 4.5%，化学纤维制造业增长 4.2%，通用设备制造业增长 3.3%，铁路、船舶、航空航天和其他运输设备制造业下降 4.9%，黑色金属冶炼及压延加工业下降 1.8%，电气机械及器材制造业下降 0.7%。

全年规模以上工业企业实现利润 55578 亿元，同比名义增长 5.3%，增速比上年回落 20.1 个百分点。

（三）固定资产投资保持较快增长，房地产投资增速回落较多

全年固定资产投资（不含农户）364835 亿元，比上年名义增长 20.6%（扣除物价因素后的实际增速为 19.3%，投资增速除标明的外，均为名义增速），增速比上年回落 3.2 个百分点。

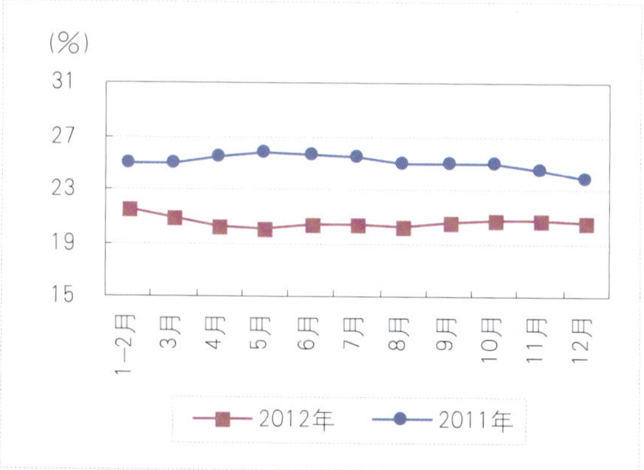

图 2 固定资产投资（不含农户）累计增长速度

分隶属关系看，中央项目投资比上年增长 5.9%，上年为下降 9.7%；地方项目投资增长 21.7%，增速比上年回落 5.5 个百分点。

分经济类型看，国有及国有控股投资 123694 亿元，比上年增长 14.7%，增速比上年加快 3.6 个百分点；集体企业投资 12098 亿元，增长 18.1%，回落 0.3 个百分点；有限责任公司投资 101325 亿元，增长 17.5%，回落 13.8 个百分点；私营企业投资 92940 亿元，增长 30.3%，回落 2.6 个百分点；外商投资企业投资 10630 亿元，增长 14.5%，加快 2.5 个百分点；港澳台商投资企业投资 10185 亿元，增长 8.0%，回落 11.9 个百分点。

分产业看，第一产业投资 9004 亿元，比上年增长 32.2%，增速比上年加快 7.2 个百分点。第二产业投资 158672 亿元，增长 20.2%，回落 7.1 个百分点。其中制造业投资增长 22.0%，回落 9.8 个百分点。第三产业投资 197159 亿元，增长 20.6%，回落 0.5 个百分点。

分地区看，东部地区投资比上年增长 17.8%，增速比上年回落 3.5 个百分点；中部地区增长 25.8%，回落 3.0 个百分点；西部地区增长 24.2%，回落 5.0 个百分点。

图 3 房地产开发投资累计增长速度

分资金来源看，全年投资到位资金 399440 亿元，比上年增长 18.6%，增速比上年回落 1.7 个百分点。其中，国家预算内资金增长 29.7%，加快 18.9 个百分点；国内贷款增长 8.4%，加快

4.9 个百分点；利用外资下降 10.9%，上年为增长 8.2%；自筹资金增长 21.7%，回落 6.9 个百分点。

全年房地产开发投资 71804 亿元，比上年增长 16.2%，增速比上年回落 11.9 个百分点。

全年房地产开发企业到位资金 96538 亿元，比上年增长 12.7%，增速比上年回落 4.8 个百分点。其中国内贷款 14778 亿元，增长 13.2%，加快 9.3 个百分点；利用外资 402 亿元，下降 48.8%，降幅扩大 48.1 个百分点；自筹资金 39083 亿元，增长 11.7%，回落 19.7 个百分点；定金及预收款 26558 亿元，增长 18.2%，加快 1.6 个百分点；个人按揭贷款 10524 亿元，增长 21.3%，上年为下降 8.9%。

全年商品房销售面积 111304 万平方米，比上年增长 1.8%，增速比上年回落 2.6 个百分点。其中，商品住宅销售面积 98468 万平方米，增长 2.0%，回落 1.4 个百分点。全年商品房销售额 64456 亿元，增长 10.0%，回落 1.1 个百分点。其中，商品住宅销售额 53467 亿元，增长 10.9%，加快 1.7 个百分点。

全年房地产开发企业购置土地面积 35667 万平方米，比上年下降 19.5%，上年为增长 10.9%。

（四）市场销售较快增长，汽车、家电等商品增速回落

全年社会消费品零售总额 210307 亿元，比上年名义增长 14.3%（扣除物价因素后的实际增速为 12.1%，销售增速除标明的外，均为名义增速），增速比上年回落 2.8 个百分点。其中，一季度增长 14.8%，二季度增长 13.9%，三季度增长 13.6%，四季度增长 14.9%。

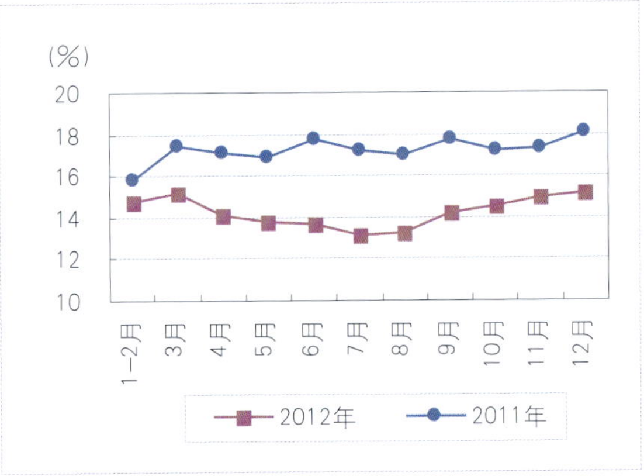

图 4　社会消费品零售总额当月增长速度

在 16 类限额以上企业商品零售额中，13 类商品增速比上年回落，3 类商品增速加快。其中，金银珠宝类增长 16.0%，增速比上年回落 26.1 个百分点；石油及制品类增长 16.9%，回落 20.5 个百分点；家用电器和音像器材类增长 7.2%，回落 14.4 个百分点；文化办公用品类增长 17.7%，回落 9.9 个百分点；粮油、食品、饮料、烟酒类增长 17.9%，回落 7.4 个百分点；汽车类增长 7.3%，回落 7.3 个百分点；日用品类增长 17.5%，回落 6.6 个百分点；服装鞋帽、针、纺织品类增长 18.0%，回落 6.2 个百分点；家具类增长 27.0%，回落 5.8 个百分点；建筑及装潢材料类增长 24.6%，回落 5.5 个百分点；体育、娱乐用品类增长 10.5%，回落 2.5 个百分点；化妆品类增长 17.0%，回落 1.7 个百分点；中西药品类增长 23.0%，加快 1.5 个百分点；通讯器材类增长 28.9%，加快 1.4 个百分点；书报杂志类增长 16.3%，加快 0.9 个百分点。

（五）进出口增速明显回落，外贸顺差增加较多

全年进出口总额 38668 亿美元，比上年名义增长 6.2%，增速比上年回落 16.3 个百分点。其中，一季度增长 7.3%，二季度增长 8.5%，三季度增长 3.0%，四季度增长 6.2%。出口 20489 亿美元，比上年增长 7.9%，增速比上年回落 12.4 个百分点。其中，一季度增长 7.6%，二季度增长 10.5%，三季度增长 4.4%，四季度增长 9.3%。按贸易方式分，一般贸易出口 9880 亿美元，增长 7.7%，回落 19.6 个百分点；加工贸易出口 8628 亿美元，增长 3.3%，回落 9.6 个百分点。进口 18178 亿美元，增长 4.3%，回落 20.6 个百分点。其中，一季度增长 6.9%，二季度增长 6.4%，三季度增长 1.3%，四季度增长 2.7%。顺差 2311 亿美元，比上年增加 760 亿美元。其中，一般贸易逆差 338 亿美元，减少 565 亿美元；加工贸易顺差 3816 亿美元，增加 160 亿美元。

图5 出口额当月增长速度

从出口产品看，全年钢材出口额比上年增长0.5%，增速比上年回落38.7个百分点；纺织纱线、织物及制品增长1.2%，回落21.7个百分点；成品油增长2.7%，回落19.3个百分点；服装及衣着附件增长3.9%，回落14.4个百分点；手持无线电话机及其零件增长21.0%，回落11.4个百分点；鞋类增长12.2%，回落4.9个百分点；自动数据处理设备及其部件增长5.1%，回落2.4个百分点；集成电路增长64.1%，加快52.7个百分点；家具及其零件增长28.7%，加快13.7个百分点；塑料制品增长34.5%，加快8.7个百分点。

从进口产品看，全年钢材进口量比上年下降12.3%，降幅比上年扩大7.1个百分点；进口额下降17.5%，上年为增长7.3%。成品油进口量下降1.9%，上年为增长10.1%；进口额增长0.6%，比上年回落44.9个百分点。汽车和汽车底盘进口量增长9.0%，回落18.8个百分点；进口额增长9.9%，回落30.9个百分点。铁矿砂及其精矿进口量增长8.4%，回落2.5个百分点；进口额下降15.0%，上年为增长40.9%。未锻造的铜及铜材进口量增长14.1%，上年为下降5.1%；进口额增长4.9%，回落7.1个百分点。大豆进口量增长11.2%，上年为下降3.9%；进口额增长17.6%，回落1.3个百分点。初级形状的塑料进口量增长2.9%，上年为下降3.7%；进口额下降2.2%，上年为增长8.3%。原油进口量增长6.8%，加快0.8个百分点；进口额增长12.1%，回落33.2个百分点。

分国别或地区看，全年对印度出口比上年下降5.7%，上年为增长23.5%；对欧盟出口下降6.2%，上年为增长14.4%；对巴西出口增长5.0%，增速比上年回落25.2个百分点；对日本出口增长2.3%，回落20.2个百分点；对美国出口增长8.4%，回落6.1个百分点；对东盟出口增长20.1%，回落3.0个百分点；对香港出口增长20.7%，回落2.1个百分点。

（六）居民消费价格温和上涨，工业生产者价格同比下降

全年居民消费价格比上年上涨2.6%，涨幅比上年回落2.8个百分点。其中，一季度上涨3.8%，二季度上涨2.8%，三季度上涨1.9%，四季度上涨2.1%。在2.6%的涨幅中，新涨价因素影响居民消费价格上涨1.5个百分点，占居民消费价格涨幅的57.7%；翘尾因素为1.1个百分点，占42.3%。

图6 居民消费价格总水平当月变化率

分类别看，食品价格涨幅较大。全年食品价格比上年上涨4.8%，涨幅比上年回落7.0个百分点，拉动价格总水平上涨约1.55个百分点，占居民消费价格涨幅的59.6%。食品价格中，肉禽及其制品上涨2.1%，涨幅比上年回落20.5个百分点；粮食上涨4.0%，回落8.2个百分点；水产品上涨8.0%，回落4.1个百分点；蛋下降2.9%，上年为上涨14.2%；鲜果下降1.2%，上年为上涨16.4%；鲜菜上涨15.9%，涨幅扩大15.4个百分点。在非食品价格中，居住上涨2.1%，涨幅回落3.2个百分点；医疗保健和个人用品上涨2.0%，回

落1.4个百分点；家庭设备用品及维修服务上涨1.9%，回落0.5个百分点；交通和通信下降0.1%，上年为上涨0.5%；衣着上涨3.1%，涨幅扩大1.0个百分点；烟酒及用品上涨2.9%，扩大0.1个百分点；娱乐教育文化用品及服务上涨0.5%，扩大0.1个百分点。

图7 工业生产者出厂价格总水平当月变化率

全年工业生产者出厂价格比上年下降1.7%，上年为上涨6.0%。其中，一季度上涨0.1%，二季度下降1.4%，三季度下降3.3%，四季度下降2.3%。分行业看，全年石油加工、炼焦及核燃料加工业上涨1.6%，涨幅比上年回落13.3个百分点；农副食品加工业上涨2.2%，回落8.4个百分点；燃气生产和供应业上涨2.0%，回落7.4个百分点；黑色金属矿采选业下降11.0%，上年为上涨12.7%；有色金属冶炼及压延加工业下降6.9%，上年为上涨13.0%；纺织业下降3.4%，上年为上涨11.1%；非金属矿物制品业下降1.4%，上年为上涨7.0%；石油和天然气开采业下降0.4%，上年为上涨24.5%。

全年工业生产者购进价格比上年下降1.8%，上年为上涨9.1%。其中，一季度上涨1.0%，二季度下降1.6%，三季度下降3.9%，四季度下降2.8%。分类别看，全年农副产品类上涨0.2%，涨幅比上年回落15.4个百分点；燃料动力类上涨0.9%，回落9.9个百分点；黑色金属材料类下降7.1%，上年为上涨9.4%；有色金属材料及电线类下降5.5%，上年为上涨12.1%；化工原料类下降3.9%，上年为上涨10.4%；纺织原料类下降0.9%，上年为上涨12.7%；建筑材料及非金属类下降0.3%，上年为上涨8.4%。

图8 工业生产者购进价格总水平当月变化率

（七）人口总量低速增长，城镇化率继续提高

2012年末，中国大陆总人口（包括31个省、自治区、直辖市和中国人民解放军现役军人，不包括香港、澳门特别行政区和台湾省以及海外华侨人数）135404万人，比上年末增加669万人。全年出生人口1635万人，人口出生率为12.10‰；死亡人口966万人，人口死亡率为7.15‰；人口自然增长率为4.95‰。

从年龄构成看，0-14岁人口为22287万人，比上年末增加124万人；占全部人口比重为16.5%，比上年末上升0.01个百分点。15-59岁人口为93727万人，减少345万人，为近年来首次减少；占总人口比重为69.2%，下降0.60个百分点。60岁及以上人口为19390万人，增加891万人；占全部人口的比重为14.3%，上升0.59个百分点。

从城乡结构看，城镇人口71182万人，比上年末增加2103万人；乡村人口64222万人，减少1434万人；城镇人口占总人口比重达到52.57%，比上年末提高1.30个百分点。

（八）城乡居民收入较快增长，农村居民收入增速快于城镇

全年农村居民家庭人均纯收入7917元，比上年名义增长13.5%，扣除价格因素，实际增长

10.7%，增速比上年回落0.7个百分点。其中，工资性收入3448元，名义增长16.3%，回落5.6个百分点；家庭经营纯收入3533元，增长9.7%，回落4.0个百分点；财产性收入249元，增长9.0%，回落4.0个百分点；转移性收入687元，增长21.9%，回落2.5个百分点。农村居民中，49.7%的居民收入增速高于平均增速，12.1%的居民收入增速低于平均增速，38.2%的居民收入比上年减少。

全年城镇居民家庭人均可支配收入24565元，比上年名义增长12.6%，扣除价格因素，实际增长9.6%，增速比上年加快1.2个百分点。在城镇居民家庭人均总收入中，工资性收入17336元，名义增长12.5%，加快0.1个百分点；经营净收入2548元，增长15.3%，回落13.7个百分点；财产性收入707元，增长8.9%，回落15.8个百分点；转移性收入6368元，增长11.6%，回落0.5个百分点。城镇居民中，47.1%的居民收入增速高于平均增速，27.4%的居民收入增速低于平均增速，25.5%的居民收入比上年减少。

（九）财政收入增速回落，财政支出较快增长

1-11月份，全国公共财政收入108903亿元，同比名义增长11.9%，增速比上年同期回落14.9个百分点。分税种看，个人所得税下降5.3%，上年同期为增长27.9%；关税增长2.5%，比上年同期回落26.1个百分点；企业所得税增长15.9%，回落17.5个百分点；国内增值税增长7.0%，回落9.1个百分点；营业税增长14.2%，回落8.4个百分点；国内消费税增长11.6%，回落4.7个百分点。

图9 财政收入当月增长速度

1-11月份，全国公共财政支出104896亿元，同比名义增长17.9%，增速比上年同期回落6.4个百分点。其中，住房保障支出增长16.8%，回落56.9个百分点；交通运输支出增长11.9%，回落30.5个百分点；医疗卫生支出增长19.7%，回落21.8个百分点；城乡社区事务支出增长22.2%，回落13.7个百分点；社会保障和就业支出增长15.7%，回落10.3个百分点；农林水事务支出增长23.6%，回落5.1个百分点；科学技术支出增长16.5%，加快8.1个百分点；教育支出增长32.9%，加快7.1个百分点。

1-11月份，财政收支相抵，收大于支4008亿元，同比减少4346亿元。

（十）货币供应量平稳增长，新增贷款同比增加

12月末，广义货币（M_2）97.4万亿元，比上年末增长13.8%，增速比上年末加快0.2个百分点；狭义货币（M_1）30.9万亿元，增长6.5%，回落1.4个百分点；流通中现金（M_0）5.5万亿元，增长7.7%，回落6.1个百分点。

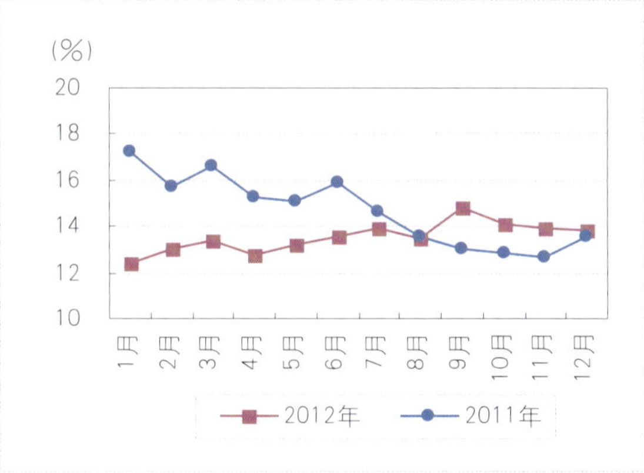

图10 广义货币（M_2）增长速度

全年金融机构新增人民币各项贷款（含票据融资）81963亿元，各项存款增加108187亿元。

二、国民经济运行缓中企稳，经济社会发展稳中有进

2012年以来，面对经济增速的持续回落，党中央、国务院坚持稳中求进的工作总基调，适时适度出台稳增长的政策措施，加大结构性减税力度，实施节能产品惠民工程，加强关系民生的基础设施建设，推进保障性安居工程，支持企业技术改造，先后两次降低存款准备金率和存贷款基准利率，加快出口退税进度，扩大出口信用保险覆盖面，提高贸易便利化水平，这一系列稳定增长的措施产生了积极作用，经济增速下滑的趋势得到明显遏制，国民经济运行缓中企稳，经济社会发展稳中有进。

（一）国民经济运行缓中企稳

1、经济增长总体平稳。从增长水平看，全年国内生产总值比上年增长7.8%，超过年初7.5%的预期目标。在世界经济复杂严峻，发达经济体增速普遍回落甚至衰退，新兴经济体增速普遍放缓的大背景下，我国经济能够实现7.8%的增速，来之不易。从主要经济指标变化趋势看，一、

三全生产现场（河南省粮食局提供）

二、三、四季度，国内生产总值同比分别增长8.1%、7.6%、7.4%和7.9%，四季度比三季度加快0.5个百分点，扭转了连续七个季度回落的势头；规模以上工业增加值分别增长11.6%、9.5%、9.1%和10.0%，四季度比三季度加快0.9个百分点，扭转了连续六个季度回落的势头；社会消费品零售总额分别增长14.8%、13.9%、13.6%和14.9%，四季度比三季度加快1.3个百分点，扭转了连续三个季度回落的势头；出口总额分别增长7.6%、10.5%、4.4%和9.3%，四季度比三季度加快4.9个百分点；固定资产投资（不含农户）累计分别增长20.9%、20.4%、20.5%和20.6%，连续两个季度加快。

尤其值得关注的是，9月份以来经济运行企稳态势明显。从主要经济指标变化情况看，9月份以来，规模以上工业增加值同比增速连续4个月回升，社会消费品零售总额同比增速连续4个月回升且均位于14.0%以上，固定资产投资（不含农户）累计增速在连续5个月徘徊在20-20.5%区间后温和回升。从经济运行基础指标看，全部工业用电量同比增速自10月份以来连续3个月回升，铁路货物运输量同比增速扭转了连续5个月下降的局面，自11月份以来连续2个月实现同比正增长。从经济效益看，全国规模以上工业企业实现利润月度增速自9月份以来连续3个月实现正增长，且增速不断加快。从预期指数看，中国制造业采购经理指数（PMI）自10月份以来连续3个月位于临界点以上，中国消费者信心指数自9月份以来连续4个月位于临界点以上。

2、就业形势总体稳定。2012年，党中央、国务院高度重视稳定就业形势，实施更加积极的就业政策，进一步落实促就业的各项政策措施。2012年末，全国就业人员达到76704万人，比上年增加284万人，其中城镇就业人员37102万人，比上年增加1188万人。全年农民工总量为26261万人，比上年增长3.9%，其中，外出农民工16336万人，增长3.0%；本地农民工9925万人，增长5.4%。我国能够保持总体稳定的就业形势，尤其是农民工和青年的就业保持良好态势，对于稳定社会大局起到了重要作用。

3、物价涨幅稳步回落。2011年下半年以来国家采取的稳定物价的政策措施效果不断显现。2012年，居民消费价格比上年上涨2.6%，涨幅比上年回落2.8个百分点。从月度走势来看，1-2月份的累计同比涨幅曾经达到3.9%，其后，月度同比涨幅稳步回落，各月回落幅度在0-0.2个百分点之间，特别是6-12月当月上涨幅度连续

7个月保持在1.7-2.5%的区间。保持半年以上较为温和的涨幅，是2007年以来的首次。物价涨幅保持低位温和水平，为宏观调控提供了更大的操作空间。

4、农业基础进一步稳固。2012年，党中央、国务院进一步加大对农业生产支持力度，落实各项强农惠农富农政策措施，加之气候条件总体较好，主要农产品实现全面增产。粮食生产实现连续9年增产、连续6年超过1万亿斤，粮食综合生产能力稳定在1万亿斤以上。单产再创历史新高。全年粮食作物平均单产353公斤/亩，比上年提高2.6%，因单产提高对增产的贡献率达到80.5%。三大粮食作物全部增产，其中稻谷、小麦、玉米产量分别比上年增长1.6%、2.7%和8.0%，玉米总产量达到4162亿斤，成为第一大粮食作物品种。棉、油、糖等经济作物也稳定增产，肉类和蔬菜等产量继续增加。农产品的丰收为国民经济平稳运行和物价稳定奠定了良好基础，是2012年经济运行中的突出亮点。

（二）经济社会发展稳中有进

1、产业结构有新调整。农业现代化发展势头良好，小麦病虫专业化统防统治覆盖率从13.3%提高到22.8%。工业结构进一步优化。全年高技术产业增加值比上年增长12.2%，高于规模以上工业2.2个百分点；占规模以上工业的比重为9.4%，比上年提高0.3个百分点。高耗能产业增加值比上年增长9.5%，低于规模以上工业0.5个百分点；占规模以上工业的比重为29.6%，下降1.1个百分点。服务业比重明显提高。一、二、三产业比重分别为10.1%、45.3%、44.6%，第三产业比重比上年提高1.2个百分点，旅游、电子商务零售等服务行业发展迅猛，已成为新的经济增长点。

2、增长协调性有新改善。消费对经济增长的贡献率超过资本形成。全年国内需求对经济增长的贡献率达到102.2%，其中最终消费贡献率为51.8%，资本形成总额贡献率为50.4%。区域增长格局进一步优化。全年中西部规模以上工业增加值增速分别为11.3%和12.6%，分别快于东部地区2.5个和3.8个百分点；固定资产投资中西部分别增长25.8%和24.2%，分别快于东部地区8.0个和6.4个百分点；社会消费品零售总额中西部均增长15.8%，快于东部地区2.0个百分点。城乡居民收入比继续缩小，全年农村居民人均纯收入实际增长10.7%，高出城镇居民人均可支配收入1.1个百分点；城乡居民收入相对倍差为3.10，比上年缩小0.03。

3、节能减排有新成效。单位国内生产总值能耗明显下降，比上年下降3.6%，降幅比上年扩大1.6个百分点。清洁能源消费比重提高，全年天然气、水电、风电、核电消费所占比重为14.5%，比上年提高1.5个百分点。主要污染物排放量进一步下降。

4、改善民生有新进展。收入分配有所改善，居民收入稳步提高。全年城镇居民人均可支配收入和农村居民人均纯收入分别实际增长9.6%和10.7%，增速分别快于经济增速1.8个和2.9个百分点。保障性安居工程建设进展顺利。全年基本建成601万套，新开工781万套，超额完成年初确定的工作目标。社会保障制度进一步完善。新型农村社会养老保险和城镇居民社会养老保险制度实现全覆盖，新型农村合作医疗和城镇居民基本医疗保险补助标准提高到每人每年240元。城乡居民大病保险制度出台实施。教育、文化等社会事业得到加强。全年财政性教育经费支出占国内生产总值的比重达到4%。全年文化、体育和娱乐业固定资产投资达4299亿元，比上年增长36.2%，高出固定资产投资平均增速15.6个百分点。

此外，科技创新和改革开放也有新突破。载人航天、载人深潜、航空母舰、高速铁路等重大科技领域取得突破；财税金融改革、价格形成机制改革、医药卫生等体制改革有序推进；外贸全球份额稳中有升，对外投资合作步伐明显加快。

总的来看，2012年我国经济社会发展呈现出稳中有进的良好态势。在国际环境复杂严峻，国内经济下行压力较大的情况下，能够实现经济

现代化城市山林（中共镇江市委办公室提供）

企稳、结构优化、物价稳定、就业增加、民生改善的良好局面，是非常不容易的。这些成绩的取得，充分证明以稳中求进为总基调的宏观调控是科学、及时、有效的，也为进一步促进经济持续健康发展奠定了坚实基础。

2013 年是全面贯彻落实十八大精神的开局之年，是实施“十二五”规划承前启后的关键一年，是为全面建成小康社会奠定坚实基础的重要一年。从中长期看，尽管我国发展仍然具备难得的机遇和有利条件，但从短期看，经济发展面临的国内外环境依然复杂严峻，不稳定不确定因素依然较多。我们要切实按照党的十八大的全面部署以及中央经济工作会议对 2013 年经济社会发展的总体要求和主要任务，准确把握我国发展重要战略机遇期内涵和条件的变化，增强忧患意识，着力巩固经济企稳回升势头，更要把握好稳中求进的工作总基调，以提高经济增长的质量和效益为中心，进一步深化改革开放，进一步强化创新驱动，在不断转变经济发展方式、不断优化经济结构中实现实实在在、没有水分的增长，为全面建成小康社会奠定坚实基础。

（执笔：刘爱华 付凌晖 王冠华 周平 黄涛 郑鑫
国家统计局国民经济综合统计司）

2012年农业发展报告

2012年，面对复杂严峻的国际经济形势和艰巨繁重的国内改革发展稳定任务，全国上下认真贯彻中央决策部署，进一步加大对“三农”事业的投入力度，圆满完成了农业农村发展的各项目标任务，粮食产量实现“九连增”，成功打破了丰歉波动的传统周期，棉油糖等经济作物全面丰收，确保了国家粮食安全、保障了重要农产品的有效供给，农业基础地位更加稳固。农业发展的良好形势，是党的十六大以来“三农”发展持续向好、快速推进喜人态势的承接和延续，为保持国民经济平稳较快发展奠定了坚实基础，为促进社会和谐稳定提供了有力支撑。

一、农业获得全面丰收

（一）农业产值稳定增长

2012年第一产业（包括农林牧渔服务业，绝对数按当年价计算，增幅按可比价计算，下同）产值为89453亿元，比上年增长4.9%。其中，种植业为46940亿元，比上年增长4.4%；林业为3447亿元，比上年增长6.7%；畜牧业为27189亿元，比上年增长5.2%；渔业为8706亿元，比上年增长5.1%。

从增加值来看，2012年第一产业（包括农林牧渔服务业）增加值为52374亿元，比上年增长4.5%。其中，种植业为30216亿元，比上年增长4.2%；林业为2281亿元，比上年增长6.6%；畜牧业为13128亿元，比上年增长5.2%；渔业增加值为5267亿元，比上年增长4.7%。

（二）粮食连续9年增产，总产再创历史新高

2012年全国粮食总产量11791亿斤，比上年增长3.2%。全国粮食作物平均单产353公斤/亩，提高2.6%。分季节看，2012年全国夏粮总产量达到2599亿斤，增长2.8%；早稻产量为666亿斤，增长1.6%；秋粮产量为8527亿斤，增产增长3.5%。分品种看，2012年全国稻谷产量4085亿斤，增产65亿斤；小麦产量2420亿斤，增产72亿斤；玉米产量4112亿斤，增产257亿斤。

表1 2000年以来粮食总产量变化情况

单位：亿斤、%

年份	粮食总产量	比上年增加	比上年增长
2000	9244	-924	-9.1
2001	9053	-191	-2.1
2002	9141	88	1.0
2003	8614	-527	-5.8
2004	9389	775	9.0
2005	9680	291	3.1
2006	9961	280	2.9
2007	10032	71	0.7
2008	10574	542	5.4
2009	10616	42	0.4
2010	10930	313	3.0
2011	11424	495	4.5
2012	11791	367	3.2

资料来源：《中国农村统计年鉴2012》，《中华人民共和国2012年国民经济和社会发展统计公报》。

2012年粮食产量增长具有以下几个方面的特点：第一，季季增产。夏粮、早稻和秋粮全部实现增产。第二，粮食产量再创历史新高。在基数较高的基础上，粮食生产实现连续9年增产，成功打破了丰歉波动的传统周期，依靠国内生产确保国家粮食安全的能力增强。第三，玉米成为粮食作物第一大品种。玉米产量超过稻谷28亿斤，跃升为全国第一大粮食作物品种，在历史上尚属首次。第四，粮食主产区增产作用更为稳固。2012年，13个粮食主产省（区）①粮食产量合计为8922亿斤，增长

注：①粮食主产区包括：河北、内蒙古、辽宁、吉林、黑龙江、江苏、安徽、江西、山东、河南、湖北、湖南、四川。

2.7%，增产量占全国总增产量的64.7%。

（三）棉花、油料、糖料等重要经济作物实现同时增产

2012年棉花、油料和糖料等重要经济作物延续上年发展的良好形势，再次实现同时增产，保障有效供给的能力显著增强。初步统计，2012年棉花总产量为684万吨，增长3.8%。油料总产量为3437万吨，增长3.9%。其中，花生产量1669万吨，增长4%；油菜籽产量1401万吨，增长4.3%。糖料总产量为13485万吨，增长7.7%。

表2 2000年以来棉花、油料和糖料产量变化情况

单位：万吨，%

年份	棉花		油料		糖料	
	总产量	比上年增加	总产量	比上年增加	总产量	比上年增加
2000	442	59	2955	354	7635	
2001	532	91	2865	−90	8655	1020
2002	492	−41	2897	32	10293	1638
2003	486	−6	2811	−86	9642	−651
2004	632	146	3066	255	9571	−71
2005	571	−61	3077	11	9452	−119
2006	753	182	2640	−437	10460	1008
2007	762	9	2569	−72	12188	1728
2008	749	−13	2953	384	13420	1231
2009	638	−112	3154	202	12277	−1143
2010	596	−42	3230	76	12008	−269
2011	660	64	3307	77	12517	508
2012	684	25	3437	130	13485	968

（四）畜牧业平稳发展

2012年畜牧业平稳发展。根据主要畜禽监测调查，2012年全国肉类总产量为8387万吨，增长5.3%。2012年生猪生产恢复增长，猪肉产量增加。据统计，2012年全年生猪出栏6.98亿头，增长5.2%；猪肉产量5343万吨，增长5.6%。家禽生产较快发展，禽肉、禽蛋产量增加。全年家禽出栏120.8亿只，增长6.6%；禽肉产量1823万吨，增长6.7%。牛羊肉产量小幅增长，牛奶产量继续增加。2012年全国牛出栏4761万头，增长1.9%；牛肉产量662万吨，增长2.3%。全年羊出栏2.71亿只，增长1.6%；羊肉产量401万吨，增长2.0%。2012年全国牛奶产量3744万吨，增长2.3%。

二、农产品生产者价格稳中有升

在国内主要农产品供求总体处于紧平衡的背景下，加之农业生产资料价格持续上涨和劳动力成本不断攀升，农业生产成本增加，近年来我国农产品价格总体呈现出刚性上涨的格局。2012年全国农产品生产者价格②平稳高位运行，生产者价格总水平比上年上涨2.7%。因主要农产品获得丰收，市场供给增多，偏紧的供求关系比上年得到较大改善，2012年农产品生产者价格涨幅比上年回落13.8个百分点。分季度看，1-4季度同比分别上涨9.2%、3%、0.1%和0.3%，第三、四季度涨幅缩小。农、林、渔类农产品生产者价格普遍高于上年，饲养动物及其产品中除生猪价格下跌外，其它产品生产者价格比上年上涨。

（一）农业产品生产者价格上涨4.8%

粮食生产者价格上涨4.8%。分季度看，1-4季度分别上涨5.6%、5.1%、3.8%和4.1%。分品种看，谷物生产者价格上涨4.8%，其中，小麦、稻谷和玉米分别上涨2.9%、4.1%和6.6%。豆类上涨3%，其中，大豆上涨5.7%。薯类上涨2.9%。分区域看，粮食主产区③生产者价格上涨4.6%，主销区生产者价格上涨4.9%，其他地区上涨4.6%。从最低收购价政策④执行情况来看，

注：②农产品生产者价格是指农业生产者首次直接出售其生产的农产品时实际获得的价格。
③粮食主产区包括河北、内蒙古、辽宁、吉林、黑龙江、江苏、安徽、江西、山东、河南、湖北、湖南、四川等13个省份；粮食主销区包括北京、天津、上海、浙江、福建、广东、海南等7个省份；其他地区指除上述主产区、主销区以外的省份。
④2012年执行中晚稻最低收购价政策预案的主产区有辽宁、吉林、黑龙江、江苏、安徽、江西、河南、湖北、湖南、广西和四川等11个省（区），但适用时间不同，江苏、安徽、江西、河南、湖北、湖南、广西和四川8省（区）为2012年9月16日至2012年12月31日，辽宁、吉林和黑龙江3省为2012年11月16日至2013年3月31日。

四季度执行中晚稻最低收购价政策的11省（区）中籼稻均价为每市斤1.31元，比中晚籼稻最低收购价（国标三等质量标准，下同）高0.06元；晚籼稻均价为每市斤1.35元，比中晚籼稻最低收购价高0.1元；粳稻均价为每市斤1.51元，比粳稻最低收购价高0.11元。

棉花（籽棉）生产者价格下跌1.9%。分季度看，1-2季度生产者价格同比分别下跌29.1%、18.9%，四季度上涨1.5%。在棉花主产省中，新疆下跌0.8%，山东和河南分别下跌15.1%和7.4%，安徽和湖北分别下跌5.8%和3%。

油料生产者价格上涨5.2%。分季度看，1-4季度分别上涨8.2%、7.6%、4.4%和4.5%。分品种看，花生上涨8.1%，油菜籽上涨5.2%，葵花籽上涨3.2%，芝麻上涨1.2%。

糖料生产者价格上涨5%。分季度看，1-2季度分别上涨7.4%、7.1%，四季度上涨0.4%。分品种看，甘蔗上涨5.7%，甜菜上涨1.3%。

蔬菜生产者价格上涨9.9%。分季度看，1-4季度分别上涨10.9%、16.4%、9.1%和3.9%。分种类看，叶菜类上涨11.6%，白菜类上涨7.2%，瓜菜类上涨9.4%，根块类上涨6.7%，葱蒜类蔬菜上涨8.1%。食用菌下跌1.6%。

水果生产者价格上涨3.9%。分季度看，一季度生产者价格同比下跌10.6%，二、三季度分别上涨3.7%、11.4%，四季度下跌0.6%。分品种看，苹果下跌0.7%，梨上涨2.7%，柑桔上涨1.5%。

（二）林业产品生产者价格上涨1.2%

分季度看，1-3季度分别上涨7.3%、0.2%、2.2%，四季度下跌2.9%。分种类看，木材生产者价格上涨4.2%；竹材上涨3.8%；胶脂和果实类林产品下跌17%，其中橡胶下跌23.8%，松脂下跌25.1%。

（三）饲养动物及其产品生产者价格下跌0.3%

生猪生产者价格下跌4.1%。分季度看，一季度生猪生产者价格同比上涨19.2%，2-4季度分别下跌6.3%、19.2%和11.8%。分区域来看，生猪主产省[⑤]生产者价格下跌4.4%，其他省份下跌3.7%。

活牛、活羊、家禽等产品生产者价格上涨。活牛和活羊生产者价格分别上涨16.8%和7.8%。活家禽生产者价格上涨3.8%，其中，活鸡、活鸭和活鹅分别上涨3.4%、4.9%和4%。禽蛋生产者价格上涨0.5%，其中，鸡蛋和鸭蛋均上涨0.5%。生奶生产者价格上涨3.9%。毛绒类产品生产者价格上涨0.4%。

（四）渔业产品生产者价格上涨6.2%

分季度看，1-4季度分别上涨11.5%、8.4%、3.7%和4.1%。海水养殖产品生产者价格上涨1%，海水捕捞产品上涨10.9%；淡水养殖产品生产者价格上涨6.8%，淡水捕捞产品上涨7.2%。

三、粮食产量“九增长”的主要原因

（一）政策投入力度进一步加大

1. 中央财政“三农”投入持续快速增加。从中央确立了把解决好“三农”问题作为全党工作重中之重的战略思想以来，中央财政用于“三农”的资金投入总量不断增加、增幅不断加大、比重不断提高。在总量上，2012年中央财政“三农”投入达到12280亿元，比2003年翻了两番多；在增幅上，中央财政“三农”投入年均增长21%，高于同期中央财政支出年均增长4.5个百分点；在比重上，中央财政“三农”投入占中央财政支出的比重从13.7%提高到19.2%。

2. 国家继续实施农业“四项补贴”政策。2012年国家继续实施粮食直补、农资综合补贴、良种补贴和农机具购置补贴政策，同时扩大补贴范围，提高补贴标准。

粮食直补政策方面，2012年中央财政安排151亿元资金，用于对种粮农民进行直接补贴，

注：⑤生猪主产省包括河北、辽宁、江苏、浙江、安徽、江西、山东、河南、湖北、湖南、广东、广西、重庆、四川、云南等15个省份，其他省份为非生猪主产省。

以提高农民种粮积极性，稳定粮食播种面积。2012年中央财政粮食直补资金规模与上年基本持平。

良种补贴政策方面，水稻、小麦、玉米、棉花良种补贴实现31个省（区、市）全覆盖；大豆良种补贴在东北三省和内蒙古等4省（区）实行全覆盖；油菜良种补贴、青稞良种补贴、花生良种补贴在主产区实行全覆盖。小麦、玉米、大豆、油菜、青稞良种的补贴标准为每亩10元；早稻、中稻（一季稻）、晚稻、棉花、新疆维吾尔自治区和新疆生产建设兵团的小麦良种补贴标准为每亩15元；花生良种补贴大田生产为每亩10元，良种繁育为每亩50元。

农资综合补贴政策方面，2012年中央财政共安排1078亿元资金，用于弥补种粮农民因农资价格上涨而增加的生产成本。和上年相比，2012年农资综合补贴资金规模进一步扩大，增加了218亿元。

农机具购置补贴方面，2012年中央财政大约安排了200亿元，用于对农户购置农业机械进行购置补贴，资金规模比上年增加25亿元。补贴范围以及补贴种类与上年基本一致。

3. 国家继续实施产粮（油）大县奖励政策。中央自2005年开始实施产粮大县奖励政策，目的是改善产粮大县的财政状况，充分调动地方政府重农抓粮的积极性，逐步建立粮食主产区和主销区之间的利益协调机制。实践证明，产粮大县奖励政策效果明显。2012年中央财政合计安排资金277.65亿元，用于对产粮（油）大县进行奖励，资金规模比上年增加41.65亿元。

4. 继续提高粮食最低收购价水平。为进一步调动农民种粮积极性，稳定粮食播种面积，2012年国家继续提高粮食最低收购价水平。根据有关部门公布的粮食最低收购价政策执行预案，2012年每斤白小麦（三等，下同）、红小麦、混合麦最低收购价均为1.02元，比上年分别提高0.07元、0.09元和0.09元，比上年分别提高了7.4%、9.7%和9.7%；每斤早籼稻（三等，下同）、中晚籼稻、粳稻最低收购价格分别提高到1.20元、1.25元、1.40元，比上年提高0.18元、0.18元、0.12元，比上年分别提高了17.6%、16.8%和9.4%。

5. 固定资产投资较快增长。2012年全社会固定资产投资374676亿元，比上年增长20.3%，扣除价格因素，实际增长19.0%。其中，农户投资9841亿元，增长8.3%。在固定资产投资（不含农户）中，第一产业投资9004亿元，比上年增长32.2%。

（二）农业科技投入力度加大

2012年中央1号文件聚焦农业科技问题，农业科技发展赢得难得发展机遇。国家大力推进农业科技创新，完善农业科技推广体系，农业科技对农业增产的作用加大。

1. 完善农业技术推广体系。为改善基层农技推广机构设施条件，2011年中央财政安排了10亿元资金，用以建设基层农技推广体系，加上上年2亿元财政资金投入，合计对8243个乡镇农技推广机构的设施条件进行改善。2012年国家继续加大投入力度，争取改善全国所有乡镇农业技术推广机构的设施条件。

2. 培养农业现代化人才。为加快培养现代农业和新农村建设急需的农业农村人才，2012年国家重点从5个方面着手，加大支持和培养力度。一是支持农业科研杰出人才。重点扶持150名农业科研杰出人才，对他们进行专项经费支持，提高农业科技创新能力。二是扶持培养农业技术推广人才。扶持培养3000名有突出贡献的农业技术推广人才，提高农业科技转化率。三是培养农业企业家。对3000名农业产业化龙头企业和农民专业合作组织负责人进行培训，培养农村企业家，充分发挥龙头企业的辐射带动作用，提高农业生产的组织化和社会化程度。四是培育农村生产能手。选拔扶持7000名农业生产经营一线、具有一定产业规模和良好发展基础、示范带动能力强的农村生产能手，充分发挥能人的示范效应。五是培养和建立农村经纪人队伍。在主产区选拔扶持3000名农村经纪人，培养造就熟悉农产品流通政策、经营管理素质较高、经纪行为规范的农村经纪人队伍。

3. 培育新型农民，提高科技素质。开展职业技能培训。对种养大户，科技示范户，从事农业产前产中和产后服务以及从事农业经营和农村社会管理的农民进行培训；主要培训农业生产及管理技术、农产品产地贮藏保鲜及加工技术、农机操作及维修技术、沼气建设及维护技术、农业经营管理及农村社会管理知识等。

开展农业创业培训。对在农业领域有创业意愿的农民，特别是农村初中高中毕业后未能升学的两后生、返乡农民工、复转军人进行培训。主要培训创业技巧和相关农业知识。

4. 科技对粮食增产作用加强。2012 年，农业关键技术推广应用力度加大，测土配方施肥、节水灌溉、病虫害专业化统防统治、玉米地膜覆盖等新栽培技术、新农艺应用范围扩大，农业科技应用水平进一步提高。11 个冬小麦主产省中“一喷三防”面积 1300.0 多万公顷；小麦病虫专业化统防统治覆盖率从 13.3% 提高到 22.8%；东北水稻大棚育秧和抗旱“坐水种”、南方早稻集中育秧和西南玉米覆膜面积共增加 320.0 多万公顷。

（三）生产条件有所改善

1. 测土配方项目加快推进。为改善土壤结构，培肥地力，近年来国家持续推广测土配方施肥项目。2012 年，国家组织开展测土配方施肥技术普及行动，在全国范围内选择 100 个县（场）、1000 个乡（镇）、10000 个村实施测土配方施肥整县、整乡、整村推进，目标是测土配方施肥技术推广面积达到 13 亿亩、为 1.8 亿农户提供免费技术服务。

2. 农业灌溉条件继续改善。近两年，国家高度重视农业基础设施建设，加大投入力度，改善农田水利基础设施。2012 年新增有效灌溉面积 172 万公顷，新增节水灌溉面积 235 万公顷。全年水资源总量 28410 亿立方米。全年平均降水量 676 毫米。年末全国 422 座大型水库蓄水总量 2120 亿立方米，比上年末多蓄水 164 亿立方米。全年总用水量 6110 亿立方米，与上年基本持平。其中，生活用水增长 3.2%，工业用水下降 0.8%，农业用水下降 0.5%，生态补水增长 7.2%。

3. 农业机械化水平提高。据农业部统计，2012 年农机装备总量继续增加，装备结构和布局不断优化；耕种收综合机械化水平预计达到 57%，比上年提高 2 个百分点以上；水稻插秧、玉米收获等机械化作业水平迅速提高，分别比上年提高 4 个百分点和 6.5 个百分点。

（四）粮食播种总面积增加，高产粮食品种面积扩大

2012 年，全国粮食播种面积 11126.7 万公顷，增长 0.6%。因播种面积增加增产粮食 72 亿斤。从主要粮食品种播种面积结构来看，高产作物稻谷和玉米播种面积增加，低产品种小麦和大豆的播种面积减少。据初步统计，2012 年稻谷、玉米播种面积分别为 3029.7 万公顷和 3494.9 万公顷，比上年分别增加了 24 万公顷和 140.7 万公顷；小麦和大豆播种面积分别为 2413.9 万公顷和 717.7 万公顷，比上年分别减少了 13.1 万公顷和 71.2 万公顷。

（五）粮食主产区气候条件总体较好，粮食作物单产提高

从总体上看，2012 年全国农业气候条件较好，没有发生大范围的旱涝灾害，关键农时的降水和光热配合较好，提高了粮食单产水平。2012 年粮食因单产提高增产约 296 亿斤，单产提高对粮食增产的贡献率为 80.5%。据国家气象局资料，春播期间和夏播后期大部分北方农区出现了明显降水过程，有利于秋收作物播种和出苗，夏季大部分地区雨热同季，有利于玉米、水稻丰产；春夏季长江流域及以南大部分地区降水较充沛，保障了稻谷的栽插用水。从光热条件来看，2012 年全国大部分农区≥ 10℃积温比常年同期偏多，东北地区东部、华北大部、黄淮等地比上年年同期偏多 100-200℃。充足的雨水和适宜的光温条件有利于促进粮食作物单产水平提高，玉米单产提高尤为明显。

（六）粮食劳动生产率提高

2012年，农业关键技术推广应用力度加大，测土配方施肥、节水灌溉、病虫害专业化统防统治、玉米地膜覆盖等新栽培技术、新农艺应用范围扩大，农业科技应用水平进一步提高。另外，农业机械化水平继续提高，良种、化肥、农药等现代要素大量地投入使用，显著提高了粮食劳动生产率。2012年全国平均每个劳动力的粮食产量为2328.3公斤，比上年提高了8.4%。

表3 2000年以来粮食劳动生产率

年 份	粮食总产量（亿斤）	第一产业就业人员数（万人）	每个劳动力平均粮食产量（公斤/人）
2000	9244	36042.5	1282.4
2001	9053	36398.5	1243.6
2002	9141	36640.0	1247.4
2003	8614	36204.4	1189.7
2004	9389	34829.8	1347.9
2005	9680	33441.9	1447.3
2006	9961	31940.6	1559.3
2007	10032	30731.0	1632.3
2008	10574	29923.3	1766.9
2009	10616	28890.5	1837.3
2010	10930	27930.5	1956.7
2011	11424	26594.0	2147.9
2012	11791	25321.5	2328.3

说明：a. 因缺乏从事粮食生产的劳动力数量指标，这里使用第一产业就业人员来代替，实际的每个从事粮食生产的劳动力平均粮食产量应大于表中的近似数。b.2000~2011年第一产业就业人员数是国家统计局根据第六次全国人口普查资料及历年劳动力调查资料推算得到的，2012年数据是作者根据2011相对于2010年的变化率推算得到的近似数。

资料来源：《中国统计年鉴2012》，《中国农村统计年鉴2012》，《中华人民共和国2012年国民经济和社会发展统计公报》。

四、农业生产发展中存在的主要问题

尽管粮食产量实现九连增、农业综合生产能力显著提高、现代农业建设取得较大进展，但总体来看，目前我国农业综合生产能力尚不稳固，农业依然是国民经济中的弱质行业，农业发展仍处于从传统农业向现代农业的转变阶段，确保国家粮食安全和保障重要农产品有效供给的任务依然较为艰巨。当前我国农业生产发展中存在的突出矛盾和主要问题有以下几个方面。

（一）农业现代化水平不高，与发达国家的差距仍较大

首先，农业基础设施薄弱的局面尚未得到根本改观。十六大以来，中央加大了对三农事业的投入力度，农业基础设施建设取得了一些进展。但由于历史欠账较多，以农田水利为重点的农业基础设施依然薄弱，农业生产抵御自然灾害的能力不强，还有相当部分地区的农业生产依然处于靠天吃饭状态。其次，农业科技贡献率低。尽管近年来科技对农业生产的支撑逐步加强，农业科技贡献率逐年提高，但和发达国家相比，仍有较大差距。据科技部统计，2012年农业科技贡献率为54.5%。而发达国家的农业科技贡献率一般在70%至80%之间，德国、英国、法国等则超过了90%。再次，农业机械化水平也较低。近年来，农业机械化水平快速提高，但和发达国家相比，农业机械化率和机械化水平仍有较大差距。农业部统计结果表明，2012年我国农作物耕种收综合机械率达到57%。而发达国家已实现了生产全程机械化、自动化和信息化。

（二）资源环境约束趋紧，可持续发展的后劲不足

人均耕地面积小、水资源短缺且分布不均是我国农业生产发展面临的基本国情。随着工业化和城镇化的快速推进，工农争地争水的矛盾日益突出。同时，生态环境恶化，土地荒漠化、石漠化、水土流失现象严重，土壤有机质下降、肥力降低，耕地质量下降。工业生产方式粗放，水资源污染严重。农业生产发展的资源硬约束日益强化。农业发展方式粗放，主要依靠化肥、农药等投入品的大量使用来提高产量，环境污染和食品安全问题日益成为社会关注的焦点。

（三）农业发展的风险加大

随全球气候变暖，近年来极端气候条件日

农垦粮食基地（宁夏农垦局提供）

益增多，自然灾害呈重发频发态势，农业生产发展面临的自然风险增多。虽然近年来规模化种养快速发展，但千家万户的小规模生产方式依然是主体。近年来各地兴起的农民专业合作组织在发挥衔接小农生产和大市场对接方面发挥了重要作用，但仍存在着量少、覆盖面低、组织不完善等诸多的问题，尚未能够成为推动市场谈判、集中采购、信息服务、技术指导的主导力量。近年来屡次发生的棉花、油料、生猪等生产和市场价格的大起大落现象，充分表明农业生产的市场风险依然存在，且有进一步强化的趋势。另外，加入WTO后，我国农业的对外开放程度加大，农业生产和农产品市场供求不仅受国内生产和需求状况的影响，还日益受到国际市场因素的制约，国际风险加大。国际市场的供求状况、油价波动、游资炒作等因素对国内生产和供求的影响加深，部分农产品如大豆的国际开放度较高，对国际市场的依赖增强。

（四）青壮年劳动力紧缺的矛盾进一步凸显

随着工业化和城镇化的快速推进，大量有文化的青壮年农村劳动力转移到城镇就业，农业从业人员数量和所占比重呈下降趋势。由于乡村人口基数大，目前乡村劳动力总量依然过剩，劳动力转移就业的压力还较大，但是结构发生了明显变化，农业青壮年劳动力短缺、农忙季节性短缺、区域性短缺问题开始显现，农村劳动力进入总量过剩和结构性短缺并存阶段。在全社会从业人员中，乡村从业人员总数和所占比重逐年下降。据统计，2012年末乡村就业人员数为39602万人，比上年减少2.2%；占全国就业人数的比重为51.6%，比上年降低了1.4个百分点。2011年第一产业就业人数为26594万人，比上年下降了4.8%；占就业人员数的比重为34.8%，比上年降低了1.9个百分点。在农业就业人员中，以老人和妇女为主，青壮年劳动力紧缺，将来谁来种地的问题日益凸显。

五、几点建议

（一）加快推进现代农业建设，提高农业综合生产能力

十八大提出了促进工业化、信息化、城镇化、农业现代化同步发展的战略部署，强调加快发展现代农业，增强农业综合生产能力，是确保国家粮食安全和重要农产品有效供给的必由之路。发展现代农业要重点做好以下几个方面工作：一是加强农业基础设施建设。以完善农田水利基础设施为重点，加强土壤、农田整治、道路、农机服务、农资供给、农机推广以及农田林网等方面基础设施建设，提高农业生产抵御自然风险的能力，彻底改变“靠天吃饭”的不利局面；二是提高农业科技贡献率。科技进步是破解当前农业发展资源瓶颈和难题的根本出路，要加大投入力度，培养造就优秀的农业科研队伍；大力加强农业基础研究和前沿技术研究；着力突破农业技术瓶颈，在良种培育、节本降耗、节水灌溉、农机装备、新型肥药、疫病防控、加工贮运、循环农业、海洋农业、农村民生等方面取得一批重大实用技术成果；完善公益性农业技术推广体系，大力发展农业社会化服务，提高农业科技成果转化率；大力培训农村实用人才，提高农业从业人员的科技文化素质。三是稳步提高农业机械化水平。充分发挥农业机械集成技术、节本增效、推动规模经营的重要作用，不断拓展农机作业领域，提高农机服务水平。加大农业机械创新，促进农机农艺融合、农机化信息化融合；调整优化农机装备布局结构，主攻薄弱环节机械化，推广先进适用农机化装备技术。

（二）完善农业经营机制，提高农业发展活力

在稳定农村承包关系和农村基本经济制度的基础上，完善农业经营机制，提高农业发展活力。一是要发展多种形式的适度规模经营。坚持依法自愿有偿的原则，引导农村土地承包经营权有序流转，鼓励和支持承包土地向专业大户、家庭农场、农民合作社流转，发展多种形式的适度规模经营。二是转变农业生产经营方式。按照规模化、专业化、标准化发展要求，引导农户采用先进适用技术和现代生产要素，加快转变农业生产经营方式。三是大力发展农民专业合作社，提高农业生产组织化程度。四是建立健全农业社会化服务体系。完善基层农业技术服务体系，不断提升乡镇或区域性农业技术推广、动植物疫病防控、农产品质量监管等公共服务机构的服务能力；扶持农民合作社、专业服务公司、专业技术协会、农民用水合作组织、农民经纪人、涉农企业等新型农业社会化服务主体，鼓励新型主体为农业生产经营提供低成本、便利化、全方位的服务，发挥经营性服务组织的生力军作用。

（三）统筹城乡发展，引导生产要素合理配置

城乡差别较大、农业生产比较效益低下是大量青壮年劳动力转移就业的根本原因，破除城乡二元结构、提高农业生产比较效益是解决农村青壮年劳动力紧缺矛盾的根本举措。要加大城乡统筹发展力度，不断增强农村发展活力，逐步缩小城乡差距，实现城乡经济社会发展一体化新格局。要大力提高农业生产比较效益，增强种粮务农的吸引力。要构建城乡一体化的劳动力市场，通过价格杠杆引导土地、资本、劳动力有序流动，促进生产要素合理配置。

（执笔：汪传敬 国家统计局农村社会经济调查司）

2012 年工业发展报告

2012 年，全国工业经济运行呈现：生产增速明显回落，产品出口大幅减缓，企业利润大幅下滑的运行态势。从年内运行轨迹看，呈“U”型变化特征，四季度工业经济出现企稳回升态势。

一、工业生产增速为十年来最低，年内呈企稳回升态势

2012 年，全国规模以上工业[①]增加值同比实际增长 10%（以下增加值增速均为扣除价格因素的实际增长率），较上年回落 3.9 个百分点，是 2002 年以来的最低增速。

分季度看，一季度增长 11.6%，二季度增长 9.5%，三季度增长 9.1%，四季度增长 10%，呈“U”型变化特征，四季度出现企稳回升态势。

（一）重工业增速回落幅度明显大于轻工业，四季度回升幅度超过轻工业

2012 年，重工业增加值同比增长 9.9%，较上年回落 4.4 个百分点；轻工业增长 10.1%，回落 2.9 个百分点。重工业回落幅度高于轻工业 1.5 个百分点。分季度看，一至四季度重工业分别增长 11%、9.5%、9% 和 10.3%；轻工业分别增长 13.2%、9.4%、9.2% 和 9.3%。重工业四季度较三季度加快 1.3 个百分点，回升幅度高于轻工业 1.2 个百分点。

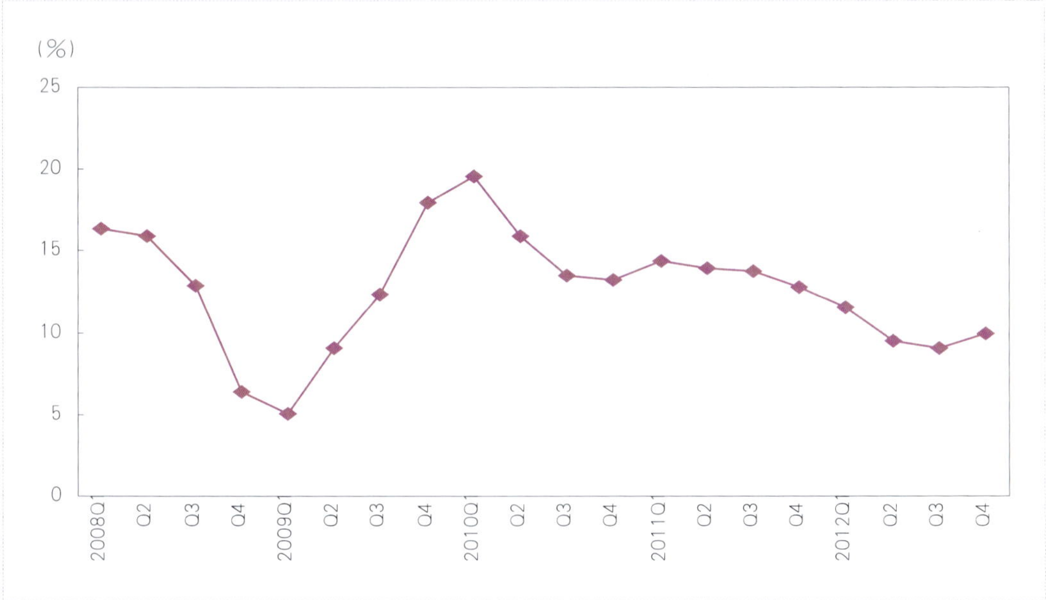

图 1　2008-2012 年各季度规模以上工业增加值增速

注：①从 2011 年起，规模以上工业的统计范围为年主营业务收入 2000 万元以上的工业企业。

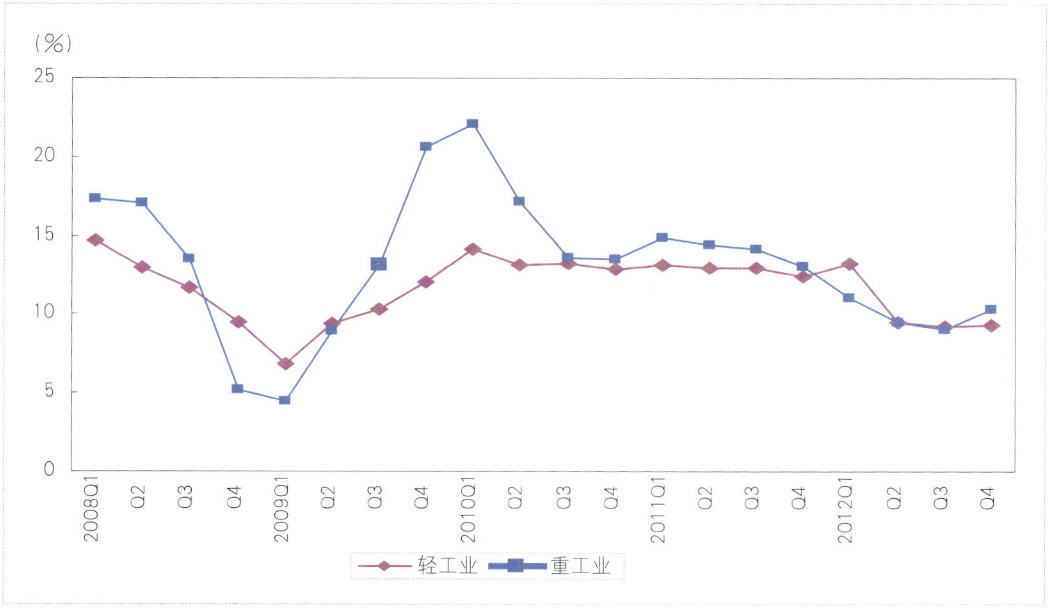

图 2　2008-2012 年各季度规模以上轻重工业增加值增速

（二）装备制造业增速大幅回落，四季度小幅回升

2012 年，装备制造业[②]增加值同比增长 9.7%，较上年回落 5.8 个百分点。分季度看，装备工业一季度增长 10.1%，二季度增长 9.8%，三季度增长 8.6%，四季度增长 9.4%，较三季度加快 0.8 个百分点。

表 1　2012 年各季度装备制造业增加值增速

行业	一季度（%）	二季度（%）	三季度（%）	四季度（%）
装备制造业	10.1	9.8	8.6	9.4
金属制品业	12.8	10.0	11.8	13.2
通用设备制造业	8.8	7.2	7.2	8.7
专用设备制造业	12.1	8.7	7.9	7.8
汽车制造业	8.0	13.2	8.5	6.3
铁路、船舶、航空航天和其他运输设备制造业	5.9	4.5	3.0	4.7
电气机械及器材制造业	10.8	9.6	7.9	9.2
通信设备计算机及其他电子设备制造业	11.2	11.4	10.2	12.8
仪器仪表	11.5	10.6	12.6	12.3
金属制品、机械和设备修理业	12.4	7.9	15.6	10.7

（三）高耗能行业增速明显回落，四季度增速超过全部规上增速

2012 年，高耗能行业[③]增加值同比增长 9.5%，

表 2　2012 年各季度高耗能行业增加值增速

行业	一季度（%）	二季度（%）	三季度（%）	四季度（%）
高耗能行业	10.5	8.3	8.7	10.5
电力热力的生产和供应业	6.5	3.0	3.7	5.8
石油加工炼焦及核燃料加工业	6.1	3.4	6.0	8.4
化学原料及化学制品制造业	13.3	10.6	10.6	12.3
有色金属冶炼及压延加工业	16.3	12.3	12.7	12.2
黑色金属冶炼及压延加工业	8.7	9.0	8.5	12.9
非金属矿物制品业	14.6	10.5	10.3	10.5

注：②装备制造业包括金属制品业、通用设备制造业、专用设备制造业、汽车制造业、铁路、船舶、航空航天和其他运输设备制造业、电气机械及器材制造业、通信设备计算机及其他电子设备制造业、仪器仪表制造业和金属制品、机械和设备修理业。
③高耗能行业包括石油加工炼焦及核燃料加工业、化学原料及化学制品制造业、有色金属冶炼及压延加工业、黑色金属冶炼及压延加工业、非金属矿物制品业和电力热力的生产和供应业。

较上年回落2.8个百分点。分季度看，一季度增长10.5%，二季度增长8.3%，三季度增长8.7%，四季度增长10.5%，超过全部规上增速0.5个百分点，较三季度加快1.8个百分点。

（四）资源类行业增速明显回落，四季度小幅回升

2012年，资源类行业[④]增加值同比增长9.5%，较上年回落3.8个百分点。分季度看，一季度增长10.9%，二季度增长9.8%，三季度增长8.8%，四季度增长10.1%，较三季度加快1.3个百分点。

表3　2012年各季度资源类行业增加值增速

行业	一季度（%）	二季度（%）	三季度（%）	四季度（%）
资源类行业	10.9	9.8	8.8	10.1
煤炭开采和洗选业	12.3	10.6	6.3	10.7
石油和天然气开采业	2.6	3.0	4.8	4.9
黑色金属矿采选业	22.2	21.3	21.9	19.2
有色金属矿采选业	19.2	15.8	17.5	13.3
非金属矿采选业	17.7	8.8	11.3	7.2
开采辅助活动	23.2	13.7	13.6	11.1
其他采矿业	43.1	−9.8	−8.3	14.8

（五）主要轻纺行业增速小幅回落，年内呈逐季回落态势

2012年，主要轻纺行业[⑤]增加值同比增长11.9%，较上年回落1.7个百分点。分季度看，一季度增长15.2%，二季度增长11.6%，三季度增长10.9%，四季度增长10.3%，呈逐季回落态势。

表4　2012年各季度主要轻纺行业增加值增速

行业	一季度（%）	二季度（%）	三季度（%）	四季度（%）
主要轻纺行业	15.2	11.6	10.9	10.3
农副食品加工业	17.6	13.5	12.9	11.1
食品制造业	15.2	11.4	11.4	10.8
酒、饮料和精制茶制造业	15.7	12.6	12.2	10.2
纺织业	15.1	11.7	10.9	11.2
纺织服装、服饰业	9.9	6.3	5.1	6.7
化学纤维制造业	13.8	12.9	13.3	12.4

（六）东中西部地区生产增速不同程度回落，四季度均呈企稳回升态势

2012年，东部地区增加值同比增长8.8%，较上年回落2.9个百分点；中部地区增长11.3%，回落6.9个百分点；西部地区增长12.6%，回落4.2个百分点。分季度看，一至四季度东部地区分别增长8.9%、8.3%、8.2%和8.9%；中部地区分别增长16.9%、11%、9.7%和10.8%；西部地区分别增长14.5%、12%、11.8%和12.7%。三大区域四季度较三季度分别加快0.7、1.1和0.9个百分点。

表5　2012年各季度三大地区增加值增速

地区	一季度（%）	二季度（%）	三季度（%）	四季度（%）
东部	8.9	8.3	8.2	8.9
中部	16.9	11.0	9.7	10.8
西部	14.5	12.0	11.8	12.7

二、工业产品出口增速大幅减缓，四季度有所回暖

2012年，全国规模以上工业实现出口交货值106759.2亿元，同比增长7.1%，增速较上年回落9.5个百分点。分季度看，一季度增长7.4%，二季度增长6.2%，三季度增长4.4%，四季度增长9.6%，较三季度加快5.2个百分点。

六大工业品出口地区[⑥]出口增速均较上年回落。山东增长3.4%，较上年回落14.2个百分点；江苏增长4.6%，回落14.1个百分点；浙江增长1.4%，回落10.9个百分点；福建增长11.2%，回落9.7个百分点；广东增长6.5%，回落4.8

注：④资源类行业包括煤炭开采和洗选业、石油和天然气开采业、黑色金属矿采选业、有色金属矿采选业、非金属矿采选业、开采辅助活动和其他采矿业。
⑤主要轻纺行业包括农副食品加工业、食品制造业、酒、饮料和精制茶制造业、纺织业、纺织服装、服饰业和化学纤维制造业。
⑥6个地区出口交货值占全国规模以上工业的比重超过70%。

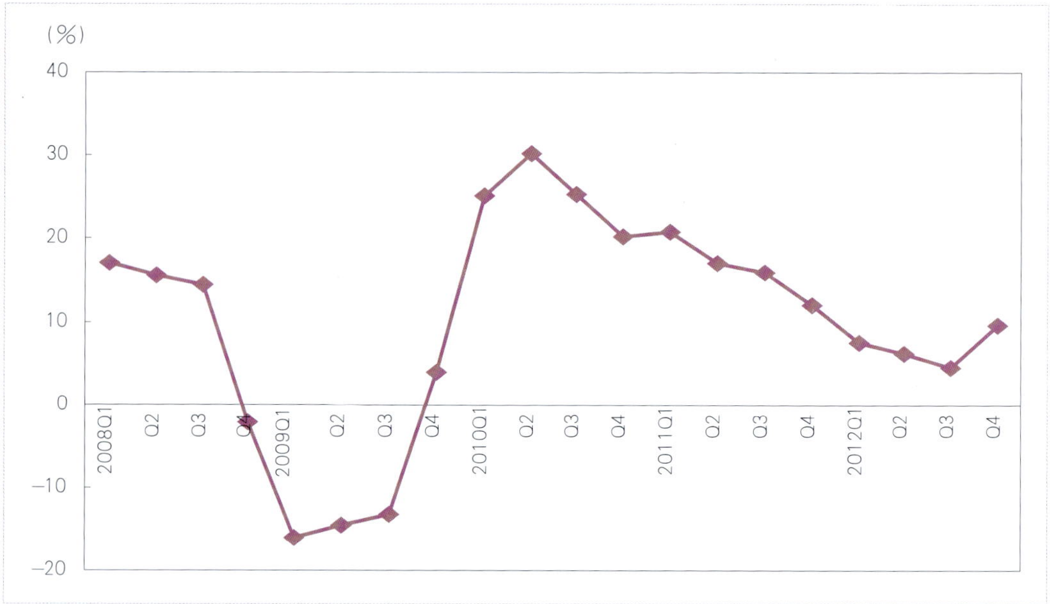

图 3　2008-2012 年各季度规模以上工业出口交货值增速

个百分点；上海下降 5.5%，上年为增长 3.1%。

三、工业利润大幅下滑，年内呈先降后升走势

2012 年，全国规模以上工业企业实现利润 55577.7 亿元，同比增长 5.3%，增速较上年回落 20.1 个百分点。分季度看，一季度下降 1.3%，二季度下降 3%，三季度下降 1%，四季度增长 20.3%，呈先降后升、前低后高走势。

（一）各种经济类型企业利润增幅均回落

2012 年，集体企业实现利润 819.4 亿元，同比增长 7.5%，增速较上年回落 26.5 个百分点；私营企业实现利润 18171.9 亿元，增长 20%，回落 26 个百分点；国有及国有控制企业实现利润 14163.1 亿元，同比下降 5.1%，上年为增长 15%；外商及港澳台商投资企业实现利润 12688 亿元，下降 4.1%，上年为增长 10.6%。

（二）主要行业利润增幅均回落，资源类行业回落明显

2012 年，资源类行业实现利润 9827.1 亿元，同比下降 6.5%，上年为增长 41.5%；高耗能行业实现利润 11956 亿元，下降 0.6%，上年为增长 15.3%；主要轻纺行业实现利润 8455.7 亿元，同比增长 18.3%，增速较上年回落 17.5 个百分点；装备制造业实现利润 17168.1 亿元，增长 5.9%，回落 13.1 个百分点。

（三）利润增速年内先降后升的主要原因

一是主营业务收入增速先降后升。2012 年一至四季度，全国规模以上工业企业主营业务收入季度同比增速分别为 14.1%、9%、8.1% 和 13.3%。

二是每百元主营业务收入费用同比增量⑦先升后降。2012 年一至四季度，全国规模以上工业企业每百元主营业务收入费用同比增量分别为 0.29、0.41、0.33 和 -2.1（元 / 百元）。

三是同期基数较低导致。

四、小微工业企业生产经营仍低位徘徊

2012 年，全国规模以下工业（含个体工业）

注：⑦每百元主营业务收入中的费用 =（销售费用 + 管理费用 + 财务费用）/ 主营业务收入 ×100（元 / 百元），同比增量 = 本期每百元主营业务收入中的费用 - 同期每百元主营业务收入中的费用。

增加值同比增长7.3%，增速较上年回落1.9个百分点。分季度看，一季度增长7.5%，二季度增长7.1%，三季度增长7%，四季度增长7.5%。

（一）销售及出口增速有所回落

2012年，小微工业企业主营业务收入同比增长11.5%，增速较前三季度回落0.1个百分点；出口产品销售收入增长1.2%，较前三季度回落7.1个百分点。企业出口率为7%，较上年回落0.8个百分点。

（二）企业利润增速减缓，利润率偏低

2012年，小微工业企业营业利润同比增长10.8%，增速较前三季度回落2个百分点。主营业务收入利润率为5.3%，比同期规模以上工业企业约低0.4个百分点。

（三）企业用工增速较低，四成以上行业负增长

2012年，小微工业企业从业人员期末人数由前三季度同比减少0.3%转为增长0.7%。

分行业看，41个工业大类行业中有17个行业用工同比下降，煤炭开采和洗选、黑色金属矿采选、有色金属矿采选、非金属矿采选、开采辅助活动等行业同比降幅均超过4%。

（四）企业关停面有所上升

2008年底至2012年底，跟踪调查的小微工业企业中，累计关闭企业占15.8%，其中有4.4个百分点为2012年当年关闭，比2011年上升1.5个百分点。2012年底，累计停产企业占跟踪调查企业总数的17.9%，比2011年底上升0.4个百分点。

五、工业结构出现一些积极变化

2012年，工业经济结构出现了一些积极变化，主要表现在：一是轻工业比重有所上升，重工业比重有所下降。2012年轻工业现价增加值比重为29.4%，较上年提高1.1个百分点；重工业比重为70.6%，降低1.1个百分点。二是高技术制造业比重有所上升。2012年高技术制造业现价增加值比重为9.4%，较上年提高0.3个百分点。三是高耗能行业比重有所下降。2012年高耗能行业现价增加值比重为29.6%，较上年降低1.1个百分点。

六、产能过剩问题依然严重

受需求放缓影响，2012年以来，工业产能利用率三个季度回落，四季度回升到80.1%，但仍比2011年四季度低2.6个百分点（据国家统计局对全国6.5万家工业企业网上专项问卷调查测算）。

从主要行业看，2012年四季度钢铁行业产能利用率79.2%，同比下降3.4个百分点；非金属矿物制品业（含水泥、平板玻璃等子行业）77.8%，下降2.6个百分点；煤炭行业80.2%，下降8.7个百分点。产能利用率较低的行业还有，铁路、船舶等设备制造业74.6%，专用设备制造业76.4%，电力行业76.2%，通用设备制造业78%，化工79.7%，汽车80.4%。

在经济增长放缓的大背景下，产能过剩的压力将在较长时期内存在，加快淘汰落后产能，合理引导固定资产投资方向，适当控制新增产能供给节奏，是今后一段时间产业结构调整的重要任务。

总体看，2012年工业经济增速的回落，一是外需明显减弱，出口增速回落；二是产能过剩问题严重，投资需求放缓。在国家稳增长、调结构等政策措施作用下，四季度工业经济运行已呈现温和回升的态势。预计2013年工业经济有望延续2012年四季度企稳回升的态势。但受内需不振、外需低迷以及工业结构不合理等多种因素制约，保持工业经济企稳回升的基础依然不够牢固。

（执笔：王新 国家统计局工业统计司）

2012 年能源供需和节能降耗情况报告

2012 年，能源生产平稳增长，供应能力进一步增强，消费增长放缓，供需总体平衡。高耗能行业增长过快的势头得到有效抑制，能源利用效率进一步提高，节能降耗工作取得积极进展。

一、能源供需情况

（一）供应能力进一步增强

能源生产：2012 年全国能源生产总量 33.3 亿吨标准煤，比上年增长 4.8%，增幅比上年降低 2.3 个百分点，其中：原煤生产 36.5 亿吨，增长 3.8%；原油生产 2.07 亿吨，增长 2.3%；天然气生产 1072.2 亿立方米，增长 4.4%；发电量 49377.7 亿千瓦小时，增长 4.8%，其中一次电力产量（核电、水电、风电等）10823.2 亿千瓦小时，比上年增长 23.1%。一次能源生产总量构成：原煤占 76.6%，比上年下降 1.2 个百分点；原油占 8.9%，比上年下降 0.2 个百分点；天然气占 4.4%，比上年上升 0.1 个百分点；一次电力占 10.1%，比上年上升 1.3 个百分点，能源生产结构改善。

能源进口：进出口相抵，全年净进口能源约 6 亿吨标准煤，比上年增长 14.9%，增幅比上年上升 0.1 个百分点。其中：原煤进口增长 35.6%，增幅比上年上升 19.3 个百分点；原油进口增长 6.9%，增幅比上年下降 0.2 个百分点；天然气进口增长 21.5%，增幅比上年下降约 100 个百分点。

能源供应总量：2012 年能源供应总量（生产总量 + 净进口）39.3 亿吨标准煤，比上年增长 6.3%，增幅比上年下降 1.8 个百分点。各种能源进口占能源供应总量比重为 15.3%，比上年上升 0.8 个百分点，其中原油进口量占原油供应总量的比重为 56.5%，比上年提高 1.2 个百分点。

重庆长江三峡（重庆市环保局提供）

（二）能源消费增长放缓

2012年能源消费总量为36.2亿吨标准煤，比上年增长3.9%，增幅比上年下降3.2个百分点。其中：煤炭消费35.2亿吨，比上年增长2.5%，增幅比上年下降7.3个百分点；石油消费约4.8亿吨，比上年增长约5%，增幅比上年上升0.1个百分点；天然气消费1437亿立方米，比上年增长10.2%，增幅比上年下降11.9个百分点；电力消费4.96万亿千瓦时，比上年增长5.5%，增幅比上年下降6.6个百分点。一次能源消费总量构成：煤炭占67.1%，比上年下降1.3个百分点；石油占18.4%，比上年下降0.2个百分点；天然气占5.3%，比上年提高0.3个百分点；一次电力占9.2%，比上年提高1.2个百分点，能源消费结构改善。

（三）能源供需总体平衡

2012年末，主要能源社会库存（包括煤炭生产企业库存、流通企业库存、消费企业库存）多数比年初增长，其中煤炭库存增长23%，原油库存增长13.3%，成品油库存增长18.9%。这种增长一方面是受结构调整后需求增幅下降的影响，另一方面是由生产、消费规模扩大引起的正常增长。按照可比口径计算，2012年能源供应大于需求8.6%，能源供应充裕，供需宽松，但库存呈现积压趋势。

二、节能降耗工作取得积极进展

2012年，全国单位GDP能耗下降3.6%，其中：一季度降低2.2%，上半年降低3.4%，前三季度降低3.4%。全国规模以上工业单位增加值能耗比上年降低7.34%，其中，煤炭行业单位增加值能耗下降 4.99%，石油石化行业下降1.52%，钢铁行业下降8.69%，有色行业下降6.07%，建材行业下降8.94%，化工行业下降5.85%，纺织行业下降9.01%，电力行业下降5.78%。在全国30个省（区、市，不包括西藏）中，29个地区单位GDP能耗下降，4个地区降低7%以上，4个地区降低6-7%，7个地区降低5-6%，10个地区降低4-5%，4个地区降低4%以下，1个地区上升；29个地区完成自定的年度目标任务，27个地区完成“十二五”年均进度目标任务；从地域看，东部地区下降5.30%，

重庆的蓝天白云（重庆市环保局提供）

中部地区下降 5.64%，西部地区下降 4.02%。单位 GDP 能耗下降的主要原因：

（一）高耗能行业增长过快的势头得到有效抑制

2012 年，六大高耗能行业增加值比上年增长 9.5%，增幅比上年回落 2.8 个百分点，低于规模以上工业 0.5 个百分点。占规模以上工业比重为 29.6%，比上年下降 1.1 个百分点。其中：石油加工炼焦及核燃料加工业增长 6.3%，比上年回落 1.3 个百分点；化学原料及化学制品制造业增长 11.7%，回落 3.0 个百分点；非金属矿物制品业增长 11.2%，回落 7.2 个百分点；黑色金属冶炼及压延加工业增长 9.5%，回落 0.2 个百分点；电力、热力的生产和供应业增长 5.0%，回落 5.1 个百分点。

主要高耗能产品增幅回落。2012 年，钢材产量增长 7.6%，增幅比上年回落 2.8 个百分点；水泥产量增长 5.3%，回落 6.3 个百分点；十种有色金属产量增长 6.9%，回落 3.2 个百分点；氧化铝产量增长 10.3%，回落 7.8 个百分点；乙烯产量下降 2.7%，回落 10.2 个百分点；烧碱产量增长 9.0%，回落 2 个百分点。

（二）淘汰落后产能、改进工艺技术等工作取得成效

淘汰落后产能工作持续推进。2012 年，全国淘汰火电落后产能 300 万千瓦，淘汰炼铁落后产能 1000 万吨，淘汰煤炭落后产能 5496 万吨，淘汰炼焦落后产能 2100 万吨，淘汰水泥落后产能 5881 万吨。

多数产品的单位产品能耗继续下降。在统计的重点用能工业企业的 25 个重点耗能产品、107 项单位综合能耗指标中，80% 以上呈下降趋势。其中：原煤生产单位能耗下降 3.7%，炼焦工序单位能耗下降 3.3%，原油加工单位能耗下降 3.5%，烧碱单位能耗下降 6.6%，纯碱单位能耗下降 4.0%，乙烯单位能耗下降 0.2%，合成氨单位能耗下降 1.3%，水泥单位能耗下降 3.8%，平板玻璃单位能耗下降 2.3%，吨钢综合能耗下降 1.8%，铜、铝、铅、锌冶炼单位能耗分别下降 12.2%、0.2%、0.3%、2.3%，火力发电煤耗下降 0.7%。

能源加工转换效率进一步提高。2012 年，能源加工转换总效率比上年提高 0.8 个百分点，10 种加工转换方式中的 6 种均有提高。其中，火力发电提高 0.3 个百分点，热电联产提高 0.6 个百分点，原煤洗选提高 0.8 个百分点，天然气液化提高 3.8 个百分点，炼焦与制气与上年持平，炼油及煤制油则略有下降。

（三）能源回收利用率有所提高

2012 年，规模以上工业企业回收利用能源 12464 万吨标准煤，比上年增加 480 万吨标准煤，回收利用率为 2.3%，比上年提高 0.02 个百分点。

（四）能源消费品种结构进一步优化

2012 年，能源消费品种结构不断优化：天然气、水电、风电、核电等消费所占比重比上年提高 1.5 个百分点，煤炭、石油消费所占用能的比重比上年下降 1.5 个百分点，能源消费品种结构的调整，对节能降耗有十分明显的影响。

三、节能降耗形势仍很严峻

“十二五”时期，单位 GDP 能耗计划降低 16%，年均降低 3.43%。2012 年，全国单位 GDP 能耗降低幅度虽然达到了年度计划目标，但从实际情况看，形势仍很严峻。主要是节能目标完成进度仍落后于时间进度要求，要实现“十二五”目标任务，后三年年均单位 GDP 能耗需降低 3.84%，比前两年年平均降幅高 1.04 个百分点，今后 3 年的节能降耗压力很大。从 2012 年末形势分析，随着经济的企稳回升，高耗能行业增长加快，能源需求反弹，能耗强度下降速度将会放缓，所以完成“十二五”目标任务相当艰巨。各地区、各部门要把节能降耗工作放在更加突出的位置，制定、落实各项政策措施，确保完成“十二五”目标任务。

（执笔：朱虹 国家统计局能源统计司）

2012 年建筑业发展报告

2012 年，全国建筑业企业生产保持平稳较快增长，但受国家宏观调控政策和经济增速放缓等因素的影响，建筑业总产值、企业签订合同额、房屋建筑施工面积等主要生产指标增速均比上年明显回落，企业开工率下降，在建工程施工进度放缓，面临的生产经营压力较大。

一、基本情况

（一）建筑业总产值平稳增长，增速较上年明显回落

2012 年，全国建筑业企业完成建筑业总产值 135303 亿元，同比增长 16.2%，增速较上年回落 5.1 个百分点，为近十年来最低（见图 1）。其中，国有及国有控股企业完成建筑业总产值 43450 亿元，增长 12.3%，增速较上年回落 8.3 个百分点。

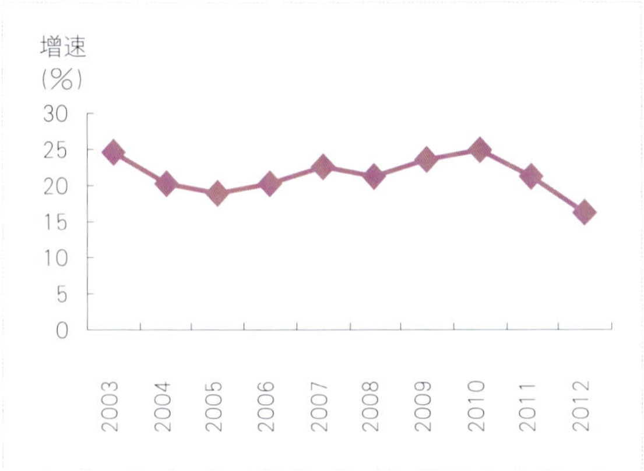

图 1　2003–2012 年建筑业总产值增速

分地区看，东部地区产值增速较上年回落较快。2012 年，东部地区完成建筑业总产值 79977 亿元，同比增长 14.7%，增速回落 6.4 个百分点；中部地区 31186 亿元，同比增长 17.9%，增速回落 3.9 个百分点；西部地区 24140 亿元，同比增长 19.2%，增速回落 2.1 个百分点。

（二）建筑业企业签订合同额增速较上年大幅回落，但国有及国有控股企业本年新签合同额增速有所回升

2012 年，全国建筑业企业签订合同额 245688 亿元，同比增长 16.9%，增速比上年回落 4.8 个百分点。其中，国有及国有控股企业 101396 亿元，增长 16.1%，增速回落 1.9 个百分点。

全国建筑业企业本年新签合同额 145030 亿元，增长 12.6%，增速比上年回落 4.1 个百分点。其中，国有及国有控股企业本年新签合同额 52350 亿元，增长 14.4%，增速提高 7.6 个百分点。

（三）房屋建筑施工面积、新开工面积增速回落

2012 年，全国建筑业企业完成房屋施工面积 98.15 亿平方米，比上年增加 13.0 亿平方米，增长 15.2%，增速回落 5.1 个百分点。其中新开工面积为 44.59 亿平方米，比上年增加 1.5 亿平方米，增长 3.5%，增速回落 9.4 个百分点。

（四）劳动生产率有所提高

2012 年，建筑业企业按建筑业总产值计算的劳动生产率为 267860 元 / 人，比上年提高 14.9%。其中，国有及国有控股企业为 408835 元 / 人，比上年提高 14.5%。

（五）企业主要经济效益指标增速回落

2012 年，全国建筑业企业主营业务收入 127266 亿元，同比增长 15.0%，增速回落 5.1 个百分点；实现利润总额 4818 亿元，同比增长 15.6%，增速回落 6.7 个百分点。

二、存在的主要问题

（一）企业开工率下降且亏损面扩大

2012 年，全国有施工活动的建筑业企业共计 74042 家，开工率为 91.9%，比上年低 0.7 个百分点。企业亏损面为 13.9%，比上年扩大 2.6 个百分点。

（二）生产增长乏力，后续施工项目储备不足

分季度看，一季度、上半年、前三季度和全年的建筑业总产值增速分别为 18.1%、18.2%、18.5% 和 16.2%；企业签订合同额增速分别为 16.3%、17.1%、17.5% 和 16.9%；房屋建筑施工面积增速分别为 21.6%、19.5%、17.4% 和 15.2%，年内主要生产指标的分季增速呈明显的稳中趋缓势头。此外，建筑业企业本年新签合同额增速也较上年回落 4.1 个百分点，表明建筑业企业持续快速发展的动力较为疲软，生产扩张受到了施工规模增长放缓和后续施工项目储备的制约，且在短期内难有明显的改观。

（三）施工进度较上年明显放缓，房屋竣工面积增速和房屋建筑面积竣工率均创五年内新低

2012 年，建筑业企业完成房屋竣工面积 34.6 亿平方米，同比增长 9.3%，增速比上年回落 4.7 个百分点，较 2008、2009 和 2010 年分别回落 0.3、0.5 和 3.8 个百分点。房屋建筑面积竣工率为 35.2%，比上年回落 1.9 个百分点，较 2008、2009 和 2010 年分别回落 6.9、6.5 和 4.0 个百分点。

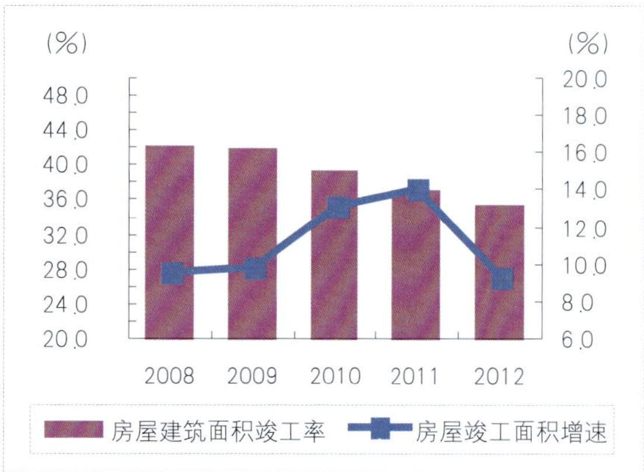

图 2　2008-2012 年房屋竣工面积增速及房屋建筑面积竣工率

（四）建筑业企业利润率偏低

2012 年，全国建筑业企业实现利润总额 4818 亿元，产值利润率为 3.6%，与上年持平，自 2009 年以来已经连续 4 年处于 3.5%~3.6% 的产值利润率区间。2012 年建筑业企业主营业务收入利润率为 3.8%，而同期全国规上工业企业为 6.1%，存在着明显差距。利润率多年来徘徊在较低水平，表明建筑企业的持续盈利能力仍然较差。

（五）行业集中度仍有待提升

2012 年全国特、一级建筑业企业共计 8319 家，占全部建筑业企业个数的比重为 10.3%，比上年下降 0.2 个百分点；完成总产值 83860 亿元，占当年全国建筑业总产值的 62.0%，比上年下降 0.9 个百分点。具有较高资质的建筑业企业数量、完成产值比重下降，表明建筑业的产业集中度仍有待提升。

（六）工程款拖欠现象依然严重

2012 年建筑业企业应收工程款达 21336 亿元，同比增长 22.1%，增速虽然比上年回落 3.6 个百分点，但占主营业务收入的比重却达到 16.8%，比上年提高 1 个百分点。企业主营业务收入增长放缓，同时工程款拖欠现象并没有明显改观，导致企业资金周转较为紧张，经营压力加大。

三、制约行业快速发展的原因分析

（一）受国家经济大环境制约，持续快速增长的难度加大

近年来，我国经济长期保持了较快增长速度，2002 年至 2011 年 GDP 年增长率均在 9% 以上。但 2012 年我国 GDP 增长速度回落至 7.8%，这是自 2000 年以来我国经济增速的最低值。我国建筑行业的发展也与国家经济大趋势较为一致，2002 年至 2011 年间，除 2005 年建筑业总产值增速为 19.1% 外，其余年份均在 20% 以上。经过连续多年快速增长，建筑业生产增长的基数越来越大，加之国家经济增速整体放缓的制约，持续快速增

（北京首都创业集团有限公司提供）

长的难度也越来越大。

（二）房地产投资增速放缓，对建筑业企业生产增长影响较大

2012 年房地产开发投资 71804 亿元，增长 16.2%，增速比上年大幅回落 11.9 个百分点。受此影响，全年建筑业房屋建筑类企业完成产值 85054 亿元，增长 18.7%，增速回落 17.3 个百分点。2012 年房屋建筑类企业产值占全部建筑业企业总产值的比重达 62.9%，一定程度上抑制了建筑行业生产经营的整体走势。

（三）企业核心竞争力不强，加之市场竞争激烈，致使企业的生产经营压力较大

建筑行业是劳动密集型产业，目前在我国具有较高资质的建筑业企业数量仍然偏少，产业集中度相对较低；多数中小型建筑业企业管理水平不高，经营发展方式比较粗放，管理人才和技术人员都比较紧缺，企业的核心竞争力不强。建筑业又是一个完全竞争性行业，市场竞争激烈，为承揽业务恶意竞争、业主拖欠工程款等现象一直比较普遍，近年来又由于劳动力成本上升、建筑材料价格上涨给企业带来更大的成本压力，因此相当一部分企业在生产经营上面临较大困难。

四、建议和展望

总体来看，2012 年建筑业在保持平稳较快发展的同时，也存在不少问题。建筑行业的持续健康发展，需要相关部门的政策支持和引导，需要建筑业企业不断提升核心竞争力和企业管理水平。

（一）建设领域相关主管部门应加强行业资质管理和建筑市场的运营规范，促进建筑行业加快结构调整和升级，引导企业以并购、重组等方式强强联合，实现企业间的资源整合和优势互补，提升产业集中度，提升建筑行业整体施工和管理水平，培育行业的核心竞争力。进一步规范工程招投标活动管理，健全建筑市场法规体系，推进建筑行业诚信体系建设，完善落实清理拖欠工程款问题的长效机制，加大对违规企业的执法力度。

（二）建筑业企业需顺应国家产业结构调整和固定资产投资增速趋缓等经济发展大局，在巩固原有市场的基础上，重视开拓环保工程、节能建筑、核电、风能建设等新兴建设领域；抓住国家大力推进城镇化和保障性安居工程建设的契机，加大后续施工项目储备；有实力的建筑业企业可以逐步拓展海外建设业务，丰富企业的市场构成，提高自有工程设计、项目策划融资和管理能力，增强企业的可持续发展能力。

（三）我国经济增速趋缓和发展不确定性因素较多的情况有可能长期存在，面对发展中遇到的困难，建筑业企业需要不断提高生产经营管理水平，增强风险防控意识，规范企业财务管理，合理规划工程项目进度，加强清收欠款工作，严控应收账款总量，确保企业正常的项目储备和资金流动。

2012 年底召开的中央经济工作会议在部署 2013 年经济工作时明确提出，要继续把握好稳中求进的工作总基调，要以提高经济增长质量和效益为中心。这表明，从高速增长转为平稳增长，从规模扩张式发展转为质量效益型发展将是今后几年内我国各行业发展的基调。总的来看，我国建筑业经历了十余年的快速增长，目前已经开始进入一个相对平稳的发展时期，在“十二五”期间各地区城镇化加速推进、保障性安居工程建设大规模展开的情况下，预计 2013 年全国建筑业企业有望延续 2012 年的平稳较快发展趋势。

（执笔：张刚 国家统计局固定资产投资司）

2012 年交通运输业发展报告

2012 年，面对复杂多变的国内、国际经济形势，交通运输业继续积极转变发展方式，充分发挥经济动脉的作用，为保障社会平稳发展、提高人民生活质量做出了巨大的贡献，为全面建成小康社会奠定了坚实的基础。

一、交通运输业设施建设

2012 年，交通运输业继续全面推进基础设施建设，开工和完成了不少服务社会、惠及民生的重大工程，为下一步的城镇化战略发展做好了物质铺设。

（一）铁路建设成效显著

2012 年，铁路建设全年完成固定资产投资 6576.73 亿元，同比增长 10.6%，其中基本建设投资 5215.46 亿元，同比增长 13.3%，占全年固定资产投资完成额的 79.3%，比上年提高 1.9 个百分点。铁路营业里程达到 9.76 万公里，同比增长 4.7%，居世界第二位。其中，电气化里程达到 5.10 万公里，同比增长 10.8%，电气化率达到 52.3%，比上年提高 2.9 个百分点；复线里程达到 4.37 万公里，同比增长 10.8%，复线率达到 46.9%，比上年提高 4.6 个百分点；高速铁路营业里程达到 9356 公里，同比增长 41.7%。2012 年，

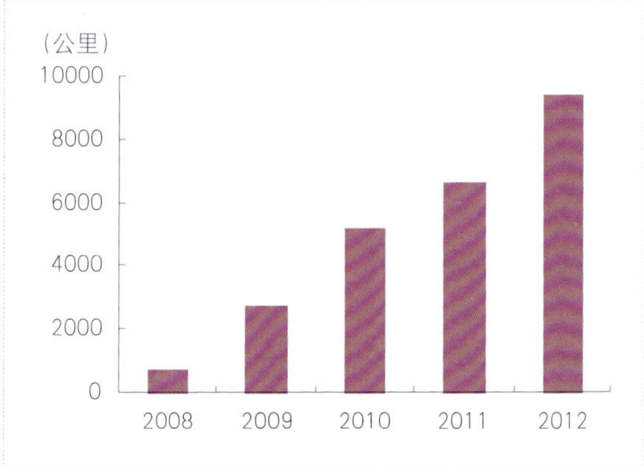

图 1　2008-2012 年高速铁路营业里程

“四纵四横”铁路快速客运通道建设成果显著：世界上第一条高寒高速铁路——哈大高铁顺利开通运营；世界上营业里程最长的高速铁路——京广高铁全线贯通，全程 2298 公里；京石、石武、

表 1　2003-2012 年运输线路长度

单位：万公里

年份	铁路营业里程	#高速铁路	公路里程	#高速公路	内河航道里程	定期航班航线里程	管道输油（气）里程
2003	7.30		180.98	2.97	12.40	174.95	3.26
2004	7.44		187.07	3.43	12.33	204.94	3.82
2005	7.54		334.52	4.10	12.33	199.85	4.40
2006	7.71		345.70	4.53	12.34	211.35	4.81
2007	7.80		358.37	5.39	12.35	234.30	5.45
2008	7.97	0.07	373.02	6.03	12.28	246.18	5.83
2009	8.55	0.27	386.08	6.51	12.37	234.51	6.91
2010	9.12	0.51	400.82	7.41	12.42	276.51	7.85
2011	9.32	0.66	410.64	8.49	12.46	349.06	8.33
2012	9.76	0.94	423.75	9.62	12.50	328.01	9.01

合蚌、汉宜客专等一批重点项目顺利开通运营。至此中国高铁“四纵”干线已基本全部贯通。

伴随铁路轨道的不断拓展，铁路机车车辆装备的现代化水平也显著提升。截至2012年底，全国铁路机车拥有量达2.08万台，同比增长0.4%。其中，电力机车1.02万台，占48.9%；内燃机车1.06万台，占51.0%。和谐型大功率机车拥有量达6045台，占比全部机车的29.1%，比上年末提高4.7个百分点。铁路货车拥有量达67.07万辆，同比增长3.0%；铁路客车拥有量达5.77万辆，同比增长5.5%。投入运营的动车组列车达8651辆，比上年末增加1705辆，同比增长24.5%。在国际铁路行业权威战略咨询公司德国SCI Verkehr咨询公司最新发布的世界轨道交通装备制造商“十强”排名中，中国北车、中国南车分列第一、二位，一举超越庞巴迪、阿尔斯通、西门子等传统巨头，标志着我国轨道交通装备制造已步入世界先进行列。

（二）公路建设稳步推进

2012年，全国完成公路建设投资12713.95亿元，同比增长0.9%。其中高速公路建设完成投资7238.30亿元，同比下降2.5%；国省道改造完成投资2575.33亿元，同比增长5.9%；农村公路建设完成投资2145.02亿元，同比增长6.7%。

截至2012年底，全国公路总里程达到423.75万公里，同比增长3.2%。其中，等级公路里程达到360.96万公里，占总里程的85.2%，比上年末提高1.1个百分点；高速公路里程达到9.62万公里，占总里程的2.3%，比上年末提高0.2个百分点。公路总里程居世界第2位，高速公路里程位居世界前列。公路长度增加的同时，路网质量与结构进一步优化：全国有铺装路面和简易铺装路面公路里程达到279.86万公里，占公路总里程的66.0%，比上年末提高2.3个百分点。公路建设重点工程——江苏泰州长江公路大桥顺利竣工，这是目前世界上最大跨径的三塔悬索桥，首次实现了三塔悬索桥塔跨径由百米向千米的突破；港珠澳大桥、中朝鸭绿江大桥等重点项目进展顺利。截至2012年底，全国公路密度达到44.14公里/百平方公里，比上年末提高1.37公里/百平方公里，四通八达的全国公路网正在加速编织。

与此同时，公路营运汽车数量继续增加：截至2012年底，全国公路营运汽车达到1339.89万辆，同比增长6.0%。其中，载客汽车达到86.71万辆，2166.55万客位，同比分别增长2.8%和3.8%，平均客位达到24.99客位/辆，比上年末提高0.25客位/辆；载货汽车达到1253.19万辆，8062.14万吨位，同比分别增长6.3%和11.0%，平均吨位达到6.43吨/辆，比上年末提高0.28吨/辆。

（三）水运建设日趋完善

2012年，全国内河及沿海建设完成投资1493.82亿元，同比增长6.3%。其中，内河建设完成投资489.68亿元，同比增长23.1%；沿海建设完成投资1004.14亿元，同比下降0.3%。

全年内河港口新建及改（扩）建码头泊位251个，新增吞吐能力12025万吨；其中万吨级及以上泊位新增吞吐能力5250万吨。全年沿海港口新建及改（扩）建码头泊位135个，新增吞吐能力32401万吨；其中万吨级及以上泊位新增吞吐能力30683万吨。

截至2012年底，全国内河航道通航里程达到12.50万公里，同比增长0.3%；其中等级航道达到6.37万公里，占总里程的51.0%，比上年末提高0.7个百分点。2012年3月28日，岳阳城陵矶港至香港澳门水运直达航线开通，成为国内首条内河港口直达港澳的水运航线。长江南京至上海12.5米深水航道建设一期工程启动，这是中国“十二五”时期投资规模最大、技术最复杂的内河水运工程，标志着中国内河航道建设进入了一个新的阶段。这些水道的开通，为沿江沿海地区经济的腾飞注入了强大动力。

水运港口、航道迅速发展的同时，船舶结构趋于优化。截至2012年底，全国拥有水上运输船舶17.86万艘，同比减少0.4%。其中内河运输船舶16.52万艘，同比减少0.4%；沿海运输船舶1.09万艘，同比增长0.4%；远洋运输船舶2486艘，同比减少 0.3%。全国水上运输船舶总载客量达到 102.51 万客位，同比增长 1.7%；总净载重量达到 22848.62 万吨，同比增长 7.5%；集装箱箱位达到 157.36 万 TEU，同比增长 6.7%；船舶功率达到 6389.46 万千瓦，同比增长 7.4%。

（四）民航建设科学有序

2012 年，民航全行业完成基本建设和技术改造投资 712.2 亿元，同比增长 3.6%。全国民航定期航班通航机场达到 180 个（不含港澳台地区，下同），较上年增加 2 个；定期航班通航城市达到 178 个，较上年增加 3 个。2012 年 11 月 23 日，世界上海拔最高的民用机场——四川稻城亚丁机场圆满完成试飞。这个海拔高度 4410 米的机场，将改善区域交通条件、缩小地区差距。

截至 2012 年底，全国民用航空定期航班航线里程为 328.01 万公里，同比下降 6.0%；其中国内航线为 199.5 万公里，国际航线为 128.5 万公里，同比分别下降 0.04% 和 14.0%。全年新开辟和恢复航线 540 条；其中国内航线 481 条（含港澳台地区航线 9 条），国际航线 59 条。2012 年 7 月 5 日，西藏航空 TV9827 航班从拉萨贡嘎机场起飞经玉树前往兰州，标志着第二条进出西藏的空中通道正式开通，空中距离较以往路线减少 260 公里，时间缩短约 20 分钟，有效地缓解了进出藏的空中拥堵问题。

在机场、航线不断发展的同时，民用飞机数量不断增加。截至 2012 年底，民用飞机期末架数达到 3589 架，比上年末增加 398 架；其中大中型运输飞机达到 1769 架，比上年末增加 168 架。飞机数量的增加，机型的优化，促进了民航运输业安全快速的发展。

（五）管道长度大幅增加

2012 年，管道总里程达到 9.01 万公里，较上年增加 0.68 万公里，增幅达到 8.2%。其中输油管达到 4.13 万公里，输气管达到 4.88 万公里，同比分别增长 4.5% 和 11.6%。

一批重大管道项目已顺利完工和正在积极推进：中亚天然气管道 C 线和西气东输三线顺利开工；西气东输二线全线投产，这是我国首条引进境外天然气资源的战略通道工程，是目前世界上线路最长、工程量最大的天然气管道。西气东输二线管线西起新疆霍尔果斯，东止香港，途经全国 15 个省区市、192 个县级单位，全长 8704 公里，对于保障国家能源安全、优化能源消费结构、加快经济发展方式转变具有重大意义。

二、交通运输业运输能力

交通运输设施的建设推动了交通运输能力的提高，在一定程度上缓解了交通运输能力滞后于社会需求的矛盾，改善了人民群众的生活，促进了经济的转型发展。

2012 年交通运输量稳步增长。全年全社会主要运输方式完成客运量 380.40 亿人，同比增长 7.9%，增幅较上年提高 0.02 个百分点；完成旅客周转量 33383.09 亿人公里，同比增长 7.7%，增幅较上年下降 3.3 个百分点。

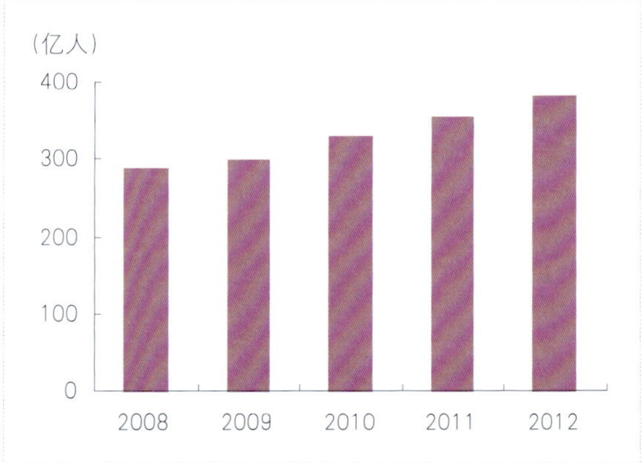

图 2　2008—2012 年全社会主要运输方式客运量

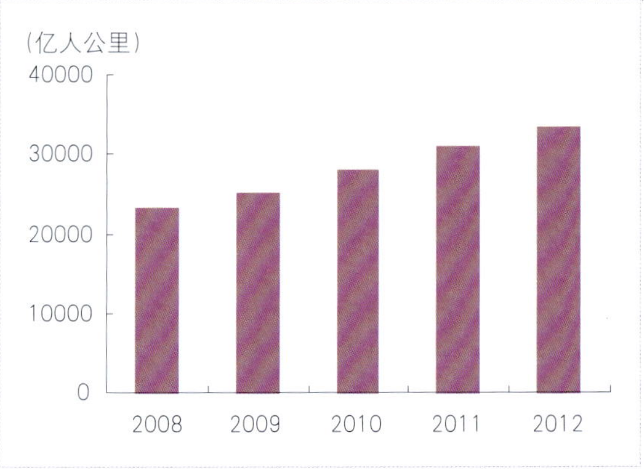

图 3　2008—2012 年全社会主要运输方式旅客周转量

全年全社会主要运输方式完成货运量409.94亿吨，同比增长10.9%，增幅较上年下降3.2个百分点；完成货物周转量173770.71亿吨公里，同比增长9.1%，增幅较上年下降3.3个百分点。

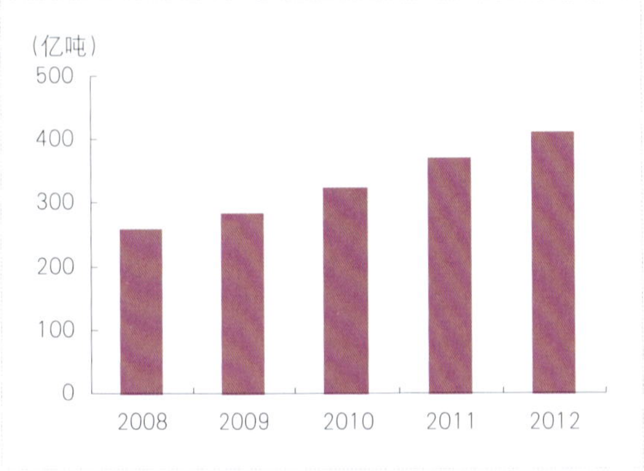

图4　2008-2012年全社会主要运输方式货运量

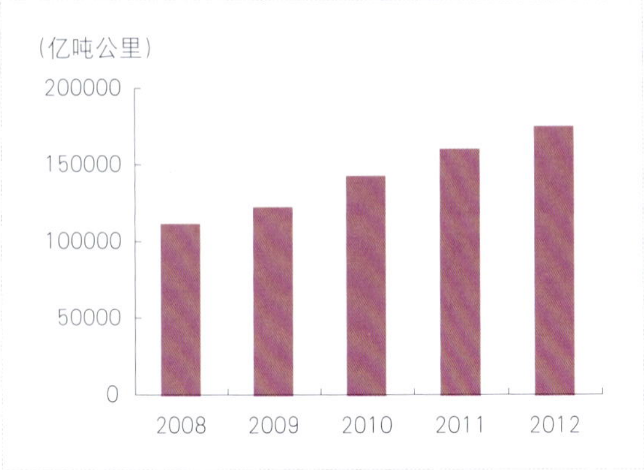

图5　2008-2012年全社会主要运输方式货物周转量

（一）铁路运输平稳发展

2012年，铁路运输按照“一体化、网络化、规范化和高度融合”的思路，推动客货运输发展。全年累计完成客运量18.93亿人，旅客周转量9812.33亿人公里，同比分别增长1.7%和2.1%，增速较上年分别放缓9.4个和7.6个百分点。在大宗货物需求大幅下降的情况下，全年完成货运量39.04亿吨，货物周转量29187.09亿吨公里，同比分别下降0.7%和0.9%，增速较上年分别放缓8.7个和7.5个百分点。虽然增速明显放缓，但目前我国铁路完成的旅客周转量、货物发送量、货物周转量、换算周转量仍均居世界第一位。

一年来，铁路部门继续倾斜运力，加强石油、粮食、棉花、节日物资、救灾物资等重点物资的运输。全年国家铁路石油运量完成1.27亿吨，同比增长0.7%；粮食运量完成9981万吨，同比增长4.2%；棉花运量完成389万吨，同比增长40.9%。这些重点物资的运输有力地满足了国民经济发展的需要，彰显了铁路“国民经济大动脉”的社会担当。

（二）公路运输继续增长

2012年，公路运输继续发挥自身机动灵活的特点，在交通运输中起到骨干作用，为经济社会发展做出了重要贡献。全年公路运输完成客运量355.70亿人，同比增长8.2%，增速较上年提高0.6个百分点；完成旅客周转量18467.55亿人公里，同比增长10.2%，增速较上年放缓1.4个百分点。由于经济趋缓，2012年公路货运增速略有回落。全年公路运输完成货运量318.85亿吨，货物周转量59534.86亿吨公里，同比分别增长13.1%和15.9%，增速较上年分别放缓2.1个和2.5个百分点。

（三）水路运输有所放缓

2012年，水路客运量受恶劣天气、桥隧开通后分流等因素的影响，增速有所放缓。全年完成客运量2.58亿人，同比增长4.9%，增速较上年放缓4.8个百分点；完成旅客周转量77.48亿人公里，同比增长4.0%，增速较上年提高0.8个百分点。

受国际国内经济形势影响，水路货运增速较上年有所下降。全年水路运输完成货运量45.87亿吨，完成货物周转量81707.58亿吨公里，同比分别增长7.7%和8.3%，增速较上年分别放缓4.7个和1.9个百分点。其中，内河运输完成货运量23.02亿吨、货物周转量7638.42亿吨公里，同比分别增长9.5%和16.4%；沿海运输完成货运量16.27亿吨、货物周转量20657.06亿吨公里，同比分别增长6.9%和5.9%；远洋运输完成货运量6.58亿吨、货物周转量53412.10亿吨公里，同比分别增长3.6%和8.2%。

（四）港口货物吞吐量增速下降

2012 年，全国规模以上港口完成货物吞吐量 97.75 亿吨，同比增长 7.2%，增速较上年放缓 5.3 个百分点。其中，沿海港口完成 66.52 亿吨，同比增长 7.9%，增速较上年放缓 4.4 个百分点；内河港口完成 31.22 亿吨，同比增长 5.7%，增速较上年放缓 7.2 个百分点。规模以上港口货物吞吐量自 2010 年以来增速呈持续放缓之势。

全年规模以上港口完成内贸货物吞吐量 67.44 亿吨，增长 6.1%，增速较上年放缓 6.9 个百分点；完成外贸货物吞吐量 30.31 亿吨，增长 9.7%，增速较上年放缓 1.7 个百分点，下滑幅度明显小于内贸货物吞吐量下滑幅度。全年规模以上港口完成煤炭及制品吞吐量 19.96 亿吨，同比增长 2.7%；石油、天然气及制品吞吐量 7.38 亿吨，同比下降 1.3%，其中原油吞吐量 3.93 亿吨，同比下降 3.9%；金属矿石吞吐量 15.00 亿吨，同比增长 8.3%。2012 年全球港口货物吞吐量前十位中，中国港口包揽 8 席，宁波—舟山港以年吞吐量 7.44 亿吨首次成为全球第一大港口；唐山港则超越了 2011 年排名第十位的釜山港，以年吞吐量 3.65 亿吨首次跻身全球十大港口之列。

（五）民航运输稳步发展

2012 年，民航运输完成客运量 3.19 亿人，旅客周转量 5025.74 亿人公里，同比分别增长 8.9% 和 10.8%，增幅较上年分别放缓 0.6 个和 1.6 个百分点。航空运输企业积极开拓国际航线业务，国际客运运距显著拉长，国际航线旅客运输周转量同比增长 13.0%，成为拉动民航旅客周转量增长的主要力量。全年完成货运量 545.03 万吨，货物周转量 163.89 亿吨公里，同比分别下降 2.2% 和 5.8%，增幅较上年继续回落，分别放缓 1.2 个和 3.0 个百分点。

2012 年，全国机场完成旅客吞吐量 67977.2 万人次，同比增长 9.5%，其中国内航线完成 62378.8 万人次，同比增长 9.2%，国际航线完成 5598.4 万人次，同比增长 13.4%。首都机场旅客吞吐量超过 8192.9 万人次，首次突破八千万人次大关，同比增长 4.1%；全年航班起降达 55.7 万架次，同比增长 4.5%。至此，首都机场连续三年旅客吞吐量稳居世界第二。

（六）管道运输增幅明显下降

2012 年，输油（气）运输量增速较上年有较大幅度下滑。全年管道实际完成输油（气）量 6.12 亿吨，同比增长 7.3%，增速放缓 6.9 个百分点；完成输油（气）周转量 3177.29 亿吨公里，同比增长 10.1%，增速放缓 21.2 个百分点。

三、交通运输业发展特点

（一）不断改进服务方式，服务质量明显提升

铁路运输深入开展“服务旅客创先争优”活动，优化列车开行方案，全面整治站车服务设施，创新售票组织工作，加强客户服务中心和 12306 网站建设。2012 年春运期间，互联网售票和电话订票两种方式售出的车票达到铁路售票总量的 29.5%。售票方式的改进方便了铁路旅客的出行，提升了客运服务质量。

公路运输部门继续执行鲜活农产品运输“绿色通道”政策，健全路况信息预警体系和公路气象预报预警，开通高速公路交通广播。中秋国庆长假期间，全国公路首次实施小客车免费通行政策，小客车通过收费站通行效率提高近 10 倍。收费公路交通量较上年同期增长 38%，其中 7 座及以下小型客车交通量增长 55%，通过公路前往景区的旅游客运量同比增长近 70%。免费政策在一定程度上缓解了其他运输方式的压力，极大地提高了公路运输的服务质量，使公路建设的成果真正地惠及了人民群众，同时促进了假日经济的繁荣，对经济发展产生了重要影响。

水运部门和铁路部门继续联手推动集装箱铁水联运，建立集装箱铁水联运信息共享系统，实现铁水联运集装箱的班列预确报、班轮船期、集装箱货物等信息的交换和共享。

民航运输开展“深挖潜力、缓解拥堵、提升服务”的专项活动：京沪穗三地四场统一放行，班机航线和高度层灵活使用；京广航路实施分流。

民航局空管局气象中心还利用新开通的航空气象综合服务平台提供统一全面的气象信息服务。这些举措有效地缓解了多变天气对民航运输的影响，降低了繁忙航段的拥堵程度，为空中的旅客运输和货物运输创造了更加舒适的环境。

（二）市场化程度明显提高，运营机制更加合理

2012 年，铁路部门加快铁路改革步伐，加速职能转变，由事无巨细的管理逐步转向规范、监督、协调、指导：一是充分发挥运输企业市场主体作用，转换经营机制，创新运输组织方式，统筹推进各类经营业务协调发展；二是大力发展站车商贸、广告旅游、工程监理等支柱产业，非运输业经营实力显著增强。这些举措都为 2013 年铁路运输的政企分开打下了坚实基础。

全国积极开展收费公路清理工作：撤销和调整了多个存在间距不合理、间距过近等问题的收费站；降低了多个收费公路项目的通行费标准；废止或修订了多个与国家现行行政法规存在不一致的地方性规章和文件；加快推进《收费公路管理条例》及配套规章修订工作，公路收费日趋规范合理。

水路运输管理部门针对水运企业面临的严峻形势，研究出台了多个振兴水运业的文件和扶持政策，帮助水运企业应对危机。新修订出台的《国内水路运输管理条例》将于 2013 年 1 月 1 日正式施行。条例将进一步优化水运市场环境，促进水运业在法治轨道上实现可持续发展。

京广高铁全线开通，中国南车研制的 CRH380A 型高速动车组担当运营主力（中国南车股份有限公司提供）

民航业继续落实《关于深化我国低空空域管理改革的意见》，不断加快管理体制的改革步伐，逐步在低空空域管理领域建立起科学理论体系、法规标准体系、运行管理体系和服务保障体系。2012 年 8 月 6 日，我国首个通勤航空试点项目在内蒙古阿拉善破土开工。通勤航空试点工作的展开，将为探索富有中国特色的通勤航空管理积累宝贵经验。

（三）科研投入逐步加大，技术水平不断提高

高铁建设关键领域不断开拓创新，京广铁路在京津、武广等高速铁路技术的基础上开创了 CA 砂浆原材料基准样比对试验管理技术，建成了世界上第一条在山区和长大隧道中的 CRTS Ⅱ型板式无砟轨道，标志我国已掌握了在山区和长大隧道内修建 CRTS Ⅱ型板式无砟轨道等成套关键技术。

北斗卫星导航系统专项启动的第一个民用示范工程——重点运输过程监控管理服务示范系统工程有序推进：从 2013 年 1 月 1 日起，各示范省份在用的“两客一危”车辆和所有新进入运输市场的重型载货汽车、半挂牵引车都需加装北斗兼容车载终端系统。该系统可提供卫星定位、通讯、精细化管理相结合的服务，驾驶员可通过短信形式告知行驶信息，运输企业也可根据系统数据分析车辆耗油等指标。

2012 年，ADSB-2000A 型广播式自动相关监视（ADS-B）地面站（接收）设备获得使用许可。该型号设备是首部获得民航设备使用许可的国产 ADS-B 地面站（接收）设备，打破了国外对 ADS-B 技术的垄断，填补了国内的空白，标志着国产 ADS-B 地面站设备的研制能力、生产技术已经基本成熟，可以进入到中国民航空管领域正式使用。

中国第一次完全自主设计并制造的支线客机——ARJ21 — 700 飞机研制已进入适航取证阶段。中国继运 -10 后自主设计的第二款国产大型客机——C919 飞机亮相珠海航天展，获得中外企业多份订单。该机型有望 2014 年进行首飞，

国产大飞机翱翔蓝天的梦想即将实现。

（四）节能减排成效显著，运输方式更加绿色环保

铁路运输企业继续积极开展铁路沿线绿化建设，截至2012年底，国家铁路沿线已绿化里程达到4.4万公里，比上年末增加0.14万公里。全年国家铁路单位运输工作量综合能耗4.72吨标准煤/百万换算吨公里，减少0.04吨标准煤/百万换算吨公里。被誉为“雪域天路”的青藏铁路格尔木至拉萨段工程环境影响后评价审查全面结束，审查结果认为：青藏铁路工程设置的野生动物通道，采取的植被恢复、冻土保护、湿地保护、景观保护和污染防治措施均达到了预期效果，有效地保护了工程沿线野生动物迁徙条件、高原高寒植被、湿地生态系统、多年冻土环境、江河源水质和铁路两侧的自然景观，实现了工程建设与自然环境的和谐相处。

公路运输高度贯穿生态、环保、节能理念。截至2012年底，全国公路绿化里程达到220.21万公里，占公路总里程的52.0%，较上年末提高2.2个百分点；公路养护里程达到411.68万公里，占公路总里程的97.2%，较上年末提高0.2个百分点。全国继续严格实行营运车辆燃料消耗量准入制度；继续推行公路甩挂运输；因地制宜推进天然气汽车在道路运输、城市公交、出租汽车及港口中的应用。2012年4月18日，“中国绿色货运行动”正式启动，该行动通过倡导绿色货运理念，提高道路货运效率，推广节能减排技术，树立典型示范企业，以点带面，推动以低碳为特征的道路货运节能减排工作向纵深发展。

2012年，蛇口港区、天津港、连云港港、青岛港被确定为首批“低碳港口建设”主题性管理试点单位，获得重点政策、资金支持，率先打造全国低碳示范港。2012年10月27日，厦门远海自动化码头（一期）项目合作框架协议正式签约，标志着全球首个第四代全自动化码头装卸系统将落户厦门。这是全国首座低能耗、智能化的全自动码头，装卸作业将完全置于轨道上用电驱动，比传统码头节省能源25%以上，碳排量减少16%以上，该系统完全符合环保、高效、智能化、低成本的发展趋势，将有助于推广低碳绿色港口建设。

（五）加速资源流动，推动区域、城乡均衡发展

2012年，随着西部地区、“老少边穷”地区交通建设投资力度不断加大。西部铁路营业里程达到3.73万公里，同比增长2.9%。六盘山区、秦巴山区等14个集中连片特困地区的公路建设成为脱贫致富战场的主攻方向。2012年3月底，湖南矮寨特大悬索桥正式通车，标志着国家高速公路网包头——茂名高速公路的重要组成部分——长沙至重庆高速公路全线贯通，这将极大地改变湘西落后的交通状况，促进中西部对接。4月20日，南航CZ6053航班从新疆喀什国际机场飞往香港特别行政区，首次实现了“西部明珠”与“东方之珠”之间的包机直航，为中国新疆地区和东南亚地区交流搭建了便捷的经贸、旅游和文化交流空中桥梁，对于西部发展具有深远意义。

交通建设在推动区域平衡发展的同时，不断完善交通路网，不断缩小城乡差距。截至2012年底，全国农村公路里程（含县道、乡道、村道）达到367.84万公里，比上年末增加11.44万公里。通过农村公路管理养护年活动，通硬化路面的乡（镇）达到全国乡（镇）总数的97.43%，通硬化路面的建制村达到全国建制村总数的86.46%，分别比上年末提高0.25和2.42个百分点。这些农村公路拉近了城乡距离，为加快城镇化建设打下了坚实基础。

2013年，随着交通运输业改革的逐步深入，交通运输能力将持续提升，交通运输服务质量和效益将不断提高，信息化、智能化的绿色综合交通运输体系将日趋完善。交通运输业的高效、协调、创新发展将为全面建成小康社会提供可靠的交通运输服务保障。

（执笔：申孟宜 国家统计局服务业统计司）

2012 年邮电通信业发展报告

2012 年是实施“十二五”规划承上启下的重要一年，邮电通信业作为国家重要的社会公共事业和现代服务业得到国家大力扶持。邮政业加快转型升级，在推动新兴业态健康发展过程中取得重大进展。通信业坚持“稳增长、调结构”的发展目标，着力建设网络基础设施，加快普及 3G 业务和应用，电信资费综合价格水平持续下降，全行业继续保持健康平稳运行。2012 年，全国完成邮电业务总量 15021.5 亿元，同比增长 13.0%，增幅比上年下降 3.3 个百分点。

图 1　近十年邮电业务总量增长速度情况

一、加快转变发展方式，努力建设现代邮政业，邮政行业发展取得重大进展

当前，我国正处在全面建设小康社会和深化改革开放、加快转变经济发展方式的关键时期。中央强调保障和改善民生，将邮政服务列为基本公共服务的重点项目。综合交通运输体系一体化发展，为邮政行业健康发展营造了更加良好的环境。2012 年，邮政全行业业务总量完成 2036.8 亿元，同比增长 26.7%；业务收入（不包括邮政储蓄银行直接营业收入）完成 1980.9 亿元，同比增长 26.9%。

（一）加快建立覆盖城乡的邮政普遍服务体系，邮政公共服务均等化程度不断改善

国家实施推进基本公共服务均等化，对新形势下邮政行业发展和管理工作提出了更高要求。让全国农村家庭都能像城市居民一样享受到“面对面”的用邮服务，这是国家邮政主管部门提出的到 2020 年“建成与小康社会相适应的现代邮政业”的目标之一。

2012 年，邮政网络和场站基础设施建设明显加快，西部和农村地区邮政设施改造纳入“十二五”中央预算内计划。累计安排补建空白乡镇邮政营业场所 8440 个，下达中央预算内资金 13.45 亿元，推动相关部门将村邮站纳入村级公益事业范畴安排建设，使农村邮政网点成为服务“三农”的前沿阵地。中国邮政集团公司积极搭建邮政综合服务平台，在全国已建成 17.4 万个以信息化为手段，智能缴费终端为载体的便民服务站。中国邮政 70% 的对外服务网点分布在农村，为广大农民朋友提供多元邮政社会化服务。邮储银行牢固树立“普之城乡，惠之于民”的服务理念，在 38000 多个营业网点中，县及县以下农村地区的网点占比超过 70%，中西部地区网点占比超过 60%，覆盖了全国超过 98% 的县级区域。截至 2012 年底，全国邮路总长度达到 585.5 万公里，比上年增加 71.5 万公里；营业网点达到 9.6 万处，平均每一营业网点服务面积 100.1 平方公里、服务人口 1.4 万人。随着单位用邮服务指标的改善，让人民群众更加方便地享受基本邮政业务。

“人民邮政为人民”，深刻地诠释了中国邮政普遍服务和特殊服务既是重要的民生领域，又是国家基本公共服务的重要组成部分。2012 年，邮政企业函件业务量完成 70.7 亿件，同比下降 4.1%；包裹业务量完成 6874 万件，同比下降 0.1%；订销报纸业务量完成 190.2 亿份，

同比增长 4.6%；订销杂志业务量完成 11.3 亿份，同比增长 5.1%；汇兑业务量完成 2.3 亿笔，同比下降 13.6%。邮政业消费者申诉处理满意率达到 91%。

（二）指导行业健康发展的相关政策陆续出台，行业监管能力增强，快递服务行业进入健康高速发展阶段

2012 年 1 月，国务院正式印发了《国务院办公厅关于完善省级以下邮政监管体制的通知》文件，要求完善省级以下邮政监管体制。至 12 月中旬，全国各地 332 个市（地）邮政管理局和 25 个邮政监管派出机构挂牌工作全部结束，解决了市（地）一级邮政管理机构的法律地位和执法依据问题。

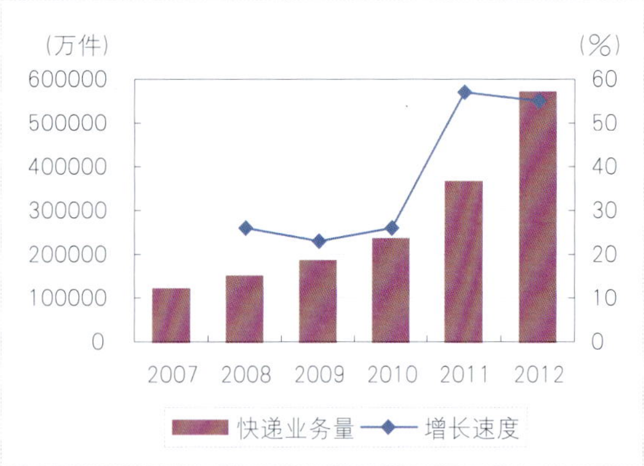

图 2　2007—2012 年快递业务量及增长速度情况

随着《快递服务》国家标准、《关于促进快递服务与网络零售协同发展的指导意见》、《快递市场管理办法》、《寄递渠道治安检查工作规定》、《快递运单》等一批国标、行标的相继发布，快递市场发展环境进一步优化。九大快递企业与电商企业协同发展迈出实质性步伐，快递服务已经成长为我国增长速度最快、发展潜力最大的重要经济形式和新型的服务业态。2012 年，全国规模以上快递企业业务量累计完成 56.9 亿件，与上年的 36.7 亿件相比，增长 54.8%。其中，同城、异地、国际及港澳台快递业务量分别比上年增长 60.6%、53.6% 和 43.1%，占全部快递业务量的比重分别为 23.1%、73.7% 和 3.2%。如果按照全国 13.54 亿人口平均计算的话，相当于每个人在一年当中使用了 4.2 次快递服务。全国快递最高日处理量继 2010 年突破 1000 万件、进入世界前三位，2011 年突破 1800 万件，2012 年又突破 3000 万件、进入世界前二位；快递企业业务收入完成 1055.3 亿元，与上年的 758 亿元相比，增长 39.2%。快递企业业务收入占邮政行业收入的比重进一步提高，达到 53.3%。

分地区看，快递业务的发展与经济发展水平高度关联，经济越发达，快递服务的需求越旺盛。2012 年东、中、西部地区快递业务量占全部快递业务量的比重分别为 81.9%、10.5% 和 7.6%，快递业务收入占全部快递业务收入的比重分别为 82.3%、9.3% 和 8.4%。

二、电信业保持平稳发展，加快实施宽带中国工程，不断提高经济社会各领域信息化水平

2012 年，国务院印发《“十二五”国家战略性新兴产业发展规划》，首次提出实施宽带中国工程。要求到 2015 年城市和农村家庭分别实现平均 20 兆和 4 兆以上宽带接入能力，部分发达城市网络接入能力达到 100 兆，95% 的行政村具备宽带接入能力。为实现这一目标，我国电信行业坚持“稳增长、调结构”的发展目标，全行业继续保持健康平稳发展。2012 年，全行业完成电信业务总量 12984.6 亿元，同比增长 11.1%；实现电信业务收入 10762.9 亿元，同比增长 9.0%；电信综合价格水平同比下降 1.9%。

（一）深入实施“宽带中国”工程，信息网络基础设施建设取得显著进展，电信保障能力进一步提高

2012 年，电信企业深入实施“宽带中国”工程，着力网络基础设施建设，光纤宽带网络发展步伐加快，共完成电信固定资产投资 3613.8 亿元，同比增长 8.5%；全国光缆线路长度净增 268.6 万公里，达到 1480.6 万公里；固定长途电话交换机容量净增 6.3 万路端，达到 1608.6 万路端；局用交换机容量（含接入网设备容量）净

增478.1万门，达到43906.4万门；移动电话交换机容量净增11233.8万户，达到182869.8万户；基础电信企业互联网宽带接入端口净增3596万个，达到26835.5万个；全国互联网国际出口带宽达到1899792Mbps，同比增长36.7%。

（二）移动电话用户突破十亿户，全国电话普及率首次突破100%

随着移动通信方式的快速发展，电话用户结构发生了明显变化。截至2012年底，全国电话用户净增11895.7万户，总数达到13.9亿户，电话普及率首次突破100%，达到103.2部/百人。全国固定电话用户减少694.5万户，达到27815.3万户。其中，城市电话用户减少228.3万户，达到18893.4万户；农村电话用户减少466.2万户，达到8921.9万户。固定电话普及率为20.7部/百人，比上年末下降0.6部/百人。在固定电话用户中政企电话用户所占比重有所上升，住宅电话用户所占比重下降。其中，住宅电话用户减少950.8万户，达到18322.0万户；政企电话用户净增377.4万户，达到7146.2万户；公用电话用户减少121.1万户，达到2347.1万户。

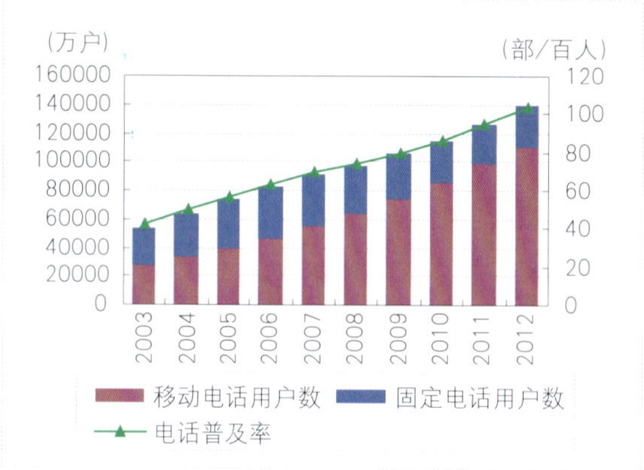

图3 近十年电话用户及普及率发展情况

截至2012年底，全国移动电话用户净增1.26亿户，总数突破11亿户，达到11.12亿户。移动电话普及率为82.6部/百人，比上年末提高9.0部/百人。3G用户净增1.04亿户，年净增用户首次突破1亿户，达到2.33亿户。其中TD-SCDMA用户达到8786.6万户，占3G用户总数37.7%。全国3G基站总数累计达到104万个，其中TD基站总数超过了28万个，TD-LTE规模技术试验取得较好成绩，产业链基本形成，信息技术的集成应用和融合创新不断深化。

（三）固定电话业务持续减少，移动电话业务稳定增加

从电话业务量方面看，2012年固定本地电话通话量达到2931.4亿次，同比下降18.2%；固定长途电话通话时长累计达到700.7亿分钟，下降18.2%；移动电话去话通话时长达到27603.3亿分钟，增长12.4%；IP电话通话时长达到644.1亿分钟，下降24.8%；移动短信发送量达到8973.1亿条，增长2.1%；移动彩信业务量达到696.7亿条，增长16.2%。

从通信业务经济效益方面看，2012年移动通信业务收入7933.8亿元，增长10.6%，占全国电信业务收入的比重由72.6%上升至73.7%；固定通信业务收入2829.1亿元，增长4.9%，占电信业务收入的比重由27.4%下降至26.3%。非话音业务收入5322.1亿元，增长16.9%，占电信业务收入比重由45.7%上升至49.5%；话音业务收入5440.9亿元，增长2.3%，占电信业务收入比重由54.3%下降至50.5%。

（四）我国宽带应用进一步普及，互联网网民规模继续扩大

宽带中国建设使宽带网络普及提速，固定宽带用户的接入速率进一步提升，各项预期指标均超额实现。2012年我国新增光纤入户（FTTH）覆盖家庭超过4900万户，总量达到9400万户；基础电信企业固定宽带互联网接入用户净增2518.1万户，达到17518.3万户；移动互联网用户净增13004.1万户，达到76436.5万户；使用4M及以上接入宽带用户的比例超过63%。

当前，我国互联网网民人数在经历多年快速增长之后，增速逐渐放缓，进入了一个相对平稳的发展阶段。根据中国互联网络信息中心(CNNIC)发布的第31次《中国互联网络发展状况统计报告》显示，截至2012年底，我国网民规模达到5.64亿，较上年新增网民5090万人，

互联网普及率达到42.1%，比上年提高3.8个百分点。在互联网网民规模达到历史最高点的同时，增速明显放缓仅为9.9%，为2007年以来的最低点。2007年至2012年互联网网民增长速度呈现出明显下滑趋势，增速分别为53.3%、41.9%、28.9%、19.1%、12.2%和9.9%。表明互联网在易转化人群和发达地区居民中的普及率达到较高水平之后，呈现增速放缓的趋势。从上网时长看，我国网民人均每周上网时长达到20.5小时，比上年提升了1.8小时。在无线互联网迅猛发展的大背景下，手机的角色正在经历着由通讯工具向上网终端的迅速转变，手机作为第一大上网终端的地位更加稳固。手机网民数量达到4.2亿，较上年增加6440万人，网民中使用手机上网的人群比例由69.3%提升至74.5%。

图4 近十年互联网网民数及增长速度情况

随着我国宽带应用的普及和网民规模的继续扩大，网民在信息获取、商务交易、交流沟通等互联网应用领域渗透率进一步提高。在互联网基础资源方面，截至2012年底，我国IPv4地址总数基本维持不变，共计有3.31亿个。IPv6地址数量为12535块/32，比上年增长33.4%，位列世界第三位；在“.CN”域名大幅增长的带动下，我国域名总数增至1341万个，比上年增长73.1%。其中“.CN”域名总数为751万，占比为56.0%；我国网站总数（即网站的域名注册者在中国境内的网站数，包括在境内接入和境外接入）继续回升至268万个，增长16.8%；网页数量为1227亿个，增长41.7%。在信息获取方面，我国搜索引擎用户规模为4.51亿，增长10.7%，在网民中的渗透率为80.0%。在商务交易方面，我国网络购物用户规模达到2.42亿人，比上年增长24.8%，网络购物使用率由上年的37.8%提升至42.9%，在促进消费、拉动国民经济发展中的重要作用明显提升；随着中国网络零售市场的迅猛发展，线上消费的生活服务类型不断拓宽，极大地带动了用户网上支付的使用普及。使用网上支付的用户规模达到2.21亿，使用率由上年的32.5%提升至39.1%。在交流沟通方面，即时通信已成为我国第一大上网应用，我国即时通信用户规模达4.68亿，增长12.7%，使用率由上年的80.9%提升至82.9%；博客和个人空间用户数量为3.72亿人，增长16.6%，使用率由上年的62.1%提升至66.1%；我国微博用户规模为3.09亿，增长23.5%，使用率由上年的48.7%提升至54.8%。其中手机微博用户规模达到2.02亿，占所有微博用户的65.6%，微博用户逐渐移动化。仅仅二年时间，微博在网民中快速渗透，使用率从13.8%提升至54.8%，已发展成为我国网民使用互联网的主流。

（五）村村通工程覆盖面扩大，有力地促进了农村信息化进程

2012年，电信业继续围绕国家信息化战略和社会主义新农村建设，以行政村通宽带、自然村通电话、信息下乡“三项任务”为中心，大力推进农村信息通信基础设施建设和农村信息化进程。农村社会事业信息化程度不断提高，99%的乡镇具备宽带接入能力，98%的行政村建立了农村信息服务站。

随着“农村宽带入乡进村”和“公益机构接入普及”的不断扩大，全年新增通宽带的行政村1.9万个，行政村通宽带比例从上年的84%提升至87.9%。100所全国集中连片特困地区中小学和100所残疾人特殊教育学校已开通宽带并提速到4M以上，同时提供三年免费上网。在自然村通电话方面，全年新增1.1万个自然村通电话，全国20户以上自然村通电话比例从上年的94.7%提升至95.2%。在信息下乡方面，全年新增2005个乡镇实施信息下乡活动，新建乡信息服务站

2050个、村信息服务点29622个、乡级网上信息库9940个、村级网上信息栏目66780个，开展信息下乡活动的乡镇比例达到82%。

2013年，邮电通信业将继续以提高发展质量和效益为中心，加快转变发展方式，促进行业持续健康发展。邮政业为适应三级邮政管理体系需要，将进一步推进邮政普遍服务和快递服务体系建设。通信行业将在坚持走中国特色信息化道路的基础上，进一步推动工业化和信息化深度融合。随着网上购物的普及，我国电子商务也将迎来高速发展时期。

（执笔：邢明发　国家统计局服务业统计司）

全省户户通工程建设工程稳步推进（青海广电局提供）

专栏：快递业务实现高速发展

近几年，随着发展环境不断优化和电子商务迅速崛起，快递业务始终保持高速增长的态势，在短时期内走出了一条跨越式发展的道路，成为国内发展潜力最为突出的新兴服务业之一，也成为推动邮政行业快速发展的重要力量。五年来，快递业务量年均增幅达到36%，业务收入年均增幅达到25%。

2012年，多项涉及快递服务的法律法规和政策标准相继出台。《邮政法》修正案获得通过，进一步明确了省级以下邮政管理体制，对加强邮政市场管理、规范邮政市场秩序、促进邮政业发展将起到积极作用。《快递市场管理办法》修订完成，国家邮政局与商务部联合下发了《关于促进快递服务与网络零售协同发展指导意见》，《快递服务》、《快递运单》和《快递服务与电子商务信息交换标准化指南》等标准相继发布。相关政策法规的逐步实施，为促进快递业务的快速、健康发展提供了保障。

2012年，全国规模以上快递服务企业业务量完成56.9亿件，同比增长54.8%；业务收入突破千亿大关，完成1055.3亿元，同比增长39.2%。快递业务收入占邮政行业收入的比重进一步提高，达到53.3%。在“双11”快递旺季期间，全国快递最高日处理量突破3000万件，这是快递最高日处理量从2010年突破1000万件、2011年突破1800万件后的又一次跨越。

从分项业务看，同城业务发展最快，增速超过60%；异地业务所占比重最大，是拉动快递业务高速发展的主要力量；国际及港澳台业务继续回暖，但比重有所下降。从不同所有制类型看，民营快递企业的市场份额进一步扩大，显现出较好的市场潜力和发展前景。从分地区看，东、中、西部地区快递业务增速均有不同程度提高，快递业务量比重分别为81.9%、10.5%和7.6%，东部地区所占比重仍保持绝对优势并略有提高。

当前，社会对快递服务的需求持续增加，快递服务促进生产和服务民生的基础性作用日益显现。按照到2020年建成与小康社会相适应的现代邮政业的规划目标，快递业务收入将比2010年翻三番，将培育出2个年业务收入超千亿、若干个年业务收入超五百亿的大型快递企业或企业集团。快递业务的发展前景必将十分广阔。

（执笔：李永松　国家邮政局）

专栏：宽带普及提速工程

宽带网络是21世纪战略性公共基础设施，已全面渗透到经济社会发展的各个领域，成为提升国家竞争力的战略基石。世界多个国家已将宽带作为新时期发展的战略选择。

2012年工业和信息化部启动并全面完成宽带普及提速工程目标。通过实施城市光纤到户、农村宽带入乡进村、公益机构接入普及等行动计划，全面完成光纤覆盖、固定宽带接入用户、4M接入带宽用户比例等各项预期目标；高性能宽带接入产品、交换核心芯片等研发和产业化取得明显成效；中小企业宽带应用和产业基地宽带能力提升等方面取得了积极进展。

宽带网络还是云计算、物联网、下一代互联网及三网融合等战略新兴产业创新和发展的支撑和保障。基于宽带的应用和创新对中小企业信息化、节能减排、传统产业转型升级等发挥着积极作用，基于宽带网络所开展的教育培训、医疗卫生、社会保障等服务，大大延伸优质资源的服务范围和创新服务模式，成为改善民生、提高公共服务的有效手段。因此，宽带普及提速工程还成为加速战略性新兴产业培育和发展的发动机，为传统行业转型升级提供强大的平台。

宽带普及提速工程的顺利实施，为进一步推动实施宽带中国战略夯实了基础，有力促进了信息网络技术广泛应用，推动了信息化与工业化深度融合，将为推进“四化”协同发展、转变经济发展方式注入新的强大动力。

（执笔：　徐玉　工业和信息化部）

2012年消费品市场发展报告

2012年，随着国家推出的一系列稳定经济增长的政策以及促进消费新举措的陆续出台，消费品市场呈现出平稳增长的态势。市场消费规模持续扩大，区域市场协调发展，各类商品销售稳中有增，网络购物快速增长，消费对经济增长拉动作用有所增强。

一、消费品市场运行主要特点

1. 社会消费品零售总额名义增速有所回落，但实际增速稳定增长。2012年社会消费品零售总额实现210307亿元，比上年增长14.3%，增速比上年回落2.8个百分点；扣除价格因素，实际增长12.1%，增速比上年提高0.5个百分点。从运行动态看，与上年同期相比，一季度增长14.8%，二季度增长13.9%，三季度增长13.6%，四季度14.9%，呈现出平稳运行的增长态势。

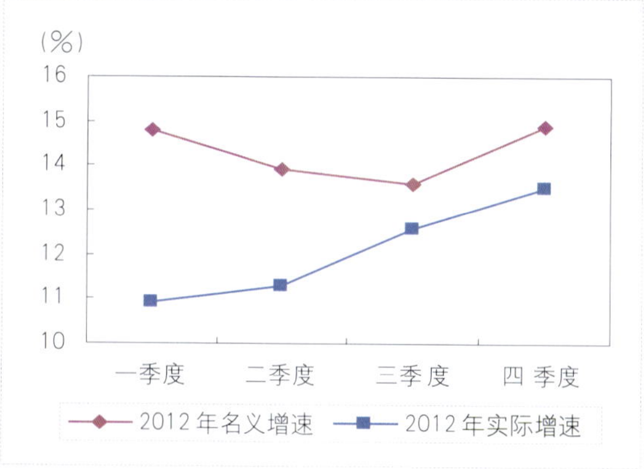

图1 2012年社会消费品零售总额分季增速

2. 乡村零售额同比增速快于城镇，挖掘农村消费潜力成效初显。近年来，国家在完善城乡流通网络、增进农村消费便利方面加大了政策支持力度，尤其是农村流通体系建设推动了农村消费潜力的释放，提升“万村千乡”工程农家店建设质量等措施促进了农村消费品市场的稳定增长，逐步形成了以城区配送中心为核心、乡镇店为骨干、村级店为基础的农村现代流通网络，大大增强了农村的基础流通设施建设，而且明显改善了广大农村消费者长期以来购物难的问题，城乡消费水平之间的差距大大缩小，城乡市场实现快速发展。按经营地统计，2012年城镇消费品零售额182414亿元，比上年增长14.3%；乡村消费品零售额27893亿元，增长14.5%，乡村零售额增速高于城镇零售额0.2个百分点，而2011年农村低于城镇0.5个百分点。

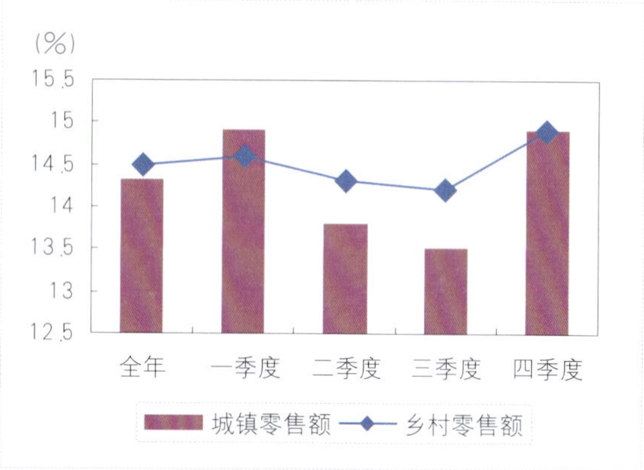

图2 2012年城镇与乡村消费品零售额增速

3. 限额以上企业（单位）拉动强劲，市场销售集中度提高。近年来，随着批发和零售业、住宿和餐饮业新型业态的多元化和快速成长，各种综合性购物中心和大型超市、各类连锁经营店竞相发展，不断成长和涌现出一批限额以上贸易企业，其以资金实力强大、管理模式先进等优势，在市场竞争中不断发展壮大，对消费品市场的拉动作用继续增强。2012年限额以上企业（单位）消费品零售额达101129亿元，比上年增长14.6%，比社会消费品零售总额增速高0.3个百分点，占社会消费品零售总额的比重由2011年的46.7%提高到48.8%，提高2.1个百分点。

从全国调查的80余种主要消费品的市场销售情况看，销量前十位品牌的市场占有率平均为68.7%，比上年提高1.4个百分点。分类别看，家电类消费品的市场集中度依然最高，其后依次为日化、日用品类，食品类，文化办公类，服装鞋帽类。

4. 中西部地区零售额增速高于东部地区，区域发展的协调性进一步增强。从区域消费品市场看，2012 年中、西部地区消费品零售额均比上年增长 15.8%，高于东部地区 2 个百分点。目前我国东部地区已进入产业升级阶段，相对落后的中、西部地区呈现出加快发展的强劲动力，大量农村人口进入城市，扩大了消费规模。此外，由于中、西部地区对出口需求的依赖程度要小于东部地区，消费品市场受国外经济放缓的影响也相对小于东部地区，零售额所占份额也有所增加。从 2012 年各区域市场所占份额看，东部地区所占比重由上年的 57.9% 下降到 57.3%，降低 0.6 个百分点，中、西部分别由上年的 24.7% 和 17.4% 提升到 25.1% 和 17.6%，分别提高 0.4 和 0.2 个百分点。

5. 吃、穿、用等生活必需品增长较快，消费结构升级助推消费品市场快速发展。提升消费便利化程度与提高居民收入水平同步推进，大大加快了城市居民消费结构的升级步伐。食品支出占总支出的比重有所下降，耐用消费品拥有量大幅上升。2012 年，在限额以上企业（单位）商品零售额中，吃类商品零售额比上年增长 17.9%，其中粮油类增长 19.9%，肉禽蛋类增长 18.0%；穿类商品增长 18%，其中服装类增长 17.7%；用类商品增长 19.8%，其中日用品类增长 17.5%，中西药品类增长 23.0%；住类商品增长 13.2%，其中家具类增长 27.0%，建筑及装潢材料类增长 24.6%；行类商品增长 11.1%，其中汽车类零售额比上年增长 7.3%。尤其是消费升级的加快，助推了一些商品的快速增长，主要表现在：

一是通讯器材类升级换代较快，新技术产品对消费品市场稳定增长起到一定促进作用。近几年随着手机软件的不断更新，智能化、便捷化的手机等功能得到广泛应用，使年轻消费群体对新型手机消费趋之若笃，逐渐成为时尚、休闲娱乐的主要消费品。通讯器材类商品销售稳步增长，2012 年限额以上企业（单位）通讯器材类零售额达 1540 亿元，比上年增长 28.9%，增速比上年加快 1.4 个百分点，在 16 类商品中增速最高。

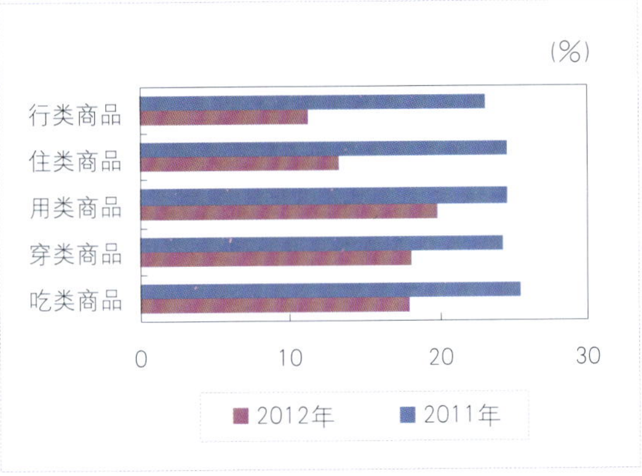

图 3　限额以上企业（单位）商品零售类值增速

二是随着居民文化素质的不断提高，新型时尚文化消费逐渐引领市场潮流，成为消费市场的又一新亮点。2012 年限额以上企业（单位）文化办公用品类零售额比上年增长 17.7%。

三是金银珠宝和化妆品类商品持续热销，尤其是金银珠宝类商品消费成为居民保值增值的新手段和综合避险的新产品。2012 年限额以上企业（单位）金银珠宝类零售额比上年增长 16.0%，化妆品类零售额增长 17.0%。

6. 石油制品和汽车类商品增速明显回落，贡献率有所降低。受小排量汽车购置税优惠、汽车下乡和以旧换新等短期刺激消费政策的退出以及成品油价格波动等因素影响，汽车类和石油制品类商品消费降温明显。2012 年，限额以上企业（单位）石油及制品类实现零售额 16657 亿元，比上年增长 16.9%，与上年相比增幅回落 20.5 个百分点，对限额以上企业（单位）商品零售的贡献率由上年的 26.4% 降低至 20.6%，拉动限额以上企业（单位）商品零售额由上年的 6.3 个百分点下降为 3 个百分点；汽车类零售额实现零售额 23803 亿元，比上年增长 7.3%，同比增幅回落 7.3 个百分点，对限额以上企业（单位）商品零售的贡献率由上年的 17.5% 降低至 13.4%，拉动限额以上企业（单位）商品零售额由上年的 4.2 个百分点下降为 2 个百分点。

7. 网络零售增势强劲，影响力进一步扩大。近年来，国家先后出台了一系列扶持和规范电子商务发展的政策措施，各地政府也不断加大对电子商务发展的扶持力度，促进了网购市场的进一步规范，推动了网络购物市场的健康有序发展。电子商务改变了传统的零售方式，网络零售正在成为新的消费增长点，逐步成为满足和提升居民消费需求的有效手段。近年来，我国网络购物用户数持续高速增长，零售额占社会消费品零售总额的比重不断提高。2012 年，限额以上企业（单位）互联网零售业销售额同比增长 113%，增速比上年提高 13.5 个百分点。

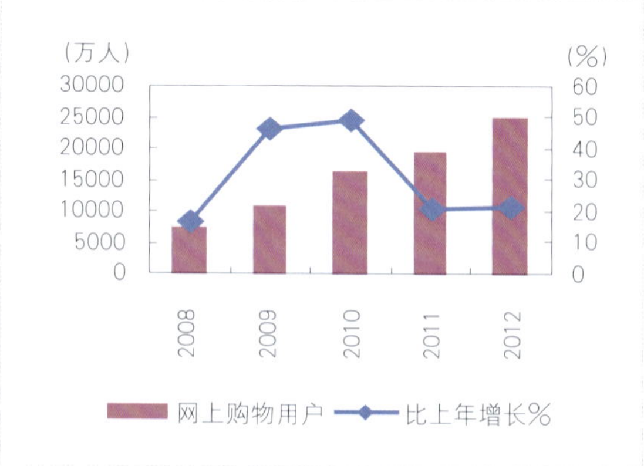

图 4 近 5 年网络购物用户和增速

二、多因素叠加促进消费品市场平稳较快发展

1. 居民收入较快增长为消费品市场稳定发展奠定基础。2012 年城镇居民人均可支配收入 24565 元，比上年增长 12.6%，扣除价格因素实际增长 9.6%，增速比上年加快 1.2 个百分点。农村居民人均纯收入 7917 元，比上年名义增长 13.5%，扣除价格因素实际增长 10.7%。近年来城乡居民收入保持较快增速，为消费需求提供了强劲购买力，也为消费品市场稳定较快增长奠定基础。

2. 扩大消费新政策助推消费较快增长。2012 年 5 月 16 日，国家决定安排财政补贴 265 亿元，启动推广符合节能标准的空调、平板电视、电冰箱、洗衣机和热水器的补贴政策，为家电消费注入活力。2012 年限额以上企业（单位）家用电器和音像器材类零售额比上年增长 7.2%。扩大消费政策成为我国宏观调控的重要手段和保持消费较快增长的重要保障。

为了促进城市消费持续稳定快速增长，城市流通网络建立力度不断加大，商业经营形式发生巨大变革，多种业态共同发展。专卖店、专业店、超级市场、便利店、百货店、折扣店等业态遍地开花，显示了强大的生命力，并保持稳定的发展态势。特别是以“便利消费进社区、便民服务进家庭”为主题的社区商业“双进”工程、早餐工程试点以及社区菜市场改造、农超对接、现代农产品流通试点、汽车家电以旧换新、再生资源回收利用体系建设等政策，对改善消费环境、提高消费便利化程度发挥了积极作用。目前已建立全国商业示范社区 143 个、省级商业示范社区 600 多个，覆盖 80 多个大中型城市；在 23 个省区市建成 86 个主食加工配送中心，建成 1.8 万个标准化早餐网点；在 19 个省区市升级改造 960 家菜市场，新增营业面积 20 万平方米，消费政策对增加居民消费便利化发挥了积极作用。

3. 城镇化进程加快，为扩大消费创造有利条件。目前我国城镇化进程不断加快，消费升级进入快速上升通道，消费在保持平稳快速增长的同时仍有较大潜力可以挖掘。目前中国城镇化率已经达到 50%，但与发达国家 80% 的城镇化率相比，还有很大发展空间，还有数亿人口要向城市转移。随着 80 后、90 后新消费人口的崛起，在就业、定居、医疗教育等多方面、全方位、梯次性向各类城市迁徙，势必推动中国城市化的加速发展，造就一大批数百万、千万人口新的大都市涌现，并推动原有一、二线城市的规模扩张。城市化势必持续性推动极为旺盛的城市住房需求、教育医疗需求和城乡基础设施需求等，所产生的大宗商品需求无疑也是十分巨大的。

4. 网络购物具有较大的发展空间。从国外网络购物市场的发展状况来看，在消费市场发达的欧美国家，网络零售额占社会消费品零售总额的比重往往很高，其中英国高达 12%，美国和德国都达到 9%；2010 年韩国和美国网购用户占全国网民的比例分别为 64.3% 和 66.0%。相比之下，我国尚有很大的提升空间。我国消费人口基数庞大，网购人口所占比重仍然较小，人口密度较高，适合网购发展，网络购物的增长还有巨大提升空间，尤其是对于将成为未来网民增长重要群体的中年人群，还有较大的渗透空间。

从未来发展的预期看，互联网渗透逐步加深的势头不可逆转，网络购物供需面持续积极向好，这些都将推动网络购物在未来较长时间实现较为稳健的增长。我国城镇化进程远未完成，居民消费仍有升级空间，人口基数奠定的庞大消费市场，无论是百货超市，还是作为新兴业态的网购，都有广阔的市场空间。伴随着居民收入和购买力的增强，网上消费潜力还将持续释放。

5. 由投资向消费的转换过程催生新的消费增长点。一是以农民工为代表的中低端消费持续增长的新空间，尤其是在经济结构转型的大背景下，以农民工为代表的中低端消费将成为亮点之一。人口结构的变化，使得农民工的工资收入上升，以新生代为主体的农民工有着“半市民”的生活习性，消费倾向远远高于老一代农民工；二是随着消费的升级，商品消费附加值会逐步增加。

三、影响消费品市场持续增长的主要因素

1. 宏观经济增速放缓。未来一个时期，全球经济将持续低迷，大多数发达国家仍将在金融危机之后的困境中徘徊。与前几年相比，国内经济增速也有所放缓，多种内外因素叠加会影响到居民消费信心，消费需求动力有可能继续减弱。

2. 集团消费受影响较大。中央关于鼓励节约、整治浪费的“八项规定”出台后，各地掀起了坚决刹住用公款相互走访、送礼、宴请、旅游等不正之风的浪潮。伴随政务消费量的减少，部分酒店的营业额明显受到影响，不仅影响到酒店餐饮的生意，一些旅行社、会展策划、小商品制造和花卉养殖等行业也多少受到冲击。由于严格控制“三公”消费，占社会消费品零售总额一定比重的社会集团消费将会萎缩，尤其是餐饮、高档礼品、高端消费品等消费将受到较大抑制，对整体消费品市场将形成一定影响。

3. 家电、汽车等消费热点有所降温。随着“汽车购置税优惠”、“家电下乡”等促进消费政策的退出或政策效应递减，消费热点有所降温。主要表现一是家电以旧换新、家电下乡政策的退出，家电类商品销售增长回落明显。据商务部统计，2012 年家电下乡商品销售额增长 18.8%，增速比上年回落 34.3 个百分点；二是汽车、住房限购等政策调整影响较大。受汽车限购等政策调整和用车成本提高等因素影响，汽车消费增速继续放慢，2012 年限额以上企业（单位）汽车销售增速比上年低 7.3 个百分点；居住类商品增速下降 11.3 个百分点。家电、汽车短期刺激政策效应递减，将对未来消费品市场产生较大影响。

4. 食品消费价格上涨压力较大。2012 年居民消费价格比上年上涨 2.6%，其中食品价格比上年上涨 4.8%，烟酒及用品上涨 2.9%，衣着上涨 3.1%，家庭设备用品及维修服务上涨 1.9%，医疗保健和个人用品上涨 2.0%，食品和服装价格涨幅明显，对中低消费群体的消费产生较大影响。加上社会保障体系不够完善，养老、子女教育等支出渠道增多，使购买力在支出项目上产生分流，消费后顾之忧较多，居民消费意愿和行为将趋于谨慎保守。

5. 高房价进一步强化居民消费支出预期。据国家统计局统计，2012 年 12 月份与上月相比，70 个大中城市中，价格上涨的城市有 54 个。12 月份与上年同月相比，70 个大中城市中，上涨的城市有 40 个。高房价至少会在两个方面抑制消费的快速增长：一是高房价使部分居民面临沉重的房贷压力，对这部分家庭的消费产生较大的挤出效应，由于大部分收入要用于房贷月供，导致日常消费的萎缩；二是高房价大大提高了居民的支出预期，增加了预防性储蓄需求，使多数人不敢消费、谨慎消费。因此，高房价阻碍了居民的消费升级，削弱了消费增长的后劲，使巨大的消费潜力得不到释放，已成为当前制约消费升级的阻力。

四、保持消费持续拉动力的对策建议

从多种因素分析，2013 年我国消费品市场仍有许多难得的发展机遇。一是经济将继续保持

稳定增长，扩大消费的政策取向不会改变，收入快速增长，新型城镇化战略、科技创新不断推动形成新的消费热点；二是社会保障覆盖面积不断扩大、食品药品监管力度的加强、全民医保体系的逐步建立健全、保障房建设力度的加大等因素将促进消费品市场发展。与此同时，2013 年消费品市场发展也面临新的挑战。影响因素既有居民收入差距较大、社会保障体系不健全、消费环境较差等老问题，也有市场物价上涨压力较大、消费刺激政策效应减弱等新因素。但平稳发展仍将是 2013 年消费品市场的主基调。

如何进一步推动中国消费品市场的发展是中国经济未来发展所面临的重大课题。从短期看，提振消费应当完善鼓励居民消费政策，改善消费环境，提振消费信心。对于已经出台或即将到期的扩大消费政策，应及时制定相应的后续和替代政策，保证扩大消费政策的连续性。此外，对于网络购物、电子商务等新兴、有活力的消费方式，需要为其长远、健康发展创造条件。

1. 加快收入分配改革步伐。党的十八大报告指出，“实现发展成果由人民共享，必须深化收入分配制度改革”，核心是在社会主义基本经济制度和分配制度下，进一步调整国民收入分配格局，加大再分配调节力度，着力解决居民收入分配差距依然较大问题，使收入增长分配向劳动者倾斜，将经济增长和职工收益密切挂钩，建立健全不同部门、行业和地区职工工资增长与经济增长保持大体同步的机制。

2. 完善社会保障机制，提升居民消费信心。近年来，我国通过多种途径不断改善民生，提高居民保障水平，但目前社保体系和福利制度还不完善，居民为应对失业、养老、医疗、意外等社会保障问题，不得不约束消费，加大储蓄力度。因此，要改变保守消费模式为适度超前消费模式，以强化社会保障为突破口。一是要扩大社会保障范围。将城市未纳入社会保障范围的人口全部纳入社会保障的范围，将农村无子女户、无子户、独生子女户、丧失劳动能力户的人口纳入社会保障的范围，将其他农村人口全部纳入社会保障的范围并最终实现全民社会保障的目标；二是要增加社会保障项目，将教育、住房纳入社会保障。如对城镇低收入户实行住房保障，提供廉租房、低价福利房等；如普及城乡 12 年制义务教育，大幅度降低居民普通教育的开支；如降低居民高等教育的费用开支，对城镇、农村低收入户子女上大学或职业学校，实行免学费并提供助学金的保障制度等等；三是要提高社会保障力度。在扩大社会保障覆盖面、增加社会保障项目的同时，

现代化奶牛养殖基地（宁夏农垦局提供）

逐步提高失业、医疗、养老、教育、住房等所有项目的社会保障力度，解除或减轻居民消费的后顾之忧。

3. 优化网络购物环境，为电子商务大发展奠定物质基础。一是要进一步规范交易程序和行为、保障交易公平和安全、清晰界定责任的法律功效；二是要建立健全电子商务法规，尽快建立健全法规、政策条例，使网购在法制轨道上健康有序地发展；三是要营造安全便捷的电子支付环境，加大监管力度，严厉打击不法行为，提高电子支付的安全性和可靠性；四是要加大科研力度，研究和创新提高电子商务安全性的新技术和新措施。

4. 加强房地产市场调控，减轻居民的支出负担。要坚决抑制投机、投资性需求，抓紧完善稳定房价工作责任制，尽快改变已经出现的居民住房消费透支现象，改变因购房而挤占其他消费的问题，努力使居住开支占居民可支配收入中的比重，控制在一定的限度之内。

5. 进一步完善消费环境，正确引导消费。消费环境的好坏，直接关系消费者的切身利益，也影响消费潜力的释放。一是要大力改善消费环境，提高居民消费意愿。构建安全放心、文明健康、公平公正、诚信友好的社会消费环境，为消费者营造想消费、敢消费的消费氛围。二是要着力创新鼓励消费的政策，拓宽消费领域。对于实践证明行之有效的一揽子鼓励消费的政策要继续实施并不断完善。鼓励绿色、低碳、环保消费，促进绿色、低碳、节能、健康消费方式的形成和发展，适当调低或取消部分已成为居民日常消费品的税收。三是要积极引导消费，培育新的消费热点。

（执笔：严先溥　国家统计局贸易外经统计司）

出口核桃仁检验检疫（云南出入境检验检疫局提供）

2012年固定资产投资状况报告

2012年，在国家稳投资、保增长的宏观政策作用下，全国固定资产投资增速在比2011年明显回落的基础上基本保持了平稳增长态势，从3月份开始一直在20%-21%之间平稳变动，扣除价格因素，投资实际增长下半年以来呈回升走势。

从投资结构看，基础设施投资增速持续回升，房地产开发投资增长仍然比较低迷，制造业投资和民间投资增速持续回落，表明企业投资积极性有所降低，投资主要靠政府推动。

一、2012年固定资产投资运行情况

（一）固定资产投资全年保持平稳增长

2012年，全国完成固定资产投资（不含农户）364835亿元，增长20.6%，比前三季度提高0.1个百分点，比上半年提高0.2个百分点，比一季度回落0.3个百分点，比2011年回落3.4个百分点。从2012年3月份开始，投资增速基本保持在20%-21%之间，变化幅度不大，但与2011年各月相比，投资增速明显回落。

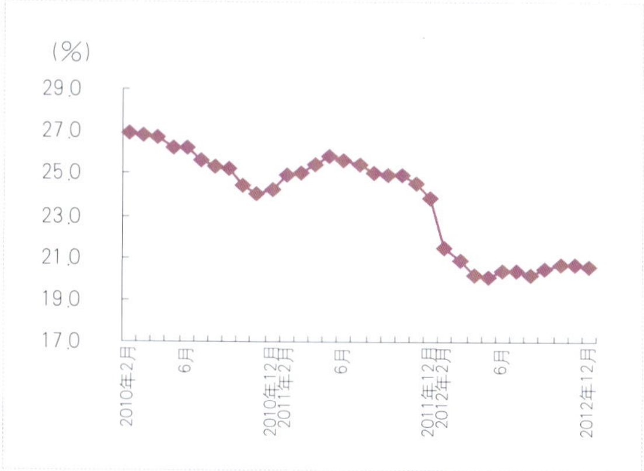

图1 2010年以来各月累计投资增长速度

扣除价格因素，2012年固定资产投资实际增长19.3%，比前三季度提高0.5个百分点，比上半年提高1.3个百分点，比一季度提高1.1个百分点，比2011年提高3个百分点，基本呈回升态势。

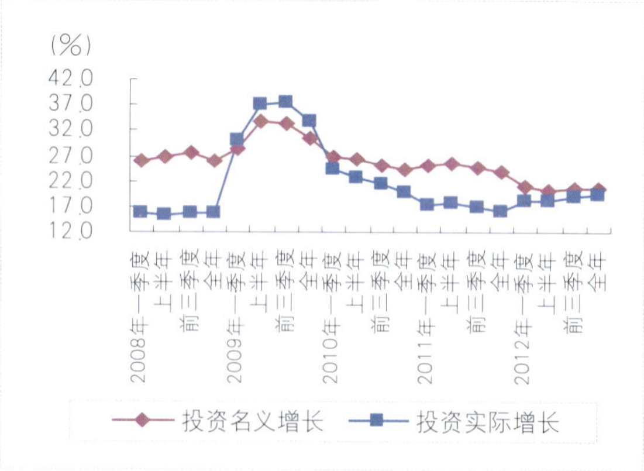

图2 2008年以来投资分季度名义和实际增长

与历史数据比较，2012年各季度名义投资增速处于2008①年以来的最低水平，但实际增速高于2008和2011年。

（二）东部地区投资增速明显低于中西部

2012年，东部地区完成投资169939亿元，增长17.8%，比前三季度回落0.6个百分点，比2011年回落3.5个百分点，增速从2012年初以来一直在20%以下，并连续6个月回落；中部地区完成投资103713亿元，增长25.8%，与前三季度持平，比2011年回落3个百分点，在三大地区中增速最高；西部地区完成投资86150亿元，增长24.2%，比前三季度提高0.1个百分点，比2011年回落5个百分点，连续8个月在24%上下波动。三个地区比较，中、西部地区投资增速分别比东部地区高8个和6.4个百分点。与2011年增速相比，西部地区投资增速回落幅度大于东、中部地区。

注：①如无特别说明，2010年之前投资数据为城镇口径，2010-2012数据为固定资产投资（不含农户）口径，下同。

与历史数据比较，三大地区投资增速均低于2003-2011年的增长水平，东部地区投资增速2003年以来首次低于20%，西部地区首次低于25%。从2004年开始，中、西部地区投资增速连续9年超过东部地区，中部地区投资连续9年保持最高增速。

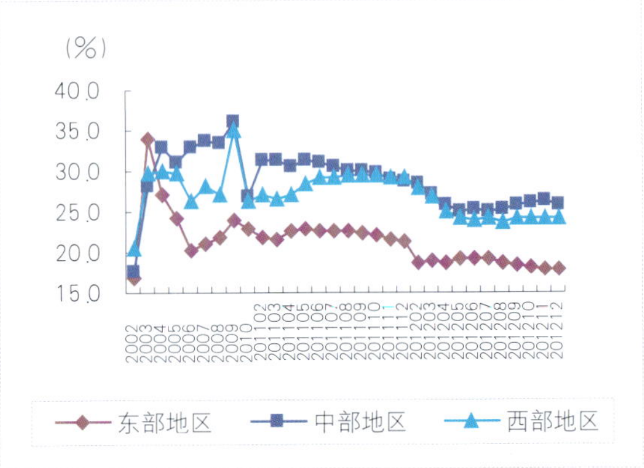

图3　2002年以来东、中、西部投资增长

（三）第二产业投资增速明显回落

2012年，第一产业完成投资9004亿元，增长32.2%，比前三季度回落1个百分点，比2011年提高7.2个百分点，2012年下半年以来增速基本保持平稳；第二产业完成投资158672亿元，增长20.2%，比前三季度回落2.2个百分点，比2011年回落7.1个百分点，2012年年初以来保持逐月回落态势；第三产业完成投资197159亿元，增长20.6%，比前三季度提高1.2个百分点，连续7个月回升，比2011年回落0.5个百分点。与2011年增速相比，第二产业投资增速回落幅度远大于第一和第三产业。

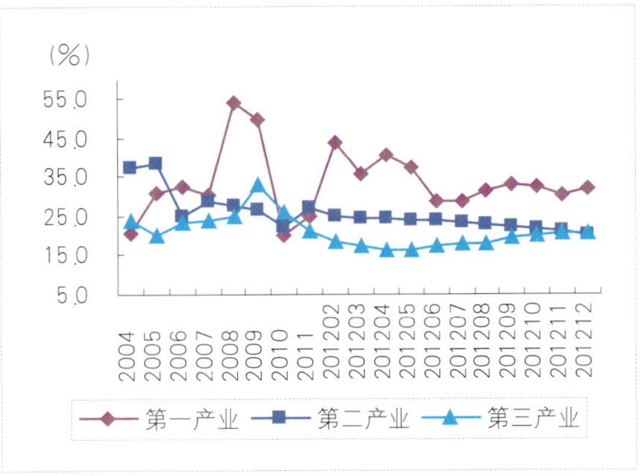

图4　2004年以来三次产业累计投资增长

2004年以来，第一产业投资增速波动较大，在2008年达到54.1%的高点后连续回落，2010年回落到19.9%，之后逐渐回升，2012年增长32.2%；第二产业投资增速总体上保持回落的态势，2011年增速有所回升，但2012年又明显回落；第三产业投资增速2005-2009年保持不断加快的态势，但2010-2012年呈逐步回落态势。

各行业投资呈现以下特点：

1. 制造业投资增速不断回落。2012年，制造业完成投资124971亿元，增长22%，比前三季度回落1.5个百分点，比2011年回落9.8个百分点。制造业投资增速从年初以来基本呈逐月回落走势，2012年增速为2004年以来最低增长水平。

在制造业内部，不同行业增速差异较大。一是钢铁、建材、有色等行业投资增速明显回落。二是出口相关行业投资增速放缓。2012年纺织服装相关行业投资增长16.7%，比2011年回落19.3个百分点，皮革、毛皮、羽毛及其制品和制鞋业投资增长14.3%，比2011年回落24.2个百分点。三是与产业升级相关的部分装备制造行业投资保持高速增长。2012年，通用设备制造业投资增长33.6%，比2011年提高3个百分点；专用设备制造业投资增长45.6%，比2011年提高6.4个百分点。四是与国内消费密切相关的行业投资增速仍然较高。2012年，汽车制造业投资增长32.8%，农副食品加工业投资增长32%，食品制造业投资增长28.1%，酒、饮料和精制茶制造业投资增长36.2%，医药制造业投资增长34.6%。

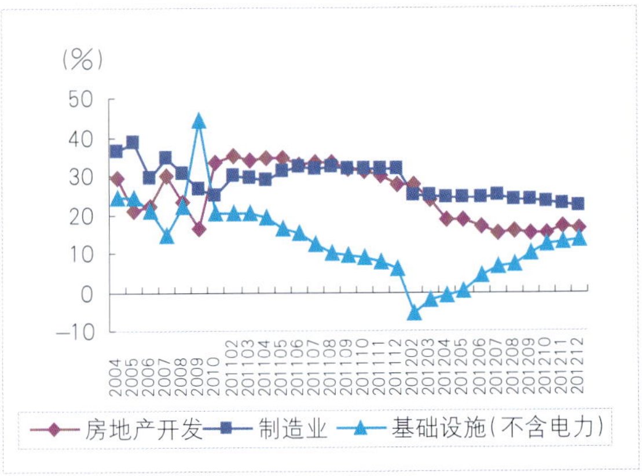

图5　2004年以来三大主要行业投资增长

2. 基础设施投资增速低位回升。2012年，基础设施（不包括电力、燃气及水的生产与供应）投资58391亿元，增长13.3%，比前三季度提高3.1个百分点，比上半年提高8.9个百分点，比一季度提高15.4个百分点，比2011年提高7.4个百分点。基础设施投资增速从年初以来保持逐月回升态势，但2012年增速与2004-2010年各年相比仍然较低。

分细行业看，与2011年相比，铁路运输业投资增速由负转正，道路运输业投资增速小幅回落，公共设施管理业和水利管理业投资增速小幅提高。铁路运输业投资增速由负转正和公共设施管理业投资增速明显回升是拉动基础设施投资增速回升的主要原因。

表1 主要基础设施行业投资增速变化

行 业	2012年投资（亿元）	2012年增长（%）	2011年增长（%）	增速变化（百分点）	比重（%）
基础设施	58391	13.3	5.9	7.4	100.0
其中：铁路运输业	6056	2.4	-22.5	24.9	10.2
道路运输业	17135	6.6	9.8	-3.2	28.9
水利管理业	4059	19.0	16.3	2.7	6.8
公共设施管理业	24139	20.5	14.8	5.7	40.6

3. 房地产开发投资增速比上年明显回落。2012年，在国家宏观调控政策作用下，房地产开发投资增速放缓，全年完成投资71804亿元，增长16.2%，增速比前三季度提高0.8个百分点，比2011年回落11.9个百分点。房地产开发投资增速比2011年回落主要是受住宅投资增速大幅度回落的影响。2012年房地产开发投资中住宅投资49374亿元，增长11.4%，比2011年回落18.9个百分点，占房地产开发投资的比重为68.8%，比2011年下降2.9个百分点。受房地产销售回暖的影响，2012年下半年房地产开发投资增速一直维持在16%左右，有企稳迹象。2004年以来，房地产开发投资增速波动较大，有两年低于20%，分别是2009年的16.1%和2012年的16.2%。

4. 高耗能行业投资增速回落。2012年，高耗能行业投资48448亿元，增长15.6%，比前三季度回落3.4个百分点，已经连续6个月回落，比2011年回落2.7个百分点。

2004年以来，虽然中间年份有所反复，但整体上看高耗能行业投资增速呈回落走势，而且2005年以来高耗能行业投资增速一直低于工业投资增速，反映了国家政策在调整产业结构上的积极作用。

表2 高耗能各行业投资增长情况

行 业	2012年投资（亿元）	2012年增长（%）	2011年增长（%）	增速变化（百分点）
高耗能行业	48448	15.6	18.3	-2.7
石油加工、炼焦及核燃料加工业	2391	5.4	10.1	-4.7
化学原料及化学制品制造业	11484	30.7	26.4	4.3
非金属矿物制品业	12218	17.9	31.8	-13.9
黑色金属冶炼及压延加工业	5055	-2.0	14.6	-16.6
有色金属冶炼及压延加工业	4485	20.6	36.4	-15.8
电力、热力的生产和供应业	12815	10.4	1.8	8.6

从高耗能内部行业投资增速看，六大行业有两个行业高于2011年，有四个行业低于2011年。其中，化学原料及化学制品制造业投资增长

30.7%，仍然较高，但受产能过剩的影响，建材、钢铁和有色三大行业投资分别增长 17.9%、-2.0% 和 20.6%，增速比 2011 年分别回落 13.9、16.6 和 15.8 个百分点。

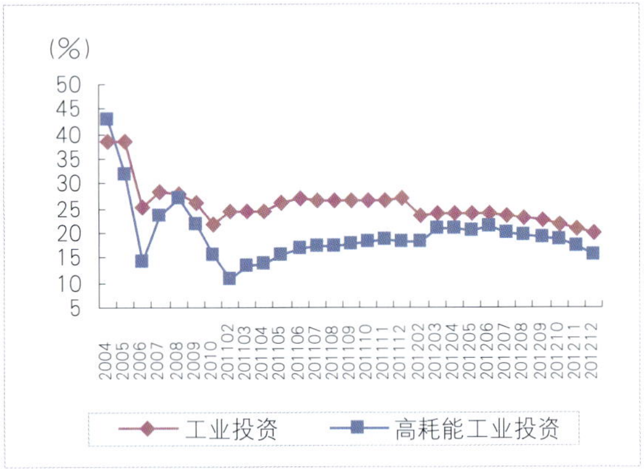

图 6　2004 年以来工业投资和高耗能行业投资增速比较

5. *采矿业投资增速下降*。2012 年采矿业完成投资 13129 亿元，增长 11.8%，比前三季度回落 5.6 个百分点，比 2011 年回落 9.6 个百分点。采矿业投资增速回落主要受煤炭行业投资增速回落的影响，2012 年煤炭开采和洗选业投资完成投资 5286 亿元，增长仅 7.7%，比前三季度回落 6.7 个百分点，比 2011 年回落 18.2 个百分点。采矿业投资增速回落与宏观经济环境的变化密切相关，2012 年以来煤炭供大于求的矛盾比较突出，价格下降，企业利润减少，从而导致投资增速大幅度回落。

（四）中央项目投资增速回升

2012 年，中央项目完成投资 21663 亿元，增长 5.9%，比前三季度提高 3.6 个百分点，而 2011 年为下降 9.7%，占全部投资的 5.9%；地方项目完成投资 343172 亿元，增长 21.7%，比前三季度回落 0.1 个百分点，比 2011 年回落 5.5 个百分点，占全部投资的 94.1%。中央项目投资增速虽然有所回升，但仍然较低，而且占全部投资的比重不高，投资增长主要受地方项目投资的影响。

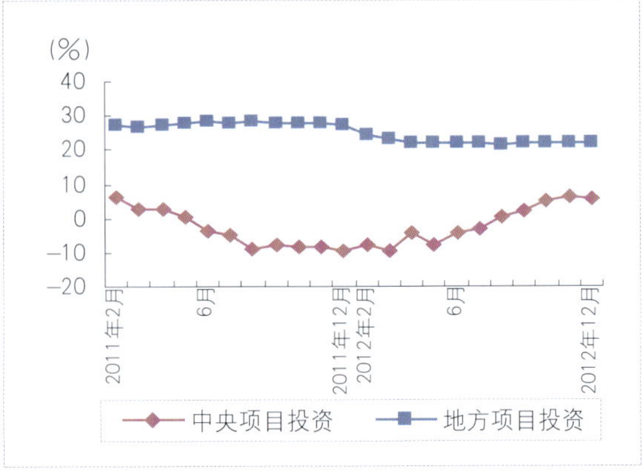

图 7　2011 年以来中央和地方项目投资增长

（五）民间投资增速回落，国有及国有控股投资增速提高

2012 年，全国民间投资 223982 亿元，增长 24.8%，比前三季度回落 0.3 个百分点，比 2011 年回落 9.4 个百分点；国有及国有控股投资 123694 亿元，增长 14.7%，比前三季度提高 1.1 个百分点，比 2011 年提高 3.6 个百分点。

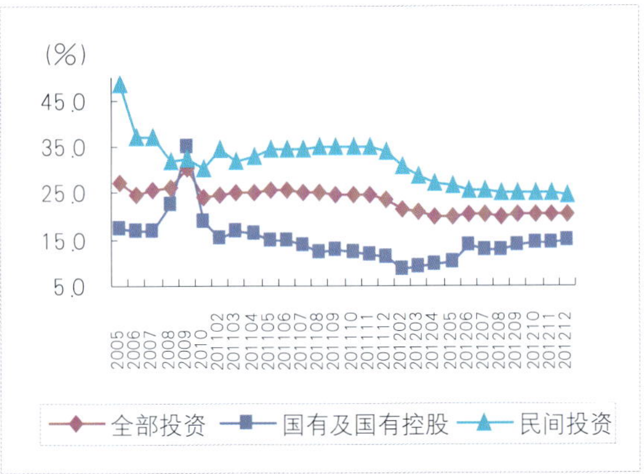

图 8　全部投资、国有及国有控股投资及民间投资增长比较

2005-2010 年，民间投资增速基本呈回落走势，由 2005 年的 48.7% 回落到 2010 年的 30.6%，2011 年提高到 34.2%，2012 年又大幅度回落到 24.8%，但民间投资增速均高于同期全部投资增速。而 2005 年以来，国有及国有控股投资增速除 2008 和 2009 年外，均低于 20%，远低于民间投资增速，也反映出了民间投资的作用在日益加强。增速的差异带来民间投资和国有及国有控股投资在全部投资中所占比重的变化。国有

及国有控股投资所占比重由 2005 年 53.3% 下降到 2012 年的 33.9%，民间投资所占比重由 2005 年的 35.6% 提高到 2012 年的 61.4%，民间投资逐渐取代国有及国有控股投资成为投资增长的主导力量，投资也逐渐进入到自主性增长阶段。

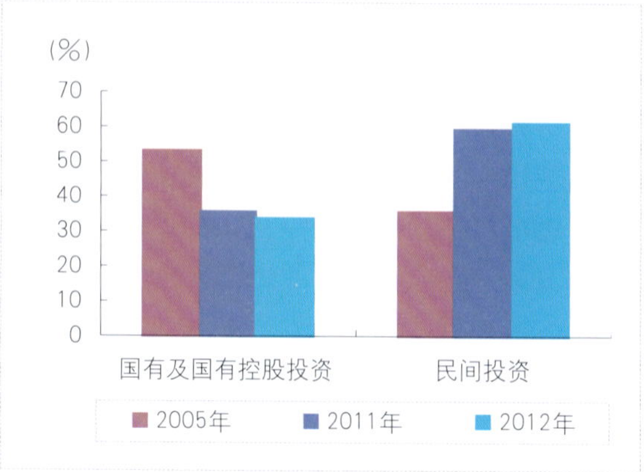

图 9　民间投资与国有及国有控股投资在全部投资中的比重

分地区看，东、中部地区民间投资的集中度相对较高，西部地区较低。2012 年东、中部地区民间投资占本地区投资的比重分别为 64.5% 和 67.5%，比全国平均水平高 3.1 和 6.1 个百分点，西部地区比重为 51.5%，比全国平均水平低 9.9 个百分点，这反映了民间投资的活跃程度与经济发展阶段密切相关。

分产业看，第一、二产业民间投资集中度远高于第三产业。2012 年第一、二产业民间投资占本产业投资的比重分别为 70.3% 和 73.5%，其中，制造业投资中民间投资占 82.6%，均远高于第三产业中民间投资 51.3% 的比重。在第三产业中，房地产开发投资中民间投资占 74.6%，铁路运输业、道路运输业、公共设施管理业投资中民间投资分别占 2.6%、11.9% 和 22.3%。以上数据表明，竞争性领域民间投资进入的比较充分，而基础设施行业投资中民间投资只占从属地位。

（六）到位资金增速仍然低于投资增速，资金比较紧张

2012 年，投资到位资金 399440 亿元，增长 18.6%，比前三季度提高 0.4 个百分点，比 2011 年回落 1.7 个百分点，比同期投资增速低 2 个百分点。

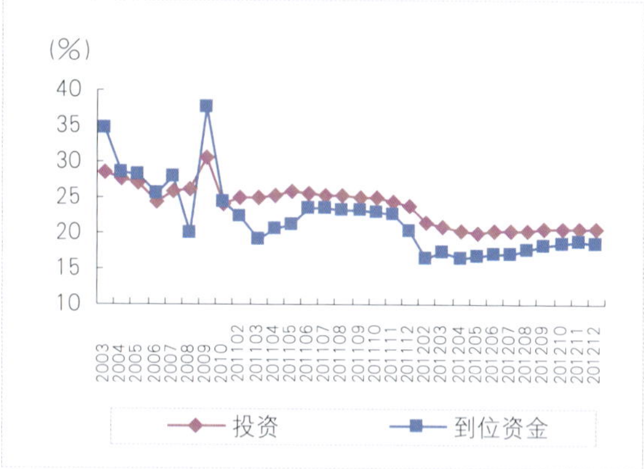

图 10　2003 年以来投资增速与到位资金增速比较

分主要资金看，国家预算资金 2012 年初以来保持高速增长，全年增长 29.7%，比前三季度提高 2.3 个百分点，比 2011 年提高 18.9 个百分点，占全部到位资金的 4.8%，比 2011 年提高 0.4 个百分点；国内贷款增长 8.4%，比前三季度回落 0.4 个百分点，比 2011 年提高 4.9 个百分点，但仍为个位数增长，占全部到位资金的 12.5%，比 2011 年下降 1.2 个百分点；利用外资从 2012 年 3 月份开始负增长，全年下降 10.9%，降幅比前三季度扩大 4.6 个百分点，而 2011 年为增长 8.2%，仅占全部到位资金的 1.1%，比 2011 年下降 0.4 个百分点，比占比最高的 1996 年下降 10.7 个百分点；自筹资金仍然是最主要资金渠道，全年增长 21.7%，比前三季度回落 0.2 个百分点，比 2011 年回落 6.9 个百分点，占全部到位资金的 67.3%，比 2011 年高 1.7 个百分点。与 2011

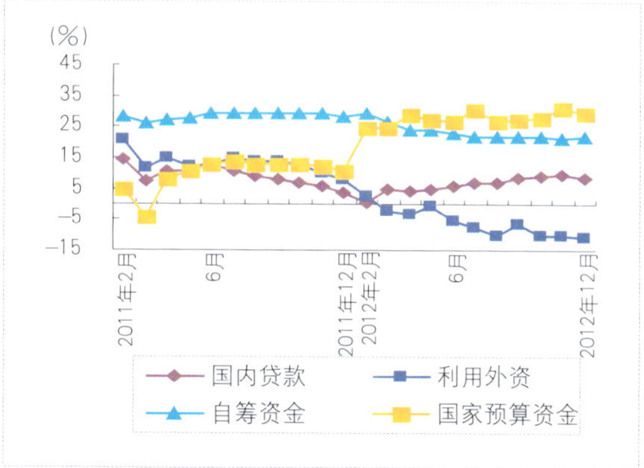

图 11　2011 年以来投资资金来源中各类主要资金增长

繁华商贸中心（中共镇江市委办公室提供）

年相比，国家预算资金和国内贷款增速提高，反映了国家稳投资政策力度大于2011年，但二者合计所占比重仅为17.3%，不足以对投资形成强有力的支撑。

2003-2010年，只有爆发国际金融危机的2008年到位资金增速低于同期投资增速，其他年份到位资金增速均高于投资增速，而2011年和2012年连续两年到位资金增速低于同期投资增速，表明2012年投资资金比较紧张。投资资金紧张主要是受以下几个因素的影响：一是国家财政收入增速明显回落。2012年全国财政收入增长12.8%，比2011年下降12个百分点；二是工业企业利润增速大幅度下降，影响了工业企业投资增长。2012年规模以上工业企业利润增长5.3%，比2011年回落20.1个百分点，其中前9个月均为负增长。投资增速回落幅度较大的煤炭、钢铁、有色三个行业2012年利润均为负增长；三是金融机构新增中长期贷款明显减少，2012年金融机构新增中长期贷款2.9万亿元，比2011年少增5773亿元；四是中国外商直接投资三年来首次下降。2012年中国吸收外商直接投资（FDI）金额下降3.7%，全国新批设立外商投资企业数下降10.1%。五是近年来规范和清理地方融资平台使得地方政府的融资能力受到明显影响。

二、2013年固定资产投资形势展望

2013年，国内外经济环境仍面临较大的不确定性，投资增长既有支撑因素，也有制约因素，2013年投资增长将是多种因素综合作用的结果。

（一）支撑投资增长的因素

1. 城镇化建设对投资增长有一定的支撑作用。2000年以来，中国城镇化率每年保持超过1个百分点的幅度提高，2012年达到52.6%。今后城镇化建设仍将稳步推进，虽然今后的城镇化会更注重人的城镇化及制度的变革，积极推动户籍制度改革，逐步实现教育、医疗和社保等基本公共服务的全覆盖，有序推进农业转移人口市民化，但城镇化仍是未来一段时间投资增长的重要支撑。

2. 积极的财政政策和稳健的货币政策仍将为投资增长提供宽松的政策环境。2013年，国家将继续实施积极的财政政策和稳健的货币政策。财政政策上，将深化财税制度改革，实施包括扩大营业税改增值税试点地区和行业范围、降低能源资源产品进口税等结构性减税措施，并进一步优化财政支出结构。货币政策仍将是稳健的，与2012年相比变化不大。“松财政、稳货币”的政策组合为投资增长提供比较稳定的政策环境。

3. 新开工项目对投资增长形成一定的支撑。2012年新开工项目计划总投资31万亿元，增长30%，比2011年提高7.5个百分点，其中亿元以上项目新开工项目计划总投资增长39.7%。虽然2012年的新开工项目不会在2013年全部完工，但有很大一部分会形成2013年投资工作量，对2013年投资增长形成一定的支撑。

4. 地方政府推动投资增长的愿望仍很强烈。近两年是各级党委和政府的换届之年，政府推动投资增长的愿望仍然比较强烈，制定的投资增长目标仍然较高，2013年有20个省份固定资产投资增长目标高于或等于20%，贵州、甘肃、黑龙江、新疆的投资增长目标为30%，为实现增长目标，地方政府会采取各种招商引资措施，可能会对促进地方投资增长。

（二）制约投资增长的因素

1. 投资潜在需求下降，高增长难度加大。

固定资产投资经历了长期高速增长后，持续高速增长的潜在需求在下降，主要表现在以下几个方面：

第一，多数工业行业产能过剩与国际需求减弱并存，制约投资增长。一是传统行业产能严重过剩。如煤炭、钢铁、有色、化工、建材等传统行业投资经过长期的快速增长，产能过剩压力加大，近期投资明显放缓，投资快速增长难度加大。二是新兴行业如风能、太阳能等相关行业产能也面临过剩。风能和太阳能发电投资经历了几年的高速增长，产能明显增加，但由于风电上网难题未妥善解决及国际光伏产业需求萎缩，供需矛盾充分暴露，使得风电设备制造业、光伏产业经营面临困境，投资持续增长难度很大。三是国际经济环境依然复杂严峻，低速增长态势很难改变。因此，外部需求不会有大的改善，我国出口形势仍不容乐观，这将会严重制约工业企业投资增长。产能过剩与出口低迷交织在一起，影响了工业企业的经济效益和投资积极性。

第二，基础设施网络日益完备，投资需求减弱。一是经过多年建设，全国公路网规模不断扩大，省际高速公路网基本建成，大部分地区地市间高速公路也已贯通，今后公路投资高速增长难度加大。2012 年道路运输业投资仅增长 6.6%，比 2011 年下降 3.2 个百分点。二是虽然 2012 年铁路投资增速转正，但高负债投资、高成本运营使得铁路投资恢复高速增长难度加大。三是城市地铁及其他基础设施投资受政府财政收入增速回落、地方融资平台融资能力下降的影响也难以高速增长。因此，基础设施投资恢复高增长的难度加大。

第三，国家为控制房价而出台的宏观调控政策，抑制了房地产的投机和投资需求，在一定程度上抑制了房地产开发投资的增长。

第四，资源环境和人力成本的制约越来越突出。改革开放以来，支撑我国经济快速增长的土地、资源、劳动力等生产要素的制约日益显现，投资高速增长难以持续。首先是土地资源日益紧张，土地的资金和生态成本不断上升，对投资项目的制约越来越大。其次是中国目前投资需要消耗的粗钢、水泥、电解铝、平板玻璃等产品的产能占全球产能的一半左右，投资快速增长的空间已经被严重压缩。三是随着中国人口结构的变化，劳动年龄人口开始下降，劳动力成本不断上升，对投资快速增长形成制约。

2. 投资总量越来越大，高增长的难度越来越大。2003 年以来，投资增速连续 10 年保持 20% 以上，经历了改革开放以来最长的稳定快速增长时期，投资总量大幅度增加，2012 年固定资产投资（不含农户）总量已经超过 36 万亿元，全社会固定资产投资总量超过 37 万亿元。在如此大的投资基数上，仍然要保持高速增长的难度越来越大。

3. 企业成本上升使产业转移和产业回流现象加剧，对投资增长带来持续性影响。近年来，我国东部企业为提高竞争优势，一直在向中西部地区转移。但随着支撑我国经济长期发展的劳动力、土地、能源资源等生产要素的价格不断上涨，各地区企业的生产成本普遍上升，利润空间被不断压缩，国际竞争优势逐渐减弱。为了保持产品的竞争优势，企业向越南、印度等国家转移和发达国家企业回流的趋势开始出现。产业向国外转移和发达国家产业回流现象对我国投资增长的影响将会持续显现。

综合以上各种因素，初步判断 2013 年固定资产投资仍会保持平稳增长。

（执笔：王宝滨 国家统计局固定资产投资统计司）

2012 年房地产市场发展报告

2012 年是房地产市场宏观调控深入推进的一年。政府一方面继续监督落实限购、限贷、限价等一系列强有力的调控措施，抑制投资投机性需求和房价过快上涨，另一方面有序推动保障性住房建设，出台政策保护居民自住性住房需求。在国家宏观调控政策作用下，全国房地产市场运行明显趋缓。与 2011 年相比，房地产开发投资和面积增速大幅回落；资金、销售增速有所回落，调控效果比较明显。

一、房地产开发情况

（一）房地产开发投资增速回落

2012 年，房地产开发投资增速高位回落，全年全国房地产开发投资 71804 亿元，比上年增长 16.2%，增速比上年回落 11.9 个百分点。

分季度看，一季度房地产开发投资增长 23.5%，上半年增长 16.6%，前三季度增长 15.4%，增速逐季回落，第四季度增速有所回升。

（二）东、中、西部地区投资增速均回落

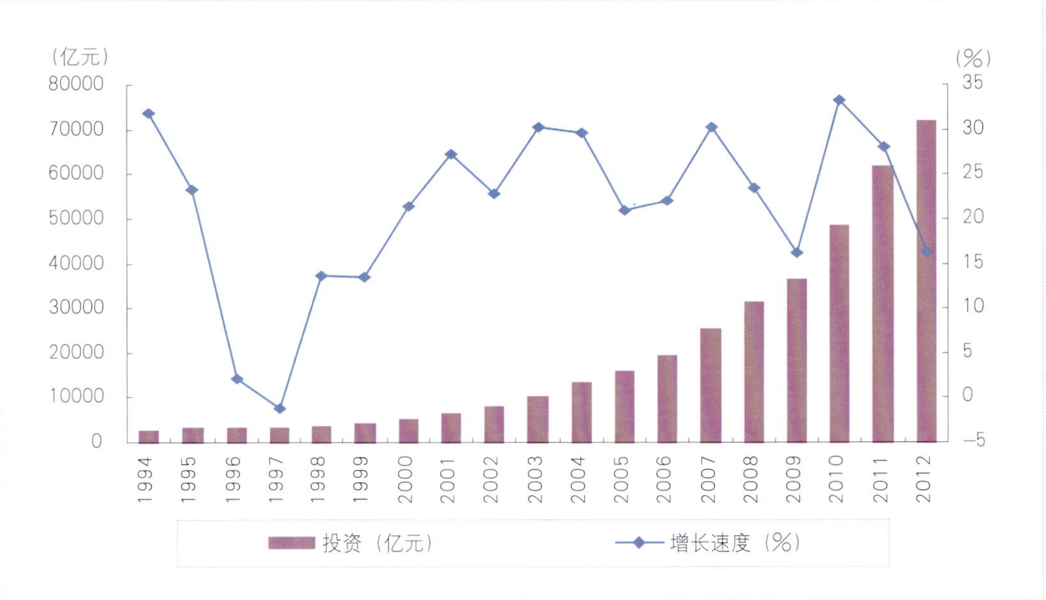

图 1　1994 年以来全国房地产开发投资情况

2012 年，东部地区房地产开发投资 40541 亿元，增长 13.9%，增速比上年回落 13.2 个百分点；中部地区投资 15763 亿元，增长 18.3%，增速回落 8.4 个百分点；西部地区投资 15500 亿元，增长 20.4%，增速回落 11.8 个百分点。

31 个省、自治区、直辖市中，仅有 6 个地区房地产开发投资增速比上年提高。25 个增速回落地区中，7 个地区回落幅度超过 20 个百分点，分别为：内蒙古下降 18.8%，2011 年为增长 42.1%；河北增长 1.0%，增速比上年回落 33.9 个百分点；新疆增长 17.4%，增速回落 31.1 个百分点；广西增长 2.5%，增速回落 23.3 个百分点；黑龙江增长 25.1%，增速回落 20.5 个百分点；吉林增长 9.6%，增速回落 20.2 个百分点；广东

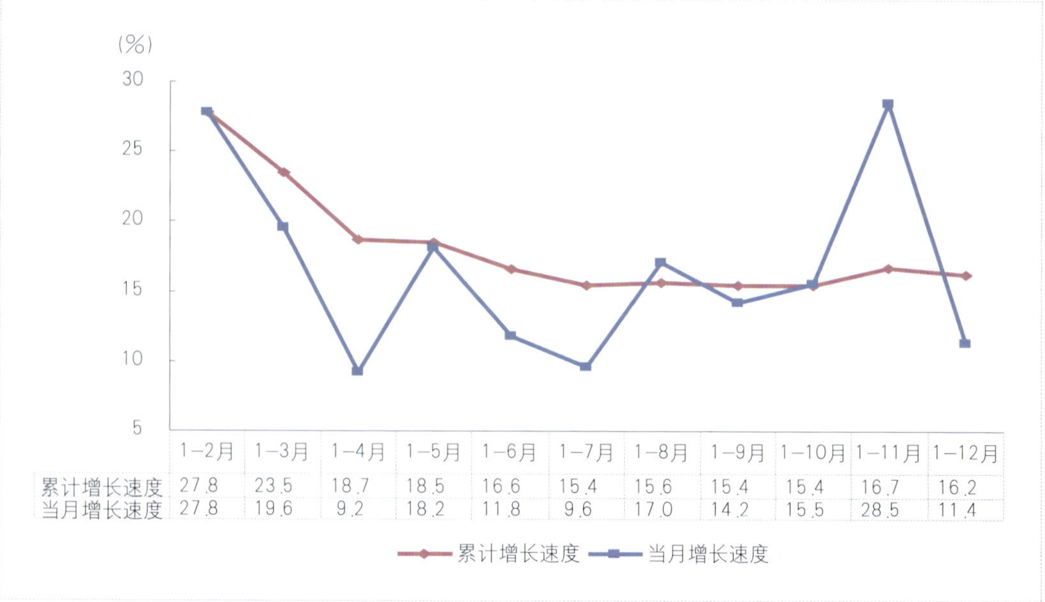

图 2　2012 年房地产开发投资增长情况

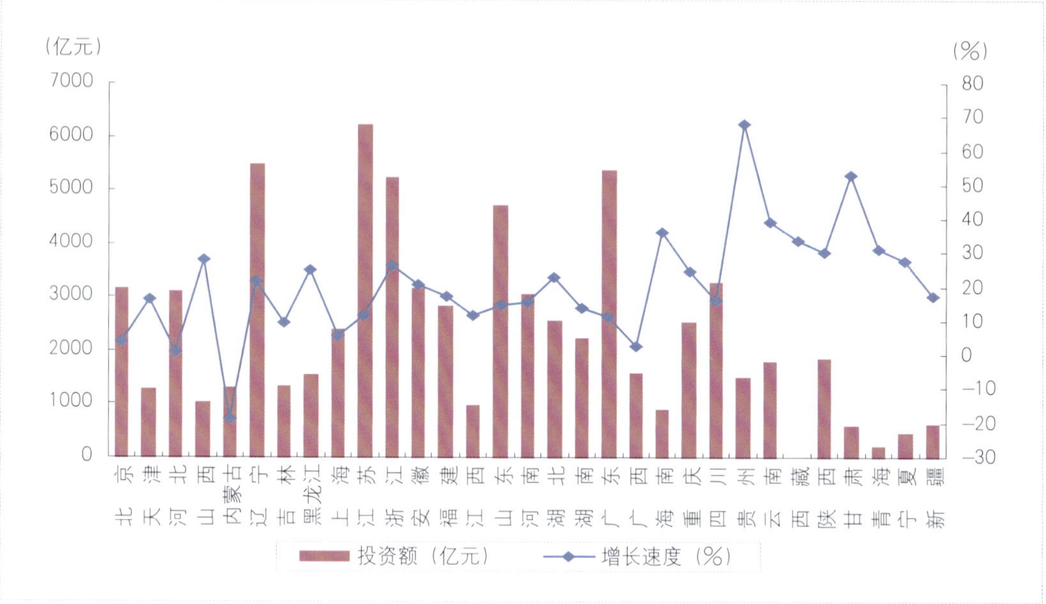

图 3　2012 年各地区房地产开发投资及增长速度

增长 11.3%，增速回落 20.1 个百分点。

（三）住宅投资增速大幅回落，非住宅类房屋投资高速增长

2012 年，房地产开发住宅投资 49374 亿元，增长 11.4%，增速比上年回落 18.9 个百分点。其中，90 平方米及以下住宅投资 16789 亿元，增长 21.9%，增速回落 7.3 个百分点；144 平方米以上住宅投资 9806 亿元，增长 4.6%，增速回落 35 个百分点。别墅和高档公寓投资 3448 亿元，增长 0.7%，增速回落 20.3 个百分点。

2012 年，非住宅类房屋投资 22430 亿元，增长 28.3%，增速比上年提高 5.5 个百分点。其中，办公楼投资 3367 亿元，增长 31.6%，增速回落 10 个百分点；商业营业用房投资 9312 亿元，增长 25.4%，增速回落 6 个百分点；其他房屋投资 9751 亿元，增长 30.1%，增速提高 19.5 个百分点。

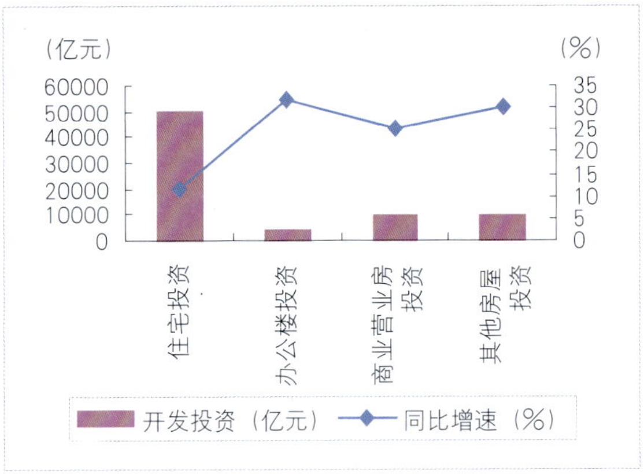

图4 2012年不同用途房屋开发投资

(四)重点城市①投资增速高于全国平均水平

2012年，40个重点城市房地产开发投资总体上呈现平稳回落的态势。全年40个重点城市房地产开发投资39056亿元，比上年增长17.1%，增速比一季度、上半年、前三季度分别回落8.9、5和1个百分点，比同期全国增速高0.9个百分点。

一线城市中，深圳投资增速提高，北京、上海、广州投资增速回落。2012年，北京投资3153亿元，增长3.9%，增速比上年回落0.8个百分点；上海投资2381亿元，增长5.7%，增速回落8.1个百分点；广州投资1370亿元，增长5.0%，增速回落27.7个百分点；深圳投资737亿元，增长43.1%，增速提高30.8个百分点。

二、三线城市房地产开发投资增速高于一线城市。2012年，36个二、三线城市投资31414亿元，增长19.7%，增速比一线城市高12.2个百分点。部分二、三线城市增速较高，其中增速超过40%的城市有2个，分别为：贵阳增长95.7%，昆明增长45.2%。2个城市投资下降，分别为：南宁下降7.6%，长春下降2.5%。

(五)房屋施工面积增速回落，新开工面积下降

2012年，房地产开发企业房屋施工面积57.34亿平方米，增长13.2%，增速比上年回落

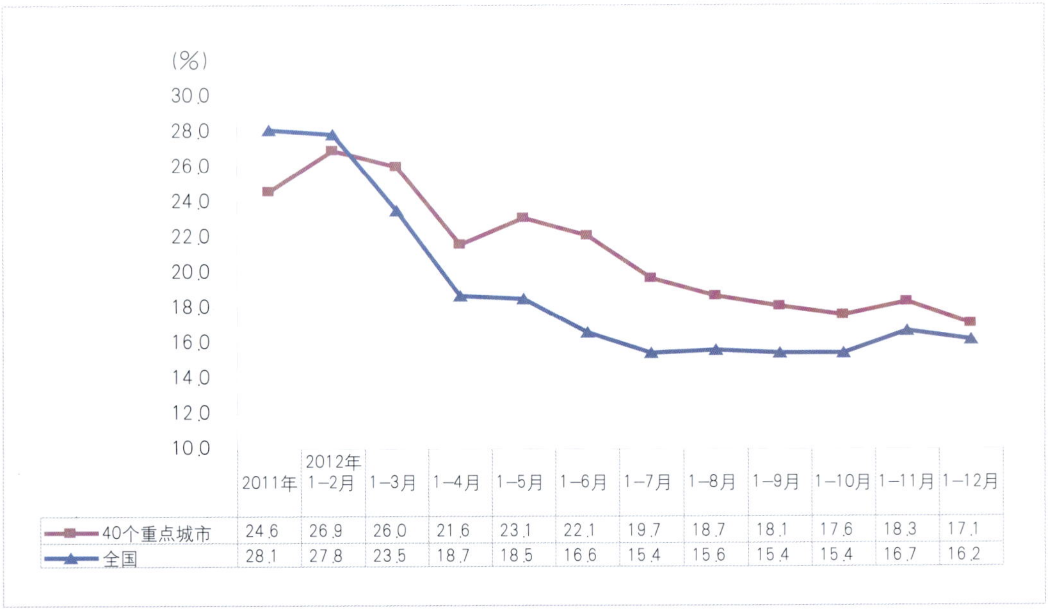

图5 全国及重点城市房地产开发投资增长速度

注：①重点城市包括：一线城市：北京、上海、广州、深圳；二、三线城市：天津、石家庄、太原、呼和浩特、沈阳、大连、长春、哈尔滨、南京、无锡、苏州、杭州、宁波、温州、合肥、福州、厦门、南昌、济南、青岛、郑州、武汉、长沙、南宁、北海、海口、三亚、重庆、成都、贵阳、昆明、西安、兰州、西宁、银川、乌鲁木齐。

11.8 个百分点。其中，住宅施工面积 42.90 亿平方米，增长 10.6%，增速回落 12.6 个百分点；办公楼施工面积 1.94 亿平方米，增长 21.5%，增速回落 10.2 个百分点；商业营业用房施工面积 6.58 亿平方米，增长 17.6%，增速回落 7.8 个百分点。

2012 年，房地产开发企业房屋新开工面积 17.73 亿平方米，下降 7.3%，2011 年为增长 16.9%。其中，住宅新开工面积 13.07 亿平方米，下降 11.2%，2011 年为增长 13.8%；办公楼新开工面积 0.60 亿平方米，增长 10.9%，增速回落 36.3 个百分点；商业营业用房新开工面积 2.20 亿平方米，增长 6.2%，增速回落 12.4 个百分点。

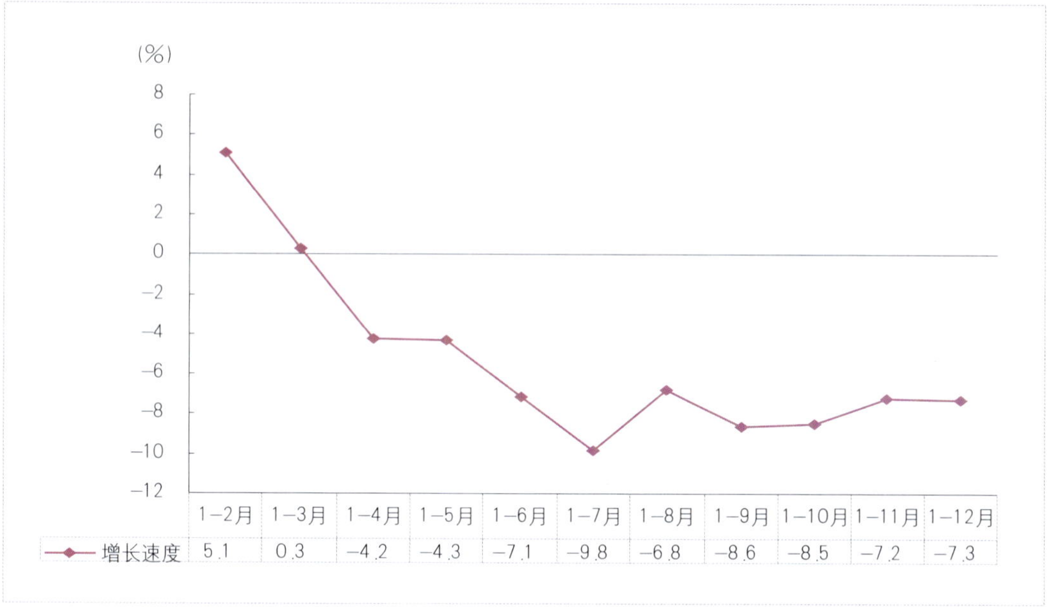

图 6　2012 年房地产开发企业各月累计新开工面积同比增长速度

从全年走势看，年初房屋新开工面积增速最高，1-2 月增长 5.1%，之后持续下滑，1-4 月开始负增长，1-7 月下降 9.8%，为全年最低。四季度房屋新开工面积降幅有所收窄。

2012 年，房地产开发企业房屋竣工面积 9.94 亿平方米，增长 7.3%，增速比上年回落 10.3 个百分点。其中，住宅竣工面积 7.90 亿平方米，增长 6.4%，增速回落 10.7 个百分点；办公楼竣工面积 0.23 亿平方米，增长 2.1%，增速回落 22.7 个百分点；商业营业用房竣工面积 1.02 亿平方米，增长 8.0%，增速回落 6.4 个百分点。

二、房地产开发企业土地购置情况

（一）土地购置面积和土地成交价款双双下降

在国家房地产调控政策的作用下，2012 年房地产开发企业继续了上年的谨慎购地，年初房地产开发企业土地购置面积即为下降，1-2 月下降 0.5%，之后降幅迅速扩大，1-7 月降幅达 24.3%，全年房地产开发企业土地购置面积 3.6 亿平方米，下降 19.5%，2011 年为增长 10.9%。

2012 年 1-2 月，房地产开发企业土地成交

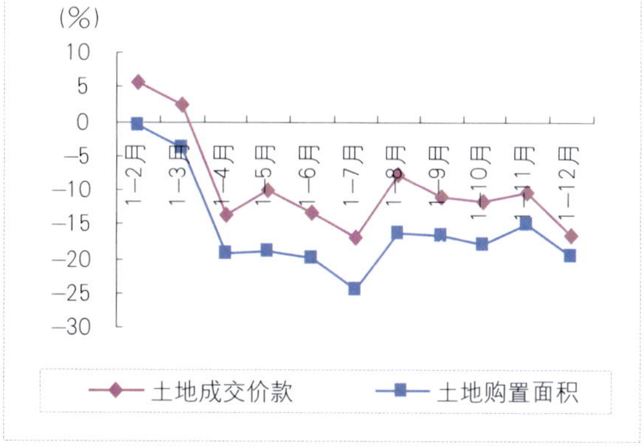

图 7　2012 年房地产开发企业土地购置面积和土地成交价款增长速度

价款增长 5.8%，1-4 月转为下降，1-7 月下降 16.9%，全年房地产开发企业土地成交价款 7410 亿元，下降 16.7%，2011 年为增长 8.4%。

分季度看，2012 年一季度房地产开发企业土地购置面积下降 3.9%，土地成交价款增长 2.5%；上半年土地购置面积下降 19.9%，土地成交价款下降 13.3%；前三季度土地购置面积下降 16.5%，土地成交价款下降 11.0%；全年土地购置面积下降 19.5%，土地成交价款下降 16.7%。

2012 年，房地产企业待开发土地面积略降。全年待开发土地面积 40197 万平方米，比上年下降 24.2 万平方米，下降 0.1%。

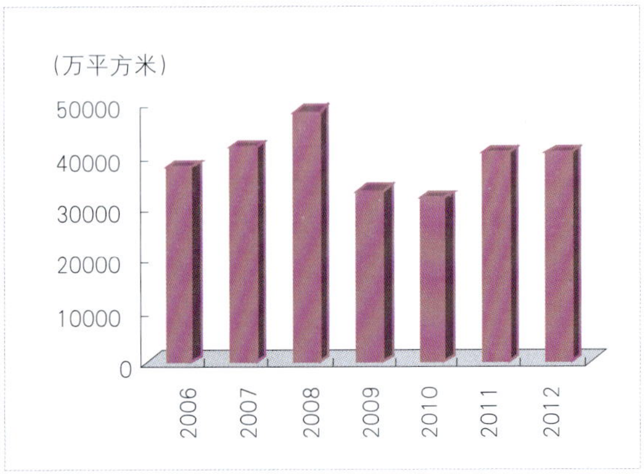

图 8　2006 年以来房地产开发企业待开发土地面积

（二）重点城市土地购置面积和土地成交价款降幅不断扩大

2012 年，40 个重点城市本年土地购置面积 1.2 亿平方米，比上年下降 19.3%，降幅比一季度、上半年和前三季度分别扩大 15、12.6 和 3.7 个百分点，比上年扩大 19.1 个百分点；土地成交价款 3561 亿元，下降 25.6%，降幅比一季度、上半年和前三季度分别扩大 18、8.7 和 3.2 个百分点，比上年扩大 19.8 个百分点。

40 个重点城市中，26 个城市土地购置面积比上年下降，其中降幅最大的 5 个城市分别为：宁波下降 74.0%；杭州下降 70.0%；北海下降 64.7%；青岛下降 64.0%；温州下降 61.0%。28 个城市土地成交价款比上年下降，其中降幅最大的 5 个城市分别为：福州下降 68.1%，哈尔滨下降 67.4%；天津下降 63.7%；成都下降 62.7%；杭州下降 60.4%。

三、房地产市场销售情况

（一）新建商品房销售逐步趋好

2012 年，随着部分房地产开发企业“以价换量”等促销手段的运用，住房刚性需求得以温和释放，全国新建商品房销售逐步趋好。年初新

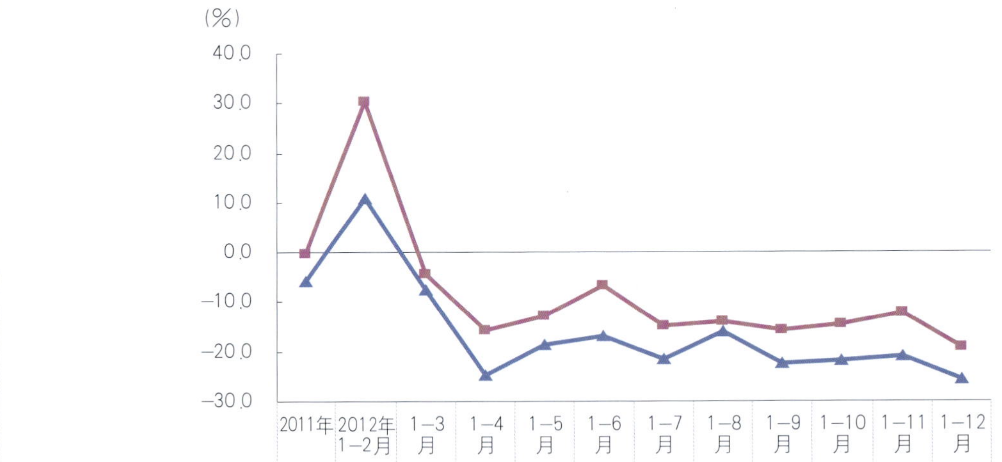

	2011年	2012年1-2月	1-3月	1-4月	1-5月	1-6月	1-7月	1-8月	1-9月	1-10月	1-11月	1-12月
土地购置面积增速	-0.2	30.4	-4.3	-15.8	-12.9	-6.7	-14.8	-14.0	-15.6	-14.6	-12.1	-19.3
土地成交价款增速	-5.8	10.7	-7.6	-24.7	-18.6	-16.9	-21.6	-16.0	-22.4	-21.8	-21.0	-25.6

图 9　重点城市土地购置面积、土地成交价款增长速度

建商品房销售大幅下降，1-2 月商品房销售面积同比下降 14.0%，销售额下降 20.9%，之后降幅逐月收窄，1-8 月商品房销售额转为正增长，1-11 月销售面积转为正增长，全年新建商品房销售面积 111304 万平方米，比上年增长 1.8%，增速比上年回落 2.6 个百分点；销售额 64456 亿元，增长 10.0%，增速回落 1.1 个百分点。

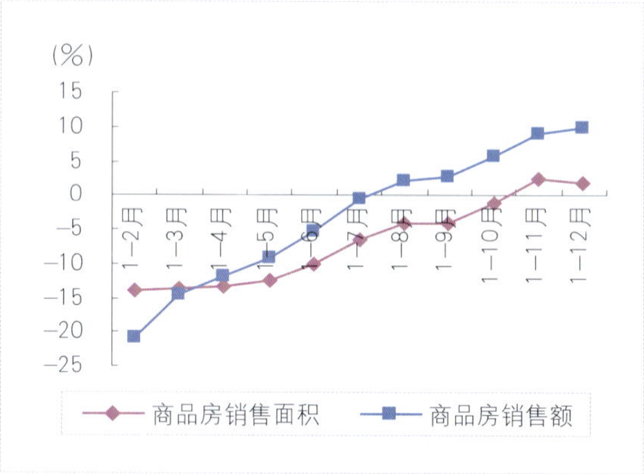

图 10　2012 年商品房销售面积和销售额增长速度

分季度看，2012 年新建商品房销售逐季向好。一季度商品房销售面积下降 13.6%，销售额下降 14.6%；上半年销售面积下降 10.0%，销售额下降 5.2%；前三季度销售面积下降 4.0%，销售额增长 2.7%；全年销售面积增长 1.8%，销售额增长 10.0%。

分东、中、西部地区看，2012 年，东部地区商品房销售面积 53224 万平方米，增长 5.7%，2011 年为下降 1.4%；销售额 38413 亿元，增长 12.9%，增速比上年提高 10.9 个百分点。中部地区商品房销售面积 30140 万平方米，增长 2.0%，增速回落 10.1 个百分点；销售额 13020 亿元，增长 8.5%，增速回落 22 个百分点。西部地区商品房销售面积 27940 万平方米，下降 5.3%，2011 年为增长 7.7%；销售额 13023 亿元，增长 3.7%，增速回落 19.8 个百分点。

分物业类型看，2012 年商品住宅销售面积 98468 万平方米，增长 2.0%，增速比上年回落 1.4 个百分点；销售额 53467 亿元，增长 10.9%，增速提高 1.7 个百分点。办公楼销售面积 2254 万平方米，增长 12.4%，增速提高 6.3 个百分点；销售额 2773 亿元，增长 12.2%，增速回落 2.5 个百分点。商业营业用房销售面积 7759 万平方米，下降 1.4%，2011 年为增长 12.5%；销售额 7000 亿元，增长 4.8%，增速回落 18.5 个百分点。

分住宅户型看，2012 年 90 平方米及以下住宅销售面积 3.07 亿平方米，增长 7.4%，销售额 15921 亿元，增长 12.4%；90-144 平方米的住宅销售面积 5.23 亿平方米，增长 2.0%，销售额 25451 亿元，增长 14.5%；144 平方米以上住宅销售面积 1.55 亿平方米，下降 7.2%，销售额 12095 亿元，增长 2.4%。别墅和高档公寓销售面积 3476 万平方米，下降 6.8%，销售额 3984 亿元，下降 2.9%。

分现房和期房看，2012 年全国现房销售面积 2.68 亿平方米，比上年减少 28 万平方米，下降 0.1%；期房销售面积 8.45 亿平方米，比上年增加 1965 万平方米，增长 2.4%。期房销售面积占全部销售面积的比重达 76.0%，比上年提高 0.5 个百分点。

（二）二手房成交小幅增长

据住房和城乡建设部 40 个重点城市房地产市场信息系统数据显示，2012 年，二手房成交面积 13033 万平方米，比上年增长 6.1%。其中，二手住房成交 10300 万平方米、122.3 万套，分别增长 10.4% 和 11.2%。40 个重点城市二手房成交量的经 2010、2011 两年的萎缩后，开始缓缦增长。

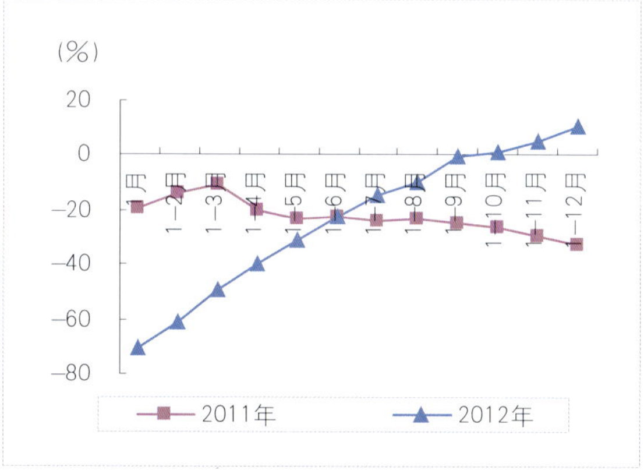

图 11　40 个重点城市二手住房成交面积增长速度

全年看，40个重点城市二手住房月累计成交呈逐月放量的态势。年初下降达70.8%，之后降幅逐月收窄，第四季度转为正增长。一季度、上半年、前三季度分别下降49.1%、22.5%和0.6%，全年增长10.4%。

在重点监测的40个城市中，东部20个城市二手房成交面积8168万平方米，增长4.1%；中部8个城市二手房成交面积2065万平方米，增长2.8%；西部12个城市二手房成交面积2800万平方米，增长15.4%。

（三）重点城市商品z房销售增长加快

2012年，40个重点城市商品房销售持续回升，增速由年初的负增长逐渐转为正增长。全年40个重点城市商品房销售面积4.3亿平方米，比上年增长8.3%，增速比前三季度提高2.2个百分点，一季度和上半年分别为下降14.0%和1.2%，2011年为下降2.3%；销售额35169亿元，增长15.5%，一季度为下降18.7%，增速比上半年和前三季度分别提高15.3和5.8个百分点，比上年提高13.3个百分点。

一线城市中，北京、上海、广州销售面积、销售额双增长，深圳销售额下降。2012年，北京销售面积增长35.1%，2011年为下降12.2%；销售额增长36.4%，2011年为下降16.8%。上海销售面积增长6.0%，2011年为下降13.1%；销售额增长2.1%，2011年为下降12.3%。广州销售面积增长11.6%，2011年为下降15.0%；销售额增长21.4%，2011年为下降13.7%。深圳销售面积增长5.8%，增速比上年回落0.9个百分点；销售额下降2.9%，2011年为增长18.9%。

二、三线城市商品房销售回升。2012年，36个二、三线城市商品房销售面积3.7亿平方米，增长7.2%，2011年为下降0.7%；销售额26406亿元，增长15.3%，增速比上年提高7.9个百分点。其中，24个城市销售面积增长，增速最高的3个城市分别为：温州增长51.7%，太原增长50.3%，杭州增长48.0%。26个城市销售额增长，增速最高的3个城市分别为：兰州增长74.3%，厦门增长60.7%，温州增长55.5%。

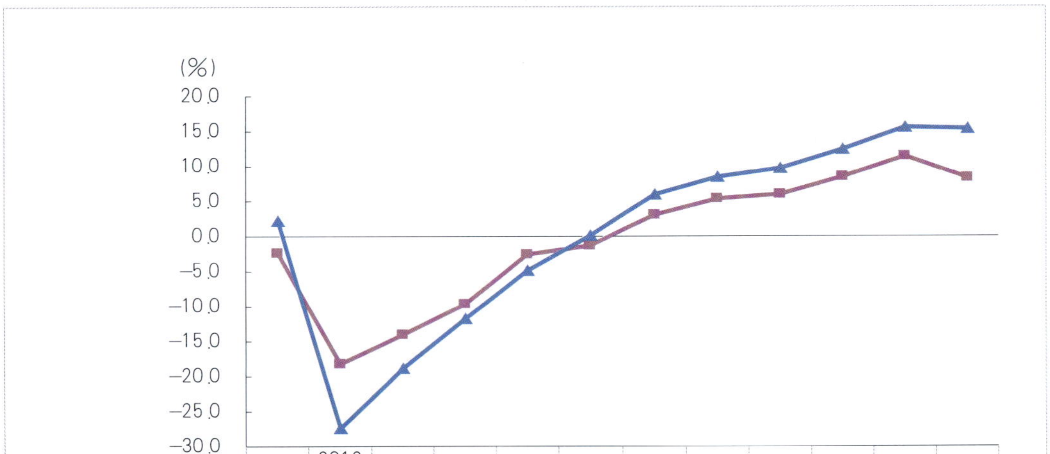

	2011年	2012年1–2月	1–3月	1–4月	1–5月	1–6月	1–7月	1–8月	1–9月	1–10月	1–11月	1–12月
销售面积增速	−2.3	−18.2	−14.0	−9.6	−2.6	−1.2	3.1	5.5	6.1	8.5	11.4	8.3
销售额增速	2.2	−27.2	−18.7	−11.6	−4.7	0.2	6.1	8.5	9.7	12.5	15.6	15.5

图12 重点城市商品房销售面积、销售额增长速度

四、房地产开发企业资金来源情况

2012年，全国房地产开发企业到位资金96538亿元，比上年增长12.7%，增速比一季度提高4.5个百分点，比上半年提高7个百分点，比前三季度提高2.6个百分点，比上年回落4.8个百分点。

（一）到位资金增速与投资增速差距逐步缩小

2012年，房地产开发企业到位资金增速一直低于同期房地产开发投资增速，但差距逐步缩小。分季度来看，一季度到位资金增长8.2%，增速低于房地产开发投资增速15.3个百分点；上半年增长5.7%，低10.9个百分点；前三季度增长10.1%，低5.3个百分点；全年增长12.7%，低3.5个百分点。

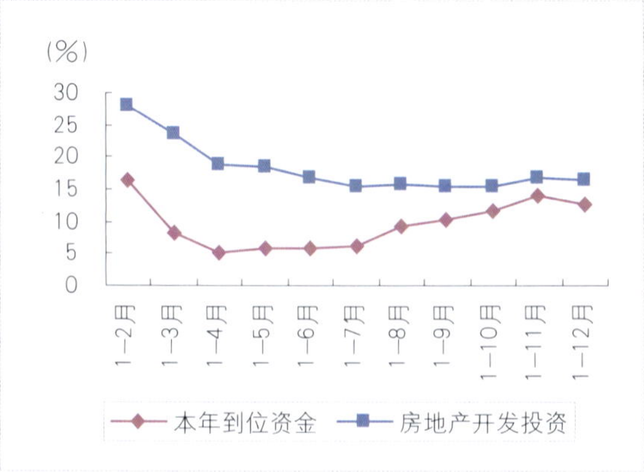

图13 2012年房地产开发投资和本年到位资金累计同比增长速度

（二）房地产开发企业银行贷款稳步增长

2012年，房地产开发企业贷款14778亿元，增长13.2%，增速比上年提高9.3个百分点；占全部企业到位资金的比重为15.3%，比上年下降0.1个百分点。其中，银行贷款13140亿元，增长14.9%，增速提高14个百分点。

（三）定金及预收款、个人按揭贷款较快增长

2012年，房地产开发企业定金及预收款26558亿元，增长18.2%，增速比上年提高1.6个百分点；占全部企业到位资金的比重为27.5%，比上年提高1.3个百分点。个人按揭贷款10524亿元，增长21.3%，2011年为下降8.9%；占全部企业到位资金的比重为10.9%，提高0.8个百分点。

（四）自筹资金增速回落

2012年，房地产开发企业自筹资金高位开局，1-2月份增长43.3%，为全年最高，之后逐月回落至1-7月份的10.3%，8月份之后增速小幅波动，全年房地产开发企业自筹资金39083亿元，增长11.7%，增速比上年回落19.7个百分点；占全部

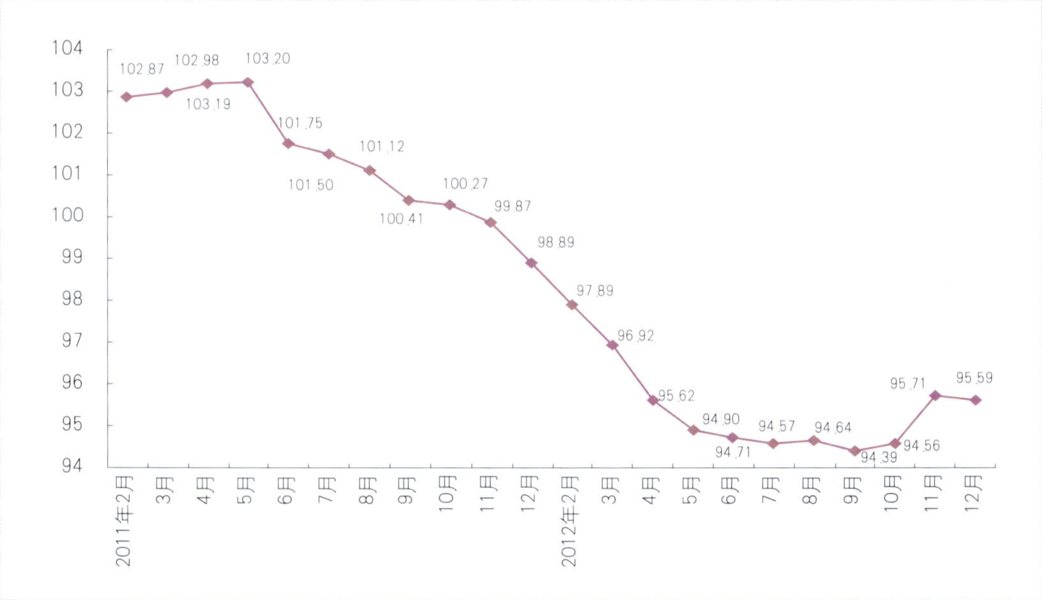

图14 2011年以来全国房地产开发景气指数趋势图

企业到位资金的比重为 40.5%，比上年降低 0.4 个百分点。

（五）利用外资下降近 50%

2012 年，房地产开发企业利用外资下降明显，上半年一路走低，下半年降幅一直为 50% 左右。全年利用外资 402 亿元，下降 48.8%，降幅比上年扩大 48.1 个百分点；占全部企业到位资金的比重为 0.4%，比上年下降 0.5 个百分点。

五、房地产开发景气状况

2012 年上半年，在国家宏观调控政策的作用下，房地产开发景气指数延续了 2011 年 6 月份以来逐步回落的态势，从 2 月的 97.89 点逐月回落至 7 月的 94.57 点，8 月份以后，受销售趋好拉动，房地产开发景气指数呈现微幅波动，四季度，随着销售进一步向好、开发投资增幅回升，房地产开发景气指数有明显回升，但全年均处于景气线以下。

2012 年 12 月，房地产开发景气指数 95.59 点，比 11 月下降 0.12 点，比上年 12 月下降 3.30 点。

（执笔：李皎 国家统计局固定资产投资统计司）

湖州风景－太湖边的明珠（浙江省统计局提供）

2012年对外经贸发展报告

2012年，在世界经济复苏明显减速，国际市场需求持续低迷，以及国内经济面临较大下行压力的形势下，政府采取了一系列稳定外贸增长的政策措施，使得我国对外贸易仍保持了稳定增长，利用外资规模虽有所下降，但仍稳居全球第二位，对外投资合作增长势头良好。

一、外贸进出口增长平稳

2012年，我国货物进出口总值38667.6亿美元，比上年增长6.2%。其中出口20489.3亿美元，增长7.9%；进口18178.3亿美元，增长4.3%；进出口差额2311亿美元，比上年增加762亿美元。

全年外贸进出口呈现以下主要特点：

1. 进出口增速比上年明显回落。2012年，我国货物进出口总体增速比上年回落16.3个百分点，其中出口和进口分别回落12.4和20.6个百分点。分季度看，一至四季度，我国进出口总值分别为8594.6亿美元、9796.9亿美元、10027亿美元和10249.1亿美元，同比增速分别为7.3%、8.5%、3%和6.3%。进出口规模逐季增加，增速在三季度探底后回升，呈现缓中趋稳的态势。

2. 出口增速快于进口，贸易顺差大幅扩大。全年出口总体增速快于进口3.6个百分点；贸易顺差突破2000亿美元，为历史第三高，仅低于2007和2008年。贸易顺差与外贸总值的比值为6.0%，比上年提高1.7个百分点。分月看，除2、7月外，其他月份出口增速均高于进口，贸易差额均大幅高于上年同月。

3. 两大主要贸易方式占比下降，特殊监管区域快速增长。一般贸易、加工贸易进出口分别增长4.4%和3.0%，占进出口总值的比重分别为52%和34.8%，较上年均有所下降；海关特殊监管区域（包括保税监管场所进出境货物、海关特殊监管区域物流货物以及海关特殊监管区域进口设备等贸易方式）进出口增长29.7%，高出外

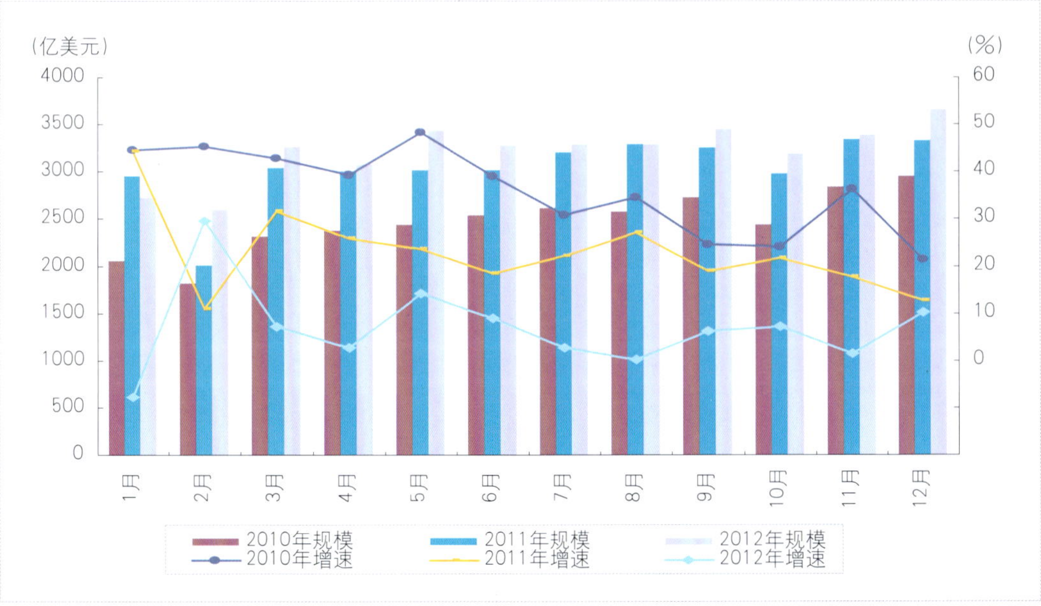

图1 2010年以来进出口总值及增长情况

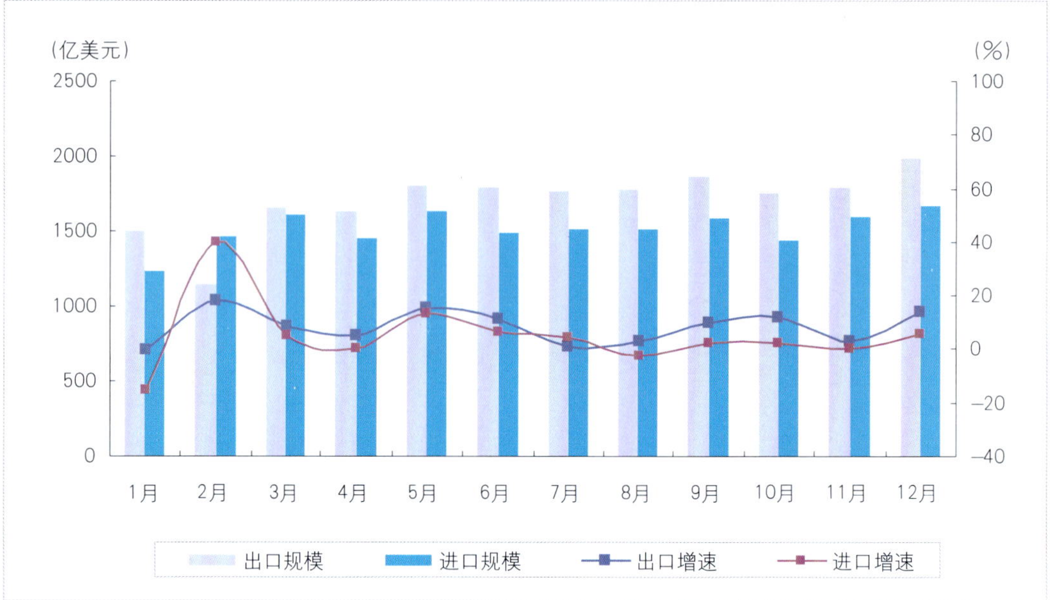

图 2　2012 年分月出口、进口情况

贸总体增速 23.5 个百分点。

4. 与欧盟、日本双边贸易额下降，与美国、东盟等贸易伙伴贸易增长平稳。我国与欧盟、日本双边贸易分别下降 3.7% 和 3.9%；占外贸总值的比重为 14.1% 和 8.5%，分别比上年下降 1.5 和 0.9 个百分点。与美国、东盟双边贸易分别增长 8.5% 和 10.2%，占外贸总值的比重为 12.5% 和 10.3%。

表 1　2012 年我国对主要贸易伙伴进出口总值

国家（地区）	进出口		出口		进口	
	金额（亿元）	增速（%）	金额（亿元）	增速（%）	金额（亿元）	增速（%）
欧盟	5460.4	-3.7	3339.9	-6.2	2120.5	0.4
美国	4846.8	8.5	3518.0	8.4	1328.9	8.8
东盟	4000.9	10.2	2042.7	20.1	1958.2	1.5
香港	3414.9	20.5	3235.3	20.7	179.6	15.9
日本	3294.5	-3.9	1516.4	2.3	1778.1	-8.6
韩国	2563.3	4.4	876.8	5.7	1686.5	3.7
台湾	1689.6	5.6	367.8	4.8	1321.8	5.8
澳大利亚	1223.0	4.9	377.4	11.3	845.6	2.3
俄罗斯	881.6	11.2	440.6	13.2	441.0	9.2
巴西	857.2	1.8	334.1	5.0	523.0	-0.2

5. 机电产品、传统劳动密集型产品出口稳定增长。我国机电产品出口 11794.2 亿美元，增长 8.7%，高出同期我国外贸出口总体增速 0.8 个百分点。服装、纺织品、鞋类、家具、制品、箱包和玩具等七大类劳动密集型产品合计出口 4188.9 亿美元，增长 8.6%，占外贸出口总值的 20.4%。

6. 多数原材料、能源产品进口量增价跌。我国进口铁矿砂 7.4 亿吨，增长 8.4%，进口均价为 128.6 美元 / 吨，下跌 21.6%；煤 2.9 亿吨，增长 29.8%，进口均价为 99.5 美元 / 吨，下跌 7.4%；未锻造的铜及铜材 465 万吨，增长 14.1%，进口均价为 8302.5 美元 / 吨，下跌 8.1%。此外，进口原油 27 亿吨，增长 6.8%，进口均价为 814.2 美元 / 吨，上涨 5%；大豆 5838 万吨，增长 11.2%，进口均价为 599.3 美元 / 吨，上涨 5.8%。

7. 中西部地区出口增长明显高于东部地区。中、西部地区出口分别增长 21.8% 和 37.8%，其中，重庆、安徽、河南和四川等中西部省市的出口增速分别为 94.5%、56.6%、54.3% 和 32.5%。东部地区出口仅增长 5.0%，低于总体增速 1.2 个百分点，其中广东、江苏、浙江、北京、山东分别增长 7.9%、5.1%、3.8%、1.1% 和 2.3%，上海下降 1.4%。

8. 民营企业成为拉动进出口增长的主体。民营企业（包括集体、私营企业及其他企业）进出口贸易增长 19.6%，高出进出口总体增速 13.4 个百分点，占进出口总值的比重比上年提高 3.6 个百分点；对进出口总值增长的贡献率高达 88.6%。外商投资企业仅增长 1.8%，占比为 49%，比上年下降 2.1 个百分点。

9. 贸易条件明显好于上年。我国外贸出口价格总体上涨 2%，进口价格总体下跌 0.7%，贸易条件指数为 102.7%。分月看，贸易条件指数除 1、2 月外，其他各月均在 100 以上，各月条件指数均高于上年同月。

美元，下降 3.8%。其中德国对华投资 14.7 亿美元，增长 29.5%。荷兰、瑞士对华实际投资也有较大幅度的增长，增速分别为 49.1% 和 58.1%。美国、日本对华实际投入外资金额分别为 31.3 亿美元和 73.8 亿美元，增长 4.5% 和 16.3%。此外，亚洲十国 / 地区（香港、澳门、台湾省、日本、菲律宾、泰国、马来西亚、新加坡、印尼、韩国）对华实际投入外资金额 957.4 亿美元，下降 4.8%。

2. 第三产业实际使用外资规模继续超过第二产业。第三产业实际使用外资 571.9 亿美元，下降 1.8%，高于利用外资总体增速 1.9 个百分点，高出第二产业增速 4.1 个百分点；占全部外资的比重为 51.2%。其中，房地产业实际使用外资 241.2 亿美元，下降 10.3%，占全部外资比重为 21.6%，下降 1.6 个百分点；批发与零售业和租赁与商务服务业实际使用外资分别增长 12.3% 和下降 2.0%，占全部外资的比重分别达到 8.5% 和 7.4%。第二产业实际使用外资 524.6 亿美元，下降 5.9%。其中制造业下降 6.2%。制造业仍是外商直接投资的主要行业，占全部外资的比重约为 43.7%。第一产业实际使用外资 20.6 亿美元，增长 2.7%。

3. 中部地区实际利用外资快速增长。中部地区实际使用外资 92.9 亿美元，增长 18.5%，

表 2　2011 年和 2012 年分月我国对外贸易条件指数

月份	出口价格指数		进口价格指数		出口数量指数		进口数量指数		条件指数	
	2012 年	2011 年	2012 年	2011 年	2012 年	2011 年	2012 年	2011 年	2012 年	2011 年
1 月	106.9	111.0	107.0	111.7	93.1	124.0	79.1	135.2	99.9	99.4
2 月	105.1	111.4	105.4	116.6	112.7	92.0	132.5	102.4	99.7	95.5
3 月	102.1	107.5	100.0	115.5	106.6	126.4	105.2	110.2	102.1	93.1
4 月	104.8	110.9	99.8	112.9	100.1	117.1	100.5	107.9	105.0	98.2
5 月	102.9	109.4	98.9	116.7	112.1	109.1	113.9	110.1	104.0	93.7
6 月	102.9	110.9	99.3	115.7	108.2	106.3	107.0	103.1	103.6	95.9
7 月	101.1	110.3	96.2	115.0	99.9	109.2	108.8	106.9	105.1	95.9
8 月	101.3	109.2	95.8	115.6	101.4	114.0	101.7	112.6	105.7	94.5
9 月	99.0	109.5	98.3	114.8	111.1	106.9	104.0	105.3	100.7	95.4
10 月	99.3	109.5	98.1	113.6	112.4	105.8	104.4	113.3	101.2	96.4
11 月	99.5	109.6	97.4	110.5	103.4	103.9	102.7	110.5	102.2	99.2
12 月	101.8	111.1	97.6	109.1	112.8	102.1	108.6	102.5	104.3	101.8

二、吸收外商直接投资有所下降

2012 年，我国新批设立外商投资企业 24925 家，比上年下降 10.1%；实际使用外资金额 1117.2 亿美元，下降 3.7%（不包括金融领域数据）。分月看，除 5 月外，其他各月利用外资均为负增长。

全年利用外资的主要特点如下：

1. 欧盟对华投资下降，美、日对华投资保持增长。欧盟 27 国对华实际投入外资金额 61.1 亿

占全国总额的 8.3%。东部和西部地区实际使用外资分别为 925.1 亿美元和 99.2 亿美元，下降 4.2% 和 14.3%，占全国的比重为 82.8% 和 8.9%。

三、对外投资和经济合作发展良好

1. 对外直接投资方面。2012 年，我国境内投资者共对全球 141 个国家和地区的 4425 家境外企业进行了直接投资，实现非金融类直接投资 772.2 亿美元，比上年增长 28.6%。对俄罗斯、美国、日本、东盟、中国香港的投资均实现快速增长，增速分别为 117.8%、66.4%、47.8%、52% 和 32.9%。

2. 对外承包工程方面。2012 年，我国对外承包工程业务完成营业额 1166 亿美元，增长 12.7%；新签合同额 1565.3 亿美元，增长 10%。

3. 对外劳务合作方面。2012 年，我国对外劳务合作派出各类劳务人员 51.2 万人，增长 13.3%，其中承包工程项下派出劳务 23.3 万人，劳务合作项下派出 27.9 万人。年末在外各类劳务人员 85 万人，比上年增加 3.8 万人。

出口烟叶检验检疫（云南出入境检验检疫局提供）

四、2013 年外经贸形势展望

（一）外贸进出口

2013 年美欧日等主要经济体继续推行量化宽松政策以推动经济复苏，新兴经济体也将在积极政策的刺激下缓慢低速复苏。世界经济可能好于上年，全球经济发展环境将有所改善。同时，国内经济增长正趋于稳定，并且出现积极变化，2012 年 10 月、11 月和 12 月制造业 PMI 指数连续三个月保持在 50% 以上。加之国务院办公厅出台促进外贸稳定增长的若干意见，在做好出口退税和金融服务、提高贸易便利化水平、改善贸易环境、优化贸易结构等方面提出了一系列具体政策措施，进一步提振进出口企业信心，缓解企业经营困难，推动外贸增长企稳趋升。

从国内环境看，有很多积极的因素，但是外需不足和贸易环境不佳的问题很难根本解决。总体上看，2013 年的外贸形势仍然严峻。

一是全球经济复苏艰难，外需尚未得到根本缓解。2013 年世界经济仍然面临巨大挑战，并且很有可能出现短暂的下行。据国际货币基金组织最新预测，2013 年全球经济实际增长率为 3.6%，比先前预测值下调 0.3 个百分点。联合国预测，世界经济在 2013 年将仅增长 2.4%，且在未来两年可能再度衰退。尤其是发达经济体主权债务危机已成为世界经济前行的最大风险。国际货币基金组织报告显示，欧洲五国（希腊、爱尔兰、西班牙、葡萄牙和意大利）、美国以及日本的公共债务水平已远突破 GDP 比率 100% 的警戒线。

二是贸易保护主义持续升温，外贸环境不容乐观。据英国智库经济政策研究中心的“世界贸易预警”项目监测，2008 年国际金融危机爆发以来，全球 40% 的贸易保护主义措施针对中国。随着中国出口产业从劳动密集型产业向新兴产业升级，国外对中国新兴产业出口的限制明显增多。2012 年，我国共遭受贸易救济调查 77 起，增长 11.6%，涉案金额 277 亿美元，增长 3.7 倍。且我国遭遇的贸易救济调查案件呈现常态化、复杂化、政治化等趋势。国际货币基金组织预测，2013 年全球贸易保护继 2012 年之后会进一步抬头，世界贸易增长率预计仅为 4.48%，低于 1980 年以来 5.68% 的年均增速。

三是企业经营成本上升。近年来，我国要素成本集中上涨，在一定程度上削弱了制造业的成本竞争力。2008-2011 年，制造业城镇单位就业人员平均工资年均增长 14.5%，制造业农民工月收入年均增长15%。同时人民币不断升值，自2005年汇改以来的7年中，人民币兑美元的名义升值幅度达到了25%，实际升值幅度则达到了30%。且随着我国经济的逐步复苏，2013年人民币升值预期增强。

总体来看，2013年我国外贸发展面临的内外部环境可能略好于上年，但国际国内的风险因素叠加仍将对我国外贸造成较大压力。预计2013年我国进出口总体情况可能好于上年，出口、进口增速将有所回升，但仍将远低于过去十年的年均超过20%的增速，贸易顺差有望收窄。

（二）吸收外商投资

2012年受世界经济复苏缓慢因素的影响，全球跨境投资整体呈下降趋势，在这种形势下，我国吸收外资稳居全球第二位，仅次于美国，表明我国吸收外资的优势并没有改变。我国已形成较好的产业集聚优势，在配套体系、市场规模和技术投入方面都具有较大优势。且伴随市场经济的发展，市场准入的开放，政府服务的提升以及政策法律法规的完善，支撑吸收外资的制度机制也将不断优化。预计2013年我国吸收外资将保持平稳发展态势，且质量和效益将不断提高。

（三）对外经济合作

伴随“走出去”战略不断深化，我国开展对外投资合作的步伐将明显加快，对外投资的规模和领域也将进一步增加。同时我们也注意到，企业跨国经营充满了风险和不确定性，尤其是在当前世界经济复苏乏力、贸易和投资的保护主义日益加剧的形势下，“走出去”存在较大的挑战，因此风险防范意识必不可少。一是要把风险管理日常化、制度化；二是要主动加强中资或中方企业间的紧密联系和相互声援，建立健全相关统筹协调机制；三是积极发挥有关政府职能部门的作用，在信息提供及事前预警等方面加强研究并实现共享。

（执笔：刘旭玲 国家统计局贸易外经统计司）

边境地区实蝇监测（云南出入境检验检疫局提供）

2012 年居民消费价格监测报告

2012 年，在党中央、国务院有效实施宏观调控政策、管好货币信贷总量、促进社会总供求基本平衡的基础上，各级政府继续把抑制食品价格过快上涨作为稳定物价的重点，努力增加生产、保障供给，搞活流通、降低成本，加强监管、规范秩序，保持了物价总水平的基本稳定。全年居民消费价格总水平比上年上涨 2.6%，比 2011 年 5.4% 的涨幅回落 2.8 个百分点，低于政府工作报告提出的 4% 左右的全年居民消费价格涨幅调控目标。

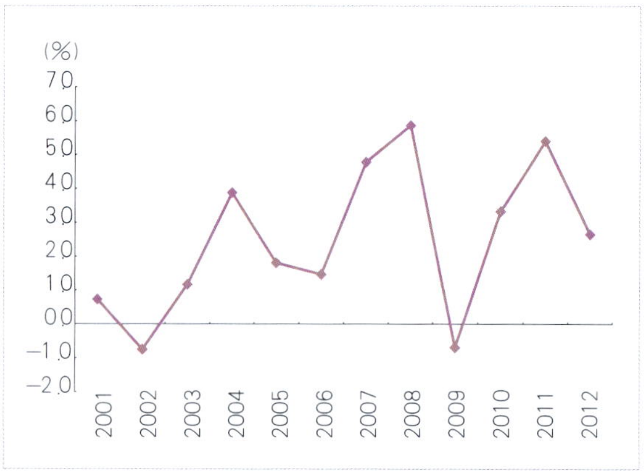

图 1　2001—2012 年 CPI 涨跌幅

其中，城市上涨 2.7%，农村上涨 2.5%；食品价格上涨 4.8%，非食品价格上涨 1.6%；消费品价格上涨 2.9%，服务项目价格上涨 2.0%。

一、居民消费价格变动的基本情况

（一）月环比价格有涨有落，7 个月上涨，5 个月下降

全年最高涨幅出现在 1 月份，涨幅为 1.5%；最大降幅出现在 6 月份，降幅为 0.6%。

（二）月同比涨幅由年初的 4.5% 逐渐回落到年底的 2.5%

分季度看，1 至 4 季度 CPI 涨幅分别为 3.8%、2.8%、1.9% 和 2.1%，呈现出前三季度逐季回落、第四季度有所回升的走势。

（三）八大类商品（服务）价格七涨一降

与 2011 年的涨跌幅度相比，烟酒及用品、衣着、娱乐教育文化用品及服务价格涨幅有所扩大，食品、家庭设备用品及维修服务、医疗保健和个人用品、居住价格涨幅有所回落，交通和通信价格由涨转跌。

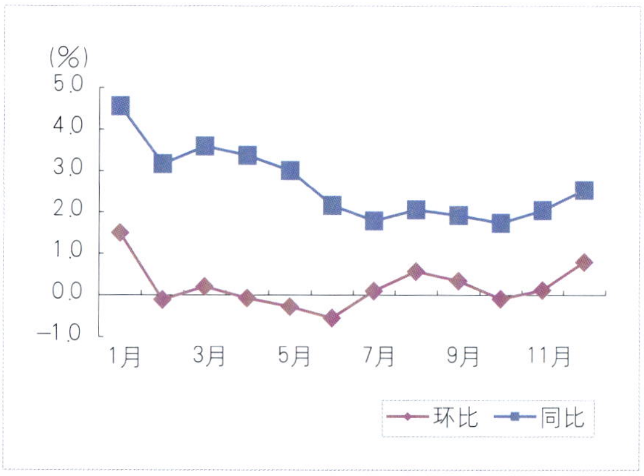

图 2　2012 年全国居民消费价格涨跌幅

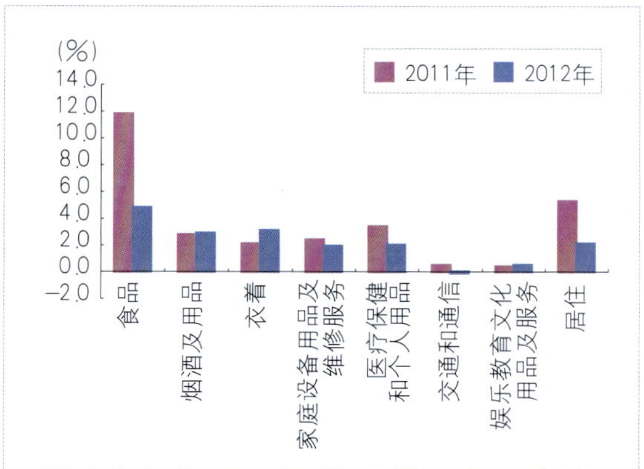

图 3　全国居民消费价格分类别涨跌幅

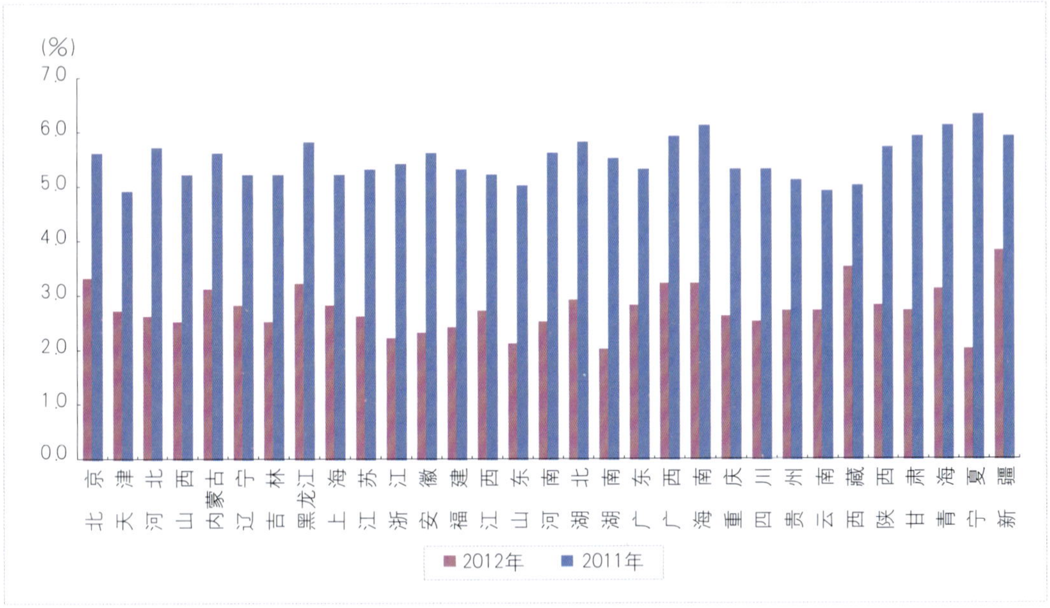

图 4　各省（区、市）居民消费价格涨跌幅

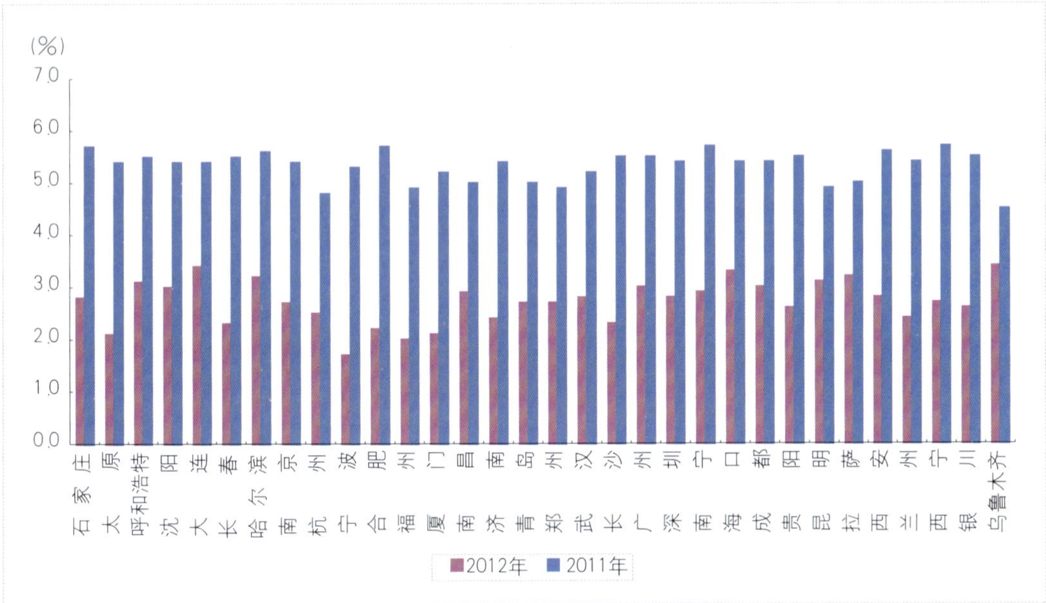

图 5　大中城居民消费价格涨幅

（四）分地区居民消费价格总水平变动情况

全年全国 31 个省（区、市）的居民消费价格总水平均有不同程度的上涨，涨幅在 2.0%-3.8% 之间，但与上年相比涨幅均有所回落，回落幅度在 1.5%-4.3% 之间。

省会城市、自治区首府城市和计划单列市 32 个大中城市的居民消费价格总水平也全部有所上涨，涨幅在 1.7%-3.4% 之间，但与上年相比涨幅均有所回落，回落幅度在 1.1%-3.6% 之间。

（五）成品油和居民用电价格调整情况

全年成品油价格进行了八次调整，四涨四落。其中，汽油价格四次上涨每吨累计提高 1840 元，四次下调每吨累计降低 1590 元，净提高 250 元；柴油价格四次上涨每吨累计提高 1810 元，四次下调每吨累计降低 1520 元，净提高 290 元。从 7 月 1 日起，全国 29 个省（区、市）施行居民阶梯电价改革（西藏和新疆暂未实施），居民基本用电价格基本保持稳定，超过基本用电量外的电价略有上涨。

二、居民消费价格运行的主要特征

（一）食品价格上涨影响近六成

全年食品价格比上年上涨 4.8%，比上年回落 7.0 个百分点，影响居民消费价格总水平上涨约 1.55 个百分点，约占居民消费价格总涨幅的 60%。而上年食品价格上涨对居民消费价格总水平的影响约占总涨幅的 66%。

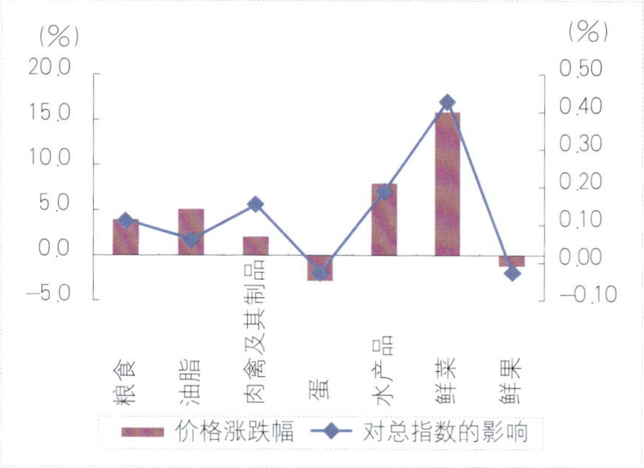

图 6　部分食品价格涨跌幅和对总指数的影响

1. 粮食价格持续上涨。全年粮食价格上涨 4.0%，比上年回落 8.2 个百分点，影响居民消费价格总水平上涨约 0.11 个百分点。从环比看，年内各月粮食价格均有不同程度的上涨。

2. 鲜菜、鲜果价格波动带有明显的季节性特征，鲜菜价格波动的季节性特征更加明显。鲜菜的月环比最大涨幅为 1 月份的 26.1%，最大降幅为 6 月份的 15.2%。

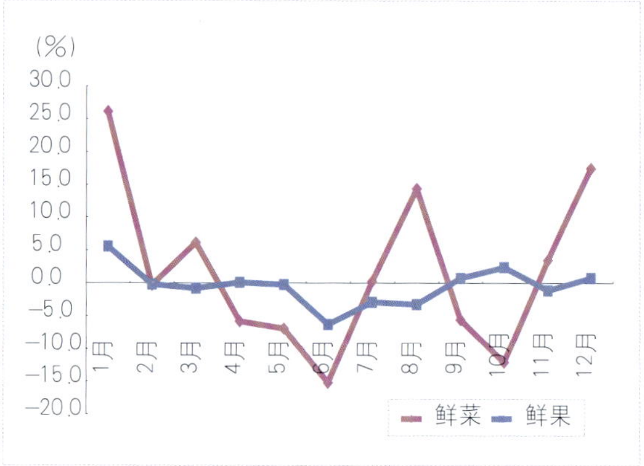

图 8　鲜菜、鲜果价格环比涨跌幅

3. 猪肉价格波动较为明显。2012 年 1 月受春节影响猪肉价格略有上涨，随后价格逐渐下降，直至 7 月降到年内低谷。8 月起，猪肉价格缓慢回升。牛肉和羊肉价格持续上涨，2012 年 12 月同比分别上涨 32.4% 和 11.1%。

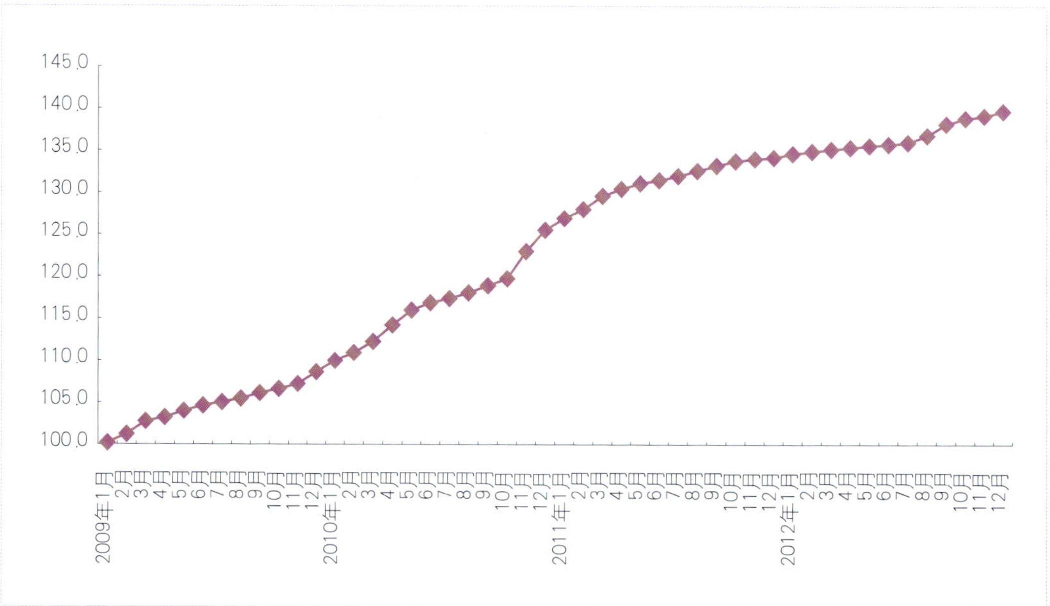

图 7　2009 年 1 月 –2012 年 12 月各月粮食价格指数（2008 年 12 月价格 =100）

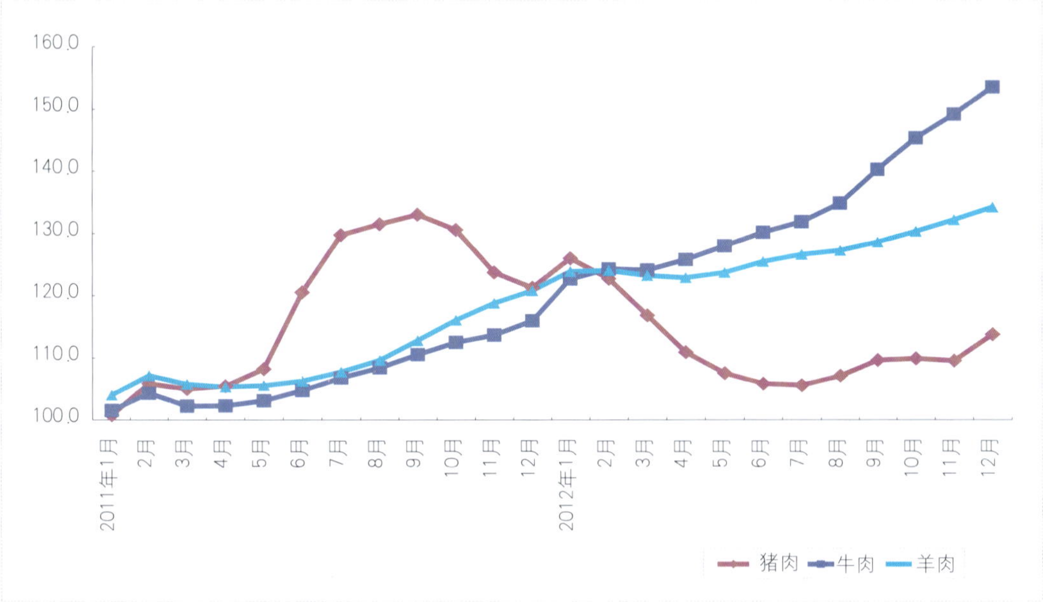

图 9 猪肉牛肉羊肉价格指数（2010 年 12 月价格 =100）

（二）服务价格上涨影响逐月扩大

服务价格上涨 2.0%，比上年涨幅回落 1.5 个百分点，为近七年以来的次高涨幅（最高涨幅为 2011 年的 3.5%），影响居民消费价格总水平上涨约 0.57 个百分点。服务价格上涨影响虽然仅占 22%，远低于消费品价格上涨的影响（消费品价格上涨 2.9%，影响居民消费价格总水平上涨约 2.07 个百分点），但从动态看，服务价格上涨对总指数的影响大体呈逐月扩大态势。

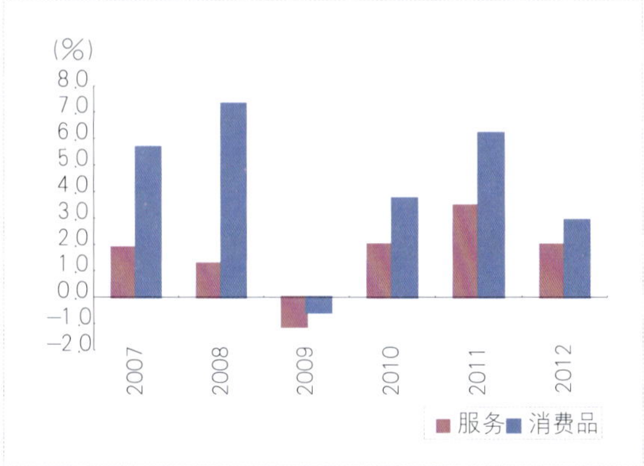

图 10 2006-2012 年消费品和服务价格涨跌幅

（三）新涨价因素占居民消费价格总涨幅的近六成。

据测算，在 2012 年 2.6% 的居民消费价格总水平涨幅中，上年价格上涨的翘尾因素约为 1.1 个百分点，新涨价因素约为 1.5 个百分点，均比 2011 年减少 1.4 个百分点，分别占居民消费价格总涨幅的 42% 和 58%。

（四）旅游、飞机票等价格变动带有明显的季节性。

全年旅游、机票价格在法定小长假、寒暑假期间均有比较明显的上涨，季节性特征非常强。

三、居民消费价格涨幅回落的原因

1. 经济增长放缓减轻了物价上涨的压力。2012 年，世界经济复苏步履蹒跚，经济增长在低俗徘徊，发达经济体、新兴市场与发展中经济体都面临不同程度的发展困境。中国经济虽然一枝独秀，全年 GDP 增长 7.8%，但 GDP 增速也逐季回落，减轻了物价上涨的需求压力。

2. 输入型通胀压力也有所减轻。2012 年美日经济增速低缓，欧债危机日益加剧，新兴经济体增速下滑，国际大宗商品价格出现了较大回落，特别是二、三季度国际原油、铁矿石、煤炭等重要生产资料价格回落较多，相应带动国内相关产品价格下行。

3. 上游产品的价格下降减轻了对下游产品

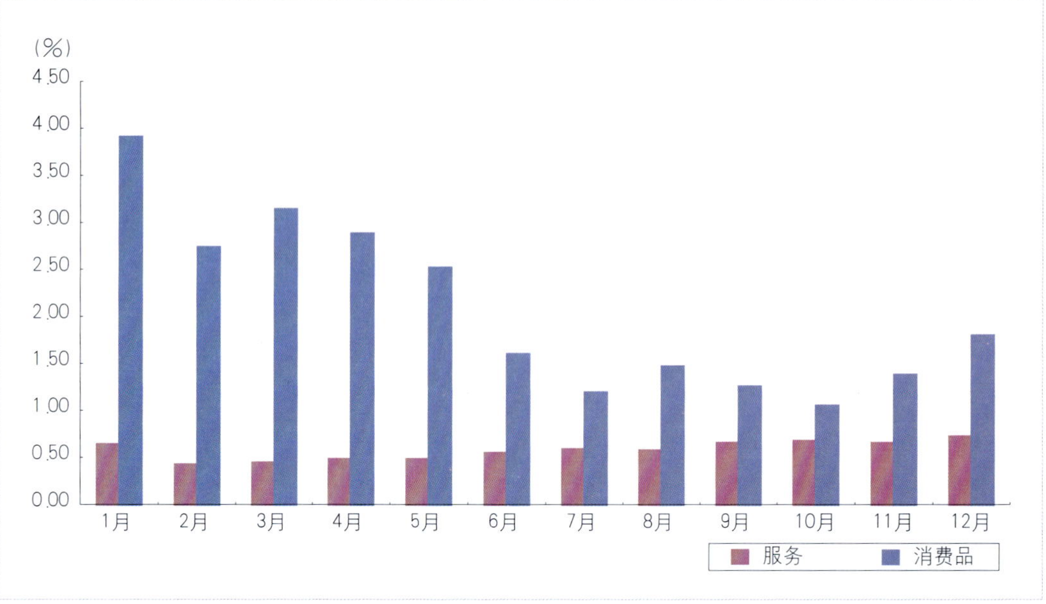

图 11 服务和消费品价格同比上涨对总指数的影响

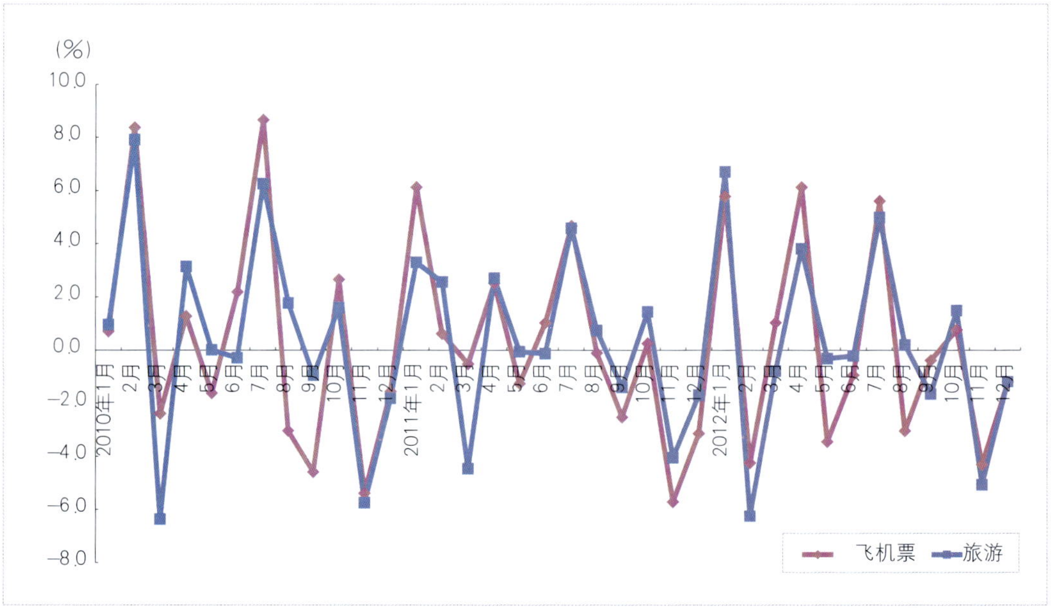

图 12 旅游、飞机票价格环比涨跌幅

价格上涨的传导压力。全年工业生产者出厂价格比上年下降 1.7%，其中生活资料出厂价格比上年上涨 0.8%，比上年回落了 3.4 个百分点，向下游产品价格传导的压力大为减轻。

4. 天气状况比上年好转。与 2011 年降水量偏少不同，2012 年降水量比常年偏多 4.2 毫米，有利于农作物生长。另外，阶段性气象干旱造成的影响总体也偏轻。

5. 消费品市场供大于求的基本格局没有改变。我国粮食产量实现“九年增”，制造业产能较大，国内建材、轻工和纺织为主的相关行业产能过剩，消费品市场供大于求的基本格局没有改变，国内市场竞争加剧，相关产品价格持续走低。

四、控制物价的政策建议

2012 年，CPI 月度同比涨幅从 1 月份的 4.5% 逐渐回落到 2% 以下，11 月份 CPI 又重新回到 2%。总体上看，虽然 CPI 同比涨幅回落到 3% 以下，但影响物价上涨的主要因素并未根本消除，未来物价压力还是存在的。影响物价上涨的主要因素有四个方面：一是部分食品价格存在周期性上涨特征，二是劳动力成本呈刚性上涨趋势，三是欧美量化宽松政策将使国际大宗商品价格存在再度上扬的风险，四是能源、资源等价格改革压力较大。

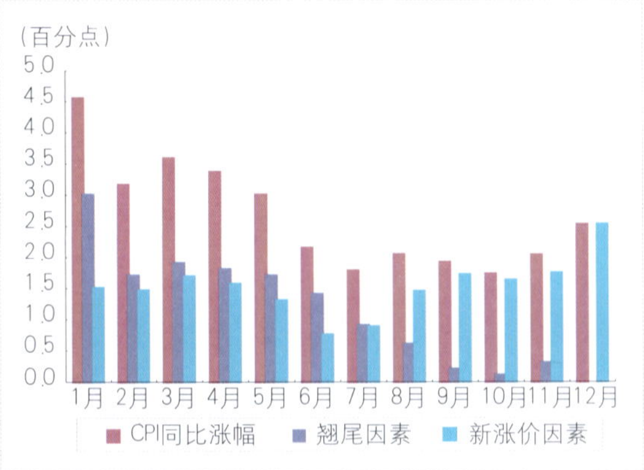

图 13 翘尾及新涨价因素

据测算，2012 年价格上涨对 2013 年的滞后影响约为 1.0 个百分点。考虑到 2012 年物价是在 2011 年大幅上涨后的回落，2013 年物价处于上升周期，加之能源、资源价格改革的推进，新涨价因素高于去年水平的可能性较大，因此预计今年全国 CPI 涨幅在 3.5% 左右。

为实现今年的物价调控目标，要继续把抑制食品价格过快上涨作为稳定物价的重点，实实在在落实好“米袋子”省长负责制和“菜篮子”市长负责制，保障主要农产品供给。继续规范市场价格和收费秩序，逐步将税费减免政策和绿色通道政策扩展到蔬菜、鲜活农产品以外的其他农产品品种，并建立促进公平竞争和降低流通成本的长效机制，严厉打击恶意炒作价格的行为，对通胀预期进行合理引导，保持物价总水平基本稳定。

（执笔：沈赟 杨彩芳
国家统计局城市社会经济调查司）

集团下属服装品牌“雅迪斯”门店（广东省丝绸纺织集团有限公司提供）

2012 年工业生产者价格监测报告

2012 年，全球经济低位徘徊，国内经济增速放缓，市场需求转弱，工业生产者价格呈现前期持续下跌、后期触底企稳、全年总体下行的态势。全年工业生产者出厂价格比上年下降 1.7%，工业生产者购进价格比上年下降 1.8%。

一、工业生产者出厂价格总体变动情况

从月度同比价格变动看，全年工业生产者出厂价格呈现前 9 个月逐月走低，后 3 个月降势趋缓的运行态势。各月指数分别为 100.7、100.0、99.7、99.3、98.6、97.9、97.1、96.5、96.4、97.2、97.8 和 98.1。

从月度环比价格变动看，工业生产者出厂价格 1 月份略降后，2-4 月份连续上涨，5 月份以后总体呈下降之势，其中 7 月份为全年最低点，10 月份略有上涨。各月指数分别为 99.9、100.1、100.3、100.2、99.6、99.3、99.2、99.5、99.9、100.2、99.9 和 99.9。

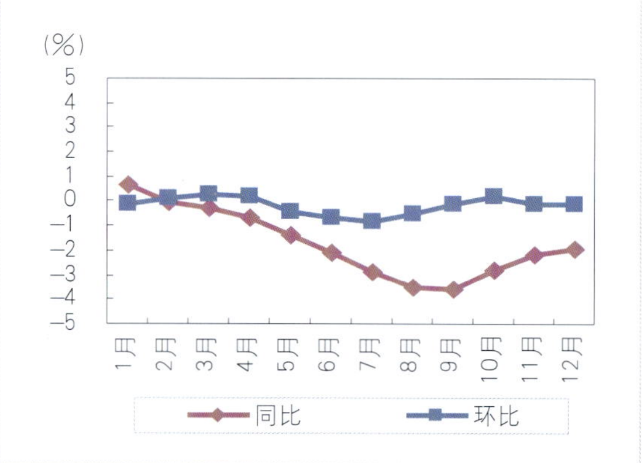

图 1 2012 年工业生产者出厂价格涨跌幅

分类别看，全年生产资料出厂价格比上年下降 2.5%，影响工业生产者出厂价格总水平下降 1.9 个百分点，是工业生产者出厂价格下降的主要因素。其中，采掘工业价格下降 2.4%，原材料工业价格下降 2.0%，加工工业价格下降 2.7%。生活资料出厂价格比上年上涨 0.8%，拉动工业生产者出厂价格总水平上涨约 0.2 个百分点。其中，食品价格上涨 1.4%，衣着价格上涨 2.1%，一般日用品价格上涨 0.9%，耐用消费品价格下降 0.9%。

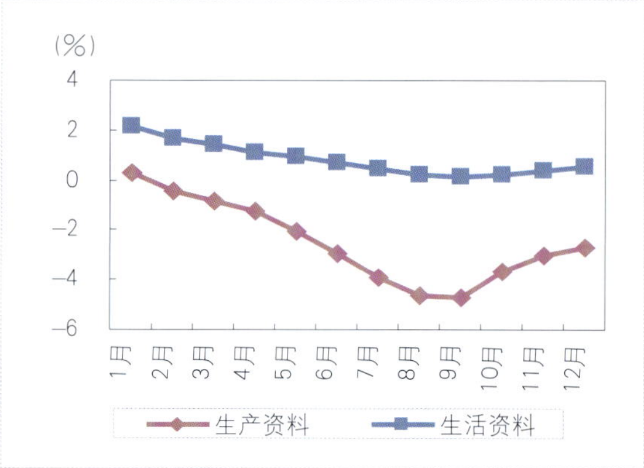

图 2 2012 年生产资料和生活资料出厂价格同比涨跌幅

分行业看，39 个工业大类行业中，19 个工业行业产品出厂价格同比下降，占 48.7%。其中，化学纤维制造业出厂价格降幅最大，比上年下降 12.0%，黑色金属矿采选业出厂价格下降 11.0%，黑色金属冶炼及压延加工业出厂价格下降 10.6%，非金属矿采选业和农副食品加工业出厂价格涨幅较高，分别比上年上涨 3.4% 和 2.2%。

二、重要生产资料出厂价格变动情况

2012 年，国际原油市场跌宕起伏。年初，国际原油价格大幅上涨，影响一季度国内原油价格上涨 10.3%。进入 5 月份，欧债危机不断蔓延，全球经济持续低迷，原油价格持续走低，至 8 月份原油价格同比下降 13.9%，为全年最低点。9 月份以后，美国推出第三轮量化宽松货币政策，国际大宗商品价格止跌回升，原油价格触底反弹，11 月份原油价格同比上涨 1.3%。全年原油价格总体呈下降态势，比上年下降 0.8%。

表 2011年、2012年工业生产者出厂价格大类指数

上年价格=100

项目名称	2011	2012
总指数	106.0	98.3
煤炭开采和洗选业	110.2	97.0
石油和天然气开采业	124.5	99.6
黑色金属矿采选业	112.7	89.0
有色金属矿采选业	115.0	97.6
非金属矿采选业	109.1	103.4
其他采矿业	100.0	100.0
农副食品加工业	110.6	102.2
食品制造业	106.3	102.2
饮料制造业	104.4	101.9
烟草制品业	100.3	101.3
纺织业	111.1	96.6
纺织服装、鞋、帽制造业	103.7	102.3
皮革、毛皮、羽毛(绒)及其制品业	104.5	102.3
木材加工及木、竹、藤、棕、草制品业	104.1	102.2
家具制造业	102.4	101.7
造纸及纸制品业	103.0	98.5
印刷业和记录媒介的复制	101.9	100.4
文教体育用品制造业	103.7	101.8
石油加工、炼焦及核燃料加工业	114.9	101.6
化学原料及化学制品制造业	109.8	96.0
医药制造业	102.5	100.1
化学纤维制造业	112.1	88.0
橡胶制品业	110.0	99.4
塑料制品业	104.7	99.4
非金属矿物制品业	107.0	98.6
黑色金属冶炼及压延加工业	109.8	89.4
有色金属冶炼及压延加工业	113.0	93.1
金属制品业	104.1	99.1
通用设备制造业	102.7	99.8
专用设备制造业	101.5	100.3
交通运输设备制造业	100.4	99.5
电气机械及器材制造业	103.1	97.5
通信设备、计算机及其他电子设备制造业	98.3	97.8
仪器仪表及文化、办公用机械制造业	99.8	100.2
工艺品及其他制造业	105.3	100.9
废弃资源和废旧材料回收加工业	111.8	92.2
电力、热力的生产和供应业	101.6	103.7
燃气生产和供应业	109.4	102.0
水的生产和供应业	102.8	102.2

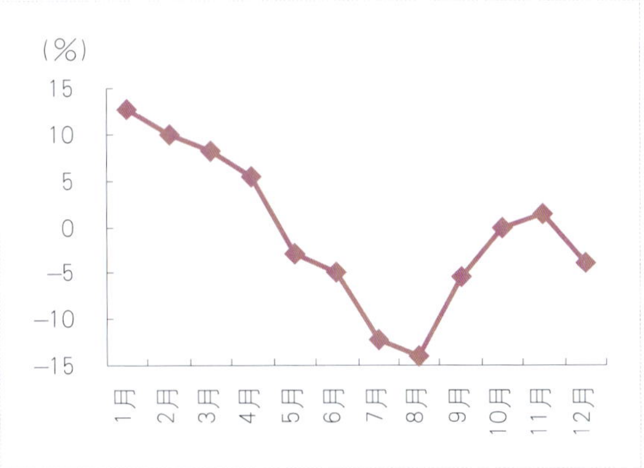

图3 2012年各月原油出厂价格同比涨跌幅

受国际市场原油价格波动影响，2012年国内成品油价格进行了“四升四降”的调整，但总体呈上涨态势。与上年相比，汽油和柴油价格均上涨3.6%，煤油价格上涨6.7%。

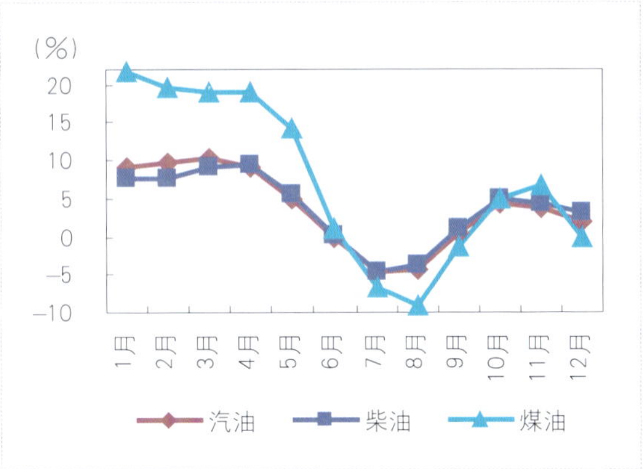

图4 2012年各月成品油出厂价格同比涨跌幅

2012年上半年，煤炭价格承接上年上涨趋势继续上涨，但涨幅逐月回落。下半年，随着钢铁、电力等需求大户对煤炭的需求减缓，煤炭价格持

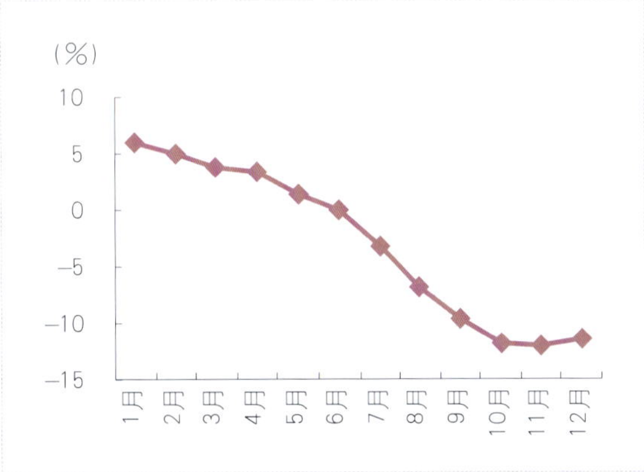

图5 2012年各月煤炭出厂价格同比涨跌幅

续走低，煤炭开采和洗选业出厂价格由年初 1 月份的同比上涨 6.0% 转为 12 月份下降 11.3%。全年煤炭开采和洗选业价格比上年下降 3.0%，其中原煤价格下降 1.9%。

前三季度，在国际市场需求疲软，国内投资增速放缓以及房地产宏观调控等因素影响下，钢材需求明显下滑，钢材供大于求矛盾突出，价格持续走低，9 月份黑色金属冶炼及压延加工业出厂价格同比下降 17.9%，为全年最低点。四季度受美国量化宽松货币政策以及我国关于加快推进城镇化建设等利好政策影响，钢材价格触底反弹，降幅收窄，12 月份黑色金属冶炼及压延加工业出厂价格同比下降 10.5%，比 9 月份减少了 7.2 个百分点。全年黑色金属冶炼及压延加工业出厂价格比上年下降 10.6%。其中，大型型钢价格下降 12.9%，中小型型钢价格下降 10.6%，线材价格下降 12.3%，厚钢板价格下降 11.4%。

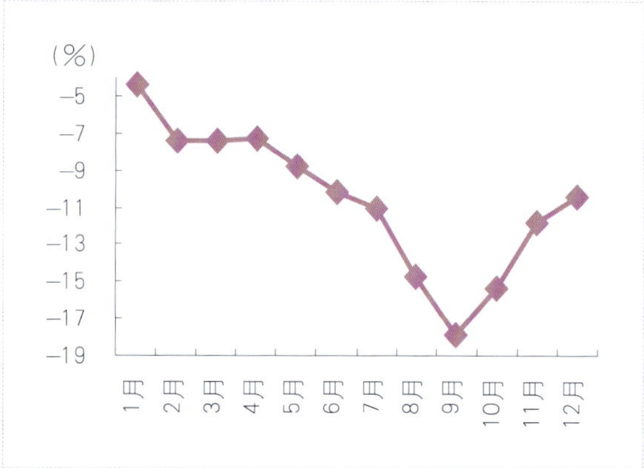

图 6　2012 年各月钢材出厂价格同比涨跌幅

受国际市场有色金属价格持续下跌，国内对有色金属的需求减弱等因素影响，我国有色金属价格不断走低。其中，8 月份为全年最低点，有色金属冶炼及压延加工业出厂价格同比下降了 12.2%。9 月份以后，国际市场有色金属价格回升，国内有色金属价格降势逐渐趋缓，12 月份有色金属冶炼及压延加工业出厂价格同比下降 3.1%。全年有色金属冶炼及压延加工业出厂价格比上年下降 6.9%。其中，铜冶炼价格比上年下降 10.8%，铅冶炼价格下降 3.7%，锌冶炼价格下降 11.0%，铝冶炼价格下降 5.0%。

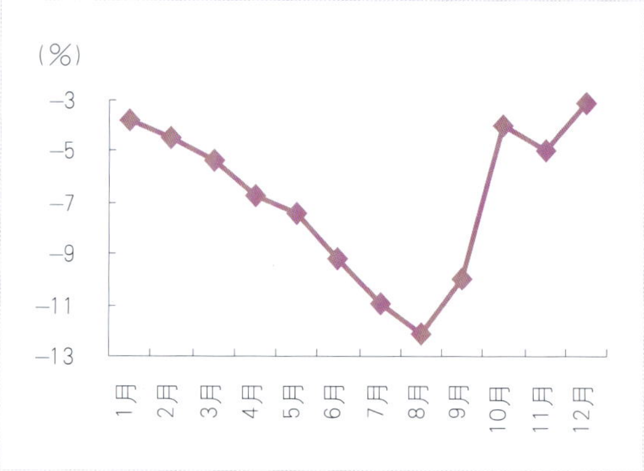

图 7　2012 年各月有色金属出厂价格同比涨跌幅

三、工业生产者购进价格总体变动情况

全年工业生产者购进价格总体呈现前三季度由升转降且降幅逐月扩大，四季度降幅逐渐收窄之势。其中，黑色金属材料类、有色金属材料及电线类和化工原料类购进价格降幅较大，比上年分别下降 7.1%、5.5% 和 3.9%。

从月度环比价格变化情况看，工业生产者购进价格 1 月下降，2-4 月大致平稳，5-8 月连续下降，9-10 月略涨，11、12 月又呈下降态势。

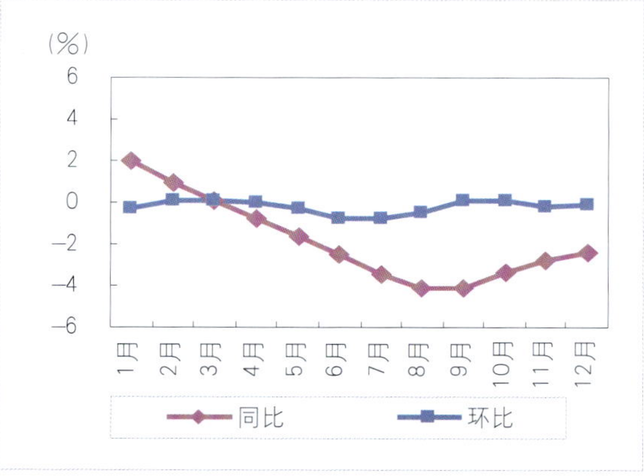

图 8　2012 年工业生产者购进价格涨跌幅

四、影响工业生产者价格变动的主要原因

全球经济复苏乏力，国内经济增速放缓，国内外经济环境变化的影响，致使 2012 年工业生产者价格总体呈现下降态势。

（一）国际经济形势及市场走势的影响

随着全球经济一体化的不断深入，我国经济与世界经济的联系日趋紧密。原油、铁矿石等国际大宗商品的价格变化直接以“输入”方式影响我国的市场价格走势。2012 年，我国原油和铁矿石的对外依存度分别达到 58%和 69%左右，这些商品的价格变化对国内市场价格总水平的影响日益明显，成为影响工业生产者价格变化的一个重要因素。

2012 年欧债危机日益加剧，世界经济增长乏力，国际大宗商品价格出现了较大回落，特别是二、三季度原油、铁矿石、煤炭等重要生产资料价格回落较多，相应带动国内相关下游产品价格下行。同时，由于国际市场需求相对萎缩和贸易保护主义加剧，外贸明显回落，一些外向型企业开工不足，加上人民币不断升值，出口产品的价格优势逐渐减弱，传统出口产品的市场占有份额下降，大量的出口产品转向国内市场，进一步激化了国内商品市场总体上供过于求的矛盾，导致我国工业生产者价格的持续低迷。

（二）国内经济环境变化

2012 年，在国际经济形势错综复杂的环境下，我国经济面临着产业结构调整和转型升级的压力，货币政策也已从前些年的适度宽松逐步转向稳健，高投入、高增长的货币支持力度大不如前。随着新一轮宏观调控政策效应的逐渐显现，高耗能、高污染等行业过快发展的势头得以抑制，同时房地产市场调控政策进一步抑制了住房消费和投资增长，加剧了以建材、轻工和纺织为主的相关行业的产能过剩，致使国内市场竞争加剧，相关产品价格持续走低。国内投资和经济增速的相应放缓，激化了我国总需求相对不足的矛盾，进而从需求端压缩了国内价格的上涨空间。

（三）上年价格上涨的“负”滞后影响

当年同比价格涨幅包括两部分，一部分为上年对本年的滞后影响，另一部分为本年的新涨价部分。2011 年工业生产者价格波动较大，全年工业生产者价格呈现前期涨幅较大，后期快速回落态势，导致其对 2012 年的滞后影响达到 -0.9 个百分点，这也是 2012 年工业生产者价格同比涨幅明显回落的重要原因。

五、2013 年工业生产者价格走势判断

2013 年，推动工业生产者价格上涨的动力和抑制价格上升的因素并存。一方面，国内经济已显现企稳迹象，2012 年 12 月，中国制造业采购经理指数（PMI）为 50.6%，比 8 月份最低点回升了 1.4 个百分点，已连续 4 个月回升。12 月份进出口总值为 3668.4 亿美元，同比增长 10.2%。

同煤集团塔山循环经济园区（山西煤炭工业厅提供）

其中，出口1992.3亿美元，同比增长14.1%，增速创7个月新高；进口1676亿美元，同比增长6.0%，增速创半年新高。这些数据表明，在政府的有力调控下，经济增速有所回升，国内需求开始显现出一定的改善迹象，从而带动相关生产资料价格企稳。同时，劳动力、土地和资源环境等成本，在未来一段时期内，总体上还将是一个上升的趋势，这些将从成本上推动工业产品价格的上涨。随着城镇化进程推进，投资和消费仍将较快增长，加之全球货币供应较为宽松，国际市场大宗商品价格波动反弹的可能性较大，从而推动我国工业生产者价格弱势反弹。另一方面，当前世界经济进入深度调整期，整体复苏艰难曲折，外需市场态势依然严峻。国内经济面临产能过剩、结构调整和房地产市场继续调控的压力，工业品总体上仍将呈现供过于求的局面，需求相对不足又将抑制我国工业生产者价格的快速上涨。同时，2012年价格上涨对2013年的滞后影响约为－1.1个百分点，也对2013年的工业生产者价格同比涨幅有较大影响。

综合分析影响2013年我国工业生产者价格涨跌的各种因素，预计2013年我国工业生产者价格将缓慢回升。

六、对策建议

（一）适度扩大市场需求

以加快推进城镇化、重大工程和保障房建设为抓手，保持投资适度合理增长。进一步完善社会保障体系，逐步提高居民收入，完善促进消费的政策措施，着力扩大居民消费。加大对出口信贷、保险和市场信息的收集支持力度，积极组织应对国际贸易争端，为我国企业进一步开拓国际市场保驾护航。

（二）进一步加大产业结构调整力度

在经济增速回落时，一些在高增长时期被掩盖的问题相继暴露，产能过剩问题尤为突出。应利用市场倒逼机制，充分发挥经济、法律和政策杠杆作用，加大产业结构调整力度，主动引导企业限产增效、调整产品结构和研发升级，果断淘汰落后过剩产能，以存量减少、增量优化的方式来优化产品、产业结构，努力实现生产、投资与消费协调增长，促进社会总供求大体平衡和价格总水平的基本稳定。

（三）加大扶持力度，减轻企业负担

目前我国企业效益总体不够理想，经营运行压力较大。鉴此，一方面要完善企业税收优惠和减免政策，严禁征收“过头税”，清理不合理收费，进一步减轻企业负担；另一方面，要建立健全适应企业发展要求的金融支持机制，帮助企业拓宽融资渠道，降低融资成本，进一步提高企业抵御市场风险的能力。

（执笔：王青青 国家统计局城市社会经济调查司）

潞安集团煤油循环经济园区（山西煤炭工业厅提供）

2012年财政运行报告

2012年以来，面对复杂严峻的国内外经济形势，在党中央、国务院的正确和坚强领导下，各级财政部门深入贯彻落实科学发展观，紧紧围绕加快转变经济发展方式主线，按照稳中求进的工作总基调，顽强拼搏，努力工作，充分发挥财政职能作用，扎实实施积极的财政政策，着力稳增长、调结构、惠民生、促和谐，促进经济平稳健康运行。全年预算任务圆满完成，同时，切实加强财政管理，深入推进财税改革，进一步提高财政管理绩效。

一、预算执行情况总体较好

2012年财政收入增长较上年大幅回落，年内呈现两头高中间低的走势。2012年，全国财政收入实现117210亿元，同比增长12.8%，增幅同比回落12.2个百分点，完成预算的112.8%。其中，中央本级收入56132亿元，增长9.4%，完成预算的109.4%；地方本级收入61077亿元，增长16.2%，完成预算的105.9%。分收入项目看，国内增值税26416亿元，增长8.9%，完成预算的98.2%；国内消费税7872亿元，增长13.5%，完成预算的102.2%；进口货物增值税、消费税14796亿元，增长9.1%，完成预算的99.7%；出口货物退增值税、消费税10429亿元，增长13.3%，完成预算的104.8%；营业税15748亿元，增长15.1%，完成预算的104.9%；企业所得税19654亿元，增长17.2%，完成预算的105.3%；个人所得税5820亿元，下降3.9%，完成预算的102.7%；印花税986亿元，下降5.4%，完成预算的87.4%；城市维护建设税3126亿元，增长12.5%，完成预算的100.8%；房产税1373亿元，增长24.5%，完成预算的111.8%；城镇土地使用税1542亿元，增长26.1%，完成预算的112.5%；土地增值税2719亿元，增长31.8%，完成预算的117.7%；车辆购置税2228亿元，增长9.0%，完成预算的101.3%；关税2783亿元，增长8.7%，完成预算的103.4%；耕地占用税1621亿元，增长50.7%，完成预算的137.3%；契税2874亿元，增长3.9%，完成预算的94.2%。从全年走势看，随着经济增长逐步放缓，企业利润增长下滑，物价高位回落，年内全国财政收入增长呈两头高中间低走势。一季度财政收入增长14.7%，二季度增长10%，三季度增长8.1%，四季度增长19.9%。四季度增幅回升，主要是因2011年四季度经济增长回落，从10份开始财政收入增幅大幅下滑，尤其最后两个月收入基数很低，使2012年四季度收入增幅相对较高。

全国财政收入增长快速回落的主要原因：一是经济增长放缓导致国内流转税增幅明显回落，国内流转税同比增长11.5%，增幅比上年回落5.6个百分点。二是物价涨幅回落特别是工业生产者出厂价格下降，带动以现价计算的相关税收增长回落。三是企业利润的低增幅带动企业所得税增长明显回落，企业所得税增长17.2%，增幅同比回落12.8个百分点。四是结构性减税力度加大。

财政支出增长较快，各项重点支出得到较好保障，财政支出结构继续优化。2012年，全国财政支出125712亿元，增长15.1%，增幅同比回落6.5个百分点，完成预算的101.1%。其中，中央本级支出18765亿元，增长13.6%，完成预算的101.3%；地方本级支出106947亿元，增长15.3%，完成预算的101.6%。分支出项目看，一般公共服务支出12891亿元，增长17.3%，完成预算的110.5%；国防支出6691亿元，增长11.0%，完成预算的99.8%；公共安全支出7078亿元，增长12.3%，完成预算的100.9%；农林水事务支出11903亿元，增长19.8%，完成预算的105.9%；教育支出21165亿元，增长28.3%，完成预算的111.8%；医疗卫生支出7199亿元，增长12.0%，完成预算的98.0%；社会保障和就业支出12542亿元，增长12.9%，完成预算的96.9%；科学技术支出4429亿元，增长15.7%，完成预算的102.0%；节能环保支出2932亿元，增长11.0%，完成预算的98.9%；城乡社区事务支出9020亿元，增长18.4%，完成预算的105.0%；住房保障支出4446亿元，增长16.4%，完成预算的101.1%。

从预算执行情况看，2012年从中央预算稳定基金调入2700亿元，补充中央预算稳定基金184亿元，地方政府债券还本支出2000亿元，地方财政结转下年支出13亿元，全国财政收支相抵，赤字8000亿元，占当年GDP的1.5%，比上年下降0.3个百分点。2012年末中央财政国债余额77566亿元，同比增长7.7%，控制在年度预算限额82708亿元以内。

二、促进经济保持平稳增长

加大结构性减税力度。推进营业税改增值税改革，试点地区扩大到9个省或直辖市和3个计划单列市。提高增值税、营业税起征点，对小型微利企业减半征收企业所得税并扩大政策覆盖范围。扩大物流企业营业税差额纳税试点范围，对物流企业自有的大宗商品仓储设施用地减半征收土地使用税。对蔬菜和部分鲜活肉蛋产品批发、零售免征增值税，降低部分商品进口关税，促进增加能源资源产品、先进设备和关键零部件进口。清理取消了253项涉企收费项目。加大对中小企业的资金支持力度，强化中小企业融资性担保体系建设，改善中小企业尤其是小微企业的融资环境。完善相关财税政策措施，增加财政补助规模，提高低收入群体的收入，扩大居民消费。加大中央基建投资力度，进一步优化投资结构。加快出口退税进度，稳定出口退税政策，支持劳动密集型和高技术含量、高附加值产品出口。这些措施减轻了企业和居民负担，扩大了国内需求，促进了出口稳定增长，从而对经济增长企稳回升起到了重要作用。

三、推动经济结构调整取得初步成效

加快实施科技重大专项。加大对基础研究、前沿技术研究和重大共性关键技术研究开发的支持力度，大幅度提高了国家（重点）实验室及科研机构的基本运行保障水平。启动实施科技惠民计划，推动科技成果转化应用。2012年全国财政科学技术支出4429亿元，增长15.7%。加快重点节能工程建设，扩大了节能产品惠民工程实施范围。草原生态保护补助奖励政策实施范围覆盖到国家确定的牧区半牧区县。支持实施天然林保护等林业重点工程。积极发挥中国清洁发展机制基金促进低碳发展的作用。支持战略性新兴产业加快发展，推进现代服务业综合试点。落实促进区域协调发展的财税政策。增加对地方均衡性转移支付规模，提高了财力薄弱地区落实各项民生政策的保障能力。2012年中央对地方转移支付40263亿元，增长15.4%。

四、强农惠农富农政策落实有力

推进农田水利建设。在东北四省区启动实施了“节水增粮行动”。支持完成5400座小型病险水库除险加固和2.7万公里中小河流河段治理任务。支持推广应用旱作农业技术，耕地保护技术，深入推进农业综合开发，加快中低产田改造和高标准农田建设步伐。完善产粮（油）大县奖励政策，奖励水平进一步提高。增加对种粮农民的补贴，拓宽政策覆盖范围。稳步提高小麦、稻谷最低收购价和玉米、大豆、油菜籽临时收储价格，加强粮油市场调控。推动财政支农项目与农民专业合作组织对接。加大涉农资金整合统筹力度，资金使用效益继续提高。实施农村金融奖补政策，扩大农业保险保费补贴范围并提高了补贴比例。完善财政综合扶贫政策体系，提高农村贫困地区、贫困人口自我发展能力。深入推进村级公益事业建设一事一议财政奖补。全面完成农村义务教育化债，开展了清理化解乡村垫交税费等公益性债务试点。农村综合改革示范试点顺利启动，国有农场办社会职能改革试点稳步开展。农村各项社会事业加快发展。

五、保障和改善民生取得新进展

国家财政性教育经费支出占国内生产总值的比重达到4.1%。学前教育加快发展，农村义务教育经费保障机制进一步完善。中等职业教育免学费政策扩大到所有农村学生。健全中央高校预算拨款制度，启动提升高校创新能力“2011计划”，完善家庭经济困难学生国家资助政策体系。2012年全国财政教育支出21165亿元，增长28.3%。新农合和城镇居民医保财政补助标准提高到每人每年240元。加快以县级医院为重点的公立医院改革试点，基层医疗卫生机构实施国家基本药物制度长效补偿机制基本建立，城乡基本公共卫生服务经费保障机制进一步健全。2012年全国财政医疗卫生支出7199亿元，增长12%。新型农村和城镇居民社会养老保险制度实现全覆盖。企业退休人员基本养老金水平增至月人均1700元左右。提高城乡居民最低生活保障水平，社会救助体系进一步完善。健全促进就业的政策措施，城镇新增就业大幅增加。2012年全国财政社会保障和就业支出12542亿元，增长12.9%。大幅增加财政投入，实施一系列税费优惠政策，加快推进保障性安居工程建设。2012年底，全国城镇保障性安居工程已开工781万套，基本建成601万套。2012年全国财政保障性安居工程支出3123亿元，增长19.7%。制定实施了支持文化改革发展的财税政策措施，加强公共文化服务体系建设，深入实施文化信息资源共享、农家书屋等重点文化惠民工程，保障博物馆、图书馆等公益性文化设施免费开放。推动文化产业布局和结构调整，强化国有文化资产监督管理。2012年全国财政文化体育与传媒支出2251亿元，增长18.9%。

六、财税体制改革继续深化

完善财政转移支付制度，制定国家重点生态功能区转移支付办法，全面建立了县级基本财力保障机制。国有资本经营预算实施范围继续扩大、收益收取比例提高。社会保险基金预算试编范围覆盖到社会保险法规定的各项基金。部门预算制度改革覆盖到县级，国库集中支付制度改革覆盖到县以上各级预算单位及有条件的乡级预算单位，公务卡制度改革覆盖到各级政府及所属预算单位，预算执行动态监控机制初步建立。进一步深化政府采购制度改革，规范政府采购预算编制。积极开展权责发生制政府财务报告试编工作，健全预算会计制度体系。扩大营业税改增值税改革试点，完善增值税制度。个人住房房产税改革试点运行平稳。资源税从价计征改革稳步推进。清理整合了部分行政事业性收费和政府性基金。

七、财政管理进一步加强

强化预算绩效管理，将绩效观念和绩效要求贯穿于财政工作的方方面面，进一步提升财政管理水平。预算法修订工作取得进展。颁布实施了车船税法、彩票管理条例实施细则。细化预算编制，预算年初到位率继续提高。狠抓预算支出执行管理，12月份全国公共财政支出占全年支出的比重继续下降。扩大基本支出定员定额试点，制定了总预算会计管理基础工作规定，行政事业单位内部控制规范，出台涵盖资产配置、使用、处置等环节的管理制度。发挥县乡财政就地就近实施监管的优势，保障了各项民生政策的有效落实。加强地方政府性债务管理，规范地方政府融资平台公司管理。妥善处理存量债务，落实偿债责任，2009发行的2000亿元地方政府债券按期全部偿还。继续推进中央部门预决算、三公经费、行政经费以及地方财政预决算公开工作。金财工程应用支撑平台实现了省市县三级贯通，基于平台的业务应用不断深化。积极开展加快转变经济发展方式、政府公共投资预算执行情况等重大检查，保障中央重大决策部署的有效落实。认真组织开展开发区财税政策执行情况、地方政府性债务、中央行政事业单位预算资产财务管理情况等专项检查，重点加强对教育、“三农”、社保等民生资金的检查和调研。全面清理整顿地方财政专户，强化对会计、金融的监督检查，整顿和规范财经秩序。全面推开对中央基层预算单位的综合财政监管，财政专职监督机构和专员办就地监管作用进一步呈现。

综上所述，一年来各级财政部门扎实落实积极的财政政策，狠抓财政管理，为促进经济平稳较快发展、实现全年预算目标，做了大量卓有成效的工作，成绩来之不易。在看到成绩的同时，也要清醒地认识到财政运行和财政工作面临的困难和问题，主要是：财税政策还不够完善，在促进经济发展方式转变和调节收入分配等方面的作用仍需加强；财政收入结构需进一步优化，人均财力水平和可统筹用于民生的公共财政收入仍然偏低；各方面事业发展对财政投入的要求越来越高，调整优化财政支出结构难度加大；政府间事权和支出责任划分不够清晰，转移支付制度尚需完善，省以下财政体制改革还未到位；税制结构不尽合理，地方税体系建设相对滞后；部分地区偿债压力较大，一些地方融资平台公司融资存在隐患，财政潜在风险不容忽视；财政管理仍比较薄弱，资金使用效益仍比较低下，等等。我们要高度重视以上这些问题，继续采取有效措施，努力加以解决。

（执笔：施发启　国家统计局国民经济核算司）

（闫涵摄）

2012年金融运行报告

2012年，中国人民银行继续实施稳健的货币政策。前几个月，根据国内经济增长放缓、物价涨幅有所回落等变化情况，两次下调存款准备金率和存贷款基准利率，灵活开展公开市场双向操作，发挥差别准备金动态调整机制的逆周期调节作用，促进货币信贷合理适度增长。下半年以来，根据流动性供给格局的变化，连续开展逆回购操作，保持流动性合理适度和市场利率平稳运行。利率市场化改革迈出较大步伐，金融机构人民币存款利率浮动区间的上限调整为基准利率的1.1倍、贷款利率浮动区间的下限调整为基准利率的0.7倍。继续完善人民币汇率形成机制，银行间即期外汇市场人民币兑美元交易价浮动幅度由千分之五扩大至百分之一。人民币跨境使用进一步扩大。金融企业改革继续稳步推进，金融市场在创新和规范中加快发展。总体看，稳健货币政策实施成效逐步显现，这主要表现在：银行体系流动性总体合理适度，货币信贷增长符合预期，社会融资增长较快，信贷结构有所改善，金融机构贷款利率总体下行，人民币汇率弹性继续增强。

一、货币供应量增长略有加快

2012年年末，广义货币供应量M_2余额为97.4万亿元，同比增长13.8%，增速比上年末提高0.2个百分点。狭义货币供应量M_1余额为30.9万亿元，同比增长6.5%。流通中货币M_0余额为5.5万亿元，同比增长7.7%。全年现金净投放3910亿元，同比少投放2251亿元。随着货币政策各项稳增长举措的逐步出台落实，M_2和M_1增速总体呈回升态势，为支持经济增长趋稳回升提供了有利的货币环境。从货币的派生渠道看，除贷款外，银行债券投资和同业渠道对货币供应的影响增大，外汇占款影响减小。年末，基础货币余额为25.2万亿元，同比增长12.3%，比年初增加2.8万亿元。货币乘数为3.86，比上年末高0.07。银行体系流动性合理适度。金融机构超额准备金率为3.3%，比上年末高1.0个百分点，其中农村信用社为8.2%，比上年末高0.9个百分点。

二、金融机构存款呈明显季节性波动

2012年年末，全部金融机构本外币各项存款余额为94.3万亿元，同比增长14.1%，增速比上年末高0.6个百分点，比年初增加11.6万亿元，同比多增1.8万亿元。人民币各项存款余额为91.7万亿元，同比增长13.3%，增速比上年末略低0.2个百分点，比年初增加10.8万亿元，同比多增1.2万亿元。存款“季末冲高、季后回落”现象较为明显，季末月份平均增量达2.3万亿元，而季初月份均为下降，平均减少5115亿元。这与金融机构重视季末考核要求以及表外理财快速发展等因素有关。外币存款余额为4065亿美元，同比增长47.8%，比年初增加1314亿美元，同比多增820亿美元。

从人民币存款部门分布看，住户存款平稳增长，非金融企业存款增速稳步回升。年末，金融机构住户存款余额为40.6万亿元，同比增长16.7%，增速比上年末高1.0个百分点，比年初增加5.7万亿元，同比多增9916亿元。非金融企业人民币存款余额为32.7万亿元，同比增长7.9%，增速与9月末持平，比6月末高2.2个百分点，比年初增加2.7万亿元，同比多增1803亿元。年末，财政存款余额为2.4万亿元，比年初减少1974亿元。

三、金融机构贷款平稳增长

2012年年末，全部金融机构本外币贷款余额为67.3万亿元，同比增长15.6%，增速比上年末略低 0.1 个百分点，比年初增加 9.1 万亿元，同比多增 1.2 万亿元。人民币贷款平稳适度增长。年末，人民币贷款余额为 63.0 万亿元，同比增长 15.0%，比年初增加 8.2 万亿元，同比多增 7320 亿元，年内增速波动幅度明显低于前两年。总体看，在宏观审慎政策工具的引导下，全年贷款投放较为均衡合理，四个季度贷款增量占比大体为 3:3:2:2。中长期贷款平稳增长，个人住房贷款增速回升。从人民币贷款部门分布看，住户贷款增速企稳回升，年末同比增长 18.6%，比年初增加 2.5 万亿元，同比多增 1071 亿元。非金融企业及其他部门贷款保持较快增长，年末同比增速为 13.7%，比上年末略低 0.2 个百分点，比年初增加 5.7 万亿元，同比多增 6166 亿元。分机构看，中资全国性大型银行、区域性中小型银行与农村合作金融机构贷款同比多增较多。从期限看，中长期贷款占比回升，年末中长期贷款增长 9.0%，比年初新增 2.9 万亿元，在全部贷款中占比为 35%，比年内最低点回升 2.7 个百分点。个人住房贷款增速回升。年末个人住房贷款同比增速为 12.9%，比年初增加 8419 亿元，同比多增 98 亿元。包含票据融资在内的短期贷款比年初增加 5.1 万亿元，同比多增 1.3 万亿元。

四、社会融资结构趋于优化

初步统计，2012 年全年社会融资规模为 15.76 万亿元，为历史最高水平，比上年多 2.93 万亿元。2012 年全年社会融资规模明显高于上年，主要是由于信托贷款、企业债券、人民币贷款和外币贷款融资较为活跃，这四类融资合计为 12.66 万亿元，比上年多 3.05 万亿元。从构成看，融资方式多元发展，融资结构趋于优化。一是人民币贷款增加较多，但占比下降至历史最低水平。二是外币贷款新增额明显多于上年。三是企业债券融资十分活跃，直接融资占比创历史最高水平。四是信托贷款同比大幅多增。未贴现的银行承兑汇票和委托贷款新增额均与上年基本相当。此外，2012 年保险公司赔偿、小贷公司及贷款公司贷款合计新增 5136 亿元，比上年多 745 亿元。

五、金融机构贷款利率总体下行

2012 年上半年，银行体系流动性总体充裕，贴现、债券筹资等市场化产品利率有所下行，带动金融机构贷款利率稳步下降。6 月份和 7 月份，中国人民银行连续两次下调存贷款基准利率，并小幅扩大利率浮动区间，金融机构贷款利率进一步下降，并于年末趋于稳定。12 月份，贷款加权平均利率为 6.78%，比年初下降 1.23 个百分点。其中，一般贷款加权平均利率为 7.07%，比年初下降 0.73 个百分点；票据融资加权平均利率为 5.64%，比年初下降 3.42 个百分点。个人住房贷款利率稳步下行，12 月加权平均利率为 6.22%，比年初下降 1.4 个百分点。从利率浮动情况看，执行下浮利率的贷款占比有所上升。12 月份，一般贷款中执行下浮利率的贷款占比为 14.16%，比年初上升 7.14 个百分点；执行基准和上浮利率的贷款占比分别为 26.10% 和 59.74%，比年初分别下降 0.86 个和 6.28 个百分点。

六、人民币汇率弹性继续增强

2012 年，人民币小幅升值，双向浮动特征明显，汇率弹性继续增强，人民币汇率预期总体平稳。2012 年年末，人民币对美元汇率中间价为 6.2855 元，比上年末升值 154 个基点，升值幅度为 0.25%。2005 年人民币汇率形成机制改革以来至 2012 年年末，人民币对美元汇率累计升值 31.68%。根据国际清算银行的计算，2012 年，人民币名义有效汇率升值 1.73%，实际有效汇率升值 2.22%；2005 年人民币汇率形成机制改革以来至 2012 年 12 月，人民币名义有效汇率升值 23.25%，实际有效汇率升值 31.86%。

七、货币政策前瞻、灵活、有效

2012 年，中国人民银行按照国务院统一部署，继续实施稳健的货币政策，着力增强政策的灵活性、针对性和前瞻性，根据经济形势变化，适时适度加大预调微调力度。

（一）优化公开市场操作工具组合，灵活开展公开市场操作

2012年，随着国际收支和人民币汇率逐渐趋向合理均衡，加之欧洲主权债务危机引发国际金融市场动荡，外汇流入减少，外汇占款比上年少增超过2万亿元，银行体系流动性供给格局发生较大变化，对中央银行流动性管理提出了新的要求。中国人民银行加强对国内外市场环境和银行体系流动性供求因素的分析监测，合理安排正回购和逆回购操作期限品种、操作规模和频率，灵活开展公开市场操作。上半年，与两次下调存款准备金率政策相配合，以正回购操作为主、逆回购操作为辅实施公开市场双向操作；下半年以来，将逆回购操作作为流动性供给的主要渠道，有效熨平多种因素引起的流动性波动。全年累计开展正回购操作9440亿元，开展逆回购操作60380亿元；截至2012年年末，公开市场逆回购操作余额为4980亿元。适度增强操作利率弹性，有效引导市场预期。配合两次存贷款基准利率调整并结合各阶段市场利率走势变化情况，中国人民银行适度增强了公开市场操作利率弹性，既有助于释放稳健货币政策信号，有效引导市场预期，也有助于促进货币市场利率水平的合理回落和平稳运行。适时开展中央国库现金管理操作。2012年中央国库现金管理商业银行定期存款业务继续稳步发展，全年共开展14期操作，规模共计6900亿元，年末余额为3000亿元，操作期数、操作总量和年末余额均处于近年来的最高水平。

（二）两次下调存款准备金率，发挥差别准备金动态调整机制的逆周期调节作用

2012年，根据流动性供需形势的变化，中国人民银行适当发挥存款准备金工具的流动性调节作用，在2011年12月5日下调存款准备金率0.5个百分点的基础上，于2012年2月24日和5月18日两次下调存款准备金率各0.5个百分点，保持银行体系流动性合理充裕。2012年，中国人民银行继续根据国内外经济金融形势变化以及金融机构稳健性状况和信贷政策执行情况，对差别准备金动态调整机制的有关参数进行调整，发挥其逆周期调节作用，引导信贷平稳适度增长，增强金融机构抗风险能力。年初，针对经济增速有所放缓、物价涨幅趋于回落等情况，适时下调了宏观热度参数。同时，引导农村金融机构充分考虑农时和农业生产经营特点，及时安排春耕备耕贷款资金，切实满足“三农”信贷需求。5月份以后，根据稳增长的要求进一步加强了预调微调，鼓励信贷政策执行较好且头寸较为充裕的地方金融机构适当增加贷款投放。

（三）适时下调存贷款基准利率，调整存贷款利率浮动区间

根据经济形势发展变化，中国人民银行分别于6月8日、7月6日两次下调金融机构人民币存贷款基准利率。其中，1年期存款基准利率由3.5%下降到3%，累计下调0.5个百分点；1年期贷款基准利率由6.56%下降到6%，累计下调0.56个百分点。同时，把利率调整与利率市场化改革相结合，调整金融机构存贷款利率浮动区间：一是将金融机构存款利率浮动区间的上限调整为基准利率的1.1倍；二是将金融机构贷款利率浮动区间的下限调整为基准利率的0.7倍。上述措施有利于引导资金价格下行，为进一步降低企业融资成本创造更加有利的政策环境。金融机构自主定价空间进一步扩大，有利于促进其不断通过提高金融服务水平参与市场竞争。存贷款基准利率和利率浮动区间调整后，金融机构对企业贷款利率水平总体逐月降低。金融机构的存款利率并没有全部“一浮到顶”，而是体现出差异化、精细化定价的特征。

（四）加强窗口指导和信贷政策引导

中国人民银行紧紧把握金融服务实体经济的本质要求，在加强总量调控的同时，注重发挥宏观信贷政策在转方式、调结构中的积极作用。引导金融机构继续加大对“三农”、小微企业、节能环保和事关全局、带动性强的重大在建续建项目的支持力度。围绕国家区域政策要求，引导信贷资源合理配置，推动区域经济结构和产业布局优化。加强对科技创新、战略性新兴产业、旅游

业、文化产业等经济社会发展重要领域的金融支持。加大对就业、扶贫等“民生”领域的金融支持和服务。继续支持保障性住房、中小套型普通商品住房建设和居民首套自住普通商品房消费。加大对小微企业和“三农”信贷支持力度。2012年年末，主要金融机构及农村合作金融机构、城市信用社和外资银行小微企业人民币贷款余额同比增长16.6%，比大型和中型企业贷款增速分别高8.0个和1.0个百分点。全年主要金融机构及农村合作金融机构、城市信用社、村镇银行、财务公司本外币涉农贷款余额同比增长20.7%，比全部贷款增速高5.7个百分点。

（五）有效发挥支农再贷款、再贴现的引导作用，扩大涉农信贷投放

2012年以来，中国人民银行积极运用支农再贷款和再贴现政策加大对“三农”的支持力度。年初，进一步加强和改进支农再贷款管理，支持农村经济持续、稳定发展。8月，中国人民银行在陕西、黑龙江开展试点，试点地区支农再贷款的对象由现行设立在县域和村镇的农商行、农合行、农信社和村镇银行等存款类金融机构法人，拓宽到设立在市区的涉农贷款占其各项贷款比例不低于70%的上述四类机构，引导和支持以上金融机构扩大涉农信贷投放。2012年年末，全国支农再贷款余额1375亿元，比年初增加281亿元，其中西部地区和粮食主产区支农再贷款限额及余额占全国的比重均超过90%。全国再贴现余额760亿元，比年初增加314亿元。

（六）促进跨境人民币业务发展

2012年6月，中国人民银行等六部委联合下发了出口货物贸易人民币结算重点监管企业名单，跨境贸易人民币结算业务全面推开，所有进出口企业都可以选择以人民币进行计价、结算和收付。2012年，跨境贸易人民币结算量保持较快增长，银行累计办理跨境贸易人民币结算业务2.94万亿元，同比增长41%，其中货物贸易结算金额2.06万亿元，服务贸易及其他经常项目结算金额8764.5亿元。全年跨境贸易人民币结算实收1.30万亿元，实付1.57万亿元，净流出2691.7亿元，收付比由2011年的1:1.7上升至1:1.2。2012年银行累计办理人民币跨境直接投资结算业务2840.2亿元，其中对外直接投资结算金额304.4亿元，外商直接投资结算金额2535.8 亿元。截至2012年年末，境内代理银行为境外参加银行共开立人民币同业往来账户1592个，账户余额2852.0亿元；境外企业在境内共开立人民币结算账户6197个，账户余额500.2亿元。

（七）进一步完善人民币汇率形成机制

继续按主动性、可控性和渐进性原则，进一步完善人民币汇率形成机制，重在坚持以市场供求为基础，参考一篮子货币进行调节，增强人民币汇率弹性，保持人民币汇率在合理均衡水平上的基本稳定。自2012年4月16日起，中国人民银行将银行间即期外汇市场人民币兑美元交易价浮动幅度由千分之五扩大至百分之一。中国人民银行继续采取措施推动人民币对新兴市场货币直接交易市场的发展，并在银行间外汇市场推出人民币对日元直接交易。2012年，人民币对美元汇率中间价最高为6.3495元，最低为6.2670元，243个交易日中122个交易日升值、121 交易日贬值。最大单日升值幅度为0.26%（162点），最大单日贬值幅度为0.33%（209点）。人民币对欧元、日元等其他国际主要货币汇率双向波动。2012年年末，人民币对欧元、日元汇率中间价分别为1欧元兑8.3176元人民币、100日元兑7.3049 元人民币，分别较2011年末贬值1.86%和升值11.03%。2005年人民币汇率形成机制改革以来至2012年年末，人民币对欧元汇率累计升值20.40%，对日元汇率累计升值0.01%。

（八）深入推进金融机构改革

推动大型商业银行“走出去”，扎实推进中国农业银行“三农金融事业部”改革。中国工商银行收购东亚银行（美国）和设立巴西子行、中国农业银行设立纽约分行、中国银行设立芝加哥分行的申请均获得境外监管当局批准，大型商业

银行跨国经营取得重要进展。中国人民银行年初出台了中国农业银行“三农金融事业部”执行差别化存款准备金率政策的新实施标准，加强优惠政策的正向激励和引导功能；通过季度监测、年度考核、检查评估、专题调研等方式，持续跟踪、评价、督导中国农业银行落实改革方案。平稳推进政策性金融机构改革，中国出口信用保险公司稳步落实改革方案。积极推进其他金融机构改革工作，中国信达资产管理公司于2012年3月成功引入境内外战略投资者；中国华融资产管理股份有限公司于10月正式挂牌成立，建立现代股份公司治理结构；中国人保集团于2012年12月在H股市场成功实现整体上市。农村信用社改革取得显著成效。资金支持政策进一步落实。截至2012年年末，共计对全国2408个县（市）农村信用社发行专项票据1699亿元，对2402个县（市）农村信用社兑付专项票据1694亿元，兑付进度达到99%以上；对新疆等3省（区）发放专项借款17亿元。2012年以来，农村信用社经营财务状况明显改善，抗风险能力显著提升，涉农信贷投放大幅增加。年末，按照贷款五级分类口径统计，全国农村信用社不良贷款比例为4.5%，比上年末下降1个百分点。资本充足率为11.8%，比上年末提高1.1个百分点。年末涉农贷款、农户贷款余额分别为5.3万亿元、2.6万亿元，比上年末分别增长16%、12.6%。同时，农村信用社产权制度改革逐步推进，内控管理不断加强。截至2012年年末，全国共组建以县（市）为单位的统一法人农村信用社1804家，农村商业银行337家，农村合作银行147家。部分农村信用社在构建多种产权制度和组织形式，完善法人治理、加强内部管理方面进行了有益探索，取得了明显成效。

（九）深化外汇管理体制改革

全面推进货物贸易外汇管理制度改革。2012年8月1日起，货物贸易外汇管理制度改革推广至全国。取消逐笔核销，调整报关流程，简化退税凭证，企业成本大幅降低，银行贸易收付汇效率明显提高，部门监管合力较大提升，实现了贸易便利化和监管有效性的有机统一。稳步推动人民币资本项目可兑换。大幅简化外商直接投资外汇管理，取消50项行政审批项目中的35项，简化合并14项，基本实现了直接投资可兑换。不断完善合格境外机构投资者（QFII）、合格境内机构投资者（QDII）制度以及人民币合格境外机构投资者（RQFII）制度。改进QFII额度分配机制，进一步规范QFII投资资金流出管理。2012年，共批准100家QFII机构158亿美元投资额度、25家QDII机构106.3亿美元投资额度、28家RQFII机构563亿元人民币投资额度；新增QFII和RQFII投资额度500亿美元和2500亿元人民币。积极促进贸易投资便利化。简化境外直接投资资金汇回和境外放款外汇管理，放宽个人对外担保管理，实行银行结售汇综合头寸正负区间管理。简化市场准入，鼓励非银行金融机构和企业进入外汇市场。丰富货币掉期交易形式，扩大个人本外币兑换特许业务试点范围。推进电子银行个人结售汇业务发展。进一步完善防范跨境资金流动冲击的体制机制。密切跟踪国内外经济形势和跨境资金流动变化，充实防范跨境资金大幅波动特别是异常流出的政策储备。继续保持对违规资金的高压打击态势，加大对大要案和地下钱庄的打击力度。

展望2013年，我国仍处于可以大有作为的重要战略机遇期，经济社会发展具备很多有利条件和积极因素，经济有望继续保持平稳较快发展的基本态势。同时也要看到，中国经济发展还面临着复杂的国内外环境。全球体经济复苏步伐缓慢，各种形式的保护主义明显抬头，主要经济体通过实施新一轮量化宽松货币政策对外转嫁内部经济困难意图十分明显。国内经济企稳的基础还不够稳固，部分领域投资冲动持续较强与经济内生增长动力相对不足并存，消化过剩产能和稳定就业之间存在两难选择，发展中不平衡、不协调、不可持续的问题仍比较突出，资源环境约束增强。中国人民银行将按照党中央、国务院统一部署，紧紧围绕科学发展的主题和加快转变经济发展方式的主线，以提高经济增长质量和效益为中心，坚持稳中求进的工作总基调，继续实施稳健的货币政策，保持政策的连续性和稳定性，增强前瞻性、针对性和灵活性，处理好稳增长、调结构、控通胀、防风险的关系，把握好货币政策调控的重点、力度和节奏。综合运用数量、价格等多种货币政策工具组合，健全宏观审慎政策框架，保持合理的市场流动性，引导货币信贷及社会融资规模平稳适度增长。着力优化信贷资源配置，加大存量信贷资产的结构调整力度。稳步推进利率市场化改革和人民币汇率形成机制改革，提高金融体系配置效率，完善金融调控机制。进一步深化金融机构改革。坚持市场化取向，推动金融市场规范发展。有效防范系统性金融风险，保持金融体系稳定。

（执笔：施发启 国家统计局国民经济核算司）

长江上游最大内河枢纽港—宜宾港（宜宾市政府研究室提供）

2012 年证券市场运行报告

2012 年，世界经济的复苏艰难曲折，欧洲经济呈现疲软态势，美国经济逐渐回暖但复苏道路并不平坦，新兴市场经济体增速放缓，世界贸易活动仍然萎靡。在国际经济与金融环境不稳定的背景下，国内经济运行中不确定性因素明显增多，经济增速有所放缓。我国证券市场在波动中不断发展。

一、2012 年证券市场发展概况

（一）股票指数波动较大，交易量和融资额大幅减少

2012 年中国股市出现较大波动。上半年，股指平稳增长；从六月份开始，受到经济增速放缓、上市公司业绩下滑等因素的影响，股指出现单边下跌行情；进入 12 月份以后，由于经济企稳迹象的出现，以及十八大后政策预期利好等因素的影响，股市止跌回升。

1. 沪、深股指较上年末，小幅上涨，两市平均市盈率有所回落。2012 年末，上证综合指数收于 2269 点，较上年末上涨 3.2%；深证综合指数收于 881 点，较上年末上涨 1.7%。创业板指数收于 714 点，较上年末下跌 3.0%。2012 年，沪、深两市 A 股平均市盈率小幅回落，分别从上年末的 13.4 倍和 23.1 倍回落到本年末的 12.3 倍和 22.0 倍；同时，沪、深两市 A 股首发市盈率的算术平均值大幅回落，分别从上年末的 39.3 倍和 48.8 倍回落至本年末的 23.5 倍和 31.5 倍，分别下降了 40.2% 和 35.5%。

2. 上市公司数量有所增加，市值规模稳定增长。截至 2012 年底，沪深两市上市公司为 2494 家，比 2011 年末增加 152 家；上市公司总市值达到 23.0 万亿元，其中已流通市值为 18.2 万亿元，分别比 2011 年末增长 7.3% 和 10.1%。

3. 市场成交大幅回落，筹资额大幅下降。2012 年，沪、深股市累计成交 31.5 万亿元，同比下降 25.4%。其中，创业板累计成交 2.3 万亿元，同比增长 23.4%。2012 年全年各类企业在 A 股、B 股和 H 股市场通过首次发行和再融资方式累计筹资 3173 亿元，比去年同期减少 5510 亿元，下降幅度达 63.5%。其中，主板市场（含中小版）首发 80 家，筹资 683 亿元；创业板市场首发 74 家，筹资 351 亿元；定向增发（现金认购）筹资 1867 亿元。

4. 投资者有效账户数有所下降，机构投资者持股市值小幅下降。截至 12 年年末，投资者有效账户数为 14046 万户，比上年末减少 4 万户。机构投资者持有已上市 A 股流通市值占比为 57.3%，比 2011 年末下降 0.5 个百分点；自然人投资者持有已上市 A 股流通市值占比从 2011 年底的 26.6% 下降为 2012 年底的 25.3%。

表 1 股票市场主要运行指标

	2009	2010	2011	2012
上市公司数量（家）	1718	2063	2342	2494
上市公司总市值（万亿元）	24.4	26.5	21.5	23.0
成交额（万亿元）	53.6	54.6	42.2	31.5
股票市场筹资额（亿元）	6125	11954	8683	3173
投资者帐户数（万户）	12038	13391	14050	14046
机构投资者持有流通市值占比（%）	68.7	70.9	57.8	57.3

数据来源：中国证券监督委员会。

（二）债券市场迅速发展，规模进一步扩大

1. 债券市场发行量平稳增加。2012 年，债券市场共发行各类债券 85751 亿元，比去年增加 8958 亿元，同比增长 11.7%。其中，在中央结算公司登记新发债券 1421 只，发行量 58658 亿元，同比下降 15.7%，占债券市场发行总量的

68.4%；在上海清算所登记新发债券1475只，发行量24499亿元，占债券市场发行总量的28.6%。交易所发行公司债和中小企业私募债共计268只，发行量2594亿元，占债券市场发行总量的3.0%。

表2 2012年债券市场主要债券发行情况

	发行量（亿元）	发行只数
全市场	85751.3	3164
其中：中央结算公司登记托管的债券	58658.4	1421
上清所登记托管的债券	24498.6	1475
短期融资券	11197.3	1025
超短期融资券	8062.0	152
非公开定向债务融资工具	4678.3	282
证券公司短期融资券	561.0	16
中债登登记托管的债券	2594.3	268
公司债	2503.5	187
中小企业私募债	90.83	81

数据来源：中国债券信息网、上海清算所网站和wind。

从中央结算公司新发债券的券种结构来看，企业债券发行6474亿元，同比大幅增长160.5%；政策性银行债发行21500亿元，比上年增加1527亿元，同比增长7.7%；商业银行债发行3934亿元，同比增长11.8%；国债发行12033亿元，同比下降3.3%。政策性银行债、国债和中期票据在发行规模中仍然占据主要地位，三者发行量合计约占发行总量的72.4%。

从中央结算公司新发债券的期限结构来看，3-10年中长期品种发行量占比达到66.3%，0-3年短期品种和10年以上长期品种发行量占比分别为25.3%和8.5%。

2. 债券市场托管量稳步增加。截至2012年末，全国债券市场总托管量达到26.0万亿元，较上年末增加3.9万亿元，同比增长18.1%。其中在中央结算公司托管的债券总量为23.8万亿元，同比增长11.2%，占全市场托管量的91.5%；上海清算所托管总量为1.7万亿元，占全市场托管量的6.4%；交易所托管的公司债和中小企业私募债总量为0.5万亿元，占全市场托管量的2.1%。

表3 212年债券市场余额情况

	余额（亿元）	托管只数
全市场	259604.6	5177
其中：中央结算公司登记托管的债券	237569.1	3570
上清所登记托管的债券	16655.3	1173
短期融资券	8327.0	803
超短期融资券	3531.0	88
非公开定向债务融资工具	4502.3	273
证券公司短期融资券	295	9
中债登登记托管的债券	5380.2	434
公司债	5289.4	353
中小企业私募债	90.8	81

数据来源：中国债券信息网、上海清算所网站和wind。

3. 信用债券市场发展迅速。2012年全年信用类债券（包括企业债、中票、集合票据、商业银行债券、短融和非金融企业定向融资工具等）在银行间债券市场共发行了3.8万亿元，远超过了政府债券的1.6万亿元。截止2012年末，信用债券托管余额的市场占比达到30.6%，同比增长超过5个百分点，为实体经济发展提供了重要支持。从交易结算量来看，信用类债券今年全年的现券交易量为32.5万亿元，同比增长22.7%，占全市场现券交易结算总量的42.1%。

4. 小微企业债券规模进一步扩大。随着各监管部门对小微企业融资问题的重视以及相关配套鼓励措施的出台，债券市场逐渐成为小微企业的重要融资平台。2012年全年，债券市场共发行小微企业债券（简称“小微债”）137支，发行量为212亿元，发行只数和发行量同比增长448%和163%，远超小微债发行以来的平均增速（206%和99%）；与其他信用类品种债券相比，其同比增速仅次于企业债（196%）。

（三）基金净值有所增长，规模迅速扩大

1. 基金成交金额大幅增加，资产净值有所增长。2012年证券投资基金成交金额为8667亿元，同比增长36.2%。截止年末，各类证券投资基金资产净值规模达2.7万亿元，同比增长9.4%。

2. 新基金发行市场迅速扩容，基金份额创历史新高。2012年新成立基金258只，再创历史新高。截至年末，市场上交易的证券投资基金共有1173只，其中以中国大陆市场为主要投资对象的基金有1101只，以中国大陆境外市场为主要投资对象的QDII基金有72只。2012年，各大类型基金均获得正收益，其中QDII基金业绩格外突出，平均上涨超过10%。由于新基金的发行远大于各类基金的赎回，2012年底各类基金总份额达3.2万亿份，比2011年底增长了5198亿份，同比增长19.6%。

（四）期货市场规模迅速扩大，大宗商品价格涨幅分化

2012年国内期货市场规模继续保持较快的发展。全年共成交14.5亿手（单边，下同），同比增长37.6%；成交金额为171.1万亿元（单边，下同），同比增长24.4%。其中，金融期货成交10506.2万手，成交金额为75.8万亿元，分别占全市场的7.2%和44.3%。与去年同期相比，焦炭、甲醇、豆粕、强麦、螺纹钢和沪深300股指期货合约成交量增幅明显。

1. 2012年国内商品期货价格的走势与国际市场基本一致。年初，国内经济平稳增长，物价水平相对较高，国内商品期货价格出现普涨行情。二季度，随着经济增速的放缓，物价水平的回落，加上国际期货市场大幅下跌，国内商品期货价格出现调整。三季度，国内经济探底企稳，同时美国积极推行量化宽松的货币政策，国内商品期货价格出现上涨。年底，在主要经济指标回升和物价水平上涨的情况下，国内商品期货价格继续上行。

2. 农产品期货方面，受国际大宗商品市场的影响，部分农产品价格涨幅明显。截止2012年末，黄大豆I号收报4743元，同比上涨9.3%；期胶收报26510元，同比上涨9.7%；棉花期货收报18950元，同比下跌8.4%；白糖期货收报5549元，同比下跌6.4%。

3. 金属期货方面，上海黄金期货价格继续攀升，收报340.29元/克，较2011年末上涨20.84元；期铜收报57860元，同比上涨4.5%。

4. 金融期货方面，沪深300股指期货主力合约呈现震荡整理、先抑后扬的走势，2012年末收报2538点，较2011年末上涨181点。

二、证券市场改革取得重大进展

2012年，中国资本市场成功经受了国际国内复杂经济环境的考验，保持了改革创新的稳步推进。市场体系日益完善，市场功能不断增强，市场机制日益健全，市场开放程度不断提高。

（一）证券市场基础性制度建设不断完善

1. 启动第三轮新股发行体制改革。证监会于2012年4月1日发布了《关于进一步深化新股发行体制改革的指导意见（征求意见稿）》，通过强化信息披露的真实性和准确性，适当调整询价范围和配售比例，增加新上市公司流通股数量，加强对发行定价和炒新行为的监管，进一步弱化行政干预，推动股票发行市场公开透明化。

2. 完善上市公司退市制度。2012年下半年，沪、深证券交易所发布了《退市整理期业务实施细则》、《退市公司股份转让暂行办法》等规定，从制度上进一步规范了上市公司的行为，有利于发挥中国股票市场在优胜劣汰、资源有效配置等方面的功能。

（二）证券市场融资功能进一步增强

1. 启动转融通业务试点。转融通业务是指由银行、基金和保险公司等机构提供资金和证券，证券公司作为中介将这些资金和证券提供给融资融券客户。证监会于2012年8月30日启动转融通业务试点，首批11家证券公司作为试点券商，这将有效扩大融资融券的规模，真正发挥其在完善市场机制方面的作用。

2. 扩容股票市场“新三版”。发展以场外交易为特征的“新三版”是建设我国多层次资本市场的重要环节。一方面，场外市场融资门槛较低，为中小企业提供了新的融资渠道；另一方面，

"新三版"扩容和市场流动性的增加也为私募股权投资和风险资本提供了更好的退出通道，缓解了单一股票融资通道对主板市场的资金压力。截止2012年末，在"新三版"市场挂牌的企业累计达200家，比上年末增加了103家。

（三）证券机构的监督机制进一步加强

1. 证监会要求保荐机构建立对保荐代表人和项目组成员的问责制度，完善对保荐项目的持续追踪机制，促使其实现对保荐全程的有效内控。

2. 加强基金管理公司子公司的公司治理和内控机制，要求基金管理公司建立完善内幕信息的识别、报告、处理和责任追究等防控内幕交易的制度。

（执笔：许亚婷 国家统计局国民经济核算司）

（闫涵摄）

2012 年保险市场运行报告

2012 年，保险业坚持以科学发展为主题，以加快转变发展方式为主线，保险市场呈现稳中有进的发展态势。从外部环境看，国际经济形势依然错综复杂，世界经济低速增长态势还将延续。我国虽然保持了经济增长企稳回升、金融运行总体平稳的良好态势，但是经济发展中不平衡、不协调、不可持续的问题依然突出，宏观经济增长面临下行压力。国际国内形势的变化将通过实体经济、金融市场和消费者需求等多种渠道传导至保险业，对业务发展、资金运用和偿付能力等产生多方面的影响，增加了保险市场稳定运行和风险防范的难度与压力。从保险行业看，全面建成小康社会和全面深化改革开放的宏伟目标奠定和强化了保险业发展的经济、制度等动力基础。但从阶段性特征看，保险业的外部环境和自身条件都发生了深刻变化，稳增长的难度较大，防风险的任务艰巨，结构调整的压力加大，违法违规经营问题需要关注，行业发展方式亟待转型，保险业开始进入深度调整期和矛盾凸显期。全年保险市场运行情况如下：

一、保费总收入平稳增长

全年保费总收入 15487.9 亿元，同比增长 8.0%。财产保险公司业务继续保持较快发展，保费收入 5529.9 亿元，同比增长 15.7%；人寿保险公司业务呈现回升态势，保费收入 9958.1 亿元，同比增长 4.2%，其中寿险保费收入 8908.1 亿元，同比增长 2.4%；健康险保费收入 790.4 亿元，同比增长 245.1%；人身意外伤害险保费收入 259.6 亿元，同比下降 59.2%。财产保险公司保费收入占保费总收入的比重达到 35.7%，人寿保险公司保费收入占总保费收入的比重达到 63.4%。

二、保险市场竞争不断加剧

2012 年，我国保险市场主体不断增加，市场竞争不断加剧。保险系统机构数已经发展到了 164 家，比上年增加 12 家，总资产达到 73545.7 亿元，同比增长 22.9%，系统职工人数达到 84.7 万人，比上年增加 9.0%。其中，中外合资保险公司 52 家，比上年增加 1 家，中外合资保险公司资产达到 3465.4 亿元，占保险业资产总额的 4.7%，比上年降低了 0.3 个百分点，中外合资保险公司职工人数为 3.4 万人，占职工总人数的 4.0%，比上年上升 0.1 个百分点。

表 1　2011—2012 年保险公司保费收入

单位：亿元

项目	2011 年	2012 年
合计	14339.3	15487.9
财产保险公司	4779.1	5529.9
1.企业财产保险	329.8	360.4
2.家庭财产保险	23.3	28.5
3.机动车辆保险	3504.6	4005.2
4.工程保险	73.8	62.3
5.责任保险	148.0	183.8
6.信用保险	115.5	160.6
7.保证保险	56.5	93.5
8.船舶保险	55.9	55.7
9.货物运输保险	97.8	101.7
10.特殊风险保险	35.4	36.9
11.农业保险	174.0	240.6
12.健康险	56.1	72.4
13.意外伤害保险	105.1	126.5
14.其他险	3.2	2.0
人寿保险公司	9560.2	9958.1
1.寿险	8695.6	8908.1
2.健康险	229.0	790.4
3.人身意外伤害险	635.6	259.6

表 2 2011-2012 年保险系统机构和人员情况表

项目	机构数（个）		期末职工人数（人）	
	2011	2012	2011	2012
一、总计	152	164	776258	846504
二、保险集团公司	10	10	2573	565318
三、中资保险公司	90	101	743596	247595
四、中外合资公司	51	52	30089	33591

注：机构数总计中包括慈溪市龙山镇伏龙农村保险互助社，未在保险集团、中资保险公司、中外合资公司中列示。

表 3 2011-2012 年保险公司资产情况表

单位：亿元

项目	2011 年	2012 年
总资产	59828.9	73545.7
财产险公司	7920.0	9477.5
寿险公司	49798.2	60991.2
再保险公司	1579.1	1845.3
中资公司	56822.1	70080.3
外资公司	3006.8	3465.4

三、保险市场开发程度有所提高

2012 年，我国保险密度（人均保费收入）为 1143.8 元 / 人，比上年同期上升 7.4%；保险深度（保费收入占 GDP 的比重）为 3.0%，与上年持平。

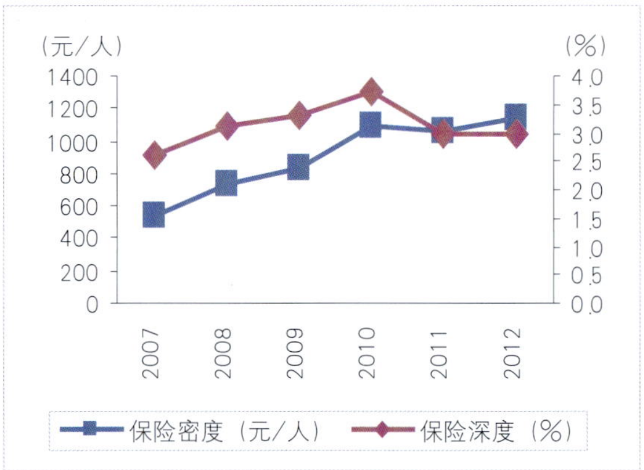

2007-2012 年我国保险深度和保险密度

四、保险服务能力不断提升

2012 年农业保险、新农合、出口信用保险覆盖面进一步扩大。农业保险保费收入 240.6 亿元，同比增长 38.3%，为 1.83 亿户次提供了 9006 亿元风险保障，向 2818 万受灾农户支付赔款 131.3 亿元。保险业经办新农合县市数量 129 个，受托管理资金 50.5 亿元。小额保险覆盖 3200 万人，同比增长 33.3%。出口信用保险承保企业 3.5 万家，保费收入 142.6 亿元，提供风险保障 2936.5 亿美元，为国家稳定外需做出了贡献。

2012 年保险业赔款与给付达 4716.3 亿元，同比增长 20.0%。其中财产保险公司支出 2896.9 亿元，同比增长 28.8%，占总支出的 61.4%，比上年提高 4.2 个百分点；人寿保险公司支出 1819.4 亿元，同比增长 8.3%，占总支出的 38.6%，比上年降低 4.2 个百分点。在北京 7.21 暴雨、“布拉万”台风等重大灾害事故中，保险业较好地履行了赔付责任。

表 4 2011-2012 年保险公司赔款及给付情况

单位：亿元

项目	2011	2012
合计	3929.4	4716.3
财产保险公司	2249.2	2896.9
1.企业财产保险	129.4	165.0
2.家庭财产保险	6.1	10.6
3.机动车辆保险	1750.9	2247.6
4.工程保险	27.2	26.3
5.责任保险	57.1	75.1
6.信用保险	56.8	67.6
7.保证保险	3.8	9.3
8.船舶保险	27.3	30.5
9.货物运输保险	34.8	40.5
10.特殊风险保险	11.0	11.5
11.农业保险	81.8	131.3
12.健康险	32.9	44.9
13.意外伤害保险	29.3	35.7
14.其他险	0.7	1.0
人寿保险公司	1680.2	1819.4
1.寿险	1300.9	1505.0
2.健康险	52.5	61.1
3.人身意外伤害险	326.8	253.3

五、保险风险得到有效控制

2012年保险系统偿付能力风险、资金运用风险、退保风险和案件风险得到了较好控制。全行业偿付能力总体充足，偿付能力不达标公司由5家减少到2家，产险公司首次实现全部达标。寿险公司退保金1198.1亿元，退保率为2.76%，低于5%的警戒线。2012年末，保险资金运用余额6.85万亿元，同比增长24.2%。其中，风险较小的银行存款为23446.0亿元，同比增长32.5%，占资金运用余额的比重为34.2%，比上年提高2.1个百分点。投资类资产为45096.6亿元，同比增长20.3%，占资金运用余额的比重为65.8%，比上年同期回落2.1个百分点，其中证券投资基金3625.6亿元，同比增长24.6%，占资金运用余额的比重为5.3%；债券类资产为30527.6亿元，同比增长17.8%，占总资产的比重为44.5%。

2012年保险公司全年实现利润总额466.6亿元，年末资产总额为73545.7亿元，同比增长22.9%。

表5 保险公司资金运用情况

	绝对额（亿元）		结构比重（%）		同比增速（%）
	2011	2012	2011	2012	
总资产	59828.9	73545.7			22.9
资金运用余额	55193.0	68542.6	100.0	100.0	24.2
其中：银行存款	17692.7	23446.0	32.1	34.2	32.5
国债	4741.9	4795.0	8.6	7.0	1.1
金融债券	12418.8	14832.6	22.5	21.6	19.4
企业债券	8755.9	10900.0	15.9	15.9	24.5
证券投资基金	2909.9	3625.6	5.3	5.3	24.6

六、保险监管工作成效显著

2012年保险监管部门组织全行业进行全面风险排查，加强偿付能力充足率分析。完善非寿险精算制度，完善寿险公司全面风险管理制度和风险监测指标体系。开拓新的资本补充渠道，允许保险公司发行次级可转债。46家次保险公司实行增资扩股，累计增资636亿元，9家保险公司发行次级债711亿元。推动中国人保集团在香港整体上市；全面推进寿险销售误导治理工作，要求寿险公司对照销售过程中的7大业务环节158个自查点逐一进行自查整改，销售误导行为在一定程度上得到遏制，销售行为的规范性有所增强。扎实开展车险理赔难治理工作，车险理赔难治理取得初步成效，理赔周期比上年平均减少了9天，结案率达到109%，未决案件同比减少7%。开通全国统一的12378保险消费者投诉维权电话热线，全国转人工的呼入量超过7万个。建立健全保险纠纷调处机制，全国共设立调解机构219个，成功调解纠纷9280件，为消费者挽回经济损失3.2亿元。妥善解决保险消费者投诉事项，处理各类投诉15268件；选择违法违规现象较为集中的电话营销、条款费率执行、数据真实性等业务领域和经营环节，有针对性地开展专项检查。加大查处力度。全年共派出3025个检查组，对3044家保险机构进行了现场检查。对778家机构和946人实施了行政处罚，其中，责令撤换高管59人，对机构和个人分别罚款6819万元和1228万元。治理不正当交易行为，配合司法机关查处商业贿赂案件8起。在加强市场行为监管的同时，更加注重通过加强法人监管，强化保险公司法人机构对基层机构经营行为的约束。规范保险公司薪酬管理，规范控股股东行为，强化控股股东对公司经营管理行为的合理监督。继续实施对总公司的质询和通报制度。加强保险集团监管，研究建立集团公司重要信息定期报送制度。加强行政执法与刑事执法的合作，打击涉嫌保险的经济犯罪。反保险欺诈工作被中央综治委列入考核地方政府的内容；推进规章制度的“废改立”。制定4项部门规章和一系列规范性文件，内容涵盖机构管理、股东管理、业务经营、稽查审计等多个领域。完善保险营销员管理制度，出台关于推进营销员管理体制改革的意见，规划3年和5年改革的阶段性目标。对现有规章和规范性文件进行梳理，公布了规范性文件的废止目录。进一步健全保险市场准入退出机制。对当前保险机构与市场的匹配程度、机构运营质量和风险状况进行全面评估。规范保险公司分支机构市场准入的条件、标准和程序。提高保险中介机构市场准入门槛，清理整顿保险代理市场，注销吊销保险兼业代理机构许可证6178家、保险专业代理机构许可证221家。完善行政许可制度。完成第六批取消和调整行政审批项目工作，取消行政审批7项，下放管理层级和减少审批部门12项。规范行政许可程序，加大信息公开力度，提高审批工作效率。加强统计信息制度建设。系统梳理修订现行统计制度，进一步完善监管数据体系。实现统计信息系统和保险稽核软件升级改造，完成统计信息查询系统和分类监管系统二期项目开发。保险监管信息交换平台正式投入使用。在全行业开展信息安全检查。

2012年，保险监管机构牢牢把握稳中求进的工作基调，进一步强化监管为民的理念，紧紧围绕“抓服务、严监管、防风险、促发展”，切实维护保险市场安全稳定，综合治理行业顽疾，加大现场检查力度，加强保险监管制度建设，加强保险监管自身建设，保险监管工作取得积极成效。

（执笔：陈希 国家统计局国民经济核算司）

嘉善县－绿色大棚（浙江省统计局提供）

2012年人口发展报告

2012年全国人口变动调查共抽取了31个省（自治区、直辖市）的2122个县（市、区），4413个乡（镇、街道），4796个村（居）委会，调查登记了140.8万人，其中常住人口112.5万人。

调查推算结果显示，2012年我国人口呈现出以下特点：人口总量继续保持低速增长；15-59岁人口出现下降趋势，老龄化进程加快；出生人口性别比和总人口性别比均呈下降态势；城镇人口比重继续稳步提高；流动人口规模不断扩大；人口婚姻、家庭状况保持稳定；人口素质稳步提高。

一、人口总量继续保持低速增长

2012年末，我国大陆总人口为135404万人，比2011年增加了669万人。全年出生人口1635万人，人口出生率为12.10‰，比2011年提高了0.17个千分点；死亡人口966万人，人口死亡率为7.15‰，比2011年提高了0.01个千分点。

分地区看，2012年末，我国东部地区人口规模达55850万人，占各省（自治区、直辖市）人口合计的41.4%；中部人口规模为42511万人，占31.6%；西部人口规模为36428万人，占27.0%。与2011年相比，各地区人口所占比重保持不变，从人口数量上看，西部地区人口增长略快于中部地区，东部地区人口增长明显快于中西部地区。

2012年人口出生率的提高主要受生育旺盛期妇女数量增加的影响，另外，受生肖龙年影响，出生人口也会比常年略有增加。人口死亡率与上年无明显变化，受出生率提高的影响，自然增长率提高了0.16个百分点，比2011年多增加25万人。

各省人口自然增长率呈现明显差异，辽宁省的自然增长率连续两年为负值，自然增长率最高的新疆则高达10.84‰，自然增长率低的地区主要集中在东北和东部沿海发达地区，而自然增长率高的地区多为西部欠发达地区。省际自然增长率差异主要由出生水平不同导致（2012年分地区人口变动情况见附表）。

二、15-59岁人口出现下降趋势，老龄化进程加快

2012年全国0-14岁（含不满15周岁）人口为22287万人，占总人口的16.5%，与2011年持平；60岁及以上人口达到19390万人，占总人口的14.3%，比2011年增加了0.59个百分点；65岁及以上人口达到12714万人，占总人口的9.4%，增加了0.27个百分点；15-59岁（含不满60周岁）人口为93727万人，比2011年减少了345万人，占总人口的比重为69.2%，下降了0.60个百分点。从历史数据来看，15-59岁（含不满60周岁）人口总量在相当长时期内第一次出现下降。

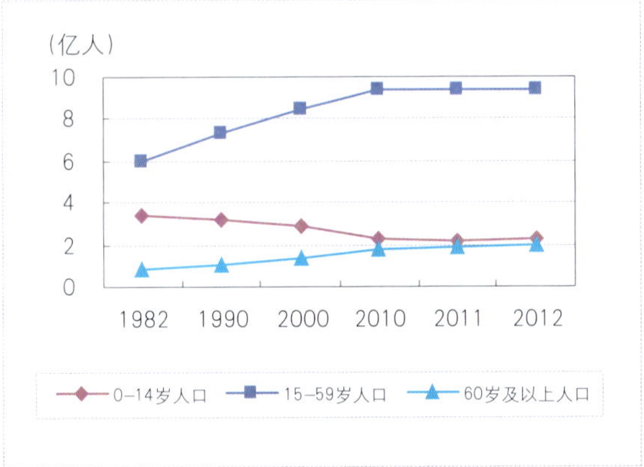

图1 我国人口年龄结构的变化

随着人口年龄结构的变化，少儿抚养比、老年抚养比和总抚养比也随之变化。与2011年相比，少儿抚养比略有提高，老年抚养比和总抚

表 1　四次人口普查与 2011、2012 年人口抚养比

单位：%

指　标	1982	1990	2000	2010	2011	2012
总抚养比	62.60	49.83	42.55	34.17	34.35	34.86
少儿抚养比	54.62	41.49	32.63	22.27	22.10	22.20
老年抚养比	7.98	8.35	9.92	11.90	12.25	12.66

养比继续上升。从几次普查年份的数据来看，少儿抚养比一直处于下降趋势，下降幅度逐渐缩小，2012 年为 22.20%，比 2011 年提高了 0.10 个百分点；老年抚养比上升幅度增大，2012 年为 12.66%，提高了 0.41 个百分点；总抚养比为 34.86%，提高了 0.51 个百分点。

三、出生人口性别比和总人口性别比均呈下降态势

2012 年我国出生人口性别比为 117.70，比 2011 年下降了 0.08，出生人口性别比自 2008 年以来连续四年出现下降，但仍明显高于正常的出生人口性别比（103-107），比其上限高出 10.70。

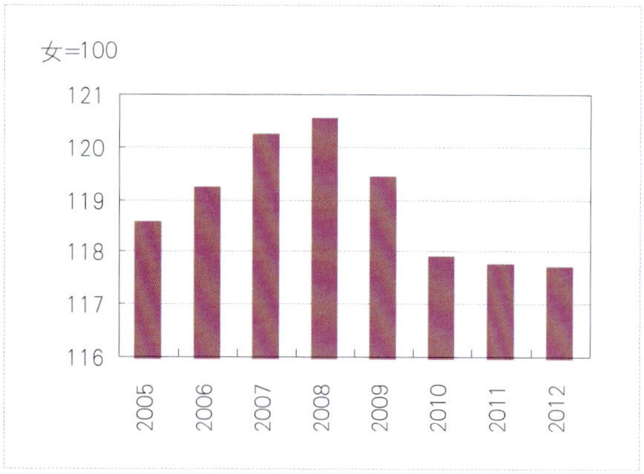

图 2　2005-2012 年我国出生人口性别比

近 10 年来，我国出生人口性别比一直高于正常范围，并且逐年提高，到 2007 年、2008 年更是达到 120 以上。出生人口性别比严重偏离正常范围会直接影响人口再生产和社会经济的稳定发展。从 2009 年开始，我国出生人口性别比连续下降，但仍偏离正常水平，说明当前出生人口性别比治理工作仍不能放松。

表 2　2005-2012 年分性别人口和总人口性别比

单位：万人，女性 =100

指 标	2005	2006	2007	2008	2009	2010	2011	2012
男性人口	67375	67728	68048	68357	68647	68748	69068	69395
女性人口	63381	63720	64081	64445	64803	65343	65667	66009
总人口性别比	106.30	106.29	106.19	106.07	105.93	105.21	105.18	105.13

2012 年，我国男性人口 69395 万人，占全国总人口的 51.25%，女性人口 66009 万人，占 48.75%，总人口性别比为 105.13，受出生人口和死亡人口性别比的影响，总人口性别比自 2005 年来一直呈现下降态势。

四、城镇人口比重继续稳步提高

2012 年末，我国城镇人口比重达到 52.57%，与 2011 年相比，上升了 1.30 个百分点，城镇人口为 71182 万人，增加了 2103 万人；乡村人口 64222 万人，减少了 1434 万人。城镇人口比乡村人口多 6960 万人。

表 3　2005-2012 年全国城镇人口比重

年份	总人口（万人）	城镇人口数（万人）	城镇人口比重（%）	城镇人口增长（%）
2005	130756	56212	42.99	–
2006	131448	58288	44.34	1.35
2007	132129	60633	45.89	1.55
2008	132802	62403	46.99	1.10
2009	133450	64512	48.34	1.35
2010	134091	66978	49.95	1.61
2011	134735	69079	51.27	1.32
2012	135404	71182	52.57	1.30

近年来，我国城镇化水平不断提高，2005 年至 2012 年，我国城镇化率以平均每年 1.37 个

百分点的速度发展，城镇人口平均每年增长 2139 万人。

分地区看，中西部地区城镇化发展速度快于东部，西部又快于中部。2012 年，东部地区城镇人口比重 62.16%，中部和西部城镇人口比重分别为 48.49% 和 44.74%，与 2011 年相比，东中西分别增长 1.16、1.50 和 1.75 个百分点。中西部地区城镇化发展继续保持较快速度，但与东部地区的差距仍然较大。

五、流动人口规模不断扩大

2012 年，全国人户分离的（居住地和户口登记地所在乡镇街道不一致且离开户口登记地半年以上的）人口为 2.79 亿，比 2011 年增加 789 万人；其中，流动人口（人户分离人口中不包括市辖区内人户分离的人口）为 2.36 亿，比 2011 年增加 669 万人。

表 4　2000、2005、2010—2012 年流动人口数据

单位：亿人

指 标	2000	2005	2010	2011	2012
人户分离人口	1.44	–	2.61	2.71	2.79
流动人口	1.21	1.47	2.21	2.30	2.36

六、人口婚姻、家庭状况保持稳定

2012 年全国人口变动情况抽样调查显示，我国人口婚姻状况相对稳定，未婚比例低、有配偶比例高、离婚比例低等基本特征未变，在 15 岁及以上人口中，未婚比例为 20.41%，初婚有配偶比例为 71.27%，再婚有配偶比例为 1.56%，离婚比例仅为 1.41%，丧偶比例为 5.35%。

分城乡看，我国城镇和乡村人口婚姻构成状况存在差别，城镇中未婚比例和离婚比例高于乡村，初婚有配偶、再婚有配偶比例和丧偶比例低于乡村。

表 5　2012 年我国城乡 15 岁及以上人口婚姻构成状况

单位：%

地 区	未婚	初婚有配偶	再婚有配偶	离婚	丧偶
全 国	20.41	71.27	1.56	1.41	5.35
城 镇	21.88	70.87	1.42	1.67	4.17
乡 村	18.65	71.75	1.73	1.10	6.76

家庭户规模继续保持平稳下降，2012 年，我国平均家庭户规模为 3.02 人。随着家庭户规模的缩小，以父母与未婚子女组成的核心家庭为主的两代户和三人户是目前最典型的家庭户类型，其中，三人户家庭占 27.58%，二代户家庭占 46.65%。分城乡看，城镇平均家庭户规模不足 3 人，小于乡村平均家庭户规模。

七、人口素质稳步提高

2012 年，我国 15 岁及以上人口的平均受教育年限为 9.22 年，比 2011 年提高了 0.11 年，人口文化程度不断提高。分城乡看，城镇人口的文化程度高于乡村，城镇 15 岁及以上人口的平均受教育年限为 10.41 年，乡村为 7.80 年。

15 岁及以上人口文盲率为 4.96%，其中，男性文盲率为 2.67%，女性文盲率为 7.32%，与 2011 年相比，我国文盲率下降了 0.25 个百分点，男性和女性文盲率分别降低了 0.06 和 0.45 个百分点。从各个受教育程度的人口分布来看，小学和初中文化程度的人口所占比重在缩小，而高中及以上各个文化程度人口所占比重在增加。

（执笔：李桂芝 国家统计局人口和就业统计司）

2012 年城镇居民生活状况报告

2012 年，各级政府继续坚持民生优先，通过加快推进收入分配改革、加强社会保障体系建设、加大扶贫工作力度、实施更加积极的就业政策、积极落实各项惠民政策等，进一步改善了人民生活，使发展成果惠及全体人民。2012 年全国城镇居民收入保持稳定增长，生活水平进一步提高。

一、城镇居民收入

2012 年全国城镇居民人均总收入 26959 元，人均可支配收入 24565 元，分别比上年增长 12.4% 和 12.6%，剔除价格因素影响，实际增长分别为 9.4% 和 9.6%；城镇居民人均可支配收入中位数为 21986 元，比上年增长 15.0%。

（一）工资性收入持续稳定增长

城镇居民人均工资性收入 17336 元，增长 12.5%[①]，增速比上年高 0.1 个百分点，拉动总收入增长 8.0 个百分点。作为城镇居民收入的第一大来源，工资性收入占总收入的比重为 64.3%。工资性收入保持持续稳定增长的主要原因，一是 2012 年年初以来企业用工成本不断上升，在岗职工工资增幅明显；二是截止 2012 年 11 月，已有 24 个省市上调了最低工资标准，平均上调幅度超过 13%；三是部分地区机关事业单位收入分配制度进一步完善，津补贴标准和绩效工资稳步提高。

（二）经营净收入实现较快增长

城镇居民人均经营净收入 2548 元，增长 15.3%，占总收入的比重为 9.5%，拉动总收入增长 1.4 个百分点。经营净收入增长的主要原因是，2011 年 11 月以来，各地针对个体工商户和小微企业出台多项减费减税的优惠政策，切实降低了个体工商户和小微企业的经营成本，经营状况有所改善。

（三）转移性收入和财产性收入继续平稳增长

城镇居民人均转移性收入 6368 元，增长 11.6%，占总收入比重为 23.6%，拉动总收入增长 2.7 个百分点。增长主要原因，一是各地从 2012 年年初陆续提高企事业单位离退休人员基本养老金水平，增幅均在 10% 以上。调查数据显示，城镇居民人均养老金或离退休金 5375 元，比上年增长 15.9%；二是政府加大对低收入群体的帮扶力度，各地继续提高最低生活保障标准、低收入家庭生活补贴标准，人均社会救济收入 60 元，比上年增长 11.7%。

城镇居民人均财产性收入 707 元，增长 8.9%，占总收入的比重为 2.6%，拉动总收入增长 0.2 个百分点。主要是房屋租赁市场需求旺盛，居民房屋出租价格和出租面积均有所提高。调查显示，城镇居民出租房屋面积比上年增长 11.2%，出租房屋收入比上年增长 25.4%。

（四）个税起征点上调推动可支配收入增长

2011 年 9 月开始实施的个人所得税起征点上调政策，对 2012 年前三季度城镇居民可支配收入的增长产生了积极影响。调查数据显示，2012 年城镇居民人均个人所得税支出比上年下降 27.8%。在收入上升的情况下，个人所得税减

注：①以下如无特殊说明，增长速度均以上年为基期且，未剔除物价因素。

少使城镇居民家庭得到更多实惠。

（五）人均可支配收入中位数增速高于平均数增速

2012年城镇居民人均可支配收入中位数为21986元，比上年增长15.0%，增速高于平均数增速2.4个百分点，主要原因是中等及以下收入户名义收入增速快于中等以上收入户，收入分布形态逐步改善。

从收入五等份分组看，低收入户人均可支配收入10354元，比上年增长17.8%，增速高于平均水平5.2个百分点；中低收入户人均可支配收入16761元，增长15.6%；中等收入户人均可支配收入22419元，增长14.7%；中高收入户人均可支配收入29814元，增长12.8%；高收入户人均可支配收入51456元，增长9.4%。低收入户人均可支配收入增速比高收入户的增速高出8.4个百分点，高收入户与低收入户人均可支配收入之比为4.97，比上年的5.35缩小了0.38。

（六）东、西部地区居民收入差距有所缩小

2012年东部、中部、西部和东北地区城镇居民人均可支配收入分别为29622元、20697元、20600元和20759元，分别增长12.2%、13.0%、13.4%和13.4%。中部、西部和东北地区收入增速快于东部地区，东部、中部、西部和东北地区的收入之比为143.8:100.5:100:100.8（2011年为145.4:100.9:100:100.8），东部与其他地区之间的差距比上年有所缩小。

二、城镇居民消费

2012年全国城镇居民人均现金消费支出16674元，比上年增长10.0%，剔除价格因素影响，实际增长7.1%。在收入稳定增长的带动下，城镇居民各项现金消费支出全面增长，生活水平进一步提高。

表　2012年城镇居民人均现金消费支出

指　标	绝对数（元）	名义增长速度（%）	构成（%）
人均现金消费支出	16674	10.0	100.0
一、食品	6041	9.7	36.2
二、衣着	1823	8.9	10.9
三、居住	1484	5.6	8.9
四、家庭设备及用品	1116	9.1	6.7
五、交通通信	2455	14.2	14.7
六、文教娱乐	2034	9.8	12.2
七、医疗保健	1064	9.8	6.4
八、其他	657	13.0	3.9

（一）食品支出继续增长，恩格尔系数略有下降

2012年城镇居民人均食品支出6041元，增长9.7%，增速低于上年4.9个百分点。食品支出占消费支出的比重（即恩格尔系数）为36.2%，比上年低0.1个百分点，但仍比2010年高0.5个百分点。

从食品消费的细项看，人均购买水产品、干鲜瓜果、蔬菜和糖烟酒饮料支出增长较快，支出额分别为409元、506元、592元和621元，分别比上年增长15.5%、12.7%、12.3%和11.0%。其他主要食品中，人均购买粮油支出747元，增长5.5%；人均购买肉类食品支出901元，增长6.9%；人均购买禽类食品支出283元，增长7.5%；人均购买蛋类食品支出119元，增长2.0%；人均购买奶及奶制品254元，增长8.4%。此外，城镇居民在外饮食支出继续快速增长，人均支出1315元，增长11.1%，占食品消费比重连年提高，达到21.8%。

（二）交通通信成消费热点，出行通讯更趋便捷

交通和通信成为消费热点，城镇居民的出行日益便捷，通讯更加顺畅。2012年城镇居民人均交通通信支出2455元，增长14.2%，增速高于上年5.8个百分点，在八大类消费中增长最快。交通通信支出占消费支出的比重为14.7%，比上

年高 0.5 个百分点。

家用汽车进一步普及，汽车及相关消费大幅增加，带动交通支出的快速增长。2012 年城镇居民人均交通支出 1628 元，增长 16.6%。至 2012 年底，每百户城镇居民家庭拥有家用汽车 21.5 辆，比上年增加 2.9 辆。家用汽车拥有量增加带动燃料和车辆使用税费支出迅速增长。2012 年城镇居民人均购买燃料支出 423 元，增长 21.3%，占人均交通支出的比重为 26.0%，高于上年 1.0 个百分点。人均车辆使用税费支出 114 元，增长 31.7%。

电脑、手机和互联网更加普及，带动城镇居民通信支出继续增长。2012 年城镇居民人均通信支出 872 元，增长 9.9%。其中，人均通讯工具和通讯服务支出分别增长 34.9% 和 4.5%。至 2012 年底，每百户城镇居民家庭拥有移动电话 212.6 部，比上年增加 7.3 部，其中有 40.7 部移动电话接入互联网，比上年增加 7.1 部；每百户城镇居民家庭接入互联网的计算机 71.9 台，比上年增加 5.1 台。

（三）文娱生活日趋丰富，教育投入持续增长

随着收入的提高和物质生活的改善，城镇居民越来越重视文教娱乐消费需求和精神生活质量提高。2012 年城镇居民人均文教娱乐支出 2034 元，增长 9.8%，占消费支出的比重为 12.2%。

外出旅游成为城镇居民享受生活的重要体现，带动文化娱乐服务支出继续强劲增长。2012 年城镇居民人均文化娱乐服务支出 762 元，增长 16.8%。其中，人均团体旅游支出 465 元，增长 21.0%；参观游览、健身活动和其他文娱支出也都有较快增长。人均文化娱乐用品支出 452 元，比上年略有增长。

教育受到普遍重视，培训班、托幼费、成人教育费等支出增长较快。2012 年城镇居民人均教育支出 820 元，增长 9.3%。其中，人均参加培训班支出 232 元，增长 22.7%；人均托幼费支出 99 元，增长 16.3%；人均成人教育费支出 71 元，增长 16.1%。

（四）更加重视身体健康，医疗保健意识增强

随着生活水平的提高，人们的医疗保健意识逐渐增强，“花钱买健康”成为一种消费理念。2012 年城镇居民人均医疗保健支出 1064 元，增长 9.8%，占消费支出的比重为 6.4%。其中，人均医疗费支出 383 元，增长 12.3%；人均药品费 493 元，增长 8.7%；人均购买滋补保健品支出 151 元，增长 10.2%。

（五）居住支出小幅增长，居住条件继续改善

2012 年城镇居民人均居住支出[②] 1484 元，增长 5.6%，增速在 2005 年以来位列倒数第二，仅略高于上年 0.1 个百分点；居住支出占消费支出的比重为 8.9%，比上年下降 0.4 个百分点。其中，人均住房支出 464 元，增长 2.7%；人均水电燃料及其他支出 901 元，增长 7.0%；人均居住服务费支出 120 元，增长 7.1%，主要是物业管理费增长 11.4。

城镇居民居住面积继续增加，配套设施进一步完善，住房条件不断改善。至 2012 年底，城镇居民人均现住房建筑面积达到 32.9 平方米，比上年增加 0.2 平方米。城镇居民现住房中，有 85.5% 的是二居室或更好的住房，比上年提高 0.7 个百分点；有 69.2% 的是有装修的，比上年提高 1.4 个百分点；有 99.2% 的有独用自来水，比上年提高 0.1 个百分点；有 87.0% 的有厕所和浴室，比上年提高 1.1 个百分点；有 68.6% 的有空调或暖气，比上年提高 0.6 个百分点。

（六）电器化程度提高，家庭服务消费增长

2012 年城镇居民人均家庭设备及用品支出 1116 元，增长 9.1%，占消费支出的比重为 6.7%。

注：②居住支出中不含购建房支出和自有住房虚拟租金。

其中，人均购买家具支出143元，增长10.9%；人均家庭日用杂品支出461元，增长14.6%。人均家庭服务支出78元，增长6.5%。同时，城镇居民家庭的电器化程度也在进一步提高，空调、洗衣机、电冰箱等家用电器普及率继续提高，至2012年底，每百户城镇居民拥有空调126.8台，洗衣机98.0台，电冰箱98.5台，均比上年有所提高。

（七）更加注重衣着妆饰，折射生活品质提高

收入增加带动城镇居民更加注重衣着妆饰，生活品质不断提高。2012年城镇居民人均衣着支出1823元，增长8.9%，增速低于上年7.0个百分点，占消费支出的比重为10.9%。其中，人均服装支出1345元，增长8.7%；人均鞋类支出402元，增长10.1%。2012年城镇居民人均购买金银珠宝饰品支出153元，增长24.0%；人均购买化妆品支出168元，增长12.1%。

（执笔：丁胜 国家统计局住户调查办公室）

四号线动物园站（北京首都创业集团有限公司提供）

2012 年农村居民生活状况报告

2012年，全国农村居民纯收入持续较快增长，农村居民消费信心同步增强，消费水平不断提升，生活质量进一步改善。

一、农村居民收入

（一）人均纯收入实际增长 10.7%

2012 年农村居民人均纯收入 7917 元，同比增加 939 元，增长 13.5%[①]，剔除价格因素影响，实际增长 10.7%。名义增速和实际增速比 2011 年分别下降了 4.4 个和 0.7 个百分点。农村居民人均纯收入中位数[②]7019 元，比 2011 年增加 825 元，增长 13.3%。中位数收入水平比平均数收入水平低 11.3%，增速低于平均数增速 0.2 个百分点。

1. 工资性收入增长 16.3%。2012 年农村居民人均工资性收入 3448 元，增加 484 元，增长 16.3%，增速同比下降 5.6 个百分点。工资性收入对全年农民增收的贡献率为 51.5%，拉动人均纯收入增长 6.9 个百分点。工资性收入较快增长的原因是 2012 年农民工人数继续增加，农民工工资水平保持较快上涨。全国农民工监测调查显示，2012 年一至四季度末外出农民工月收入水平同比分别上涨 16.6%、14.9%、13.0% 和 11.8%；全年农民工总量增长 3.9%，其中外出农民工人数增长 3.0%。

2. 家庭经营纯收入增长 9.7%。2012 年农村居民家庭经营纯收入人均 3533 元，增加 311 元，增长 9.7%，增速同比下降 4 个百分点。家庭经营纯收入对全年农民增收的贡献率为 33.2%，拉动纯收入增长 4.5 个百分点。主要特点是：

农业纯收入保持较快增长。农业纯收入人均 2107 元，增加 210 元，增长 11.1%。主要是 2012 年粮食丰收，同时粮食、蔬菜等主要农产品价格上升。据测算，2012 年，农村居民出售农产品增加的收入中，出售数量增加和价格上涨因素影响约各占一半。

牧业收入出现下降。牧业纯收入人均 441 元，减少 22 元，增速由 2011 年的增长 30.1% 转变为下降 4.7%，这主要是由于生猪价格下跌，尤其是进入二季度后，生猪价格持续低迷。

二三产业经营纯收入保持稳定增长。二三产业经营纯收入人均 811 元，同比增加 109 元，增长 15.5%。其中，工业纯收入人均 118 元，增加 13 元，增长 12.9%；建筑业纯收入人均 96 元，增加 8 元，增长 8.6%；第三产业纯收入人均 597 元，增加 88 元，增长 17.3%。

3. 财产性收入增长 9.0%。2012 年农村居民财产性收入人均 249 元，增加 21 元，增长 9.0%。财产性收入对全年农民增收贡献率仅为 2.2%。其中，转让承包土地经营权收入人均 47 元，增加 10 元，增长 25.5%。

4. 转移性收入增长 21.9%。2012 年农村居民转移性收入人均 687 元，增加 123 元，增长 21.9%，增速连续两年保持在 20% 以上。转移性收入对全年农民增收的贡献率为 13.1%，拉动纯收入增长 1.8 个百分点。转移性收入快速增长主要是由于农村社会保障政策覆盖范围进一步扩大和保障水平进一步提高，以及各地农业及草原生态补贴等政策的实施和力度加大。

5. 纯收入构成有所变化

2012 年农村居民家庭工资性收入占纯收入比重的 43.6%，比 2011 年提高 1.1 个百分点；

注：①若非特别说明，本文收支增长均未考虑价格因素影响。部分数据因四舍五入原因，与增长率有一些误差。
②收入中位数：指将所有调查户按人均纯收入水平从低到高顺序排列，处于最中间位置调查户的人均纯收入。

转移性收入比重为8.7%，比2011年提高0.6个百分点；经营纯收入比重为44.6%，比2011年下降1.6个百分点；财产性收入比重为3.1%，比2011年下降0.1个百分点（见图1）。

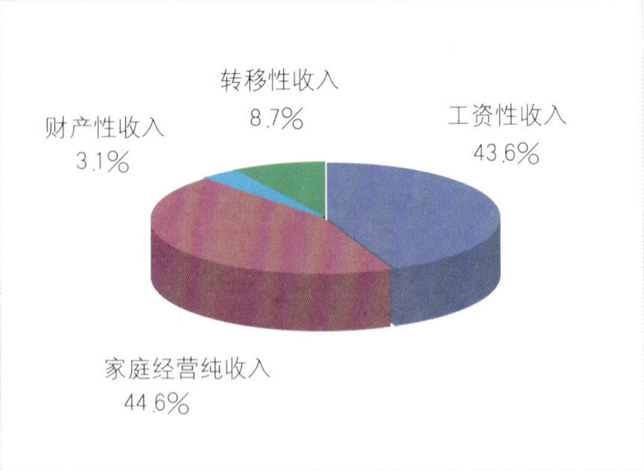

图1 2012年农村居民人均纯收入构成

6. 现金纯收入比重提升。2012年农村居民现金纯收入稳定增加，比重提升。全年现金纯收入人均7015元，比2011年增加922元，增长15.1%，占人均纯收入比重的88.6%，比重比2011年提高1.8个百分点；实物纯收入人均902元，比2011年增加17元，增长1.9%，占人均纯收入比重的11.4%。

（二）收入差距有所缩小

1. 基尼系数有所缩小。2012年农村居民人均纯收入的基尼系数为0.3867，比2011年的0.3897缩小0.003（见图2）；农村居民人均纯收入与城镇居民人均可支配收入之比（以农村为1）为3.10，比2011年的3.13缩小了0.03。

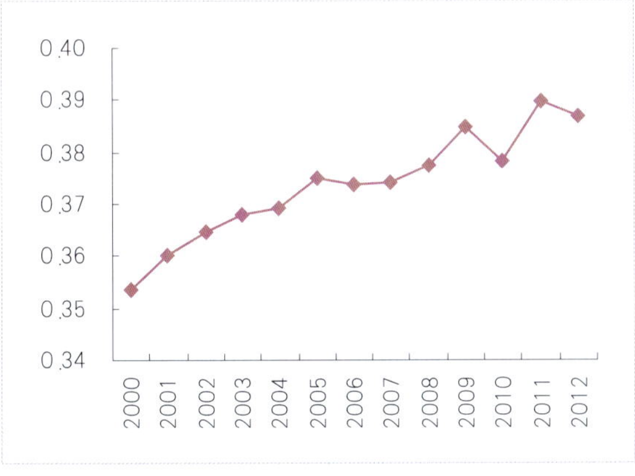

图2 2000—2012年农村居民基尼系数变化情况

2. 低收入户收入增长最快。将所有调查户按人均纯收入从低到高排队，每20%的户为一组分成五等份。低收入户人均纯收入2316元，增长15.8%；中等偏下收入户人均纯收入4807元，增长13.0%；中等收入户人均纯收入7041元，增长13.4%；中等偏上收入户人均纯收入10142元，增长14.0%；高收入户人均纯收入19009元，增长13.3%。低收入户收入增速最快的原因，一是转移性收入快速增长，人均332元，增长25.4%，特别是新型农村社会养老保险收入增长了125%。二是第一产业纯收入增长较快，人均891元，增长13.7%，这部分农户第一产业经营中以农业为主，受增产及价格上升因素影响，农业纯收入增长较快；而牧业收入所占比重较小，受生猪价格下跌的影响很小。

表1 按农户人均纯收入5等份分组的农村居民纯收入比较

	2012（元/人）	2011（元/人）	2012年比2011年增加（元/人）	2012年比2011年增长（%）
低收入户	2316	2001	316	15.8
中等偏下收入户	4807	4256	552	13.0
中等收入户	7041	6208	833	13.4
中等偏上收入户	10142	8894	1248	14.0
高收入户	19009	16783	2226	13.3

3. 西部地区农村居民收入增速较快。2012年东、中、西、东北地区农村居民人均纯收入分别为10817元、7435元、6027元和8846元，人均纯收入增长速度分别为12.9%、13.9%、14.9%和13.6%。西部地区农村居民人均纯收入增速比东部地区农村居民人均纯收入增速高2.0个百分点，比中部地区农村居民人均纯收入增速高1.0个百分点，比东北地区农村居民人均纯收入增速高1.3个百分点。农村居民人均纯收入最高省份与最低省份的比值在2011年为4.11∶1，2012年缩小为3.95∶1。

二、农村居民消费

（一）人均消费支出实际增长 10.4%

2012 年农村居民消费支出人均 5908 元，比 2011 年增加 687 元，增长 13.2%。剔除价格因素影响，实际增长 10.4%，增速比 2011 年下降 2.2 个百分点。分项消费支出情况如下：

表 2　2012 年农村居民人均消费支出情况

指　标	绝对数（元）	名义增长速度（%）	构成（%）
人均消费支出	5908	13.2	100.0
1.食品	2324	10.3	39.3
2.衣着	396	16.1	6.7
3.居住	1086	13.0	18.4
4.家庭设备及用品	342	10.6	5.8
5.交通通信	653	19.3	11.1
6.文教娱乐	445	12.4	7.5
7.医疗保健	514	17.6	8.7
8.其他	148	21.0	2.5

1. 恩格尔系数首次降至 40% 以下。2012 年农村居民食品支出人均 2324 元，同比增长 10.3%。农村居民食品支出占消费支出的比重即恩格尔系数为 39.3%，比 2011 年下降 1.1 个百分点，恩格尔系数首次降至 40% 以下（见图 3）。在食品支出中，粮食支出人均 419 元，增长 5.5%；蔬菜及制品支出人均 212 元，增长 8.7%；肉禽蛋奶及制品支出人均 621 元，增长 8.3%；水产品支出人均 92 元，增长 14.3%。

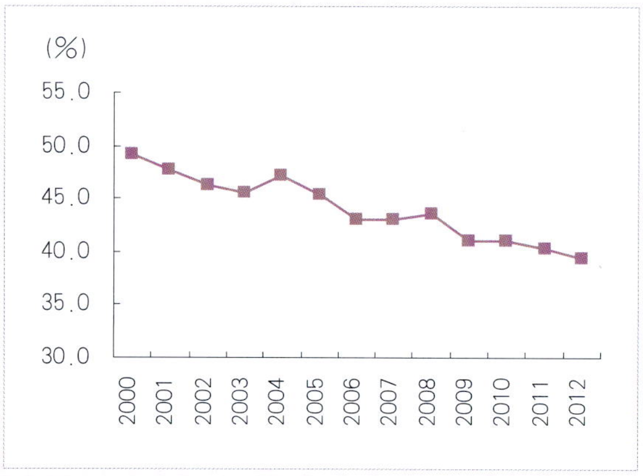

图 3　2000—2012 年农村居民恩格尔系数变化情况

2. 衣着、居住和医疗保健支出较快增长。2012 年农村居民衣着支出人均 396 元，同比增长 16.1%。其中，购买服装支出人均 271 元，增长 15.3%；购买鞋类支出人均 95 元，增长 18.8%。居住支出人均 1086 元，同比增长 13.0%。其中，购买建材支出人均 485 元，增长 9.7%；建筑、维修生活用房雇工支出人均 153 元，增长 20.0%；生活用水、电、燃料支出人均 296 元，增长 14.5%。医疗保健支出人均 514 元，同比增长 17.6%。其中，购买药品支出人均 154 元，增长 10.7%；医疗费支出人均 348 元，增长 21.4%。

3. 交通通信和文教娱乐支出增速加快。2012 年农村居民交通通信支出人均 653 元，同比增长 19.3%，增速比 2011 年提高 0.7 个百分点。其中，购买交通工具支出人均 223 元，增长 28.5%；购买交通工具用燃料支出人均 110 元，增长 19.5%；购买通信工具支出人均 47 元，增长 20.0%；通信费支出人均 137 元，增长 12.9%。文教娱乐支出人均 445 元，同比增长 12.4%，增速比 2011 年提高 4.3 个百分点。其中，购买文教娱乐用品支出人均 119 元，增长 7.2%；教育服务支出人均 254 元，增长 9.9%；文体娱乐服务支出人均 73 元，增长 33.7%。

4. 家庭设备及用品支出增速回落。2012 年农村居民家庭设备及用品支出人均 342 元，同比增长 10.6%，增速比 2011 年明显回落。其中，购买机电设备支出人均 111 元，与 2011 年基本持平；购买日用品支出人均 111 元，增长 16.0%；购买家具支出人均 66 元，增长 16.5%。家庭设备及用品支出增速回落的主要原因是：随着家电以旧换新、家电下乡补贴短期刺激政策的落幕，人均购买机电设备支出额由 2011 年的增长 31.1% 转变为 2012 年支出额与 2011 年基本持平。

5. 消费支出结构发生变化。与 2011 年比较，2012 年农村居民八大项消费结构变动为 3 降 1 平 4 升态势。在农村居民消费支出中：食品支出占 39.3%，比 2011 年下降 1.1 个百分点；居住支出占 18.4%，与 2011 年持平；家庭设备及用品支出占 5.8%，比 2011 年略降 0.1 个百分点；文教娱乐支出占7.5%，比2011年略降0.1个百分点；交通通信支出占11.0%，比2011年提高0.6个百分点；医疗保健支出占8.7%，比2011年提高0.3个百分点；衣着支出占6.7%，比2011年提高0.2个百分点；其他商品支出占2.5%，比2011年提高0.2个百分点（见图4）。

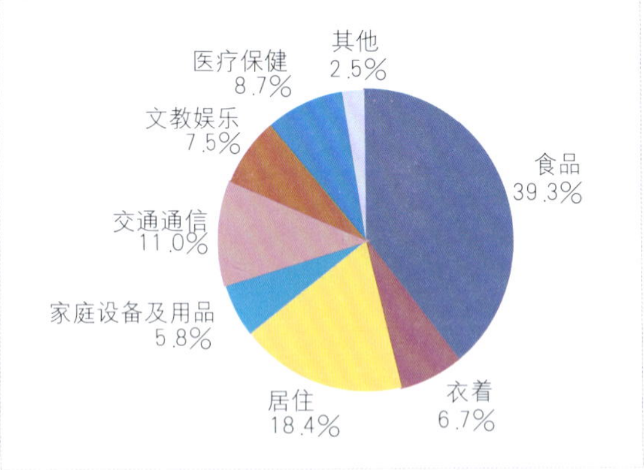

图4 2012年农村居民消费支出构成

（二）生活质量继续改善

1. 营养性食品消费稳定增加。2012年农村居民的粮食、蔬菜消费量减少，其他食品消费量增加。农村居民消费粮食人均165公斤，比2011年减少3.8%；消费蔬菜人均85公斤，比2011年减少5.2%；消费食用油人均7.8公斤，比2011年增长4.6%，其中消费的植物油占88.5%；消费禽蛋人均5.9公斤，比2011年增长8.8%；消费肉类人均23.5公斤，比2011年增长0.7%，其中主要是牛羊肉消费量增加，猪肉消费量基本持平；消费水产品人均5.4公斤，与2011年基本持平；消费瓜果人均22.8公斤，比2011年增长7.1%。

2. 居住条件和居住环境进一步改善。2012年农村居民住房更加宽敞舒适，人均居住面积37.1平方米，比2011年增长2.3%。其中人均居住面积大于25平方米的农村居民调查户占71.1%，比2011年提高1.5个百分点。居住在钢筋混凝土结构住房中的农村居民调查户占38.1%，比2011年提高0.8个百分点；居住在砖木结构住房中的农村居民调查户占57.5%，比2011年提高0.2个百分点。

2012年农村居民居住条件和居住环境进一步改善。一是住房卫生条件不断提高。2012年有94.5%的农村居民调查户住房拥有卫生设备，比2011年提高0.4个百分点；其中，住房有水冲式卫生厕所的调查户占24.0%，提高1.1个百分点，无厕所的调查户占5.5%，减少0.4个百分点。二是住房取暖条件持续改善。2012年有44.2%的农村居民调查户住房拥有取暖设备，其中使用空调和暖气的调查户占21.9%，比2011年提高1.1个百分点。三是使用清洁能源的户数增多。2012年使用清洁燃料如沼气、燃气、燃油、电、太阳能的农村居民调查户占39.7%，比2011年提高1.6个百分点。四是饮用自来水的户数超过一半。2012年有79.6%农村居民调查户饮用安全卫生水，比2011年提高0.6个百分点；其中，饮用自来水的农村居民调查户占57.3%，提高2.2个百分点。五是住房外部环境进一步改善。2012年有55.7%的农村居民调查户住宅外有水泥或柏油状路面，比2011年提高2.8个百分点；住宅外有石头或石板等硬质路面的农村居民调查户占21.6%，比2011年下降0.9个百分点；住宅外为土路等非硬质路面的农村居民调查户占22.7%，比2011年下降1.9个百分点。

3. 新型耐用消费品需求较旺。2012年，农村居民家庭年末拥有的主要传统耐用消费品稳定增加，时尚、新型的耐用消费品需求较旺。平均每百户农村居民家庭拥有彩色电视机116.9台，比2011年增长1.2%；洗衣机67.2台，增长7.4%；电冰箱67.3台，增长9.4%；摩托车62.2辆，增长2.2%；电动自行车35.5辆，增长8.7%；移动电话197.8部，增长10.0%；空调25.4台，增长12.3%；抽油烟机14.7台，增长11.0%；微波炉12.8台，增长8.8%；热水器40.8台，增长11.1%，其中具有节能功能的太阳能热水器26.4台，增长12.3%；此外，2012年平均每百户农村居民家庭拥有生活用汽车6.6辆，比2011年增长19.5%；电脑21.4台，比2011年增长18.9%，其中有76.8%的电脑接入了互联网，比2011年提高3.4个百分点。

（三）农村居民现金消费支出情况

1. 现金消费支出比重提高。2012年农村居民现金消费支出5414元，占全部消费支出比重的91.6%，比2011年提高了1.0个百分点。其中，购买食品的现金消费支出占食品总支出比重的80.2%，比2011年提高1.8个百分点；此外，在外用餐支出稳定增加。2012年农村居民在外饮食支出人均284元，比2011年增长14.5%。

表3 按农户人均纯收入5等份分组的农村居民消费支出比较

	2012（元/人）	2011（元/人）	2012年比2011年增加（元/人）	2012年比2011年增长（%）
低收入户	3742	3313	430	13.0
中等偏下收入户	4464	3962	502	12.7
中等收入户	5430	4818	612	12.7
中等偏上收入户	6924	6003	921	15.3
高收入户	10275	9150	1126	12.3

2. 低收入户消费支出增幅较高。将所有调查户按人均纯收入从低到高排队，每20%的户为一组分成五等份。从分组情况看，2012年低收入户、中等偏下收入户、中等收入户、中等偏上收入户和高收入户人均消费支出比2011年分别增长13.0%、12.7%、12.7%、15.3%和12.3%（见表3）。低收入户消费支出增幅仅次于中等偏上收入户。

3. 西部地区省份农村居民消费支出增速较快。2012年东、中、西、东北地区农村居民人均消费支出分别为7683元、5469元、4798元和5941元，人均消费支出增长速度分别为12.1%、14.3%、14.6%和11.1%。西部地区农村居民人均消费支出增速比东部地区农村居民高2.5个百分点，比中部地区农村居民高0.3个百分点，比东北地区农村居民高3.5个百分点。

（执笔：唐平 国家统计局住户调查办公室）

广电局流动电影放映员在放映电影（青海广电局提供）

2012年农民工监测报告

据国家统计局对全国31个省（自治区、直辖市）7500多个村和近20万农村劳动力的监测调查资料，2012年农民工总量继续增加，中西部地区吸纳农民工的能力持续增强，跨省流动农民工所占比重稳步下降；农民工工资稳步提高，拖欠工资问题继续改善。但农民工大龄化趋势日益突显，劳动技能不高、签订劳动合同率低、社会保障水平低、居住条件差等问题依然突出。

一、农民工总体规模

（一）农民工总量达26261万人

据抽样调查结果推算，2012年全国农民工总量 达到26261[①]万人，比上年增加983万人，增长3.9%。其中，外出农民工16336万人，增加473万人，增长3.0%，住户中外出农民工12961万人，比上年增加377万人，增长3.0%；举家外出农民工3375万人，增加96万人，增长2.9%。本地农民工9925万人，增加510万人，增长5.4%。

表1 农民工数量

单位：万人

	2008	2009	2010	2011	2012
农民工总量	22542	22978	24223	25278	26261
1. 外出农民工	14041	14533	15335	15863	16336
（1）住户中外出农民工	11182	11567	12264	12584	12961
（2）举家外出农民工	2859	2966	3071	3279	3375
2. 本地农民工	8501	8445	8888	9415	9925

（二）中西部地区农民工人数增长快于东部地区

从输出地看，东部地区农民工11191万人，比上年增加401万人，增长3.7%，东部地区农民工占农民工总量的42.6%；中部地区农民工8256万人，比上年增加314万人，增长4.0%，中部地区农民工占农民工总量的31.4%；西部地区农民工6814万人，比上年增加268万人，增长4.1%，西部地区农民工占农民工总量的26.0%。

表2 按输出地分的农民工地区构成

单位：%

	2012			2011		
	东部	中部	西部	东部	中部	西部
农民工	42.6	31.4	26.0	42.7	31.4	25.9
1. 外出农民工	31.5	36.7	31.8	31.6	36.6	31.8
2. 本地农民工	60.8	22.9	16.3	61.4	22.7	15.9

（三）东部地区农民工以就地就近转移为主，中、西部地区以外出为主

从不同地区看，东部地区农村户籍劳动力中农民工已占54.9%，其中，外出农民工占20.2%，本地农民工占34.7%；中部地区农村户籍劳动力中农民工已占37.2%，外出农民工占24.3%，本地农民工占12.9%；西部地区农村户籍劳动力中农民工已占28.7%，外出农民工占19.2%，本地农民工占9.5%。东部地区本地农民工比例高，而中西部地区外出农民工的比例高。

注：①农民工数量包括年内外出从业6个月以上的外出农民工和本地非农从业6个月以上的本地农民工两部分。

二、农民工流向及就业地域分布

（一）在中西部地区务工的农民工数量较快增长

从农民工的就业地区②来看，2012年在东部地区务工的农民工16980万人，比上年增加443万人，增长2.7%，占农民工总量的64.7%，比上年降低0.7个百分点；在中部地区务工的农民工4706万人，比上年增加268万人，增长6.0%，占农民工总量的17.9%，比上年提高0.3个百分点；在西部地区务工的农民工4479万人，比上年增加263万人，增长6.2%，占农民工总量的17.1%，比上年提高0.4个百分点。

分省看，农民工就业地区主要分布在广东、浙江、江苏、山东等省。与上年相比，广东、浙江、江苏、上海、河北、重庆等省市的比重有所下降。

（二）在长三角和珠三角地区务工的农民工总量增加、比重下降

在长三角地区务工的农民工为5937万人，比上年增加109万人，增长1.9%，在珠三角地区务工的农民工为5199万人，比上年增加127万人，增长2.5%，增长速度分别在长三角和珠三角地区务工的农民工分别占全国农民工的22.6%和19.8%，分别比上年下降0.5和0.3个百分点。

（三）跨省流动农民工所占比重继续下降

在外出农民工中，在省内流动的农民工8689万人，比上年增加299万人，增长3.6%，占外出农民工总量的53.2%；跨省流动的农民工7647

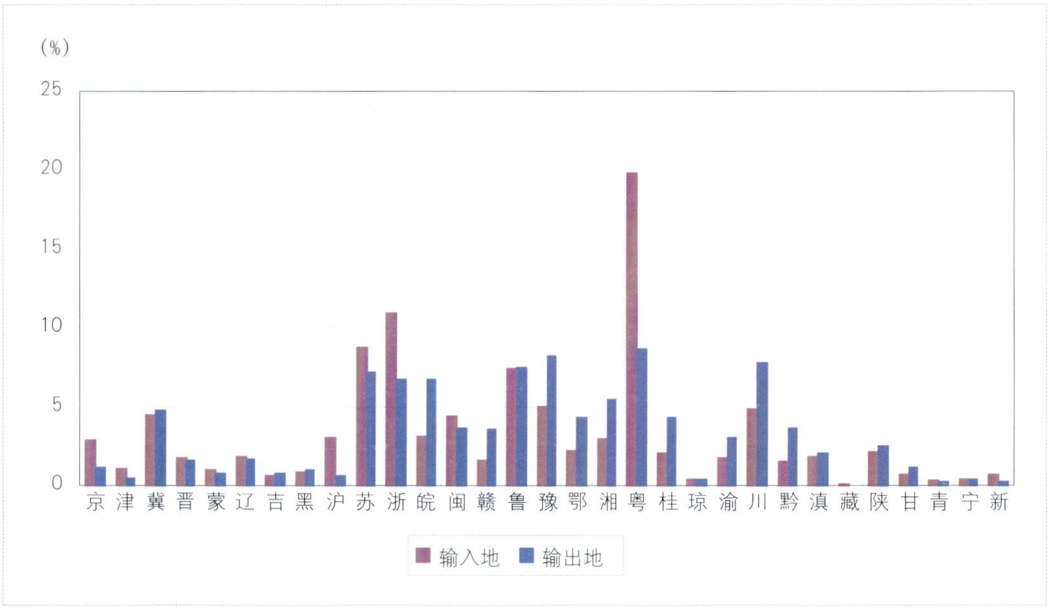

图1　2012年农民工在输入地与输出地的分布（%）

表3　不同地区外出农民工在省内外务工的分布

单位：%

地 区	2011年			2012年		
	乡外县内	县外省内	省外	乡外县内	县外省内	省外
全国	20.2	32.7	47.1	20.0	33.2	46.8
东部地区	32.1	51.3	16.6	32.0	51.7	16.3
中部地区	13.0	19.8	67.2	13.1	20.7	66.2
西部地区	15.4	27.6	57.0	15.4	28.0	56.6

注：②农民工的就业地区分布，除东部、中部和西部地区外，另有0.3%的外出农民工在港澳台地区及国外从业。

万人，比上年增加174万人，增长2.3%，占外出农民工总量的46.8%。在省外务工的比重比上年下降0.3个百分点。

分地区看，东部地区83.7%的外出农民工省内流动，其中在乡外县内占32%，县外省内占51.7%，跨省流动的仅占16.3%。中、西部地区外出农民工则是以跨省流动为主，分别占66.2%和56.6%。

（四）在地级市务工的农民工比重提高

从外出农民工就业的地点看，在直辖市务工的占10%，在省会城市务工的占20.1%，在地级市务工的占34.9%，在县级市务工的占23.6%，在直辖市和省会城市务工的比重比上年下降0.7个百分点，在地级市务工的农民工比上年提高1个百分点。

三、农民工性别、年龄和教育培训情况

（一）农民工以男性为主，年轻农民工比重逐年下降

分性别看，男性农民工占66.4%，女性占33.6%；分年龄段看，农民工以青壮年为主，16-20岁占4.9%， 21-30岁占31.9%，31-40岁占22.5%，41-50岁占25.6%，50岁以上的农民工占15.1%。调查资料显示，40岁以下农民工所占比重逐年下降，由2008年的70%下降到2012年的59.3%，农民工平均年龄也由34岁上升到37.3岁。

表4　农民工年龄构成

单位：%

	2008	2009	2010	2011	2012
16–20岁	10.7	8.5	6.5	6.3	4.9
21–30岁	35.3	35.8	35.9	32.7	31.9
31–40岁	24.0	23.6	23.5	22.7	22.5
41–50岁	18.6	19.9	21.2	24.0	25.6
50岁以上	11.4	12.2	12.9	14.3	15.1

（二）农民工以初中文化程度为主，青年农民工和外出农民工文化程度相对较高

在农民工中，文盲占1.5%，小学文化程度占14.3%，初中文化程度占60.5%，高中文化程度占13.3%，中专及以上文化程度占10.4%。外出农民工和年轻农民工中高中及以上文化程度分别占26.5%和36.4%。外出农民工的受教育水平高于本地农民工，农民工受教育水平又明显高于非农民工。与上年相比，30岁以下年轻农民工组高中及以上文化程度比重增加2.4个百分点，明显高于其他组农民工。

表5　2012年农民工的文化程度构成

单位：%

	非农民工	全部农民工	本地农民工	外出农民工	30岁以下青年农民工
不识字或识字很少	8.3	1.5	2.0	1.0	0.3
小学	33.8	14.3	18.4	10.5	5.5
初中	47.0	60.5	58.9	62.0	57.8
高中	8.0	13.3	13.8	12.8	14.7
中专	1.5	4.7	3.3	5.9	9.1
大专及以上	1.4	5.7	3.6	7.8	12.6

（三）没有参加过任何技能培训的农民工占多数，青年农民工参加农业技术培训的比例低

在农民工中，接受过农业技术培训的占10.7%，接受过非农职业技能培训的占25.6%，既没有参加农业技术培训也没有参加非农职业技能培训的农民工占69.2%。青年农民工接受非农职业技能培训的比例要高于年长的农民工，年长

表6　2012年不同年龄组农民工参加培训情况

单位：%

	参加过农业技术培训	参加过非农职业技能培训	两项培训都没有参加过
16–20岁	4.0	22.3	76.0
21–30岁	6.2	31.6	66.0
31–40岁	11.0	26.7	68.0
41–50岁	14.9	23.1	69.5
50岁以上	14.5	16.9	74.5

的农民工接受农业技术培训的比例要高于青年农民工，年龄层次越低，接受农业技术培训的比例也越低。

四、农民工就业情况

（一）农民工从业仍以制造业、建筑业和服务业为主，从事建筑业的比重提高

在农民工中，从事制造业的比重最大，占35.7%，其次是建筑业占18.4%，服务业占12.2%，批发零售业占9.8%，交通运输仓储和邮政业占6.6%，住宿餐饮业占5.2%。从近几年调查数据看，变化较明显的是建筑业，农民工从事建筑业的比重在逐年递增，从2008年的13.8%上升到18.4%，从事制造业的比重则趋于下降。

表7　农民工从事的主要行业分布

单位：%

	2008	2009	2010	2011	2012
制造业	37.2	36.1	36.7	36.0	35.7
建筑业	13.8	15.2	16.1	17.7	18.4
交通运输、仓储和邮政业	6.4	6.8	6.9	6.6	6.6
批发零售业	9.0	10.0	10.0	10.1	9.8
住宿餐饮业	5.5	6.0	6.0	5.3	5.2
居民服务和其他服务业	12.2	12.7	12.7	12.2	12.2

（二）在东部地区务工的农民工以制造业为主，比重略为下降

表8　2012年农民工在不同地区从事的主要行业分布

单位：%

	全国	东部地区	中部地区	西部地区
制造业	35.7	44.6	23.2	15.4
建筑业	18.4	13.9	25.5	28.4
交通运输、仓储和邮政业	6.6	5.6	8.2	8.8
批发零售业	9.8	8.5	12.6	11.9
住宿餐饮业	5.2	4.4	5.8	7.6
居民服务和其他服务业	12.2	12.4	11.3	12.1

从农民工的从业地区看，在东部地区务工的农民工以从事制造业为主，占44.6%，比上年下降0.2个百分点，中、西部地区制造业比重分别为23.2%和15.4%，中部地区制造业比重比上年提高0.2个百分点。东、中、西部地区建筑业比重分别比上年提高0.5百分点、0.8个百分点和1个百分点。

（三）受雇人员的增长快于自营人员的增长，自营比重继续下降

在外出农民工中，受雇人员占95.3%，自营人员占4.7%；在本地农民工中，受雇人员占72.8%，自营人员占27.2%。自营人员主要从事批发零售业，占38.9%；其次是从事交通运输业仓储和邮政业占19.3%，从事制造业占11.9%，从事服务业占11.2%。外出农民工和本地农民工中自营人员所占比重继续呈下降趋势，本地自营和外出自营分别比上年低0.9和0.5个百分点。

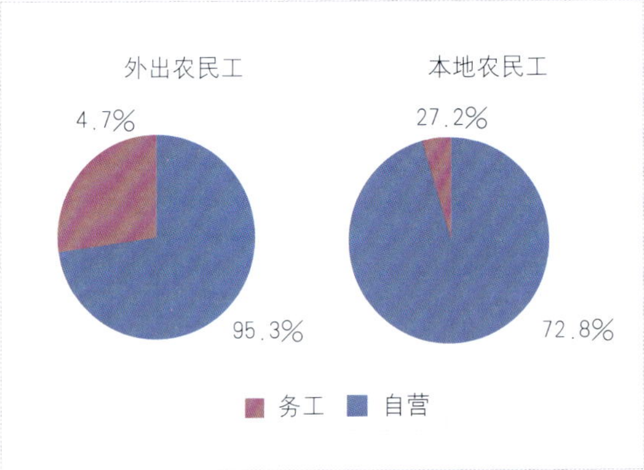

图2　农民工受雇与自营的比例

（四）农民工就业稳定性差

在外出农民工中，初次外出的平均年龄为26.9岁。从事现职的平均时间为3.2年，从事现职累计不满1年的占11.7%，1-2年的占45.5%，3-5年的占27.8%，5年以上的占15%。

从外出农民工首次外出从业的时间来看，多数农民工是近五年开始外出，2008年以来外出的占67.2%。16-20岁年龄组中近5年首次外出的占96.4%，21-30岁组是76.5%，31-40岁组是51.%，41-50岁组是50.7%，50岁以上组是

55.6%。数据显示，各年龄组近5年首次外出的均占多数，特别是在2009年至2011年外出的比重较高，说明在此期间农民工就业机会增加，农村劳动力转移加快；另一方面，也说明外出农民工就业稳定性差，在大量新增外出的同时，也有大批农民工回流，当前外出农民工中2008年以前开始外出的不到三分之一。

表9 不同年龄组外出农民工首次外出的时间

单位：%

年龄	2007	2008	2009	2010	2011	2012	近五年外出占比
合计	6.0	11.7	15.2	19.3	16.3	4.7	67.2
16–20	1.6	4.9	12.6	32.9	35.0	11.0	96.4
21–30	7.0	14.0	19.4	22.4	16.5	4.2	76.5
31–40	6.6	11.4	12.0	13.5	11.0	3.1	51.0
41–50	4.9	8.9	10.3	12.8	13.9	4.8	50.7
50+	4.6	8.9	9.4	14.4	16.8	6.1	55.6

五、农民工收入情况

（一）农民工收入增速回落，东部、中部、西部地区农民工收入趋同

2012年末，外出农民工人均月收入水平为2290元，比上年提高241元，增长11.8%，但增加额比上年同期减少118元，增幅回落9.4个百分点。分地区看，在东部地区务工的农民工月收入水平为2286元，比上年增加233元，增长11.4%；在中部地区务工的农民工月收入水平为2257元，比上年增加251元，增长12.5%；在西部地区务工的农民工月收入水平为2226元，比上年增加236元，增长11.8%。另外，在境外就业的农民工月收入水平为5550元。

表10 外出农民工在不同地区务工的月收入水平

单位：元／人

	2008	2009	2010	2011	2012
全国	1340	1417	1690	2049	2290
东部地区	1352	1422	1696	2053	2286
中部地区	1275	1350	1632	2006	2257
西部地区	1273	1378	1643	1990	2226

（二）在大中城市务工的农民工收入水平相对较高

从外出农民工的从业地点看，在直辖市务工的农民工人均月收入水平2561元，比上年增加259元；在省会城市务工的农民工月收入水平

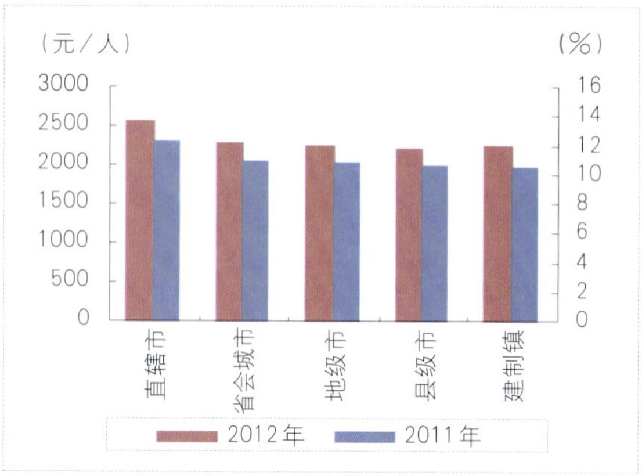

图3 不同务工地区月收入水平及增长情况

2277元，增加236元；在地级市和县级市务工的农民工月收入水平分别为2240元和2204元，分别增加229元和222元。大城市的务工收入水平和增加额都要高于中小城市的水平。

（三）不同行业收入水平差别较大，住宿餐饮业和服务业平均收入水平较低

从外出农民工从事的主要行业看，收入水平较高的是交通运输仓储邮政业和建筑业的农民工，人均月均收入分别为2735元和2654元；收入较低的分别是服务业、住宿餐饮业和制造业的农民工，月均收入分别为2058元、2100元和2130元。

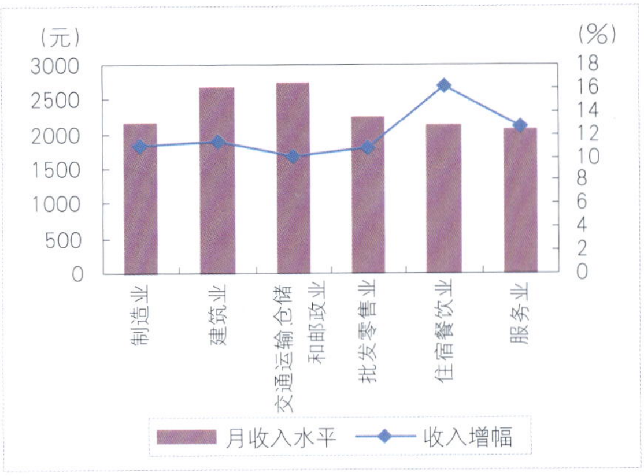

图 4　2012 年不同行业月收入水平及增幅

（四）农民工跨区域务工的消费支出高于在本区域内务工

据调查，2012 年外出农民工人均月生活消费支出 733 元，在省内务工的农民工月均生活消费支出为 685 元，跨省外出的农民工月均生活消费支出为 788 元。从各地区农民工在流入地的消费支出看，中部地区农民工在本地区务工的月均消费支出是 639 元，而到东部和西部地区务工的月均消费支出分别是 750 元和 810 元；西部地区农民工在本地区务工的月均消费支出是 738 元，而到东部和中部地区务工的月均消费支出分别是 776 元和 815 元。

表 11　外出农民工消费和结余比较

单位：元／人月

		在东部地区务工	在中部地区务工	在西部地区务工	在省内务工	在省外务工
东部地区外出劳动力	收入	2372	3021	3193	2310	3043
	生活消费	708	894	984	688	925
	支出结余	1664	2127	2209	1622	2118
中部地区外出劳动力	收入	2268	2221	2458	2180	2321
	生活消费	750	639	810	633	763
	支出结余	1518	1582	1648	1547	1558
西部地区外出劳动力	收入	2120	2387	2172	2125	2179
	生活消费	776	815	738	728	781
	支出结余	1344	1572	1434	1397	1398

（五）中西部地区农民工在东部地区务工收入结余少

扣除生活成本，外出农民工每人月均收入结余 1557 元。而中部、西部地区农民工在东部地区的收入结余分别是 1518 元和 1344 元，都低于在本地区务工的农民工平均结余。中部地区农民工在中部、西部地区务工比在东部地区务工多获得 64 元和 130 元；西部地区农民工在中部、西部地区务工比在东部地区务工多获得 228 元和 90 元。数据还显示，中部、西部地区农民工在省内和省外务工收入结余相当，而东部地区农民工去省外务工的结余 2118 元，比在省内务工高 496 元。相比而言，中西部地区的农民工在东部地区务工生活开支较大、收入结余少，因此在中西部就业机会增加的情况下，农民工更倾向选择就近就业，这也是当前农民工流动格局变化的一个主要原因。

六、外出农民工居住情况

（一）外出农民工仍是以雇主或单位提供住宿为主

以受雇形式从业的农民工，在单位宿舍中居住的占 32.3%，在工地或工棚居住的占 10.4%，在生产经营场所居住的占 6.1%，与他人合租住房的占 19.7%，独立租赁住房的占

表 12　外出农民工的住宿情况

单位：%

	2008	2009	2010	2011	2012
单位宿舍	35.1	33.9	33.8	32.4	32.3
工地工棚	10.0	10.3	10.7	10.2	10.4
生产经营场所	6.8	7.6	7.5	5.9	6.1
与他人合租住房	16.7	17.5	18.0	19.3	19.7
独立租赁住房	18.8	17.1	16.0	14.3	13.5
务工地自购房	0.9	0.8	0.9	0.7	0.6
乡外从业回家居住	8.5	9.3	9.6	13.2	13.8
其他	3.2	3.5	3.5	4.0	3.6

13.5%，有13.8%的外出农民工在乡镇以外从业但每天回家居住，仅有0.6%的外出农民工在务工地自购房。从近几年外出农民工居住情况的变化看，呈现出与他人合租住房比重上升、独立租赁住房比重下降的趋势，另一明显变化态势是务工地自购房比重下降、乡外从业回家居住比重上升。

（二）四成外出农民工雇主或单位不提供住宿也没有住房补贴

从外出受雇农民工的居住负担看，49.5%的农民工由雇主或单位提供免费住宿；9.2%的农民工雇主或单位不提供住宿，但有住房补贴；41.3%的农民工雇主或单位不提供住宿也没有住房补贴。与上年相比，由雇主或单位提供免费住宿的比重下降了0.4个百分点；不提供住宿，但有住房补贴的比重提高了0.4个百分点。

七、外出农民工权益保障情况

（一）拖欠工资状况继续改善

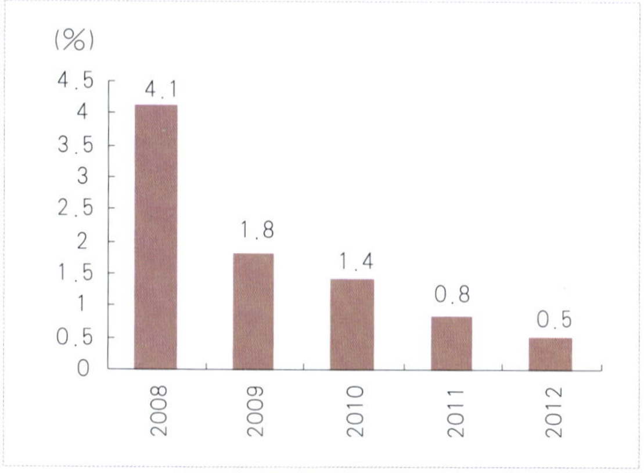

图5 外出农民工被拖欠工资的比重

外出受雇农民工，被雇主或单位拖欠工资的占0.5%，比上年下降了0.3个百分点。建筑业农民工被拖欠工资的占1.5%，比上年下降0.4个百分点。从近几年调查数据看，被雇主或单位拖欠工资的农民工比例逐年下降，解决和遏制农民工工资拖欠的一系列政策措施，取得明显成效。

（二）外出农民工劳动时间偏长的情况有所改善

2012年外出农民工平均在外从业时间是9.9个月，平均每个月工作25.3天，每天工作8.7小时。每天工作超过8小时的占39.6%，29.6%的农民工每天工作10小时以上，与上年相比，尽管外出农民工劳动时间偏长的情况略有改善，但是每周工作时间超过劳动法规定的44小时的农民工仍高达84.4%。

表13 外出农民工劳动时间

	2010	2011	2012
全年外出从业时间（月）	9.8	9.8	9.9
平均每月工作时间(天)	26.2	25.4	25.3
平均每天工作时间(小时)	9.0	8.8	8.7
每天工作时间超过8小时的比重（%）	49.3	42.4	39.6
每周工作时间超过44小时的比重（%）	90.7	84.5	84.4

（三）农民工签订劳动合同状况改善不明显

外出受雇农民工与雇主或单位签订劳动合同的占43.9%，与上年基本持平，从近几年调查数据看，外出农民工与雇主或单位签订劳动合同的比例变化不大，没有明显的改善。分行业看，2012年末与农民工签订劳动合同的比例，建筑业为75.1%，比上年上升1.5个百分点；制造业为48.8%，比上年下降0.8个百分点；服务业为60.8%，比上年下降0.6个百分点；住宿餐饮业为62.4%，比上年下降2.2个百分点；批发零售业为59.9%，比上年下降1个百分点。

（四）外出农民工参加社会保险的水平有所提高，但总体仍然较低

雇主或单位为农民工缴纳养老保险、工伤保险、医疗保险、失业保险和生育保险的比例分别为14.3%、24%、16.9%、8.4%和6.1%，分别比上年提高0.4、0.4、0.2、0.4和0.5个百分点。从近五年调查数据看，外出农民工养老保险、医疗保险、失业保险和生育保险的参保率提高4个百分点左右，而“五险”中参保率相对较高的工

伤保险没有明显提高。

表 14 外出农民工参加社会保障的比例

单位：%

	2008	2009	2010	2011	2012
养老保险	9.8	7.6	9.5	13.9	14.3
工伤保险	24.1	21.8	24.1	23.6	24.0
医疗保险	13.1	12.2	14.3	16.7	16.9
失业保险	3.7	3.9	4.9	8.0	8.4
生育保险	2.0	2.4	2.9	5.6	6.1

（五）中西部地区农民工参保比例低于东部地区

从输入地看，不同地区农民工社会保障状况仍存在一定的差距，中西部地区的农民工参保比例比较接近，落后于在东部地区务工的农民工，2012 年中部地区各项保险参保率的提高幅度略高于东部和西部地区。

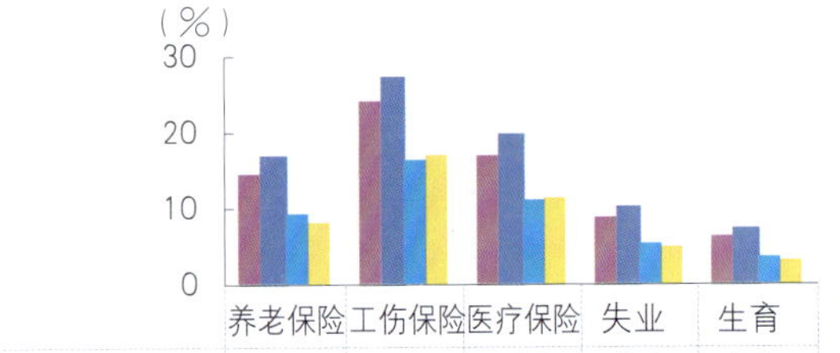

	养老保险	工伤保险	医疗保险	失业	生育
全国	14.3	24.0	16.9	8.4	6.1
东部	16.9	27.3	19.6	10.0	7.3
中部	9.2	16.4	10.9	5.3	3.6
西部	8.3	17.0	11.3	4.9	3.2

图 6 2012 年农民工在不同地区务工参加社会保障的比例（%）

（六）不同行业农民工的社会保障水平差异较大

从外出农民工从事的主要行业看，制造业、交通运输仓储邮政业、批发零售业和服务业的参保情况相对较好，而建筑行业、住宿餐饮业的农民工，雇主或单位为其缴纳各项保险的比例明显低于其他行业。2012 年制造业各项参保比例的提高快于其他各行业。

表 15 不同行业农民工参加社会保障的比例

单位：%

行业	养老保险	工伤保险	医疗保险	失业保险	生育保险
制造业	15.2	28.9	18.5	8.1	5.3
建筑业	3.8	14.0	6.0	2.2	1.5
交通运输、仓储和邮政业	24.1	30.6	26.7	15.6	11.3
批发和零售业	14.3	17.1	15.7	9.3	7.2
住宿和餐饮业	7.0	12.4	8.8	3.9	2.9
居民服务和其他服务业	12.1	16.9	13.3	6.9	5.2

（执笔：彭丽荃 国家统计局住户调查办公室）

（闫涵摄）

2012年社会保障发展报告

2012年，各地人力资源社会保障部门坚决贯彻党中央、国务院的决策部署，扎实工作，稳中求进，社会保险各项工作取得显著进展：年度扩面征缴目标任务全面完成；各项社会保险待遇持续提高并保证按时足额发放；制度建设有了新的历史性突破，城乡居民养老保险基本实现制度全覆盖；大病保险政策、医保总额控制等文件相继出台实施；开展了社会保险基金全面审计和整改工作；社会保险管理服务进一步加强，经办机构规范化、信息化、专业化建设成效明显。

一、2012年社会保险基本情况

（一）各项社会保险参保人数继续增长

1. 养老保险。年末基本养老保险参保人员共计7.88亿人，比上年末增加1.4亿人，其中领取待遇人员2.05亿人，比上年末增加0.34亿人。（1）年末全国参加城镇职工基本养老保险人员为30427万人，比上年末增加2036万人，其中，参保职工22981万人，参保离退休人员7446万人。年末参加企业基本养老保险人员为28272万人，比上年末增加1988万人。（2）年末城乡居民社会养老保险参保人员48370万人，其中达到领取待遇年龄人员13382万人，实际领取待遇人员13075万人。

2. 城镇基本医疗保险。年末全国参加城镇基本医疗保险人员为53641万人，比上年末增加6298万人，其中，参加职工基本医疗保险人员为26485万人，参加城镇居民基本医疗保险人员为27156万人。在参加职工基本医疗保险的人员中，参保职工19861万人，参保退休人员6624万人。

3. 失业保险。年末全国参加失业保险人员为15224.7万人，比上年末增加907.6万人，其中参加失业保险的农民工为2702万人，比上年末增加311万人。2012年，全国共向390.1万失业人员提供了不同期限的失业保险待遇，比上年减少4.0万人。年末全国领取失业保险金人员为204万人，比上年末增加7万人。

4. 工伤保险。年末全国参加工伤保险人员为19010万人，比上年末增加1314万人，其中，参加工伤保险的农民工为7179万人，比上年末增加351万人。全年享受工伤保险待遇人员为191万人，比上年增加28万人。

5. 生育保险。年末全国参加生育保险人员为15429万人，比上年末增加1537万人。全年共有353万人次享受了生育保险待遇，比上年增加88万人次。

（二）社会保险基金收支规模持续扩大

2012年，各项社会保险的基金总收入达到30794亿元，基金总支出23317亿元。

1. 养老保险。2012年，基本养老保险的基金总收入达到21885亿元，基金总支出16698亿元。（1）全年城镇职工基本养老保险基金总收入20001亿元，比上年增长18.4%，其中征缴收入16467亿元，增长18.0%；全年基金支出15562亿元，比上年增长21.9%。年末基金累计结存23941亿元。（2）全年城乡居民社会养老保险基金收入1884亿元，其中个人缴费621亿元；基金支出1136亿元。年末基金累计结存2291亿元。

2. 医疗保险。全年基本医疗保险基金总收入6939亿元，比上年增长25.3%；全年基金支出5543亿元，比上年增长25.1%。年末累计统筹基金结存4947亿元（含城镇居民基本医疗保险基金累计结存760亿元），个人账户积累2697亿元。

3. 失业保险。全年失业保险基金收入1138.9亿元，比上年增长23.4%；全年基金支出450.6亿元，比上年增长4.1%。年末基金累计结存2929.0亿元。

4. 工伤保险。全年工伤保险基金收入526.7

亿元，比上年增长13%；全年基金支出406.3亿元，比上年增长42.0%。年末基金（不含储备金）累计结存736.7亿元，储备金结存125.2亿元。

5. *生育保险*。全年生育保险基金收入304.2亿元，比上年增长38.4%；全年基金支出219.3亿元，比上年增长57.6%。年末基金累计结存427.6亿元。

（三）社会保险待遇水平稳步提高

在继续确保各项社保待遇按时足额发放和支付的基础上，2012年继续提高企业退休人员养老金水平，使全国人均达到每月1686元。2012年各级财政对居民医保的补助每人每年240元以上，居民医保政策内住院支付比例为63%，居民医保门诊统筹普遍建立，参保人员的医保待遇明显提高。失业、工伤、生育保险待遇明显提高。

（四）社会保险制度建设取得新突破

贯彻实施社会保险法，加快推进社会保险制度建设，取得了新突破。

1. *养老保险制度进一步完善*。研究城镇职工与城乡居民养老保险制度衔接政策。巩固省级统筹成果，研究基础养老金全国统筹方案。积极推进事业单位养老保险制度改革试点。巩固规范做实个人账户试点。推动企业年金发展。在全国基本实现了新型农村社会养老保险和城镇居民社会养老保险制度全覆盖，有条件的地区统筹实施城乡居民社会养老保险制度。强化“多缴多得、长缴多得”的机制建设和宣传工作。完善被征地农民社会保障政策，推动建立预存款制度，配合有关部门修订土地管理法，起草征收农村集体土地补偿条例，明确被征地农民社会保障原则。

2. *基本医疗保险和生育保险*。城镇职工、新农合和城镇居民三项保险制度基本实现了城乡居民的全覆盖，医疗保险工作重点由扩大范围转向提升质量。生育保险覆盖范围向机关事业单位延伸。完善了居民医疗保险筹资机制，政府对城乡居民基本医疗保险的补助提高到240元，相应调整个人缴费水平。居民医保门诊统筹普遍建立。2012年底已有6个省（区、市）、30个市（地）和153个县探索了城乡居民医保统筹，覆盖1.6亿人，促进了城乡制度整合、保障公平和管理服务水平提升。医保统筹层次逐步提高，城镇医保80%以上的统筹地区实现了市级统筹，6个省（区、市）实现了省级统筹。全面实施医保基金预算管理；信息化水平大幅提升，统筹区域范围内的即时结算基本实现，跨地区异地就医结算机制开始探索建立，转移接续取得进展。医保支付方式改革整体推进，在全面推行付费总额控制基础上探索门诊按人头、住院按病种付费方式改革。医保监管机制逐步形成。补充医疗保险和大额医疗费用补助政策进一步完善，发挥商业保险的补充作用。

3. *加强失业保险制度建设*。进一步完善失业保险制度，研究修订《失业保险条例》。继续推动失业人员参加职工基本医疗保险工作。进一步提高失业保险统筹层次，完善省级调剂金制度，鼓励有条件的地区实行省级统筹。实施失业动态监测和失业预警项目，开展失业预警工作试点。继续做好淘汰落后产能和兼并重组企业职工安置工作。

4. *完善工伤保险制度*。全面贯彻实施《工伤保险条例》，制定劳动能力鉴定管理办法、工伤预防费使用管理办法、工伤保险辅助器具配置管理办法，修订劳动能力鉴定国家标准。大力推进事业单位和各类高风险企业、服务业企业参加工伤保险，研究制定公务员和参公事业单位职工参加工伤保险的政策。进一步落实“老工伤”人员纳入工伤保险统筹的待遇。完善工伤保险费率制度。规范工伤保险市级统筹，开展工伤保险省级统筹试点。完善工伤保险配套政策，加快工伤预防、补偿、康复的制度体系建设，稳步推进工伤预防工作，完善工伤康复试点。

（五）加强社会保险基金监管

社会保险基金预算制度进一步完善，明确和强化了各级政府的责任，加强了预算执行情况的检查和评估，提升基础数据质量，不断提高预算编制水平和执行水平。制定了社会保险工作人员纪律规定，修订社保稽核办法。推进非现场网络监控，截至2012年末，28个省份（294个地级城市）

已启动基金监管软件联网应用。探索研究社会保险基金投资运营、保值增值问题。指导实施企业年金基金管理合同指引，加强企业年金市场监管。2012年末，全国建立企业年金的企业5.47万家，参加职工1847万人，积累基金4821亿元。加强了社会保险基金反欺诈工作和对问题多发领域的监督，开展工伤保险基金专项检查，积极探索社会监督方式，确保基金安全。

（六）大力推进社保公共服务体系建设，服务保障能力明显提高

以基层人力资源和社会保障综合服务平台建设为重点，社会保障管理服务体系全面建设并不断巩固，系统开展专业培训，经办队伍得到充实和提高。“金保工程”一期建设顺利完成，社会保障卡持卡人数达3.4亿人。建立了中央、省、市三级数据中心，实现了三级网络贯通。各项基础管理工作不断加强，78%以上的企业退休人员纳入社区管理，90%的统筹地区实现医疗费用即时结算。社会保险标准化建设顺利起步，运行分析和精算工作有效开展。

二、2013年社会保险工作展望

2013年社会保险工作的重点是：贯彻落实十八大关于社会保障体系建设的要求，继续贯彻实施社会保险法、社会保障“十二五”规划，加快推进社会保险法配套规章的制定和实施，进一步扩大覆盖面，加强基金征缴、确保待遇落实，加强基金监管、保障基金安全，加强经办基础建设，进一步提高经办管理水平和服务能力。

（一）做好社会保险扩面、征缴和支付工作。

进一步扩大各项社会保险覆盖面，提高扩面质量。预计到2013年底，全国城镇基本养老保险参保人员将达3.35亿人、新型农村社会养老保险4.8亿人、城镇基本医疗保险5.36亿人、失业保险1.54亿人、工伤保险1.95亿人、生育保险1.57亿人。巩固基本养老保险和医疗保险扩面成果，并着力解决断保和重复参保问题。抓住重点单位和人群有针对性地做好工伤、失业、生育保险扩面工作。努力提升各类群体参保的持续性。加强社会保险基金征缴，提高参保缴费率。完善多缴多得的激励机制，继续提高社会保险待遇水平，确保各项社会保险待遇按时按规定支付。

（二）加快推进养老保险制度建设，巩固新农保和城居保制度全覆盖成果。

加强养老保险顶层设计研究。继续适度提高企业退休人员基本养老金待遇水平，进一步完善基本养老金正常调整机制。推进城乡养老保险制度衔接，做好城镇职工基本养老保险关系转移接续工作。全面巩固省级统筹成果，制定基础养老金全国统筹方案。研究建立遗属待遇和病残津贴制度。研究制定机关事业单位养老保险制度改革方案。进一步规范做实职工基本养老保险个人账户工作，深入研究制度的可持续发展问题。加快

宜宾茶叶产业基地（宜宾市政府研究室提供）

完善多层次养老保险体系，大力发展企业年金。规范完善新农保和城居保政策，推进新农保和城居保制度合并实施，研究建立基础养老金正常调整机制。完善和落实被征地农民社会保障政策，加强征地社会保障审核。

（三）积极做好基本医疗和生育保险工作。

健全全民医保体系，积极推进城乡居民基本医疗保险制度整合。稳步提高筹资和待遇水平。推进职工医保和居民医保门诊统筹，探索职工医保个人账户政策调整。积极稳妥推进城乡居民大病保险试点。全面开展付费总额控制。深化付费方式改革，加强医疗服务管理与监控，控制医疗费用不合理增长。落实生育保险办法，覆盖范围扩大到各类用人单位。全面推行生育医疗费用与医疗机构直接结算。

（四）完善失业保险制度。

修订失业保险条例，建立健全失业保险预防失业、促进就业的政策体系，构建稳定就业的长效机制。继续推进东部地区扩大失业保险基金支出范围试点。稳步推进失业动态监测，抓好失业预警试点。推进农民工、非公经济组织从业人员及私营企业职工等重点群体参加失业保险。进一步提高基金统筹层次，完善省级调剂金制度，推进省级统筹。建立完善失业保险金标准正常调整机制，做好淘汰落后产能和兼并重组企业职工安置工作。

（五）加强工伤保险工作。

以事业单位为重点扩大工伤保险覆盖面，基本实现事业单位应保尽保。继续完善相关配套规章，完善工伤保险费率政策。加强工伤预防工作，扩大工伤预防试点。推进和规范工伤康复工作，探索建立“先康复后评残”的工作机制，健全职业康复标准。提高工伤保险统筹层次，完善市级统筹，推进省级统筹。

（六）加大社会保险基金监管力度。

加强精算分析和应用，科学编制社会保险基金预算，完善编制、审核、汇总和执行工作。推动城乡居民养老保险基金实行省级管理，健全其他险种不同层级统筹经办管理机制，增强分散风险能力。以城乡居民社会养老保险基金为重点，开展社会保险基金安全专项检查。建立完善医保服务管理监控机制。继续研究养老保险基金投资运营问题。完善社会保险基金监管与反欺诈制度，全面推行非现场监督工作，开展社会保险基金社会监督试点，推进监管软件实施和应用。发展企业年金集合计划，进一步规范产品和投资渠道，继续加强企业年金市场监管。做好全国社会保障基金监管工作。

（七）提高社会保险经办管理服务质量。

进一步理顺管理体制，整合社保经办机构，大力推行社保各险种的统一征缴。推进基层人力资源和社会保障综合服务平台建设，加强基层社保经办服务示范点建设，规范和优化管理服务流程，充实经办力量。加快标准化建设，制定社会保险业务档案管理规范国家标准。探索全民参保登记制度。健全城乡基本养老保险制度衔接、工伤保险等经办规程，开展城乡养老保险数据比对工作。推进城乡居民养老保险基金省级管理。加快推进社会保险关系转移信息系统建设、异地居住人员领取社会保险领取资格协助认证信息系统、基本养老保险待遇状态比对查询服务系统完善和应用工作，继续推进省内异地就医持卡联网结算信息系统建设工作。完善医保定点协议管理，推进“医保服务医生”管理工作。综合研究社保费率政策。大力推行社会保障卡发行和应用工作，提升“一卡通”服务水平，2013 年增发社会保障卡 1.4 亿张，持卡人数达 4.8 亿人，并结合加载的金融功能，进一步方便参保人持卡缴费、领取待遇。打造社保“网上服务大厅”，推广网上业务管理服务模式，开展“电子社保”示范城市活动，完善社会保险运行分析和预警制度。

注：由于四舍五入的原因，本报告存在分量之和与总量不等、基期数与增加数之和与报告期数不等的现象。

（执笔：饶志刚 人力资源和社会保障部）

2012年教育事业发展报告

2012年，教育优先发展战略地位进一步落实，在党中央、国务院的正确领导下，教育系统全面贯彻落实教育规划纲要，努力推进教育事业健康持续发展，教育公平取得明显成效，在培养优秀人才、服务经济社会发展等方面取得了新成绩。

一、教育事业总体进展

2012年，全国各级各类教育蓬勃发展，教育公平进一步推进，入学机会继续扩大，资源配置更趋合理，教育质量逐步提高。

（一）教育总规模

随着教育普及程度的提高，高等教育在校生规模持续扩大。受学龄人口下降影响，义务教育阶段在校生继续减少，中等教育阶段学生规模下降。

2012年，全国共有各级各类学校①52.3万所，比上年减少3934所。全国各级各类学历教育在校生2.63亿人，减少202.8万人；非学历教育注册人数5364.6万人，减少473.6万人。

学前教育规模保持较大幅度增长。2012年全国共有幼儿园18.1万所，比上年增加1.5万所；在园幼儿3685.8万人，增加261.3万人，增长7.6%。

义务教育规模继续减少。2012年全国共有普通小学22.9万所，比上年减少1.3万所；在校生9695.9万人，减少230.5万人，下降2.3%；全国共有初中阶段②学校5.3万所，减少901所；初中阶段在校生4763.1万人，减少303.7万人，下降6.0%。

高中阶段③教育规模略有减少。2012年，全国高中阶段学校2.7万所，比上年减少770所；在校生4595.3万人，减少91.3万人；其中，普通高中在校生数增加，中等职业教育④在校生数减少。

高等教育规模稳步发展。2012年，全国共有高等学校2790所，比上年增加28所。其中，普通高校2442所，增加33所，成人高校348所，减少5所；全国各种形式高等教育在学总规模3325.2万人，增加158.2万人，增长5.0%。

特殊教育规模略有下降。2012年，全国共有特殊教育学校1853所，比上年增加86所。特殊教育在校生37.9万人，减少2.0万人，下降5%。

（二）各级各类教育普及水平进一步提高

各级教育普及水平不断提高，国民受教育机会进一步扩大。2012年，学前教育毛入园率达64.5%，比上年提高2.2个百分点；义务教育普及水平处于高位，小学学龄儿童净入学率达99.85%，略增0.06个百分点；初中阶段毛入学率达102.1%，提高2个百分点；高中阶段毛入学率达85.0%，提高1个百分点；高等教育毛入学率达30.0%，提高3.1个百分点。

随着普及水平的提高，每十万人口中高等教育和学前教育在校生人数明显增加。2012年，每十万人口中高等教育在校生人数2335人，比上年增加82人；每十万人口中学前教育人数2736人，增加182人。因学龄人口的下降，每十万人口中义务教育阶段在校生人数继续减少。2012年，每十万人口中初中阶段在校生人数3535人，减

注：①学校数未含教育机构。
②初中阶段含普通初中和职业初中。
③高中阶段包括普通高中、成人高中和中等职业教育。
④中等职业教育包括普通中专、成人中专、职业高中和技工学校。

少244人；每十万人口中小学在校生人数7196人，减少207人；每十万人口中高中阶段教育在校生人数3411人，减少84人。

（三）教师队伍规模继续扩大

2012年，全国各级各类学校专任教师数1461.0万人，比上年增加20.7万人。其中，幼儿园专任教师人数增长较快，由上年的131.6万人增加到147.9万人，增加16.3万人，增长12.4%。

高等教育专任教师比上年略有增加，为148.0万人，比上年增加4.6万人，增长3.2%。

高中阶段专任教师人数比上年有所增长。其中，普通高中专任教师159.5万人，比上年增加3.8万人，增长2.5%；中等职业学校专任教师88.1万人，减少976人，下降0.1%。

义务教育阶段专任教师人数继续比上年减少。小学专任教师558.5万人，减少1.9万人，下降0.3%；初中阶段专任教师350.4万人，减少2万人，下降0.6%。

2012年，各级各类学校共录用34.1万名各类应届毕业生充实到教师队伍中，比上年增加0.7万人。其中，义务教育阶段学校吸纳毕业生21.3万人，占录用毕业生总数的62.5%。普通高校吸纳毕业生5.9万人，其中80.9%具有研究生学历。

（四）办学条件进一步改善

2012年，随着教育经费投入与资源配置水平的提高，各级各类学校办学条件进一步改善。

2012年，全国各级各类学校拥有校舍建筑面积⑤总量27.4亿平方米，比上年增加1.1亿平方米，增长4.4%。其中，特殊教育学校、幼儿园增长较快，增幅分别为15.4%和14.5%。各级各类学校生均校舍建筑面积除普通高校外，均比上年有所增加。

2012年，全国各级各类学校教学、科研仪器设备资产总值5110.8亿元，比上年增加592.5亿元，增长13.1%。其中，初中教学、科研仪器设备资产值增长较快，增长18%。随着仪器设备投入总量的增加，各级各类学校生均教学、科研仪器设备值均比上年有所提高，其中初中、中职增长最快，分别增长25%和18%。

（五）教师配置有所改善

2012年，各级各类学校办学效益逐步提高，教师配置状况也有所改善。

从专任教师配置状况看，普通高校生师比为17.5，比上年增大0.1。高中阶段生师比有所改善，普通高中生师比由上年的15.8下降为15.5；中等职业学校生师比⑥由上年的25.8下降到24.7；初中生师比由上年的14.4降至13.6，小学生师比由上年的17.7降至17.4；幼儿教育规模大幅增长，教师配置也随之跟上，生师比由21.0下降至20.2。

基础教育学校平均班额相对稳定，超大班额比例有所下降。2012年，全国普通小学平均班额38人，与上年持平；普通初中平均班额50人，比上年减少2人；普通高中平均班额56人，与上年持平。小学56人及以上大班额比例，2012年为14.0%，下降1.1个百分点；普通初中、普通高中大班额比例有所下降，分别为28.3%和47.8%，分别下降4.8个百分点和2.2个百分点。

二、义务教育

2012年，义务教育普及与巩固水平保持高位，办学条件进一步改善，城乡差距逐步缩小，均衡化程度有所提高。

（一）受学龄人口影响，义务教育招生、在校生人数继续下降

2012年，全国小学招生1714.7万人，比上年减少22.1万人，减少1.3%。其中，城市小学招生483.1万人，农村小学招生1231.6万人。

注：⑤高校和中等职业学校含独立产权和非产权独立使用两部分，仪器设备值等条件指标同。
⑥不含技工学校数据。

初中阶段招生继续减少，为1570.8万人，比上年减少63.9万人，下降4.1%。其中，城市初中招生482.0万人，农村初中招生1088.8万人。

2012年，义务教育在校生总规模继续减少。小学在校生规模9695.9万人，比上年减少230.5万人，下降2.4%。初中在校生4763.1万人，减少303.7万人，下降6.4%。

（二）义务教育普及和巩固水平继续提高

2012年，全国小学普及程度继续保持高位，小学学龄儿童净入学率达99.85%，其中，男童小学净入学率99.84%，女童小学净入学率99.86%。绝大多数省份男女童入学率性别差异基本消除。

全国初中普及程度继续提高，全国初中阶段毛入学率102.1%，比上年提升2.0个百分点。

全国小学五年巩固率99%、小学毕业生升学率98.3%和初中三年巩固率94.37%均与上年保持一致。初中毕业生升学率88.4%，比上年略降0.5个百分点。

（三）进城务工人员子女人数继续增长，主要集中在东部地区

2012年，全国义务教育阶段进城务工人员随迁子女1393.9万人，比上年增加132.9万人，增长10.5%。其中58.9%的随迁子女集中在东部地区。

在小学就读的进城务工人员随迁子女1035.5万人，比上年增加102.8万人，增长11.0%；在初中就读的进城务工人员随迁子女358.3万人，比上年增加30.1万人，增长9.2%。

从来源看，在全国义务教育阶段就读的进城务工人员随迁子女中，外省迁入的占45.4%，省内流动（其他县迁入）的占54.6%。小学就读的进城务工人员随迁子女中，外省迁入所占比例为48.2%；初中阶段该比例为37.5%。

（四）全国义务教育阶段在校生中农村留守儿童规模有所增加，中部地区占比近半

2012年，全国义务教育阶段在校生中，农村留守儿童有2271.1万人，比上年增加70.7万人，增长3.2%，占农村义务教育阶段在校生总人数的比例为22.0%。约半数农村留守儿童集中在中部地区，小学有48.7%，初中有45.0%。

在小学就读的农村留守儿童1517.9万人，比上年增加81.1万人，增长5.6%；在初中就读的农村留守儿童有753.2万人，减少10.3万人，下降1.4%。

（五）义务教育阶段学校办学条件继续得到改善，城乡差距有所缩小

2012年，全国农村小学大专及以上学历教师比例达到81.7%，比上年提高3.1个百分点，城乡差距缩小1.7个百分点；全国农村初中本科及以上学历教师比例达到66.5%，提高3.7个百分点，城乡差距缩小1.5个百分点。

义务教育学校中、高级职称教师比例有所提升。2012年，全国小学中级及以上职称教师比例为54.3%，与上年持平。全国初中学校中级及以上职称教师比例为57.9%，提高1.3个百分点。

全国义务教育基本办学条件不断改善，教学仪器设备配置水平继续提高。2012年，全国小学生均仪器设备值585元，比上年增加46元。其中，农村小学生均仪器设备值421元，比上年增加13元。全国初中生均仪器设备值1014元，比上年增加206元。其中，农村初中836元，比上年增加155元。

义务教育阶段学校技术装备水平，尤其是信息化水平明显提高。2012年，全国普通小学每百名学生拥有教学用计算机台数5.1台，比上年增加0.9台。全国初中每百名学生拥有教学用计算机台数8.2台，比上年增加1.2台。全国普通小学建网学校比例21.3%，初中52.8%，分别比上年提高4.2个百分点和6.2个百分点。

三、学前教育与特殊教育

（一）学前教育普及水平继续提升

2012年，全国学前三年毛入园率为64.5%，

比上年提高2.2个百分点。小学招生中接受过学前教育的比例为95.5%，比上年提高2.7个百分点。

全国学前教育专任教师中大专及以上学历的比例为65.1%，比上年提高2.7个百分点。其中，城市学前教育教师中大专及以上学历的比例为73.0%，比农村高15.5个百分点；学前教育专任教师中幼儿教育专业毕业的比例为62.7%，比上年下降1.0个百分点。

（二）特殊教育规模增长有所下降

2012年，小学阶段特殊教育在校生有26.9万人，比上年减少0.8万人。其中，随班就读和附设特教班在校生14.2万人，比上年减少1.3万人，占在校生总数的比例为52.9%。

初中阶段特殊教育在校生总数10.0万人，比上年减少1.2万人，降幅11.0%。其中，随班就读和附设特教班在校生5.8万人，比上年减少1.3万人，占在校生总数的比例为57.9%。

高中阶段特殊教育（独立设置的特殊教育学校）在校生总数1.0万人，与上年基本持平。

2012年，全国特殊教育专任教师数4.4万人，比上年增加0.2万人，增长5.8%。但受过特殊教育专业培训的教师比例为46.7%，比上年下降了8.8个百分点。

四、高中阶段教育

按照国家“加快普及高中阶段教育”的任务要求，2012年，高中阶段教育规模总体发展平稳。

（一）普通高中与中职的比例结构较为合理

随着中等职业教育的持续快速发展，普通高中与中等职业教育招生比例大体相当。2012年，普通高中学校13509所，招生844.6万人，在校生2467.2万人；中等职业教育共有学校12663所，招生754.1万人，在校生2113.7万人。在2012年中职学校招生中，城镇下岗职工、进城务工人员、农民工和退役军人等非应届初中毕业生合计84.2万人，占14.1%；全国中等职业教育毕业生达到674.9万人。

高中阶段教育招生普职比[⑦]为52.6:47.4，高中阶段教育招生结构总体较为合理。

（二）普通高中办学条件进一步改善

普通高中专任教师学历合格率（本科及以上学历教师比例）进一步提高。2012年，我国普通高中专任教师学历合格率达到96.4%，比上年提高0.7个百分点。随着各级政府加大投入力度，普通高中办学条件继续得到改善。2012年，全国普通高中生均校舍建筑面积17.1平方米，比上年增加0.5平方米；生均仪器设备值达到2126元，比上年增长8.8%；每百名学生拥有教学用计算机台数11.8台，比上年增加0.8台；每百名学生拥有多媒体教室座位数44.0个，比上年增加7.0个；全国普通高中建网学校比例80.3%，比上年提高2.7个百分点。

（三）中等职业学校办学条件有所改善

2012年，全国中等职业学校专任教师中本科及以上学历教师比例为87.0%，比上年提高1.6个百分点。中等职业学校双师型教师[⑧]比例为25.2%，比上年提高1.5个百分点，但与教育部2010年颁布的《中等职业学校设置标准》提出的双师型教师不低于30%的标准相比，仍存在差距。

2012年，中等职业学校生均校舍建筑面积13.8平方米，比上年增加1.1平方米；生均仪器设备值3065元，比上年增加469元，增长18.0%；每百名学生拥有教学计算机15.0台，比上年增长1.1台。每百名学生拥有多媒体座位数24.4个，比上年增加4.0个。

注：⑦普职比为普通高中与中职招生人数之比。
⑧指既有教师资格职称又有非教师系列专业技术职称的专业课、实习指导课教师。

五、高等教育

2012年，我国高等教育规模稳步发展，结构进一步优化，办学条件保障水平有所提高，为推动经济社会快速发展和提高国民素质，发挥了重要的支撑和推动作用。

（一）普通本专科招生结构保持稳定

2012年，全国共有普通、成人高等学校2790所，普通本科院校1145所，比上年增加16所；高职（专科）院校1297所，比上年增加17所；成人高校348所，比上年减少5所。

2012年，研究生招生59.0万人（其中：博士生6.8万人，硕士生52.1万人），比上年增加3.0万人，增长5.3%。

普通本专科招生688.8万人，比上年增加7.3万人，增长1.1%；其中，普通本科招生374.1万人，比上年增长4.9%；普通专科招生314.8万人，比上年减少3.1%。本科和专科招生之比为54.3:45.7。

成人本专科招生244.0万人，比上年增加25.4万人，增长11.6%。

（二）高等教育普及水平进一步提高

2012年，高等教育普及水平进一步提升，毛入学率达到30%，比上年提高3.1个百分点。

全国在学研究生172.0万人（其中博士生28.4万人，硕士生143.6万人），比上年增加7.4万人，增长4.5%。

普通本专科在校生达2391.3万人，比上年增加82.8万人，增长3.6%。

成人本专科在校生583.1万人，比上年增加35.6万人，增长6.5%。

（三）普通本专科毕业生增长总体趋于平稳

2012年，全国研究生毕业生48.6万人（其中博士毕业生5.2万人，硕士毕业生43.5万人），比上年增加5.6万人，增长13.1%。

普通本专科毕业生624.7万人，比上年增加16.6万人，增长2.7%。

（四）研究生学位结构逐步调整，硕士专业学位教育取得进展

为适应创新型国家战略建设需求，自2009年起国家大力发展专业学位研究生教育，研究生招生结构得到调整优化，专业学位研究生招生比例继续增长，专业学位类型逐步增加。

2012年，全国普通高校专业学位硕士研究生招生19.7万人，占硕士研究生招生总人数的比例达到37.8%，比上年提高5.8个百分点；专业学位博士研究生招生1732人，占博士研究生招生总人数的比例达2.5%，比上年提高0.3个百分点。

2012年，全国专业学位博士在校生5959人，占博士研究生在校生总数的2.1%，比上年提高0.3个百分点；全国专业学位硕士在校生44.4万人，占硕士研究生在校生的30.9%，比上年提高6.7个百分点。与发达国家相比，我国应用型专业学位在校生比例仍有很大差距。

（五）普通高校办学条件继续改善，生均水平普遍提高

由于严格控制招生规模增长和加强教学资源配置的投入力度，普通高校的办学条件总体上得到改善。

普通高校教师学历层次继续提高。2012年，全国普通高校研究生学位教师比例为62.4%，比上年提高2.5个百分点；本科院校为72.6%，提高2.3个百分点；高职（专科）院校为38.0%，提高2.6个百分点。

教师配置总体趋紧，生师比上升。2012年，全国普通高校有专任教师144.0万人，比上年增加4.8万人，增长3.4%，普通高校生师比为17.5，增加0.1。其中，本科院校[⑨]为17.7，增加0.2；高职（专科）院校为17.2，减少0.1。

注：⑨本科院校数据含独立学院。

高校毕业生招聘（河北省中小企业局提供）

高级专业技术职务教师比例略有提高。2012年，全国普通高校高级专业技术职务教师比例为40.4%，比上年提高0.6个百分点；本科院校为45.2%，提高0.7个百分点；高职（专科）院校为29.1%，提高0.2个百分点；地方普通高校为37.6%，提高0.5个百分点。

普通高校生均教学行政用房与上年基本持平。2012年，全国普通高校生均教学辅助及行政用房面积14.2平方米，与上年持平。其中，本科院校13.4平方米，与上年持平；高职（专科）院校16.0平方米，比上年增加0.1平方米。

教学科研仪器设备配置水平普遍提高。2012年，全国普通高校生均教学科研仪器设备值10259元，比上年增长10.4%。其中，本科院校11645元，增长11.3%；高职（专科）院校7025元，增长5.9%。

信息化水平有所提高。2012年，全国普通高校每百名学生拥有教学用计算机23.5台，比上年增加0.8台；普通高校校均上网课程达到114.9门，增加18.4门。其中，本科院校校均上网课程达到194.5门，增加33.3门；高职（专科）院校校均上网课程44.5门，增加5.2门。

六、成人教育及培训

2012年，全国接受各种非学历高等教育的学生394.8万人次，当年已毕（结）业778.5万人次；接受各种非学历中等教育的学生达4969.8万人次，当年已毕（结）业5537.0万人次。

2012年，高等、中等教育培训注册学生中，全国资格证书培训注册学生864.1万人次，比上年增加128.5万人次；结业学生1088.2万人次，比上年增加125.0万人次；全国岗位证书培训注册学生1119.6万人次，比上年增加177.8万人次；结业学生1443.2万人次，比上年增加284.8万人次。

2012年，全国有成人初等学校2.7万所，在校生164.3万人。教职工5.7万人，其中专任教师3.0万人；成人初中1578所，在校生63.1万人，教职工0.9万人，其中专任教师0.8万人。

扫盲教育进一步推进。2012年，全国共扫除文盲58.57万人。

七、民办教育

各级政府进一步贯彻落实《中华人民共和国民办教育促进法》及其实施条例，引导民办教育健康发展。各级民办教育规模除民办中职外，均比上年有所增长，所占比例也进一步提高。

2012年，全国共有各级各类民办学校（教育机构）14.0万所，比上年增加0.9万所；各类在校学生在校生3911.0万人，比上年增加197.1万人，增长5.3%。

非义务教育阶段民办教育规模快速增长，占同级教育的比例继续提高。2012年，民办高校707所，其中民办普通高校706所（含独立学院303所）民办高等教育在校生533.2万人，比上年增加28.1万人，增长5.6%；其中，民办普通本专科在校生522.8万人，增长5.7%，占全国普通本专科在校生总数的比例为21.9%，提高0.4个百分点。

2012年，我国高中阶段共有民办学校5020所，比上年减少230所；民办高中阶段教育在校生规模达到475.8万人，减少28.4万人；占全国高中阶段教育[⑩]在校生的比例为11.4%，下降

注：⑩高中阶段教育在校生未含成人高中和技工学校数据。

0.5 个百分点。

全国民办普通高中 2371 所，比上年减少 23 所；民办普通高中在校生 235.0 万人，与上年持平，占普通高中在校生总数的比例为 9.5%，降低 0.1 个百分点。

民办中等职业学校数 2649 所，比上年减少 207 所，在校生 240.9 万人，减少 28.4 万，占全国中等职业学校在校生总数的比例达到 14.3%，降低 0.9 个百分点。

2012 年，民办幼儿园发展仍较迅速，全国有民办幼儿园 12.5 万所，比上年增加 9234 所，在园幼儿 1852.7 万人，增加 158.5 万人，增长 9.4%，占全国学前教育在园（班）幼儿的比例达 50.3%，提高 0.8 个百分点。

2012 年，全国有民办普通小学 5213 所，在校生 597.9 万人，比上年增加 30.0 万人，占全国小学在校生比例为 6.2%，提高 0.5 个百分点；全国有民办初中 4333 所，在校生 451.4 万人，增加 8.8 万人，占初中在校生的比例为 9.5%，提高 0.8 个百分点。

（执笔：刘洋 付炜 教育部）

东师学子（东北师范大学提供）

专栏：2012 年教育经费支出实现占 GDP 比例 4% 目标

2013 年政府工作报告显示，国家财政性教育经费支出五年累计 7.79 万亿元，年均增长 21.58%，2012 年占国内生产总值比例达到 4%。

教育经费占国内生产总值或国民生产总值的比例是衡量一国政府对教育投入程度的重要指标。实现 4% 目标，是我国教育改革发展的里程碑，也是我国从教育大国迈向教育强国的转折点。

早在 1993 年，国务院印发的《中国教育改革和发展纲要》上就提出，国家财政性教育经费支出占 GDP 比例在 20 世纪末达到 4%。

据联合国教科文组织《世界教育报告 2000》显示，1990 年时教育投入占比的世界平均水平为 4.7%，在亚洲和大洋洲的发达国家为 4.0%，而中国当时仅为 2.3%。

自 1993 年到 2012 年，4% 目标从提出到逐步实现，中国经过了二十年。这期间从中央到地方出台了一系列政策，为实现 4% 提供了制度保障。

1995 年，“三个增长”（各级人民政府教育财政拨款的增长应当高于财政经常性收入的增长，并使按在校学生人数平均的教育费用逐步增长，保证教师工资和学生人均公用经费逐步增长）被写入《中华人民共和国教育法》，政府教育经费投入有了法律保障。

从 1998 年起，中央本级财政教育经费支出比例连续三年每年提高一个百分点。

2006 年，《中共中央关于构建社会主义和谐社会若干重大问题的决定》中提出：“保证财政性教育经费增长幅度明显高于财政经常性收入增长幅度，逐步使财政性教育经费占国内生产总值的比例达到 4%”。

2010 年，国务院印发的《国家中长期教育改革和发展规划纲要（2010-2020 年）》中，再次明确提出“提高国家财政性教育经费支出占国内生产总值比例，2012 年达到 4%”。

2011 年，国务院印发了《关于进一步加大财政教育投入的意见》。要求各级人民政府要依法落实教育经费增长，要提高财政教育支出占公共财政支出的比重，提高预算内基建投资用于教育的比重。同时，提出了统一内外资企业和个人教育费附加制度、全面开征地方教育附加、从土地出让收益中按比例计提教育资金等拓宽经费来源渠道的政策措施。

2012 年，教育部、国家发展改革委、财政部联合成立了 4% 办公室，以确保教育投入到位，发挥沟通协调作用。通过开展动态监测和分析评价，督促和指导各地落实国务院出台的一系列增加财政教育投入的重大政策措施。为督促各地全面落实国务院关于加大财政教育投入的各项政策措施，财政部会同有关部门印发了《关于加强对各地 2011—2012 年财政教育投入状况分析评价的通知》，从财政教育支出增幅、财政教育支出比例、教育附加征收率和土地出让收益教育资金计提率四个方面对各地投入情况进行评价。

如今 4% 的梦想终于实现，如何将这来之不易的经费切实地用到教育上，不仅是家庭、学校、全社会的事，更是掌控着经费权、决策权的部门之事。为此，教育部将 2013 年确定为“教育经费管理年”，提出尽最大努力把科学化、精细化的管理要求落实到每一个工作环节。确保经费优先用于教育教学，教育资源重点向农村、边远、民族、贫困地区倾斜。为各级各类学校正常运转，为人民群众的平等教育权利提供保障。

（执笔：张会英 国家统计局社会科技和文化产业统计司）

2012年科技事业发展报告

2012年是我国科技事业发展具有里程碑意义的一年。党的十八大胜利召开，为科技事业的发展指明了前进的方向，开启了科技强国建设的新征程。全国创新大会的召开标志着我国新一轮科技体制改革的全面启动。在这一年里，科技发展计划顺利实施，创新要素向企业集聚，科技投入保持增长，基础研究得到加强，高技术产业平稳较快发展，科技产出成绩斐然，专业技术服务工作不断完善。我国的科技事业取得不凡成绩，创新型国家建设得到稳步推进。

一、科技发展计划顺利实施，创新要素向企业集聚

以前沿技术任务和部分重点领域中的重大任务为落实对象的国家高技术研究发展（“863”）计划和以重点领域及优先主题为落实对象的国家科技支撑计划课题等各项科技计划顺利实施。据初步统计，2012年共安排了“863”计划1165项，比上年增加611项；安排了国家科技支撑计划课题1701项，比上年增加546项。

科技创新基地和平台建设不断加强，创新要素进一步向企业集聚。据统计，2012年新建国家工程实验室9个，总数达到128个。至2012年，我国累计认定的国家级企业（集团）技术中心887家，比上年增加94家；累计认定省级企业技术中心8137家，增加1313家。在全社会科技投入中，企业研究与试验发展（R&D，简称研发）经费所占比重达到75%，与上年基本持平，企业创新活动主体地位得到巩固。

二、科技经费投入保持增长，科技队伍不断扩大

2012年，国家进一步加大对科技事业的扶持力度，政府资金的科技投入规模进一步扩大。2012年中央财政支出中科学技术支出达2291.5亿元，比上年增长12.7%。

2012年，全社会创新环境继续改善，我国研发经费投入保持增长，投入水平不断提高。据初步统计，全年全国研发经费支出10240亿元，比上年增长17.9%；研发经费支出占国内生产总值（GDP）的比重由上年的1.84%提高到1.97%，再创历史新高。

我国科技人力投入不断增加，科技队伍进一步扩大。据初步统计，2012年全国研发人员折合全时当量为327.3万人年，比上年增长13.5%。

三、基础研究得到加强，原始创新能力继续提升

基础研究是保障国家科学技术长期发展的重要基础，我国进一步加大对基础研究的投入力度。据初步统计，2012年全国基础研究经费支出为498亿元，比上年增长21%；基础研究占研发经费支出的比重为4.9%，比上年提高0.2个百分点。

2012年，以基础研究作为重点资助对象的国家自然科学基金得到较快发展，全年共资助各类项目38411项，资助金额236.7亿元。其中资助面上项目16891项，比上年增加1562项；资助经费124.8亿元，增加34.9亿元；单项平均资助金额由上年的58.6万元增加到73.9万元。面上项目是国家自然科学基金基础研究项目系列中的主要部分，面上项目的大幅提升有助于从事基础研究的科学技术人员进行原始创新性研究工作。

国家对基础研究的扶持力度的不断加大，使我国原始创新能力得到提升。大亚湾中微子实验新的中微子震荡模式的发现，营养匮乏引发细胞自噬的分子机制的揭示，利用倒置结构可提高聚

合物太阳能电池的能量转换效率的发现等一系列在前沿领域的标志性成果，显示出我国在某些领域的基础研究能力达到新的水平。

四、高技术产业平稳较快发展，高新区建设迅速推进

2012 年，我国高技术产业保持平稳较快发展。初步统计结果显示，以医疗制造业、航空航天器制造业、电子及通信设备制造业、电子计算机及办公设备制造业、医疗设备及仪器仪表制造业为代表的高技术产业当年实现工业总产值 101778.2 亿元，比上年增长 15.6%；主营业务收入 99469.8 亿元，比上年增长 12.4%；高技术产业增加值比上年增长 12.2%。

高技术产业的较快发展带动了高技术产品出口贸易的不断扩大，2012 年我国高技术产品出口居世界首位。据统计，2012 年我国高技术产品出口额达 6012 亿美元，比上年增长 9.5%；高技术产品出口占商品出口总额的份额达 29.3%；在商品出口增加额中，高技术产品的贡献为 524 亿美元，贡献率由上年的 17.6% 提高到 34.3%。

国家高新技术产业开发区建设快速推进，在支撑和推动区域经济发展方面发挥了重要作用。据初步统计，2012 年国家高新技术产业开发区总数达到 105 家，比上年增加 17 家；区内企业数达 6.6 万家，比上年增加 0.9 万家；年营业总收入达到 16.7 万亿元，比上年增长 25.6%，实现净利润 9898 亿元，增长 16.7%，出口创汇 3341 亿美元，增长 5.1%。

五、技术市场发展良好，技术交易进一步活跃

技术市场的良好发展促进了科技资源的优化配置，加速了技术交易成果的转化，激励了企业技术创新，推动了科技与经济的紧密结合。2012 年，我国技术市场发展势头良好，技术交易规模扩大，技术合同成交金额再创新高。据技术市场统计，全年全国共签订技术合同 28.2 万项，比上年增长 10.1%；技术合同成交金额 6437.1 亿元，增长 35.1%；平均每项技术合同成交金额由上年的 186 万元增加到 228 万元，增长 22.6%。

分合同类型看，技术开发、技术服务、技术转让和技术咨询四类合同中前两类仍是技术交易的主要形式。2012 年技术开发合同成交金额 2636 亿元，比上年增长 21.5%，占全国合同成交金额的 41%，继续占据首位；技术服务合同成交金额 2630.1 亿元，增长 38.1%，占全国合同成交金额的 40.9%。

分技术领域看，在电子信息技术、航空航天技术等多项技术领域中，成交金额居前三位的是电子信息技术、先进制造技术和现代交通，成交金额分别为 1930.1 亿元、985.5 亿元和 649.1 亿元，分别占全国合同成交金额的 30%、15.3% 和 10.1%。

分知识产权类型看，涉及技术秘密、专利等各类知识产权的技术合同 156125 项，占全国成交合同的 55.3%，比上年增加 12756 项；成交金额 3621 亿元，占全国成交金额的 56.3%，比上年增长 23.6%。

六、科技产出成绩斐然，重大成果举世瞩目

2012 年，全国共登记省部级以上重大科技成果 5.2 万项，其中应用技术成果 4.3 万项。国家对在我国科学技术事业发展中作出杰出贡献的科技工作者和优秀科技成果进行了科学技术奖励：授予中国科学院院士、中国工程院院士郑哲敏和中国工程院院士王小谟国家最高科学技术奖；颁布国家自然科学奖二等奖授奖项目 41 项；颁布国家技术发明奖授奖项目 77 项，其中一等奖 3 项，二等奖 74 项；颁布国家科学技术进步奖授奖项目 212 项，其中特等奖 3 项，一等奖 22 项，二等奖 187 项；还授予 5 名外籍专家中华人民共和国国际科学技术合作奖。

2012 年我国涌现出一批举世瞩目的重大科技成果。神舟九号和天宫一号成功实现载人交会对接，标志着我国空间技术能力位居世界前列；

"蛟龙"号载人深潜器突破7000米，使我国具备在全球99.8%的海域进行科学研究和资源勘探的能力；千万亿次高效能计算机开发成功并投入实际应用，我国超级计算机技术进入国际先进行列，世界首条高寒地区高速铁路的建成运营，戊肝疫苗的研制成功……这些重大成果的取得，既增强了我国综合国力，也进一步提升了我国科技的国际影响力。

七、专利结构不断优化，专利竞争力显著增强

专利是国际通用的反映一国科技产出能力和水平的重要指标。2012年，我国受理境内专利申请188.6万件，比上年增长27.5%，受理境内发明专利申请52.3万件，增长29.5%；发明专利申请所占比重为27.7%，比上年提高0.4个百分点。全年授予专利权125.5万件，其中境内授权114.4万件，增长32.4%，占总量的91.1%；授予境内发明专利13.7万件，比上年增长29.6%。

有效专利是指截至报告期末专利权处于维持状态的专利，可反映一国拥有自主知识产权的总量情况。至2012年底，全国共有有效专利350.9万件，其中境内有效专利289.9万件，境内有效发明专利43.5万件，分别比上年增加了76.9万件、69.7万件、11.7万件。

《专利合作条约》（PCT）是对各国专利申请进行提交、检索和审查的一项国际合作条约，可在一定程度上反映一国的科技实力和水平。2012年，国家知识产权局共受理PCT专利国际申请19926件，比上年增长14%；其中国内申请18145件，比上年增长12.8%，占全部申请的91.1%。PCT的专利申请量不断提高，在一定程度上反映了我国自主创新能力的进一步提升。

八、质量监督工作力度加大，专业技术服务工作不断完善

2012年底全国共有产品检测实验室28128个，其中国家检测中心509个，比上年增加33个。质检部门全年抽查产品149种、2万批。全国现有产品质量、体系认证机构173个，已累计完成对105224个企业的产品认证。全国共有法定计量技术机构3496个，全年强制坚定计量器具6267万台（件）。全年制定、修订国家标准1986项，其中新制定1375项。

除质量监督工作以外，气象预报、地震预报、海洋监测和测绘等专业技术服务工作也进一步完善。截至2012年底，全国气象观测站点合计54969个，比上年增加13529个；气象部门利用网络向社会提供气象科学数据共享服务数据量达440988GB；全年中央气象台和省级气象台发布气象预警信号5123次，警报4049次。全国共有地震台站1687个，区域地震台网32个，海洋观测站79个。测绘地理信息部门公开出版地图1662种，测绘图书2023种。

（执笔：赵利婧 国家统计局社会科技和文化产业统计司）

专栏："蛟龙号"载人深潜器下潜突破7000米

2012年6月24日，国家高技术研究发展计划（"863"计划）重大专项"蛟龙号"载人深潜器进行7000米级海试第四次试潜，成功在7020米深海底坐底，突破7000米级海试，这是继2010年完成3000米级海试、2011年完成5000米级海试后，我国载人深潜的又一项新纪录。

"蛟龙号"载人深潜器是我国首台自主设计、自主集成研制的作业型深海载人潜水器，其方案设计和关键核心技术均由我国独立完成。"蛟龙号"7000米级海试的突破，标志着我国具备载人到达全球99.8%以上海洋深处进行作业的能力，体现了我国在深海技术领域的重大进步，对于推动我国从海洋大国向海洋强国迈进，促进人类和平利用海洋等方面将产生重大而深远的影响。

（执笔人：赵利婧 国家统计局社会科技和文化产业统计司）

专栏：2012 年世界十大科技进展新闻

1. “好奇”号在火星成功着陆。美国“好奇”号火星车历经 8 个月、远征 5.67 亿公里在火星成功着陆探索火星生命痕迹，并开始向地球传回火星图像。“好奇”号被誉为人类在其他星球登陆的最精密移动科学实验室，是美国太空探索历史上又一重要里程碑。

2. 加拿大科学家开发出人造大脑。加拿大科学家小组称开发出迄今为止最接近真实大脑的机能大脑模型，此模型可以通过一个数码眼睛进行视觉输入，进而利用机械臂绘制出其所作的反应。加拿大专家称这是迄今为止世界上最复杂、最大规模的人类大脑模型模拟。

3. 科学家设计出世界上最细的纳米导线。美澳联合研究团队在《科学》杂志上称，成功设计出迄今世界上最细的纳米导线，其厚度仅为人类头发的万分之一，但导电能力可与传统铜导线相媲美。这项技术有望应用于未来计算机发展的方向——量子计算机研制领域。

4. 癌症干细胞研究获新证据。《自然》、《科学》杂志网络版发表 3 篇论文，表明在某些脑、皮肤和肠道肿瘤中，癌症干细胞确实是肿瘤生长的源头，为癌症干细胞模式理论提供了新的证据。

5. 科学家发现“疑似”上帝粒子。欧洲核子研究中心宣布该中心的两个强子对撞实验项目——ATLAS 和 CMS 均发现一种新的粒子，与科学家们一直寻找的希格斯玻色子（亦称“上帝粒子”）具有相一致的特性。科学家认为这是项无与伦比的成就，将开拓实验和理论物理的新领域。

6. 日本科学家首次用“人造”卵子产下小鼠。日本京都大学的研究小组从 ES 细胞和 iPS 细胞入手，经过多个实验环节最终形成人造卵子，并发育成正常的小鼠，这一研究成果刊登于《科学》杂志。这项研究最终有望为帮助那些不育夫妇怀孕带来新的方法。

7. 英国研究发现一种高速磁存储原理。英国研究人员在《自然——通讯》杂志上称，发现一种可用于开发高速磁存储设备的原理，通过向磁性物质发射含有热量的热光脉冲来颠倒磁极从而达到记录信息的目的。参与研究的人员称这是一项革命性的发现，可在此基础上开发出存储速度高于现有硬盘数百倍的存储器。

8. 天文学家发现质量是太阳 170 亿倍的黑洞。霍比·埃伯利望远镜大质量星系调查项目的天文学家发现了可能是迄今质量最大的黑洞，该黑洞位于 NGC1277 星系，质量占到该星系的 14%，这一论证发表于《自然》杂志。这一发现可能改写黑洞与星系的形成演化理论。

9. 德国首次从皮肤细胞中培养出成体干细胞。德国研究人员宣布成功从已分化体细胞——皮肤细胞中培养出成体干细胞，这种培养方式区别于以往 iPS 细胞培养模式，可更有针对性、更安全地实现特定组织再生。这种方法具有巨大的医学应用前景。

10. 首个“超电子”电路问世。美国科学家用光子取代电子，制造出首个由光子电路元件组成的“超电子”电路，相关研究发表在《自然——材料学》杂志。科学家称有望设计出更复杂的光学元件，以获得具有不同功能的光子电路。

（执笔：赵利婧 国家统计局社会科技和文化产业统计司）

专栏：2012年中国十大科技进展新闻

1. “神九”载人飞船与天宫一号成功对接。6月16日神舟九号载人飞船自酒泉卫星发射中心升空后，经过迈13天太空飞行，与天宫一号目标飞行器在轨成功进行两次交会对接，返回舱最终在内蒙古安全着陆。交会对接任务的圆满成功，标志着我国在空间交会对接技术领域实现了又一项重大突破，也标志着我国载人航天工程第二步战略目标取得了具有决定性意义的重要进展。

2. “蛟龙”号下潜突破7000米。6月24日，作为拥有自主知识产权的第一台深海载人潜水器“蛟龙”号，成功突破7000米级海试。这是人类首次冲击的载人深潜海试级别，再创我国载人深潜的新纪录，标志着我国具备了载人到达全球99.8%以上海洋深处进行作业的能力。

3. 世界首条高寒地区高速铁路突破三大技术难题。由铁一院专家参与设计、纵贯东北三省921公里的哈大客运专线于12月1日正式开通运营。该专线突破了防冻胀路基、接触网融冰、道岔融雪三大技术难题，是我国目前在高纬度严寒地区设计的标准最高的一条高速铁路，也是世界上首条高寒地区建成运营的高速铁路。

4. 嫦娥二号7米分辨率全月影图发布。2月6日，国防科工局发布了746幅由嫦娥二号月球探测器获得的7米分辨率全月球影像图。专家指出，其他国家从未获得和发布过优于7米分辨率全月球影像图，该影像图在分辨率等方面都达到国际领先水平，是我国探月工程的又一项重大成果。

5. 首台国产CPU千万亿次高效能计算机系统通过验收。“十一五”国家“863”计划“高效能计算机及网格服务环境”重大项目——“神威蓝光千万亿次高效能计算机系统”于9月11日通过验收。“神威蓝光”在高密度组装技术、全系统水冷技术等方面达到世界先进水平，项目的验收通过标志着我国成为继美国、日本之后第三个能够采用自主CPU构建千万亿次计算机的国家。

6. 戊肝疫苗研制成功。科技部于1月11日在京宣布，由厦大和养生堂联合研制的“重组戊型肝炎疫苗（大肠埃希菌）”已获得国家一类新药证书和生产文号，成为世界上第一个用于预防戊型肝炎的疫苗。这是全世界戊肝预防与控制领域的一个重大突破。

7. 新一代大推力火箭发动机研制成功。航天科技集团公司所属研究院研制成功我国首型拥有自主知识产权、120吨级液氧煤油高压补燃循环发动机。其将作为我国新一代运载火箭的动力系统，为载人航天、月球探测等国家重大专项任务提供有力保障。其成功研制意味着我国成为继俄罗斯之后第二个掌握液氧煤油高压补燃循环火箭发动机核心技术的国家。

8. 可扩展量子信息处理获重大突破。中国科大潘建伟小组首次实现了八光子薛定谔猫态，随后又首次实验实现了拓扑量子纠错，取得了可扩展容错性量子计算的重大突破。《自然》杂志称这是一个艰苦卓绝的英雄主义的量子光学实验，是对拓扑纠错这一当前量子信息处理最引人注目的范例中关键一环的实验验证。

9. 大亚湾实验发现中微子新的振荡模式。由包括中科院等在内的大亚湾反应堆中微子实验国际合作组宣布，他们首次发现中微子的第三种振荡模式，所测的振幅精度居世界最高。该成果加深了人类对中微子基本特性的认识，得到国际高能物理学界的高度评价，被《科学》杂志评选为2012年度十大科学突破之一。

10. 亚洲第一射电望远镜建成。中科院和上海市人民政府的重大合作项目“上海65米射电望远镜”在上海天文台松江佘山基地落成。这是我国目前口径最大、波段最全的一台全方位可动的高性能射电望远镜，总体性能名列全球第四、亚洲第一。

（执笔：赵利婧 国家统计局社会科技和文化产业统计司）

2012 年社会事业发展报告

一、社会服务

2012 年，全国民政系统认真贯彻落实党的十八大和第十三次全国民政会议精神，积极履行保障基本民生、发展社会服务等方面的基本职能，社会服务事业整体发展迈上了新台阶。

2012 年，社会服务行业机构 136.7 万个，比上年增长 5.6%；从业人员 1144.7 万人，比上年增长 2.1%；社会服务事业经费 3683.7 亿元，比上年增长 14.1%；形成固定资产 6675.4 亿元，增加值 2128.9 亿元。全国民政公共服务设施建设继续推进，社会服务事业基本建设完工项目 6095 个，全年完成投资总额 234.7 亿元，比上年增长 7.6%。

（一）社会救助工作稳步推进

2012 年，进一步规范了城乡居民最低生活保障标准的制定、完善低保制度和规范审批程序。

城市救助　2012 年底，全国共有城市低保对象 1114.9 万户、2143.5 万人。全年各级财政共支出城市低保资金 674.3 亿元，比上年增长 2.2%，其中中央财政补助资金占总支出的 65.1%。2012 年全国城市低保平均标准 330.1 元 / 人、月，比上年增长 14.8%；城市低保月人均补助水平 239.1 元；城市“三无”救济 9.9 万人。

农村救助　2012 年底，全国有农村低保对象 2814.9 万户、5344.5 万人。全年各级财政共支出农村低保资金 718.0 亿元，比上年增长 7.5%，其中中央补助资金占总支出的 60.1%。2012 年全国农村低保平均标准 2067.8 元 / 人、年，比上年增长 20.3%；全国农村低保年人均补助 1247.9 元。

农村五保　截至 2012 年底，全国共有农村五保供养对象 529.2 万户，545.6 万人，分别比上年下降 0.2% 和 0.1%。全年各级财政共支出农村五保供养资金 145.0 亿元，比上年增长 19.1%。其中，农村五保集中供养 185.3 万人，集中供养年平均标准为 4060.9 元 / 人，比上年增长 19.4%；农村五保分散供养 360.3 万人，分散供养年平均标准为 3008.0 元 / 人，比上年增长 21.8%。

农村传统救济　2012 年农村传统救济 79.6 万人，比去年增长 15.9%。

医疗救助　2012 年全年累计救助城市居民 2077 万人次，民政部门直接救助城市居民 689.9 万人次，人均医疗救助水平 858.6 元。全年各级财政共支出城市医疗救助资金 70.9 亿元，比上年增长 4.9%。2012 年全年累计救助贫困农村居民 5974.2 万人次，其中民政部门资助参加新型农村合作医疗 4490.4 万人次，人均资助参合水平 57.5 元；民政部门直接救助农村居民 1483.8 万人次，人均救助水平 721.7 元。全年各级财政共支出农村医疗救助资金 132.9 亿元，比上年增长 10.8%。2012 年全年累计医疗补助优抚对象 404.5 万人次，人均补助水平 663 元，各级财政共支出优抚医疗补助资金 26.8 亿元。

专项救助　建立了流浪乞讨人员救助管理工作部际联席会议制度，制定了《流浪未成年人需求和家庭监护情况评估规范》，全国普遍开展“接送流浪孩子回家”专项行动，基本实现了城市街面无流浪未成年人的目标。2012 年，全国共有救助管理站 1770 个，床位 9.0 万张，全年救助城市生活无着的流浪乞讨人员 276.6 万人次，其中在站救助 228.1 万人次，不在站救助 48.5 万人次；流浪儿童救助保护中心 261 个，床位 1.0 万张，全年救助生活无着流浪乞讨未成年人 15.2 万人次。

临时救助　2012 年临时救助 639.8 万户次，其中，按户籍性质分类，城市家庭 256.6 万户次，农村家庭 383.2 万户次；按属地分类，本地常驻户口617.7万户次，非本地常驻户口22.1万户次；按救助类型分类，支出型临时救助518.1万户次，应急型临时救助121.7万户次。

（二）社会养老服务体系建设成效显著

2012年，认真贯彻《中国老龄事业发展“十二五”规划》和《社会养老服务体系建设规划（2011－2015年）》，在构建以居家为基础、社区为依托、机构为支撑的社会养老服务体系上迈出重要步伐。截止2012年底，有18个省份建立高龄老人津贴制度，22个省份建立困难老人养老服务补贴制度，所有省份都制定了支持社会力量兴办社会福利机构的政策，全国养老床位数达到416.5万张，每千名老人拥有的养老床位数达到21.5张。

（三）继续落实孤儿和残疾人保障制度

2012年，继续落实孤儿保障制度，把全国艾滋病病毒感染儿童纳入基本生活保障范围，部分省份建立了困难残疾人生活补贴制度和重度残疾人护理补贴制度。2012年，全国共有儿童福利机构463个，比上年增加66个，床位7.7万张，比上年增长28.3%；保障孤儿57.0万人，各类社会福利机构收养儿童10.4万人，其中集中供养孤儿9.5万人，社会散居孤儿47.5万人。为残疾人安排就业的福利企业20232个，吸纳残疾职工59.7万人就业。

（四）社区服务体系建设步伐加快

截至2012年底，全国城市社区综合服务设施建设覆盖率达到73%，共有各类社区服务机构20.0万个，社区服务机构覆盖率29.5%，其中，社区服务指导中心809个，社区服务中心15497个，社区服务站87931个，其他社区服务设施9.6万个，与上年比均有所增加。

（五）综合防灾减灾能力建设扎实开展

2012年，实施《国家综合防灾减灾规划（2011－2015年）》，广泛开展“防灾减灾日”主题宣传教育活动，有序应对了洪涝、风雹、台风、干旱、地震、泥石流等自然灾害，救助受灾群众7800万人次，紧急转移安置受灾群众1100多万人次，基本完成玉树和舟曲灾区倒损农房恢复重建任务，有效保障了受灾群众的基本生活。

（六）新型退役士兵安置制度平稳实施

2012年，认真落实士兵退役金制度和扶持退役士兵就业优惠政策、开展职业教育和技能培训。截至2012年底，有32万退役士兵参加培训，参训率达到73.8%，参训之后的就业率达到85%；妥善解决6万多名城镇退役士兵安置遗留问题；接收安置3521名伤病残退役士兵。全年共安置退役士兵、复员干部39.3万人，比上年增加0.5%。

实施了散葬烈士墓、零散烈士纪念设施、境外烈士纪念设施等管理保护工程，全国迁移保护了30多万座散葬烈士墓、修缮了3686个零散烈士纪念设施。全国有80%多的县（市、区）实行了抚恤补助金社会化发放。截至2012年底，国家抚恤、补助各类重点优抚对象944.4万人，比上年增长10.8%。

（七）社会组织登记管理体制改革有序推进

2012年，实施了中央财政支持社会组织参与社会服务项目，规范了社会组织登记管理机关行政处罚程序，制定了全国性公益类、联合类、职业类社团评估指标。截至2012年底，全国共有社会组织49.9万个，比上年增长8.1%；吸纳社会各类人员就业613.3万人，比上年增加2.3%。全年共执法检查社会团体836起，其中行政处罚834起。

全国共有基金会3031个，比上年增加417个，增长16.0%，公募基金会和非公募基金会共接收社会各界捐赠305.7亿元。

（八）其他民政事务有序开展

截至2012年底，我国现有地级行政区划单位333个，县级行政区划单位2852个，乡级行政区划单位40446个。民政部和国家海洋局公布了钓鱼岛及其部分附属岛屿的71个标准名称和钓鱼岛海域部分地理实体的26个标准名称。

2012年全国共有事业单位性质的婚姻登记机构1926个。各级民政部门和婚姻登记机构共依法办理结婚登记1323.6万对，比上年增长1.6%。粗结婚率为9.8‰，比上年上升0.1个千分点。2012年20-24岁办理结婚登记的公民占结婚总人口比重最多，占35.5%，但呈逐年下降趋势，与上年比降低了1.1个百分点；而25-29岁办理结婚登记的公民呈逐年上升趋势，占34.2%，比上年提高0.8个百分点。2012年共依法办理离婚手续的有310.4万对，增长8.0%，粗离婚率为2.3‰，比上年增加0.2个千分点。

2012年中国福利彩票年销售1510.3亿元，比上年增加232.3亿元，同比增长18.2%。全年筹集福彩公益金449.4亿元，比上年增长17.6%。全年民政系统共支出彩票公益金159.0亿元，比上年增加31.1亿元。

截至2012年底，全国共有殡葬服务机构4357个，比上年增加254个，其中殡仪馆1782个，殡葬管理机构978个。民政部门管理的公墓1597个，比上年增加191个。殡仪服务机构职工共有7.7万人，其中殡仪馆职工4.5万人。火化炉5539台，火化遗体477.7万具。火化率49.5%，比上年增加0.7个百分点。

二、文化事业

2012年，全国各级文化部门认真贯彻落实中央精神，以推进文化大发展、大繁荣为目标，紧紧围绕文化改革发展这一主题，全力以赴、扎实推进，各项工作均取得有效进展。

（一）全国文化单位机构和从业人员与上年基本持平

截至2012年底，纳入统计制度的全国各类文化机构30.59万个，从业人员228.84万人，与上年基本持平。分类型看，执行事业会计制度的文化机构6.32万个，比上年增加177个，从业人员57.60万人，增长0.33%；执行企业会计制度的文化机构24.27万个，减少4341个，从业人员171.24万人，增长4.5%。全年营业收入2252.78亿元，增长23.3%，利润总额686.40亿元，增长18.5%。

（二）文化投入显著增长

2012年，在党中央、国务院的高度重视下，各级党委、政府纷纷加大对文化的经费投入力度，投入效果较为显著。

1. 文化事业费总量增幅明显。2012年，全国文化事业费（不含基本建设财政拨款和行政运行费）480.10亿元，比上年增加87.48亿元，增长22.3%，提高了0.8个百分点；文化事业费占财政总支出的比重0.38%。

2. 人均文化事业费不断提高。2012年全国人均文化事业费35.46元，比上年增加6.32元，增长21.7%，提高了0.8个百分点。

3. 重大文化工程项目稳步推进。2012年，共落实中央财政专项转移支付补助资金38.97亿元，再创历史新高。

4. 公共文化设施建设稳步推进。2012年投资项目总数达到2579个，项目计划总投资达735.59亿元，比上年增长16.9%；完成投资额106.27亿元。全国竣工项目1068个，竣工面积221.27万平方米。

2012年1月，文化部会同国家发展改革委、国家文物局正式印发了《全国地市级公共文化设施建设规划》。截至2012年底，在纳入规划的532个地市级公共图书馆、文化馆和博物馆建设项目中，已开工建设项目142个，占规划项目总数的26.7%；已开工建设项目计划总投资140.33亿元，总建筑面积187.06万平方米。

（三）公共文化服务体系建设成效显著

1. 公共文化服务条件有效改善。截至2012年底，全国共有公共图书馆3076个，比上年增加124个；总藏量78852万册（件），增加9133万册（件），增长13.1%；全国平均每万人拥有公共图书馆设施面积由2011年的73.8平方米提高至78.2平方米，增长6.0%。

2012年底，全国共有群众文化机构43876个，比上年增加201个；藏书总量达到2.08亿册，增长15.4%；对公众开放阅览室85.83万平方米，增长10.3%；全国平均每万人拥有群众文化设施面积由2011年的221.23平方米提高到234.24平方米，增长5.9%。

2. 公共文化服务水平显著提升。2012年，全国公共图书馆全年共发放借书证2485万个，比上年增加271万个，增长12.2%；总流通人次43437万人次，增加5287万人次，增长13.9%；书刊文献外借17402万人次和33191万册次，分别增加了2086万人次和4739万册次，分别增长13.6%和16.7%。

2012年，全国共有电子阅览终端101433台，比上年增加8784台，增长9.5%。全年共为读者举办各种活动81850次，4109万人次参加，分别增长了20.0%和39.9%。其中，组织各类讲座44564次，827万人次参加；举办12389次展览，3051万人次参观；举办培训班24937个，231万人次参加。

2012年，全国群众文化机构共举办展览11.48万场，比上年增长6.5%，8962万人次参观，增长15.6%；组织文艺活动68.85万次，增长10.9%，31958万人次参加，增长13.0%；组织各类公益性讲座2.08万次，增长18.4%，366万人次参加，增长15.8%；举办各类训练班38.72万班次，增长13.9%，培训结业人次2750万人次，增长13.9%。

（四）文艺演出异彩纷呈

2012年，全国各级艺术表演单位坚持“二为”方向和“双百”方针，一手抓创作生产，一手抓演出，社会文化生活更加丰富多彩。

1. 演出规模快速增加。2012年，全国7321个艺术表演团体全年共演出135万场次，观众达8.28亿人次，比上年增加8220万人次，增长11.0%。全国艺术表演团体全年总收入196.88亿元，比上年增加41.42亿元，增长26.6%；全年演出收入64.15亿元，增加11.48亿元，增长21.8%。

2. 社会效益有力彰显。2012年，通过“文化下乡”、低票价演出等方式，将经济效益与社会效益有机结合，全年全国艺术表演团体共组织政府采购的公益演出场次10.33万场，比上年增长25.0%；观众人次10358万人次，增长32.8%。

3. 艺术院团转企改制工作取得重大进展。近年来，全国文化系统深化文化体制改革，转企改制工作取得了显著成效。截至2012年底，全国文化系统承担改革任务的2103家国有文艺院团中，已有2012家完成转企改制，其中，转企改制61%，撤销20%，划转19%。转制后的艺术表演团体在经济效益和社会效益方面实现了双赢。

（五）文化市场进一步活跃

1. 文化市场单位规模保持稳定。截至2012年底，我国文化市场经营单位24.09万个，比上年减少4459个；从业人员160.76万人，比上年增加3.47万人，增长2.2%。作为文化市场的主体，全国共有娱乐场所9.03万个，从业人员76.53万人，网吧13.57万个，从业人员52.94万人，数据均与上年基本持平。

2. 文化市场经营收入和利润增加。2012年，全国文化市场经营机构全年营业总收入2033.88亿元，比上年增长425.55亿元，增幅26.5%。利润总额635.11亿元，增长88.02亿元，增幅16.1%。

3. 文化市场执法能力增强。全国省、市、县三级文化市场执法机构共有2692个，从业人员27220人；共拥有机动执法执勤车辆2990辆，数码取证设备4569台，执法通讯设备3139台，影视鉴定设备547台，网络执法设备2351台。

（六）文化产业繁荣发展

2012年，文化部发布了《“十二五”时期文化产业倍增计划》和《“十二五”时期国家动漫产业发展规划》，出台了鼓励和引导民间资本进入文化领域的实施意见、《文化产品和服务出口指导目录》等文件。在财政部支持下，国家文化产业专项资金支持全国文化企业达11亿元；

本外币贷款余额突破千亿元；注册发行债券超过1500亿元。

（七）文物保护工作成果颇丰

1. 文物机构服务能力增强。2012年，全国各级文物机构大力推进考古维修和文物保护工作。截至2012年底，全国6124家文物单位拥有文物藏品3505.48万件，比上年底增长16.1%。全国文物机构共举办陈列展览2.23万个，参观人次达6.71亿人次，其中未成年人1.73亿人次，分别增加10373万人次和3305万人次，增长18.3%和23.6%。

2. 博物馆免费开放工作取得较好效果。2012年，中央财政继续安排免费开放专项经费，对纳入中央免费开放范围博物馆、纪念馆进行补助。2012年全国免费开放博物馆、纪念馆总数达到2417个，占全国博物馆总量的78.8%，全年接待观众44155万人次，占全国博物馆参观人次的78.2%。

（八）非物质文化遗产保护事业又上新台阶

非物质文化遗产名录项目动态管理取得突破性进展，对105个项目保护单位进行了调整、限期整改或撤销。截至2012年底，文化部共认定了1986名国家级项目代表性传承人，41个项目企业或单位被列为第一批生产性保护示范基地。初步统计，截至2012年底，全国共有非物质文化遗产保护机构2599个，从业人员17490人，全年共举办展览13406次，参观人次2948万人次；举办演出26492场，观众人次3111万人次；举办民俗活动12637次，参与人次3897万人次；开展培训班14958班次，参与人次108万人次。

（九）对外文化交流工作有声有色

2012年，文化部坚持“走出去”和“引进来”两手抓，全面推动新时期对外及对港澳台文化工作向纵深发展。

1. 对外文化交流工作不断深入。政府间文化交流与合作进一步密切，与27个国家签订了双边文化交流执行计划和互设文化中心协定，2012年全年对外文化交流项目2564个，参加人员77223人。

2. 文化交流活动品牌影响进一步扩大。加强2012年“欢乐春节”的统筹协调，派出项目多样，交流贸易并举，在全球82个国家和地区的144个城市举办了323项活动，吸引40多位国家元首、政府首脑和王室成员、500多位政要、1500余家媒体、3000万海外民众参与，成为当前中外文化交流活动中最具影响力的第一品牌。

3. 海外文化中心建设扎实推进。2012年是海外中心建设全力冲刺、结下硕果的一年。曼谷中心于2012年11月21日举行揭牌仪式，温家宝总理和泰国总理英拉共同为中心揭牌。莫斯科中心12月5日举行揭牌仪式，刘延东国务委员和俄罗斯副总理戈洛杰茨为中心揭牌。马德里中心于2012年9月竣工，举行了国庆招待会等多项活动。新加坡中心已于2012年12月正式开工，墨西哥、塞尔维亚等中心也都有不同程度的进展。

三、广播电影电视事业

2012年，在党中央、国务院的正确领导下，全国各级广播影视部门按照高举旗帜、围绕大局、服务人民、改革创新的总要求，紧紧围绕迎接、宣传、贯彻十八大，牢牢把握正确的舆论导向，确保安全播出，依法加强行业管理，顺利完成各项任务，保持了广播影视持续健康快速发展的良好态势。截至2012年底，全国广播电视综合人口覆盖率分别达到97.51%、98.20%，有线电视入户率达51.50%。广播影视行业从业人员超过了110万人。

（一）抓好重大宣传，为服务党和国家工作大局作出新贡献

坚持导向为魂，做大做强正面宣传，为党的十八大营造良好氛围。一是以强大声势报道十八大。把十八大宣传作为头等大事，全面动员、全力以赴、全媒参与，发挥了主阵地主力军作用。十八大会议报道，直播场次多规模大、专题专栏

多、关注度高、效果好。结合“科学发展成就辉煌”主题宣传，深化“走转改”活动，推出一大批接地气、受欢迎的新节目、好报道。圆满完成“两会”等重要宣传报道任务。二是以创新创优节目迎接十八大。加强节目宏观调控，明确上星频道新闻综合的定位，深入推进节目创新创优。上星频道节目类型结构更加合理，黄金时间综艺娱乐类节目减少三分之二，新闻类节目增加三分之一，科教、文化、纪录片、道德建设类节目大幅增加，推出一百多个导向正确、深受欢迎的新栏目。三是以影视精品献礼十八大。组织创作、展播展映一批优秀献礼电影、电视剧、纪录片和重大理论文献片，包括中宣部和广电总局联合推荐的9部重点献礼影片、10部重点献礼电视剧，展示了文化改革发展成果，丰富了人民精神文化生活，为十八大营造了热烈祥和的文化氛围。

截至2012年底，全国共有广播电台169个，电视台183个，广播电视台2185个，教育电视台42个。各级电台、电视台共播出广播节目1338万小时，电视节目1699万小时，其中新闻资讯类广播节目271万小时、新闻资讯类电视节目230万小时。

（二）坚持品质至上，加强创作引导，内容产业持续健康快速增长

围绕推动影视剧发展方式从数量增长到质量提升的转变，把加强创作作为工作着力点，重点推出优秀剧本奖励基金、影视剧创作人员培训“百人计划”、优秀作品推荐播映等新举措、新办法。电视剧、影视动画生产数量稳定、质量提升，全年生产电视剧506部17703集，电视动画3714小时。纪录片实现快速发展，全年生产纪录片约3000小时，比2010年提高3倍。电影保持强劲增长，故事片产量超过700部，国内电影票房达170亿元，连续9年实现20%以上的增长。

（三）坚持为民惠民，加快重点工程建设，公共服务水平显著提升

一是继续推进广播电视村村通工程。落实中央和地方资金约10亿元，完成28.2万个20户以下自然村建设任务。二是强力推进直播卫星服务户户通工程。落实15亿元中央财政专项资金，支持中西部地区户户通。坚持重点突破、以点带面，与内蒙古、海南、贵州、云南、陕西、甘肃、青海7省区签订责任书。目前，直播卫星服务区域已覆盖20多万个行政村、5000万户，宁夏、北京、上海、甘肃基本完成建设任务。发挥直播卫星优势，推动沿海省份渔船通、海岛通，浙江省1.2万条渔船已有8300条通广播电视，广东省大型渔船全部通广播电视。三是巩固农村电影放映成果，全国已有农村数字电影院线248条、放映队5万支，全年放映影片800万场。四是加快县级城市数字影院建设。全国县级城市已有数字影院近千座、银幕数超过3000块，8个省份

2012年集团成立六十周年庆典暨品牌服装发布会（广东省丝绸纺织集团有限公司提供）

实现县级城市数字影院全覆盖。

（四）坚持科技引领，推进数字化网络化发展，科技文化融合水平提高

一是有线网络数字化双向化改造和整合迈上新台阶。全国 2.15 亿有线电视用户已有 1.43 亿实现数字化，其中双向覆盖用户近 7000 万、实际开通用户 2000 万。一省一网目标基本实现。国务院 10 月底正式批准了中国广播电视网络有限公司组建方案。二是新媒体新业态发展加快。全国高清和高标清同播的电视频道已达 28 个。3D 试验频道顺利试播，特别是春节联欢晚会、伦敦奥运会 3D 播出，社会反响热烈。互联网视听节目服务稳步发展，移动多媒体广播电视覆盖扩大、用户增加。三是三网融合试点取得积极进展。广电总局和工信部分别批复同意电信、广电企业在第一批12个试点地区开展三网融合业务。IPTV 集成播控总平台、分平台建设进一步规范。四是电影发行放映数字化基本普及。农村电影放映实现设备轻便化、小型化，改善了条件，大大方便了管理和服务。全国城市已有 1.2 万块数字银幕，其中 3D 银幕超过 9000 块。具有自主知识产权的中国巨幕已有 8 块正式投入应用。

（五）坚持从严管理，始终把社会效益放在首位，管理科学化水平进一步提高

围绕抵制过度娱乐化和低俗化倾向加强节目管理，进一步净化了荧屏声频。为根本扭转唯收听收视率的倾向，推动节目综合评价体系建设，取得制度性成果。严格播出机构和频道频率管理，坚决查处非法办台、擅自增设和占用频道频率等违规行为，依法依规推进两台合并。取消电视剧中间插播广告，深入开展虚假违法医疗药品等广告专项治理，受到群众普遍欢迎。网络剧、微电影等网络视听节目管理进一步规范，IPTV、互联网电视业务管理进一步加强。法制建设扎实推进，依法行政水平提高。

（六）坚持国际视野，加快走出去步伐，国际传播能力进一步提升

一是国际一流媒体建设取得新进步。中央电视台开播非洲分台、北美分台，海外分台和记者站总数达 71 个，新增整频道落地项目 58 个、落地酒店 1235 家，国际频道海外用户超过 3 亿。中国国际广播电台已建成 7 个地区总站、18 个境外制作室，新增 13 家海外分台、总数达 83 家。中国电视长城平台全球付费用户突破 12 万。中央人民广播电台建成全球华语广播协作联盟和广播网。内蒙、广西、西藏、新疆等边疆省区广播影视对外影响扩大。二是对非工作开创新局面。成功启动“中非影视合作工程”重大项目，获得 5000 万元资金支持。工程实施开局良好，已与

2012 年，吉林省京剧院创排的京剧《牛子厚》名列“五个一工程”奖戏曲类榜首

（吉林文化厅提供）

12 个国家的 16 家主流媒体签订合作协议。三是影视企业和产品走出去取得新成效。95 家企业 34 个项目列入国家文化出口重点企业和重点项目。万达、俏佳人、四达等一批民营企业海外并购、国际市场开拓取得新突破。

四、体育事业

2012 年，在党中央、国务院的正确领导下，全国体育战线认真学习宣传贯彻党的十八大精神，以科学发展观指导体育工作全局，促进体育事业全面、协调、可持续发展。2012 年是奥运会年，也是体育系统全面推进实施“十二五”规划的重要一年。全国体育战线认真落实各项部署，各项工作扎实推进。

（一）采取切实措施，推动各级政府履行公共体育服务职责，广泛开展全民健身活动

为推动各级政府树立大体育观，切实履行公共体育服务职责，体育总局会同国务院有关部门对各地贯彻落实《全民健身条例》和《全民健身计划（2011-2015 年）》进行了监督检查，进一步推动“三纳入”向纵深发展。着眼于全民健身的各个基本环节，加大工作力度，创新管理模式，各项工作有了新起色。

基层公共体育健身设施建设力度继续加大。2012 年体育总局本级投入彩票公益金 9.96 亿元，支持西部“老少边穷”地区和中部贫困地区建设体育健身设施。地方政府加大投入建设体育健身设施，其中建成农民体育健身工程约 5 万个。全民健身组织指导工作继续加强。培训、发展 3650 名国家级社会体育指导员，目前全国注册的公益性社会体育指导员超过 90 万人。

十年来，群众体育蓬勃发展。全民健身公共服务体系逐步建立和完善，体育设施遍布城乡，全国各类体育场地已超过 100 万个，建成“农民体育健身工程”34.8 万个、“全民健身路径”26.1 万条。雪炭工程、全民健身活动中心、体育公园、体育健身广场、全民健身户外营地、社区运动场、健身步道等遍布全国。全民健身组织化水平不断提高，各级各类体育社团、体育指导站、全民健身活动站点、城市街道和农村乡镇体育组织、青少年体育俱乐部等逐年增多并日益活跃。

（二）圆满完成伦敦奥运会参赛任务，促进竞技体育水平巩固提高

2012 年，以备战和参赛伦敦奥运会作为重中之重，在深入把握项目规律、强化科学训练上采取了一系列有效措施。我国运动员共在奥运会等各种国际大赛中获得世界冠军 107 个，9 人 3 队 14 次创造 14 项世界纪录。在伦敦奥运会上，中国体育代表团获得了 38 枚金牌、27 枚银牌和 23 枚铜牌，奖牌总数 88 枚，位列金牌榜第二和奖牌榜第二，打破 6 项世界纪录和 6 项奥运会纪录，取得了境外参赛奥运会的最好成绩。

十年来，我国竞技体育综合实力不断增强。我国运动员共获得世界冠军 1280 个，创造世界纪录 196 次。在北京奥运会上取得重大历史性突破，在伦敦奥运会上取得境外参赛最好成绩，在冬奥会、亚运会、亚冬会等重大国际赛事中取得巨大进步，创造了竞技体育的新辉煌。

（三）体育产业稳步推进

2012 年，围绕破解我国大型体育场馆的运营管理问题，体育总局与国家发改委、公安部、财政部、国土部、税务总局、工商总局共同成立了大型体育场馆运营管理专项工作领导小组，深入调查研究，在湖北、宁夏进行试点工作。全面启动了第六次全国体育场地普查筹备工作。认真做好经营高危险性体育项目行政许可前期准备专项工作，第一批高危险性体育项目目录已经国务院审批，体育总局《经营高危险性体育项目许可管理办法》已经颁布。21 个《体育场所开放条件与技术要求》国家标准已报国家标准委审批，相关项目从业人员职业资格考核的准备工作进展顺利。成功举办了第 30 届中国国际体育用品博览会和第 6 届中国体育旅游博览会。体育彩票年销售额首次突破千亿元，到 12 月 20 日累计销售 1062.9 亿元，筹集公益金 282.1 亿元。

十年来，体育产业快速成长。体育及相关产业增加值不断增长，基本形成以健身休闲和竞赛表演为核心，体育用品制造业为支柱，体育中介和技术培训为驱动的多业并举、全方位发展的态势。各级政府对体育的投入不断加大，体育彩票发行量不断增长，十年累计发行 5087.05 亿元，累计筹集公益金 1490.28 亿元，为社会公益事业和体育事业提供了重要保障。

2012 年，围绕体育工作的中心任务，体育法制作风建设、体育科技、体育教育、体育宣传、体育外事、体育人才以及各项基础保障工作稳步推进，富有成效。

五、残疾人事业

2012 年是我国发展历史上具有重要意义的一年， 党的十八大开启了全面建成小康社会新的伟大征程，残疾人事业保持良好的发展势头，广大残疾人得到新实惠。

（一）康复

2012 年通过实施一批重点康复工程，使 760.2 万残疾人得到不同程度的康复。

889 个市辖区和 1905 个县（市）开展了社区康复工作，20.5 万个社区已建社区康复站，配备了 35.3 万名社区康复协调员。

开展视力残疾康复机构总数达到 724 个，完成白内障复明手术 79.6 万例；为 33.4 万名贫困白内障患者免费施行复明手术；为 11.7 万名低视力患者配用助视器，对 12.0 万名盲人进行定向行走训练。

已建设省级听力语言康复机构 32 个，基层听力语言康复机构 1011 个。年度新收训聋儿 2.0 万名，在训聋儿 3.2 万名；培训聋儿家长 3.9 万名；培训各类听力语言康复专业技术人员 7731 人；实施贫困聋儿人工耳蜗、助听器抢救性康复项目，资助 4000 名聋儿免费植入人工耳蜗，资助 4500 名聋儿免费配戴助听器。

大力推广“社会化、综合性、开放式”精神病防治康复工作。在 2586 个市县开展精神病防治康复工作，对 593.6 万重性精神病患者进行综合防治康复，监护率达到 75.6%，显好率达到 67.2%，社会参与率达到 52.6%，对 44.4 万贫困精神病患者进行医疗救助。

建立了 30 个省级孤独症儿童康复训练机构；1.1 万名孤独症儿童在各级机构进行了康复训练。

开展肢体残疾康复训练服务机构达 1592 个；对 35.7 万肢体残疾者实施康复训练；实施救助项目资助 3.0 万名脑瘫儿童进行机构康复训练，资助 6221 名贫困肢体残疾儿童实施矫治手术。开展智力残疾康复训练服务的机构 1206 个；对 14.0 万名智力残疾人进行康复训练；实施救助项目资助 2.0 万名智力残疾儿童进行机构康复训练，同时对家长开展培训。

（二）教育

残疾人事业专项彩票公益金助学项目为全国家庭经济困难的残疾儿童享受普惠性学前教育提供资助 1.0 万人次。各地也积极多渠道争取资金支持，对 4429 名残疾儿童给予学前教育资助。

已开办特殊教育普通高中班（部）186 个，在校生 7043 人；其中聋高中 121 个，在校生 5555 人；盲高中 22 个，在校生 1488 人。残疾人中等职业学校（班）152 个，在校生 10442 人，毕业生 7354 人，其中 5816 人获得职业资格证书。全国有 7229 名残疾人被普通高等院校录取，1134 名残疾人进入特殊教育学院学习。

（三）就业

2012 年，城镇新增 32.9 万残疾人就业，其中，集中就业残疾人 10.2 万，按比例安排残疾人就业 8 万，公益性岗位就业 1.8 万，个体就业及其它形式灵活就业 12.3 万，辅助性就业 0.7 万。全国城镇实际在业人数 444.8 万；1770.3 万农村残疾人实现稳定就业，其中 1389.9 万人从事农业生产劳动。

全国残疾人职业培训基地达到 5271 个，29.9 万人次城镇残疾人接受了职业培训。

培训盲人保健按摩人员 16514 名、盲人医疗按摩人员 4925 名；保健按摩机构达到 12887 个，医疗按摩机构达到848个；分别有551人和1655人通过医疗按摩人员中级和初级职称评审。

（四）社会保障

残疾人参加新型农村和城镇居民社会养老保险工作实现全覆盖，已有325.3万城镇残疾人参加城镇居民社会养老保险，参保率58.4%。60岁以下的参保残疾人中有62.8万重度残疾人，其中59.2万得到政府的参保扶助，47.7万非重度残疾人享受了全额或部分代缴的优惠政策。享受养老金待遇的人数达到133.7万人。

1333.8万残疾人参加了新型农村社会养老保险，参保率63.8%。60周岁以下的参保残疾人中有236.6万重度残疾人，其中224.6万得到了政府的参保扶助（全部代缴188.2万人，部分代缴36.4万人），150.0万非重度残疾人享受了全额或部分代缴的优惠政策。享受养老金待遇的人数达到507.4万人。

280.9万城镇残疾职工参加社会保险，498.6万城镇残疾居民参加基本医疗保险；1070.5万城乡残疾人纳入最低生活保障； 261.3万城乡残疾人获得其他救助救济，分别有239.1万和36.3万城乡残疾人享受到稳定的生活补贴和护理补贴。

残疾人寄宿制托养服务机构达到3903个，托养残疾人11.3万人。残疾人日间照料机构达到3372个，为7.4万名残疾人提供托养服务。56.0万残疾人接受居家托养服务。

（五）扶贫开发

229.9万贫困残疾人得到扶持，其中137.3万人通过扶贫开发实际脱贫。

康复扶贫贴息贷款扶持5.5万农村残疾人，6.4万个单位和41.3万个人对贫困残疾人开展结对帮扶。残疾人扶持基地达到5226个，安置10.2万残疾人就业，扶持带动25.8万残疾人。

13.2万户农村贫困残疾人危房得到改造，各地投入危房资金11.9亿元，15.7万残疾人受益。

（六）宣传文化

圆满组织以“加强残疾人文化服务 保障残疾人文化权益”为主题的第二十二次全国助残日活动，完成伦敦残奥会、《无障碍环境建设条例》颁布实施、《农村残疾人扶贫开发纲要》颁布、《残疾人权利公约》履约等重点工作的宣传报道。全国共开辟省、地市级报刊专版1543个，残疾人专题广播节目506个，电视手语新闻栏目214个；28个省、115个地市建立了残疾人事业新闻宣传促进会。

继续推进“残疾人文化进社区”项目，由中国残联扶持的示范社区已达1500个。举行了主题为“生命阳光”的两岸四地残疾人艺术展、盲人龙舟赛、文艺巡演等活动，第一次吸纳台湾残疾人参加，台湾社会各界和新闻媒体给予广泛关注和报道。

（七）体育

2012年8月29日至9月9日，我国派出417人代表团参加第14届伦敦残奥会，取得95枚金牌、71枚银牌、65枚铜牌、231枚奖牌的优异成绩，实现了我国在残奥会金牌榜和奖牌榜的“三连冠”。

举办第二届残疾人健身周活动。建设了76个国家级残疾人自强健身示范点。举办全国盲人跳绳、盲人乒乓球比赛和全国首期轮椅广播操训练营等残疾人群众体育赛事活动。举办了5项全国聋人锦标赛，备赛世界听障奥运会。举办了特奥融合篮球邀请赛、大学生特奥教练员培训班等9项特奥活动，全国特奥运动员总数已达到112万。全国有18所院校开设残疾人体育课题研究及相关活动，150所院校开展特奥大学计划，设立了29所国家级训练基地。

各地深入开展残疾人体育工作。建设省、地市级残疾人群众体育活动示范点1391个，培训省、地市级残疾人体育健身指导员9452人。

（八）维权

2012年，修订《残疾人保障法》地方实施办法12件；制定或修改了5件省级、25件地市级关于残疾人的专门法规、规章， 61件省级、

109件地市级保障残疾人权益的规范性文件。全国县级以上人大进行《残疾人保障法》执法检查923次，政协进行视察和专题调研810次。截至2012年底，全国成立残疾人法律救助工作协调机构1188个，建立残疾人法律救助工作站811个，办理案件6453件。建立残疾人法律援助中心（工作站）2979个，办理案件2.5万件。

无障碍建设法规、标准进一步完善。全国共出台了438个省、地市、县级无障碍建设与管理法规、规章；1084个市、县、区系统开展无障碍建设；为14.1万个贫困残疾人家庭实施无障碍改造；为55.4万残疾人发放了残疾人机动轮椅车燃油补贴。

（九）组织建设

2012年，31个省级残联、232个地市级残联配备了残疾人理事长或副理事长；1624个县级残联机关配备了残疾人干部。

全国省市县乡残联实有人员已达12万人。各级残联共举办培训班3万期，培训机关干部、协会干部及残疾人专职委员79万人次。

全国共建立省级以下各类残疾人专门协会15321个，市级专门协会已建比例为98.2%，市辖区专门协会已建比例94.9%；县（含县级市）级专门协会已建比例为89.2%。

（十）服务设施建设

残疾人服务设施建设得到全面发展。截至2012年底，全国已竣工并投入使用的各级残疾人综合服务设施1971个，总占地面积444.0万平方米，总建设规模355.8万平方米，总投资96.2亿元；各级残疾人康复设施231个，总占地面积82.4万平方米，总建设规模67.0万平方米，总投资19.2亿元；各级残疾人托养服务设施155个，总占地面积71.6万平方米，总建设规模43.1万平方米，总投资12.6亿元。

（十一）信息化建设

2012年，中国残联网站加大对残疾人各项政策、地方残疾人工作的宣传，年度访问量达到3450万次。全国33个省级残联、272个地市级残联和1235个县级残联开通网站，为广大残疾人和社会公众提供信息服务。中国残疾人服务网开展面向聋人的央视蛇年春晚（文字+视频）网上直播服务，独立用户访问量14万；发布了近2000个残疾人高端就业岗位。

截至2012年底，全国残疾人人口基础信息数据库累计采集、收录持证残疾人实名信息近2600万条。结合全国农村贫困残疾人扶贫调查，采集农村贫困残疾人扶贫需求信息1350.6万条。

六、人民法院工作

2012年，人民法院审判执行工作态势平稳，案件质量进一步提升。最高人民法院共受理各类案件10676件[①]，同比下降10.0%；审结9563件[②]，同比下降9.1%；审限内结案率为90.5%。地方各级人民法院共受理各类案件1324.3万件，同比上升8.5%；审结1239.7万件，同比上升8.0%；审限内结案率为99.2%；案件标的金额19975.2亿元。全国共有法官19.6万人。

从案件构成看，在2012年审结的各类案件中，刑事案件占8.9%；民商事案件占63.1%；行政案件占1.3%；审查申诉和申请再审案件占0.8%；国家赔偿案件占0.02%；执行案件占19.9%；减刑、假释案件占5.2%。其中，新收各类一审案件844.3万件，同比上升11.1%，审结832.1万件，同比上升10.4%；新收各类二审案件73.0万件，同比上升3.2%，审结72.5万件，同比上升2.9%；新收各类再审案件38417件，同比下降9.3%，审结38042件，同比下降12.0%。

从案件来源看，在2012年审结的各类案件中，当事人直接向人民法院起诉、申请执行的案件占85.7%；检察机关向人民法院提起的公诉、抗诉案件占8.6%；刑罚执行机关向人民法院提起的减刑、假释案件占5.7%。

注：①受理案件是指当年新收案件与上年结转案件的总和。
②审结案件含上年结转的案件。

从案件效果看，在2012年审结的各类一审案件中，当事人服判而直接生效的案件占91.2%，当事人不服一审裁判向上一级人民法院提出上诉或由检察机关提起抗诉的案件占8.8%；在全部生效案件中，一、二审裁判生效后当事人服判的案件占99.4%，申诉和申请再审的案件占0.6%。

（一）加强刑事审判工作，维护国家安全，保障社会和谐稳定

2012年，人民法院坚持惩罚犯罪与保障人权并重，严格执行刑事法律，继续贯彻宽严相济刑事政策，依法惩治各类刑事犯罪。2012年，各级人民法院新收一审、二审、再审刑事案件110.8万件，审结109.7万件，同比分别上升16.9%和16.5%。其中，审结一审刑事案件98.6万件，判处罪犯117.3万人。依法惩治严重危害社会治安犯罪，全年共审结杀人、绑架、抢劫、爆炸等严重暴力犯罪案件以及盗窃、抢夺、诈骗等多发性侵财犯罪案件29.0万件，判处罪犯37.2万人。依法惩处黑恶势力犯罪，全年共审结组织、领导、参加黑社会性质组织犯罪案件898件，判处罪犯4778人。加大对毒品犯罪的打击力度，全年共审结毒品犯罪案件76280件，判处罪犯81025人。依法惩处侵害妇女、儿童权益犯罪，全年共审结拐卖妇女儿童刑事案件1918件，判处罪犯2830人。继续保持针对危害食品、药品安全犯罪打击态势，全年共审结各类严重损害人民群众生命健康的食品、药品安全犯罪案件4723件，判处犯罪分子4778人。依法审结经济犯罪案件，全年共审结各类经济犯罪案件62709件，判处犯罪分子74966 人。加强贪污贿赂犯罪和渎职犯罪的审判工作，全年共审结贪污贿赂犯罪案件25886件，判处罪犯27152人，审结渎职犯罪案件5439件，判处犯罪分子5980人。依法惩处涉外刑事犯罪，全年共判处外国人罪犯605人，依法审理国际关注的湄公河中国船员遇害案等案件，取得良好社会效果，有力维护了我国司法主权，彰显了司法文明。依法办理减刑、假释案件，全年依法审理减刑案件60.3万件，假释案件46995件，同比分别上升5.4%和9.8%。

（二）加强民商事审判工作，维护当事人合法权益，促进经济社会科学发展

2012年，全国各级人民法院大力加强民商事审判工作，为促进经济健康发展，维护人民合法权益提供了有力司法保障。2012年，全国法院共新收一审、二审、再审民商事案件794.0万件，同比上升9.9%；审结782.4万件，同比上升9.1%。其中，审结一审民商事案件720.6万件，同比上升9.9%，案件标的金额12696.9亿元，同比上升25.0%。

民事审判工作 全年共审结婚姻家庭和继承纠纷案件164.7万件；劳动争议案件34.5万件；涉农案件20.8万件；侵权类纠纷案件158.9万件；房地产开发经营合同纠纷案件13.8万件，商品房预售合同纠纷案件93298件，建设工程合同纠纷案件83448件，房屋拆迁合同纠纷案件17092件，土地使用权出让合同纠纷案件887件，土地使用权转让合同纠纷案件1662件；民间借贷案件72.9万件。

商事审判工作 全年共审结合同纠纷案件372.0万件。其中，买卖合同纠纷案件56.0万件，企业间借款合同纠纷案件11920件，保险合同纠纷案件76198件，储蓄存款合同纠纷案件3135件。审结股份转让、股权确认等股东权纠纷案件21992 件，证券纠纷案件468件。审结企业破产案件2100件，依法推动“辽国发”案件的前期清理程序转入破产程序、“格林柯尔”公司的相关诉讼进入执行程序。

知识产权审判工作 加强专利权、商标权、著作权的保护，规范竞争秩序，切实积极发挥民事审判在保护知识产权中的主渠道作用，全国地方法院共新收知识产权民事一审案件87419件，同比上升46.0%。全年共审结涉及知识产权侵权的刑事一审案件12794件，判决发生法律效力15518人。全国地方法院新收一审知识产权行政案件2928件，审结2899件；新收知识产权行政二审案件1424件，审结1388件。

（三）加强行政审判工作，维护人民群众合法权益，促进行政机关依法行政

2012年，各级人民法院扎实开展行政审判工作，以解决审判领域突出问题为重点，坚持执法办案第一要务，统一司法裁判标准，完善行政审判工作机制，规范行政案件庭审和裁判文书，切实维护了人民群众合法权益，监督和促进了行政机关行使职权。各级人民法院共新收一审、二审和再审行政案件16.3万件，审结16.2万件，同比分别下降4.7%和5.2%。审结一审行政案件12.9万件，同比下降5.7%，其中，资源类案件20104件，拆迁类案件6973件，工商类案件4192件，计划生育类案件10343件，环保类案件1673件，劳动和社会保障类案件11484件，民政类案件970件，公安类案件10665件，城建类案件23337件，交通类案件2480件。

（四）加强国家赔偿工作，维护赔偿请求人合法权益，促进国家机关依法行使职权

2012年，各级人民法院坚持权利救济核心理念，通过不断创新工作方式方法，建立健全工作制度机制，充分发挥国家赔偿权利救济的功能，积极促进国家机关依法行使职权，着力兑现宪法尊重和保障人权的承诺。各级人民法院新收一审行政赔偿案件6285件，审结6141件，同比分别上升27.3%和29.3%。新收刑事赔偿案件881件，同比下降3.5%，审结877件，同比上升1.0%。新收非刑事司法赔偿案件1190件，同比下降0.4%，审结1188件，同比上升1.8%。在行政赔偿案件中，人民法院加大国家赔偿案件的调解力度，全年在行政赔偿案件中成功调解275件，同比上升39.6%，实现国家赔偿纠纷的实质性解决。在刑事和非刑事司法赔偿案件中，加大对受损权利的救济力度，全年决定赔偿的案件数量为351件，赔偿金额为6099.6万元，同比上升21.5%。

（五）强化执行工作，破解执行难题，维护当事人合法权益

2012年，各级法院继续深化反规避执行专项活动，狠抓执行工作制度化、规范化和信息化建设，进一步解决执行难、提高执行公信力。各级人民法院共执结各类案件246.6万件，标的金额5667.9亿元，同比分别上升3.0%和8.5%。在执结的各类案件中，诉讼类执行案件209.2万件，占84.8%；非诉讼类执行案件37.4万件，占15.2%。诉讼类执行案件中，民事案件占执结案件总数的80.2%，刑事案件占4.3%，行政案件占0.4%。非诉讼类执行案件中，行政非诉审查与执行类案件占执结案件总数的6.6%，仲裁类案件占4.7%，公证债权文书类案件占0.7%，司法协助与其他案件占3.2%。

（六）加强立案信访工作，畅通当事人诉讼通道，保障当事人合法诉求

2012年，全国法院针对立案信访突出问题，继续深入贯彻落实“四个必须、五项制度”，采取多项举措全力预防化解矛盾纠纷，规范立案受理和诉讼管辖秩序，依法保护当事人诉权，立案信访工作取得新进展。各级人民法院立案机构共审查立案921.5万件。为确有困难的当事人减免诉讼费42983.9万元，同比上升3.3倍。共接待人民群众来访66.0万件（次），同比上升2.6%，收到人民群众来信37.1万件，同比上升36.7%。

（七）加强审判监督工作，依法纠正错误裁判，促进司法公正

2012年，各级人民法院充分发挥审判监督职能，认真审理各类审判监督案件，及时纠正司法过程中的错误，切实保障当事人的合法权益，维护司法公正，提升司法公信力。共审结刑事和行政申诉、民事申请再审案件99755件，同比下降3.8%。审结各类再审案件38042件，其中改判9048件，发回重审5585件。

（执笔：民政部规划财务司规划统计处
文化部财务司规划统计处
国家广播电影电视总局规财司统计处
国家体育总局体育经济司综合处
中国残疾人联合会信息中心统计处
最高人民法院研究室）

专栏：国家基本公共服务体系基本概念和主要目标

2012年7月11日国务院印发了《国家基本公共服务体系“十二五”规划》（以下称《规划》），这是我国首部国家基本公共服务总体性规划，是“十二五”期间国家级重点专项规划。

《规划》的出台，对建立健全基本公共服务体系，促进基本公共服务均等化，构建社会主义和谐社会、维护社会公平正义具有重要意义；对推进以保障和改善民生为重点的社会建设，加快经济发展方式转变、稳定经济增长、调整产业结构、发展服务业等经济社会的发展产生重要作用。《规划》阐述了国家基本公共服务体系的基本概念、指导思想、规划范围，明确了基本公共服务国家基本标准和主要目标。

基本概念：

基本公共服务，指建立在一定社会共识基础上，由政府主导提供的，与经济社会发展水平和阶段相适应，旨在保障全体公民生存和发展基本需求的公共服务。享有基本公共服务属于公民的权利，提供基本公共服务是政府的职责。

服务范围，包括了教育、劳动就业服务、社会保险、社会服务、医疗卫生、人口和计划生育、住房保障、公共文化体育等8个保障基本民生需求的领域以及残疾人基本公共服务，涉及了与人民生活环境紧密相关的环境保护、基础设施等领域的公共服务，以及保障安全需要的公共安全、消费安全和国防安全等领域的公共服务，共44类80个基本公共服务项目。

主要目标：

“十二五”时期要把建立健全基本公共服务体系、完善保障和改善民生制度的任务与全面建成小康社会战略目标和任务紧密衔接。《规划》把供给有效扩大、发展较为均衡、服务方便可及和群众比较满意四个方面作为“十二五”时期基本公共服务的主要目标。为实现目标，《规划》提出要增加政府投入，逐步提高基本公共服务预算支出占财政支出比重；合理布局资源，实现基本公共服务均衡发展，使农村和老少边穷地区基本公共服务水平明显得到提高；全面建立以基层为重点的基本公共服务网络，使城乡居民能够就近获得基本公共服务；有效建立城乡居民基本公共服务需求表达机制，不断提高社会满意度。

党的十八大报告中对全面建成小康社会目标提出了新的要求，将基本公共服务均等化总体实现作为全面反映人民生活水平的一项重要目标。目前，国家基本公共服务体系“十二五”规划的实施工作已启动，有关部门正在组织和研究下一步工作重点、对《规划》的实施工作进行部署。

（执笔：宫少军 国家统计局社会科技和文化产业统计司）

专栏：社会养老服务体系内涵、定位和建设目标

“十二五”时期是我国全面建成小康社会的关键时期，也是老龄事业发展的重要机遇期。《中国老龄事业发展“十二五”规划》提出，从2011年到2015年，全国60岁以上老年人将由1.78亿增加到2.21亿，平均每年增加860万；老年人口比重将由13.3%增加到16%，平均每年递增0.54个百分点。近年来，在党和政府的高度重视下，我国的社会养老服务体系建设取得了长足发展，《社会养老服务体系建设规划（2011-2015）》的制定和实施更为我国养老服务体系的建设指明了方向。

社会养老服务体系是与经济社会发展水平相适应，以满足老年人养老服务需求、提升老年人生活质量为目标，面向所有老年人，提供生活照料、康复护理、精神慰藉、紧急救援和社会参与等设施、组织、人才和技术要素形成的网络，以及配套的服务标准、运行机制和监管制度。

社会养老服务体系建设应以居家为基础、社区为依托、机构为支撑，着眼于老年人的实际需求，优先保障孤老优抚对象及低收入的高龄、独居、失能等困难老年人的服务需求，兼顾全体老年人改善和提高养老服务条件的要求。

我国的社会养老服务体系主要由居家养老、社区养老和机构养老等三个有机部分组成。《社会养老服务体系建设规划（2011-2015）》中的具体建设目标和任务有：

到2015年，基本形成制度完善、组织健全、规模适度、运营良好、服务优良、监管到位、可持续发展的社会养老服务体系。每千名老年人拥有养老床位数达到30张。

改善居家养老环境，健全居家养老服务支持体系。“十二五”期间，增加日间照料床位和机构养老床位30余万张，实现养老床位总数翻一番；改造30%现有床位，使之达到建设标准。

在居家养老层面，支持有需求的老年人实施家庭无障碍设施改造。扶持居家服务机构发展，进一步开发和完善服务内容和项目，为老年人居家养老提供便利服务。

在城乡社区养老层面，重点建设老年人日间照料中心、托老所、老年人活动中心、互助式养老服务中心等社区养老设施，推进社区综合服务设施增强养老服务功能，使日间照料服务基本覆盖城市社区和半数以上的农村社区。

在机构养老层面，重点推进供养型、养护型、医护型养老设施建设。县级以上城市，至少建有一处以收养失能、半失能老年人为主的老年养护设施。在国家和省级层面，建设若干具有实训功能的养老服务设施。

提高社会养老服务装备水平，鼓励研发养老护理专业设备、辅具，积极推动养老服务专用车配备。

加强养老服务信息化建设，依托现代技术手段，为老年人提供高效便捷的服务，规范行业管理，不断提高养老服务水平。

（执笔：潘旭华 国家统计局社会科技和文化产业统计司）

专栏：《“十二五”期间深化医药卫生体制改革规划暨实施方案》总体要求和主要目标

总体要求 以邓小平理论和“三个代表”重要思想为指导，深入贯彻落实科学发展观，紧紧围绕《中共中央国务院关于深化医药卫生体制改革的意见》（中发〔2009〕6号）精神，坚持把基本医疗卫生制度作为公共产品向全民提供的核心理念，坚持保基本、强基层、建机制的基本原则，坚持预防为主、以农村为重点、中西医并重的方针，以维护和增进全体人民健康为宗旨，以基本医疗卫生制度建设为核心，统筹安排、突出重点、循序推进，进一步深化医疗保障、医疗服务、公共卫生、药品供应以及监管体制等领域综合改革，着力在全民基本医保建设、基本药物制度巩固完善和公立医院改革方面取得重点突破，增强全民基本医保的基础性作用，强化医疗服务的公益性，优化卫生资源配置，重构药品生产流通秩序，提高医药卫生体制的运行效率，加快形成人民群众“病有所医”的制度保障，不断提高全体人民健康水平，使人民群众共享改革发展的成果。

主要目标 基本医疗卫生制度建设加快推进，以基本医疗保障为主体的多层次医疗保障体系进一步健全，通过支付制度等改革，明显提高保障能力和管理水平；基本药物制度不断巩固完善，基层医疗卫生机构运行新机制有效运转，基本医疗和公共卫生服务能力同步增强；县级公立医院改革取得阶段性进展，城市公立医院改革有序开展；卫生资源配置不断优化，社会力量办医取得积极进展；以全科医生为重点的人才队伍建设得到加强，基层人才不足状况得到有效改善，中医药服务能力进一步增强；药品安全水平不断提升，药品生产流通秩序逐步规范，医药价格体系逐步理顺；医药卫生信息化水平明显提高，监管制度不断完善，对医药卫生的监管得到加强。

到2015年，基本医疗卫生服务更加公平可及，服务水平和效率明显提高；卫生总费用增长得到合理控制，政府卫生投入增长幅度高于经常性财政支出增长幅度，政府卫生投入占经常性财政支出的比重逐步提高，群众负担明显减轻，个人卫生支出占卫生总费用的比例降低到30%以下，看病难、看病贵问题得到有效缓解。人均期望寿命达到74.5岁，婴儿死亡率降低到12‰以下，孕产妇死亡率降低到22/10万以下。

（执笔：张会英 国家统计局社会科技和文化产业统计司）

专栏：2012 年度中国广播电视行业十大科技关键词

1. 三网融合 自 2010 年 1 月国务院决定加快推进三网融合发展以来，已经分两批在 54 个城市试点，2013 年三网融合将进入新的发展阶段。

2. 互联网电视 2012 年，互联网电视从产品到体验都有了较大的进步，家庭宽带的进一步提速以及智能电视和机顶盒的成熟化发展促进了该产业的快速发展。

3. 3D 电视 2012 元旦中国 3D 试验频道的开播，揭开了我国 3D 电视发展新的篇章。北京电视台有幸参与 3D 试验频道建设与推广工作，在过去的一年中整合各方资源，初步形成了 3D 内容生产能力，创作出了诸多有影响力 3D 作品。

4. "十八大"安全播出 2012 年，在中宣部和总局党组的领导下，全国广电系统把确保十八大期间广播电视安全播出作为一项重要政治任务，历时半年时间组织开展了全国安全播出自查、检查、整改工作，全面加强了安全播出保障能力，圆满完成了十八大广播电视安全播出工作。

5. 宽带接入 三网融合是具有中国特色的宽带发展战略。广电宽带网络是国家宽带基础设施的重要组成部分，是推进我国三网融合的基础条件之一，是广播电视行业发展新业态的必备条件。

6. 智能终端 随着互联网的普及，智能手机、PAD、互联网电视机顶盒等智能终端成为时尚的电子产品，各类应用层出不穷。在 NGB①的推动下，已有相当数量的有线电视网具备双向交互能力，传统的有线电视机顶盒已经无法满足用户需求，将面临升级换代。

7. 高清电视 自 2009 年在全国 9 个频道开始高标清同播以来，高清电视市场蓬勃发展，高清节目制作遍地开花，高清设备按需自主研发。

8. 云计算 2012 年云计算继续蝉联全球十大战略技术。云计算不仅是一种需要引进应用的先进技术，更重要的是带来了开放理念，其影响超越了技术本身。

9. NGB 2012 年国家连续发布了多个 NGB 标准，范围从 NGB 接入技术到业务平台、编码技术等。NGB 是广播电视网走向三网融合的唯一技术路线，是符合国家宽带战略的选择。

10. 直播卫星"户户通" 2012 年是直播卫星"户户通"发力的一年，中央财政 15 亿以奖代补资金和省财政的资金支持为"户户通"工程的全面推广注入了强大的推力。

（执笔：张会英 国家统计局社会科技和文化产业统计司）

注：① NGB(next generation broadcasting network)，即下一代广播电视网，是以"高性能宽带信息网"(3TNet)自主创新的核心技术为支撑，将电信网、计算机网和有线电视网三网融合，有线无线相结合，全程全网的广播电视网。它具备"百兆到户、千兆进楼、T 级骨干"的网络承载能力，能满足未来每个家庭"出门就上高速路"的信息服务需求。

2012年环境与生态保护状况报告

一、环境保护事业

2012年，全国环保系统认真贯彻科学发展观，落实中央关于环境保护的决策部署和第七次全国环境保护大会和环保工作会议精神，充分发挥环境保护在生态文明建设中的主阵地作用，积极探索在发展中保护、在保护中发展的环保新道路，以解决影响可持续发展和损害群众健康的突出环境问题为重点，大力推进生态文明建设，各项重点工作取得积极进展。

（一）主要污染物减排年度任务全面完成

指导各地和中央企业制定减排计划，及时向社会公告2012年需要完成的重点项目。强力推进主要污染物总量减排工作，将重点减排工程项目和保障措施落实到重点行业企业。加强对环境保护和污染减排政策措施落实情况监督检查，联合发展改革委印发《关于加快燃煤电厂脱硝设施验收及落实脱硝电价政策有关工作的通知》（环办〔2013〕21号），推进全国脱硝电价政策执行实施。制定并实施《“十二五”主要污染物总量减排统计办法》和《“十二五”主要污染物总量减排监测办法》，起草《“十二五”主要污染物总量减排考核办法》并经国务院印发实施，制定《建设项目主要污染物排放总量指标管理办法（试行）》。2012年，全国化学需氧量、氨氮、二氧化硫和氮氧化物排放总量分别比2011年下降3.05%、2.62%、4.52%和2.77%，全面完成年度减排任务，其中氮氧化物首次出现拐点。

（二）环境保护优化经济发展作用进一步显现

继续推进战略环评、规划环评和项目环评。西部大开发战略环评稳步推进，金沙江水电基地分段实现全流域规划环评，七大流域各主要支流全面实施综合规划环评。坚决遏制“两高一资”、低水平重复建设和产能过剩建设项目。坚持依法依规开展环评，扩大公众参与，实行环评受理、审批和验收全过程“三公开”。下放部分环评审批权，配合做好社会风险评估工作。完善环境标准体系和深入开展清洁生产审核。2012年全年新发布环境保护标准68项，对纺织染整、钢铁和焦化等工业行业进一步收严排放限值。全面推进重点企业清洁生产审核，向社会公告8775家完成评估验收的企业名单。

（三）解决民生环境问题取得新进展

经国务院同意，新修订的《环境空气质量标准》和《环境空气质量指数（AQI）技术规定（试行）》发布，出台新标准实施“三步走”的总体方案。2012年在京津冀、长三角、珠三角等重点区域以及直辖市和省会城市开展$PM_{2.5}$与O_3等项目监测，2013年在113个环境保护重点城市和国家环境保护模范城市开展监测，2015年在所有地级以上城市开展监测。自2016年1月1日起该标准在全国实施。《全国农村饮水安全工程“十二五”规划》经国务院批复实施，组织全国地级以上城市集中式饮用水水源环境状况评估，基本摸清321个城市833个水源地的基本情况。落实《全国地下水污染防治规划》，编制华北平原地下水污染防治工作方案。印发《重金属污染防治“十二五”规划》实施考核办法及相关细则，首次组织开展规划实施情况考核。强力推进历史遗留铬渣治理，编制印发《化学品环境风险防控“十二五”规划》和《全国主要行业持久性有机污染物污染防治“十二五”规划》。深入开展环保专项行动，圆满完成环境安全百日大检查。

（四）重点流域区域污染防治有较大突破

持续推进重点流域污染防治，《重点流域水

污染防治规划（2011 － 2015 年）》经国务院批复实施。完善重点流域水污染防治专项规划实施情况考核指标体系，开展长江中下游流域规划实施情况考核。扎实推进河湖污染防治工作，太湖等重点湖泊流域水质初步改善。优先保护生态良好湖泊，累计安排专项资金 25 亿元，新增试点湖泊 19 个，湖库生态环境质量进一步提高。国务院批复《重点区域大气污染防治“十二五”规划》，要求采取综合治理、协同控制、联防联控等措施。

（五）生态保护和农村环境保护不断强化

李克强副总理主持召开中国生物多样性保护国家委员会第一次会议，审议通过《联合国生物多样性十年中国行动方案》，生物多样性保护上升为国家战略。全面启动全国生态环境十年变化（2000 － 2010 年）遥感调查与评估。全国 15 个省（区、市）和 1000 多个县（市、区）开展生态省、生态县建设，53 个地区开展生态文明建设试点工作。农村“以奖促治”增资扩面。安排中央财政 55 亿元用于农村环保专项资金，支持开展农村环境综合整治。印发《全国农村环境综合整治“十二五”规划》、《全国畜禽养殖污染防治“十二五”规划》。完成全国土壤污染状况调查，会同有关部门编制《土壤环境保护“十二五”规划》。

海南生态环境全国领先
（海南省工业和信息化厅提供）

（六）生态补偿机制初步建立

配合财政部开展生态补偿试点，探索流域上下游之间、自然保护区内外和不同主体功能区之间生态补偿的有效办法。重点生态功能区生态补偿机制的建立与实施取得较好效果。中央财政对国家重点生态功能区范围内的部分县（市、区）实施资金转移支付，涉及 20 多个省（区、市）。2008 年以来累计支持资金 1100 亿元，年度资金由 2008 年的 60.5 亿元增加到 2012 年的 371 亿元，支持的县（市、区）由 221 个增加到 466 个。

（七）核与辐射安全保障更加有力

国务院批复《核安全与放射性污染防治“十二五”规划及 2020 年远景目标》，规划项目涉及投资 798 亿元。我国 15 台运行核电机组处于安全状态，29 台在建核电机组建造质量处于受控状态，19 座民用研究堆总体情况良好。开展全国辐射安全综合检查，动员监管人员 19 万多人次，检查核技术利用单位近 6 万家。加大放射性废物和铀矿冶污染治理力度，推进电磁辐射环境全过程监管。

（八）政策法制、环保规划、科技监测、宣传教育和国际合作扎实推进

《环境保护法》修正案草案提请全国人大常委会初次审议，《清洁生产促进法》修订颁布。发布《环境保护综合名录（2012 年版）》，在 15 个省份开展环境污染强制责任保险试点。国务院办公厅首次将环保规划任务分解落实到有关部门。制定《全国环境功能区划纲要》，在吉林、浙江、新疆开展省级环境功能区划编制试点。积极推进环境监测天地一体化进程，“环境一号”C 卫星发射成功。水体污染控制与治理科技重大专项实施取得新进展。组织孟祥民同志先进事迹系列报告会，稳妥推进环境文化体制改革。成功举办联合国可持续发展大会中国环境与发展国际合作委员会 20 周年主题边会，中国环境与发展国际合作委员会 2012 年年会圆满召开，环保国际合作取得积极进展。

（九）环保能力和队伍建设进一步加强

环保投入大幅增加。2012 年，参与中央环保投资分配超过 260 亿元，比 2011 年增加 50% 以上。环保监测执法业务用房项目顺利推进。支持 24 个省（区、市）164 个县（区）级开展环境监测站标准化建设，为 170 个监察执法机构配备移动执法系统和挥发性气体检测设备。落实《生态环境保护人才发展中长期规划（2010 － 2020 年）》，组建环境保护部人才工作领导小组。坚持分级分类培训，全年培训干部和各类人才 4 万余人次，计划完成率为 115%。

（执笔：环境保护部主要污染物排放总量控制司）

二、海洋事业

2012 年是党和国家发展进程中极不平凡的一年，也是海洋事业发展史上极不寻常的一年。在党中央国务院的正确领导下，全国各级海洋行政主管部门奋力开拓，务实进取，在海洋事业的发展史上书写了光彩的篇章，为建设海洋强国奠定了良好基础。

一、海洋经济继续保持平稳增长的良好势头

据初步测算，2012 年全国海洋生产总值 50087 亿元，比上年增长 7.9%，海洋生产总值占国内生产总值的 9.6%，海洋第一、第二、第三产业增加值占海洋生产总值的比重分别为 5.3%、45.9% 和 48.8%。一年来，为加快推进海洋经济发展方式的转变，全国各级海洋行政主管部门采取一系列的有效举措：

一是政策规划引领了发展。国务院出台了《国家海洋事业发展“十二五”规划》、《全国海洋经济发展“十二五”规划》、《全国海洋功能区划（2011-2020 年）》及 11 个省级海洋功能区划、《全国海岛保护规划》、《陆海观测卫星发展规划（2011-2020 年）》，国家海洋局联合财政部下发了《关于推进海洋经济创新发展区域示范的通知》，与国家开发银行签署战略合作协议，支持山东、青岛、浙江、宁波、福建、厦门、广东、深圳等省市开展海洋经济创新发展区域示范。

二是行政措施服务了发展。坚持保障发展与保护环境相统一的原则，紧密结合沿海地区的发展需要，统筹安排年度围填海计划，审查批准区域建设用海规划 23 个，农业围垦用海规划 2 个，全年报国务院批准项目用海 32 个，优先保障了国家重点基础设施、产业政策鼓励发展和民生项目用海需求。

三是科技创新支撑了发展。积极促进海水淡化产业的发展，海洋可再生能源工作在专项资金支持下取得可喜进展。建立了海洋工程科技奖励制度。利用公益专项重点支持了山东、福建、浙江、广东等省的科技创新、成果转化、产业发展。海洋卫星业务应用得到进一步拓展，地面应用系统建设取得全面进展。

四是服务指导助推了发展。与有关部门共同对广东、浙江、辽宁、河北四省组织规划实施、海洋经济发展情况进行调查研究和指导。河北、江苏、浙江、福建等省进一步探索和完善了适合本省特点的海域使用权的招标、拍卖制度，上海推进 16 项海洋行政审批事项“全部上网、全程上网”，福建建立了联系县市、挂钩重点项目的挂点包片制度，江苏建立了海洋经济考核指标体系和核算体系，广东省编制了全国首部海洋经济地图，着力服务海洋经济发展和推进重点项目建设。

五是海洋执法保障了发展。“海盾”专项执法行动严厉打击和有效遏制了非法围填海行为。“海砂”专项行动对海砂开采密集区域实行重点监控，遏制了盗采滥挖海砂行为；“区域用海”专项行动对 91 个区域用海规划项目实施逐一检查；海岛定期巡查和海岛执法示范进一步规范了无人岛开发秩序。

二、维护海洋权益斗争取得重大胜利

一是钓鱼岛维权上打出组合拳。公布了钓鱼岛及其附属岛屿等 71 个岛屿的名称。针对日方对钓鱼岛所谓的“国有化”，不间断地在钓鱼岛领海开展维权巡航执法。中国海监飞机飞抵钓鱼

岛领空进行海空立体巡航执法。及时公布了钓鱼岛地理坐标、命名部分地理实体，公布钓鱼岛及其附属岛屿领海基点基线、播发钓鱼岛海区海洋环境预报、举办钓鱼岛问题座谈会、发布钓鱼岛白皮书、宣传册及地名册、公布钓鱼岛及其附属岛屿图件等，初步实现了我在钓鱼岛海域的常态化存在。

二是在黄岩岛维权上赢得了斗争的主动权。菲律宾海军非法登检我在黄岩岛海域正常作业的渔船，海监编队及时赶赴阻止菲方企图抓扣我渔民的侵权行为，保护了我渔民的人身和财产安全。

三是有力反制越南公布海洋法的侵权行为。中国海监加大了南海我管辖海域的维权执法力度，中国海监第十支队、三沙海监支队和三沙海洋环境监测中心站相应建立。

四是编制了我国东海部分海域 200 海里以外大陆架划界案。12 月 12 日正式提交至联合国，向国际社会重申了我东海大陆架延伸至冲绳海槽的一贯主张。与外交部积极配合，坚决挫败日本利用冲之鸟礁攫取管辖海域的非法图谋。

三、海洋科考与资源调查向深度与广度拓展

一是“蛟龙”号载人深潜试验取得重大突破。海试最大深度达到 7062 米，创造了同类作业型载人潜水器的世界新纪录，使我国具备了在 99.8% 的海底深处进行科学考察和资源勘查能力。

二是大洋资源调查取得新进展。海洋资源调查范围涉及太平洋、印度洋和大西洋，涵盖多金属硫化物、富钴结壳、深海生物基因、深海环境调查等多项任务。中国大洋协会第一个向国际海底管理局提交了位于西太平洋的富钴结壳矿区申请，这是我国在国际海底区域申请的第三块资源矿区。

三是极地科考取得新成果。第 5 次北极科考首次穿越北极航道进入大西洋，到达冰岛并完成了合作科考项目，实现了两国总理达成的共识。南北极环境考察与评估专项全面铺开，现场考察、综合评估和战略研究已经取得初步成果。南极科考稳步开展，新建南极科学考察站前期工作已顺利启动。

四是海洋调查重大专项稳步实施。历时 8 年的我国近海资源环境综合调查与评价专项圆满收官，基本摸清了我国近海家底，更新了我国海岸线、海岛等一大批海洋资源环境基础数据。

四、保障沿海地区发展能力得到加强

一是集约利用海域资源力度加大。控制海域开发规模，科学合理确定围填海计划指标。加大规划和项目审查力度，促进海域资源的节约集约利用。建立了海域使用权价值评估体系，完善海域使用权市场化出让制度。全面推进海域动态监视监测管理系统业务化运行。海域海岸带整治修复逐步开展，批复实施 39 个整治修复项目。

二是海岛保护利用取得重大进展。浙江、广东、广西、福建省级海岛保护规划已批准实施。全国海域、海岛地名普查任务全部完成，《中国海域海岛标准名录》即将发布。海岛监视监测系统省级联网运行。建立了区域用岛和海域海岛衔接等管理制度。

三是海洋防灾减灾有效开展。制定了《警戒潮位核定管理办法》等 6 个规章制度。妥善应对了“苏拉”、“达维”等 16 次台风风暴潮、海浪灾害。对海上地震可能引发的海啸进行了监测和预警。国家与地方海洋防灾减灾体系初步构建。

五、海洋生态文明建设不断推进

一是海洋环境突发事件得到稳妥处置。依法依规对蓬莱 19-3 油田进行严格监管。按照渔民利益优先的原则，促成相关企业出资 16.83 亿元用于赔偿和补偿溢油造成的生态损失，开创了海洋生态行政索赔的成功先例。继续开展西太平洋及我国管辖海域海洋环境放射性监测，及时发布监测预警信息，有效应对日本福岛核泄露事故对海洋生态安全影响和威胁。针对装载 7000 吨浓硫酸的韩国船只在广东海域沉没，可能导致严重环境灾难的事件，及时启动海洋环境应急监测，持续发布监测信息，消除了公众的恐慌心理。

二是海洋生态保护力度逐步加大。完成了山东、浙江、福建、广东等首批国家级海洋生态文

明示范区的申报创建工作，2012年新建了15个国家级海洋保护区（海洋公园），增加保护区面积751平方公里。印发《关于建立渤海海洋生态红线制度的若干意见》，在渤海率先建立实施海洋生态红线制度。

三是海洋生态修复顺利开展。制定完善了《海洋环境污染损害修复管理暂行办法》、《海岛保护专项资金管理办法》，确定了21个海洋生态修复项目，70个海岛整治修复与保护项目。

四是海洋污染防控措施更加严格。从监测、审批和执法三个层面，严密监测各类污染源、严格评审和审批各类用海项目、严肃查处海上环境违法案件176起。加强海洋环境监测监督，实行定期巡航监测，定期发布通报。

六、海洋基础设施与装备能力得到提升

一是中国海监基础支撑条件改善。省级维权海监执法船、执法快艇顺利开工建造并陆续交付使用。中国海监维权执法基地启动维修改造。

二是海洋科考船规模进一步扩大。由国家海洋局牵头、多部门联合的国家海洋调查船队正式组建。大洋资源综合调查船、“蛟龙”号工作母船、2艘4000吨级海洋综合科考船、极地破冰船的新建工作进展顺利。

三是海洋观测预报基础能力提高。完成了54个海洋台站升级改造，新增24套X波段测波雷、11套应急机动监测平台、4套海上油气平台以及江苏苏北浅滩观测站6个，业务化海洋观测领域逐步由近海向深海大洋延伸，岸基和离岸海洋观测能力进一步增强。海洋二号卫星完成在轨交付并进入业务化运行。

（执笔：国家海洋局政策法规和规划司）

三、林业事业

2012年，在党中央、国务院的正确领导下，在各有关部门的大力支持下，全体务林人奋力拼搏，开拓创新，扎实工作，全面完成了各项工作任务，全国林业改革发展取得明显成效，为改善生态改善民生发挥了重要作用。

（一）林业改革继续深化

出台了《国务院办公厅关于加快林下经济发展的意见》，召开了全国深化集体林权制度改革工作会议。全国确权集体林地27亿亩，占集体林地总面积的97.7%；发证面积25.78亿亩，占确权林地的95.5%，8949万农户拿到林权证，累计调处林权纠纷110多万起，基本落实了农民家庭承包经营权。全国共建立农民林业专项合作组织10.77万个，林权管理服务机构1435个，林权流转逐步规范，林权保护管理体系日益完善。森林保险投保面积14亿亩，林权抵押贷款余额达676亿元。林下经济蓬勃发展，产值达2300多亿元，有力地促进了农民就业增收，重点林业县农民林业收入占人均总收入的比例达到50%以上。国有林场改革方案基本形成共识，落实了国家财政补助政策，出台了加强国有林场森林资源管理的意见。审查了6个试点省改革实施方案，中央财政下达补助资金12亿元。对重点国有林区改革进行了深入调研，完善了《东北、内蒙古重点国有林区森林资源管理体制改革的意见》，改革试点稳步推进。

（二）造林绿化任务全面完成

召开了全国造林绿化表彰动员大会，制定了《造林绿化目标责任制考核评价办法》，加强了部门绿化检查和春季造林绿化督查。社会造林和工程造林齐头并进，企业造林、大户造林、专业队造林快速发展，义务植树、身边增绿、通道绿化、森林进城等活动深入开展。确定了第二批95处国家重点林木良种基地，全年生产林木种子3000万公斤，苗木300多亿株，开展了打击制售假劣林木种苗专项行动，林木种子和苗木合格率分别达到90.1%和94.7%。全国共完成造林9012万亩，超额完成了全年任务；义务植树26.82亿株，为计划的107.3%。完善了森林抚育规程，启动了森林经营样板基地建设，森林抚育经营由试点转向全面推开。全国共完成森林抚育12360万亩，为计划的117.7%。全国林业碳汇计量监测体系

建设继续推进，制修订了多项碳汇计量监测办法，积极参与国家碳排放权交易试点和应对气候变化工作。

（三）林业重点工程深入实施

天然林保护工程一次性安置职工社会保险补助政策获国务院批准，落实中央财政补助资金50.6亿元，森林管护、公益林建设、森林改造培育等工作顺利展开。国务院决定在重点生态脆弱区继续退耕还林，并从2013年起提高巩固退耕还林成果部分项目补助标准。召开了三北工程四期总结暨五期工程启动大会，五期工程规划正式获批实施，增加了退化林分修复和百万亩人工林基地建设内容。长江、珠江等防护林体系建设工程持续推进，完成了三期规划编制工作。国务院批准了《京津风沙源治理二期工程规划》，建设范围扩大到6个省区市138个县，增加了林草植被保护、工程固沙等林业建设内容。石漠化综合治理重点县由200个扩大到300个，发布了第二次石漠化监测结果。通报了“十一五”省级政府防沙治沙目标责任综合考核结果，并被确定为省级政府领导班子和领导干部综合考核的重要依据。加强了沙尘暴预警监测和处置工作，全年共发生10次沙尘天气。推进了自然保护区基础设施和能力建设，新增林业国家级自然保护区23处，启动了极小种群野生植物拯救保护工作。开展了第二次全国野生动植物和第四次大熊猫调查工作。强化了野生动物疫源疫病监测防控体系建设和监测防控工作，全年未发生重大疫情。国务院批准了《全国湿地保护工程“十二五”实施规划》，全年恢复湿地2万公顷，新增湿地保护面积9万公顷和68处国家湿地公园试点，确认了11处国家重要湿地。完成了第二次全国湿地资源调查和湿地生态系统健康功能价值评价指标体系研究。稳步推进木材战略储备示范基地建设，共营造珍稀储备林165万亩，速生丰产林981万亩。

（四）资源保护管理切实加强

积极化解集体土地发证对林地林权管理带来的冲击。全国林地“一张图”拼接和入库工作基本完成，启动了年度更新调查试点，加强了县级林地保护利用规划编制工作，出台了严格的重点国有林区矿产开发和风电项目使用林地管理政策。推进了森林可持续经营管理试点、森林增长指标考核评价和第八次全国森林资源清查工作，提高了森林资源监测和利用监督水平。加强了森林资源管理、林业植物检疫、象牙加工销售、养熊取胆等领域执法检查。针对各地破坏野生动物资源、走私和非法经营野生动物的情况，开展了多次专项严打整治行动，遏制了破坏野生动物资源案件高发的态势。16个省成立了濒危物种履约执法协调小组，开展了打击濒危物种走私、林区维稳和缉枪治暴专项行动，加大了林政案件查办力度。全国共查处、侦破涉林案件27万多起，挽回直接经济损失4亿多元，维护了森林资源安全和林区社会稳定。完成了327种林业有害生物风险评估，印发了《主要林业有害生物成灾标准》。全国林业有害生物防治面积达1.17亿亩，无公害防治率达87%，松材线虫病、美国白蛾等主要有害生物危害得到控制。

（五）森林防火取得显著成效

中央领导同志多次作出重要批示，国务院专门召开全国电视电话会议部署森林防火工作。调整充实了国家森防指领导和成员，修订颁布了《国家森林火灾应急预案》。大力推进森林防火制度、机制、信息、平台建设，认真落实卫星热点核查“零报告”和“有火必报”制度，卫星热点2小时反馈率达98.7%，火灾24小时扑灭率达97.1%。加强了武警森林部队和森林消防队伍规范化建设，实施了靠前驻防和大规模“南兵北用”行动。共租用80多架飞机，累计飞行6300多个小时，在16个省区开展了航空护林。各部门大力支持森林防火工作，加大了投资建设力度，防扑火装备水平逐步提高。强化了重点时期火险预警、宣传教育、专项督查工作，森林火灾防控能力和应急处置水平明显提升。认真落实中俄、中蒙边境地区联防协定，有效防阻了境外火入侵。全国共发生森林火灾3964起，受害面积1.4万公顷，伤亡21人，同比分别下降27%、47.4%和76.9%，连续四年实现“三下降”，灾害损失为历年最低。

（六）林产品供给能力不断提升

编制了人造板、特色经济林、花卉、林业生物质能源、林产品质量检验检测体系建设等专项规划，林业产业规划体系逐步完善。加大了产业扶持力度，中央财政木本油料产业发展资金增加到37.9亿元，油茶产业发展重点县增加100个。与国家开发银行和中国农业银行签署了支持林业发展合作协议，中央财政贴息达14.7亿元。在全球经济危机等不利因素影响下，全国林业产业继续保持强劲发展势头。预计全年林业产业总产值将达到3.7万亿元，增幅21%。全国林产品进出口贸易额有望达到1200亿美元，同比增长3.4%。全国主要林产品产量持续增长，木材产量达8088万立方米，人造板产量达2.07亿立方米，干鲜果品、木本油料等特色经济林产量达1.46亿吨。全国花卉种植面积1536万亩，销售额达到1068亿元，出口创汇4.8亿美元。油茶种植面积超过5500万亩，茶油产量超过37万吨，实现年产值245亿元。国家级森林公园达764个，全国森林公园旅游人数突破5.1亿人次，比去年增长15%，直接收入超过450亿元，综合产值超过3500亿元。

（七）生态文化引领作用日益显现

以召开党的十八大为契机，举办了系列宣传、展览活动，为林业发展营造了良好氛围。中央主要媒体和网站刊播林业报道近1.2万条，人民日报十八大林业特刊、凤凰卫视《大地寻梦》、人民网荒漠化防治专栏等产生了巨大的社会影响。森林城市、生态文明教育基地创建活动深入开展，全国新增10个国家森林城市、10个国家生态文明教育基地、2个全国生态文化示范基地和78个全国生态文化村。共有64个城市开展了国家森林城市创建活动，全年投入800多亿元用于

全国4A级景区－六盘山国家森林公园（宁夏旅游局提供）

造林绿化。举办了城市森林论坛、生态文化高峰论坛、绿色公益盛典和竹文化节等活动，宣传了湖南余锦柱、云南“陆良八老”、山东孙建博、广西庞祖玉、海南鹦哥岭青年团队等先进典型。推出了电视专题片《湿润的文明》、纪录片《国家森林公园》和电影《完美人生》、《野马》、《梦萦张家界》等影视作品，出版了《中国的绿色增长——党的十六大以来中国林业的发展》等重点图书，生态文化影响力明显提升。

（八）林业国际交流合作逐步深入

深度参与了联合国可持续发展大会筹备和参会工作，将林业内容纳入了温家宝总理大会发言和倡议，大会成果文件反映了我国林业关切。亚太经合组织林业部长级会议机制取得重要进展，亚太森林组织国际化进程明显加快。中日韩领导人会议首次发表了林业合作联合声明，温家宝总理在亚欧首脑会议上发出了开展亚欧林业示范项目的倡议，林业在国家外交事务中的影响力继续扩大。中国绿色碳汇基金会被接纳为《联合国气候变化框架公约》缔约方大会观察员组织。出席了湿地公约和多哈气候变化公约缔约方会议，启动了首批 12 个《国际森林文书》履约示范单位建设，举办了国际竹藤组织成立 15 周年、加入湿地公约 20 周年、中国—阿拉伯国家防沙治沙合作论坛等活动。积极应对打击野生动植物贩运走私、木材非法采伐、老虎雪豹保护等国际热点问题。开展了林业履约战略和林业国别战略研究，召开了 7 个林业双边工作会议，新签署了 4 个双边合作协议，争取了欧洲投资银行 2.5 亿欧元林业专项贷款。承办了荒漠化防治、中非濒危物种贸易管理执法等 14 个国际培训班。参加了 2012 荷兰世界园艺博览会，获得了国际园艺生产者协会最高奖项——“绿色城市大奖”，支持北京成功申办了 2019 世界园艺博览会。

（九）支撑保障能力显著增强

全年中央林业投资达 1400 亿元，比 2011 年增加 180 亿元。全国金融机构涉林贷款余额 1800 亿元，比上年增加 267 亿元，增长 17.4%。中央财政林木良种、造林、森林抚育补贴试点资金规模继续扩大，造林补贴资金达到 25.4 亿元，补贴普惠制进程明显加快。国家级公益林全部纳入森林生态效益补偿范围，中央财政补偿基金规模达到 109 亿元。森林保险保费补贴试点范围扩大到 17 个省份，中央财政保费补贴 6.8 亿元。林业棚户区（危旧房）改造和配套设施建设投资 66.2 亿元，国有林区（林场）道路、电网改造、广播电视纳入了国家相关规划，全年落实中央投资 22.6 亿元。召开了全国林业科技大会，出台了加快林业科技创新的意见，取得和推广了一大批林业科研成果，科技支撑能力稳步提升。森林认证体系逐步完善，国际互认工作积极推进。成立了林业知识产权研究中心，授予林业植物新品种权 169 项，发布国际、国家和行业标准 380 项。建立了林木遗传育种首个国家重点实验室和竹类植物种质资源库，以及 7 个部级工程技术中心、13 个生态定位站，科研条件能力进一步提升。稳步推进《森林法》和《森林法实施条例》修改和《湿地保护条例》制订工作，积极应对《自然遗产保护法》立法工作。研究起草了集体林改档案管理、林权登记、湿地保护等方面的 7 项部门规章，完成了规范性文件清理，确定了 86 个林业综合行政执法示范点，取消了 11 项林业行政许可和非行政许可审批项目，下放了 31 项行政许可项目，妥善处理 23 件林业行政复议案。“全国林业一张图”建设取得重要进展，金林工程、云计算平台、国产卫星平台等项目顺利推进。规范了林业信息发布审批机制，启动了信息安全等级保护工作，林业信息化应用水平和安全保障能力明显提高。

2013 年是全面贯彻落实十八大精神的开局之年，是实施“十二五”规划承前启后的关键一年，是为全面建成小康社会奠定坚实基础的重要一年。各级林业部门将再接再厉，狠抓落实，力争全年完成营造林 9000 万亩，抚育森林 10500 万亩，实现林业产业总产值 4.5 万亿元，林产品进出口贸易额达到 1300 亿美元，全面开创生态林业和民生林业发展新局面。

（执笔：国家林业局发展规划与资金管理司）

专栏：《中国国家温室气体清单（2005年）》编制完成

温室气体清单编制是应对气候变化的一项基础性工作，通过清单编制可以识别出温室气体的主要排放源，了解各部门排放现状，预测未来减缓潜力，满足国家和地区制定控制温室气体排放政策的需要。

作为《联合国气候变化框架公约》的缔约方，中国政府认真履行自己所承担的国际义务，于2004年和2012年分别向联合国提交了以《中国国家温室气体清单（1994年）》和《中国国家温室气体清单（2005年）》为核心的国家信息通报。

《中国国家温室气体清单（2005年）》由国家发展改革委组织协调有关部门、研究机构的众多专家，历时4年编制完成。清单报告的范围包括能源活动、工业生产过程、农业活动、土地利用变化和林业、废弃物处理等五大领域，涉及二氧化碳、甲烷、氧化亚氮、氢氟碳化物、全氟化碳、六氟化硫等六种温室气体。

根据清单，2005年我国温室气体排放总量约为74.67亿吨二氧化碳当量，其中二氧化碳、甲烷、氧化亚氮和含氟气体所占的比重分别为80.03%、12.49%、5.27%和2.21%。土地利用变化和林业的温室气体净吸收汇约为4.21亿吨二氧化碳当量。扣除吸收汇后，我国温室气体净排放总量约为70.46亿吨二氧化碳当量。分温室气体品种来看，2005年我国二氧化碳排放量为59.76亿吨，其中：能源活动排放54.04亿吨，工业生产过程排放5.69亿吨，土地利用变化与林业活动吸收二氧化碳4.21亿吨，二氧化碳净排放量为55.55亿吨。甲烷排放量约为4445.4万吨，其中：农业活动排放2516.9万吨，能源活动排放1542.9万吨，废弃物处理排放382.4万吨。氧化亚氮排放量约为127.1万吨，其中：农业活动排放约93.8万吨，能源活动排放13.4万吨，工业生产过程排放10.6万吨，废弃物处理排放9.3万吨。

2005年我国温室气体排放与1994年相比呈现了较快增长的态势。从1994年到2005年，我国二氧化碳、甲烷、氧化亚氮三种气体的排放总量从36.50亿吨二氧化碳当量增加到68.81亿吨二氧化碳当量，增长89%；其中，二氧化碳排放增长最快，增长109%，而甲烷与氧化亚氮排放分别增长30%和49%。

（执笔：张剑 国家统计局能源统计司）

专栏：重点行业企业减排措施成效显著

2012 年，环境保护部认真贯彻落实《“十二五”节能减排综合性工作方案》、《国家环境保护“十二五”规划》和《节能减排“十二五”规划》，专题研究部署总量减排工作，严格减排核查监管，强力推进污水处理厂、造纸厂、畜禽养殖场、火电厂、钢铁厂、水泥厂和机动车污染源等重点行业企业落实减排措施，氮氧化物减排首次出现“拐点”。

化学需氧量和氨氮减排方面，2012 年新增城镇（含建制镇、工业园区）污水日处理能力 1294 万吨、城镇污水再生水日利用能力 301 万吨；315 个造纸、印染企业新建化学氧化深度处理工艺和回用工程；分别淘汰造纸、印染落后产能 735 万吨、30 亿米；8630 个规模化畜禽养殖场（小区）完善污水和固体废弃物处理设施，化学需氧量和氨氮去除效率分别提高 9 个百分点和 28 个百分点。

二氧化硫减排方面，2012 年新投运脱硫机组装机容量 4200 万千瓦；289 台（装机容量 1.27 亿千瓦）现役机组拆除烟气旁路，综合脱硫效率从 85% 提高到 90% 以上；新增钢铁烧结机烟气脱硫设施 101 台（烧结面积 2.1 万平方米）。

氮氧化物减排方面，261 台（装机容量 9600 万千瓦）火电机组建设脱硝设施；126 条（熟料产能 43.7 万吨 / 日）的新型干法水泥生产线安装脱硝设施；淘汰黄标车 132 万辆。截至 2012 年底，全国脱硝机组装机容量达到 2.25 亿千瓦，平均脱硝效率 48%，同比提高 18 个百分点。14 个脱硝电价试点省份脱硝机组装机容量占全国的 2/3，平均脱硝效率 51.6%，较非试点省份高出 11 个百分点。脱硝电价政策充分调动火电企业建设和运行脱硝设施的积极性，电力行业氮氧化物减排 7.1%，对全国氮氧化物下降发挥重要作用。

（执笔：环境保护部污染物排放总量控制司）

专栏：修订发布环境空气质量新标准

针对灰霾等影响人民群众健康和科学发展的突出环境空气问题，经国务院同意，2012 年 2 月 29 日环境保护部会同质检总局发布了新修订的《环境空气质量标准》（GB 3095 - 2012），并配套发布了《环境空气质量指数（AQI）技术规定（试行）》（HJ 633 - 2012）和《关于实施 <环境空气质量标准>（GB 3095 - 2012）的通知》（环发〔2012〕11 号），表明我国环境管理开始由以环境污染控制为目标导向向以环境质量改善为目标导向转变，扣响了环境管理战略转型的“发令枪”。

针对影响环境空气质量的重点行业、领域，环境保护部加快钢铁、水泥、机动车等行业大气污染物排放标准制修订工作，发布 8 项钢铁和焦化工业污染物系列排放标准，国家第五阶段轻型车排放标准二次公开征求意见。有序推进配套标准规范制修订工作，发布环境监测标准 20 项、环境管理规范类标准 38 项。同步推进标准宣传培训。2012 年，以新发布的环境空气质量标准、火电、钢铁、焦化污染物排放标准及其配套监测标准、工程技术规范、最佳可行性技术指南（BAT）为主要内容，面向各省（自治区、直辖市）环境管理和技术人员举办 4 期国家环保标准专题培训，面向行业企业举办 1 期排放标准实施技术交流，直接培训 900 人次，带动各地举办了大批环保标准专题培训。在《环境空气质量标准》等重大标准制修订过程中，积极应对媒体报道，回应社会各界关注的热点问题，赢得广泛支持理解，有效引导从政府到社会关注环保的各界人士正确理解、使用新标准。对造纸、电镀等重点领域 8 项国家环保标准开展了实施情况评估试点工作，调查研究影响标准实施的关键问题，完善管理对策和技术措施，为进一步修订完善标准夯实基础。

（执笔：环境保护部污染物排放总量控制司）

专栏：全面实施国家污染防治行动计划

按照中央"在发展中保护，在保护中发展，积极探索环保新道路"环保战略思想，环境保护部提出"五子登科"的国家污防行动计划，对"十二五"时期五个领域（水、大气、重金属、危险废物、化学品）实施统一规划，编制了10个专项规划。目前，《全国地下水污染防治规划（2011－2020年）》、《全国城市饮用水水源地环境保护规划》、《重点流域水污染防治规划（2011－2015年）》、《长江中下游流域水污染防治规划（2011－2015年）》、《重点区域大气污染防治"十二五"规划》、《重金属污染综合防治"十二五"规划》、《危险废物污染防治"十二五"规划》、《全国主要行业持久性有机污染物污染防治"十二五"规划》、《化学品环境风险防控"十二五"规划》9个规划已经国务院批复或由环境保护部会同有关部门印发实施，《近岸海域污染防治"十二五"规划》将尽快印发实施。国家污染防治五个重点领域进入了统筹规划、全面推进、顶层设计、以改善环境质量、防范环境风险为目标导向的新阶段。

2012年，污染防治重点工作稳步推进。组织完成2011年度《重金属污染防治规划》实施考核工作，出台详细考核办法及相关配套实施细则。编制完成《重点流域水污染防治规划（2011－2015年）》，开展长江中下游水污染防治规划2011年度实施情况考核，探索建立重点流域水污染防治会商制度。完成全国地级以上城市2011年度集中式饮用水水源环境状况评估工作，出台《集中式饮用水水源环境保护指南》等规范性文件，编制完成《良好湖泊生态环境保护规划》和《华北平原地下水污染防治工作方案》（报批稿）。编制完成《近岸海域污染防治规划（2012－2015年）》工作，启动《防治陆源污染物污染损害海洋环境管理条例》的修改工作，印发《关于进一步加强近岸海域环境保护的指导意见》。研究提出$PM_{2.5}$防治对策和下一步大气污染防治工作安排，并经国务院常务会议审议通过，编制完成《重点区域大气污染防治"十二五"规划》，出台《关于加强机动车污染防治工作推进大气$PM_{2.5}$治理进程的指导意见》等一系列规范性文件。联合11个部委印发《全国主要行业持久性有机污染物污染防治"十二五"规划》，编制完成《化学品环境风险防控"十二五"规划》（送审稿），出台《关于加强化工园区环境保护工作的意见》，启动了全国生产化学品环境情况调查。联合发展改革委等四部委发布了危险废物污染防治"十二五"规划。

以"三大战役"为重点解决一批长期损害群众健康的突出固体废物污染问题，开展历史遗留铬渣治理、废塑料集散地专项整治等工程，取得明显成效。以环保核查、清洁生产和转方式检查为重点，全面推进经济发展转型，助推地方经济发展方式转变。以城考和创模为重点，研究修订"十二五"城市环境综合整治定量考核指标体系，继续深化城市环境保护工作。

（执笔：环境保护部污染物排放总量控制司）

专栏：建设三北五期工程构筑北方生态屏障

西北华北东北防护林体系建设工程始建于 1978 年，范围西起新疆维吾尔自治区的乌孜别里山口，东至黑龙江省的宾县，北达国界线，南沿天津、汾河、渭河、洮河下游，东西长 4480 千米，南北宽 560-1460 千米，建设总面积 406.9 万平方千米，占我国陆地总面积的 42.4%。截至目前，三北工程共完成造林 2647 万公顷，工程区森林覆盖率由 1977 年的 5.05% 提高到 12.4%，森林蓄积量由 1977 年的 7.2 亿立方米提高到 13.9 亿立方米，三北工程成为我国生态建设的标志性工程。

2012 年，国家批复了三北五期工程规划，工程自 2011 至 2020 年，建设期限为 10 年。根据规划，工程将再完成营造林面积 1647.3 万公顷，完成退化林分修复任务 193.6 万公顷，在三北地区新增森林面积 988.4 万公顷，为工程区森林覆盖率贡献 2.27 个百分点。三北五期工程建设任务全面完成后，将使工程区内 50% 以上可治理沙化土地面积得到初步治理，60% 以上的退化林分得到有效修复，70% 以上水土流失面积得到有效控制，80% 以上的农田实现林网化。

三北五期工程将以增加和恢复森林植被为主要任务，建设内容以工程造林为主，适度开展退化林分修复。工程建设共规划 18 个重点建设区，重点进行农田防护林、防风固沙林、水土保持林、水源涵养林建设。在此基础上，三北五期工程将建设 32 个百万亩防护林基地，同时选择 10-15 个代表性强、建设模式典型、建设经验丰富、综合效益高、有示范带动意义的防护林基地，开展综合试验示范造林建设，以带动和引领防护林基地建设科学、健康、可持续发展。

过去的 10 年，是三北工程区森林资源增长最快、生态环境改善最明显、群众得实惠最多的时期。四期工程累计完成造林面积 1.2 亿亩，工程区森林覆盖率由 8.63% 提高到 12.4%，10 年提高了 3.77 百分点，超过之前 23 年的提高量。活立木蓄积量 10 年增加 4.4 亿立方米，比之前 23 年的增长量还多 57%。工程区沙化土地面积持续扩展的态势得到扭转，成功实现了由“沙进人退”向“人进沙退”的历史性转变。以黄土高原为主的水土流失危害得到有效控制，土壤侵蚀强度明显减轻，入黄泥沙量年均减少 4 亿吨左右。有 3.37 亿亩农田得到防护林保护，年增产粮食 100 亿公斤。年产干鲜果品 3600 万吨，10 年增加 1.9 倍，农民人均收入 5800 多元，10 年提高 1.5 倍，一些重点地区涉林收入占到农民收入 50% 以上。

（执笔：国家林业局发展规划与资金管理司）

专栏：渤海海洋生态红线制度建立实施

为加强渤海环境保护工作，改善渤海海洋生态环境，促进环渤海地区经济社会长远可持续发展，2012年10月，国家海洋局印发了《关于建立渤海海洋生态红线制度的若干意见》（以下简称为《意见》），要求环渤海三省一市将渤海海洋保护区、重要滨海湿地、重要河口、特殊保护海岛和沙源保护海域、重要砂质岸线、自然景观与文化历史遗迹、重要旅游区和重要渔业海域等区域划定为海洋生态红线区，并进一步细分为禁止开发区和限制开发区，依据生态特点和管理需求，分区分类制定红线管控措施。

《意见》指出，建立渤海海洋生态红线制度是实施最严格渤海环境保护政策的重要内容，是加强渤海环境保护的重要工作，对于维护渤海海洋生态安全、保障环渤海地区经济社会可持续发展，具有突出重要的现实意义。环渤海三省一市各级政府应积极落实国务院对划定渤海生态红线的总体部署，提高对实施最严格渤海环境保护政策的认识，加快建立实施海洋生态红线制度。

为了确保渤海海洋生态红线制度取得实际成效，《意见》设定了4项目标：即渤海总体自然岸线保有率不低于30%，辽宁省、河北省、天津市、山东省自然岸线保有率分别不低于30%、20%、5%、40%；海洋生态红线区面积占渤海近岸海域面积的比例不低于1/3，辽宁省、河北省、天津市、山东省海洋生态红线区面积占其管辖海域面积的比例分别不低于40%、25%、10%、40%；到2020年，海洋生态红线区陆源入海直排口污染物排放达标率达到100%，陆源污染物入海总量减少10%至15%；此外，到2020年，海洋生态红线区内海水水质达标率不低于80%。

《意见》提出，环渤海三省一市应坚持"陆海统筹、多措并举、科学实施、分区分策、严格监管"的原则，按照"严标准、限开发、护生态、抓修复、减排放、控总量、提能力、强监管"的总体思路，严格实施红线区开发活动分区分类管理政策；有效推进红线区生态保护与整治修复；严格监管红线区污染排放；大力推进红线区监视监测和监督执法能力建设。

（执笔：国家海洋局政策法规和规划司）

2012 年创新指数报告

为落实党的十八大报告提出的"实施创新驱动发展战略"精神，客观反映建设创新型国家进程中我国创新能力的发展情况，国家统计局社科文司《中国创新指数（CII）研究》课题组研究设计了评价我国创新能力的指标体系和指数编制方法，并对 2005-2011 年中国创新指数（China Innovation Index,CII）及 4 个分指数（创新环境指数、创新投入指数、创新产出指数、创新成效指数）进行了初步测算。测算结果表明，2005 年以来我国创新能力稳步提升，在创新环境、创新投入、创新产出、创新成效四个领域均取得了积极进展。

一、我国创新能力稳步提高

以 2005 年为 100，2011 年中国创新指数为 139.6，年均增长 5.7%。在 4 个分指数中，创新产出指数年均增长 7.0%，创新投入指数、创新环境指数和创新成效指数年均增速分别为 5.9%、5.5% 和 4.4%。

表 1　2005-2011 年中国创新指数

	2005	2006	2007	2008	2009	2010	2011
中国创新指数	100	105.7	110.8	116.5	125.5	131.8	139.6
1.创新环境指数	100	106.4	112.1	114.4	121.7	131.0	138.1
2.创新投入指数	100	103.1	107.8	113.5	130.5	132.7	140.7
3.创新产出指数	100	109.0	113.4	123.2	127.4	137.2	150.0
4.创新成效指数	100	104.4	110.0	114.7	122.3	126.4	129.5

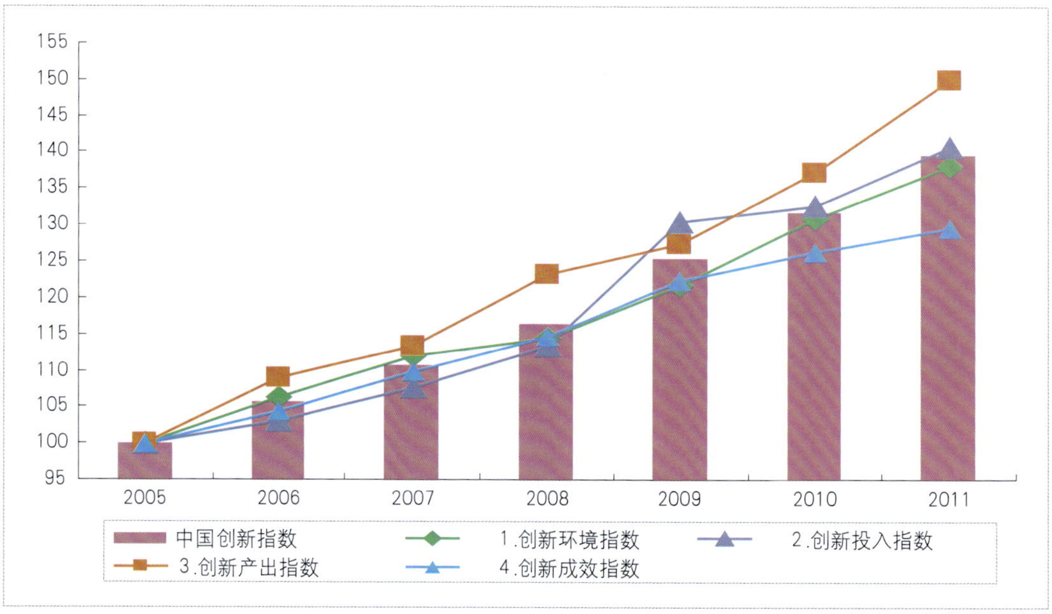

图　2005-2011 年中国创新指数及分指数图

二、创新环境不断优化

“创新环境”领域包括经济活动人口中大专及以上学历人数、人均国内生产总值（以下简称人均 GDP）、信息化指数、科技拨款占财政拨款比重、享受加计扣除减免税企业所占比重等 5 项评价指标。

以 2005 年为 100，2011 年我国创新环境指数为 138.1，年均增长 5.5%。分评价指标指数看，经济活动人口中大专及以上学历人数指数和人均 GDP 指数年均增速依次为 10.8% 和 10.3%，2011 年指数值分别达到 184.7 和 180.4；信息化指数、科技拨款占财政拨款的比重指数和享受加计扣除减免税企业所占比重指数的年均增速分别为 3.7%、2.2% 和 1.0%，2011 年指数值相应为 124.3、114.1 和 106.3（详见表 2）。

经费占 GDP 的比重、基础研究人员人均经费、R&D 经费占主营业务收入的比重、有研发机构的企业所占比重、开展产学研合作企业所占比重等 6 项评价指标。

以 2005 年为 100，2011 年我国创新投入指数为 140.7，年均增长 5.9%。分评价指标指数看，每万人 R&D 人员全时当量指数和基础研究人员人均经费指数年均增速依次为 12.7% 和 11.0%，2011 年指数值分别达到 205.0 和 187.0；R&D 经费占 GDP 的比重指数、有研发机构的企业所占比重指数、R&D 经费占主营业务收入的比重指数和开展产学研合作的企业所占比重指数的年均增速分别为 5.7%、3.7%、2.5% 和 0.2%，2011 年指数值相应为 139.2、124.4、115.9 和 100.9（详见表 3）。

表 2　2005–2011 年中国创新环境指数

	2005	2006	2007	2008	2009	2010	2011
创新环境指数	100	106.4	112.1	114.4	121.7	131.0	138.1
1.经济活动人口中大专及以上学历人数指数	100	111.9	121.2	123.7	134.3	161.7	184.7
2.人均 GDP 指数	100	112.1	127.3	138.9	150.9	165.9	180.4
3.信息化指数	100	103.7	107.4	111.1	115.7	120.0	124.3
4.科技拨款占财政拨款的比重指数	100	106.2	107.9	104.8	107.4	116.4	114.1
5.享受加计扣除减免税企业所占比重指数	100	98.7	99.0	98.2	106.0	103.0	106.3

表 3　2005–2011 年中国创新投入指数

	2005	2006	2007	2008	2009	2010	2011
创新投入指数	100	103.1	107.8	113.5	130.5	132.7	140.7
1.每万人 R&D 人员全时当量指数	100	109.5	125.9	141.8	164.5	182.5	205.0
2.R&D 经费占 GDP 的比重指数	100	105.3	106.1	111.4	129.2	133.3	139.2
3.基础研究人员人均经费指数	100	104.2	110.8	125.7	143.6	163.5	187.0
4.R&D 经费占主营业务收入的比重指数	100	101.8	104.9	108.3	107.2	112.8	115.9
5.有研发机构的企业所占比重指数	100	99.8	102.6	103.4	132.3	117.6	124.4
6.开展产学研合作的企业所占比重指数	100	98.3	98.6	96.0	114.6	103.7	100.9

三、创新投入力度持续加大

“创新投入”领域包括每万人研究与试验发展（研发，以下简称 R&D）人员全时当量、R&D

四、创新产出能力显著提高

“创新产出”领域包括每万人科技论文数、每万名 R&D 人员专利授权数、发明专利授权数占专利授权数的比重、每百家企业商标拥有量、每万名科技活动人员技术市场成交额等 5 项评价指标。

以 2005 年为 100，2011 年我国创新产出指数为 150.0，年均增长 7.0%。分评价指标指数看，每万名 R&D 人员专利授权数指数、每万名科技活动人员技术市场成交额指数和每万人科技论文数指数年均增速依次为 16.0%、9.4% 和 7.5%，2011 年指数值分别达到 243.8、171.7 和 154.5；每百家企业商标拥有量指数和发明专利授权数占专利授权数的比重指数年均增速分别为 1.9% 和 0.9%，2011 年指数值相应为 112.0 和 105.4（详见表 4）。

表 4　2005-2011 年中国创新产出指数

	2005	2006	2007	2008	2009	2010	2011
创新产出指数	100	109.0	113.4	123.2	127.4	137.2	150.0
1.每万人科技论文数指数	100	111.8	119.9	124.5	147.8	152.8	154.5
2.每万名 R&D 人员专利授权数指数	100	118.5	138.2	142.6	174.2	230.6	243.8
3.发明专利数授权数占专利授权数的比重指数	100	92.9	87.8	109.6	108.0	89.3	105.4
4.每百家企业商标拥有量指数	100	98.7	99.0	102.3	94.7	100.1	112.0
5.每万名科技活动人员技术市场成交额指数	100	127.0	130.6	142.9	127.8	155.3	171.7

表 5　2005-2011 年中国创新成效指数

	2005	2006	2007	2008	2009	2010	2011
创新成效指数	100	104.4	110.0	114.7	122.3	126.4	129.5
1.新产品销售收入占主营业务收入的比重指数	100	101.3	107.4	109.7	118.7	115.2	113.9
2.高技术产品出口额占货物出口额的比重指数	100	101.4	99.5	101.4	109.5	109.0	100.9
3.单位 GDP 能耗指数	100	102.8	108.2	114.2	118.5	123.5	126.1
4.劳动生产率指数	100	114.5	131.0	138.6	158.5	177.1	210.1
5.科技进步贡献率指数	100	102.5	106.5	113.0	112.0	117.8	119.7

五、创新成效有所增强

“创新成效”领域包括新产品销售收入占主营业务收入的比重、高技术产品出口额占货物出口额的比重、单位 GDP 能耗、劳动生产率、科技进步贡献率等 5 项评价指标。

以 2005 年为 100，2011 年我国创新成效指数为 129.5，年均增长 4.4%。分评价指标指数看，劳动生产率指数年均增长 13.2%，2011 年指数值为 210.1；单位 GDP 能耗指数、科技进步贡献率指数、新产品销售收入占主营业务收入的比重指数和高技术产品出口额占货物出口额的比重指数年均增速分别为 3.9%、3.0%、2.2% 和 0.2%，2011 年的指数值相应为 126.1、119.7、113.9 和 100.9（详见表 5）。

中国创新指数变化说明，2005 年以来，我国创新能力有了明显提高，已成为我国经济社会科学发展的积极力量，但创新发展过程中也存在一些薄弱环节。今后要深入贯彻党的十八大会议有关精神，切实落实创新驱动发展战略，持续加大创新投入，不断增强创新能力，进一步发挥创新对经济和社会发展的促进作用，为实现创新型国家的宏伟目标而不懈努力。

（执笔：《中国创新指数（CII）研究》课题组
国家统计局社会科技和文化产业统计司）

专栏：中国创新指标体系及指数编制方法

一、中国创新指标体系

中国创新指标体系分成三个层次。第一个层次用以反映我国创新总体发展情况，通过计算创新总指数实现；第二个层次用以反映我国在创新环境、创新投入、创新产出和创新成效等 4 个领域的发展情况，通过计算分领域指数实现；第三个层次用以反映构成创新能力各方面的具体发展情况，通过上述 4 个领域所选取的 21 个评价指标实现（指标体系框架详见附表）。对 4 个领域及 21 个评价指标的简要说明如下：

（一）创新环境

该领域主要反映驱动创新能力发展所必备的人力、财力等基础条件的支撑情况，以及政策环境对创新的引导和扶持力度，共设 5 个评价指标。

1. 经济活动人口中大专及以上学历人数

该指标用以反映我国劳动力综合素质和创新人力资源情况。经济活动人口是指所有年龄在 16 岁及以上，在一定时期内为各种经济生产和服务活动提供劳动力供给的人口。

2. 人均 GDP

这是反映一个国家经济实力的最具代表性的指标，可以反映经济增长与创新能力发展之间相互依存、相互促进的关系。

3. 信息化指数

该指数从信息化基础设施建设、信息化应用水平和制约环境，以及居民信息消费等方面综合性地衡量国家信息化发展总体水平，用以反映社会利用信息通信技术来创建、获取、使用和分享信息及知识的能力，以及信息化发展对社会经济发展的推动作用。该指标数据来源于有关部门开展的信息化发展指数评价的测算结果。

4. 科技拨款占财政拨款的比重

政府财政科技拨款对全社会创新投入和创新活动的开展具有带动和导向作用，该指标反映政府对创新的直接投入力度以及对重点、关键和前沿领域的规划和引导作用。

5. 享受加计扣除减免税企业所占比重

企业研发费用税前加计扣除政策被认为是鼓励企业加大研发投入、开展创新活动的最为直接和有利的扶植政策之一。该指标可以反映政府有关政策的落实情况，进而从一个侧面反映企业创新环境情况。受数据来源限制，该指标的数据口径为大中型工业企业。

（二）创新投入

该领域通过创新的人力财力投入情况、企业创新主体中发挥关键作用的部门（即研发机构）建设情况以及创新主体的合作情况来反映国家创新体系中各主体的作用和关系。由于缺乏创新的人力和财力投入指标且研发是当前我国创新的最重要环节，因此这里的投入指标用研发投入指标代替。该领域共设 6 个指标。

1. 每万人 R&D 人员全时当量

指按常住全部人口平均计算的 R&D 人员全时当量。该指标反映自主创新人力的投入规模和强度。R&D 人员包括企业、科研机构、高等学校的 R&D 人员，是全社会各种创新主体的 R&D 人力投入合力。R&D 人员全时当量是指按工作量折合计算的 R&D 人员。

2. R&D 经费占 GDP 比重

该指标又称 R&D 投入强度，是国际上通用的、反映国家或地区科技投入水平的核心指标，也是我国科技中长期科技发展规划纲要中的重要评价指标。

3. 基础研究人员人均经费

指按基础研究人员全时当量平均的基础研究经费。基础研究是科学技术发展的根基，其水平在一定程度上可以代表一个国家原始创新能力。本指标体系以该指标来反映国家在加强原始创新能力上所作的努力。

4. R&D 经费占主营业务收入的比重

企业是创新活动的主体，而工业企业又在企业创新活动中占有主导地位。该指标反映创新活动主体的经费投入情况。受数据来源限制，该指标的数据口径为有 R&D 活动的大中型工业企业。

5. 有研发机构的企业所占比重

企业办研发机构是企业开展 R&D 活动的专门机构，是企业持续、稳定开展创新活动的重要保障。该指标从一个侧面反映企业持续开展创新活动的能力。受数据来源限制，该指标的数据口径为大中型工业企业。

6. 开展产学研合作的企业所占比重

该指标是反映产学研合作的重要指标。本指标体系通过产学研合作来反映我国各创新主体间的合作情况。受数据来源限制，该指标的数据口径为大中型工业企业。

（三）创新产出

该领域通过论文、专利、商标、技术成果成交额反映创新中间产出结果。该领域共设 5 个指标。

1. 每万人科技论文数

科技论文是指企事业单位立项的由科技项目产生的、并在有正规刊号的刊物上发表的学术论文，科技论文是创新活动中间产出的重要成果形式之一。该指标反映研发活动的产出水平和效率。

2. 每万名 R&D 人员专利授权数

指按 R&D 人员全时当量平均的专利授权数量。本指标体系中的专利授权数指国内职务专利授权数，专利授权数是创新活动中间产出的又一重要成果形式。该指标也是反映研发活动的产出水平和效率的重要指标。

3. 发明专利授权数占专利授权数的比重

发明专利在三种专利中的技术含量最高，能够体现专利的水平，也体现了研发成果的市场价值和竞争力，本指标体系中的发明专利授权数指国内职务发明专利授权数。该指标是反映专利质量的关键指标。

4. 每百家企业商标拥有量

商标拥有量指企业拥有的在国内外知识产权部门注册的受知识产权法保护的商标数量。该指标在一定程度上反映企业自主品牌拥有情况和自主品牌的经营能力。受数据来源限制，该指标的数据口径为大中型工业企业。

5. 每万名科技活动人员技术市场成交额

指按每万名科技活动人员平均的技术市场成交金额。该指标反映技术转移和科技成果转化的总体规模。技术市场成交额指全国技术市场合同成交项目的总金额。

（四）创新成效

该领域通过产品结构调整、产业国际竞争力、节约能源、经济增长等方面，反映创新对经济社会发展的影响。该领域共设 5 个指标。

1. 新产品销售收入占主营业务收入的比重

新产品销售收入是反映企业创新成果，即将新产品成功推向市场的指标。该指标用于反映创新对产品结构调整的效果。受数据来源限制，该指标的数据口径为大中型工业企业。

2. 高技术产品出口占货物出口额的比重

高技术产业与创新具有互动关系。该指标通过高技术产品出口的变化情况，反映创新对产业国际竞争力的影响效果。该指标的数据口径为规模以上工业企业。

3. 单位 GDP 能耗

指每产出万元国内生产总值（GDP）所消耗的以标准煤计算的能源。节约能源是企业技术创新的目的之一，创新是节约能源的途径和保障，对节约能源起决定性因素。该指标反映创新对降低能耗的效果。

4. 劳动生产率

指一定时期内工业总产值与年平均从业人员之比。创新是影响劳动生产率的重要因素，提高劳动生产率是企业创新的目的之一。该指标反映创新对工业经济发展的促进作用，数据口径为规模以上工业企业。

5. 科技进步贡献率

指广义技术进步对经济增长的贡献份额，即扣除了资本和劳动之外的其他因素对经济增长的贡献。该指标数据来源于有关部门开展的科技进步贡献率评价的测算结果，是衡量科技竞争实力和科技转化为现实生产力的综合性指标。本指标体系中该指标使用的是报告期及之前 4 年间的平均水平，用以反映创新对国民经济发展的促进效果。

二、中国创新指数编制方法

（一）确定指标权重

在比较国内外赋权方法优劣的基础上，本课题采用“逐级等权法”进行权数的分配，即各领域的权数均为 1/4；在某一领域内，指标对所属领域的权重为 1/n（n 为该领域下指标的个数）；因此，指标最终权数为 1/4n。各指标的权数详见附表。

（二）计算指标增速

通常指标的增速或发展速度是以基期年份指标值作为基准进行比较的。在某一指标体系中，如果按照通常方法计算各指标的增速后进行加权平均，由于可能存在某些指标增速过高（或过低）的情况，这样就会造成指标增速之间不可比（即增速过高或过低的一些指标的作用掩盖了其他指标的作用），从而造成整个指标体系失真的现象。因此，必须采用对指标体系中各指标增速的范围进行控制的方法。一种较好的方法是将指标增速的基准值设定为该指标的两年平均值，这样计算出来的各指标增速的范围可以控制在 [-200，200] 的区间内。

本指标体系中，除“万元 GDP 能耗”是逆指标之外，其余 20 个指标都是正指标。逆指标取倒数后再计算指标增速。

各指标相邻年份的增长速度计算方法为：

$V_{it}=\left[\dfrac{X_{it}-X_{it-1}}{(X_{it}+X_{it-1})/2}\right]*100$，其中 i 为指标序号，t 为年份，t>=2006。

（由于 $|V_{it}|=\left|\dfrac{X_{it}-X_{it-1}}{(X_{it}+X_{it-1})}\right|*200$，而 $|X_{it}-X_{it-1}|\leqslant|X_{it}|+|X_{it-1}|$，对于 $X_{it}>0$ 和 $X_{it-1}>0$，有 $|V_{it}|\leqslant 200$ ）

（三）合成分领域指数和总指数

指数合成方法分为以下三个步骤：

1. 计算各领域所辖指标的加权增速：

$C_t=\sum_{i=1}^{k}w_i*V_{it}$ ，其中 Wi 为各指标对其所属领域的权重，k 为该领域内指标的个数，t 为年份，t>=2006。

2. 计算定基累计发展各领域分指数：

$E_{t+1}=E_t*\left(\dfrac{200+C_{t+1}}{200-C_{t+1}}\right)$， 其中 t 为年份，t>=2005，$E_{2005}$=100。

（在计算指标体系中的某一个指标的定基发展速度时，如采用这一方法，其结果与通常方法一致，即指标当年的定基发展速度等于该指标上年的定基发展速度与当年发展速度的乘积除以 100，当年的定基发展速度等于指标当年值乘以 100 与基期值之比。

这是由于：

$$\frac{E_{t+1}}{E_t}=\frac{200+C_{t+1}}{200-C_{t+1}}=\frac{200+\left(\dfrac{X_{it+1}-X_{it}}{X_{it+1}+X_{it}}\right)*200}{200-\left(\dfrac{X_{it+1}-X_{it}}{X_{it+1}+X_{it}}\right)*200}=\frac{(X_{it+1}+X_{it})+(X_{it+1}-X_{it})}{(X_{it+1}+X_{it})-(X_{it+1}-X_{it})}=\frac{X_{it+1}}{X_{it}},$$

因此，$E_{t+1}=\dfrac{X_{it+1}}{X_{it}}\times\dfrac{X_{it}}{X_{it-1}}\times\quad\times\dfrac{X_2}{X_1}\times\dfrac{X_1}{X_0}\times 100=\dfrac{X_{it+1}}{X_0}\times 100$

3. 计算定基累计发展总指数：

$Z_{t+1}=\sum_{i=1}^{4}a_iE_{t+1}$，其中 t 为年份，$a_i$ 为各领域对总指数的权数。

附表　中国创新指标体系框架

	指标名称	计量单位	权数
创新环境（1/4）	1.1 经济活动人口中大专及以上学历人数	人/万人	1/5
	1.2 人均 GDP	元/人	1/5
	1.3 信息化指数	%	1/5
	1.4 科技拨款占财政拨款的比重	%	1/5
	1.5 享受加计扣除减免税企业所占比重	%	1/5
创新投入（1/4）	2.1 每万人 R&D 人员全时当量	人年/万人	1/6
	2.2 R&D 经费占 GDP 比重	%	1/6
	2.3 基础研究人员人均经费	万元/人年	1/6
	2.4 R&D 经费占主营业务收入的比重	%	1/6
	2.5 有研发机构的企业所占比重	%	1/6
	2.6 开展产学研合作的企业所占比重	%	1/6
创新产出（1/4）	3.1 每万人科技论文数	篇/万人	1/5
	3.2 每万名 R&D 人员专利授权数	件/万人年	1/5
	3.3 发明专利授权数占专利授权数的比重	%	1/5
	3.4 每百家企业商标拥有量	件/百家	1/5
	3.5 每万名科技活动人员技术市场成交额	亿元/万人	1/5
创新成效（1/4）	4.1 新产品销售收入占主营业务收入的比重	%	1/5
	4.2 高技术产品出口额占货物出口额的比重	%	1/5
	4.3 单位 GDP 能耗	吨标准煤/万元	1/5
	4.4 劳动生产率	万元/人	1/5
	4.5 科技进步贡献率	%	1/5

2011年地级及以上城市发展报告

城镇化是由生产力变革所引起的人类生产方式、生活方式和居住方式改变的过程。它一方面是生产要素从第一产业向效率更高的第二、第三产业转移的过程；另一方面，随着人口和产业的聚集，基础设施和公共服务逐步发展，人民的生活质量、生存环境能够得到不断改善。目前，我国正处于城镇化发展的关键时期，加快推进城镇化进程既存在难得的历史机遇，也面临严峻的考验。如何克服发展中的难题，准确把握发展条件和机遇，保持城镇化发展的健康态势，对于我国全面建成小康社会、成功推进现代化具有重要意义。本文利用国家统计局2011年城市社会经济基本情况统计数据，对我国地级及以上城市发展的基本情况、发展态势进行了分析，并针对存在的问题提出相关的政策建议。

一、2011年城市发展基本情况

（一）城市市辖区人口规模和地域面积继续增加

伴随经济社会的发展，城市的集聚效应日益凸显，城市规模不断扩大。截至2011年底，我国共有地级及以上城市288个，比上年增加1个；其中，安徽省撤销巢湖市，贵州省增设毕节市和铜仁市。地级及以上城市（市辖区，下同）年末总人口①为39815.0万人，比上年增加949.0万人，增长2.4%，比“十一五”时期的年平均增速快了1.0个百分点，远高于全国4.8‰的人口自然增长率。地级及以上城市人口占全国总人口的29.5%。地级及以上城市行政区域土地面积64.3万平方公里，比上年增长2.2%；其中，建成区面积37162.1平方公里，增长17.1%。平均人口密度为618.8人/平方公里，与上年基本持平。

地级及以上城市中，年末总人口达到400万以上的城市有14个，与上年相同，占4.9%；200-400万的城市有31个，比上年增加1个，占10.8%；100-200万的城市有82个，比上年增加1个，占28.5%；50-100万的城市有108个，比上年减少1个，占37.5%；50万以下的城市有53个，与上年相同，占18.4%。

（二）经济平稳较快发展，经济效益进一步提高

2011年，在物价上涨压力较大和美欧债务危机深化的背景下，中央把控物价作为宏观调控的主要任务，实施积极的财政政策和稳健的货币政策，同时，增强宏观经济政策的弹性和灵活性，使经济运行在平稳健康的轨道上，为“十二五”目标的顺利实现打下了坚实的基础。

1. 城市经济高位运行。2011年，地级及以上城市地区生产总值为293025.5亿元，按可比价格计算增长11.8%，增幅回落0.8个百分点，占全国国内生产总值的比重为62.0%，比上年提高0.7个百分点。面对国内外复杂的经济形势，我国城市经济成功地实现从危机应对向常规增长的转变，为国民经济的可持续发展做出了重要贡献。

2. 财政收支持续增长。2011年，地级及以上城市财政收支快速增长，地方政府财力明显增强，为改善民生和调整经济结构打下了坚实的基础。地方财政一般预算内收入30164.6亿元，比上年增长26.6%，增速加快1.3个百分点。地方财政一般预算内支出38958.2亿元，比上年增长23.4%，增速加快0.7个百分点。其中，一

注：①本文中人口的统计口径为公安部门的户籍人口数（特别注明的除外，下同）。

般性公共服务支出为 4135.8 亿元，比上年增长 18.5%。

3. 金融业稳健运行。2011 年，地级及以上城市年末金融机构存款余额 577564.1 亿元，比上年增长 11.5%，增幅回落 9.1 个百分点；其中城乡居民储蓄年末余额 214415.4 亿元，比上年增长 11.1%，增幅回落 5.1 个百分点。由于实施了稳健的货币政策，金融机构贷款增速明显放缓。年末金融机构各项贷款余额 407096.4 亿元，比上年增长 11.7%，增幅回落 8.4 个百分点。贷款增速放缓有利于稳定物价，防止流动性过剩，降低银行系统风险。同时，针对实体经济面临的增速放缓压力，监管部门科学引导信贷投向，加强信贷政策与产业政策的协调配合，加大对中小企业和战略性新兴产业的信贷投放力度，持续调整优化信贷结构，为城市经济的可持续发展提供资金保证。

4. 工业效益稳步提高。2011 年，我国城市加快推进工业转型升级，淘汰落后产能，支持重点产业振兴和技术改造，鼓励战略性新兴产业加快发展，继续巩固和扩大了应对国际经济危机冲击的成果，城市工业经济保持了平稳较快的增长。

2011 年，规模以上工业企业[②] 141784 个，比上年减少 31.8%；其中内资企业 105210 个，比上年减少 34.0%。内资企业中，国有企业 3385 个，比上年下降 23.0%；私营企业 64539 个，比上年下降 38.9%。港、澳、台商投资企业 16257 个，比上年下降 26.1%；外商投资企业 20317 个，比上年下降 23.0%。规模以上工业企业从业人员年平均人数为 4988.1 万人，比上年下降 3.2%。

工业总产值在上年快速恢复的基础上继续保持了平稳较快增长。2011 年，地级及以上城市规模以上工业总产值为 463176.4 亿元，比上年增长 17.3%，增幅回落 8.7 个百分点。其中，内资企业总产值 302733.3 亿元，比上年增长 18.8%，增幅回落 7.6 个百分点。内资企业中，国有企业总产值 46345 亿元，比上年增长 16.6%，增幅与上年基本相同；私营企业总产值为 86872.1 亿元，比上年增长 13.5%，增幅回落 16.8 个百分点。港、澳、台商投资企业的总产值为 52781.6 亿元，比上年增长 17.1%，增幅回落 7.1 个百分点；外商投资企业的总产值为 107661.2 亿元，比上年增长 13.2%，增幅回落 12.4 个百分点。全年地级及以上城市规模以上工业企业利润总额为 30521.6 亿元，比上年增长 6.6%，增幅回落 41.9 个百分点。

（三）社会事业加快发展，城镇居民生活质量不断提高

2011 年，地级及以上城市对社会事业的财政支持力度进一步增强，这既是改善民生的必然要求，也是促进经济可持续发展的根本举措。全年城市的教育、科技、文化和卫生事业进步明显，社会建设取得重大进展。

1. 教育事业全面发展。2011 年，教育投入大幅度增长，地级及以上城市教育支出 5990.9 亿元，比上年增长 30.8%。各阶段教育稳步发展，办学条件不断改善。普通高等学校 2172 所，比上年增加 95 所；在校学生 2216.6 万人，增加 86.5 万人。高中阶段在校学生 1649.9 万人，增加 63.6 万人。中等职业学校 6107 所，减少 134 所；在校学生 1059.1 万人，增加 13.1 万人。普通中学学校 19601 所，增加 141 所；在校学生 2341.2 万人，增加 30.4 万人。小学学校 46098 所，由于部分地区撤校合并，减少 1609 所；在校学生 2857.3 万人，增加 68.6 万人。各级各类学校教师 495.5 万人，增加 3.8 万人。

2. 科技实力明显增强。2011 年，地级及以上城市科学技术支出 1158.1 亿元，比上年增加 121.9 亿元，增长 11.8%。科研成果丰硕，专利申请受理量（全市）145.7 万项，增加 39.7 万项，增长 37.4%。专利申请授权量（全市）85.6 万项，增加 14.5 万项，增长 20.4%；其中发明 10.3 万项，增加 2.4 万项，增长 30.1%。

3. 文化事业不断繁荣。2011 年，地级及以

注：②经国务院批准，2011 年起规模以上工业企业统计起点标准由原来的年主营业务收入 500 万元，调整为年主营业务收入 2000 万元。

上城市文化体育与传媒支出776.6亿元，比上年增长24.2%。社会公共文化服务体系不断完善，体育场馆24813个，剧场、影剧院1869个；公共图书馆图书总藏量4.8亿册，增加1470.1万册，增长3.1%；每百人图书馆藏书121.7册，比上年增加0.9册。

4. 卫生事业更加健全。2011年，地级及以上城市医疗卫生支出2360.8亿元，比上年增长33.3%。医院、卫生院20695个，比上年增加745个，增长3.7%；医院、卫生院床位数244.9万张，增加16.8万张，增长7.4%。医生128.1万人，增加5.7万人，增长4.7%；每万人拥有医生32.2人，比上年增加0.8人。注册护士132.0万人，增加12.6万人，增长10.6%。

（四）居民生活水平提高，社会保障能力增强

保障和改善民生是经济发展的出发点和落脚点，也是处在转型期的中国城市谋发展、促发展的工作重点。只有不断提高人民生活水平和社会保障能力，城市的社会经济才能在可持续发展的健康轨道上不断前行。

1. 城镇居民人均收支均有增加。2011年，政府通过增加就业、提高工资、减轻个体工商户税赋等多种措施增加居民收入，城镇居民生活水平进一步提高。地级及以上城市居民人均可支配收入③22717.2元，名义增长13.9%，实际增长8.6%，增幅分别高于上年2.6和0.5个百分点。人均消费支出15879.0元，增长12.9%。人均食品消费支出5764.9元，名义增长14.8%，实际增长9.5%，增幅分别高于上年7.6和5.5个百分点。受食品价格上涨影响，居民家庭恩格尔系数微升0.5个百分点，为36.7%。人均衣着支出1757.9元，增长17.2%；人均居住支出1430.4元，增长6.4%；人均家庭设备用品及服务支出1090.1元，增长13.8%；人均医疗保健支出1018.1元，增长11.2%；人均交通和通信支出2208.4元，增长9.0%；人均教育文化娱乐服务支出1942.5元，增长12.6%。

2. 社会保障能力增强，保险覆盖面进一步扩大。2011年，地级及以上城市社会保障和就业支出4213.8亿元，比上年增长20.8%；社会保险基金支出7332.9亿元，增长26.3%。城镇基本养老保险、基本医疗保险和失业保险参保人数分别为14703.8万人、19738.7万人和9051.1万人，比上年分别增长11.4%、20.5%和8.4%。城镇居民最低生活保障人数为902.0万人，比上年减少2.3%。社会福利院10429个，比上年增长2.9%；社会福利院床位110.9万张，比上年增长9.1%。

（五）城市公共服务能力增强，居住环境进一步改善

1. 交通运输业快速发展。2011年，地级及以上城市交通运输支出1915.9亿元，比上年增长47.4%。全年客运总量（全市）352.5亿人次，比上年增加28.4亿人次，增长8.8%。全年货运总量（全市）362.0亿吨，增加49.1亿吨，增长15.7%。沿海港口货物吞吐量（规模以上，全市）63.6亿吨，比上年增加9.5亿吨，增长17.6%；内河港口货物吞吐量（规模以上，全市）34.6亿吨，增加1.7亿吨，增长25.3%。

2011年末，地级及以上城市民用汽车拥有量（全市）突破亿辆大关，达10036.0万辆，比上年末增加1301.1万辆，增长14.9%；其中私人汽车拥有量（全市）7775.0万辆，增加1038.2万辆，增长15.4%。境内等级公路里程（全市）299.7万公里，比上年增加12.9万公里，增长4.5%；境内高速公路里程（全市）8.3万公里，增加1.2万公里，增长16.5%。

2. 邮政和电信业平稳运行。2011年，地级及以上城市邮政业务收入（全市）1049.1亿元，比上年增长21.9%。电信业稳步发展，年末固定电话用户数14443.6万户，比上年减少370.7万户，下降2.5%；年末移动电话用户数56508.2

注：③由于缺少常住人口的数据，地级及以上城市居民收支数据是以各市的年末总人口为权数进行加权计算的。

万户，增加4926.6万户，增长9.6%。

3. 城市基础设施不断完善。2011年，地级及以上城市城市维护建设资金支出7400.5亿元，比上年增长12.5%。年末实有城市道路面积43.1亿平方米，增长7.8%。供水总量440.1亿吨，比上年增长2.7%。综合能源消费量16.7亿吨标准煤，比上年减少1.3亿吨标准煤，下降7.4%。全社会用电量23869.9亿千瓦时，比上年增长9.3%；其中，工业用电16456.0亿千瓦时，增长8.5%；城乡居民生活用电2895.7亿千瓦时，增长8.8%。供气总量（人工、天然气）622.2亿立方米，比上年下降17.0%；其中，家庭用量143.8亿立方米，增加8.7亿立方米，增长6.5%。年末实有公共汽（电）车营运车辆37.0万辆，比上年末增长3.4%；全年公共汽（电）车客运总量620.3亿人次，增长6.0%。年末实有出租车88.2万辆，增长1.9%。轨道交通线路长度3551.1公里；轨道交通客运总量71.7亿人次，增长28.8%。

4. 人居环境逐渐改善。2011年，地级及以上城市环保投入进一步增加，环境保护支出1054.1亿元，比上年增加112.1亿元，增长11.9%。工业废水排放量（全市）221.8亿吨，比上年减少1.6%；工业二氧化硫排放量（全市）1877.3万吨，增加10.9%。污水集中处理率（全市）为76.7%，比上年提高6.4个百分点。绿地面积178.2万公顷，增长5.1%；其中，公园绿地面积40.0万公顷，增长9.8%；建成区绿化覆盖面积138.9万公顷，增长5.6%；人均园林绿地面积44.8平方米，增加1.2平方米。

二、城镇化进程稳步推进，质量不断提高

（一）城镇化率进一步提高，提升空间仍然巨大

改革开放以来，我国经济经历了三十多年的高速增长，经济实力大幅提升，经济结构不断优化。伴随经济的成长，人口和产业活动在空间上集聚，县级城市规模也在不断扩大，小城镇更如雨后春笋般蓬勃发展。截至2011年末，全部城镇人口已达69079万人，比上年增加2100万人；乡村人口65656万人，减少1456万人。城镇人口比重达到51.3%，与上年相比，上升1.3个百分点，但是城镇化率仍低于发达国家相应发展阶段时的水平，显示出中国的城镇化仍然滞后于工业化，有进一步提升和发展的空间。

（二）区域经济发展协调性增强，结构渐趋优化

2011年，国务院出台了《山东半岛蓝色经济区发展规划》、《浙江海洋经济发展示范区规划》、《国务院关于支持河南省加快建设中原经济区的指导意见》、《宁夏沿黄经济区产业发展规划》和《平潭综合实验区总体发展规划》等10多个区域发展规划，同时继续深入实施区域发展总体战略，推进西部大开发，振兴东北老工业基地，促进中部地区崛起，鼓励东部地区率先发展。我国城市通过发挥自身比较优势，加强薄弱环节，使区域经济社会发展差距进一步缩小，逐步形成布局改善、结构优化的区域协调发展态势。

2011年，东部地级及以上城市（简称东部城市，下同）年末总人口16429.5万人，比上年增加265.7万人，增长1.6%，占地级及以上城市年末总人口的41.3%；中部城市为8909.0万人，增加100.5万人，增长1.1%，所占比重为22.4%；西部城市为10348.2万人，增加359.2万人，增长3.7%，所占比重为25.5%；东北城市为4128.3万人，增加8.7万人，增长0.2%，所占比重为10.4%。从增长速度看，西部超过东中部，成为增长最快的地区，东北增长最慢。

按可比价格计算，2011年地级及以上城市地区生产总值中，东部和东北城市所占比重下降，中部和西部城市所占比重上升。具体情况为，东部城市地区生产总值161331.8亿元，所占比重为58.7%，比上年下降2.1个百分点；东北城市地区生产总值27827.2亿元，占比为10.1%，比上年下降0.2个百分点；中部城市地区生产总值41826.5亿元，占比为15.2%，比上年上升1.1个百分点；西部城市地区生产总值43788.5亿元，占比为15.9%，比上年上升1.2个百分点。

华能大厦（中国华能集团公司提供）

在长江三角洲、珠江三角洲和环渤海三大区域经济中，长江三角洲地区经济增长速度最快。明显的区位优势，多年发展形成的相对优化的产业结构，使长江三角洲地区抵御外部风险的能力较强。2011年，长江三角洲地区地级及以上城市地区生产总值52533.6亿元，比上年增长25.7%；珠江三角洲地区地级及以上城市地区生产总值40773.1亿元，增长19.0%；环渤海地区地级及以上城市地区生产总值30917.8亿元，增长23.9%。

（三）公共服务和管理体制改革不断推进，城市综合承载能力逐步增强

公共服务是公共行政和政府改革的核心理念，包括加强公共设施建设，发展教育、科技、文化、卫生、体育等公共事业，为社会公众参与社会经济、政治、文化活动等提供保障。在我国，义务教育、公共卫生、基本社会保障、公共就业服务是广大城乡居民最关心、最迫切的公共服务，成为现阶段我国基本公共服务的主要内容。2011年，地级及以上城市进一步加大了对公共服务的财政支持力度，各项支出规模均以两位数的速度增长，同时，统筹推进户籍制度改革和基本公共服务均等化，在探索中取得了不少有益的成果。

城市管理体制是确保城市管理过程得以顺利实施的物质载体和保证，也是支撑城市管理系统的骨架支柱。城市管理体制是一个综合性的概念，可以分为城市规划、城市建设和城市管理三部分。随着市场的深化和政府职能的转变，“重建设、轻规划、轻管理”的现象有所改变。仅2011年一年，涉及城市发展的全国性区域规划方案就出台了10多个，管理过程中的职能交叉、多头管理的关系格局也在不断理顺。

随着规模的扩大、整体实力和公共服务能力的提升，地级及以上城市综合承载能力不断增强。2011年，地级及以上城市年末总人口达39815.0万人，年末单位从业人数8654.0万人，人均城市道路面积9.6平方米，人均园林绿地面积44.8平方米，每万人拥有公共汽（电）车9.3辆，每万人拥有医生32.2人，这些指标均较“十一五”期初有明显提升。

三、加快推进城镇化进程的政策建议

（一）深化体制改革，推动农业转移人口市民化

改革开放以来的30多年是我国工业化的加速推进期，大批农村富余劳动力转入非农产业，城镇化进程也在稳步推进。但计划经济时期形成的城乡分割的二元体制仍未根本改变，阻碍了进

城就业农民工的城镇化和市民化。要从根本上释放城镇化的巨大潜力，必须在深化体制改革上做文章。一是改革户籍制度，逐步放宽落户限制，有序推进农民工及其家属转化为城镇居民。二是完善使用权流转机制，建立符合市场经济规律的资产交易市场和征地补偿机制。三是加快建立全国统筹、城乡一体的社会保障体系，促进劳动力在城乡、区域间自由流动。

（二）增强城镇规划管理的科学性和约束力，促进区域城镇协调发展

我国的城镇化呈现空间分布和规模结构不合理的特征，大城市集中于东部地区，中小城市集聚产业和人口能力不足，小城镇数量多、规模小、发展无序。究其原因，主要是城镇规划的科学性和约束力不足。为了实现区域城镇协调、健康发展，须更加重视规划在城镇化发展中的作用。一是要增强主体功能区规划的约束力，严格按照规划调整城镇的功能定位，调控开发强度，规范开发秩序。二是建立城镇化发展的质量评价体系，针对不同功能定位的城镇化地区设置相应的指标体系，以明确科学的发展导向。三是进行统筹城乡的规划设计，优化城乡土地利用结构和布局，提高城镇土地利用效率。

（三）大力发展第三产业，多渠道吸纳就业

第三产业行业跨度大，多数是劳动密集型产业，吸纳劳动力能力强，就业弹性高，在解决农村剩余劳动力就业方面能发挥重要作用。同时，第三产业是聚集经济下生产生活服务社会化、市场化的产物，它的发展对城镇产业的延伸和城镇功能的完善具有重要意义。因此，在城镇化进程中应更加重视第三产业的就业促进作用。一是把发展第三产业与农业转移劳动力就业相结合，合理选择劳动密集型技术，充分发挥其就业吸纳作用。二是积极推动第三产业内部生活服务业向生产服务业过渡的层次提升进程，大力发展新兴服务业。三是建立职业培训体系，不断提高劳动者素质，以适应产业结构升级的要求。

（四）优化城镇功能布局，促进城镇土地的集约利用

随着城市规模的扩大，城镇用地规模不断扩张，出现了土地城镇化快于人口城镇化，中心区与边缘区二元分割等问题，土地粗放利用的模式越来越难以为继。城市综合效益的提高离不开城市土地利用结构的合理化与优化，而土地的集约利用需要土地规划的科学指导。一是调整建设用地结构，控制开发区建设用地供给量，严格治理违法占地现象。二是优化城镇内部空间的功能布局，控制城市边缘区土地利用，以集约化、功能混合的用地模式为主导。三是加快财税体制改革，增加地方政府的稳定税源，改变城市建设资金过多依赖土地出让收入和土地融资的现状。

（执笔：李嵩 国家统计局城市社会经济调查司）

湖州风景（浙江省统计局提供）

2012年世界经济形势报告

2012年，世界经济高开低走，波动起伏，增速较上年回落。失业状况不见明显好转，贸易增速大幅下滑，消费市场低迷不振，金融市场波动剧烈。虽然9月份以来美国及主要新兴经济体出现局部好转迹象，但欧日经济恶化。预计2013年，欧元区和日本经济面临困难较大，新兴经济体力图加快增长，但动力不足，世界经济将继续低速运行，我国面临的外部经济环境依然复杂严峻。

一、2012年世界经济运行的主要特点

（一）世界经济增长疲弱，主要经济体走势分化

据联合国最新预测，2012年，按汇率法GDP加权汇总，世界经济增长2.2%，比上年放缓0.5个百分点。主要经济体经济走势分化明显。美国经济继续温和复苏，一至四季度，其GDP环比折年率分别增长2.0%、1.3%、3.1%和0.4%。但欧元区和日本经济再次陷入衰退。一至四季度，欧元区GDP环比分别下降0.1%、0.2%、0.1%和0.6%。一季度，日本GDP环比增长1.5%，二、三季度分别下降0.2%和0.9%，四季度零增长。

（二）工业生产低速增长，实体经济缺乏活力

2012年，世界工业生产同比增长2.9%，比上年回落1.6个百分点。发达国家工业生产同比增长0.6%，比上年回落2.3个百分点。发展中国家工业生产同比增长5.5%，比上年回落1.9个百分点。分经济体看，日本工业生产下半年持续负增长。欧元区工业生产下降2.4%。美国工业生产增长3.6%，比上年回落0.5个百分点。巴西工业生产除10月份小幅增长0.5%，其余月

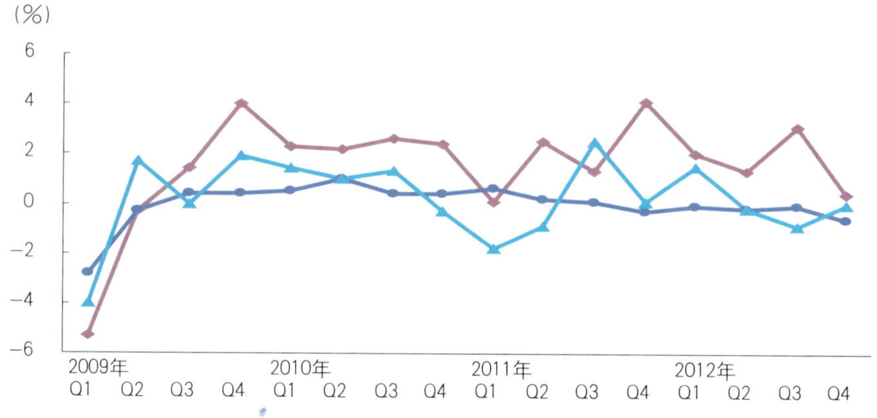

	2009年Q1	Q2	Q3	Q4	2010年Q1	Q2	Q3	Q4	2011年Q1	Q2	Q3	Q4	2012年Q1	Q2	Q3	Q4
美国	−5.	−0.3	1.4	4.0	2.3	2.2	2.6	2.4	0.1	2.5	1.3	4.1	2.0	1.3	3.1	0.4
欧元区	−2.	−0.3	0.4	0.4	0.5	1.0	0.4	0.4	0.6	0.2	0.1	−0.3	−0.1	−0.2	−0.1	−0.6
日本	−4.0	1.7	0.0	1.9	1.4	1.0	1.3	−0.3	−1.	−0.9	2.5	0.1	1.5	−0.2	−0.9	0.0

图1 三大经济体GDP环比增长率①

注：①美国GDP为环比折年率增长率。

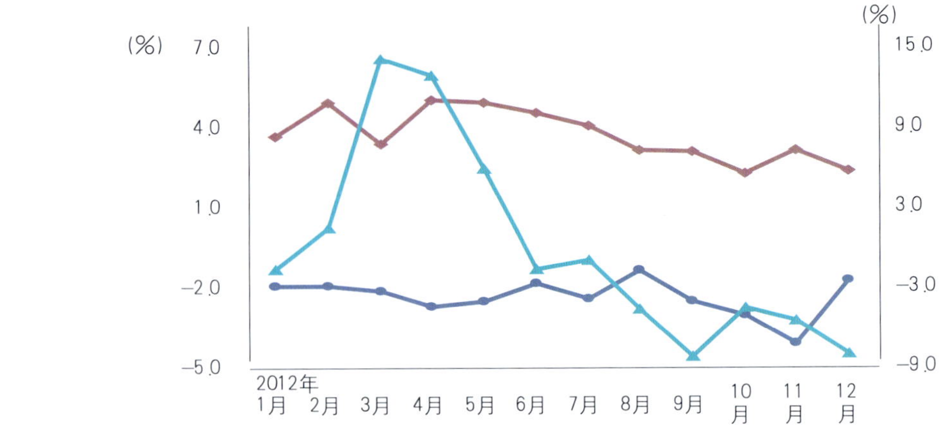

	1月	2月	3月	4月	5月	6月	7月	8月	9月	10月	11月	12月
美国（左轴）	3.7	5.0	3.4	5.0	5.0	4.6	4.1	3.2	3.1	2.3	3.2	2.4
欧元区（左轴）	-1.9	-1.9	-2.1	-2.7	-2.5	-1.8	-2.4	-1.3	-2.5	-3.0	-4.1	-1.7
日本（右轴）	-1.6	1.5	14.2	12.9	6.0	-1.5	-0.8	-4.6	-8.1	-4.5	-5.5	-7.9

图2 三大经济体工业生产同比增长率

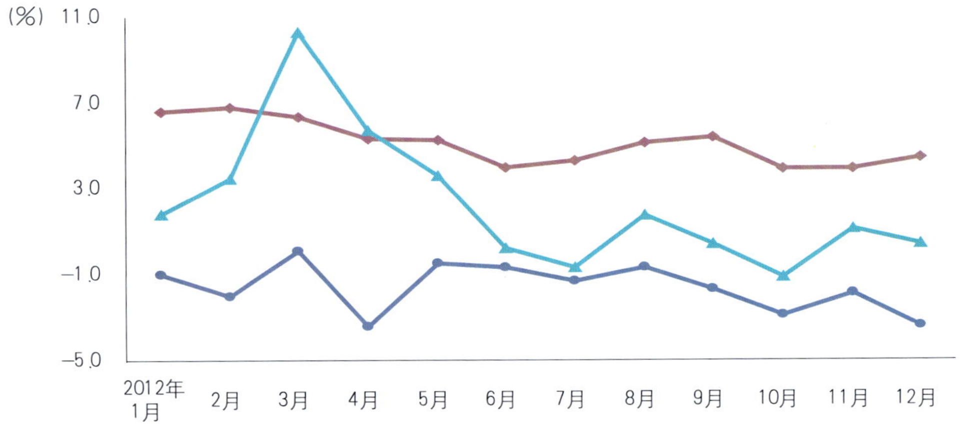

	1月	2月	3月	4月	5月	6月	7月	8月	9月	10月	11月	12月
美国	6.6	6.8	6.3	5.3	5.3	4.0	4.3	5.1	5.4	3.9	3.9	4.4
欧元区	-1.0	-2	0.1	-3.4	-0.5	-0.7	-1.3	-0.7	-1.7	-2.9	-1.9	-3.4
日本	1.8	3.5	10.3	5.7	3.6	0.2	-0.7	1.7	0.4	-1.1	1.1	0.4

图3 2012年三大经济体零售额同比增长速度

份均为负增长。俄罗斯工业增速持续回落。中国台湾前5个月为负增长，下半年有所回升，但增长缓慢。墨西哥工业生产增速维持在较低水平。

（三）三大经济体零售市场疲弱，消费持续低迷不振

一是零售较为疲弱。2012年，美国零售额同比增长4.2%，增速比上年回落3.5个百分点。欧元区零售量同比下降1.7%，降幅比上年扩大1.1个百分点。日本零售额同比仅增长2.2%，上年为下降1.1%。分月看，美国零售额同比增速从年初的6.6%回落至12月份的4.4%。欧元区零售量除3月份同比增长0.1%外，其余各月同比均为负增长，12月份降幅扩大至3.4%。日本零售额同比增速从年初的1.8%波动回落至12月份的0.4%。二是汽车销售有增有降。2012年全年，美国汽车销售同比增长23.4%，增速比上年加快14.1个百分点。欧元区新车登记数同比下降11.3%，降幅比上年扩大10.8个百分点。日本新车登记数同比由增转降，12月份同比下降2%。

三是消费持续低迷。2012 年，美国个人消费支出 6 月和 10 月下降，其余各月环比增速均维持在 0.3% 左右的低速增长态势。日本家庭消费支出前 11 个月同比仅增长 1.4%，8 月份增速达到 2.2%，年初和年底维持在 0.3% 左右。

（四）世界贸易增速大幅下滑，贸易保护不断加剧

据联合国预计，2012 年世界贸易量增长 3.3%，比上年回落 3.7 个百分点。世界贸易先行指标回落。2012 年，波罗的海干散货运指数从 1 月 3 日的 1624 点降至 12 月 31 日的 700 点，累计降幅达 56.9%。全球制造业出口新订单指数低迷。除 1 月和 3 月分别达到 50.4 和 50.6 外，全球制造业出口新订单指数其余各月均位于景气临界值 50 以下。贸易保护加剧。2012 年上半年，全世界共进行了 110 项反倾销关税调查，采取了 74 项反倾销关税措施，约相当于 2011 年全年的四分之三，预计 2012 年全年数值将大幅增加。2012 年，世贸组织纷争多达 27 件，比 2011 年增加了 3 倍以上。2011 年 11 月到 2012 年 5 月期间，二十国集团（G20）所采取的贸易保护主义措施达到 124 件，月平均 17.7 件。

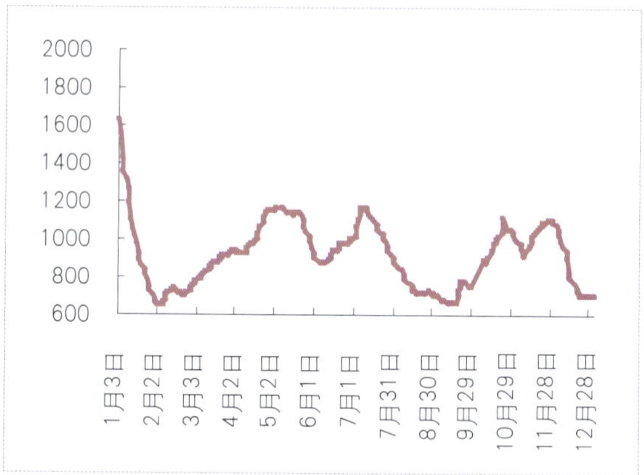

图 4　2012 年波罗的海干散货运指数

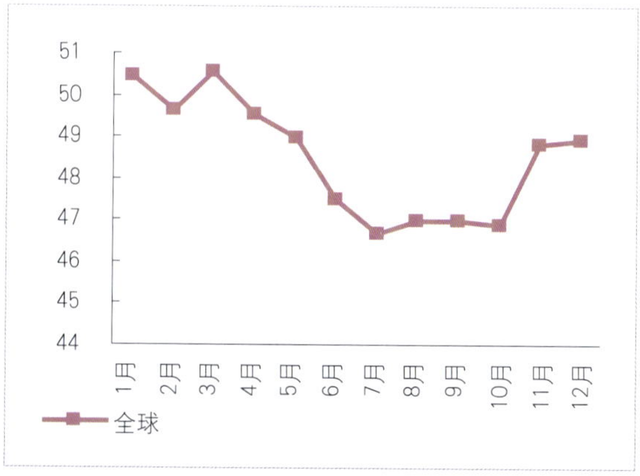

图 5　全球制造业出口新订单指数

（五）国际市场初级产品价格波动剧烈，主要经济体消费价格有所回落

2012 年，能源、农产品及金属和矿产价格一季度大幅上升、二季度快速回落、三季度又有所回升、四季度缓慢回落，全年价格呈剧烈波动态势。FAO 食品价格指数全年为 211.6，比 2011 年回落 7%，但仍处于历史较高水平。上半年受食糖和油脂类价格大幅下跌的影响，食品价格显著回落；下半年由于谷物价格的拉动，使得食品价格快速回升。2012 年，世界 CPI 上涨 3.2%，比 2011 年回落 0.8 个百分点。发达国家 CPI 上涨 2%，比上年回落 0.7 个百分点。发展中国家 CPI 上涨 6.1%，回落 1 个百分点。

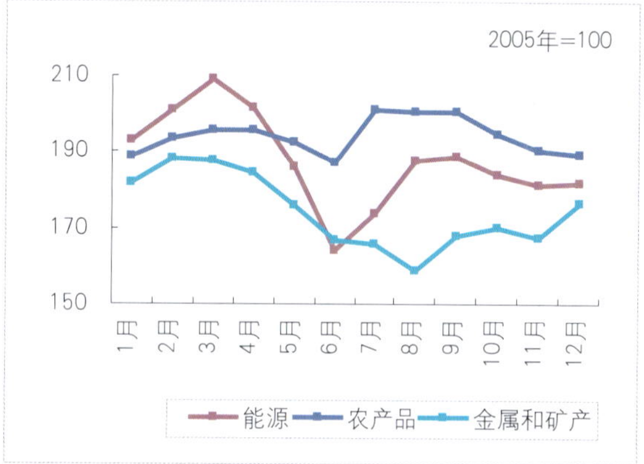

图 6　2012 年世界银行初级产品价格指数

（六）三大经济体失业率较高，就业形势仍然严峻

2012 年，美国失业率为 8.1%，比 2011 年回落 0.8 个百分点，但仍远高于危机前水平。欧元区失业率一路高企，全年平均达 11.4%，比 2011 年上升 1.2 个百分点。日本失业率为 4.3%，比 2011 年回落 0.3 个百分点。

（七）全球主要景气指标先降后升

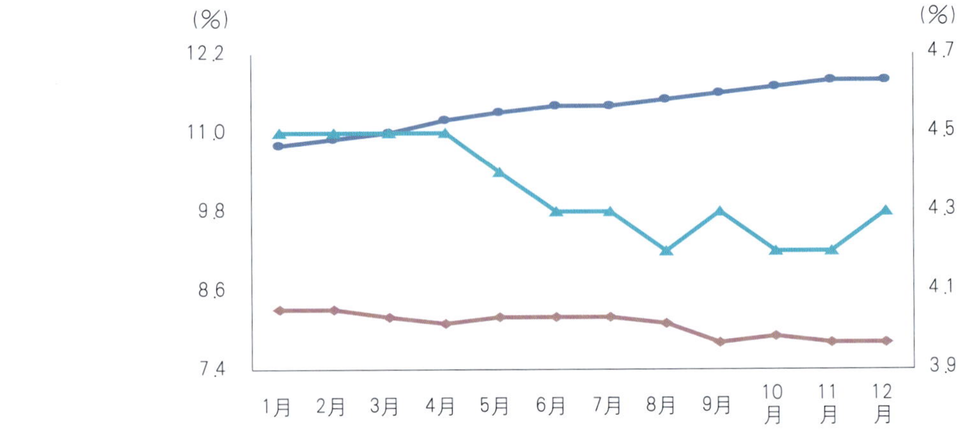

	1月	2月	3月	4月	5月	6月	7月	8月	9月	10月	11月	12月
美国（左轴）	8.3	8.3	8.2	8.1	8.2	8.2	8.2	8.1	7.8	7.9	7.8	7.8
欧元区（左轴）	10.8	10.9	11.0	11.2	11.3	11.4	11.4	11.5	11.6	11.7	11.8	11.8
日本（右轴）	4.5	4.5	4.5	4.5	4.4	4.3	4.3	4.2	4.3	4.2	4.2	4.3

图 7　2012 年三大经济体失业率

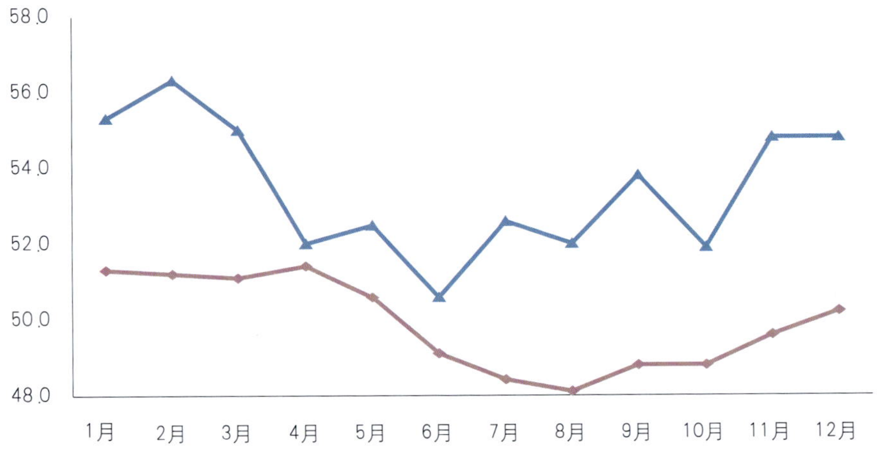

	1月	2月	3月	4月	5月	6月	7月	8月	9月	10月	11月	12月
制造业	51.3	51.2	51.1	51.4	50.6	49.1	48.4	48.1	48.8	48.8	49.6	50.2
服务业	55.3	56.3	55.0	52.0	52.5	50.6	52.6	52.0	53.8	51.9	54.8	54.8

图 8　2012 年全球制造业和服务业 PMI 指数

2012 年，全球制造业 PMI 先降后升。6 月降至景气临界值以下，12 月再度回升至景气区间。全球服务业 PMI 在景气区间大幅波动。

二、导致世界经济增速回落的主要因素

（一）欧债危机阴霾不散

2012 年上半年，欧债危机险情不断：希腊危机丛生，多国主权信用评级频遭下调，此外欧元区第二大、第三大、第四大经济体法国、意大利和西班牙均出现了险情，意大利和西班牙国债收益率曾一度超过 7% 的警戒线，西班牙银行业坏账问题凸显。下半年起，欧债危机有所缓解，西班牙和意大利的 10 年期国债收益率均从警戒线水平分别下降至年底的 5% 和 4.5% 左右。由于欧盟继续出台救援措施，近期惠誉将爱尔兰评级

展望由负面上调至稳定，为欧洲各国带来些许希望，但欧洲经济在短期内难以走出危机。

（二）欧日经济不断恶化

受欧债危机、重债国财政紧缩以及全球经济走弱等因素影响，欧元区 GDP 环比连续下降，同比连续三个季度下降，四年来两次陷入经济衰退。2012 年，日本经济在经过第一季度的短暂较快增长后，连续二个季度出现环比负增长，已经陷入衰退，第四季度处于停滞状态。同时，欧元区和日本的工业生产继续恶化，近期同环比均下降。

（三）国际金融市场剧烈动荡

2012 年全球股市跌宕起伏。第一季度在刺激政策作用下，股市不断上行，主要股指比年初上涨近 20%，年中又回落至年初水平。下半年，随着欧债危机有所缓解，全球股市震荡走高。2012 年全年，发达国家股市累计上涨 12.7%，发展中国家股市累计上涨 13.9%。国际汇市大幅波动。2012 年，发达国家中欧元和英镑累计分别对美元升值 1.6% 和 4.0%，而日元对美元大幅贬值 8.9%。在发展中国家，墨西哥比索和人民币对美元升值 3.9% 和 1.3%，而巴西雷亚尔对美元大幅贬值 16.4%。

（四）消费者信心低迷

12 月份，欧元区消费者信心指数为 -26.3，比上年同期回落 5.1 个点。由于消费者对国会无法就避免增税和政府减支达成协议的担忧情绪升温，12 月份美国消费者信心遭受重挫，从 11 月的 73.7 降至 65.1，信心指数降至 4 个月来低点。11 月份，日本消费者信心指数从 10 月回落 0.7 个点至 39.0，12 月份未有改善。

（五）发达国家中期财政整顿与短期经济增长的矛盾日益突出

国际货币基金组织认为，财政调整必须以适当的速度进行，制定一个有效的财政整顿方案关键在于时间安排，有必要既关注中期财政整顿计划，又重视促进经济增长及就业的短期性举措。当务之急是推行可靠的中期财政整顿计划，同时积极探求支持短期经济增长的所有可能举措。

（六）发达国家政党利益、公众利益与国家利益之间的冲突加剧

2012 年美国财政悬崖问题始终是一个重要的政治利益博弈事件，今年初生效的美国财政悬崖法案只是部分填平了财政悬崖，仍有相当大的难题留待 5 月份之前来解决。2012 欧洲政坛矛盾重重，增加了欧债危机完全解决的难度。三年来，诸多欧洲国家政府更迭，不仅未令欧债危机得以解决，而且发展为威胁金融市场与欧元区稳定的因素。日本政局也动荡不稳，新首相安倍对华政策思路自相矛盾，势必影响日本经济发展。

三、对 2013 年世界经济的初步判断

2013 年，世界经济增长既有有利的一面，也有不利的因素。从有利因素看，一是全球经济一体化是大势所趋，不会因为当前的困难而中止或改变。二是 2012 年各经济体保增长措施有望发挥作用。三是美国《财政悬崖法案》具有一定的积极作用。四是国际金融危机发生四年多来，各国主动或被动的结构性调整有望产生一些积极作用。从不利因素来看，一是世界经济增长依赖于新兴经济体的支撑，但新兴经济体增长动力不足。二是虽然欧债危机向着最终解决的方向收敛，但具体执行仍充满了变数。三是美国《财政悬崖法案》具有一定的积极作用，但只是暂时、部分

表 1　世界经济增长率预测

单位：%

机构	2010	2011	2012	2013	2014
联合国	4.0	2.7	2.2	2.4	3.2
IMF	5.1	3.9	3.2	3.5	4.1
世界银行	4.1	2.7	2.3	2.4	3.1
英国共识公司	4.3	3.1	2.5	2.6	

注：联合国（汇率法）为 2012 年 12 月预测；IMF（PPP 法）为 2013 年 1 月预测；世界银行为 2013 年 1 月预测；英国共识公司（汇率法）为 2013 年 2 月预测。

缓解，完全解决或明显缓解仍存在许多不确定性。四是各国进一步刺激经济的政策空间缩小，发达国家政府及全球治理经济的能力和效果减弱。五是政府、企业和个人去杠杆化充满不确定性。因此，2013年世界经济形势依然复杂，难以出现明显好转。

（一）世界经济增速将略高于上年

一是主要国际组织均预测世界经济增速会有所加快。据联合国2012年12月份预测，按照汇率法GDP加权，2013年世界经济将增长2.4%，比2012年加快0.2个百分点。国际货币基金组织（IMF）2013年1月份预测，按照购买力平价法GDP加权，2013年世界经济增长3.5%，比2012年加快0.3个百分点。世界银行2013年1月份预测，2013年世界经济增长2.4%，比2012年加快0.1个百分点；英国共识公司2013年2月份预测，按照汇率法GDP加权，2013年世界经济增长2.6%，比2012年加快0.1个百分点。

表2　三大经济体GDP增长率预测

单位：%

	2010	2011	2012	2013
联合国（2012年12月）				
美国	2.4	1.8	2.1	1.7
欧元区	2.1	1.5	–0.5	0.3
日本	4.5	–0.7	1.5	0.6
国际货币基金组织（2013年1月）				
美国	2.4	1.8	2.3	2.0
欧元区	2.0	1.4	–0.4	–0.2
日本	4.5	–0.6	2.0	1.2
世界银行（2013年1月）				
美国	2.4	1.8	2.2	1.9
欧元区	2.0	1.5	–0.4	–0.1
日本	4.5	–0.7	1.9	0.8
OECD(2012 年12月)				
美国	2.4	1.8	2.2	2.0
欧元区	1.9	1.5	–0.4	–0.1
日本	4.5	–0.7	1.6	0.7
英国共识公司（2013年2月）				
美国	2.4	1.8	2.3	1.9
欧元区	1.9	1.5	–0.4	–0.2
日本	4.7	–0.5	2.0	1.2

二是三大经济体走势继续分化。世界银行和共识公司均预测2013年美国经济将增长1.9%，分别比上年放缓0.3和0.4个百分点；分别预测欧元区经济将下降0.1%和0.2%，降幅比上年缩小0.3和0.2个百分点；分别预测日本经济将增长0.8%和1.2%，增幅比上年回落1.1和0.8个百分点。

（二）全球贸易仍将低速增长

据联合国2012年12月份预测，2013年全

表3　世界及主要国家和地区贸易量增长率预测

单位：%

	2010	2011	2012	2013
联合国（2012年12月）				
世　界	13.3	7.0	3.3	4.3
国际货币基金组织（2013年1月）				
世　界	12.6	5.9	2.8	3.8
发达国家				
出　口	12.0	5.6	2.1	2.8
进　口	11.4	4.6	1.2	2.2
发展中国家				
出　口	13.7	6.6	3.6	5.5
进　口	14.9	8.4	6.1	6.5

表4　世界主要国家和地区CPI上涨率的预测

单位：%

	2010	2011	2012	2013
国际货币基金组织（2012年10月）				
世界	3.7	4.9	3.9	3.7
发达国家	1.5	2.7	2.0	1.6
美国	1.6	3.2	2.0	1.8
欧元区	1.6	2.7	2.3	1.6
日本	–0.7	–0.3	0.0	–0.2
发展中国家	6.1	7.2	6.1	6.1
OECD（2012年12月）				
美国	1.6	3.1	2.1	1.8
欧元区	1.6	2.7	2.4	1.6
日本	–0.7	–0.3	0.0	–0.5
英国共识公司（2013年2月）				
世界	2.8	3.8	3.0	2.8
美国	1.6	3.1	2.1	1.8
欧元区	1.6	2.7	2.5	1.8
日本	–0.7	–0.3	0.0	–0.1

球贸易量将增长4.3%,比2012年加快1个百分点。IMF1月份预测，2013年全球贸易量将增长3.8%，比2012年加快1个百分点。其中，发达国家出口和进口将增长2.8%和2.2%,比2012年加快0.7和1个百分点；发展中国家出口和进口将增长5.5%和6.5%,比2012年加快1.9和0.4个百分点。

（三）全球通货膨胀将有所放缓

据英国共识公司2月份预测，2013年世界CPI将上涨2.8%，涨幅比2012年回落0.2个百分点。美国和欧元区CPI均上涨1.8%，比2012年回落0.3和0.7个百分点。日本CPI下降0.1%，上年为零增长。

表5 世界主要国家和地区失业率的预测

单位：%

	2010	2011	2012	2013
国际货币基金组织（2012年10月）				
美国	9.6	9.0	8.1	8.1
欧元区	10.1	10.2	11.4	11.5
日本	5.1	4.6	4.3	4.4
英国共识公司（2013年2月）				
美国	9.6	9.0	8.1	7.7
欧元区	10.1	10.2	11.4	12.0
日本	5.1	4.6	4.3	4.1

（四）发达国家失业问题难以明显缓解

据英国共识公司2月份预测，2013年，美国和日本失业率分别为7.7%和4.1%，比2012年回落0.4和0.2个百分点。欧元区失业率为12%，比2012年上升0.6个百分点。

四、外部环境对我国经济的不利影响及对策建议

尽管2013年世界经济形势略有改善，也会对我国经济产生一定的积极影响。但我们更应当看到，改善的程度十分有限，我国面临的外部经济环境依然复杂严峻，需要妥善应对外部环境的不利影响。

（一）外部需求疲弱拖累我国经济增长

2011年和2012年，我国货物和服务净出口对GDP增长的贡献率分别是-4.1%和-2.2%（2007年为17.9%），下拉经济增速0.4和0.2个百分点（2007年为拉动经济增长2.6个百分点）。2013年，世界经济增长率虽然会略高于2012年，但总体呈低速增长态势，尤其是发达国家需求不旺，对我国经济增长会产生较大影响。应加快收入分配体制改革，完善社会保障体系，开拓国内市场，刺激内需增长。

（二）全球贸易摩擦、贸易保护加剧，影响我国对外出口

截至2011年，我国已经连续17年成为遭遇贸易摩擦最多的国家。2012年上半年共遭遇18个国家和地区发起的反倾销、反补贴、特保和救济调查，总共40起，同比增长了38%；涉案金额达37亿美元，同比增长了76%。2013年，国际贸易会持续低迷，贸易保护会进一步加剧，贸易摩擦还会增多，且形式不断翻新，涉及的产业不断扩大，发起的国别也不断增加，都将对我国出口增长构成严峻挑战。应加强国际贸易法规、条例的培训，利用多种手段有效化解贸易争端，提高应对贸易保护和摩擦的能力；要适时积极出击，变被动为主动。

（三）发达国家持续宽松的货币政策将对我国产生多重影响

流入我国的资本会增加，将引起资产价格波动，加大输入型通胀压力，还会影响我国货币政策的独立性。因此，应加强对于国际资本流入流出的监管，进一步提高货币政策的前瞻性、灵活性和有效性，适时适度微调。

（四）地缘政治的影响

2013年，西亚的叙利亚、伊朗问题都存在变数，既直接影响我国的石油供应，也会对世界经济的正常运行造成一定影响。安倍执政后，日本“购岛”闹剧的后续变化也会对我国经济产生负面影响，对其可能产生的不利影响要有所防备。

（执笔：释经组 国家统计局国际统计信息中心）

Important Documents

一、主题报告篇

二、地区报告篇

三、统计图表篇

2011 年地区发展与民生指数报告

为客观、全面反映各地区发展与民生状况，中国统计学会组织有关专家研究并测算了各地区发展与民生指数（Development and Life Index，DLI）[①]。该指数是在原综合发展指数的基础上，为了更加突出地反映民生改善情况，调整补充部分指标后修订而成的。地区发展与民生指数评价指标体系包括经济发展、民生改善、社会发展、生态建设、科技创新、公众评价六大方面，共 42 项指标。指数的计算与合成借鉴了联合国人类发展指数（HDI）等有关方法，根据指标的上、下限阈值来计算各个指标的评价指数（即无量纲化），指数介于 0 至 100 之间，根据指标权重合成分类指数和总指数。测算结果显示，2011 年各地区发展与民生指数均比上年有所提高。

一、四大区域[②]发展与民生指数稳步提高，中、西部地区增速较快

2011 年，四大区域的发展与民生指数，东部地区最高，为 69.53%[③]，比上年提高 2.50 个百分点；东北地区次之，为 60.22%，比上年提高 2.19 个百分点；中部地区和西部地区分别为 58.33% 和 55.41%，分别比上年提高 2.73 和 2.79 个百分点（见图 1）。从指数的增速看，西部地区最快，为 5.30%；中部地区次之，为 4.91%；东北地区和东部地区分别为 3.78% 和 3.73%（见图 2）。

测算结果还表明，从 2000 年以来，我国四大区域发展与民生指数均稳步提高。2011 年

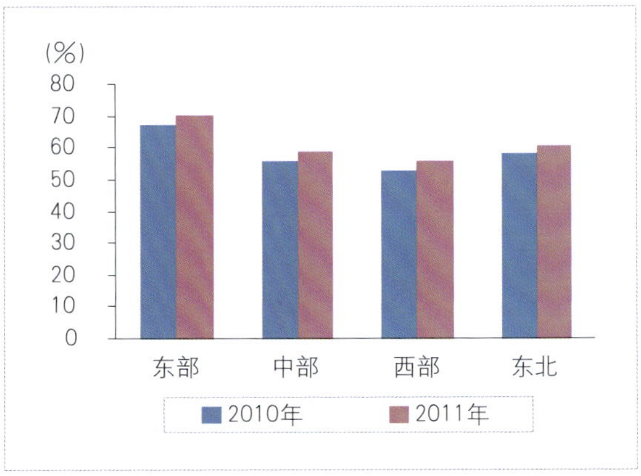

图 1　2010 － 2011 年四大区域发展与民生指数的比较

注：① 2011 年中国统计学会组织专家研究制定了《综合发展指数编制方案》，考虑到我国地区经济社会发展中一些新情况，为更加突出反映民生改善情况，课题组根据“十八大”提出的新目标和新要求，在原《综合发展指数编制方案》的基础上，调整和补充了部分指标，将其修订为《地区发展与民生指数编制方案》（见附件 1），并依据此方案测算了 2000 － 2011 年各地区发展与民生指数。主要修订情况如下：①在民生改善类指标中增加农村自来水普及率和每千人拥有社会服务床位数两个指标；②在社会进步类指标中，把农村居民享受最低生活保障人口比例替换为农村最低生活保障救助标准占农村居民人均消费支出比例，把城镇居民享受最低生活保障人口比例替换为城镇最低生活保障救助标准占城镇居民人均消费支出比例；③删除了个别相关或重复的指标。

②东部地区包括北京、天津、河北、上海、江苏、浙江、福建、山东、广东和海南 10 省（市）；中部地区包括山西、安徽、江西、河南、湖北和湖南 6 省；西部地区包括内蒙古、广西、重庆、四川、贵州、云南、西藏、陕西、甘肃、青海、宁夏和新疆 12 省（区、市）；东北地区包括辽宁、吉林和黑龙江 3 省。

③计算地区发展与民生指数，主要是借鉴了联合国人类发展指数（HDI）等有关方法，根据指标的上、下限阈值来计算各个指标的评价指数，指数一般介于 0 至 100 之间，然后再根据指标权重合成分类指数和总指数。如果一个地区的发展与民生指数越大，表明这个地区发展与民生改善的状况就越好。如 2011 年，东部地区发展与民生指数为 69.53%，高于东北地区，说明东部地区发展与民生改善状况好于东北地区。当然，地区发展与民生指数是动态的，它是反映一个阶段地区发展与民生改善的状况，随着地区发展出现新情况和新特征，我们将及时对地区发展与民生指数评价指标体系进行补充和完善，同时修订指标的阈值并测算地区发展与民生指数。

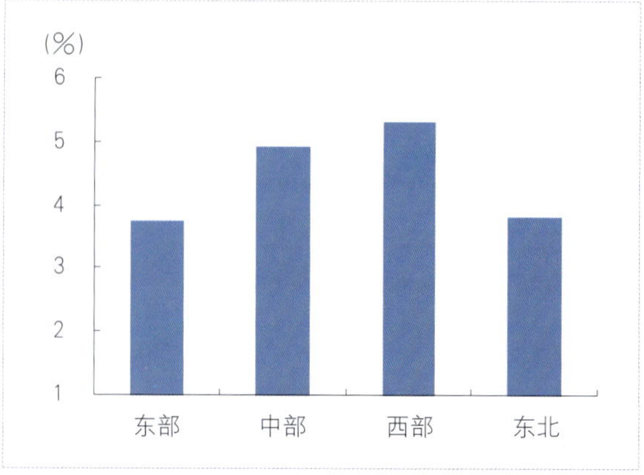

图 2　2011 年四大区域发展与民生指数比上年增长比较

与 2000 年相比，东部地区由 46.66% 提高到 69.53%，中部地区由 36.98% 提高到 58.33%，西部地区由 34.61% 提高到 55.41%，东北地区由 40.55% 提高到 60.22%（见图 3）。

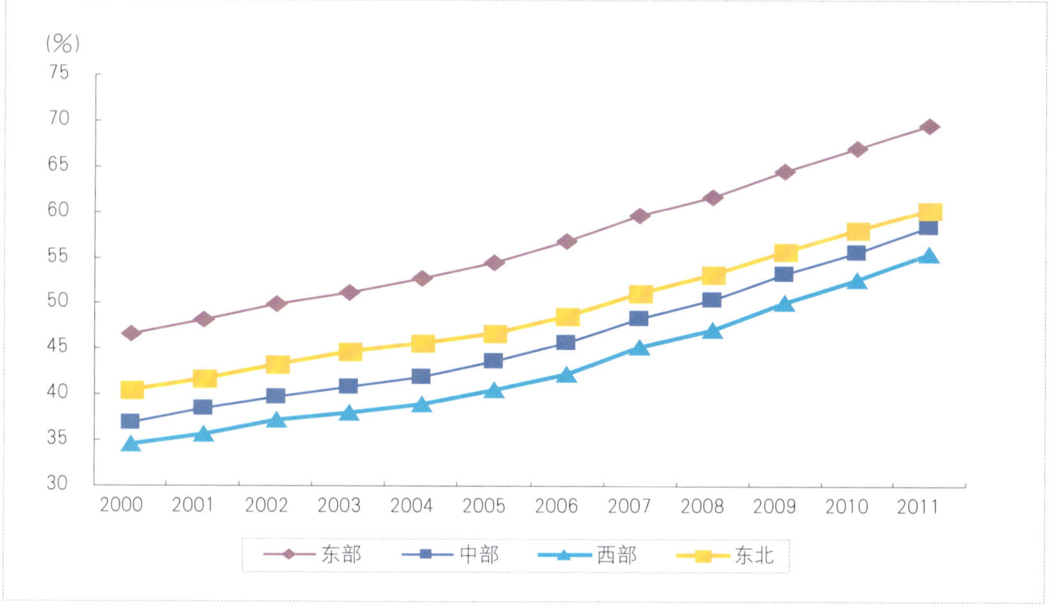

图 3　2000 – 2011 年四大区域发展与民生指数增长趋势图

二、四大区域分项指数均有不同程度的提高

发展与民生指数由经济发展、民生改善、社会发展、生态建设和科技创新五个类别的分项指数组成，与 2010 年相比，2011 年四大区域的各分项指数均有不同程度的提高。

东、中、西部和东北地区经济发展类指数分别为 80.38%、64.32%、64.24% 和 74.71%，比上年分别提高 1.24、2.22、3.01、1.69 个百分点。

东、中、西部和东北地区民生改善类指数分别为 73.89%、63.42%、57.96% 和 65.05%，比上年分别提高 3.20、2.75、3.56、3.10 个百分点。

东、中、西部和东北地区社会发展类指数分别为 69.15%、66.71%、64.66% 和 66.99%，比上年分别提高 3.23、3.30、3.58、1.78 个百分点。

东、中、西部和东北地区生态建设类指数分别为 70.98%、62.93%、58.86% 和 59.82%，比上年分别提高 1.92、2.19、1.02、3.25 个百分点。

东、中、西部和东北地区科技创新类指数分别为 41.10%、18.12%、15.60% 和 15.63%，比上年分别提高 2.84、3.40、2.04、0.44 个百分点（见图 4）。

三、31 个省（区、市）发展与民生指数普遍提高，差距有所缩小

2011 年，31 个省（区、市）的发展与民生

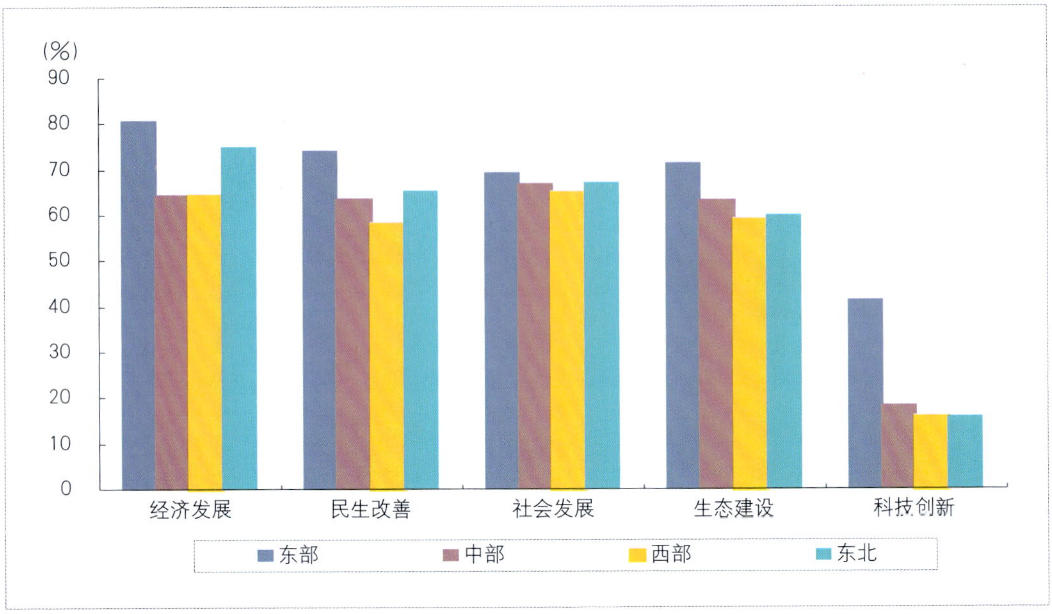

图 4　2011 年四大区域发展与民生分项指数

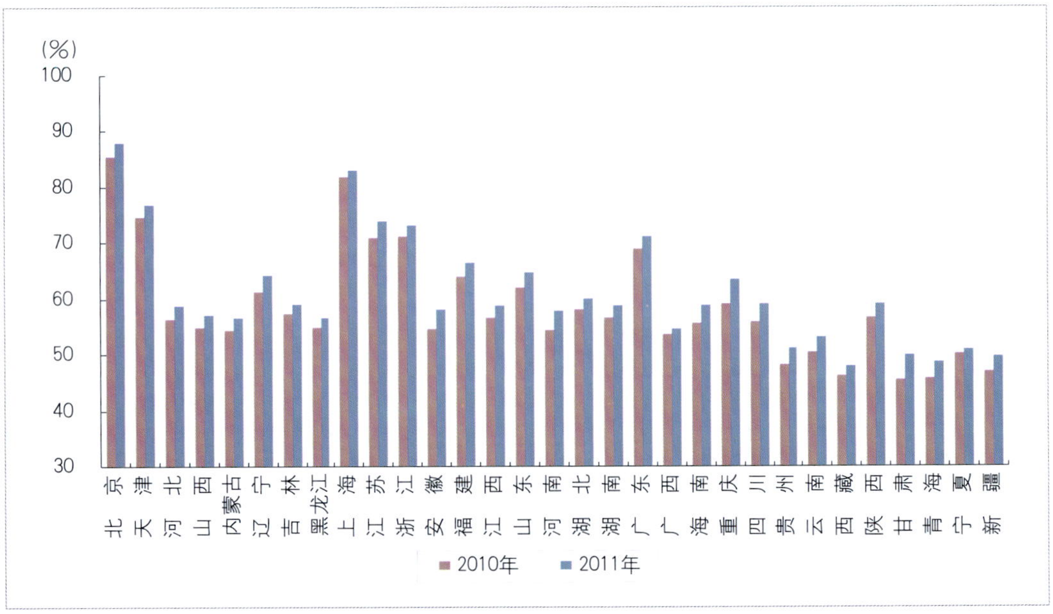

图 5　2010 － 2011 年各地区发展与民生指数比较

指数比上年均有不同程度提高（见图 5）。指数排在前十名的地区分别为北京、上海、天津、江苏、浙江、广东、福建、山东、辽宁和重庆，指数均在 60% 以上（见图 5 和附表 1）。指数增速排在前十名的地区分别为甘肃、重庆、青海、河南、海南、安徽、贵州、新疆、四川和云南，均达到 5% 以上（见图 6）。

全国 31 个省（区、市）发展与民生指数的变异系数④，自 2004 年后呈现逐年缩小的趋势，表明省际间差距在缩小。2011 年，变异系数又

注：④变异系数是标准差与平均数的比值，记为 C•V。变异系数是衡量资料中各观测值变异程度的一个统计量，它可以消除单位和（或）平均数不同对两个或多个地区变异程度比较的影响。

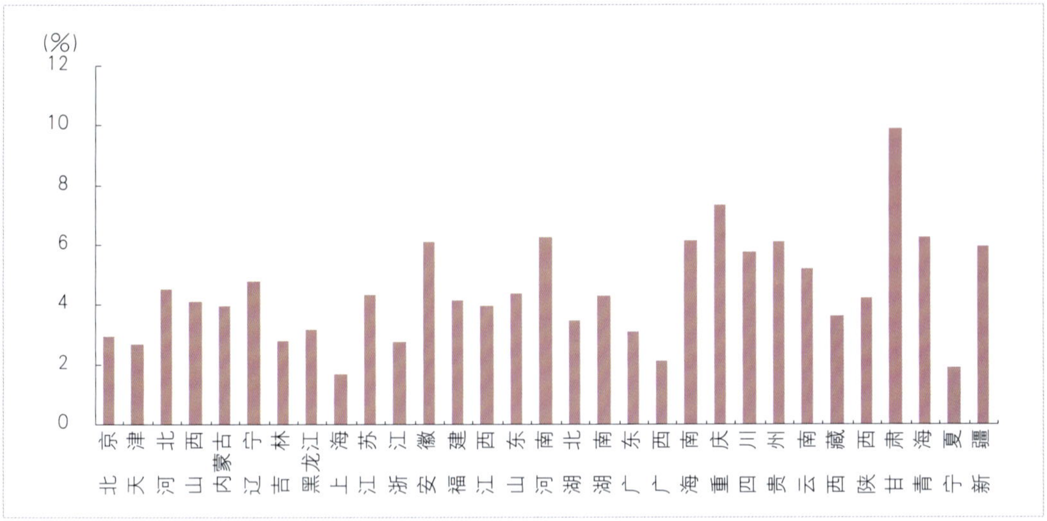

图 6 2011 年各地区发展与民生指数比上年增长比较

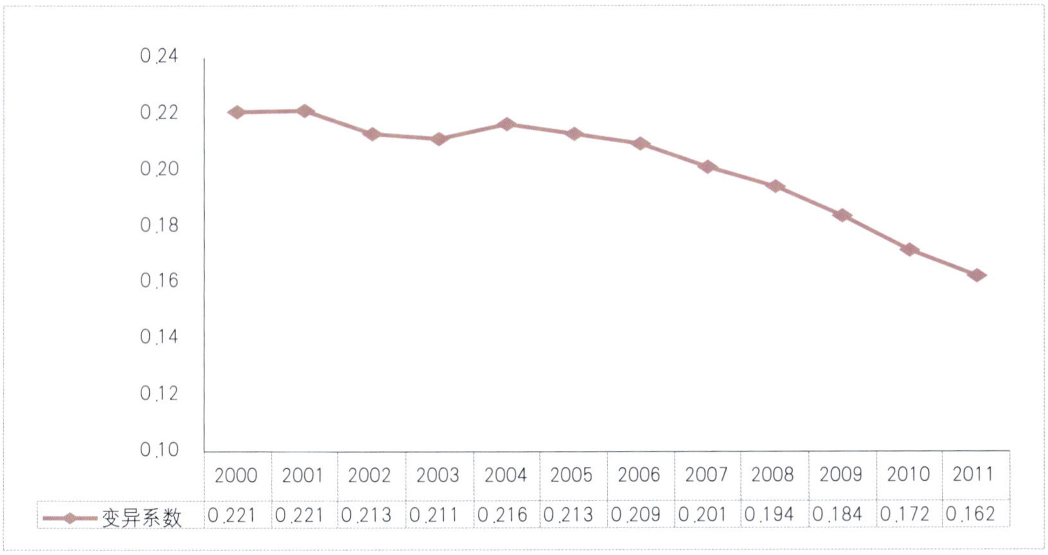

图 7 2000 - 2011 年各地区发展与民生指数变异系数

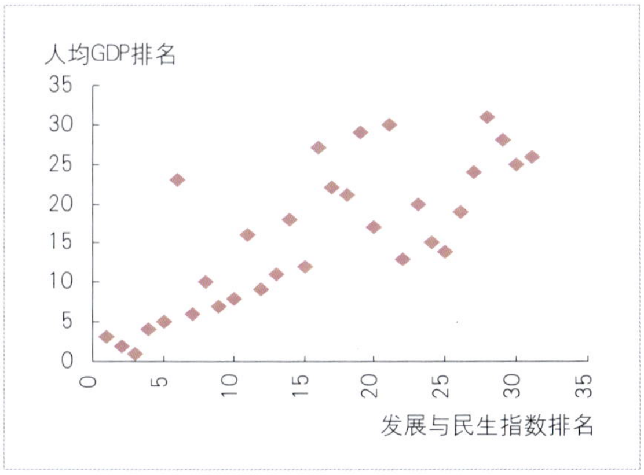

图 8 各地区发展与民生指数排序与各地区人均 GDP 排序相关图

由上年的 0.172 缩小到 0.162（见图 7）。

四、各地区发展与民生指数和人均 GDP 的比较

从 2011 年各地区发展与民生指数和人均 GDP 的比较来看，差异较大。有些省份人均 GDP 排序相对靠前，但发展与民生指数排序相对靠后，如内蒙古、宁夏、新疆、青海等省；一些省份人均 GDP 排序虽然相对靠后，但发展与民生指数排序相对靠前，如四川、江西、海南、安徽等省（见图 8 和附表 3）。

（主要执笔：吕庆喆 施凤丹 谷彬 国家统计局统计科学研究所）

附表 1

2000 – 2011 年各地区发展与民生指数

单位：%

	2000	2001	2002	2003	2004	2005	2006	2007	2008	2009	2010	2011
北 京	64.70	66.98	68.77	69.78	73.65	75.99	78.38	81.44	83.11	84.89	85.41	87.93
天 津	55.01	57.35	60.01	60.71	62.84	63.87	66.91	68.97	70.44	72.69	74.65	76.65
河 北	38.47	39.71	41.15	42.21	43.03	44.98	46.75	48.87	50.69	53.40	56.19	58.75
山 西	34.93	36.26	39.06	39.32	39.92	41.87	44.79	47.46	48.66	52.50	54.66	56.91
内蒙古	35.89	36.65	37.71	38.08	39.29	41.81	44.46	46.64	48.84	51.76	54.27	56.43
辽 宁	42.83	44.14	45.52	47.31	48.26	50.19	52.33	54.51	56.32	59.00	61.27	64.21
吉 林	40.21	41.79	43.20	44.44	45.67	45.88	47.31	50.45	52.46	55.16	57.32	58.94
黑龙江	38.29	39.18	41.11	42.00	42.78	43.73	45.61	48.04	50.03	52.58	54.82	56.56
上 海	62.38	63.71	64.11	67.11	68.93	70.38	72.99	75.88	76.81	79.39	81.69	83.05
江 苏	46.50	48.13	50.19	52.33	54.78	56.18	58.33	61.59	64.10	68.17	70.74	73.83
浙 江	49.28	50.84	51.83	53.35	54.82	58.27	60.78	63.06	64.98	67.83	71.05	73.02
安 徽	35.42	36.54	37.69	38.14	40.22	41.16	43.55	46.30	49.11	52.25	54.61	57.95
福 建	45.61	47.21	48.81	50.11	51.41	52.63	54.23	56.97	59.97	62.20	63.83	66.48
江 西	36.15	37.77	39.79	41.05	42.37	44.95	46.42	49.77	52.17	54.55	56.52	58.76
山 东	42.03	43.10	45.16	46.80	47.56	49.39	52.36	55.20	56.99	59.86	61.83	64.54
河 南	36.04	37.85	39.09	40.56	41.47	42.82	44.73	47.38	49.09	51.85	54.21	57.60
湖 北	40.22	41.13	42.63	43.38	44.15	46.14	48.44	50.96	52.56	55.64	57.92	59.95
湖 南	38.51	40.74	40.73	41.70	42.97	44.71	46.47	48.98	50.97	53.81	56.35	58.78
广 东	50.76	52.71	54.04	54.31	55.93	56.88	58.96	62.08	64.04	66.30	68.88	71.02
广 西	36.15	37.50	39.16	40.06	41.04	43.25	44.67	46.78	48.00	51.66	53.45	54.58
海 南	40.48	41.90	42.68	43.52	44.14	44.94	46.78	48.02	49.74	52.93	55.40	58.80
重 庆	38.33	38.83	40.16	40.98	43.12	45.33	48.01	51.09	53.59	56.19	58.99	63.34
四 川	35.72	38.23	39.95	40.64	41.41	42.56	44.75	48.76	50.63	53.45	55.64	58.85
贵 州	29.66	30.54	32.04	33.02	34.33	36.45	37.44	40.23	41.50	44.58	48.15	51.09
云 南	34.38	33.63	34.91	36.27	37.48	38.96	39.97	43.30	45.48	47.97	50.37	53.00
西 藏	30.48	32.17	33.95	34.63	36.29	35.78	39.10	40.00	41.33	43.58	46.06	47.74
陕 西	38.64	39.42	40.57	40.56	40.95	41.45	43.59	46.86	49.78	53.14	56.48	58.86
甘 肃	29.59	30.10	31.82	32.82	34.07	35.22	35.67	38.21	40.06	42.81	45.37	49.86
青 海	31.44	32.71	33.92	35.77	35.66	37.60	39.61	40.46	41.41	43.12	45.69	48.55
宁 夏	31.50	32.57	34.74	35.86	37.29	38.19	40.30	43.41	44.99	46.63	49.94	50.90
新 疆	30.14	30.95	32.72	34.67	34.49	35.41	37.03	39.76	41.45	44.21	46.74	49.52

附表 2

各地区发展与民生指数增长情况

单位：%

地区	2001－2011 年累计增长速度	“十五”期间年均增长速度	“十一五”期间年均增长速度	“十二五”开局之年增长速度
北　京	35.91	3.27	2.36	2.96
天　津	39.33	3.03	3.17	2.69
河　北	52.70	3.17	4.55	4.55
山　西	62.93	3.69	5.48	4.12
内蒙古	57.22	3.10	5.36	3.98
辽　宁	49.93	3.22	4.07	4.81
吉　林	46.58	2.67	4.55	2.83
黑龙江	47.71	2.69	4.62	3.18
上　海	33.14	2.44	3.03	1.67
江　苏	58.77	3.85	4.72	4.36
浙　江	48.16	3.41	4.04	2.77
安　徽	63.60	3.05	5.82	6.13
福　建	45.77	2.91	3.93	4.15
江　西	62.55	4.45	4.69	3.96
山　东	53.57	3.28	4.60	4.38
河　南	59.83	3.51	4.83	6.26
湖　北	49.06	2.78	4.65	3.50
湖　南	52.63	3.03	4.74	4.31
广　东	39.90	2.30	3.90	3.11
广　西	51.00	3.66	4.32	2.12
海　南	45.25	2.11	4.28	6.14
重　庆	65.25	3.41	5.41	7.37
四　川	64.75	3.56	5.51	5.78
贵　州	72.25	4.21	5.72	6.10
云　南	54.13	2.53	5.27	5.22
西　藏	56.64	3.26	5.18	3.64
陕　西	52.33	1.41	6.38	4.22
甘　肃	68.50	3.54	5.20	9.91
青　海	54.44	3.65	3.97	6.27
宁　夏	61.57	3.92	5.51	1.92
新　疆	64.29	3.28	5.70	5.95

附表 3

2011 年各省（区、市）发展与民生指数与人均 GDP、HDI 比较

地　区	发展与民生指数（%）	人均 GDP（元）	HDI*
北　京	87.93	81658	0.891
天　津	76.65	85213	0.875
河　北	58.75	33969	0.784
山　西	56.91	31357	0.800
内蒙古	56.43	57974	0.803
辽　宁	64.21	50760	0.835
吉　林	58.94	38460	0.815
黑龙江	56.56	32819	0.808
上　海	83.05	82560	0.908
江　苏	73.83	62290	0.837
浙　江	73.02	59249	0.841
安　徽	57.95	25659	0.750
福　建	66.48	47377	0.807
江　西	58.76	26150	0.760
山　东	64.54	47335	0.828
河　南	57.60	28661	0.787
湖　北	59.95	34197	0.784
湖　南	58.78	29880	0.781
广　东	71.02	50807	0.844
广　西	54.58	25326	0.776
海　南	58.80	28898	0.784
重　庆	63.34	34500	0.783
四　川	58.85	26133	0.763
贵　州	51.09	16413	0.690
云　南	53.00	19265	0.710
西　藏	47.74	20077	0.630
陕　西	58.86	33464	0.773
甘　肃	49.86	19595	0.690
青　海	48.55	29522	0.720
宁　夏	50.90	33043	0.766
新　疆	49.52	30087	0.774

注：HDI（人类发展指数）为 2008 年数据。

附件一：

发展与民生指数编制方案

一、研究背景

2005年10月，党的十六届五中全会审议通过的《中共中央关于制定国民经济和社会发展第十一个五年规划的建议》指出：“要深化对科学发展观基本内涵和精神实质的认识，建立符合科学发展观要求的经济社会发展综合评价体系。”2011年3月第十一届全国人民代表大会第四次会议通过的《中华人民共和国国民经济和社会发展第十二个五年规划纲要》提出：“以科学发展为主题，是时代的要求，关系改革开放和现代化建设全局”，“加快制定并完善有利于推动科学发展、加快转变经济发展方式的绩效评价考核体系和具体考核办法，弱化对经济增长速度的评价考核，强化对结构优化、民生改善、资源节约、环境保护、基本公共服务和社会管理等目标任务完成情况的综合评价考核，考核结果作为各级政府领导班子调整和领导干部选拔任用、奖励惩戒的重要依据。”为引导和转变发展观念，激励发展思路创新，中国统计学会组织专家，成立课题组，根据科学发展观的内涵与要求，制定并发布了2000－2010年各地区发展指数（Comprehensive Development Index，简称CDI）。

党的“十八大”以后，考虑到我国地区经济社会发展中一些新情况，为客观、全面反映各地区发展水平，并突出“民生”主题，课题组根据“十八大”提出的新目标和新要求，在原《综合发展指数编制方案》的基础上，调整和补充了部分指标，并修订为《发展与民生指数编制方案》，并据此对各地区发展与民生指数（Development and Life Index，简称DLI）进行了测算。主要修订情况如下：①在民生改善类指标中增加农村自来水普及率和每千人拥有社会服务床位数两个指标；②在社会进步类指标中，把农村居民享受最低生活保障人口比例替换为农村最低生活保障救助标准占农村居民人均消费支出比例，把城镇居民享受最低生活保障人口比例替换为城镇最低生活保障救助标准占城镇居民人均消费支出比例；③删除了个别相关和重复的指标。

长期以来，如何更好地对经济社会发展进行综合评价，有关国际组织和一些国家都进行了积极探索。联合国开发计划署（UNDP）从1990年开始发布用以衡量各国社会经济发展程度的人类发展指数（Human Development Index，简称HDI），该指数是在预期寿命、成人识字率、人均GDP（购买力平价美元）三个指标的基础上计算生成的。英国于1996年提出了国家可持续发展战略，并成为在全球首次提出全套可持续发展指标体系的国家。联合国大会于2000年通过决议，提出了8项“千年发展目标”及相关的18项具体目标和48项指标，内容涉及社会公平（反贫困、教育平等、性别平等）、生命健康、环境保护及全球合作等方面，成为衡量社会发展进程的重要标准。国内有关研究机构和部门对地区发展也提出了诸多评价指标体系和测评办法。

本课题研究以科学发展观为指导，以“十二五”规划纲要中主要指标为核心指标，制定发展与民生指数评价指标体系；并采用有关部门发布的权威数据，对各地发展与民生改善情况进行量化评价。需要指出的是，本课题报告是初步的、阶段性研究成果，从统计角度反映了我国各区域及各省、自治区、直辖市在发展与民生改善方面的进程情况。课题研究在指标选取、测算方法等方面还需要进一步完善，课题组将持续开展进一步深入的研究。

二、指导原则和指标体系设计

发展与民生指数评价指标体系的构建应该遵循以下指导原则：

—— 导向性原则。指标体系要充分发挥导向、引领作用，激励各地区进一步增强科学发展意识和发展能力，创新体制机制，切实有效地加快科学发展进程。

—— 前瞻性原则。建立发展与民生指数评价指标体系，视野要开阔，着眼要长远，不仅要考虑本世纪头二十年全面建设小康社会的目标，而且要考虑本世纪中叶基本实现现代化的目标，力争与“十二五”规划相衔接，重点应放在本世纪第二个十年。

—— 开放性原则。发展与民生指数评价指标体系的建立过程，应保持指标体系的动态性和开放性，根据地区发展的新情况、新特征及中国发展阶段的变化，及时对指标体系进行补充、完善和修订。

—— 可操作性原则。指标选择具有代表性，同时兼顾统计数据的可获得性，使指标可采集、可量化、可对比。指标设置要与中央“十二五”规划建议等相关国民经济和社会发展规划指标衔接一致，以增强指标体系的政策导向与实践意义。

—— 公认性原则。评价指标不仅要以客观指标反映地区发展的数量特征，更要把群众认可、满意作为一项重要的衡量标准，做到量化考评和定性考评相结合。因此，发展与民生指数评价指标体系引入公众评价指标，以充分考察人民群众的切身感受，提高公众对于发展的参与度和认可度，主观性指标的引入强化了“既看数字又不唯数字”的理念。

按照以上指导原则，发展与民生指数评价指标体系具体包含经济发展、民生改善、社会发展、生态建设、科技创新、公众评价六个方面 42 项指标，涵盖经济、民生、社会、生态、科技、民意等领域，体现“以人为本”的核心理念和“全面协调可持续”的基本要求，突出资源节约和环境友好，强调科技创新对于转变发展方式、推动科学发展的重要作用。

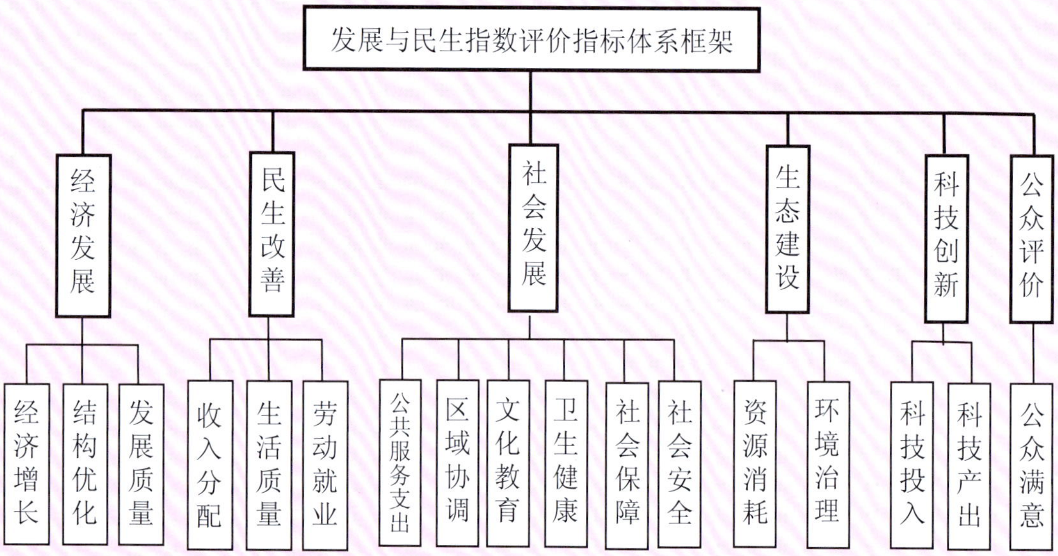

图 1 发展与民生指数评价指标体系框架图

经济发展类。“十二五”规划建议指出，以加快转变经济发展方式为主线，是推动科学发展的必由之路。按照坚持把经济结构战略性调整作为加快转变经济发展方式的主攻方向，力争经济结构战略性调整取得重大进展。因此，经济发展模块设置了经济增长、结构优化、发展质量 3 项二级指标及 7 项三级指标（见表 1）。

民生改善类。“十二五”规划建议指出，完善保障和改善民生的制度安排，把促进就业放在经济社会发展优先位置，加大收入分配调节力度，坚定不移走共同富裕道路，使发展成果惠及全体人民。因此，民生改善模块设置了收入分配、生活质量、劳动就业 3 项二级指标及 13 项三级指标（见表 2）。

社会发展类。“十二五”规划建议指出，加快发展各项社会事业，完善基本公共服务体系，统筹城乡发展，加快推进社会主义新农村建设，促进区域良性互动、协调发展。因此，社会发展模块设置了公共服务支出、区域协调、文化教育、卫生健康、社会保障、社会安全 6 项二级指标及 9 项三级指标（见表 3）。

生态建设类。“十二五”规划建议指出，把建设资源节约型、环境友好型社会作为加快转变经济发展方式的重要着力点。按照深入贯彻节约资源和保护环境基本国策，节约能源，促进经济社会发展与人口资源环境相协

表 1 经济发展类指标

二级指标	三级指标	备注
经济增长	人均 GDP、GDP 指数	这是反映经济发展水平的指标，没有选用总量，而是选用人均，既体现发展第一要义，又体现以人为本，同时选用增长速度，充分考虑了区域经济的动态变化，以衡量经济发展绩效。
结构优化	服务业增加值占 GDP 比重	这是反映产业结构优化升级的指标。服务业是产业结构升级的未来方向，对于发展方式转变及国家整体竞争力具有重要意义，其产出比重已成为衡量产业结构层次高低的重要标准。
	居民消费占 GDP 比重	这是反映优化经济增长需求结构的指标，提高消费需求贡献率，可以促进三大需求拉动的平衡发展，增强经济发展的内生动力。
	高技术产品产值占工业总产值比重	这是反映产业结构优化升级的指标，体现工业结构调整的重要方向，是提高产业竞争力、走新型工业化道路的重要途径。
	城镇化率	该指标反映一个地区城镇化水平高低，衡量城乡二元结构的改善状况，也是反映科学发展观城乡统筹发展的重要指标。
发展质量	全社会劳动生产率	这是反映经济发展综合效益的指标。

表 2 民生改善类指标

二级指标	三级指标	备注
收入分配	城乡居民收入占 GDP 比重	这是反映居民在居民、企业、政府三者之间收入分配关系的指标。
	城乡居民收入比	这是反映提高城乡居民收入水平及调整收入分配结构的重要指标。
生活质量	城镇居民人均可支配收入、农村居民人均纯收入	这是反映城乡居民收入水平的重要指标，包括城镇居民人均可支配收入和农村居民人均纯收入，体现了切实的民生改善。
	城乡居民家庭恩格尔系数	这是反映居民生活质量的重要指标。
	人均住房使用面积	这是综合反映一个地区居民居住状况的重要指标，是衡量住房供求差距的重要依据。
	城镇保障性住房新开工面积占住宅开发面积比重	城镇廉租房、经济适用房以及限价房开发面积占住宅开发面积的比重是衡量城镇低收入居民等社会弱势群体是否"居者有其屋"的重要指标。由于目前各地还缺少城镇廉租房以及限价房的统计，因此暂用经济适用房代替。
	互联网普及率	这是反映信息化程度的指标。
	每万人拥有公共汽（电）车辆	这是衡量公共交通便利程度和城市公共服务发展水平的重要指标。
	平均预期寿命	这是衡量一个社会的生活质量、医疗卫生服务水平的指标。人的发展是科学发展的出发点和落脚点，提高人均寿命是以人为本的重要体现。
	农村自来水普及率	农村自来水工程是一项社会公益性为主的事业，是一项重大民生工程。农村自来水普及率是反映农村居民生活水平、生活质量和卫生条件的一项重要指标。
	每千人拥有社会服务床位数	加强社会养老服务体系建设，是应对人口老龄化、保障和改善民生的必然要求，是适应传统养老模式转变、满足人民群众养老服务需求的必由之路，是解决失能、半失能老年群体养老问题、促进社会和谐稳定的当务之急。每千人拥有社会服务床位数是反映社会养老服务体系建设状况的一项重要指标。
劳动就业	城镇登记失业率	这是反映就业水平的指标，体现了就业是民生之本。

表 3 社会发展类指标

二级指标	三级指标	备注
公共服务支出	人均基本公共服务支出	这是反映政府提供公共服务的指标，既反映城市又反映农村，体现公共财政的发展方向、政府职能的转变和城乡统筹的思想。
区域协调	地区经济发展差异系数	这是反映区域之间差别的指标。
文化教育	文化产业增加值占 GDP 比重	该指标反映文化产业在整个国民经济中的发展状况。"十二五"规划建议中提出推动文化产业成为国民经济支柱性产业，该指标可以衡量文化产业的发展状况。
	平均受教育年限	这是反映人口受教育状况的总体指标，旨在体现科教兴国战略和人才强国战略的实施成果。
卫生健康	5 岁以下儿童死亡率	这是反映社会公共医疗发展水平的重要指标。
社会保障	基本社会保险覆盖率	这是反映城乡社会保障水平的指标，包括现行的城镇基本社会保险，同时增加了农村有关保险的内容，体现了城乡统筹的思想。
	农村（城镇）最低生活保障救助标准占农村（城镇）居民人均消费支出比例	这是反映贫困人口得到社会救助的一项重要指标。
社会安全	社会安全指数	这是反映社会治安及安全生产状况的综合指标。

表 4 生态建设类指标

二级指标	三级指标	备注
资源消耗	单位 GDP 能耗	这是"十一五"规划纲要中提出的一个约束性目标，在"十二五"规划建议中仍是一个约束性指标，反映节约能源情况和资源的利用效率。该指标的设立体现建设资源节约型、环境友好型社会的要求。
	单位 GDP 水耗	这是反映水资源节约和利用效率的指标，反映建设节水型社会的情况。
	单位 GDP 建设用地占用	这是反映土地资源集约、高效利用的指标，符合资源节约的要求。
环境治理	环境污染治理投资占 GDP 比重	这是反映环境治理保护投入力度和水平的重要指标。
	工业"三废"处理达标率	这是反映工业"三废"（废水、废气、固体废物）治理情况的指标。
	城市生活垃圾无害化处理率	城市生活垃圾已经成为城市环境的主要污染源之一，而垃圾被称为"放错地方的资源"，要加强资源循环利用和生态环境保护，增强可持续发展能力，使人民在良好的环境下生活，需要监控城市生活垃圾的无害化处理情况。
	城镇生活污水处理率	城镇生活污水已成为城市环境的主要污染源之一，由于城镇化步伐的加快，为使人民在良好的环境下生活，需要监控城镇生活污水处理情况。
	环境质量指数	这是反映环境问题治理和改善状况的重要指标，包括空气、水和绿化，是人民群众直接感受到环境改善的指标。

调，走可持续发展之路。因此，生态建设模块设置了资源消耗、环境治理2项二级指标及8项三级指标（见表4）。

科技创新类。“十二五”规划建议指出，把科技进步和创新作为加快转变经济发展方式的重要支撑，充分发挥科技第一生产力和人才第一资源作用，推动发展向主要依靠科技进步、劳动者素质提高、管理创新转变，加快建设创新型国家的要求。因此，科技创新模块设置了科技投入、科技产出2项二级指标及4项三级指标（见表5）。

表5 科技创新类指标

二级指标	三级指标	备注
科技投入	万人R&D人员全时当量、R&D经费支出占GDP比重	这是国际上通用的衡量一个国家或地区科技活动规模、科技投入强度以及科技创新能力的重要指标，在很大程度上反映了一个国家或地区经济增长潜力和可持续发展能力。
科技产出	高技术产品出口占总出口比例	这是反映出口商品中高技术含量、高附加值产品所占比重的一个重要指标，这一比重的提高既可以直接反映出中国外贸出口产品结构不断升级，也可以间接反映出中国的自主创新能力不断增强。
	万人专利授权数	这是反映自主知识产权和自主创新的指标，专利特别是发明专利体现了一个地区的科技创新能力，具有很强的导向性。

公众评价类。对发展与民生改善的评价，必须坚持群众满意的原则。因此，评价体系引入公众满意度指标，作为重要的辅助参考指标，暂不参与定量评价（见表6）。

表6 公众评价类指标

二级指标	三级指标	备注
公众满意	人民群众对发展与民生改善的满意度	采用民意调查，用于衡量人民群众对发展与民生改善的主观感受和认可程度。

三、测评方法

发展与民生指数是从经济发展、民生改善、社会发展、生态建设和科技创新五个维度测量的综合性指数，每一维度都是构成具体方面的分指数，每个分指数又由若干个指标合成。其测评方法主要借鉴了联合国人类发展指数（HDI）的测量方法，基本思路是根据每个评价指标的上、下限阈值来计算单个指标指数（即无量纲化），指数一般分布在0和100之间，再根据每个指标的权重最终合成发展与民生指数。此种方法测算的指数不仅横向可比，而且纵向可比；不仅可以比较各省（区、市）发展与民生指数相对位次，而且也可以考察每个省（区、市）发展与民生改善的历史进程。

（一）指标上、下限阈值的确定

在计算单个指标指数时，首先必须对每个指标进行无量纲化处理，而进行无量纲化处理的关键是确定各指标的上、下限阈值。指标的上、下限阈值主要是参考2000－2009年全国31个省（区、市）中相应指标最大值和最小值，以及小康社会目标值，对有些比例指标还参考了世界中等收入国家的平均值。将第i个指标的实际值记为x_i，权重为W_i，下限阈值和上限阈值分别为x^i_{min}和x^i_{max}，无量纲化后的值为Z_i。

（二）指标无量纲化

无量纲化，也叫数据的标准化，是通过数学变换来消除原始变量（指标）量纲影响的方法。

正指标无量纲化计算公式：

$$Z_i = \frac{X_i - X^i_{\min}}{X^i_{\max} - X^i_{\min}} \text{ 或 } Z_i = \frac{Ln(X_i) - Ln(X^i_{\min})}{\ln(X^i_{\max}) - Ln(X^i_{\min})} \quad (1)$$

逆指标无量纲化计算公式:

$$Z_i = \frac{X_i - X^i_{\min}}{X^i_{\max} - X^i_{\min}} \text{ 或 } Z_i = \frac{Ln(X_i) - Ln(X^i_{\min})}{\ln(X^i_{\max}) - Ln(X^i_{\min})} \quad (2)$$

（三）指标权重的确定

权重值的确定直接影响综合评估的结果，权重值的变动可能引起被评估对象优劣顺序的改变。所以，合理地确定综合评估发展各主要因素指标的权重，是进行综合评估能否成功的关键问题。本体系采取常用的专家打分法（即 Delphi 法）确定各级指标的权重。

（四）分类指数和总指数的合成

1. 分类指数的合成方法

本体系由经济发展、民生改善、社会发展、生态建设、科技创新五个分类组成。将某一类的所有指标无量纲化后的数值与其权重按公式（3）计算就得到类指数。

$$I_i = \frac{\sum Z_j W_j}{\sum W_j} \quad (3)$$

2. 发展与民生指数的合成方法

将发展与民生指数评价指标体系中的前 41 个指标无量纲化后的数值与其权重按公式（4）计算就得到发展与民生指数。

$$I = \frac{\sum_{i=1}^{41} Z_i W_i}{\sum_{i=1}^{41} W_i} \quad (4)$$

表 7 发展与民生指数评价指标体系

一级指标	二级指标	三级指标	单位	权重
经济发展（22.0）	经济增长	人均 GDP	元	6.0
		GDP 指数	上年=100	2.0
	结构优化	服务业增加值占 GDP 比重	%	3.0
		居民消费占 GDP 比重	%	3.0
		高技术产品产值占工业总产值比重	%	2.0
		城镇化率	%	3.0
	发展质量	全社会劳动生产率	元/人	3.0
民生改善（26.0）	收入分配	城乡居民收入占 GDP 比重	%	3.0
		城乡居民收入比	农村=1	3.0
	生活质量	城镇居民人均可支配收入	元	2.5
		农村居民人均纯收入	元	2.5
		城乡居民家庭恩格尔系数	%	1.5
		人均住房使用面积	平方米	1.5
		城镇保障性住房新开工面积占住宅开发面积比重	%	0.5
		互联网普及率	%	1.5
		每万人拥有公共汽（电）车辆	标台	1.5
		平均预期寿命	岁	2.0
		农村自来水普及率	%	2.0
		每千人拥有社会服务床位数	张	2.0
	劳动就业	城镇登记失业率	%	2.5
社会发展（21.0）	公共服务支出	人均基本公共服务支出	元	2.5
	区域协调	地区经济发展差异系数	–	2.5
	文化教育	文化产业增加值占 GDP 比重	%	2.5
		平均受教育年限	年	2.5
	卫生健康	5 岁以下儿童死亡率	‰	2.5
	社会保障	基本社会保险覆盖率	%	2.5
		农村最低生活保障救助标准占农村居民人均消费支出比例	%	1.5
		城镇最低生活保障救助标准占城镇居民人均消费支出比例	%	1.5
	社会安全	社会安全指数	%	3.0
生态建设（18.0）	资源消耗	单位 GDP 能耗	吨标准煤/万元	3.0
		单位 GDP 水耗	吨/万元	3.0
		单位 GDP 建设用地占用	亩/万元	3.0
	环境治理	环境污染治理投资占 GDP 比重	%	1.5
		工业“三废”处理达标率	%	1.5
		城市生活垃圾无害化处理率	%	1.5
		城镇生活污水处理率	%	1.5
		环境质量指数	%	3.0
科技创新（13.0）	科技投入	万人研究与试验发展（R&D）人员全时当量	人年	3.5
		R&D 经费支出占 GDP 比重	%	3.5
	科技产出	高技术产品出口占总出口比例	%	3.0
		万人专利授权数	件	3.0
公众评价	公众满意	人民群众对发展与民生改善的满意度		

注：人均 GDP、单位 GDP 能耗、单位 GDP 水耗、单位 GDP 建设用地占用、单位 GDP 二氧化碳排放按 2000 年价格计算。

附件二：

四、主要指标定义、计算方法与数据来源

1. 人均 GDP

国内生产总值（GDP）是指一个国家（或地区）所有常住单位在一定时期内生产活动的最终成果。对于地区，GDP 中文名称为“地区生产总值”。人均 GDP 是指一定时期内按常住人口平均计算的 GDP。

计算公式为：

$$人均GDP = \frac{GDP}{年平均常住人口}$$

注：GDP 按 2000 年不变价计算。

数据来源：统计部门国民经济核算资料。

2. GDP 指数

国内生产总值（GDP）是一个价值量指标，其价值的变化受价格变化和物量变化两大因素影响。不变价国内生产总值是把按当期价格计算的国内生产总值换算成按某个固定期（基期）价格计算的价值，从而使两个不同时期的价值进行比较时，能够剔除价格变化的影响，以反映物量变化，反映生产活动成果的实际变动。

GDP 指数是根据两个时期不变价国内生产总值计算得到，在现有的统计体系中通常选择上年，或者 1978 年为基期。本指标体系中该指标选择上年为基期，即上年 =100，其计算公式为：

$$GDP指数 = \frac{按上年价格计算的本年度\ \mathrm{GDP}}{上年度\mathrm{GDP}} \times 100$$

数据来源：统计部门国民经济核算资料。

3. 服务业增加值占 GDP 比重

指第三产业增加值占国内生产总值（GDP）的比重。

我国的三次产业划分是：

第一产业：农业（即农林牧渔业）。

第二产业：工业（包括采矿业、制造业、电力燃气及水的生产和供应业）、建筑业。

第三产业：除第一、第二产业以外的其他各业。

计算公式为：

$$服务业增加值占\mathrm{GDP}比重 = \frac{第三产业增加值}{GDP} \times 100\%$$

数据来源：统计部门国民经济核算资料。

4. 居民消费占 GDP 比重

居民消费支出指常住住户在一定时期内对于货物和服务的全部最终消费支出，包括如下几种类型：单位以实物报酬及实物转移的形式提供给劳动者的货物和服务；住户生产并由本住户消费了的货物和服务，其中的服务仅指住户的自有住房服务和付酬的家庭雇员提供的家庭和个人服务；金融机构提供的金融媒介服务。

居民消费占 GDP 比重指居民消费支出与 GDP 的比值，计算公式为：

$$居民消费占\mathrm{GDP}比重 = \frac{居民最终消费支出}{GDP} \times 100\%$$

数据来源：统计部门国民经济核算资料。

5. 高技术产品产值占工业总产值比重

高技术产品产值指高技术产业以货币表现的在一定时期内（通常为一年）生产的工业产品总量。工业总产

值是以货币形式表现的，工业企业在一定时期内（通常为一年）生产的工业最终产品或提供工业性劳务活动的总价值量，反映一定时间内工业生产的总规模和总水平。

高技术产品产值占工业总产值比重指高技术产业产品产值与工业总产值的比值。计算公式为：

$$高技术产品产值占工业总产值比重=\frac{高技术产品产值}{工业总产值}\times 100\%$$

数据来源：统计部门国民经济核算资料、科技统计资料。

6. 城镇化率

即城镇人口比重，指城镇人口数量占总体人口数量的比重。

计算公式为：

$$城镇人口比重=\frac{城镇人口}{人口总数}\times 100\%$$

城镇人口有几种口径的统计数据，本指标使用的是人口普查中按城乡划分标准统计的城镇人口数。

数据来源：统计部门人口统计资料。

7. 全社会劳动生产率

指一定时期内全社会劳动者（从业人员）的劳动效率。它表明一个国家（或地区）的社会生产力发展水平，是反映该国家（地区）经济实力的基本指标之一。计算公式为：

$$全社会劳动生产率=\frac{GDP}{平均就业人口总数}$$

数据来源：统计部门国民经济核算资料、人口统计资料。

8. 城乡居民收入占 GDP 比重

指一个国家（或地区）城镇居民可支配收入与农村居民纯收入之和占 GDP 的比重，其中城镇居民可支配收入等于城镇居民人均可支配收入乘以城镇常住人口，农村居民纯收入等于农村居民人均纯收入乘以农村常住人口。计算公式为：

$$城乡居民收入占GDP比重=\frac{城镇居民人均可支配收入\times 城镇人口+农村居民人均纯收入\times 农村人口}{GDP}\times 100\%$$

城镇居民人均可支配收入的指标解释见 12、城镇居民人均可支配收入；农村居民人均纯收入的指标解释见 13、农村居民人均纯收入。

数据来源：统计部门住户调查资料、人口统计资料、国民经济核算资料。

9. 城乡居民收入比

指城镇居民人均可支配收入与农村居民人均纯收入之比（以农村为 1）。计算公式为：

$$城乡居民收入比=\frac{城镇居民人均可支配收入}{农村居民人均纯收入}$$

数据来源：统计部门住户调查资料。

10. 城镇居民人均可支配收入

城镇居民可支配收入指居民家庭可以用来自由支配的收入。它是家庭总收入扣除交纳的所得税、个人交纳的社会保障费以及调查户的记账补贴后的收入。计算公式：

城镇居民可支配收入 ＝ 家庭总收入 － 交纳所得税 － 个人交纳的社会保障支出 － 记账补贴

城镇居民人均可支配收入指在一段时期内（一般为一年）按城镇人口平均计算的城镇居民可支配收入。

数据来源：统计部门住户调查资料。

11. 农村居民人均纯收入

农村居民纯收入指农村居民当年从各个来源得到的总收入相应地扣除所发生的费用后的收入总和。计算公式：

农村居民纯收入＝总收入－税费支出－家庭经营费用支出－生产性固定资产折旧
－赠送农村内部亲友支出

农村居民人均纯收入指在一段时期内（一般为一年）按农村人口平均计算的农村居民纯收入。

数据来源：统计部门住户调查资料。

12. 城乡居民家庭恩格尔系数

指居民用于食品消费的支出占消费性支出（城镇）或生活消费支出（农村）的比重。食品支出是指居民用于主食、副食、其他食品以及在外饮食的支出总和。

计算公式为：

$$\text{城乡居民家庭恩格尔系数}=\frac{\text{城镇居民食品支出}}{\text{消费性支出}}\times 100\%\times\text{城镇人口比重}+\frac{\text{农村居民食品支出}}{\text{生活消费支出}}\times 100\%\times(1-\text{城镇人口比重})$$

数据来源：统计部门住户调查资料。

13. 人均住房使用面积

指城镇人均住房使用面积和农村人均钢筋砖木结构住房面积的加权平均。计算公式为：

人均住房使用面积＝城镇人均住房使用面积×城镇人口比重
+农村钢筋砖木结构人均住房面积×（1-城镇人口比重）

城镇人均住房建筑面积：指城镇居民按人平均的现有住房的建筑面积。现住房计算总建筑面积时以房屋产权证或租赁证为准。建筑面积可按使用面积乘以1.33计算得出。

农村人均钢筋、砖木结构住房面积：指农村居民按人平均的钢筋混凝土结构和砖木结构住房的室内面积。房屋面积从内墙线算起，不包括房屋结构（如墙、柱）占用的面积，多层建筑按各层面积总和计算。钢筋混凝土结构是指房屋的梁、柱、承重墙等主要部分是用钢筋混凝土建造的。砖木结构是指梁、柱、承重墙等主要部分是用砖、石和木料建造的。

数据来源：统计部门住户调查资料。

14. 城镇保障性住房新开工面积占住宅开发面积比重

保障性住房指政府在对中低收入家庭实行分类保障过程中所提供的限定供应对象、建设标准、销售价格或租金标准，具有社会保障性质的住房。包括廉租房、经济适用住房、公共性租赁房（是政府提供政策支持，限定户型面积、供应对象和租金水平，面向中低收入住房困难家庭等群体出租的住房）、城市棚户区改造房、林（垦、煤）区棚户区改造房以及国有工矿棚户区改造房等。计算公式为：

$$\text{城镇保障性住房新开工面积占住宅开发面积比重}=\frac{\text{本年新开工保障性住房面积}}{\text{本年新开工住宅面积}}\times 100\%$$

由于数据所限，本指标用经济适用房面积来表示保障性住房面积。

数据来源：统计部门固定资产投资统计资料。

15. 互联网普及率

指一段时期内互联网使用人口占全部人口的比重。计算公式为：

$$\text{互联网普及率}=\frac{\text{互联网使用人口}}{\text{全部人口}}\times 100\%$$

数据来源：工业和信息化部统计资料、统计部门人口统计资料。

16. 每万人拥有公共汽（电）车辆

指报告期末每万人平均拥有的公共交通车辆的标准运营车数，单位为标台。标准运营车数即为不同类型的运营车辆按统一的标准当量折合成的运营车数。计算公式为：

标准运营车数 =Σ（每类型车辆数 × 相应换算系数）

各类型车辆换算系数标准：

类别	车长范围（米）	换算系数	类别	车长范围（米）	换算系数
1	>5~7	0.7	5	>16~18	2.0
2	>8~10	1.0	6	>18	2.5
3	>10~13	1.3	7	双层	1.9
4	>13~16	1.7			

注：每类车长的上限值均含在本级中

数据来源：交通运输部统计资料、公安部门统计资料。

17. 平均预期寿命

指一个人口群体从出生起平均能存活的年龄（岁）。平均预期寿命是根据分年龄死亡率，通过编制生命表得到的。由于需要分年龄死亡数据，为了保证分年龄死亡数据的代表性，必须从规模较大的调查中获得死亡数据。我们可以利用 10 年一次的人口普查和 5 年一次的 1% 人口抽样调查获得的死亡数据计算平均预期寿命。其余年份的数据采取根据联合国推荐的平均预期寿命在各阶段提高幅度，参考年度 1‰人口变动情况抽样调查数据进行推算，以此对指标执行情况进行监测和评价。

数据来源：统计部门人口统计资料。

18. 农村自来水普及率

指农村居民使用自来水的人口比例。

$$农村自来水普及率=\frac{农村使用自来水人口数}{本地区农村人口数}\times100\%$$

数据来源：卫生部门统计资料、统计部门人口统计资料。

19. 每千人拥有社会服务床位数

指每 1000 人口中拥有社会服务床位的数量。计算公式为：

$$每千人拥有社会服务床位数=\frac{社会服务床位数}{人口}\times1000$$

数据来源：民政部门统计资料、统计部门人口统计资料。

20. 城镇登记失业率

指城镇登记失业人员与城镇单位就业人员（扣除使用的农村劳动力、聘用的离退休人员、港澳台及外方人员）、城镇单位中的不在岗职工、城镇私营业主、个体户主、城镇私营企业和个体就业人员、城镇登记失业人员之和的比。

计算公式为：

$$城镇登记失业率=\frac{城镇登记失业人口}{\begin{array}{c}(城镇单位就业人口-使用的农村劳动力-聘用的离退休人员-\\聘用的港澳台及外方人员)+不在钢职工+城镇私营业主+城镇\\个体户主+城镇私营企业及个体就业人员+城镇登记失业人数\end{array}}\times100\%$$

数据来源：统计部门人口统计资料。

21. 人均基本公共服务支出

所谓基本公共服务，是指建立在一定社会共识之上，由政府根据经济社会发展阶段和总体水平来提供、旨在保障个人生存权和发展权所需要的最基础的公共服务。基本公共服务主要分为四个方面：一是基本生存服务，包括公共就业服务、社会保障等；二是基本发展服务，包括教育、医疗卫生、文化体育等；三是基本环境服务，包括交通通信、公共设施和环境保护等；四是基本安全服务，包括公共安全、国防安全等。这里的基本公共服务支出是指包括公共教育、医疗卫生、社会保障和就业、公共文化、环境保护、基础设施、住房保障等支出。

人均基本公共服务支出指在一段时期内按常住人口平均计算的基本公共服务支出。计算公式为：

$$人均公共服务支出=\frac{基本公共服务支出}{人口}\times 100\%$$

数据来源：财政部门统计资料。

22. 地区经济发展差异系数

指各地区经济发展水平（人均国内生产总值）的差异系数。计算公式为：

$$V_{\sigma}=\frac{\sqrt{\frac{1}{n}\sum_{i=1}^{n}(PCY_i-\overline{PCY})^2}}{\overline{PCY}}$$

其中 n 为辖区内地区个数，pcy_1 为地区 i 的人均 GDP，pcy 为 n 个地区的平均人均 GDP。地区经济发展差异系数 V_{α} 反映的是各地区之间经济发展差异情况，V_{α} 值越大，各地区之间经济发展差异程度越大，反之亦然。

数据来源：统计部门国民经济核算资料。

23. 文化产业增加值占 GDP 比重

我国的文化产业被界定为：为社会公众提供文化、娱乐产品和服务的活动，以及与这些活动有关联的活动的集合。文化产业的范围包括提供文化产品、文化传播服务和文化休闲娱乐等活动，还包括与文化产品、文化传播服务、文化休闲娱乐活动有直接关联的用品、设备的生产和销售活动以及相关文化产品的生产和销售活动。根据各类文化活动的特征和同质性，将全部文化产业活动划分为 9 大类别：①新闻服务；②出版发行和版权服务；③广播、电视、电影服务；④文化艺术服务；⑤网络文化服务；⑥文化休闲娱乐服务；⑦其他文化服务；⑧文化用品、设备及相关文化产品的生产；⑨文化用品、设备及相关文化产品的销售。

文化产业增加值占 GDP 比重指文化产业增加值在国内生产总值（GDP）中所占比重。计算公式为：

$$文化产业增加值占GDP比重=\frac{文化产业增加值}{GDP}\times 100\%$$

数据来源：统计部门统计资料。

24. 平均受教育年限

指一定时期全国 15 岁及以上人口人均接受学历教育（包括成人学历教育，不包括各种非学历培训）的年数。计算公式为：

$$平均受教育年限=\frac{\sum P_i E_i}{P}$$

式中 P 为本地区 15 岁及以上人口，Pi 为具有 i 种文化程度的人口数，Ei 为具有 i 种文化程度的人口受教育年数系数，i 则根据我国的学制确定。

数据来源：统计部门统计资料。

25. 5 岁以下儿童死亡率

指每千名活产婴儿从出生到满 5 岁时的死亡概率。

数据来源：卫生部门统计资料。

26. 基本社会保险覆盖率

指已参加基本养老保险和基本医疗保险人口占政策规定应参加人口的比重。计算公式为：

$$基本社会保险覆盖率=\frac{已参加基本养老保险的人数}{应参加基本养老保险的人数}\times 50\%+\frac{已参加基本医疗保险的人数}{应参加基本医疗保险的人数}\times 50\%$$

基本社会保险主要包括基本养老保险、基本医疗保险、失业保险、工伤保险和生育保险等五项，其中基本养老保险、基本医疗保险最为重要，所以在计算基本社会保险覆盖率时只计算基本养老保险和基本医疗保险的覆盖率。

数据来源：劳动和社会保障部门统计资料、统计部门人口统计资料。

27. 农村最低生活保障救助标准占农村居民人均消费支出比例

是反映享受最低生活保障的农村居民相对于农村一般消费水平所能达到的生活质量。计算公式为：

$$农村最低生活保障救助标准占农村居民人均消费支出比例=\frac{农村最低生活保障救助标准}{农村居民人均消费支出比例}\times 100\%$$

农村最低生活保障救助标准按照当地维持农村居民基本生活所必需的衣、食、住费用，适当考虑用电、用水、燃料等所需费用确定，并随着当地生活必需品价格变化、经济发展和农村居民生活水平提高适时调整。

数据来源：民政部门统计资料、统计部门住户调查资料。

28. 城镇最低生活保障救助标准占城镇居民人均消费支出比例

是反映享受最低生活保障的城镇居民相对于城镇一般消费水平所能达到的生活质量。计算公式为：

$$城镇最低生活保障救助标准占城镇居民人均消费支出比例=\frac{城镇最低生活保障救助标准}{城镇居民人均消费支出比例}\times 100\%$$

城镇居民最低生活保障标准按照当地维持城镇居民基本生活所必需的衣、食、住费用，适当考虑用电、用水、燃料等所需费用确定，并随着当地生活必需品价格变化、经济发展和城镇居民生活水平提高适时调整。

数据来源：民政部门统计资料、统计部门住户调查资料。

29. 社会安全指数

是一个合成指数，表示社会安全的状态。指一定时期内，社会安全的几个主要方面（社会治安、交通安全、生活安全、生产安全等）的总体变化情况。其中，社会治安采用万人刑事犯罪率指标；交通安全采用万人交通事故（含道路交通、水上交通、铁路、民航等）死亡率指标；生活安全采用万人火灾事故死亡率指标；生产安全采用万人工伤事故死亡率指标。计算公式为：

$$社会安全指数=\frac{2000年万人刑事犯罪率}{当年万人刑事犯罪率}\times 25\%+\frac{2000年万人交通事故死亡率}{当年万人交通事故死亡率}\times 25\%$$
$$+\frac{2000年万人火灾事故死亡率}{当年万人火灾事故死亡率}\times 25\%+\frac{2000年万人工伤事故死亡率}{当年万人工伤事故死亡率}\times 25\%$$

数据来源：法院、公安、安全生产管理部门统计资料。

30. 单位 GDP 能耗

指在一定时期内（通常为一年），每生产万元国内生产总值（GDP）所消耗多少吨标准煤的能源。计算公式为：

$$单位GDP能耗=\frac{能源消耗总量}{GDP}$$

注：GDP 按 2000 年不变价计算。

数据来源：统计部门能源统计资料、国民经济核算资料。

31. 单位 GDP 水耗

指在一定时期内（通常为一年），每生产万元国内生产总值（GDP）所消耗多少立方米水资源。计算公式为：

$$单位GDP水耗=\frac{用水总量}{GDP}$$

注：GDP 按 2000 年不变价计算。

数据来源：水利部门统计资料、国民经济核算资料。

32. 单位 GDP 建设用地占用

指在一定时期内（通常为一年），每生产万元国内生产总值（GDP）所占用的建设用地面积。计算公式为：

$$单位GDP建设用地占用=\frac{建设用地面积}{GDP}$$

注：GDP按2000年不变价计算。

数据来源：国土资源部门统计资料、统计部门国民经济核算资料。

33. 环境污染治理投资占GDP比重

环境污染治理投资指在污染源治理和城市环境基础设施建设的资金投入中，用于形成固定资产的资金，其中污染源治理投资包括工业污染源治理投资和“三同时”项目环保投资两部分。环境污染治理投资为城市环境基础设施投资、工业污染源治理投资与“三同时”项目环保投资之和。环境污染治理投资占GDP比重指环境污染治理投资在GDP中所占比重。计算公式为：

$$环境污染治理投资占GDP比重=\frac{环境污染治理投资}{GDP}\times 100\%$$

数据来源：环保部门统计资料、统计部门国民经济核算资料。

34. 工业“三废”处理达标率

指工业废水排放达标率、工业废气排放达标率、工业固体综合利用率的算术平均。计算公式为：

$$工业“三废”处理达标率=\frac{工业废水排放达标率+工业废气排放达标率+工业固体综合利用率}{3}$$

其中，工业废气排放达标率是工业二氧化硫排放达标率、工业烟尘排放达标率、工业粉尘排放达标率的算术平均数。

资料来源：环保部门统计资料。

35. 城市生活垃圾无害化处理率

生活垃圾无害化处理量指用卫生填埋、堆肥、焚烧等工艺方法处理生活垃圾的总量，即生活垃圾在无害化处理厂（场）处理的垃圾总量。

城市生活垃圾无害化处理率指在一定时期内（通常为一年），生活垃圾无害化处理量与生活垃圾产生量比率。在统计上，由于生活垃圾产生量不易取得，可用清运量代替。

计算公式为：

$$城市生活垃圾无害化处理率=\frac{城市生活垃圾无害化处理量}{城市生活垃圾产出量}\times 100\%$$

资料来源：住房和城乡建设部统计资料。

36. 城镇生活污水处理率

指在一定时期内（通常为一年），城镇生活污水处理量与城市生活污水产生量的比率。

计算公式为：

$$城市生活污水处理率=\frac{城市生活污水处理量}{城市生活污水排放总量}\times 100\%$$

城镇生活污水排放量指城镇居民每年排放的生活污水，用人均系数法测算。计算公式为：

城镇生活污水排放量＝城镇生活污水排放系数 × 市镇非农业人口 ×365

城镇生活污水处理量指报告期内污水处理厂处理的城镇生活污水总量。由于污水处理厂不仅处理生活污水，也处理一部分工业废水。因此，计算公式为：

城镇生活污水处理量＝污水处理厂处理的城镇生活污水总量－处理的工业废水总量

资料来源：住房和城乡建设部统计资料。

37. 环境质量指数

环境质量是包括水环境、大气环境、土壤环境、生态环境、地质环境、噪声等环境要素优劣的一个综合概念。

由于环境统计数据的限制，环境质量指数的计算目前暂由水环境、大气环境、绿化等环境要素构成，待条件成熟时，再加其他。环境质量综合指数包括：城市空气质量达标率、地表水达标率和国土绿化达标率。计算公式为：

其中：

（1）城市空气质量达标率：指辖区内城市全年空气质量良好以上天数（即空气污染指数API小于或等于100的天数）占总天数比例的平均值。

（2）地表水达标率：指辖区内各地表水环境功能区断面全年监测结果均值按相应水域功能目标评价达标的断面数占总断面数的比例。计算公式：

$$地表水达标率=\frac{辖区内各地表水环境功能区断面中全年水质达标的断面数}{辖区内各地表水环境功能区断面总数}\times 100\%$$

（3）国土绿化达标率：指辖区内森林覆盖率与目标值23%的比率。计算公式：

$$国土绿化达标率=\frac{森林覆盖率\%}{23\%}\times 100\%$$

数据来源：环保部门、林业部门统计资料。

38. 万人R&D人员全时当量

研究与试验发展（R&D）人员全时当量由参加R&D项目人员的全时当量及应分摊在R&D项目的管理和直接服务人员的全时当量两部分相加计算。一个折合全时当量是一人年。例如，一个人在R&D活动上花费了30%的正常工作时间而70%的时间用于其他工作，则其折合全时当量为0.3。

万人研究与试验发展（R&D）人员全时当量指每万个地区人口的研究与试验发展（R&D）人员全时当量。计算公式为：

$$万人R\&D人员全时当量=\frac{R\&D人员全时当量}{人口总数（万）}\times 100\%$$

数据来源：统计部门科技统计资料。

39. R&D经费支出占GDP比重

指一定时期（通常为一年）科学研究与试验发展（简称R&D）经费支出占同期GDP的比重。计算公式为：

$$R\&D经费支出占GDP比重=\frac{R\&D经费支出}{GDP}\times 100\%$$

研究与试验发展（R&D）指在科学技术领域，为增加知识总量、以及运用这些知识去创造新的应用进行的系统的创造性的活动，包括基础研究、应用研究、试验发展三类活动。

数据来源：统计部门科技统计资料。

40. 高技术产品出口占总出口比例

指一定时期（通常为一年）高技术产品出口产值占同期总出口产值的比重。计算公式为：

$$高技术产品出口占总出口比例=\frac{高技术产品出口产值}{总出口产值}\times 100\%$$

数据来源：统计部门科技统计资料。

41. 万人专利授权数

专利授权数指报告年度内由国内外知识产权行政部门向调查单位授予专利权的件数。包括发明、实用新型和外观设计三种专利，反映拥有自主知识产权的科技和设计成果情况。万人专利授权数指按年度常住人口平均计算的专利授权数。

计算公式为：$$万人专利授权数=\frac{专利授权数}{人口总数（万）}\times 100\%$$

数据来源：统计部门科技统计资料。

42. 公众对发展与民生改善的满意度

主观指标，采用民意调查得到，用于衡量公众对于各地发展与民生改善的主观感受和认可程度。

北京市经济社会发展报告

2012年，在复杂严峻的国内外环境中，全市经济增速较上年小幅回调，同时随着“稳增长”政策逐步显效，年内经济形成温和回升态势；调结构、惠民生等重点工作稳步推进。总体来看，全年经济保持平稳运行，符合“稳中求进”的总基调。展望2013年，国际环境依然复杂，国内环境将趋于稳定，全市经济有望延续平稳运行态势。

一、经济运行基本情况

初步核算，2012年全市实现地区生产总值17801亿元，按可比价格计算，比上年增长7.7%，增幅比上年回落0.4个百分点，但年内呈现逐季小幅回升态势（见图1）。

表1　2012年地区生产总值

指　标	绝对量（亿元）	增速（%）
地区生产总值	17801.0	7.7
第一产业	150.3	3.2
第二产业	4058.3	7.5
工业	3294.3	7.0
建筑业	764.0	9.7
第三产业	13592.4	7.8

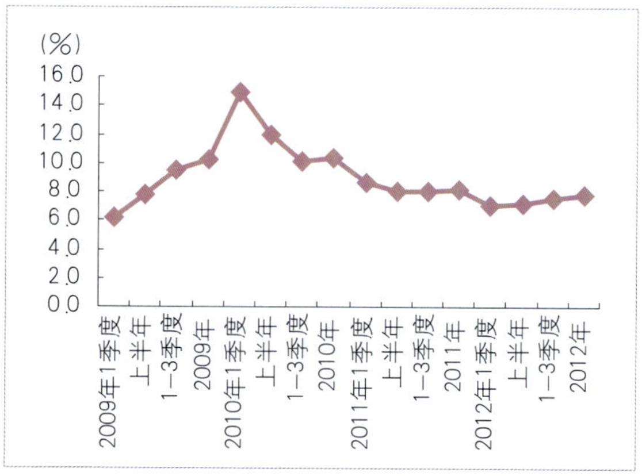

图1　2009年以来地区生产总值季度累计增速

1. 农业生产增势稳定，都市型农业稳步发展。2012年，全市实现第一产业增加值150.3亿元，按可比价格计算，比上年增长3.2%，增幅比上年提高2.3个百分点，平原造林工程的推进是主要带动力量。全年粮食播种面积290.8万亩，下降7.4%；总产量113.8万吨，下降6.6%；亩产391.2公斤，增长0.9%。主要农副产品中，生猪、家禽出栏量分别下降2%和6%，牛奶和禽蛋产量略有上升，分别比上年增长1.7%和0.6%。

全市设施农业收入52亿元，比上年增长14%；农业观光园和民俗旅游收入分别为26.9亿元和9.1亿元，增长23.8%和4.3%。

2. 工业生产低位回升，企业效益有所改善。2012年，受市场需求低迷影响，全市工业生产呈现低位回升态势。规模以上工业增加值按可比价格计算，比上年增长7%。从年内走势看，在“稳增长”政策作用下，增速逐步小幅回升（见图2）。

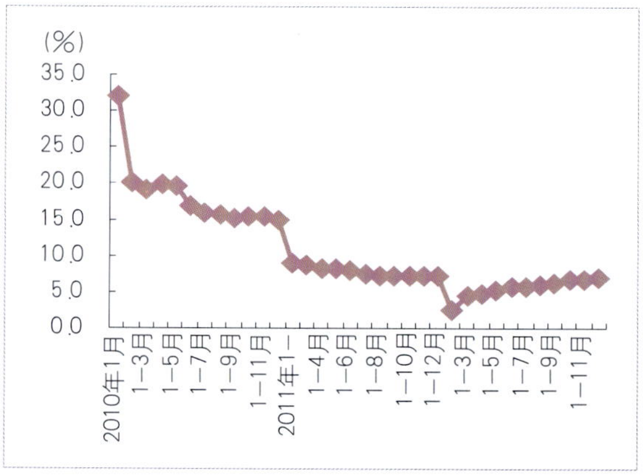

图2　2010年以来规模以上工业增加值累计增速

从重点行业看，电力、医药行业保持较快增长，分别增长19.6%和14.9%；电子行业增长9.9%；汽车制造业增长8%；基础工业行业、装备制造业仍呈降势，但在“稳增长”政策作用下，降幅有所收窄，石油、化工行业分别下降2.4%和1.9%，通用、专用设备制造业分别下降8.6%和3.4%。

全年实现工业销售产值15267.5亿元，比上年增长6.7%。其中，内销产值13768.6亿元，增长7.8%；出口交货值1498.9亿元，下降2.3%。

全市规模以上工业企业利润在7月份止跌回升后保持增势。全年实现利润1216.6亿元，同比增长6.4%。从利润占比较大的行业看，电力、医药行业分别实现利润353.8亿元和86.1亿元，增长43.1%和12.9%；汽车行业实现利润224.3亿元，增长11.1%；电子行业实现利润64亿元，下降33%；通用、专用设备制造业分别实现利润49.9亿元和54.4亿元，下降30.2%和15.7%。企业亏损面从年初的45.9%下降到20.2%。

3. 第三产业稳步增长，企业利润增速提高。全市第三产业增加值按可比价格计算，比上年增长7.8%，增幅比上年回落0.9个百分点。其中，金融业和房地产业分别增长14.4%和13.7%；租赁和商务服务业，信息传输、计算机服务和软件业，批发和零售业分别增长7.2%、6.2%和5.9%。

1-11月，全市规模以上第三产业企业实现利润12092亿元，增长13.5%，增幅比1-8月提高3.3个百分点。从利润占比较大的行业看，金融业实现利润7400.2亿元，增长22.3%；租赁和商务服务业实现利润1731.2亿元，增长2.8%；信息传输、软件和信息技术服务业实现利润1370.2亿元，增长99.2%；批发和零售业实现利润729亿元，下降33.3%；房地产业实现利润370.9亿元，由1-8月的下降16.5%转为增长37%。

4. 投资增势较为稳定，结构有所优化。2012年，全市完成全社会固定资产投资6112亿元，比上年增长9.5%。其中，完成房地产开发投资3153.4亿元，增长3.9%；完成基础设施投资1789.2亿元，增长27.8%。

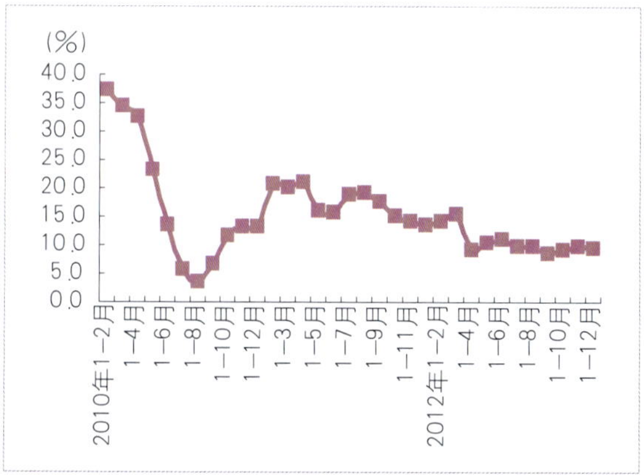

图3 2010年以来全社会固定资产投资累计增速

重点行业、薄弱区域投资增长较快。医药制造业投资增长41.9%，信息传输、软件和信息技术服务业增长46.5%，科学研究和技术服务业增长44.6%，文化、体育和娱乐业增长77%。城南和西部地区投资分别增长11.4%和16%，高于全市平均水平2.1个和6.7个百分点。

5. 商品住宅销售增长加快，房价有所回升。全市商品房销售面积在5月份止跌回升后增速逐步提高。2012年，销售商品住宅1483.4万平方米，比上年增长43.3%（上年下降13.9%）。其中，销售纯商品住宅1036万平方米，增长69.6%；销售政策性住宅447.4万平方米，增长5.5%。

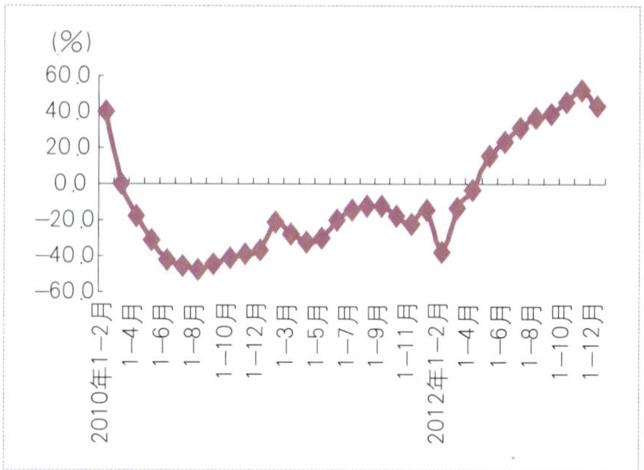

图4 2010年以来商品住宅销售面积累计增速

商品住宅供给仍较低迷。2012年，全年商品住宅施工面积7510.4万平方米，比上年增长4.8%；其中新开工面积1627.5万平方米，下降37.3%。

新建住宅销售价格自6月份开始环比持续上涨，12月份环比上涨0.8%。从价格同比涨跌变动走势看，降幅先扩大后收窄，11月份由负转正，12月份同比上涨1.6%（见图5）。

6. 消费品市场缓中趋稳，网上销售增势良好。2012年，全市实现社会消费品零售额7702.8亿元，比上年增长11.6%，增幅高于上年0.8个百分点，年内呈缓中趋稳态势（见图6）。

随着电子商务的发展，网上销售保持较快增长。2012年，全市限额以上批零企业实现网上

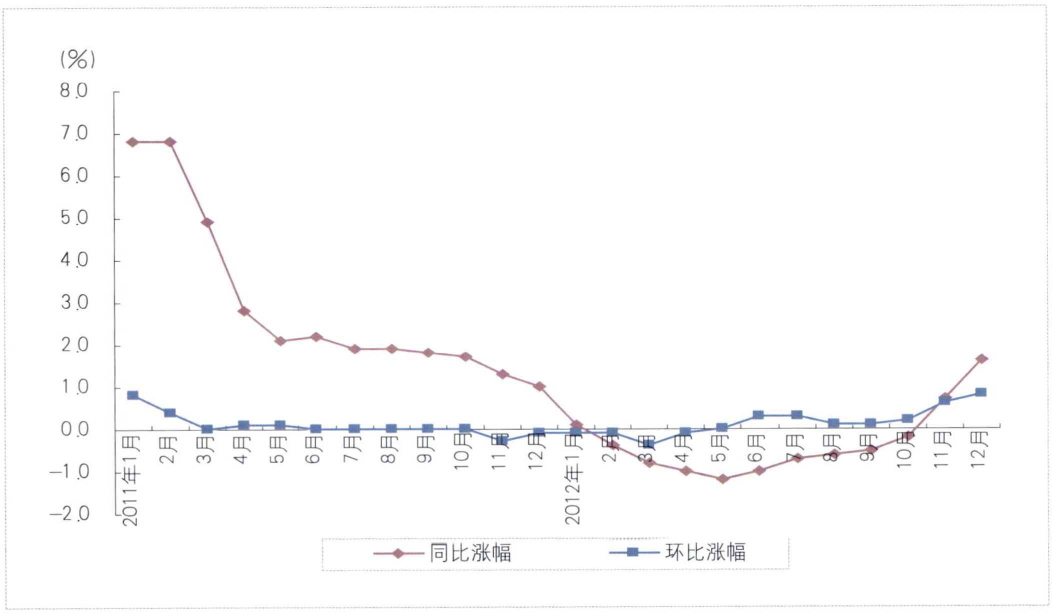

图 5 2011 年以来新建住宅销售价格当月同比、环比涨跌幅度

零售额 596.8 亿元，比上年增长近 1 倍；占全市零售额的 7.7%，比上年提高 3.4 个百分点。此外，与消费结构升级相关的通讯器材、书报杂志用品类零售额增长也较快，分别增长 57.9% 和 26%。

7. 出口低速增长，利用外资增长较快。受全球经济复苏缓慢影响，全市出口延续了上年的低迷态势。2012 年，地区进出口总值 4079.2 亿美元，比上年增长 4.7%。其中出口 596.5 亿美元，增长 1.1%；进口 3482.7 亿美元，增长 5.3%。

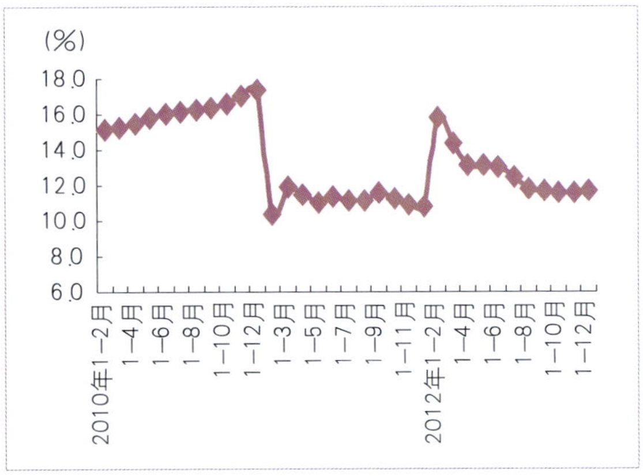

图 6 2010 年以来社会消费品零售额累计增速

全市实际利用外资保持两位数增长，整体快于上年水平。2012 年全市实际利用外资 80.4 亿美元，增长 14%，比上年提高 3.1 个百分点；其中，制造业中的电子、汽车行业分别增长 1.3 倍和 72.1%，服务业中的交通运输、科研、信息行业分别增长 6.1 倍、58.1% 和 23.7%。

8. 消费价格涨幅高位回落，生产价格延续降势。2012 年，全市居民消费价格涨幅总体呈现高位回落态势，但自 8 月份以来月度同比涨幅略有扩大（见图 8），与上年同期基数走低和服务项目价格上涨较快有关。12 月份居民消费价格比上年同月上涨 3.5%。其中，食品类价格上涨 3.5%；居住类价格上涨 8.7%，已连续 4 个月涨幅提高。2012 年，全市居民消费价格比上年上涨 3.3%，涨幅低于上年 2.3 个百分点。

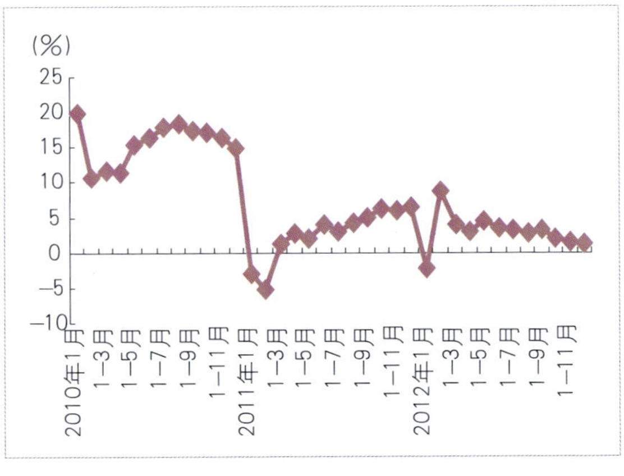

图 7 2010 年以来海关出口累计增速

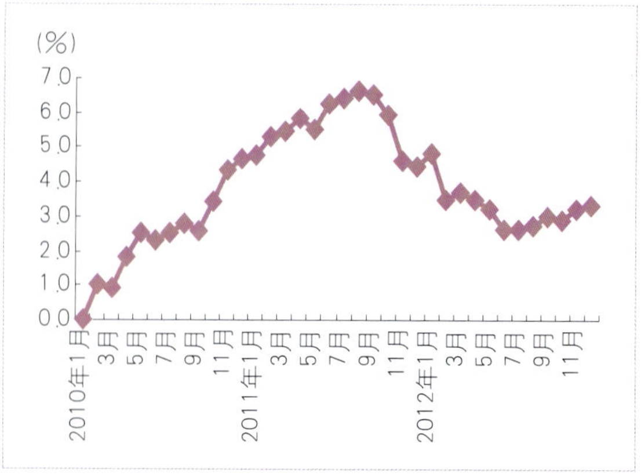

图 8　2010 年以来居民消费价格当月同比涨幅

受市场需求乏力影响，全市工业生产者出厂价格和购进价格涨跌幅度延续了上年 4 季度以来的下行态势，并在 5 月份双双由升转降。12 月份，全市工业生产者出厂价格比上年同月下降 2.7%；工业生产者购进价格比上年同月下降 2.9%。2012 年，出厂和购进价格分别比上年下降 1.6% 和 1.3%。

9. 财政收入、居民收入稳步增加。2012 年，全市完成地方公共财政预算收入 3314.9 亿元，比上年增长 10.3%。其中，增值税增长 32.1%，营业税增长 7.6%，企业所得税增长 10.1%，个人所得税增长 3.1%。

全年城镇居民人均可支配收入 36469 元，比上年增长 10.8%；扣除价格因素后，实际增长 7.3%，增幅高于上年 0.1 个百分点。农村居民人均纯收入 16476 元，比上年增长 11.8%，扣除价格因素后，实际增长 8.2%，增幅高于上年 0.6 个百分点。

总的来看，2012 年全市经济增长虽较上年略有放缓，但在“稳增长”政策带动下，各季增速温和回升；价格涨幅始终稳定在预期目标内，就业形势保持稳定（3 季度末全市法人单位从业人员同比增长 5.6%），反映出总体经济运行基本平稳。

与此同时，调结构、转方式、惠民生继续推进。一是投资向重点行业、薄弱区域倾斜。消费领域呈现一些积极变化，网上销售等新兴业态快速发展。高技术制造业在医药制造业带动下连续 9 个月增速保持在两位数以上，且快于工业平均水平，2012 年比上年增长 11.3%。二是能耗持续下降，1-3 季度全市万元 GDP 能耗按可比价格计算，同比下降 4.59%，高于 2.5% 的年度下降目标。三是保障房建设稳步推进，2012 年，全市政策性住房投资增长 14.9%，施工、竣工面积分别增长 18% 和 46.5%，销售面积增长 7.2%；老旧小区改造、平原造林等改善居民生活、生态环境的重点工程取得明显进展。

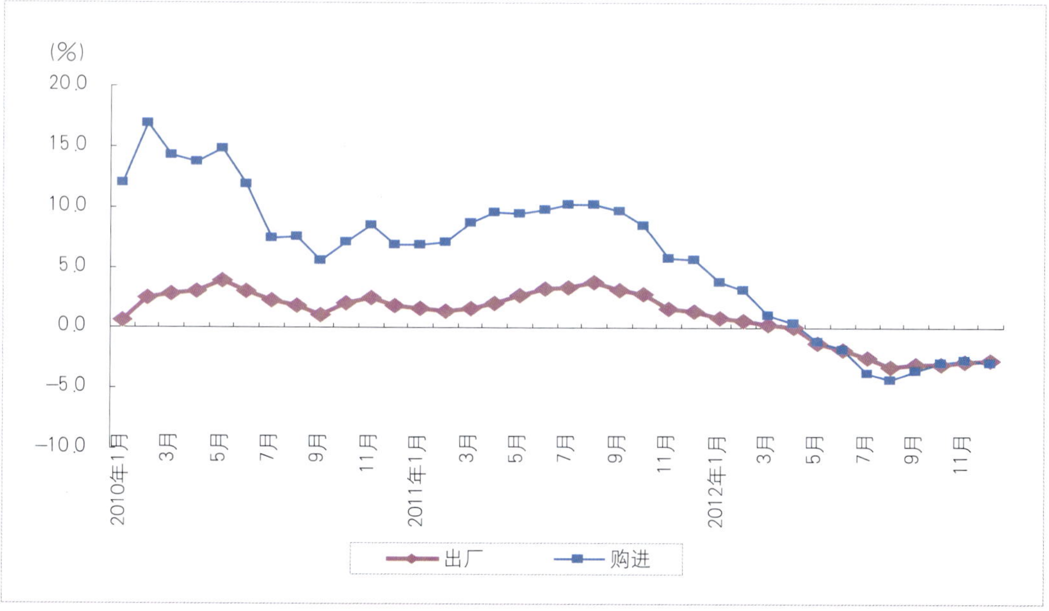

图 9　2010 年以来出厂价格和购进价格当月同比涨跌幅度

二、值得关注的三个问题

（一）经济回升的内生动力仍显不足

2012 年，全市经济虽呈逐步温和回升态势，但主要是依靠“稳增长”政策带动，经济增长的内生动力仍显不足。

从投资看，国有、中央单位投资快速增长，民间投资较为低迷。4 月份以来，全市国有及国有控股单位投资增速保持在 15%-19% 的水平，全年增长 15%；中央单位投资下半年以来明显加速，由上半年下降 2.4% 回升到全年增长 10.3%；民间投资则低速增长，全年仅增长 4.9%。

从消费看，2006 年以来，全市消费率超过投资率，逐步形成消费主导格局，但政府消费在其中发挥了重要作用。政府消费增长快于居民消费，使得政府消费占最终消费的比重持续上升，由 2005 年的 36.3% 提高到 2011 年的 41.8%。2012 年全市公共财政预算支出增长 13.6%，而城镇居民人均消费性支出增长 9.4%，农村居民人均消费性支出仅增长 7.2%。

从工业生产看，下半年以来，工业回升主要依靠国有及国有控股企业。全市规模以上工业增加值增速由上半年的 5.7% 回升到全年的 7%；其中，国有及国有控股企业由 7.7% 回升到 9.2%。

（二）创新驱动作用有待增强

科技与文化创新双轮驱动是提升经济发展内涵的重要途径，但从目前相关领域表现看，“创新”发挥的作用仍然不够。

从科技创新看，中关村示范区应发挥引领作用。但 2012 年示范区在新认定企业带动总收入增长加快的同时（4 月份以来各月累计增速均在 25% 以上，高于上年同期约 10 个百分点），技术收入占比却有所下降。2012 年示范区技术收入占总收入的比重为 13%，低于上年 1.5 个百分点。此外，园区中开展科技活动的企业所占比重不足七成，与自主创新示范区的定位还有差距。

从文化创新看，文化创意产业是重点领域，但作为产业升级重点的新闻出版、广播影视、文化艺术、设计、艺术品交易等领域比重仍然较小，1-11 月占收入的比重合计不足三成。

（三）实现居民收入增长与经济发展同步难度较大

北京“十二五”规划提出，要“努力实现居民收入增长与经济发展同步”。2011 年，全市经济增长 8.1%，城乡居民收入实际分别增长 7.2% 和 7.6%，均低于经济增速。从 2012 年情况看，农村居民人均纯收入实际增长 8.2%，超过经济增速; 但城镇居民人均可支配收入实际增长 7.3%，仍低于经济增速，给完成“十二五”同步增长目标带来较大压力。

三、2013 年经济走势展望

从国际看：2012 年 3 季度以来，包括美国在内的主要经济体相继出台了帮助经济复苏的财政金融政策，大选也陆续结束，内部政局趋于稳定。2013 年 1 月，世界银行预测全年全球经济将增长 2.4%，略高于 2012 年，表明世界经济将延续缓慢复苏态势。同时，政治争端、贸易保护、大宗商品市场走势等增加了复苏进程的不稳定性和不确定性。总体看，2013 年国际经济环境仍较为复杂。

从国内看：全国经济运行企稳态势基本形成，预期指标有回暖迹象。2012 年国内生产总值增长 7.8%，高于 1-3 季度 0.1 个百分点；12 月份，全国制造业采购经理指数（PMI）为 50.6%，连续 3 个月位于临界点以上；非制造业商务活动指数为 56.1%，连续 3 个月上升。中央经济工作会明确提出将保持宏观经济政策的连续性和稳定性，这将有利于巩固 2012 年的经济企稳复苏的态势。

从北京看：2012 年下半年以来，随着“稳增长”政策逐步显效，国内需求有所回暖，北京经济呈现温和回升态势，但回升基础仍有待稳固。综合考虑国际国内环境变化，初步判断 2013 年全市经济有望保持平稳运行。

（撰稿人：王文杰 北京市统计局局长）

天津市经济社会发展报告

2012年，面对严峻复杂的国内外经济环境，天津市认真落实中央各项宏观调控政策，坚持稳中求进的工作总基调，深入开展“调结构、惠民生、上水平”活动，出台一系列政策措施，积极推进转型发展，着力保障和改善民生，全市经济保持平稳较快增长，社会和谐稳定局面进一步巩固，实现了经济发展、社会进步与民生改善的良性互动。

一、经济社会发展的总体评价：经济增长逐步企稳，转型发展成效显现

受国内外经济环境变化的影响，2012年天津经济增速较上年有所回落，但仍处于较快增长区间。2012年全市生产总值12885.18亿元，按可比价格计算，增长13.8%，比上年回落2.6个百分点。从全年运行走势看，全市经济呈现逐步企稳的运行态势，一季度增长14.7%，上半年增长14.1%，前三季度增长13.9%，全年增长13.8%，环比降幅逐季缩小，分别为0.6个、0.2个和0.1个百分点。

经济增速的适度回落为转型发展腾出更多空间，经济社会发展的质量、效益和水平不断提高，具体表现为“二升二降三个协同增长”。

“二升”：一是自主创新能力提升。全年新增科技型中小企业1.39万家，累计达到3.5万家，其中新增科技小巨人企业780家，累计达到1828家。截至2012年末，全市企业有效专利达3.82万件，占全市的72.9%，其中科技型中小企业有效专利达3万件，占全市的57%。全市每万人口发明专利拥有量提高到7.5件。高新技术产业完成工业总产值6951.65亿元，增长14.3%，占规模以上工业的29.9%。全社会研发经费支出占GDP比重提升，由上年的2.6%提高到2.7%。深化部市和院市合作，国家级科研院所、国家及部委级重点实验室分别达到64家和53个，科技进步为经济发展注入了新的活力，更大程度上实现了内生增长。二是服务业比重上升。服务业增加值占GDP比重达到47%，比上年提高0.8个百分点。新兴金融、现代物流、楼宇经济等现代服务业发展加快，“一区三港”四大物流基地建设稳步推进，融资租赁机构数量和业务规模保持国内前列，全市税收超亿元的楼宇达到86座，吸引了一批总部机构、软件外包、研发中心、结算中心、文化创意等高端业态集聚。

“二降”：一是全市万元GDP能耗下降5.12%，超额完成全年节能降耗目标任务，冶金、化工、电力等高耗能行业生产低速增长，主要产品单位能耗普遍下降，重点监测的单位产品能耗指标中，超过七成同比下降。二是居民消费价格（CPI）涨幅回落。随着物价调控政策落实到位，全市物价水平总体呈现稳中回落的趋势。全年CPI上涨2.7%，涨幅比上年回落2.2个百分点，其中食品价格上涨6.4%，同比回落5.0个百分点。

“三个协同增长”：即国家、企业、居民收入协同增长，市民更多地享受到了经济发展的成果。一是全市地方一般预算收入1760.02亿元，增长21.0%，其中，税收收入1105.56亿元，增长10.1%。二是全市规模以上工业企业主营业务收入、利润、税金等主要经济效益指标均保持平稳较快增长，实现利润1939.96亿元，增长11.7%，在全市39个工业行业大类中，38个行业盈利，28个行业利润增长。三是城乡居民收入保持两位数增长，出台了19项增加居民收入的政策措施，最低工资标准由每月1160元提高到1310元，连续第八年调增企业退休人员养老金，加快推行部分事业单位绩效工资改革，城市居民人均可支配收入29626元，增长10.1%；农村居民人均可支配收入13571元，增长14.1%。

二、经济社会发展的主要特点

1. 从生产领域看：工业仍是拉动经济增长主动力，外延扩大再生产与自主创新内生增长“双轮驱动”。2012 年，全市第一产业增加值 171.54 亿元，增长 3.0%；第二产业增加值 6663.68 亿元，增长 15.2%，其中工业增加值 6122.92 亿元，增长 15.8%，拉动全市经济增长 7.8 个百分点，贡献率达到 56.3%；第三产业增加值 6049.96 亿元，增长 12.4%。

都市型现代农业稳步发展。粮食生产克服天气影响又获好收成，全年粮食总产量 161.76 万吨，与上年基本持平。主要农副产品产量继续增长。全年蔬菜产量 445.41 万吨，增长 3.3%；猪肉产量 29.20 万吨，增长 5.8%；水产品产量 35.94 万吨，增长 2.1%。生态农业、观光农业等加快发展。

工业保持平稳较快增长。全年规模以上工

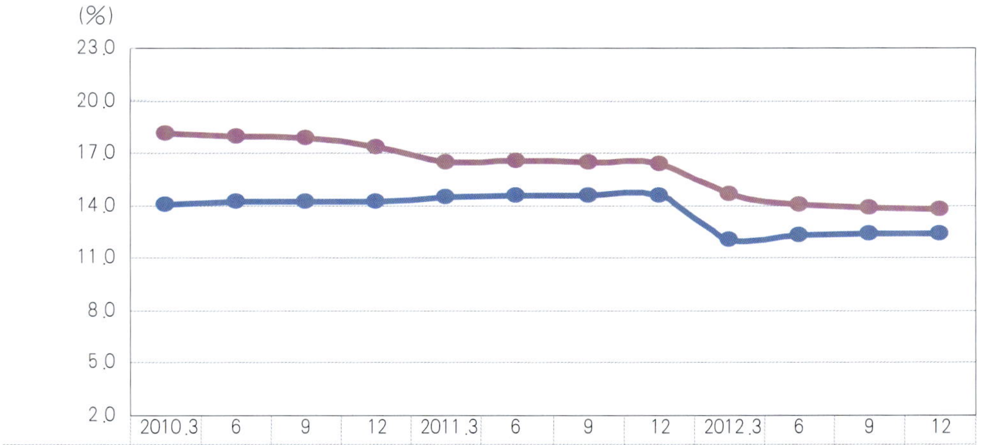

	2010.3	6	9	12	2011.3	6	9	12	2012.3	6	9	12
全市生产总值	18.1	18.0	17.9	17.4	16.5	16.6	16.5	16.4	14.7	14.1	13.9	13.8
第三产业增加值	14.1	14.2	14.2	14.2	14.5	14.6	14.6	14.6	12.1	12.3	12.4	12.4

全市生产总值　第三产业增加值

图 1　全市生产总值和第三产业增加值累计增长速度

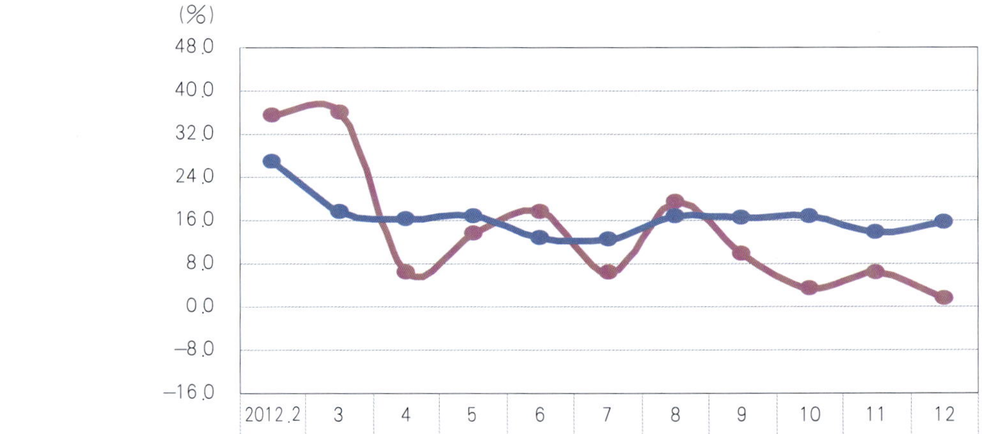

	2012.2	3	4	5	6	7	8	9	10	11	12
规模以上工业出口交货值	35.6	36.0	6.3	13.5	17.6	6.5	19.5	10.0	3.5	6.5	1.6
规模以上工业增加值	27.0	17.5	16.3	16.8	12.8	12.5	16.7	16.6	16.7	13.9	15.7

规模以上工业出口交货值　规模以上工业增加值

图 2　各月规模以上工业增加值和出口交货值增速

业总产值23250.54亿元，增长14.9%，工业增加值增长16.1%。一是大项目外延扩大再生产与自主创新内生增长“双轮驱动”。新投产项目贡献突出。全年新建企业、技改扩能项目实现产值2511.04亿元，拉动全市工业增长9.4个百分点，对全市工业增长贡献率为63.3%。国家级企业技术中心达到34家，市级企业技术中心达到410家，工业企业专利申请量突破2万件，全面建成成套装备、汽车、海洋化工等10大产业技术研发平台。二是战略性新兴产业快速发展。高端装备制造、新一代信息技术、节能环保等产业聚集效应进一步显现，国家级新型工业化示范基地达到6个。三是优势产业支撑工业较快增长。航空航天、石油化工、装备制造、电子信息、生物医药、新能源新材料、轻纺和国防等八大优势产业完成工业总产值21085.08亿元，占规模以上工业的90.7%，增长14.8%，拉动全市工业增长13.4个百分点，贡献率达到90.0%；其中，电子信息产业增长21.9%，生物医药产业增长36.8%。

表　2012年八大优势产业总产值完成情况

单位：亿元，%

项目	工业总产值	同比增长	占全市比重
全市规模以上工业合计	23250.54	14.9	
优势产业合计	21085.08	14.8	90.7
航空航天产业	253.05	11.1	1.1
石油化工产业	3941.59	2.7	17.0
装备制造业	8725.11	11.9	37.5
电子信息产业	3293.34	21.9	14.2
生物医药产业	755.02	36.8	3.2
新能源新材料	1019.38	14.6	4.4
轻纺工业	3097.59	31.2	13.3

注：八大优势产业中的〞国防科技〞数据统计在其他行业中。

服务业发展小幅上扬。一季度服务业增加值增长12.1%，上半年增长12.3%，前三季度增长12.4%，全年第三产业增加值6049.96亿元，增长12.4%，呈现稳步上升态势，有力地支撑了全市经济较快增长。一是传统服务业发展形成新优势。商贸旅游业快速发展，批发零售业商品销售总额2.52万亿，增长22.0%；接待入境旅游者234.00万人次，增长16.7%，旅游外汇收入21.40亿美元，增长22.0%。“一区三港”四大物流基地建设稳步推进，港口货物吞吐量4.77亿吨，增长5.2%，集装箱吞吐量1230.30万标箱，增长6.2%，内陆“无水港”发展到23个，港口对外辐射服务功能显著提升；口岸进出口总额2042.52亿美元，其中外地经由本市进出口货物占57.1%；机场旅客吞吐量814万人次，增长7.8%，机场货邮吞吐量19.43万吨，增长6.2%；公路货物周转量329.29亿吨公里，增长23.5%。二是新兴服务业发展驶入快车道。国家和市级服务业综合改革试点深入实施。新兴金融企业集聚发展，融资租赁法人机构累计注册超过100家，机构数量和业务规模保持全国前列。楼宇经济继续壮大，截至年末，全市税收超亿元的楼宇达到86座，比上年增加19座。服务外包快速增长，全年服务外包执行额12.3亿美元，增长1.0倍。会展经济加快发展，夏季达沃斯论坛、第19届津洽会、世界矿业大会、中国旅游产业节、国际环保节能暨新能源新材料博览会、首届国际汽车工业博览会等203个大型展会相继举办。

2. 从需求领域看：经济增长由投资、消费和出口共同拉动。投资结构不断优化。全年全社会固定资产投资7935亿元，增长12.3%。新推出大项目好项目160项，累计达到1440项，投资的持续不断注入，不仅有利于拉动当期生产，有力支撑了全市经济增速，而且为今后经济较快增长积蓄了后劲。主要特点：一是民间投资增势强劲。全年民间投资完成4105.48亿元，增长32.8%，占全社会投资的46.3%。民间投资的快速增长，改变了过去天津投资主要依靠外资和国有经济拉动的局面，为全市经济发展注入新的活力。二是对房地产投资的依赖有所减弱。房地产开发投资1260.00亿元，增长16.7%，比上年回落7.9个百分点；从全年走势看，一季度、上半年、前三季度和全年增速分别为29.7%、25.4%、22.4%和16.7%，呈逐步回落态势。随着房价过快上涨势头逐步减弱，房地产市场中的投机性需求受到一定抑制，“刚需”购房者成为主力军。全年商品房销售面积1661.69万平方米，增长4.2%；

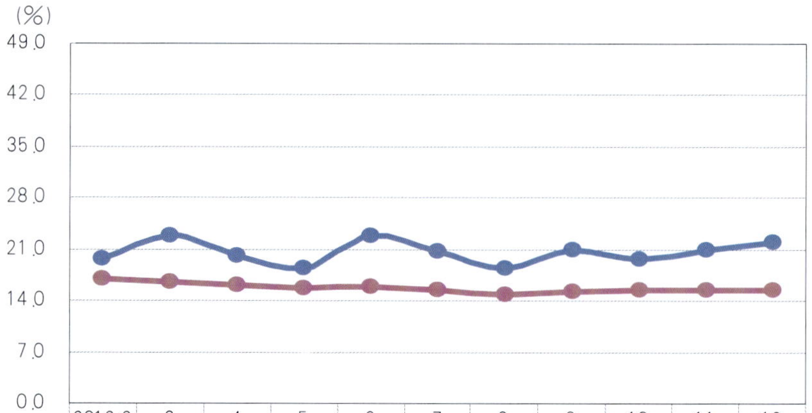

	2012.2	3	4	5	6	7	8	9	10	11	12
社会消费品零售总额	16.9	16.6	16.2	15.8	16.0	15.5	14.9	15.2	15.4	15.5	15.5
批发零售业商品销售总额	19.7	22.8	20.0	18.4	22.9	20.7	18.5	20.9	19.6	21.0	22.0

图 3　社会消费品零售总额和批发零售业商品销售总额累计增长速度

实现销售额 1365.53 亿元，下降 2.1%。

消费需求稳步增长。全年社会消费品零售总额 3921.43 亿元，增长 15.5%。主要特点：一是主要商品对销售市场拉动作用明显。2012 年，全市销售额达到 25157.54 亿元，增长 22.0%。其中，金属材料、石油及制品、汽车三大支柱类商品共完成销售额 15490.29 亿元，同比增长 24.7%，占全市销售额的比重达 61.6%，拉动全市销售额增长 14.9 个百分点，贡献率达 67.7%。二是居民消费支出稳步增长。全年城市居民人均消费支出突破 2 万元，达到 20024 元，增长 8.7%。服务性消费快于实物消费，人均商品性消费支出 14724 元，增长 7.2%；人均服务性消费支出 5300 元，增长 13.2%，快于商品性消费 6.0 个百分点。

进出口规模继续扩大。全年外贸进出口总额 1156.23 亿美元，增长 11.8%。其中，进口 673.09 亿美元，增长 14.3%；出口 483.14 亿美元，增长 8.6%，快于全国 0.7 个百分点。进口增长快于出口增长 5.7 个百分点，符合国家扩大进口、促进贸易平衡的方针政策。主要特点：一是新兴贸易方式出口增长较快。在出口额中，一般贸易出口 186.04 亿美元，增长 4.8%；加工贸易出口 256.38 亿美元，增长 8.7%；租赁贸易、对外承包工程出口分别增长 230.7 倍和 56.2%。二是贸易伙伴多元化成效明显。对美国、日本、韩国等传统市场出口保持稳定，分别增长 9.5%、0.4% 和 1.4%；东盟、拉美等新兴市场成为新的增长点，出口分别增长 33.3% 和 30.4%。三是出口产品结构优化升级。全年机电产品出口 341.09 亿美元，占全市出口额的 70.6%，比上年提高 1.4 个百分点；高新技术产品出口 189.77 亿美元，占全市比重 39.3%，比上年提高 0.3 个百分点。

3. 从资金供给看：招商引资增长较快，信贷资金供给平稳。内引外联到位资金增长较快。全年新批外商投资企业 632 家，合同外资额 185.85 亿美元，增长 10.4%；实际直接利用外资 150.16 亿美元，增长 15.0%。其中，制造业实际直接利用外资 76.23 亿美元，增长 33.7%，服务业实际直接利用外资 72.16 亿美元，与上年基本持平。年末累计在津投资世界 500 强企业达到 152 家。全年实际利用内资 2600.67 亿元，增长 24.7%，外地民营企业在津投资到位资金占比超过 70%。

金融存贷款平稳增长。截至年末，全市金融机构（含外资）本外币各项贷款余额 18396.81 亿元，增长 15.5%，全年新增贷款 2466.30 亿

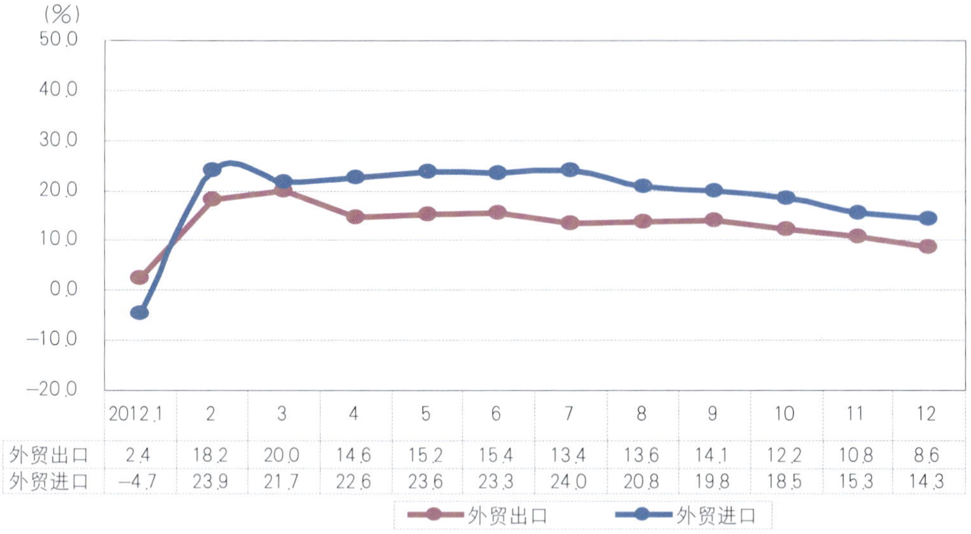

	2012.1	2	3	4	5	6	7	8	9	10	11	12
外贸出口	2.4	18.2	20.0	14.6	15.2	15.4	13.4	13.6	14.1	12.2	10.8	8.6
外贸进口	−4.7	23.9	21.7	22.6	23.6	23.3	24.0	20.8	19.8	18.5	15.3	14.3

图4　外贸出口与进口累计增长速度

元，比上年多增303.33亿元。各项存款余额20293.79亿元，增长15.4%，全年新增存款2725.60亿元，比上年多增1631.23亿元，改变了上年新增存款低于新增贷款的局面。

4. *从三个层面看：滨海新区龙头带动，区县发展多点支撑。*积极探索优势互补、利益共享协作机制，推动产业联动、基础设施联建，三个层面错位发展、多元增长、良性互动的格局进一步形成。

滨海新区加快开发开放，龙头带动作用进一步发挥。全年滨海新区生产总值7205.17亿元，增长20.1%；规模以上工业总产值14416.75亿元，增长15.8%；地方一般预算收入731.8亿元，增长22.9%；全社会固定资产投资4453.3亿元，增长20.3%。加快建设高端产业聚集区、科技创新领航区、生态文明示范区、改革开放先行区、和谐社会首善区，功能区开发、优势产业聚集和布局优化同步提升，一批先进制造业、高端服务业项目加快实施或投产运营。中际装备、钜宝电子、西子电梯等71个工业重大项目建成，长城汽车二期、大众变速箱、久益环球采矿机械、联合利华等项目开工建设。基本建成中新生态城起步区。融资租赁、意愿结汇、商业保理等改革试点取得新的进展。

中心城区服务功能进一步增强。中心城区功能定位和产业规划进一步完善。大力发展高端服务业、楼宇经济和都市型工业，文化中心投入使用，泰安道综合开发商业项目、银河购物广场、红星国际广场、虹桥新天地欧陆风情街等一批特色街区和商贸综合体建成运营。各区县综合实力进一步壮大。坚持拓展郊区发展新空间，郊区县示范工业园区、农业产业园区、农村居住社区联动发展，31个示范工业园区起步区建设全部完成，基本达到“七通一平”以上标准，8个园区启动了拓展区建设，建成现代农业示范园区21个、养殖示范园区155个。累计建设示范小城镇43个，45万农民迁入新居，实施第二批“三改一化”试点工作。

5. *从城市建设看：城市载体功能不断提升，生态市建设步伐加快。*加快构建现代综合交通体系。全年基础设施投资1913.67亿元，增长14.5%。津秦客运专线和地下直径线工程土建工程收尾。京津城际延长线、津保等铁路建设稳步推进。天津港30万吨级航道一期、中航油码头和临港经济区10万吨级航道等工程完工。启动唐廊一期、津港二期和滨石高速建设。地铁2、3、9号线联网运营。加大轨道交通建设力度，地铁5号线、地铁6号线、滨海国际机场交通中心工程、

天津科技大学河西校区（天津科技大学提供）

天津南站配套交通工程、于家堡交通枢纽工程等顺利推进。

生态环境不断改善。第二轮生态城市建设行动计划进展顺利，重点安排实施节能降耗、主要污染物减排、清水、绿化、固体废物和噪声治理、农村环境保护、循环经济工程等七大工程。全年化学需氧量排放量 22.95 万吨，比上年下降 2.7%；二氧化硫排放量 22.45 万吨，下降 2.8%。环境空气质量二级以上良好天数为 305 天。推进国家级循环经济示范试点城市、国家低碳城市试点建设。饮用水源地水质达标率连续 11 年保持 100%，城市污水处理率为 87.5%。道路交通噪声平均声级 67.9 分贝，达到声环境质量等级一级，中心城区区域环境噪声平均声级 54.3 分贝，比上年有所下降。大力推进绿色天津建设。北辰郊野公园、武清北运河郊野公园一期工程完成并对外开放。

6. 从民生改善看：统筹解决群众关切问题，改革发展成果惠及广大市民。民生领域投入快速增长。加大教育、文化、卫生、社保和城乡建设等领域投入，不断提高公共服务水平，连续实施 20 项民心工程，财政资金用于民生领域的支出占到全部财政支出的 76.3%。

住房保障体系建设持续推进。住房保障制度进一步完善，建立了“三种住房、三种补贴”政策体系，全年保障性住房投资 227.83 亿元，占全市住宅投资的 27.0%；施工面积 3251 万平方米，其中新开工面积 721 万平方米，分别占全市的 33.0% 和 28.1%。

就业分配保障体系不断完善。大力实施积极就业政策，实施百万技能人才培训计划，开发职业培训包，全年全市新增就业 47.3 万人，城镇登记失业率控制在 3.6%。着力调整收入分配格局，连续多年提高养老金水平，统筹调整提高最低工资、失业保险、最低生活保障等一批标准线。按照保基本、广覆盖原则，加快完善社会保障体系，医疗保险参保率超过 90%。

公共服务和社会管理进一步加强。改造一批卡口道路，新一批人行天桥、菜市场建成投入使用，进一步改善了百姓生活环境。公共交通体系更加便捷，新辟公交线路 17 条，全年公共汽电车客运量达到 13.57 亿人次，比上年增长 4.3%；

轨道交通客运量突破1亿人次，达到1.11亿人次。社会管理创新不断加强，突发事件预警和应急处置机制不断健全，社会治安保持稳定。实施放心食品系列工程，食品安全保障体系逐步完善，全年流通环节完成67个品种1787个批次食品的抽样检验，合格率为95.24%，比上年提高0.93个百分点。

教育、文化、卫生事业繁荣发展。坚持优先发展教育，全面完成学前教育三年行动计划，基本解决"入园难"问题；实施基础教育质量提升工程，构建具有区域特色的中小学课程体系；加强高校重点学科和专业建设，进一步凝炼学科方向、培育专业特色、构筑学科基地；加快建设国家职业教育改革创新示范区，形成特色鲜明的多种职业教育办学方式。大力提升公共文化服务水平，天津文化中心建成并投入使用，全年接待观众及读者近300万人次；积极推进文化惠民工程，公共图书馆、美术馆、文化馆全部免费开放；文化创意产业取得新发展，国家动漫产业综合示范园注册文化创意类企业近300家，滨海高新区被认定为首批国家级文化和科技融合示范基地。深入推进医药卫生体制改革，建立基本药物制度，基层医疗机构实行基本药物零差率销售；加快卫生资源结构与布局调整，第一中心医院移植楼、中心妇产科医院、总医院二期等一批资源调整项目先后竣工启用。

三、经济运行中需要关注的问题

2012年天津经济运行总体平稳，企稳回升的积极因素有所增加，但也应看到，经济运行中自主复苏和增长内在动力仍显不足，回升的基础和可持续性仍需巩固和增强。

1. 国内外市场需求不足。从外需看，世界经济增长持续低迷，造成外部需求不足，出口难度加大。2012年，全市出口增速比上年回落10.1个百分点，对韩国、日本出口分别微增1.4%和0.4%，对欧盟市场出口同比下降9.5%，工业出口交货值占销售产值比重仅为12.0%。目前企业国际订单逐步呈现短期化，小单化，订单不足，利润更加微薄。从内需看，国内新的刺激消费政策在短期内作用还未能显现，工业生产者出厂价格继续走低，一些主要产品产量同比下降，企业开辟内销市场的竞争更加激烈。冶金、化工、建材等基础原材料行业订单下降30%以上，造船行业订单下降50%，风电机组订单下降40%，光伏行业下降20%以上。规模以上工业纳入统计的325种产品中，产量下降的有178种，占54.8%；其中，乙烯产量下降15.7%，粗钢产量下降7.5%。从居民消费支出看，城市居民人均消费性支出增长8.7%，低于收入增速1.4个百分点。

2. 部分工业行业形势严峻。石化行业生产缓慢恢复，全年化学原料和化学制品制造业增加值增长6.2%，石油加工、炼焦和核燃料加工业增加值比上年下降7.5%。汽车行业生产放缓，12月份汽车制造业增加值同比下降23.3%，全年汽车产量下降15.7%。2012年，全市有11个行业利润比上年下降，其中，石油和天然气开采行业利润下降5.0%，化学原料及化学制品制造业利润下降35.8%；石油加工、炼焦和核燃料加工业亏损3.85亿元。

3、财政增收难度进一步加大。2012年，全市地方税收增长10.1%，低于年初预算5.9个百分点。财政增收主要依靠非税收入拉动，但随着国有资产处置等一次性资源的减少，非税收入难以继续保持高速增长。天津从2012年12月起启动营改增试点工作，相关税费增长也受到一定影响。

（撰稿人：杜西平 天津市统计局局长）

河北省经济社会发展报告

2012年，在省委、省政府的正确领导下，各地各部门深入贯彻落实科学发展观，牢牢把握稳中求进的工作总基调，突出科学发展主题和加快转变经济发展方式主线，全力稳增长、控物价、调结构、抓创新、惠民生、促和谐，积极应对复杂严峻的国内外形势，全省经济发展实现稳中有进。展望2013年，河北经济发展仍处于大有作为的战略机遇期，内在动力仍然较强，有望继续保持平稳增长。

一、2012年国民经济发展实现稳中有进

（一）经济运行稳中有进，经济增长、物价、就业总体平稳

面对国际复杂严峻的形势、国内经济下行压力较大的新情况，2012年前三季度全省经济增长呈现持续回落态势，一季度经济低速开局，增长9.7%，比2011年全年回落1.6个百分点，上半年增长9.5%，前三季度增速回落到9.3%，进入四季度，主要经济指标增速出现回升，带动整体经济企稳回升。全年全省生产总值实现26575.0亿元，比上年增长9.6%，增速比前三季度加快0.3个百分点，各季度间累计增长速度波动幅度为0.4

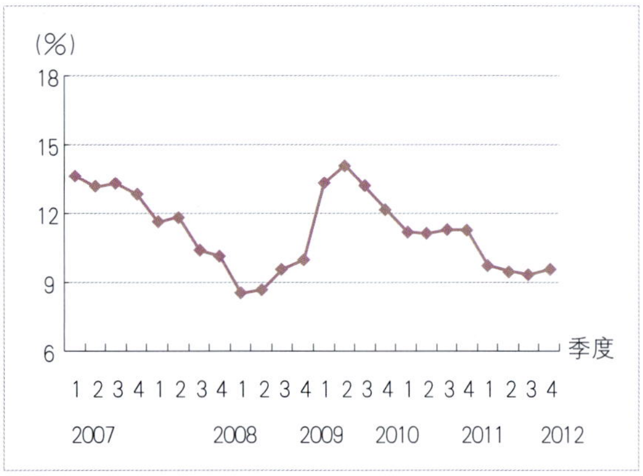

图1 2007年以来GDP季度累计增长率

个百分点，没有出现大的起落，总体运行保持平稳。其中第一产业增加值3186.7亿元，增长4.0%，对经济增长的贡献率为4.9%，比上年提高0.3个百分点；第二产业增加值14001.0亿元，增长11.5%，贡献率为64.6%，提高1.9个百分点；第三产业增加值9387.3亿元，增长8.4%，贡献率为30.5%，回落2.2个百分点。

在经济平稳增长的同时，物价总水平和就业形势保持稳定。全省居民消费价格1-7月份总体呈现高位回落运行态势，由1月份同比上涨5.2%回落到7月份上涨1.2%，8月份以后，随着整体经济企稳回升，居民消费价格有所回升，涨幅由8月份的2.1%回升到12月份的2.7%，但总体平稳。全年居民消费价格比上年上涨2.6%，涨幅同比回落3.1个百分点，比前三季度回落0.2个百分点，控制在4%左右的调控目标以内。截至12月底，全省城镇新增就业人员72.1万人，下岗失业人员再就业26.7万人，就业困难对象再就业10.4万人，均超额完成全年目标任务。全省城镇登记失业率为3.69%，同比回落0.06个百分点，控制在年度调控目标之内。

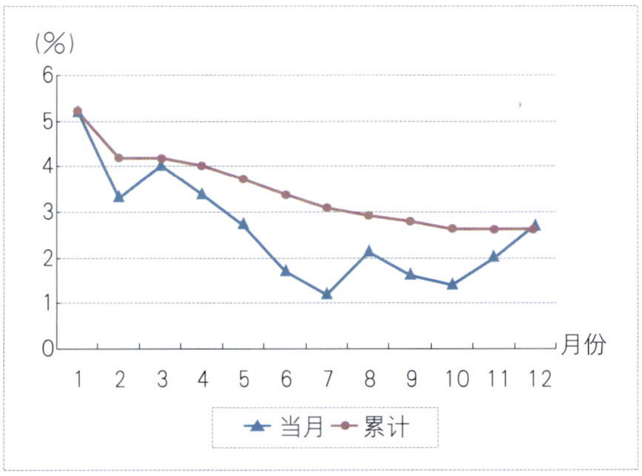

图2 2012年居民消费价格涨幅

（二）工业企稳回升，农业、服务业平稳发展

农业生产形势较好。粮食生产实现九连增，全年粮食总产量3246.6万吨，比上年增长2.3%。其中夏粮总产量1353.1万吨，增长4.9%；秋粮产量1893.5万吨，增长0.6%。蔬菜生产规模扩大。2012年，全省蔬菜播种面积1203.0千公顷，比上年增长3.9%，蔬菜产量7695.1万吨，增长4.2%。畜牧业生产平稳发展。肉类总产量442.9万吨，增长5.9%；禽蛋产量342.6万吨，增长0.8%；牛奶产量470.4万吨，增长2.5%。

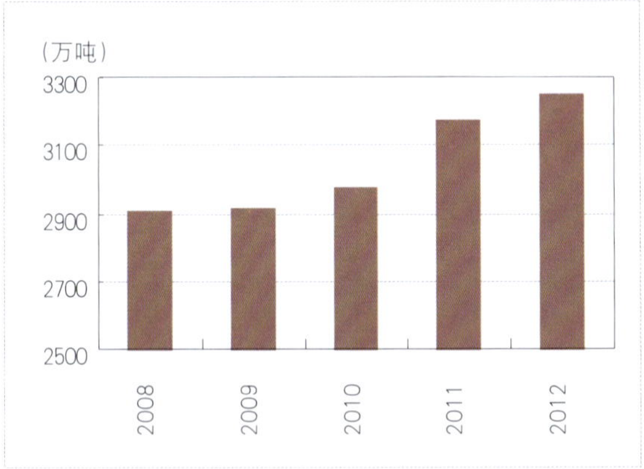

图3 2008—2012年粮食总产量

工业生产企稳回升。规模以上工业增加值一季度增长13.5%，比2011年低2.6个百分点；上半年增长13.0%，前三季度增长12.6%，呈小幅回落态势。进入9月份，工业生产增速出现回升，9-11月份增加值分别增长12.7%、15.6%和16.9%，12月份受部分高耗能企业停、减产影响，增速有所回落，增长15.6%。2012年，规模以上工业完成增加值11069.6亿元，增长13.4%，增速比上半年加快0.4个百分点。

2011年以来规模以上工业增加值各月累计增长率（%）

服务业平稳发展。全省服务业增加值一季度增长7.6%，上半年增长8.4%，前三季度增长8.1%，全年增长8.4%，呈现平稳增长态势。

（三）内需拉动稳中增强，出口小幅增长

在拉动经济增长的三驾马车中，投资需求贡献最大，2012年投资需求对经济增长的贡献率为60.9%，比上年提高0.9个百分点；消费需求贡献率为43.2%，提高0.4个百分点，扭转了近年来回落的态势，表明扩大消费的政策措施取得了成效；受国际市场低迷影响，外需对经济增长的贡献率为-4.1%。

图4 2010年以来社会消费品零售总额季度累计增长率

固定资产投资平稳增长。全社会固定资产投资完成19661.3亿元，比上年增长20.0%，增速同比回落4.2个百分点。其中固定资产投资完成19104.6亿元，增长21.1%，回落2.8个百分点，保持在20%以上的较快水平。大项目支撑作用明显。亿元以上在建项目5419个，同比增加896个；完成投资10634.0亿元，增长37.8%，占全省固定资产投资的55.7%，同比提高6.8个百分点，对全省投资增长的贡献率为87.7%。其中亿元以上新开工项目2411个，同比增加403个；完成投资4620.4亿元，增长42.0%。

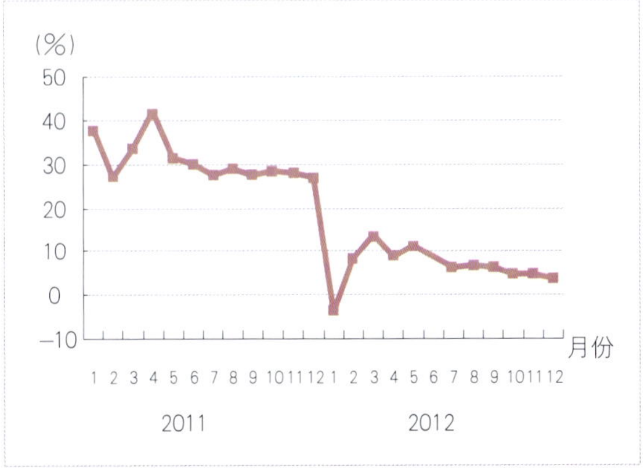

图5 2011年以来出口总值各月累计增长率

消费品市场运行平稳。全省社会消费品零售

总额实现9254.0亿元，增长15.2%，居民生活必需的商品类销售平稳较快增长，粮油食品饮料烟酒类、服装鞋帽针纺织品类、日用品类和家具类销售分别增长25.5%、22.2%、22.5%和25.5%。消费升级步伐加快，汽车、通讯电子、教育、旅游休闲、文体健身娱乐等消费较快增长。

外贸出口小幅增长。全省进出口总值505.5亿美元，比上年下降5.7%。其中，出口总值296.0亿美元，增长3.6%；进口总值209.4亿美元，下降16.3%。支撑出口增长的主要因素：一是对主要贸易伙伴出口较快增长。对美国、东盟、俄罗斯等出口增速在12%—34.8%之间，特别是对东盟出口增长34.8%，高于全省出口31.2个百分点。二是私营企业出口支撑力量增强。私营企业出口增长14.0%，高于全省出口10.4个百分点，出口额占全省的50.3%，同比提高4.5个百分点。三是主要出口商品保持增长。钢材出口增长9.8%；汽车（包括整套散件）出口增长18.5%；服装及衣着附件、家具及其零件出口分别增长9.1%和35.0%。

（四）结构调整迈出新步伐，节能降耗成效明显

大力实施"一产抓特色、二产抓提升、三产抓拓展"经济发展战略取得可喜成效，产业结构调整取得新进展。2012年，全省三次产业比例为12.0：52.7：35.3，第三产业增加值占全省生产总值的比重为35.3%，比上年提高0.7个百分点，扭转了近年来比重下降的局面。从产业内部结构观察，一是农业优势产业比重提高，畜牧、蔬菜、果品三大优势产业产值占农林牧渔业总产值的69.7%，同比提高1.3个百分点。二是传统产业改造提升力度加大，战略性新兴产业加快发展，装备制造业增加值1987.9亿元，增长15.0%，增速高于规模以上工业1.6个百分点；高新技术产业增加值1301.0亿元，增长15.6%，高于规模以上工业2.2个百分点；占11.8%，同比提高1.3个百分点，为2004年以来最高水平。三是在传统服务业加快发展的同时，金融业和营利性服务业实现了较快增长。交通、批发零售等传统服务业增加值增长8.6%，高于全省服务业平均水平0.2个百分点，占服务业增加值比重比上年提高0.3个百分点；金融、营利性行业等新兴服务业增加值增长11.8%，高于全省服务业3.4个百分点，占服务业比重提高0.4个百分点。

增量结构进一步调优。主要是投资结构呈现"三快两提高"的新变化。"三快"：一是装备制造业投资增长快，完成投资3132.2亿元，增长33.3%，增速高于全省投资12.2个百分点；装备制造业技术改造投资增长43.0%，占全省工业技术改造投资的32.0%。二是高新技术产业投资增长快，完成投资1893.0亿元，增长23.6%，增速快于全省投资2.5个百分点。三是工业聚集区投资步伐加快，全省71个省级工业聚集区在建项目1936个，占全省建设项目的8.9%；完成投资2183.9亿元，占全省建设项目投资的13.6%。"两提高"：一是工业技术改造投资比重提高，全省工业技术改造项目8486个，完成投资5891.4亿元，增长35.2%；占全省工业投资的63.1%，同比提高4.2个百分点。二是民间投资比重提高，完成投资14717.2亿元，增长27.5%；占全省投资的77.0%，同比提高3.9个百分点。

节能降耗取得新进展。2012年，全省规模以上工业能耗2.05亿吨标准煤，比上年增长2.3%，增速同比回落6.1个百分点，各月累计增速保持在2%左右，呈现低速平稳运行态势。单位工业增加值能耗比上年下降9.81%，降幅同比扩大3.1个百分点，为"十二五"以来持续下降最大、时间最长的一年。预计全省单位GDP能耗降低率能够超额完成全年目标任务。

（五）大力实施区域发展战略，重点区域发展形成新格局

深入推动区域发展战略的落实，举全省之力建设的曹妃甸区和渤海新区两大增长极快速发展，沿海、环首都区域发展势头强劲。2012年，秦皇岛、唐山和沧州沿海三市地区生产总值占全省生产总值的比重达到36.9%；固定资产投资占全省的29.5%，比上年提高0.2个百分点，其中

曹妃甸区、渤海新区和北戴河新区亿元以上在建项目235个，完成投资793.5亿元；出口总值占全省的30.1%，提高2.1个百分点；公共财政预算收入占26.5%，提高0.1个百分点。张家口、承德、廊坊和保定环首都四市地区生产总值占全省的26.1%，比上年提高0.5个百分点；固定资产投资占全省的27.9%，提高0.2个百分点；实际利用外资占25.7%，提高1.6个百分点；公共财政预算收入占25.0%，提高0.7个百分点。区域的加快发展，为全省经济增长注入了新的动力。

（六）民营经济较快增长，经济内在活力较强

民营经济进一步发展壮大。在全省经济增长面临下行压力的情况下，民营经济不仅保持了较快增速，在国民经济中的比重也在提高。2012年，全省民营经济实现增加值17232.8亿元，比上年增长12.3%，增速高于全省生产总值2.7个百分点；占全省生产总值的64.8%，同比提高1.7个百分点。民营经济实缴税金2342.5亿元，增长18.4%；占全部财政收入的67.3%，同比提高1.8个百分点。民营经济出口总额248.1亿美元，增长4.1%，增速比全省出口快0.5个百分点；占全省出口的83.8%，同比提高0.4个百分点。民营经济快速发展，对稳增长起到了重要作用。

利用外资较快增长。2012年，全省实际利用外资60.3亿美元，增长14.7%。其中外商直接投资58.0亿美元，增长24.0%。外商直接投资呈现“四提高”：一是大项目外商投资比重提高。合同外资额1000万美元以上的大项目到位外资48.5亿美元，增长29.8%，占全省外商直接投资的83.6%，同比提高3.7个百分点。二是高新技术产业外商投资比重提高。到位外资14.9亿美元，增长28.4%，占全省的25.7%，同比提高2.2个百分点。三是来自香港的外商投资比重提高。到位外资36.5亿美元，增长35.4%，占全省的62.8%，提高5.3个百分点。四是外商与国企合资合作投资比重提高。到位外资3.6亿美元，增

（闫函摄）

长2.5倍，占全省的6.2%，提高4.0个百分点。

金融保持平稳运行。12月末，全省金融机构各项存款余额34013.0亿元，同比增长15.1%，增速比上年提高1.8个百分点；比年初增加4447.4亿元，同比多增958.5亿元。金融机构各项贷款余额20850.9亿元，同比增长14.9%，增速同比回落0.7个百分点；比年初增加2699.3亿元，同比多增276.2亿元。

（七）经济运行质量有所提高，企业效益由降转增

在经济平稳运行的同时，财政收入实现平稳增长。2012年，全部财政收入3479.3亿元，增长15.3%，增速比上半年加快0.1个百分点，季度间波动为1.7个百分点，占全省生产总值的比重为13.1%，比上年提高0.8个百分点。其中公共财政预算收入2084.2亿元，增长19.9%，比上半年加快1.8个百分点。公共财政预算支出4018.9亿元，增长13.6%。

企业效益由降转增。受需求不足等因素影响，2012年，规模以上工业企业利润1-9月份均呈下降态势，但降幅逐步收窄。一季度下降11.7%，上半年下降7.1%，前三季度下降2.8%，1-10月增长1.6%，实现由降转增，全年规模以上工业企业实现利润2296.9亿元，比上年增长5.3%。

（八）民生得到新改善，农民收入增速快于城镇居民

城乡居民收入分别登上2万元和8000元台阶，农民收入增速连续三年快于城镇。2012年，城镇居民家庭人均总收入21899元，比上年增长11.8%。其中，城镇居民人均可支配收入20543元，增长12.3%。在城镇居民家庭人均总收入中，工资性收入增长12.6%，转移性收入增长6.9%，经营净收入增长22.9%，财产性收入增长6.3%。农民人均纯收入8081元，增长13.5%，增速快于城镇居民人均可支配收入1.2个百分点。其中工资性收入增长17.0%，家庭经营纯收入增长8.3%，财产性收入增长5.8%，转移性收入增长24.8%。

（九）社会事业得到新加强，经济社会发展的协调性增强

教育和科学技术发展登上新台阶。2012年，全省在学研究生35914人，增长5.4%；普通高等学校在校生116.9万人，增长1.7%。科技投入力度加大。研究与试验发展（R&D）经费支出230亿元，比上年增长14.3%，占全省生产总值的0.87%，同比提高0.05个百分点。登记省级以上科技成果3544项，其中国内领先的2593项。专利申请量23241件，授权量15315件，分别比上年增长32.1%和37.7%。签订技术合同4513份，技术合同成交金额37.85亿元，比上年增长41.8%。

文化、卫生和体育事业发展取得显著进步。年末全省共有艺术表演团体129个，文化馆180个，公共图书馆169个。广播节目综合人口覆盖率达99.33%，电视节目综合人口覆盖率达99.26%。年末全省共有医疗卫生机构79688个，卫生技术人员 31.5万人，医疗卫生机构床位29.3万张。全年我省运动员在伦敦奥运会上获得1枚银牌，2枚铜牌。

综合分析，在国内外形势错综复杂，不稳定、不确定因素较多的情况下，全省经济发展实现了稳中有进。“稳”，主要体现在经济增长率、物价涨幅和就业形势基本稳定，粮食生产再获丰收，农业基础支撑稳固，消费需求贡献率提高，内需拉动稳中增强。“进”，主要体现在结构调整迈出新步伐，第三产业增加值比重提高，重点区域发展和重大项目建设取得新成果，节能减排取得新成效，民生得到新改善，城乡居民收入继续较快增长。总的看，经济发展总体好于预期。

二、2013年经济走势展望与预警

展望2013年，经济发展环境仍很复杂，不确定因素依然较多，有利因素与不利因素并存。

从有利因素看，一是党中央一系列重要战略部署为做好今后一个时期的经济工作指明了方向。党的十八描绘了全面建成小康社会的宏伟蓝图，提出了2020年国内生产总值和城乡居民收入比2010年翻一番的倍增计划，加快促进工业

化、信息化、城镇化和农业现代化同步发展。中央经济工作会议强调突出把握好稳中求进的工作总基调，保持宏观经济政策的连续性和稳定性，增强调控的针对性、灵活性、前瞻性，提高经济增长的质量和效益，这些都有利于提振发展信心。二是国家扩内需、稳增长政策措施为经济发展提供了政策支撑和有力保障。国家加大对符合产业结构调整政策项目和企业扶持力度，出台了加快投资项目审批和建设、加大重点项目建设资金支持、鼓励民间投资、结构性减税、支持新能源产品消费等一系列政策措施，收入分配体制改革将对扩内需、稳增长起到积极促进作用。三是河北正处在加快发展的重大战略机遇期。继京津冀区域经济一体化、首都经济圈纳入“十二五”规划，河北沿海地区发展规划上升为国家战略后，国务院又正式批复《中原经济区规划》，冀南地区发展也提到了国家战略层面，同时积极争取石家庄、衡水进入首都经济圈，11个设区市将有望全部纳入国家重大区域发展规划，这将为河北发展提供广阔空间和新的契机。四是实体经济发展后劲持续增强。省委、省政府作出着力改善发展环境、着力改善生态环境的重大部署，引进百家央企、科研院所和高等院校进河北，承接的一批先进产业、项目和技术可望逐步投产达效。粮食生产实现了“九连增”，为经济稳定增长奠定坚实基础，一批工业项目逐步建成投产，将形成新的增长点。随着服务业拓展计划的实施，物流、金融等生产性服务业将加快发展。

从不利因素看，一是国际经济形势仍十分严峻复杂，世界经济复苏的不稳定性不确定性上升。世界经济增长放缓，国际贸易保护主义抬头，金融危机的影响呈现长期化趋势，各类风险明显增多。二是企业生产经营成本上升，部分行业和企业经营困难的局面还没有根本扭转，企业创新能力不足，资金、土地等要素制约突出。三是河北城乡居民收入水平偏低，对扩大内需特别是消费需求形成制约。

综合分析判断，尽管当前经济发展仍面临一些不确定因素，但经济发展的基本面没有改变，经济发展的内在动力依然较强，预计2013年有望延续2012年平稳增长的态势。

同时，2013年应防止“一个回落，两个反弹”。

“一个回落”：防止经济增速回落

目前，我省经济仍处在比较低的位置，9.6%的经济增长速度是2002年以来最低水平，规模以上工业增加值、固定资产投资、消费品零售总额、出口和财政收入等主要指标增速也处在近几年较低水平，尽管2012年四季度经济出现回升，但基础还不够稳固，经济能否筑底持续回升，还有待进一步观察，应进一步加强调控力度，巩固经济企稳回升的势头。

“两个反弹”：防止居民消费价格反弹，防止能耗水平反弹

2013年物价反弹的压力仍然较大，一是输入性通胀压力可能重新抬头；二是国内劳动力成本上涨、资源品价格改革带来的资源品价格上升及城镇化导致的土地成本上涨等结构性通胀因素将中长期存在；三是猪肉等农产品价格出现触底反弹迹象，增强了物价上涨预期。因此，应通过一系列措施，防止物价涨幅过快，警惕物价出现反弹。

能耗反弹的压力较大。2012年能耗的大幅降低，既有加大节能降耗工作力度的因素，也有经济增长速度放缓的影响，随着经济企稳回升，能源消费需求将增加，同时，由于2012年基数较低，能耗水平有可能出现反弹，应进一步加大节能降耗工作力度，防止能耗出现反弹。

（撰稿人：郭洪波　河北省统计局局长）

山西省经济社会发展报告

2012年，面对复杂严峻的宏观环境，省委、省政府认真贯彻落实中央决策部署，牢牢把握稳中求进的工作总基调，及时出台实施了一系列稳增长政策措施，准确有效应对了复杂多变的国际国内经济新情况、新挑战，全省经济平稳较快发展，结构调整扎实推进，控制物价成效明显，质量效益继续提高，民生改善取得实效。展望2013年，十八大为全面建成小康社会描绘了宏伟目标，随着我省综合改革试验区建设总体方案的全面实施，转型跨越步伐持续加快，全省经济将继续保持健康发展。

一、2012年经济运行主要特点

（一）经济健康平稳增长

2012年，在欧债危机持续蔓延，世界经济复苏进程减缓，国内经济屡次超出发展预期的复杂环境下，我省经济实现健康平稳增长。一季度、上半年、前三季度增速为10.3%、10.1%、10.0%。初步核算，全年全省生产总值为12112.8亿元，增长10.1%，快于全国平均水平2.3个百分点。其中，第一产业增加值697.9亿元，增长6.0%；第二产业增加值7009.1亿元，增长10.9%；第三产业增加值4405.9亿元，增长9.5%。

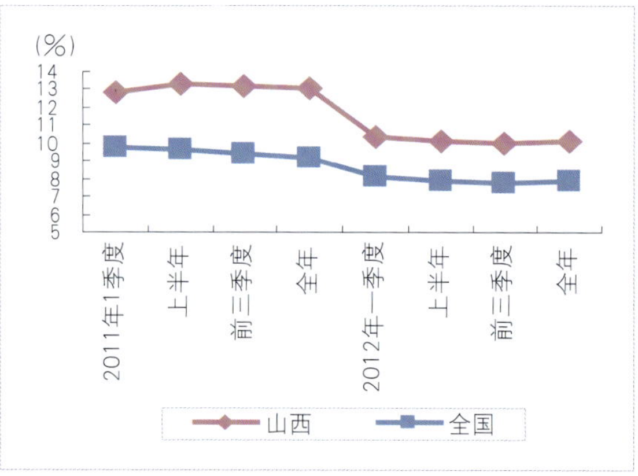

图1 2011-2012年山西、全国GDP累计增长速度

全省2012年10.1%的增速是在2010、2011年连续两年13.9%、13.0%高增长之下取得的，全省经济开始由政策刺激向自主增长有序转变。

（二）供给支撑有力

粮食总产、单产双双创新高。全省粮食生产继2011年达到历史最好水平之后，2012年粮食总产、单产双双实现新突破、创新高。全年全省粮食总产量127.4亿公斤，增长6.8%；粮食亩产258公斤，增长6.6%。全省粮食播种面积4937.3万亩，比上年增加5.4万亩。其中，夏粮播种面积1063.5万亩，秋粮播种面积3873.8万亩。农产品供应充足，为促进经济平稳较快发展、平抑物价起到了基础性作用。

工业经济保持较快增长，原煤突破9亿吨。2012年，全省规模以上工业增加值增长11.9%，快于全国平均水平1.9个百分点。在全省10大工业行业中，装备制造、纺织、食品等新兴产业增加值增速高于全省工业平均水平，煤炭、冶金等传统行业保持两位数增长，但低于工业平均增速。

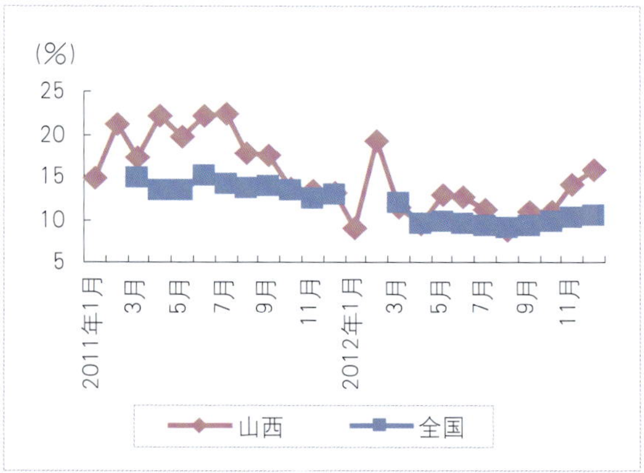

图2 2011年以来山西、全国规模以上工业增加值当月增长速度

注：规上工业增速国家公布1-2月累计数，2012年1-2月为11.4%。

原煤、洗煤、焦炭、生铁、粗钢、钢材、原铝、氧化铝、水泥、发电量10种主要工业产品产量，除焦炭下降3.1%外，其余保持增长。其中原煤产量9.1亿吨，增长4.7%；水泥产量4720.4万吨、洗煤4.9亿吨、钢材3797.6万吨分别增长23.9%、16.1%、11.8%，超过5%的粗钢、发电量、生铁增长9.4%、6.5%、5.9%。

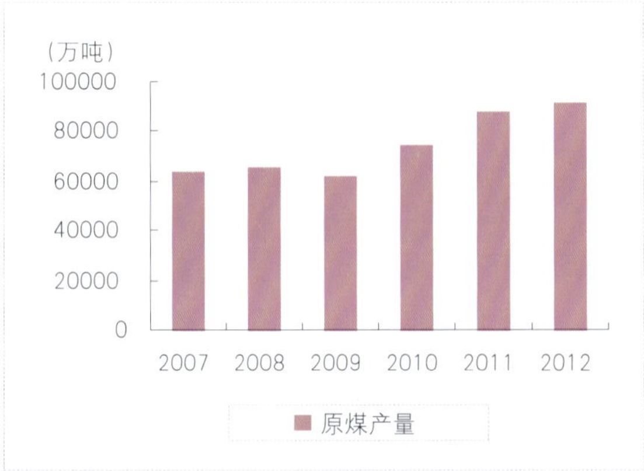

图3 2007-2012年原煤产量

2012年全省全社会用电量1765.8亿千瓦时，增长7.0%；其中，工业用电量1434.0亿千瓦时，增长6.6%。太原铁路局铁路货运量5.5亿吨，公路货运量7.3亿吨，分别增长2.6%、12.2%。

服务业提速。2012年一季度、上半年、前三季度，服务业增加值累计增速分别为8.6%、9.2%和9.6%，呈上升走势，其中前三季度增速创九个季度以来新高。全年全省服务业增长9.5%，服务业对经济贡献率超过三成。全年旅游总收入1813.0亿元，增长35.0%；接待海外旅游者人数189.2万人次，增长21.8%；国内旅游者人数1.9亿人次，增长29.8%。

（三）需求拉动效果显著

投资高速增长。全年全省全社会固定资产投资8863.3亿元，增长25.3%，快于全国平均水平5个百分点。第一、二、三产业，分别增长40.5%、24.0%、23.7%，继续保持高增长。在全社会固定资产投资中，国有及国有控股投资4500.3亿元，增长16.5%；民间投资完成4568.4亿元，增长33.1%。在全国调控房地产政策作用下，全省房地产开发投资快中有落，全年完成投资1010.5亿元，增长27.9%，同比回落5.5个百分点。

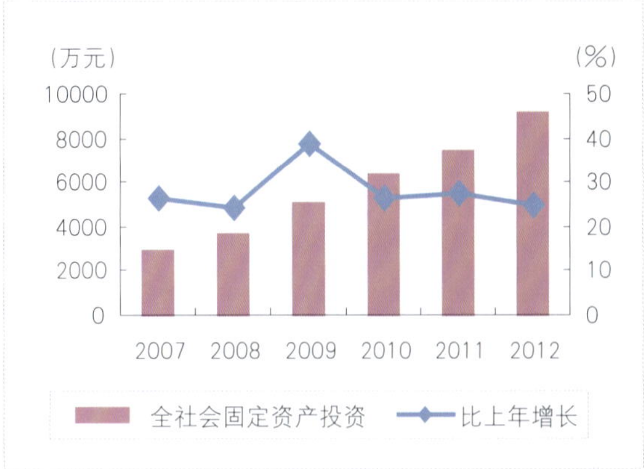

图4 2007-2012年山西全社会固定资产投资增长速度

注：2011年以来（含2011年）固定资产投资统计起点由项目计划总投资50万元提高到500万元

消费市场稳健。2012年，全省社会消费品零售总额实现4506.8亿元，增长15.5%，增速比上半年、前三季度分别加快0.3和0.2个百分点，快于全国平均水平1.1个百分点。限额以上批发和零售业商品零售类值中，日常生活刚性需求和提升生活环境质量的粮油食品、服装鞋帽、家具、建筑装潢类商品等增速超过20%。

进出口超过150亿美元。2012年，全省进出口总值150.4亿美元，增长2.0%。其中，出口总值70.2亿美元，增长29.4%；进口总值80.2亿美元，下降13.9 %。出口商品类值中，机电产品出口额增长116.7%，高新技术产品出口额增长246.3%。进口商品类值中，铁矿砂进口额下降32.9%。

（四）工业结构调整成效初显

2012年全省装备制造业增加值增长33.3%，增速居全省10大主要工业行业之首；拉动工业近2个百分点，对工业贡献率超过15%，同比上升近9个百分点（煤炭工业减少6.7个百分点），居工业第二大支柱。食品工业贡献率位于电力之后居第五位。高耗能行业低速增长，占比回落。全年万亿GDP能耗任务超额完成。煤炭百万吨死亡率下降到0.091，居国内领先水平。

（五）经济运行质量提高

财政收入较快增长。2012 年，全省财政总收入完成 2650.4 亿元，增长 17.2%；一般预算收入完成 1516.4 亿元，增长 25.0%，其中税收收入 1045.2 亿元，增长 19.8%；非税收入 471.2 亿元，增长 38.4%。2012 年，全省工业实现主营业务收入 17788.4 亿元，增长 9.7%。新型工业实现利润增长较快，食品、装备制造、建材工业分别增长 25.4%、25.2% 和 14.1%。

金融市场活跃。12 月末，全省金融机构存款余额 24157.0 亿元，增长 15.0%。金融机构本外币各项贷款余额 13211.3 亿元，增长 17.3%。其中，中长期贷款余额增长 11.7%，短期贷款余额增长 22.9%，继续保持活跃。

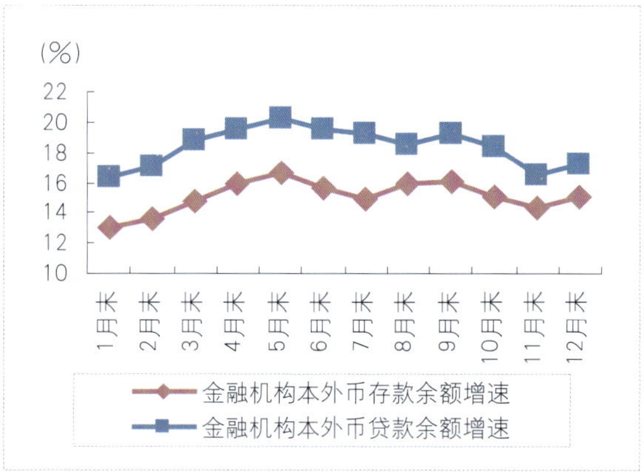

图 5 2012 年山西本外币存贷款余额增速

物价得到有效遏制。今年以来，全省居民消费价格涨幅总体呈回落态势，1 月份 CPI 同比上涨 4.8%，工业生产者出厂价格上涨 1.1%，工业

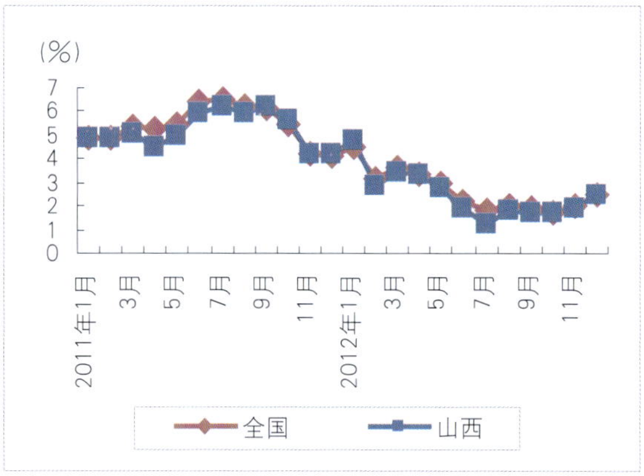

图 6 2011 年以来山西、全国当月居民消费价格指数

生产者购进价格上涨 2.2%，均为今年最高点。为遏制 CPI 上涨较快，全省认真落实国家调控政策，多措并举，CPI 自 3 月份开始回落，12 月份同比上涨 2.5%，比 1 月回落 2.3 个百分点，全年上涨 2.5%，低于全国平均水平 0.1 个百分点。工业生产者出厂价格下降 5.5%，工业生产者购进价格下降 1.9%。全省消费价格上涨较快，工业价格下降较猛得到有效遏制。

（六）民生改善强劲

财政支出倾斜民生。2012 年全省财政一般预算支出完成 2761.5 亿元，增长 16.6%。全省保民生促和谐，财政支出进一步向民生倾斜，用于教育、文化体育和传媒、医疗卫生、社会保障和就业等直接与民生相关的支出分别增长 32.1%、22.3%、12.6%、10.3%。

就业稳定，居民收入增长较快。截止 12 月底，全省城镇新增就业 51 万人。2012 年，城镇居民人均可支配收入 20412 元，增长 12.6%，农民人均纯收入 6357 元，增长 13.5%。

二、2013 年山西经济面临的机遇与挑战

2013 年，是十二五规划承上启下的关键一年，是全面建成小康社会破难点的重要之年。国际国内宏观环境复杂程度丝毫不减，保持经济健康平稳发展与加快转变发展方式相互交织。山西经济挑战与机遇将面临多重新考验。

（一）外部复杂性上升，需求减弱持续，挑战巨大

从国际经济走势看，持续恶化的债务风险、无就业复苏与通膨的多重掣肘，使世界经济不确定、不稳定性继续上升。IMF 预测 2013 年全球经济有望增长 3.6%，虽高于 2012 年 3.2% 的增长率，但总体低于 2000 年以来 3.7% 的年均增速。欧债危机虽现曙光，但现有政策治标不治本，IMF 2013 年欧元区经济预期增长再次下调到 0.2%。IMF 就业显示，2013 年发达国家失业率预计上升

到8.08%，巴西、俄罗斯等新兴经济体失业率预计将大幅上升。欧元区OMT、美国QE3、日本QE9等新一轮全球宽松货币政策，将使2013年全球通胀压力悄然加大，IMF预测2013年全球通胀率预估值3.72%，超出3%的警戒线，新兴市场国家通胀率预估值将高达5.79%。2013年继续上升的世界经济不确定、不稳定性，对我国经济的不利影响正在逐步加深。

从国内经济走势看，需求不足仍将是经济运行主要矛盾。一是消费需求后劲依然不足。2009年以来，中国消费增长的高水平是一系列短期政策推动的结果，但保持消费需求长期稳定增长有赖于城乡二元体制、收入分配体制、社保体系确立等一系列深层次矛盾与问题的实质性突破，但这是一个渐进的过程。即使2013年消费激励政策维持不变，边际效应递减始终是存在的。二是房地产调控将向深度推进。2012年国家房地产宏观调控使房地产市场运行朝着预期方向发展，但房价回归合理空间巨大。目前城乡居民储蓄存款接近40万亿元，在通胀背景下，房价反弹、资产泡沫再度集聚加剧的风险仍然存在。2013年国家坚持房地产调控的决心依然会十分坚定。三是货币信贷政策“紧”的总基调预计不会有大的改变。2013年，国家货币信贷政策将更紧密地配合国家调结构、促转型的调控导向，在某些方面、领域执行定向宽松政策。但国际大宗商品价格高位、劳动力成本持续上涨等会助推价格上涨，放松银根，需求拉动和成本推动叠加，物价就有可能出现更大幅度的反弹。因此货币政策从紧的总基调短期内不会改变。四是保持投资高速增长难度加大。随着四万亿投资项目陆续收尾，此轮投资高潮行将结束。2012年因宏观经济前景不明朗、持续一年有余的货币政策将发挥收缩效应，地方政府性债务约束等将形成对投资资金的制约。房地产同时构成固定资产投资下行的另一主要因素。2012年12月份，PMI五大构成中的主要原材料库存指数、从业人员指数处于50%以下收缩区间，表明制造业国内外市场需求趋缓，企业生产动力不足。

从我省来看，经济总量不大、结构不优、效益不高交织并行，做大做强经济新压力突出。一是循环经济深度不够。“十二五”以来各地对传统产业循环化的重视程度有了很大提高，但总体深度不够，高端产品较少，依靠基础能源原材料做大总量压力巨大。二是投资大项目储备不足，方向较为单一，与优化结构加快转型尚有差距。2012年全省10亿元以上大项目占投资完成额1/4多一点。资金投向仍以煤炭行业居多，新兴产业投资增速快但总量小。三是新兴产业发展力度不够，影响效益整体提升。2012年装备制造、食品、纺织等行业发展很快，但规模不大，没有成片成群。全年全省规模以上装备制造业利润增长25.2%，但由于煤炭行业下降30.5%，全省工业利润下降30.0%。四是城镇化发展不足。2012年全省城镇化率预计达到51%以上，仍低于全国平均水平。按照工业化、城镇化、生态化一体推进要求，城镇化和经济圈结合方面尚有较长的路要走。

（二）宏观环境在波动中将持续改善，释放机遇

虽然欧债、通胀预期加大仍将在相当长时间内拖累世界经济增长，但世界经济在波动中温和复苏的势头仍将持续。

发达国家实体经济保持相对较快增长动能尚在。一是主权债务危机的影响将有所减弱。影响2012年世界经济发展的最大障碍是欧债危机，不仅影响欧洲经济发展，同时严重影响世界经济范围内投资预期。2012年9月欧洲央行在二级市场无上限购买希腊、意大利、西班牙等重债国短期国债，大大降低了债务问题继续向其他国家蔓延的可能性，增强了各经济主体的信心。二是次贷危机对美国的影响逐步消除，再工业化重振实体经济。美国联邦储蓄保险公司（FDIC）报告显现，2012年美国银行业二季度实现利润同比增长20.7%，连续12个季度实现盈利同比增长，次贷危机影响逐步消除。再工业化是拉动就业助推经济重要的政策基点，截至2012年5月份，美国制造业已实现连续34个月扩张。

新兴市场和发展中经济体将继续成为世界经

晋城煤业集团形成了“6.2 米大采高工艺、二代连掘工艺、采煤采气一体化”三大核心技术工艺，矿井高产高效创造了全国同行业先进水平，成为全国优质无烟煤生产龙头企业（山西煤炭工业厅提供）

济增长的动力和源泉。当前新兴市场和发展中国家仍处于资本积累快速增长周期，在技术上又可发挥后发优势，人口众多消费意愿和能力不断增强，这也是新兴市场国家历经全球金融危机和发达国家债务危机仍保持快速增长的原因。以中国和印度为代表的新兴市场经济国家都处于转型时期，大量先进技术和设备需求将拉动发达国家对外贸易保持稳定。在当前形势下，新兴市场和发展中经济体将继续成为世界经济增长的动力和源泉。多数新兴经济体和发展中国家经济增长速度逐渐回归常态，预计 2013 年经济增长率将达到 5.6% 以上。

我国经济不会出现较大起伏。一是中央经济工作会议确定了继续把握“稳中求进”工作总基调，“增长必须是实实在在和没有水分的增长，必须是有效益、有质量、可持续的增长”等一系列新经济发展指导思想，让广大人民看到了经济转型的决心和希望。二是 2012 年全国农业丰收，在全球粮食欠收背景下，既直接保证了 2013 年粮食供应相对充裕和粮食价格相对稳定，也为各项宏观经济调控政策的实施提供了相对稳定的社会基础。三是消费有望保持相对稳定。中国目前的收入水平，决定了消费正处于升级和加速的临界期，刚性消费需求仍然较大。再加上国家辅以必要的激励政策，2013 年市场消费保持平稳增长仍可预期。在“稳出口、促进口、减顺差”外贸政策和世界经济温和持续复苏作用下，外需增长下滑将趋缓。四是巨大的城乡差异和东中西部差异，决定了中国仍存在健康平稳发展的纵深空间。随着城市化加速和产业进一步梯度转移，保障房与水利建设加快，战略性新兴产业快速发展等因素有利于保持投资稳定增长。换届工作的逐步结束，各地“十二五”规划投资项目将陆续进入施工高潮，将推动投资需求增长，从而弥补外需不足缺口。

（三）山西经济保持健康平稳增长的正能量

尽管宏观环境复杂难测，但山西经济发展正处于工业化、城镇化发展阶段，仍处于难得的战略机遇期。内需市场优势明显，投资领域广阔，民间投资潜力巨大。2012年虽受制于国际国内需求减弱，部分产业增长受到一定影响，但随着转型跨越发展的持续推进，特别是综改实验区建设总体方案的批复，将形成对山西经济持续较快发展的正能量。

一是综改试验区《总体方案》获批，为先行先试全面加速提供政策保障。2012年8月7日国务院正式批复《山西省国家资源型经济转型综合配套改革试验总体方案》，省委、省政府围绕产业转型、生态修复、城乡统筹、民生改善等重点任务进行了全面部署，在重大项目、政策创新、板块突破、破解难题上加快先行先试，有利于促进全省布局优化、产业联动、质量提升和转型升级，形成经济发展新的重要增长极，全省经济发展空间进一步打开，政策环境更加完善，发展动力更加强劲。国家发电用煤价格取消行政管控、《中原经济区规划》批复等，同时为山西发展注入新的动能。

二是"项目落地年"成效显著，为经济持续健康发展奠定了基础。项目是稳增长、调结构的重要支撑。省委省政府2012年"项目落地年"，以基础设施、产业转型、民生改善等项目为重点，"四位一体"抓了项目储备、签约、落地，一批重点项目逐步建成达效。全年全省全社会固定资产投资完成9176.3亿元，增长24.5%；5亿元以上项目超过700个，为经济后续发展奠定了一定的基础。

三是新兴产业发展壮大，产业多元化格局雏形初显。新兴产业增长明显加快。2012年，全省装备制造、食品、医药工业分别增长33.3%、14.3%、12.5%，三大产业合计对工业经济增长贡献率接近20 %，成为仅次于煤炭工业之后的最大行业集群，既推动了经济增长，也为全省经济转型跨越发展注入了信心和活力。传统行业转型升级强劲。2012年全省煤炭资源整合重组效果继续释放，原煤产量达到9.1亿吨，创历史最好水平；非煤矿山、焦化、钢铁和水泥等行业整合重组、转型升级加快，传统产业可持续发展能力正在增强，产业多元化格局雏形初显。

四是基础设施建设持续加强，为持续发展营造了良好环境。2012年，全省基础设施建设持续加强，大西客运专线、中南部出海大通道等加快推进，新建成高速公路1006公里，高速公路总里程突破5000公里，铁路营运里程3740公里。运城等机场改扩建、新建顺利。"大水网"四大骨干工程和配套工程开工，交通、水利等发展瓶颈得到缓解。

五是科技人才支撑、民生持续改善，为经济社会健康发展创造了和谐稳定基础。2012年，"山西省十项重大人才工程"全面启动，14项科研成果获国家科学技术奖励为历年之最，将为山西转型跨越发展提供核心驱动力。全年新增城镇就业51万人，转移农村劳动力42.8万人，高校毕业生就业率90%。大投入完善、优化、提升环境能力。投资600多亿元"两轮全覆盖"工程全面完成，农村面貌正发生巨大变化。和谐社会环境给全省经济发展奠定了坚实的基础。

总体上看，2013年虽然宏观环境不确定、不稳定因素依然很多，但国内外形势变化并没有改变山西经济发展的基本面。坚定转型跨越发展信心，有效整合发展资源，全省经济发展的动能会不断增强，支持全省较快增长的积极因素会进一步增多。综合分析，2013年若不出现大的特殊情况，全省经济将继续保持健康平稳发展。

（撰稿人：杨文章 山西省统计局局长）

内蒙古自治区经济社会发展报告

2012 年，内蒙古推进富民强区，加快经济发展方式转变，经受住了各种困难和风险的考验，经济和社会实现了持续稳定发展。农牧业获得丰收，以工业为主导的第二产业保持较快增长，第三产业稳步发展，物价相对稳定，民生进一步改善，社会事业取得较大进步。

一、2012 年内蒙古经济社会发展基本情况及主要特点

2012 年，世界经济复苏的基础依旧脆弱，国内经济下行的压力持续存在。在如此复杂的环境下，内蒙古实现了国民经济运行缓中企稳，实属不易。整体经济实现平稳可控回落，人均生产总值取得了重要突破。初步核算，2012 年，全区实现生产总值 15988.34 亿元，按可比价格计算，增长 11.7%，高于全国平均增速 3.9 个百分点。其中，第一产业增加值 1447.43 亿元，增长 5.8%；第二产业增加值 9032.47 亿元，增长 14%；第三产业增加值 5508.44 亿元，增长 9.4%。第一产业对经济增长的贡献率为 4.3%，第二产业对经济增长的贡献率为 67%，第三产业对经济增长的贡献率为 28.7%。全区生产总值中一、二、三次产业比由上年的 9.1:56.0:34.9 调整为 9.1:56.5:34.4。人均生产总值达到 64319 元，增长 11.3%，按年均汇率计算折合为 10189 美元，首次超越 1 万美元。

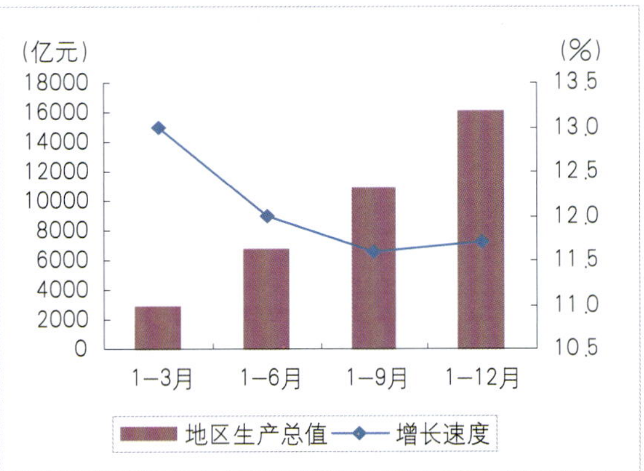

图 1 2012 年内蒙古各季度地区生产总值及增速

（一）农牧业生产保持平稳

通过推进农业科技进步，优化种植结构，落实惠农政策，借助于今年历史少有的雨水充沛的有利时机，全区粮食生产再获丰收，粮食总产量又创历史新高。2012 年，内蒙古粮食播种面积 558.94 万公顷，增长 0.5%。粮食产量连续 9 年保持增长，达到了 2528.5 万吨（505.7 亿斤），成为全区经济社会发展的一大亮点。粮食增产增收也成为农民持续增收的最主要因素。油料产量 145.08 万吨，增长 8.4%；蔬菜产量 1476.29 万吨，增长 2.5%；水果（含果用瓜）产量 283.5 万吨，下降 6%。

牧业生产保持平稳。牧业年度全区牲畜存栏头数达 11263 万头（只），增长 4.6%；牲畜总增 6827.4 万头（只），牲畜总增率达 63.4%。牧业年度良种及改良种牲畜总头数 10654.2 万头（只），比重为 94.6%。全年肉类总产量 245.74 万吨，增长 3.5%。其中，猪牛羊肉产量分别达到

表 1 2012 年内蒙古主要农畜产品产量和牲畜存栏数

	总量	速度（%）
粮食（万吨）	2528.5	5.9
小麦（万吨）	188.42	10.2
玉米（万吨）	1784.39	9.3
油料（万吨）	145.08	8.4
牛奶（万吨）	910.20	0.2
绵羊毛（万吨）	10.42	–2.3
山羊绒（吨）	7642	–0.02
肉类总产量（万吨）	245.74	3.5
牧业年度牲畜存栏（万头、只）	11263	4.6

73.9万吨、51.2万吨和88.6万吨，分别增长3.6%、3%和1.6%。牛奶产量910.2万吨，增长0.2%。

（二）工业生产较快增长

全年全部工业增加值7966.61亿元，增长14.2%。其中，规模以上工业企业增加值增长14.8%。2012年，内蒙古工业发展呈现出以下亮点：一是民营经济和中小企业实现了较快发展。私营企业增加值增长21.3%，非公有工业增加值增长16.9%，均高于全部规模以上工业增速。中小型企业增加值占全部规模以上工业的71.2%，同比增长16.0%。二是工业结构调整成效明显。非煤产业增加值增速为14.4%，非煤产业增加值占规模以上工业的60.7%。高新技术产业增加值同比增长35.9%；装备制造业同比增长14.5%。作为内蒙古特色的稀土产业得到了较快发展，稀土行业增加值同比增长11.5%。从工业产品产量看，全区原煤产量达10.62亿吨，同比增长12.3%；发电量达到3116.88亿千瓦小时，同比增长6.1%，其中，风力发电量286.48亿千瓦小时，同比增长4.2%。

表2 2012年内蒙古工业主要产品产量

	总量	同比增长（%）
原煤（万吨）	106194.31	12.3
天然原油（万吨）	197.84	6.3
发电量（亿千瓦小时）	3116.88	6.1
粗钢（万吨）	1734.14	6.8
钢材（万吨）	1661.82	15.5
乳制品（万吨）	325.67	−8.6
液体乳（万吨）	273.39	−5.4
彩色电视机（万部）	383.23	46.8
十种有色金属（万吨）	243.88	3.6

（三）固定资产投资保持稳定增长

全年投资实现了平稳较快增长，全社会固定资产投资总额11858亿元，增长14.4%。其中，城乡50万元以上项目完成固定资产投资12986.04亿元，增长20.4%。在城乡50万元以上项目固定资产投资中，第一产业投资637.91亿元，增长13.3%；第二产业投资6526.27亿元，增长27%，其中，工业投资6410.48亿元，增长27.9%；第三产业投资5821.85亿元，增长12%。全年新开工项目17560个，比上年增加2215个；全年新开工项目数14023个，增加1613个；全年投产项目数13567个，增加2032个。

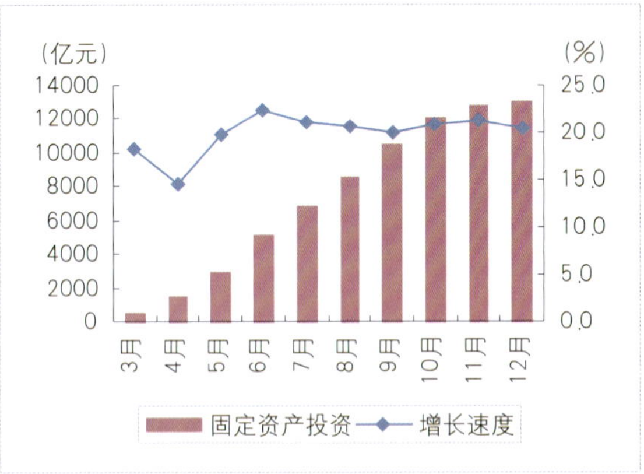

图2 2012年内蒙古50万元以上项目固定资产投资

全区房地产投资及销售全线下滑。全年全区房地产开发投资1291.44亿元，比上年下降21.7%。商品房销售面积2523.52万平方米，下降31.5%；商品房销售额1022.8亿元，下降24.8%。全年新开工各类保障性住房实际完成29.3万套，超额完成国家下达的目标任务，并且已基本建成13.8万套，完成投资480亿元。

（四）内需市场增长平缓

受经济下行等多因素影响，全区内需市场增长平缓。全年社会消费品零售总额4572.5亿元，增长14.6%。从经营单位所在地看，城镇实现社会消费品零售额3967.99亿元，占社会消费品零售总额的87.5%，增长14.6%；乡村消费品零售额566.56亿元，增长16.7%。从限额以上批发零售贸易企业情况看，限额以上粮食、食品、饮料、烟酒类完成零售额144.35亿元，增长12.5%；汽车类完成零售额374.25亿元，增长5.8%；通信器材类完成零售额10.2亿元，增长23.2%。

（五）对外贸易明显下滑

受世界经济低迷复杂的影响，全年海关进出

口总额 112.57 亿美元，比上年下降 4.9%。其中，出口总额 39.7 亿美元，下降 15.3%；进口总额 72.86 亿美元，增长 1.9%。从主要贸易方式看，一般贸易进出口额达 52.26 亿美元，占进出口总额的 46.4%，比上年下降 9.7%；加工贸易进出口额达 4.66 亿美元，占进出口总额的 4.1%，比上年下降 50.9%；边境小额贸易进出口额达 47.25 亿美元，占进出口总额的 42%，增长 1.4%。从贸易伙伴看，对俄、蒙的贸易总额 59.84 亿美元，占全区进出口的 53.2%。从商品类别看，普通钢材是出口值最大的商品，为 2.24 亿美元；煤是进口值最大的商品，为 17.54 亿美元。全年实际使用外商直接投资额 39.43 亿美元，增长 2.7%。

（六）物价调控完成了年初预期目标

全年居民消费价格总水平比上年上涨 3.1%，完成了年初的预期控制目标。分城乡看，城市上涨 3.3%，农村牧区上涨 2.5%。分类别看，食品和衣着类价格涨幅，超过了消费价格总水平上涨幅度。其中食品类价格上涨 5.8%，衣着类价格上涨 3.8%。从生产者角度看，工业生产者购进价格指数和工业生产者出厂价格指数分别比上年上涨 2% 和 0.2%。固定资产投资价格上涨 1.6%，农产品生产价格上涨 4.7%。

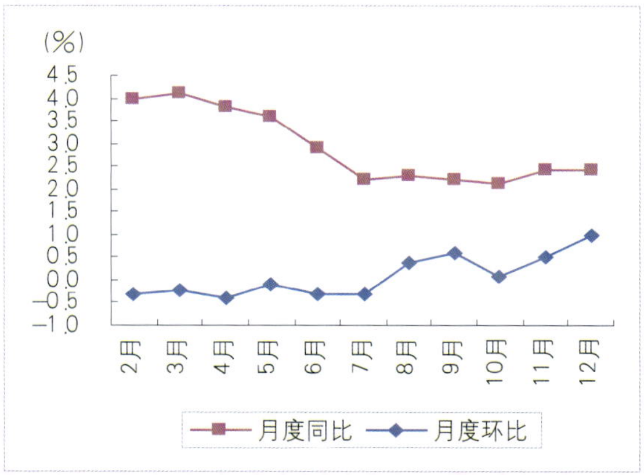

图 3　2012 年内蒙古居民消费价格月度涨跌幅度

（七）财政收入增速较往年偏低

全年完成地方财政总收入 2497.28 亿元，其中公共财政预算收入 1552.75 亿元，分别增长 10.4% 和 14.5%，均低于上年增速。全年公共财政预算支出 3425.99 亿元，增长 14.6%。财政收入在今年困难较大的情况下，也呈现出了新亮点：县域财政收入实现新跨越。全区 101 个旗县（市区）中，地方财政总收入超过 10 亿元的达到 48 个，超过 20 亿元的达到 33 个，且全部旗县（市区）超过了亿元，实现了财政收入超亿元旗县（市区）的全覆盖。2012 年，公共与民生领域仍然是支出的重点。其中，一般公共服务支出 341.84 亿元，增长 12.3%；社会保障和就业支出 435.47 亿元，增长 19.6%；医疗卫生支出 177.91 亿元，增长 8.1%；教育支出 439.97 亿元，增长 12.6%。

（八）金融形势较为平稳

全区金融形势平稳，货币政策对实体经济的服务作用更为明显。年末全区金融机构人民币存款余额 13612.72 亿元，全年新增存款 1549.47 亿元，增长 12.8%。其中，单位存款余额 6200.63 亿元，比上年末增加 403.23 亿元，增长 7%；个人存款余额 6656.64 亿元，比上年末增加 1225.55 亿元，增长 22.6%。年末全区金融机构人民币贷款余额 11284.2 亿元，全年新增贷款 1541.71 亿元，增长 16%。其中，短期贷款余额 4366 亿元，比上年末增加 798.71 亿元，增长 22.4%；中长期贷款余额 6771.67 亿元，比上年末增加 686.47 亿元，增长 11.6%；个人消费贷款余额 1333.51 亿元，比上年末增加 180.81 亿元，增长 15.7%。

（九）节能降耗工作成绩突出

全区能耗水平不断下降，节能降耗成绩突出。2012 年，全区单位 GDP 能耗下降 5% 左右，超额完成年度节能目标任务。据自治区电力行业协会统计，2012 年全区用电消费量 2016.76 亿千瓦时，比上年增长 8.2%。全区规模以上工业企业综合能源消费量为 1.36 亿吨标准煤，比上年增长 4%。从主要能源消费品种看，原煤消费总额达 3.41 亿吨，电力消费总量 1538.1 亿千瓦时。

（十）城乡居民生活继续得到改善

城乡居民收入实现了平稳较快增长，均完成了增长12%的目标任务。2012年全区城镇居民人均可支配收入达23150元，比上年名义增长13.4%，高于全国平均水平0.8个百分点。农牧民人均纯收入达7611元，比上年名义增长14.6%，高于全国平均水平1.1个百分点。

民生工作向广覆盖、纵深化方向发展。全区全面实现了高中阶段免费教育，养老保险制度实现了全覆盖。年末全区参加基本养老保险人数472.24万人，增长4.4%；参加失业保险职工人数232.77万人，领取失业保险金人数为5.06万人，分别增长0.1%和12.4%；全年参加基本养老保险的离退休人员148.86万人，增长12.1%。全年参加基本医疗保险人数967.52万人，增长6.6%；全年有455.09万职工和132.14万离退休人员参加了基本医疗保险，分别增长3.9%和6.3%。全年共有204.34万人得到国家最低生活保障救济。

二、2012年全区经济运行中存在的主要问题

（一）工业企业效益偏差

2012年，全区工业企业效益偏差，主要表现为亏损企业亏损额增加，企业生产成本上升，企业盈利空间缩小。2012年，全区规模以上工业企业实现利润1754.23亿元，仅仅增长了4%。全区有五分之一多的规模以上工业企业处于亏损状态。影响企业效益的主要因素一是部分原材料价格居高不下，“进出价格”倒挂明显。全区工业生产者出厂价格比购进价格低1.8个百分点，压缩了利润空间。二是企业劳动力成本持续提高，抬升了工业生产成本。

（二）商品房市场及对外贸易的持续下滑状态亟待扭转

受经济低迷和国家调控影响全区商品房的供应和销售一直处于下滑通道中。与房地产直接相关的行业及上下游产业的生产、销售均遇到了重大挑战，从事建筑、装饰装潢、销售等领域的人员就业受到了较大影响。对外贸易的持续下滑给全区外贸企业带来负面冲击，进而影响经济的稳定发展。内蒙古对外开放的主要贸易伙伴较少，对蒙古、俄罗斯的依赖较强，一旦其经济出现波动，给内蒙古外贸带来的冲击是直接且显著的。

（撰稿人：胡敏谦　内蒙古自治区统计局局长）

阿拉善盟胡杨林（内蒙古统计局提供）

辽宁省经济社会发展报告

2012年，在复杂严峻的国内外经济环境下，全省上下牢牢把握“稳中求进、稳中求快”的总基调，紧紧围绕保持经济平稳较快增长这个中心，科学分析判断经济形势，克服困难，真抓实干，着力推进调结构、惠民生、抓改革、促和谐的各项工作，全省经济发展稳中有进，实现了企稳回升，保持了实施老工业基地振兴战略以来的良好发展态势。初步核算，全年地区生产总值24801.3亿元，按可比价格计算，比上年增长9.5%，增幅高于全国水平1.7个百分点。分三次产业看，第一产业增加值2155.8亿元，增长5.1%，第二产业增加值13338.7亿元，增长9.8%，第三产业（即服务业）增加值9306.8亿元，增长9.9%。

一、2012年全省经济运行的基本情况

（一）从供给看，三次产业均衡发展

1. 农林牧渔业生产形势较好。全年农业、林业、畜牧业、渔业增加值分别比上年增长6.7%、5.5%、3.1%和4.1%。一是粮食产量再创历史新高。2012年全省粮食产量达2070.5万吨，比上年增加35万吨，增长1.7%。其中，水稻产量507.8万吨，比上年增加2.7万吨，增长0.5%；玉米产量1423.5万吨，比上年增加63.2万吨，增长4.6%。二是畜牧业生产保持发展。全年猪牛羊禽肉产量411.6万吨，比上年增长2.6%；禽蛋产量279.9万吨，增长0.9%；牛奶产量124.7万吨，增长0.2%。全年生猪存栏1592.6万头，增长0.5%；生猪出栏2728.5万头，增长2.9%。三是渔业生产稳定发展。全年水产品产量480.8万吨，比上年增长6%。其中，淡水产品产量89.3万吨，增长4.3%；海洋捕捞127.9万吨，增长2.6%；海水养殖263.6万吨，增长8.2%。

2. 工业生产平稳运行。全年规模以上工业增加值按可比价格计算比上年增长9.9%。在41个工业大类行业中有39个行业增加值保持增长，22个行业增加值增速超过全省平均水平。一是主要工业行业稳定增长。农产品加工业增加值比上年增长12.6%，增速高于全省平均水平2.7个百分点；冶金工业增加值增长10.6%，增速高于全省平均水平0.7个百分点；装备制造业增加值增长9.8%，石化工业增加值增长7.6%。二是主要工业产品产量保持增长。全年原油加工量产量增长3.9%；钢材产量增长0.4%，其中中小型型钢产量增长12.3%；汽车产量增长15.5%；民用钢质船舶产量增长3.5%；移动通信手持机产量增长2倍。原煤产量下降8.3%，生铁产量下降2.1%。三是产销衔接基本保持上年水平。全年规模以上工业产品销售率为97.9%，与上年基本持平。四是高耗能行业增速放缓。全年六大高耗能行业工业增加值增长7.6%，低于全省平均水平2.3个百分点。

3. 第三产业较快发展。全年第三产业增加值9306.8亿元，比上年增长9.9%，高于全国1.8个百分点，高于全省生产总值增速0.4个百分点，五年来首次超过生产总值增速。其中，交通运输、仓储和邮政业比上年增长8%；批发和零售业增长9.4%；住宿和餐饮业增加值增长7.6%；金融业增加值增长11.5%；房地产业增加值增长9.4%；营利性服务业增加值增长12.8%；非营利性服务业增加值增长9.7%。

（二）从需求看，三大需求持续扩大

1. 固定资产投资规模继续扩大。全年全社会固定资产投资21836.3亿元，比上年增长23.2%。其中，固定资产投资21535.4亿元，增长23.5%。一是第二产业投资持续快速增长。在固定资产投资中，第二产业完成投资9414.4亿元，比上年增长26.3%，增速高于全省水平2.8

个百分点；第一产业完成投资528亿元，比上年增长12.4%；第三产业完成投资11593亿元，增长21.9%。二是非国有经济投资快速增长。全年国有经济投资4491.3亿元，比上年增长20.8%；非国有经济投资17044.1亿元，比上年增长24.3%，增速高于全省水平0.8个百分点。其中，私营个体经济投资8100.1亿元，增长27.7%；股份制经济投资5725.3亿元，增长19.8%。三是大项目对投资规模支撑作用明显。全省亿元以上建设项目4943个，增长32.3%；完成投资10889亿元，增长32.5%，占全部建设项目投资的67.7%。其中10亿元以上建设项目679个，增长21.9%，完成投资4501.3亿元，增长30.4%。新开工的计划总投资超亿元的建设项目由上年的2094个增加到2461个，增长17.5%，完成投资9256.9亿元，增长15.6%。四是房地产业呈现向好态势。全省房地产开发投资5455.8亿元，比上年增长21.6%，增速高于全国水平5.4个百分点，其中住宅完成投资3961.9亿元，增长16.2%。商品房销售面积8827.9万平方米，比上年增长17.1%，其中住宅销售面积7655.4万平方米，增长15.6%。商品房销售额4362.8亿元，增长22.2%，其中住宅销售额3611.2亿元，增长20%。五是本年到位资金稳定增长。全年累计到位资金23925.5亿元，比上年增长14.9%。其中，国家预算资金1006亿元，增长1.1%，占本年资金来源的4.2%；国内贷款3421.1亿元，增长8.6%，占本年资金来源的14.3%；自筹资金16782.4亿元，增长19.9%，占本年资金来源的70.1%。

2. *消费品市场平稳运行*。全年社会消费品零售总额实现9346.6亿元，比上年增长15.5%。一是从经营单位所在地看，全年城镇消费品零售额8475.3亿元，增长15.7%；乡村消费品零售额781.3亿元，增长15%。二是从规模看，限额以上零售额增长21.9%；限额以下零售额增长11.5%。三是从限额以上批发零售贸易业和住宿餐饮业情况看，全年限额以上批发业销售额10971.2亿元，比上年增长13.3%；零售业销售额3472.7亿元，增长15.6%；住宿业营业额114.4亿元，增长10.2%；餐饮业营业额293亿元，增长21%。四是从限额以上批发零售贸易业商品零售类值看，基本生活类商品仍是消费持续增长的稳定动力，全年日用品类零售额133.9亿元，增长25.6%，服装、鞋帽、针纺织品类零售额549.3亿元，增长24.4%，粮油、食品、饮料和烟酒类零售额350.1亿元，增长19.1%；居住类及其相关商品增长较快，建筑及装潢材料类商品零售额72.4亿元，增长69.9%，家具类商品零售额38亿元，增长30.4%，家用电器和音像器材类零售额233.6亿元，增长18.3%；药品、保健品销量明显增加，中西药品类商品零售额238.6亿元，增长51.5%；奢侈品类商品保持热销，金银珠宝类商品零售额121.5亿元，增长27.4%；燃料类商品销售旺盛，石油及制品类商品零售额586亿元，增长26%，汽车类商品零售额858.7亿元，增长10.7%。

3. *对外贸易稳定增长*。全年实现进出口总额1039.9亿美元，比上年增长8.4%。其中，出口总额579.5亿美元，增长13.5%；进口总额460.4亿美元，增长2.5%。出口的主要特点：一是一般贸易出口保持较快增长。全省一般贸易出口295.6亿美元，比上年增长32.7%，加工贸易出口230.7亿美元，下降4%。二是民营企业出口快速增长。全省民营企业出口217.1亿美元，比上年增长61.7%，国有企业出口127.4亿美元，下降11.5%，外商投资企业出口235亿美元，增长1.2%。三是对美国、东盟及部分新兴市场出口增长较快，对欧盟、韩国出口增幅回升。全年对美国出口68.7亿美元，比上年增长37.8%，对东盟出口80.5亿美元，增长25.4%，对伊朗、南非、加拿大、澳大利亚等新兴市场出口增幅均超过35%，对韩国出口55.7亿美元，增长14.2%，对欧盟出口75.9亿美元，增长16.8%。四是机电产品出口持续保持增长，钢材、船舶以及农产品、纺织品、服装出口小幅增长。全年机电产品出口256.8亿美元，比上年增长13.9%，钢材出口53.9亿美元，增长8.2%，船舶出口50.9亿美元，下降1.2%，农产品、纺织品和服装分别增长8%、5.9%和8.4%。

全年实际使用外商直接投资267.9亿美元，

比上年增长10.4%，其中第一产业实际使用外商直接投资4.3亿美元，增长27.4%，占全省的1.6%；第二产业实际使用外商直接投资166.4亿美元，增长35.3%，占全省的62.1%；第三产业实际使用外商直接投资97.3亿美元，下降16.4%，占全省的36.3%。此外，全年引进国内资金实际到位额7298.3亿元，增长34%。

（三）从运行质量和民生改善看，三大收入保持增长

1. 财政实力不断增强。全年公共财政预算收入3103.7亿元，比上年增长17.4%。其中各项税收2315.6亿元，增长17.3%。全年公共财政预算支出4550.2亿元，增长16.5%。其中，教育支出727.3亿元，增长33.7%；节能环保支出93.6亿元，增长26.1%；农林水事务支出400.7亿元，增长21.7%；科学技术支出100.9亿元，增长15.7%。

2. 企业收入保持增长。全年规模以上工业企业实现主营业务收入47965.1亿元，比上年增长11.6%；实现利税3871.4亿元，增长11.7%；盈亏相抵后实现利润1906.3亿元，增长5.2%。在41个工业大类行业中，有37个行业实现盈利。从四大支柱产业看，装备制造业实现利润802.4亿元；农产品加工业实现利润514.6亿元；冶金工业实现利润215.5亿元；石化工业实现利润28.3亿元。

3. 居民收入继续增加。全年城镇居民人均可支配收入23223元，比上年增长13.5%，扣除价格因素实际增长10.3%。全年农村居民人均纯收入9384元，增长13.1%，扣除价格因素实际增长10.3%。

（四）从经济运行环境看，支持经济增长的有利因素不断增多

1. 信贷规模有所扩大。截止年末，全省金融机构（含外资）本外币贷款余额26306.5亿元，比年初增加3465.7亿元，同比多增107亿元。其中，人民币贷款余额24730.2亿元，比年初增加3100.2亿元，同比多增19.9亿元。金融机构（含外资）本外币存款余额35303.5亿元，比年初增加4473.4亿元，同比多增1630.5亿元。其中，人民币存款余额34567.3亿元，比年初增加4353.3亿元。同比多增1438亿元。

2. 物价走势总体平稳。全年居民消费价格比上年上涨2.8%。其中，城市上涨2.9%，农村上涨2.5%。分类别看，八大类价格指数均有不同程度上涨。其中，食品类价格上涨4.9%；烟酒及用品类价格上涨2.3%；衣着类价格上涨2.3%；家庭设备用品及维修服务类价格上涨2.9%；医疗保健及个人用品类价格上涨1.9%；交通和通信类价格上涨0.1%；娱乐教育文化用品及服务类价格上涨1.1%；居住类价格上涨2.8%。全年工业生产者出厂价格比上年下降0.1%，工业生产者购进价格下降1%。

3. 货运量稳步增加，全社会用电量保持增长。全年货物运输量204382.1万吨，比上年增长12.2%。其中，公路货运量174355万吨，增长14.9%；铁路货运量17387.5万吨，下降7.1%。港口货物吞吐量88541万吨，比上年增长13%，其中集装箱吞吐量1512.9万标准箱，增长26%。全年全社会用电量1899.9亿千瓦时，比上年增长2.1%。

二、影响全省经济健康运行的问题分析

2012年，全省经济保持了平稳发展态势，实现了企稳回升，但国际经济的严峻性和国内形势的复杂性，使得全省经济仍然面临着一些困难和问题。

（一）经济企稳回升的基础需进一步稳固

一是货运量增幅呈现回落态势，由2012年一季度的13.9%回落到全年的12.2%。二是工业生产者出厂价格和购进价格仍未改变下降状况。2012年全省工业生产者购进价格当月指数由1月份的101.9逐步回落到12月份的98.8；月度工业生产者出厂价格也出现回落以至下降趋势，由1月份的102.5回落到12月份的99.7。工业

生产者价格的持续下跌，直接加剧我省部分原材料工业企业效益下滑，也表明内需疲弱的局面亟需改善。

（二）企业生产经营面临较大困难

一是生产成本有所增加。2012年，全省主营业务成本占主营业务收入的比重为86.1%，比上年提高1.2个百分点。二是市场需求持续减弱。全年实现主营业务收入比上年增长11.6%，增幅回落了17.2个百分点。三是产品价格下降幅度较大。全年工业生产者出厂价格比上年下降6.6个百分点。四是在原材料工业缓慢回升的形势下，处于产业链下游的装备制造业回升不明显。

（三）企业经济效益下滑

2012年，全省规模以上工业企业实现利润增幅比上年回落了23.5个百分点，回落幅度超过了主营业务收入。利润总额占主营业务收入的比重比上年回落0.2个百分点。亏损企业亏损面比上年扩大2.1个百分点，亏损企业亏损总额比上年增长43.6%。

三、对2013年全省经济形势的判断

2013年，全球经济仍处在危机后的调整期，国际环境充满复杂性和不确定性，市场信心和预期不稳，经济运行处在寻求新平衡的过程中。辽宁经济发展所面临的有利与不利条件同在，机遇与挑战并存。

1. 国内外经济运行企稳的同时，已有所回升，为辽宁经济发展提供了较好的外部条件。一是从三大经济组织的预测结果看，国际货币基金组织的《世界经济展望》更新报告指出，今年抑制全球经济活动的因素将消退，全球经济增长有望加快，但经济下行风险依然很大，预计今明两年全球经济分别增长3.5%和4.1%。世界银行认为发达国家经济复苏意外乏力拖累全球经济成长，预期今年全球经济成长将达到3.0%，2014和2015年逐渐提高至3.1%和3.3%。经济合作与发展组织日前发布了最新一期全球经济展望报告，预计欧元区将陷入衰退，导致全球经济出现增长乏力，复苏不均衡并存在下行风险。二是从国内环境看，主要经济指标实现企稳回升。其一，2012年各季度国内生产总值按可比价格计算分别增长8.1%、7.6%、7.4%和7.9%；累计分别增长8.1%、7.8%、7.7%和7.8%。其二，公共财政收入增长12.8%，比前三季度提高了1.9个百分点，比上半年提高了0.6个百分点。其三，规模以上工业增加值按可比价格计算比2011年增长10%，连续4个月增速回升。三是从我省情况看，经济上升趋势强于全国水平。全年生产总值增速比前三季度提高0.2个百分点，高于全国1.7个百分点。

2. 部分先行性指标已呈回暖趋势，为全省经济发展提供了良好的基础。一是从国内环境看，其一，2012年12月份的全国制造业采购经理指数（PMI）为50.6%，与11月份持平，比10月份提高了0.4个百分点，比9月份提高了0.8个百分点，延续了9月份以来的回升走势。其二，12月份全国工业生产者出厂价格比上年同期下降1.9%，但降幅比11月份收窄0.3个百分点，比10月份收窄0.9个百分点。工业生产者购进价格12月份比上年同期下降2.4%，降幅比11月份收窄0.4个百分点，比10月份收窄0.9个百分点。二是从我省情况看，工业用电量月度增速已由负转正。全省工业用电量月度增速连续六个月呈现下降状况后，从10月份开始实现了由降转升，12月份增长9.26%，显现出迅速上升态势。

3. 收入水平的提升，使消费增长有望保持基本稳定。从全国情况看，2012年全年社会消费品零售总额增幅为14.3%，增幅比前三季度提高0.2个百分点，与上半年基本持平。从我省情况看，全年社会消费品零售总额增速比前三季度提高0.2个百分点，比上半年提高0.4个百分点。同时与全国情况一致，我省的就业形势总体稳定，城乡居民收入保持了较快增长，内需拉动明显，为消费稳定增长奠定了基础。

4. 复杂的国内外经济形势，使固定资产投资增速提升空间有限。从全国情况看，2012年全年固定资产投资增速为20.6%，增幅仅比前三

季度提高 0.1 个百分点，比上半年提高 0.2 个百分点，比一季度回落 0.3 个百分点。我省的情况也与全国趋势基本一致。投资增速的放缓，与企业投资扩张动力减弱、继续实施房地产调控政策、基建投资规模有所收缩等都有较密切的关系。

5. 有利与不利因素交织，使出口能够保持平稳增长。从 2012 年全国情况看，增速有所波动。一季度出口增速为 7.6%，上半年提升至 9.2%，前三季度回落至 7.4%，全年略有回升，为 7.9%。我省情况与全国情况基本一致。从影响出口的有利因素看，一是国家相关部门出台了做好出口退税和金融服务，提高贸易便利化水平的具体政策，有利于出口企业解决成本资金等方面的问题。二是 2012 年我省对美国、东盟及新兴市场的出口有了较大幅度的提高，弥补了对日本、香港地区出口下降带来的负面效应。从不利因素看，一是在国际环境日益复杂的背景下，外需不足的矛盾尚未得到根本缓解，出口企业订单不足的问题依然突出，特别是短单、小单多，长单、大单少的局面还将持续。二是贸易保护主义进一步加剧。在经济复苏没有明显起色的情况下，一些国家为缓解就业压力，对外采取关闭部分国内市场的办法，扶持本土产业，阻碍了正常的国际贸易活动。

近几年辽宁经济发展的实践表明，我省经济发展长期向好的基本面没有改变，实施振兴战略以来良好的发展态势没有改变。同时，国家新近制定的经济社会发展新思路将进一步激发改革开放和加快发展的热情，稳增长与调结构相结合的政策效果将进一步显现。

综上所述，2013 年全省经济运行能够继续保持健康发展态势，全年经济将恢复较快增长。工业生产能够稳固基础实现回升；投资结构继续改善，消费需求保持较快增长，出口形势进一步企稳回升；服务业占经济总量的比重有所提高，对经济增长的拉动作用有所增强，价格水平温和上涨；财政收入和城乡居民收入继续保持较快增长态势。

（撰稿人：张晶　辽宁省统计局局长）

鸟瞰（大连理工大学提供）

吉林省经济社会发展报告

2012年，面对复杂多变的国际国内经济环境，全省各个领域、各条战线在省委、省政府的正确领导下，坚持科学发展、突出吉林特色，全力推进“三化”建设，积极实施“三动”战略，克服各种困难，采取多种有效措施，实现了经济的稳定增长。总体上看，2012年全省经济继续在平稳较快增长的轨迹上前行，主要经济指标完成情况好于预期。

一、2012年全省经济经济运行总体情况

（一） 经济总量再上新台阶

初步核算，2012年全省实现地区生产总值（GDP）11937.82亿元，按可比价格计算，比上年增长12.0%，比当期全国平均增速高出4.2个百分点，增速居全国第10位。从增长趋势上看，全年全省地区生产总值的增长速度保持了相对平稳。

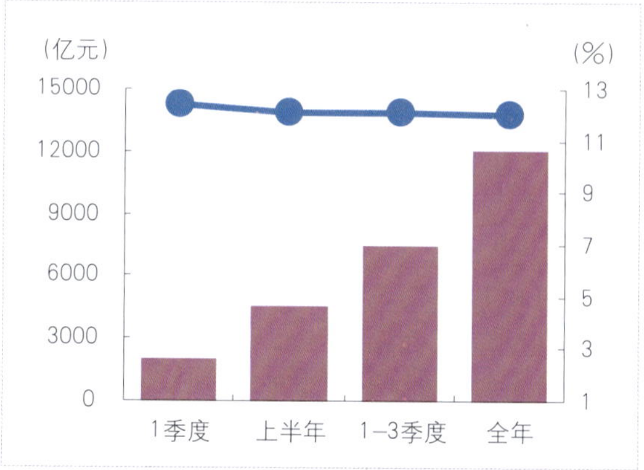

图1 2012年分季度全省地区生产总值及增速情况

分产业看，全年全省实现第一产业增加值1412.11亿元，同比增长5.3%，高出当期全国平均增速0.8个百分点；实现第二产业增加值6374.45亿元，增长14.0%，高出当期全国平均增速5.9个百分点；实现第三产业增加值4151.26亿元，增长11.0%，高出当期全国平均增速2.9个百分点。三次产业的结构比例为11.8：53.4：34.8，第一产业比重比上年同期降低0.3个百分点，第二产业比重提高 0.3个百分点，第三产业比重与上年持平。

从人均看，初步测算，全省人均GDP达到43412元，比上年增加4952元，按可比价计算同比增长11.9%，高于当期全国平均水平4.7个百分点。按2012年平均汇率折算，吉林省人均地区生产总值折合6877美元。

（二）粮食生产获得特大丰收，畜禽产业稳定发展

2012年全省粮食生产再创历史新高，总产量达到668.6亿斤，比上年增加34.4亿斤，增长5.4%，高于当期全国平均增幅2.2个百分点，总产量居全国第5位，比上年提升2位，增速居全国第6位。

2012年全省猪、牛、羊、禽出栏数量分别达到1625.3万头、296.4万头、324.3万只和41234.3万只，比上年同期分别增长9.8%、0.7%、4.3%和6.2%。2012年末，全省猪、牛、羊、禽存栏数量分别为1001.2万头、431.4万头、393.9万只和16282.1万只，比上年分别增长1.2%、1.8%、0.6%和6.4%。

（三）工业经济保持稳定增长，效益水平实现领先增长

2012年全省累计实现规模以上工业增加值5477.29亿元，按可比价格计算，同比增长14.1%，增速高于当期全国平均水平4.1个百分点。

全年工业经济运行的特点：

1.2012年全省工业生产呈现出稳定增长的

态势。从各月的增长情况看，一季度由于受到季节性影响，工业经济增长出现一些波动，此后基本稳定在14.0%左右的增速，之后全年各月规上工业经济增速的上下波动都没有超出0.1百分点。工业经济的稳定增长，对全省经济总量的稳定增长发挥了重要的作用。

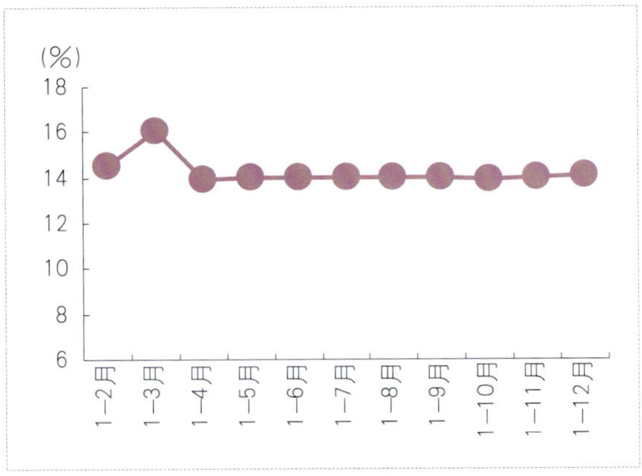

图2 2012年各月全省规模以上工业增加值增长速度情况

2. 轻工业实现快速增长。2012年全省规模以上工业经济中，轻工业的增加值增速绝大多数月份高于重工业的增速。全年全省轻工业实现增加值1562.46亿元，同比增长16.2%；重工业实现增加值3914.83亿元，增长13.3%。轻工业增速高于重工业2.9个百分点，轻重工业增加值之比为28.5：71.5。

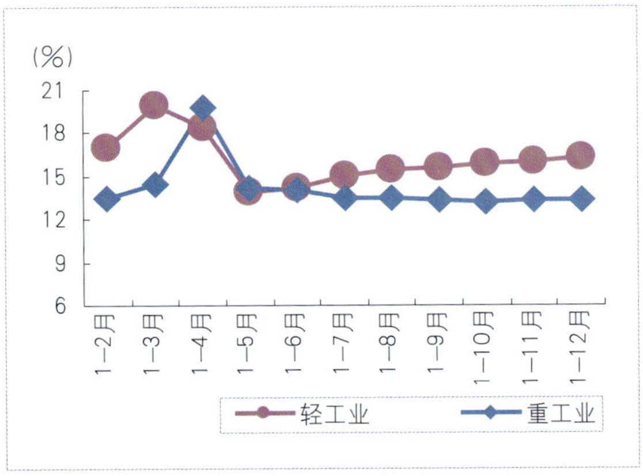

图3 2012年全省规上轻工业与重工业增加值增速比较

3. 重点行业稳健增长。一是汽车行业继续引领增长。2012年，全省汽车制造业实现增加值的增速达到16.0%，高于全部规模以上工业增速1.9个百分点，对全省工业经济增长的贡献率达到25.4%，占全部规上工业增加值的比重达到22.7%。二是食品行业稳居第二大支柱行业位置。2012年全省食品行业增加值增速达到17.3%，高于全部规上工业增速3.2个百分点，对全省工业经济增长的贡献率达到20.6%，占全部规上工业增加值的比重达到17.6%，比石油化工产业高出3.0个百分点，自2009年以来连续四年稳居第二大支柱产业的地位。三是医药行业增速继续加快。2012年下半年以来全省医药行业增加值增速连续回升，全年增速达到14.3%，比1—11月份提高1.2个百分点，四是冶金行业增速也实现反弹。全年冶金行业实现增加值的增速达到16.0%，高于全部规上工业增速1.9个百分点，其中 12月份当月增速达到28.2%，为年内最高。五是其他重点行业实现了稳定增长。纺织工业增长19.1%，石化工业增长9.7%，信息产业增长4.9%，能源工业增长0.6%。

4. 工业经济继续保持相对较高的效益水平。2012年，全省工业经济综合效益指数为349.79%，同比提高15.7个点。全省规上工业实现利税总额2144.64亿元，同比增长12.8%。其中实现利润总额达到1161.67亿元，增长7.9%，居全国第12位，高于当期全国平均水平2.6个百分点。

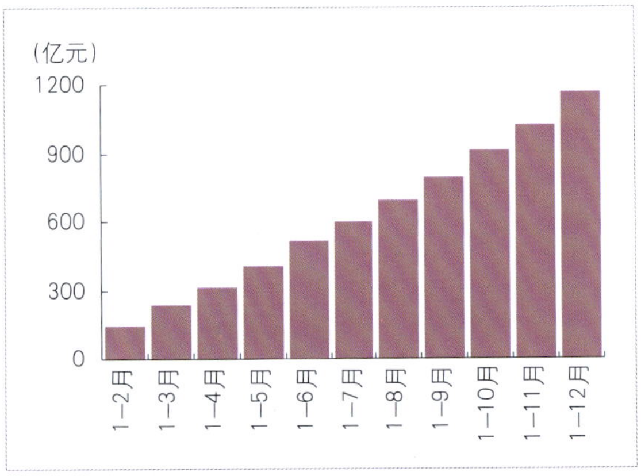

图4 2012年各月全省工业利润额实现情况

（四）固定资产投资保持高位平稳增长

2012年，全省实现全社会固定资产投资9711.40亿元，同比增长30.5%。其中，不含农户的固定资产投资为9462.09亿元，同比增长30.9%，高于当同期全国平均增速10.3个百分点，比辽宁和黑龙江两省增速分别高出7.4和0.6个百分点，增速居全国第3位，比上年前进7位。

从各月的投资情况看，2012年全省的固定资产投资保持了高位的平稳增长，各月的增长速度基本都保持在30%左右。

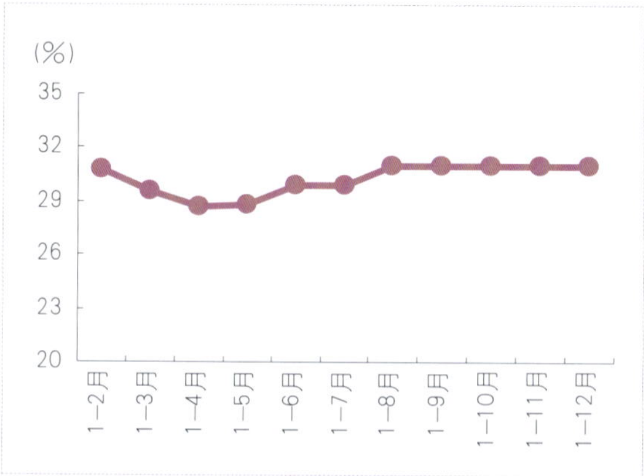

图5 2012年全省各月累计固定资产投资（不包括农户）增速

从产业情况看，不含农户的固定资产投资中第一、二、三产业分别完成投资227.09亿元、5232.53亿元和4002.47亿元，同比分别增长16.0%、30.4%和32.6%。

从投资主体看，全省累计完成民间投资6735.61亿元，同比增长33.3%，比全部投资的增速快2.4个百分点，占全部投资的比重达到71.2%，继续保持投资的绝对主导地位。

从项目情况看，2012年全省亿元以上项目完成投资3656.25亿元，同比增长37.0%，比全部投资的增速快了6.3个百分点；亿元以上项目个数达到1758个，同比增长32.9%。其中，亿元以上新开工项目1497个，增长73.3%；亿元以上新开工项目完成投资2597.63亿元，增长74.4%。大项目投资的高速增长，带动了全省固定资产投资的总体规模的不断扩张。

（五）社会消费需求稳定增长

2012年，全省实现社会消费品零售总额4772.94亿元，同比增长16.0 %，增速比前三季度提升0.2个百分点，比当期全国平均增速高出1.7个百分点，比辽宁和黑龙江两省分别高出0.3和0.1个百分点，增速居全国第2位，比上年前进20位。

其中限额以上企业实现消费品零售总额1960.23亿元，同比增长23.1%，高于当期全国平均增速8.5个百分点。从各月的情况看，上半年受经济形势的影响，增速呈波动中回落的状态；随着年中稳增长、鼓励消费各项政策的出台，和人民群众对经济形势预期的提升，下半年以来消费需求的增速呈现稳步回升的态势。

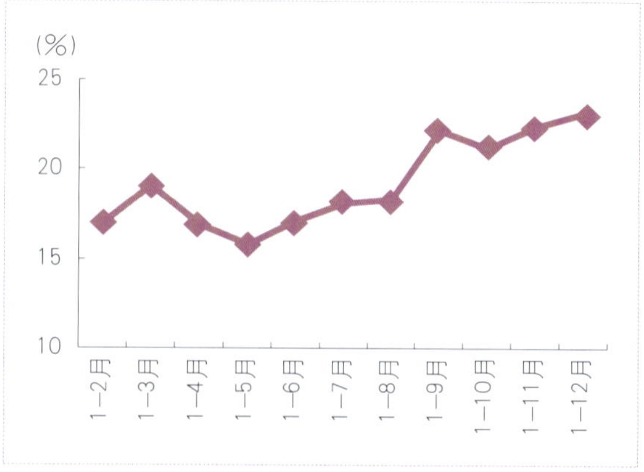

图6 2012年各月全省限额以上企业消费品零售额增速情况

从销售区域看，全年实现城镇社会消费品零售总额4236.15亿元，同比增长15.4%；实现乡村社会消费品零售总额536.79亿元，增长20.4%。乡村的零售额增速比城镇高出了5.0个百分点，继续保持着旺盛的增长势头。

从零售类值看， 2012年全省重点类别商品的零售额均保持了较快的增长势头，占零售额比重较大的粮油食品类、服装鞋帽纺织品类、金银珠宝类、日用品类、中西医药类零售额的增速分别达到35.0%、31.5%、41.2%、28.8%和35.6%。石油制品类和家电类销售额增速有所放缓，但也均保持了两位数以上的增长，增速分别为14.1%和10.5%。

（六）对外贸易稳步增长

2012年，受到国际国内经济形势的影响，全省对外贸易经受了严峻的考验。全年全省累计完成外贸进出口总值245.72亿美元，同比增长11.4%，高于当期全国平均增长水平5.2个百分点。其中，累计完成出口总值59.83亿美元，增长19.7%，高于当期全国平均增长水平11.8个百分点；累计完成进口总值185.89亿美元，增长8.9%，高于当期全国平均增长水平4.6个百分点。进口增长较快的是高新技术产品，完成进口额24.1亿美元，比上年增长49.5%；出口增长较快的是机电产品，完成出口额21.7亿美元，比上年增长40.6%。

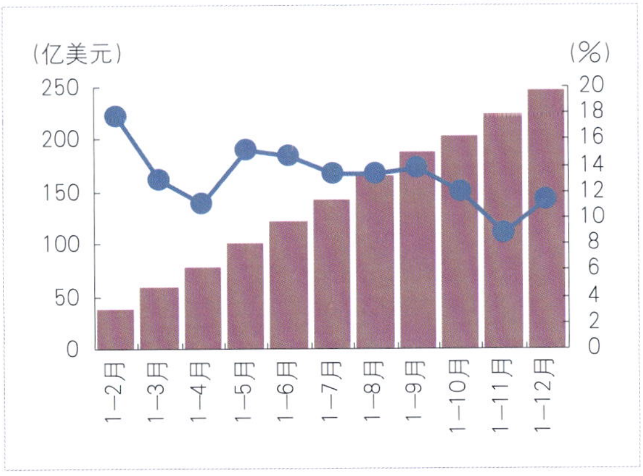

图7 2012年各月全省进出口总值及增速情况

（七）实际利用域外资金规模继续扩大

2012年，全省实际利用外资达到58.16亿美元，同比增长17.6%。其中，外商直接投资16.49亿美元，增长11.3%。全年域外资金实际到位3872.6亿元，增长23.6%，其中，实际利用外省资金3832.05亿元，比上年同期增加910.96亿元，增长31.2%。实际利用域外资金的较快增长，为加快吉林投资建设提供了有力的资金保障。

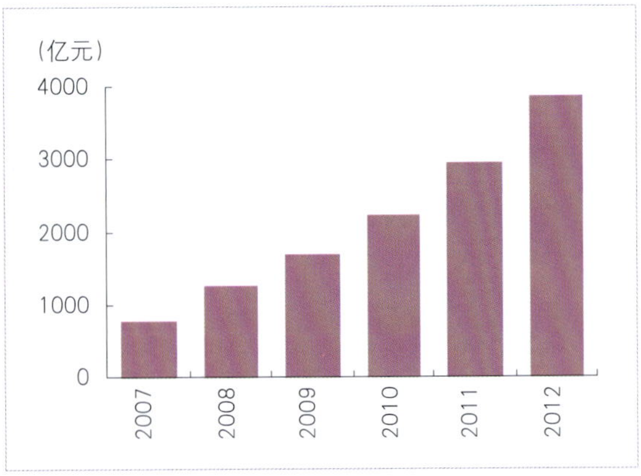

图8 近几年吉林省实际利用外省资金情况

（八）财政收入再上新台阶，民生支出力度进一步加大

2012年，全省累计完成公共预算全口径财政收入1910.2亿元，同比增收290.2亿元，增长17.9%。完成公共预算地方级财政收入1041.3亿元，首次跨上千亿元台阶，实现历史性突破，同比增收191.2亿元，增长22.5%。其中，实现税收收入760.6亿元，同比增收136.4亿元，增长21.8%。

2012年全省财政支出2471.2亿元，同比增支269.5亿元，增长12.2%。其中，用于民生方面的支出达到1936.7亿元，占全部财政支出的78.4%，自2007年以来连续6年将新增财力的70%用于民生。其中，全年教育支出451.1亿元，增长41.0%；住房保障支出145.2亿元，增长17.0%。

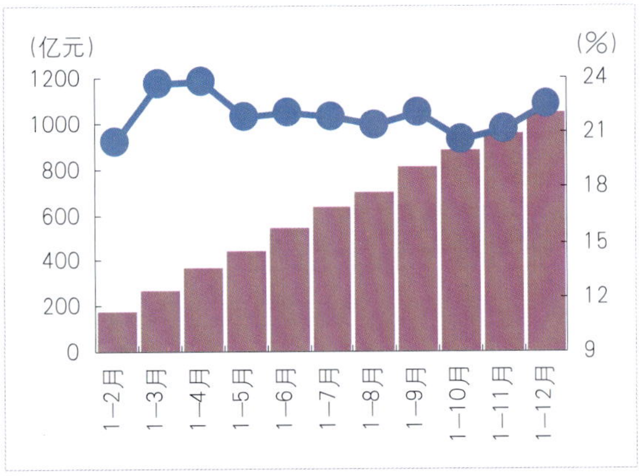

图9 2012年全省各月累计地方财政收入及增速情况

（九）金融业平稳运行

2012年末，全省境内金融机构本外币存款余额12812.13亿元，比年初净增加1850.90亿元；其中，居民储蓄存款余额6927.38亿元，比年初净增加1043.05亿元。金融机构本外币贷款余额9270.49亿元，比年初净增加1029.58亿元；其中，中长期贷款余额5649.44亿元，比年初净增加578.59亿元。

（十）消费价格涨幅变动相对平稳

2012 年，全省居民消费价格总水平累计上涨 2.5%，低于当期全国平均涨幅 0.1 个百分点。其中，食品类价格累计上涨 4.9%，仍然是全省物价上涨的主要推手。从各月的情况看，2012 年全省居民消费价格水平涨幅呈明显的回落态势。

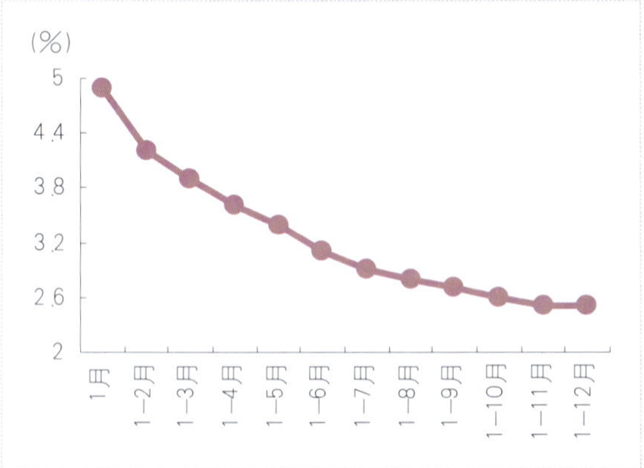

图 10　2012 年全省居民消费价格水平涨幅变动情况

2012 年，全省工业生产者出厂价格下降 0.9%，小于当期全国平均降幅 0.8 个百分点；工业生产者购进价格下降 0.7%，小于当期全国平均降幅 1.1 个百分点。

（十一）城乡居民收入稳定增长

伴随着全省经济的持续较快发展，城乡居民收入水平继续得到稳步提高。据国家统计局吉林调查总队的调查数据显示，2012 年全省城镇居民人均可支配收入达到 20208 元，同比增长 13.6%，高于当期全国平均增长水平 1.0 个百分点；

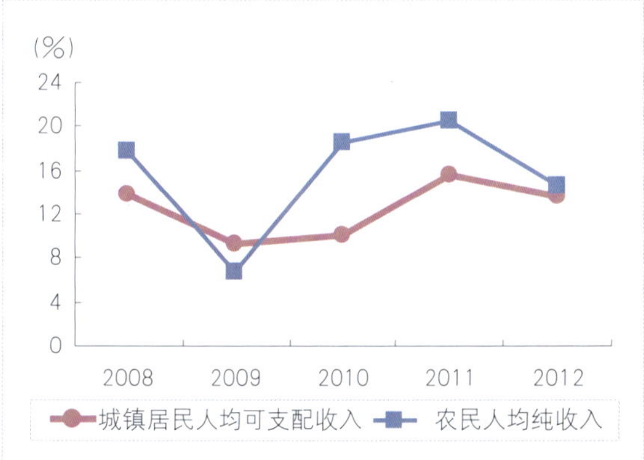

图 11　吉林省城镇居民人均可支配收入和农民人均纯收入增速对比

农民人均纯收入达到 8598 元，同比增长 14.5%，高于当期全国平均增长水平 1.0 个百分点。

（十二）促进就业成效明显

2012 年，全省城镇新增就业 59 万人，同比增长 6.8%；城镇登记失业率 3.65%，同比下降 0.05 个百分点；农村劳动力转移就业 378 万人，同比增长 2.0%，实现劳务收入 368 亿元，人均达到 2480 元，同比增长 17%；新发放小额担保贷款 13.3 亿元；全年素质培训劳动者 86 万人次；大学生登记就业率达到 90.9%。

二、2012 年全省经济运行特点

（一）主要经济指标增速显著高于当期全国平均水平，在区域经济中实现一枝独秀

表　全国和东北三省主要经济指标增速比较

单位：%

	地区生产总值（GDP）	粮食产量	规上工业增加值	规上工业利润	固定资产投资（不含农户）	社会消费品零售总额	进出口总值
全国	7.8	3.2	10.0	5.3	20.6	14.3	6.2
辽宁	9.5	1.7	9.9	5.2	23.5	15.7	8.3
黑龙江	10.0	3.4	10.5	−3.4	30.3	15.9	−1.8
吉林	12.0	5.4	14.1	7.9	30.9	16.0	11.4

2012 年吉林省主要经济指标增速均明显高于当期全国平均水平，地区生产总值（GDP）增速在全国居第 10 位；社会消费品零售总额增速在全国居第 2 位；固定资产投资增速在全国居第 3 位。

和同属东北地区的辽宁、黑龙江两省比较，吉林省的地区生产总值、粮食产量、规上工业增加值、规上工业利润、固定资产投资（不含农户）、社会

消费品零售总额、进出口总额等主要经济指标的增速均明显领先，实现了在区域经济中的一枝独秀。

吉林省能够处于区域领先地位，主要得益于经济结构更加适应市场变化，适应政策要求，与当前国家稳增长的宏观调整政策高度适应。特别是在工业经济中，吉林省的汽车、食品、医药等行业比重接近50%，这些行业的生产发展都适应市场的需求，而且受到当前国家稳增长政策的鼓励和扶持。2012年，吉林省汽车、食品、医药三大行业增加值累计增速超过15%，对工业经济增长的贡献率超过50%。

（二）总体经济站在相对平稳的增长平台上

2012年全年各月，吉林省的主要经济指标都保持了相对稳定的增长，基本处在地区生产总值增速12%、规上工业增加值增速14%、固定资产投资增速30%、社会消费品零售总额增速16%的稳定增长平台上，而且各月度间波幅相对平稳。在当前经济增长普遍面临诸多困难的情况下，吉林省仍然能够保持较好的发展势头，与近几年全省投资的积淀和经济实力的增强是密不可分的。经济实力的壮大，经济增长刚性的增强，确保了吉林经济能够顶住全国经济整体下行带来的巨大压力，保持平稳较快的增长。

（三）经济增长更加协调，可持续发展有保障

2012年吉林省地区生产总值增速在全国排名第9位，增速达到12.0%的相对较高增长水平，农业生产和工业生产的各项指标也都保持了较快的增长水平。同时，其他和经济发展有关的指标也都保持了较快的增长。一是效益水平向好。全年规模以上工业企业净利润增长7.9%，高于当期全国平均水平2.6个百分点；地方级财政收入增速达到22.5%，高于全国平均水平6.3个百分点。二是需求增长保持稳定快速。全年固定资产投资、社会消费品零售总额和出口总值的增速分别达到30.5%、16.0%和19.7%，分别居全国第3位、第2位和第13位。三是经济保障部门均实现快速增长。全年公路货运量和货物周转量分别增长19.9%和19.4%；全年实际利用外资和实际利用外省资金分别增长17.6%和31.2%；年末互联网接入用户较上一年增长16.7%；全年接待国内外旅游人次增长17.4%。各项发展指标的协调快速增长，为全省经济总量的可持续快速增长提供了有力的保障。

（四）民生指标增长快速，民生改善稳步推进

2012年全省各项和民生有关的指标也都保持了稳定快速的增长。一是民生支出力度不断加大。2012年全省财政支出中，用于民生方面的支出达到1936.7亿元，占全部财政支出的78.4%，连续6年将新增财力的70%用于民生，而且比重在不断的提高。二是城乡居民收入稳定快速增长。全年城镇居民人均可支配收入和农民人均纯收入分别增长13.6%和14.5%，都高于地区生产总值的增长水平。三是物价相对稳定。全年居民消费价格水平涨幅稳定在2.5%的相对较低水平。四是促进就业成效显著。全年全省城镇新增就业59万人，同比增长6.8%；城镇登记失业率3.65%，同比下降0.05个百分点，大学生就业和农村劳动力转移扎实稳步推进。

（撰稿人：冯巍 吉林省统计局局长）

黑龙江省经济社会发展报告

年初以来，面对全球经济增长放缓，国际市场需求萎缩，国内经济下行压力加大的严峻形势，省委、省政府坚持稳中求进的工作总基调，把稳增长放在更加重要的地位，坚定不移地推进“八大经济区”和“十大工程”建设，加快“十大重点产业”发展，全力构建现代产业体系，转变经济发展方式，宏观经济运行呈现缓中趋稳、稳中有进、结构优化、民生改善的良好态势。

一、宏观经济运行基本特点

（一）宏观经济运行稳中有进

2012年，受全球经济复苏乏力，以及全国经济增速回落的影响，黑龙江省宏观经济低速开局，经全省上下的共同努力，上半年企稳，下半年持续回升，与全国比较呈现率先企稳上行的运行格局。初步核算，全年地区生产总值实现13691.6亿元，比上年增长10%，高于全国平均水平2.2个百分点，连续11年保持两位数的增幅。

1. 粮食生产再获大丰收，第一产粮大省地位巩固。今年黑龙江省继续大力推进千亿斤粮食产能巩固提高工程，积极落实各项惠农政策，加之气象条件总体有利，积温、降水、日照相对适宜，种植结构调整和农业科技助推，粮食产量再创历史新高，达到1152.3亿斤，比上年增加38.2亿斤，增长3.4%，连续九年获得大丰收，全国第一产粮大省地位进一步巩固。其中，水稻434.2亿斤，增长5.3%；玉米577.6亿斤，增长7.9%。

2. 畜禽存栏回暖，产品产量增速加快。2012年，猪、牛、家禽年末存栏分别为1381.6万头、519.9万头、1.47亿只，比上年末分别增长1%、0.2%和6.9%，增速分别提高0.5、3、2.2个百分点。猪、牛、家禽出栏分别为1765.2万头、256万头、2.03亿只，比上年分别增长7.9%、1.3%和8.8%，增速分别提高5.8、1、5.9个百分点。禽蛋和牛奶产量分别为108.2万吨、559.9万吨，同比分别增长2.6%和3.1%，增速分别加快2.4和3.3个百分点。

3. 工业生产企稳回升，企业利税降幅收窄。2012年，受全球经济复苏乏力的影响，外需不振，企业订单减少，黑龙江省工业生产低速开局，1-2月规模以上工业增加值增幅只有6.9%，此后企稳，一路上升，全年规模以上工业增加值4759.9亿元，同比增长10.5%，分别比一季度、上半年和前三季度回升2.1、1.4和1个百分点，高于全国平均水平0.5个百分点，2009年之后增速首次超过全国。若扣除石油开采行业，全省规模以上工业增加值增长16.2%，排在全国前列。地方企业实现增加值2077.1亿元，比上年同期增长17.7%。

全省规模以上工业企业实现利税2497亿元，同比下降1.5%，降幅比前三季度缩小7.9个百分点，其中利润1201亿元，同比下降3.4%，降幅比前三季度缩小13.4个百分点。

（二）经济结构调整取得进展

1. 非公经济快速发展，稳定宏观经济增长。今年黑龙江省积极贯彻落实国务院关于扶持中小微型企业发展政策措施，大力推动中小微企业和非公经济快速发展。2012年，全省非公经济增加值增长14.1%，占GDP比重约51.3%。民间投资增长快，全年完成5561.2亿元，增长50.5%，快于固定资产投资增速20.4个百分点，占投资的比重比上年提高8个百分点。

2. 经济下行压力面前，新兴产业成为亮点。2012年，黑龙江省通过加大产学研合作力度，提高自主创新能力，搞好优势特色资源的精深加工，做优做强龙头企业，促进新能源、新材料、新型环保、生物产业、信息产业、现代装备制造业等六大战略性新兴产业的快速发展。六大战略性新兴产业实现增加值455.7亿元，同比增长

15.1%，高于全省规模以上工业增加值增速 4.6 个百分点，占全省规模以上工业增加值的 9.6%。

（三）经济发展内生动力增强

1. 产业项目建设带动作用显著，固定资产投资持续快速增长。2012 年，黑龙江省围绕“十大重点产业”加快项目建设，带动投资快速增长，全省完成全社会固定资产投资 96954 亿元，增长 29,7%。其中，固定资产投资（不含农户）9376.1亿元，增长30.1%，高于全国9.5个百分点。投资快速增长的主要支撑因素：一是产业项目建设带动力强。585 个省重点产业项目共完成投资 1501.2 亿元，占固定资产投资的 16%，比上年提高 3 个百分点。二是项目个数增加明显。全省施工项目 12109 个，增长 36.9%，其中新开工项目 9710 个，增长 35%。亿元以上施工项目 2463 个，比上年增加 790 个；完成投资 4351.6 亿元，增长 23.5%，拉动全省投资增长 11.5 个百分点。三是工业投资增长快。全省完成工业投资 4142.3 亿元，增长 40.1%。四是非国有投资贡献大。完成投资 5667.2 亿元，增长 48.6%，拉动投资增长 25.7 个百分点。

房地产开发投资增速放缓，房价涨幅缩小。2012 年，全省房地产开发投资 1535.8 亿元，比上年增长 26%，增速回落 18.6 个百分点。商品房销售面积 3806.8 万平方米，增长 12.1%，增速同比回落 12.8 个百分点。商品房平均销售价格 4067 元／平方米，比上年增长 1.7%，增速回落 5.9 个百分点。

2. 消费品市场企稳上扬，必需品和热点商品旺销。2012 年，黑龙江省认真贯彻落实扩大内需、改善民生的方针政策，着力扩大消费需求，不断完善消费环境，全省消费品市场在小幅波动中企稳上扬。各月累计增幅在 15.1%—15.9% 之间波动，自 9 月份以后，逐月提升，全年零售总额实现 5491 亿元，比上年增长 15.6%，高于全国平均水平 1.2 个百分点，连续六年保持 15% 以上的增幅。消费市场主要特点：一是限额以上企业引领作用增强。实现零售额 1904.8 亿元，增长 24.1%，占全部零售额的 34.9%，提高 3.7 个百分点。二是限额以上零售额中，刚性需求和消费升级类商品增长较快，“吃、穿”类商品零售额分别增长 37.1% 和 31.2%，家具类、通讯器材类、金银珠宝类和化妆品类零售额分别增长 60.8%、49.2%、25.8% 和 23.7%。三是受汽车购置税优惠政策取消的影响，汽车零售额增速放缓，增长 10%，增速同比回落 13.2 个百分点。

3. 对俄贸易继续增长，进出口降幅收窄。受世界经济复苏乏力，欧债危机持续，国际需求减少，贸易保护加剧等因素影响，外贸进出口下降。全年全省实现进出口总值 378.2 亿美元，同比下降 1.8%。进出口总值各月累计增幅从年初一路下探，至 8 月份达到最低点，此后筑底，12 月回升，降幅比最低点缩小 8.3 个百分点。出口 144.4 亿美元，下降 18.3%；进口 233.9 亿美元，增长 12.2%。主要特点：一是一般贸易下降，边境小额贸易平稳增长。全省一般贸易额 274.7 亿美元，比上年下降 7.2%；边境小额贸易额 78.2 亿美元，增长 21.3%。二是对俄贸易保持增长。全年实现对俄进出口 213.1 亿美元，增长 12.2%。

（四）经济发展环境不断改善

1. 财政收支增速减缓，重点支出得到保障。2012 年，全省地方财政收入、公共财政收入分别为 1630 亿元、1163.2 亿元，增幅分别为 0.6% 和 16.6%，均比上年回落。地方财政支出 3696.2 亿元，比上年同期增长 8.8%，同比回落 17.5 个百分点。其中，公共财政支出 3171.5 亿元，增长 13.5%。教育、农林水事务、住房保障事务、公共安全、社会保障和就业等重点支出分别增长 45.7%、20.9%、19.4%、19.2% 和 16.9%，分别完成预算的 138.2%、145.1%、163.4%、116.2% 和 113.3%。

2. 各项存款增量创历史同期最高，贷款支持重点领域及实体经济发展。截至 2012 年末，全省本外币各项存款余额 14416.4 亿元，增长 14.7%，同比提高 3.6 个百分点，连续五年保持两位数增长。全年新增各项存款 2125.1 亿元，比上年同期多增 681.7 亿元。全省金融机构本外币各项贷款余额10259.9亿元，同比增长17.1%，连续5年增幅达到15%以上。贷款积极支持重点领域及实体经济发展。截至11月末，全省中小微企业贷款3365.1亿元，当年新增484.2亿元，占全省新增贷款的32.3%；本外币涉农贷款3769.9亿元，当年新增464.0亿元，同比多增42.6亿元。

3. 招商引资力度大，利用外资增势好。2012年，黑龙江省突出产业发展吸引力，创新招商引资方式，围绕“八大经济区”、“十大工程”以及“十大重点产业”战略部署，成功举办了香港、广东、浙江三地重大经贸合作交流等大型招商引资活动，取得明显成效。全年实际利用外资39.9亿美元，增长15.5%，其中实际利用外商直接投资39亿美元，增长20.1%。主要特点：一是“十大重点产业”是引资的主要领域，实际利用外资额占全省的76%。二是第二产业是引资亮点，增长36.6%，占全省实际利用外资的71.2%，同比提高8.6个百分点。三是香港是外资的主要来源地。香港投资22.3亿美元，占全省实际利用外资的57.2%。英属维尔京群岛、新加坡、韩国和美国居二到五位，分别投资2.9亿美元、2.8亿美元、2.3亿美元和2亿美元。

4. 市场物价稳中有降，通胀压力显著缓解。2012年，居民消费价格（CPI）比上年上涨3.2%，涨幅同比回落2.6个百分点。2012年食品类价格涨幅同比回落6.9个百分点，但是仍然达到5.5%，拉动CPI上涨1.81个百分点，是拉动居民消费价格总水平上涨的主要因素。八大类消费价格呈“六升二降”。“六升”：食品价格上涨5.5%，烟酒价格上涨3.0%，衣着价格上涨2.8%，家庭设备及维修服务价格上涨1.7%，医疗保健和个人用品价格上涨2.5%，居住价格上涨3.9%；“二降”：交通和通信价格下降0.5%，娱乐教育文化用品及服务价格下降0.1%。工业生产者出厂价格同比持平，涨幅同比回落12个百分点，12月份同比下降1.5%，环比下降0.7%。工业生产者购进价格同比下降1.2%，涨幅同比回落12.3个百分点，12月份同比下降2.2%，环比下降0.1%。

（五）区域经济协调快速发展

1. 区域板块较为活跃，市地经济协调发展。今年，黑龙江省深入推进“八大经济区”和“十大工程”建设，区域经济发展协调性增强。1—12月份，牡丹江、佳木斯、鸡西、鹤岗、双鸭山等东部煤电化基地规模以上工业增加值增幅快于全省平均水平11.6—12.8个百分点。从消费市场看，全年各市地消费品零售总额增幅均在15%以上，增幅最高与最低相差1.1个百分点。从投资看，全年各市地固定资产投资增幅均在30%以上。

2. 县域经济不断壮大，发展速度超过全省。前三季度，县域主要指标均快于全省平均增速，县域地区生产总值增长16%，增幅高于上年同期0.1个百分点，高于全省平均水平5.6个百分点；县域工业增加值增长23.3%，县域工业增加值占县域地区生产总值的36.5%，同比提高1.4个百分点；县域固定资产投资增长33.6%，高于全省平均水平3.6个百分点，占全省总量的38.7%，所占比重同比提高1.1个百分点。县域城镇居民人均可支配收入增长18.5%，增幅比全省平均水平高4.8个百分点。

（六）居民生活水平持续提升

1. 城乡收入稳定增长，居民共享发展成果。2012年，全省城镇居民人均可支配收入17760元，比上年增长13.1%。工资性收入是城镇居民收入的主要来源。城镇居民工资性收入增长14.3%，所占比重达60.4%；转移性收入增长10.3%，所占比重为29.7%；经营性收入增长13.1%；财产性收入增长31.7%。城镇居民人均消费性支出12984元，增长7.7%。全省农村居民人均纯收入8604元，比上年增长13.3%。

2. 城镇从业人员数量增加，城镇登记失业率稳中有降。到12月末，全省城镇新增就业72.5万人，完成年计划的120%；下岗失业人员再就业55.7万人，完成年计划的111%；城镇登记失业率为4.17%，比上年末降低0.21个百分点，低于年度控制目标0.43个百分点。

3. 保障房建设力度不减，连续5年居全国第一。2012年黑龙江省把建设保障性安居工程作为惠民行动的重中之重，大规模推进保障性安居工程建设和农村泥草房改造，让全省更多的城乡居民得到实惠。全年确定了52万套保障房开工目标，截至11月末，开工54.6万套，连续5年居全国第一位。

二、经济运行面临的主要问题

总的看，黑龙江省经济发展的基本面良好，经济发展处于企稳回升的态势，但回升的基础尚待巩固，仍然面临一些急需克服的困难。

1. *工业企业生产面临困境*。工业企业生产面临的困难主要有：一是世界经济低迷，全球贸易循环恶化，外需减弱，新出口订单收缩。二是全国工业增速回落。2012年，我国规上工业增加值增长10%，比上年回落3.9个百分点。三是央企增速慢。2012年，全省98户央企实现工业增加值2682.8亿元，占全省56.4%，比上年同期增长5.7%，低于全省增长速度4.8个百分点，影响全省增速2.9个百分点。四是石油开采和石油加工业增速慢。石油开采业增加值增长3.1%，低于全省平均水平7.4个百分点，影响全省增速3.2个百分点。石油加工业增加值下降0.6%，低于全省平均水平11.1个百分点，影响全省增速0.7个百分点。五是工业大市增速回落。2012年，增加值总量占全省的51.5%的大庆、哈尔滨市增速分别为9.5%、10%，分别比上年同期回落0.6和4个百分点，分别影响全省增速0.3、0.4个百分点。齐齐哈尔的增速为9.5%，低于上年9个百分点，影响全省增速0.5个百分点。

2. *经济发展效益尚需提升*。2012年，黑龙江省经济效益和质量不尽理想，主要表现为：一是规模以上工业效益负增长。由于企业订单减少，人力成本上升，工业品出厂价格大幅回落等原因的影响，工业效益下滑。从10月份以后，工业利税降幅有所收窄，但全年仍同比下降1.5%；全省规模以上工业企业亏损企业亏损额173.7亿元，同比增长29%。部分企业市场销售不畅，库存增加，年末全省规模以上工业企业产成品资金占用额470.2亿元，增长12.6%；应收账款1067.7亿元，增长20.2%。产品销售率为97.7%，同比下降1.9个百分点。二是财政收入增幅大幅度回落。全省地方财政收入、公共财政收入增幅分别为0.6%和16.6%，分别比上年低31.9和15.4个百分点。增幅回落主要影响因素：全年全省土地出让收入减少164.9亿元，下降33%；受土地量减价降影响，契税减收10.4亿元，下降19.6%；企业效益下滑，国内增值税下降0.4%；国家实施提高工薪所得费用扣除标准政策，个人所得税下降16.6%，减收5.7亿元。

3. *对外贸易仍然面临困难*。全年全省进出口总值378.2亿美元，同比下降1.8%，增幅回落52.7个百分点。导致全省进出口萎缩的主要原因：一是世界经济复苏乏力，欧债危机持续，国际需求减少，贸易保护加剧。前10个月，日本的进出口仅仅增长了1.1%，欧盟的进出口下降了2.1%。2012年，在传统主要贸易伙伴中，对俄贸易保持增长，实现进出口213.1亿美元，增长12.2%，而对美国、欧盟、日本、韩国进出口分别下降38.3%、33.3%、18%和9.5%。二是原油进口拉动力减弱。全省原油进口额增幅由上年同期的4倍回落到15.8%，对进出口的拉动力由44.6个百分点，下降到2012年的5.8个百分点。三是"俄白哈关税同盟"成立和俄罗斯贸易政策影响。"俄白哈关税同盟"的成立，产生了由新疆取道哈萨克斯坦进入俄罗斯的"灰色通关"渠道，分流了黑龙江省对俄出口。同时，俄罗斯关税的变化、对劳务合作的限制等也对黑龙江省对俄贸易产生了影响。四是全国经济增长减速抑制进口。2012年全国GDP增速比上年回落1.5个百分点，企业外购原材料需求减少，黑龙江省原木、铁矿砂、锯材、纸浆等商品进口不同程度下降。五是从出口商品看，传统大宗商品出口下降。服装、塑料制品、箱包、钢材、家具、灯具、肥料、蔬菜、医药品、玻璃制品、陶瓷等出口份额较大的商品出口额比上年下降18.8亿美元，下拉进出口增幅4.9个百分点。

三、2013年展望

2013年是全面贯彻落实十八大精神的开局

之年，是实施“十二五”规划承前启后的关键一年，也是为全面建成小康社会奠定坚实基础的重要一年，黑龙江省经济发展面临的形势依然错综复杂，机遇与挑战并存。

（一）有利因素

从国际看：一是世界经济在2013年将会继续复苏，联合国预计2013年全球总产出可以增长2.4%，高于2012年2.2%的增幅，发展中国家预计增长5.1%，高于2012年4.7%的增幅。二是发达国家实施再制造业化战略，以互联网、新能源为代表的第三次工业革命正在兴起；三是全球化趋势不会中断。虽然金融危机后世界上对全球化有各种反对的声音，但迄今为止，全球主要经济体的政治、经济格局未发生颠覆性变化，全球化仍是趋势。

从国内看：一是国家加快推进城镇化，有序推进农业转移人口市民化，将带动投资和消费的快速增长，为加快发展带来机遇。二是国家鼓励东部地区向中西部地区进行产业转移，深化分工合作，有利于黑龙江省充分利用东部地区的长处弥补自身发展的短板。三是国家支持东北重大装备研发制造，为黑龙江省装备制造业振兴取得突破创造了条件。四是国家加强东北地区粮食综合生产能力建设，继续巩固、完善、加强各项支农惠农政策，把发展现代农业作为推进社会主义新农村建设的着力点，为我们建设农业强省带来机遇。五是国家坚持以节约能源资源和保护生态环境为切入点，积极促进产业结构优化升级，为黑龙江省发挥资源环境优势，实现绿色发展带来机遇。六是深化国有企业改革，加快行政管理、投资、财税体制等改革，将为经济发展营造更加有利的环境，增添新动力。

（二）不利因素

从国际看，2013年国际经济形势依然错综复杂、充满变数，世界经济低速增长态势仍将延续，欧元区经济和债务危机进一步恶化的可能性仍然存在，美国的“财政悬崖”问题若不能有效克服，将导致美国经济衰退，各种形式的保护主义明显抬头，潜在通胀和资产泡沫的压力加大。从国内看，随着我国要素价格上升，部分商品出口竞争力开始下降。国际、国内供给冲击或货币宽松将推动物价上涨， PPI的逐步回升，也将部分传导到CPI。

（撰稿人：李玉涛 黑龙江省统计局局长）

哈尔滨工程大学31号教学楼瑞雪红门（哈尔滨工程大学提供）

上海市经济社会发展报告

2012 年，面对严峻复杂的外部环境和内在结构调整的双重挑战，上海牢牢把握“稳中求进”总基调，紧紧围绕创新驱动、转型发展的要求，全市总体经济运行呈现逐步企稳态势，经济发展转型取得积极成效。展望 2013 年，外部发展环境仍难有根本性好转，经济回升动力仍待继续巩固，但转型发展将继续深化，新的经济增长点将逐步有所显现，总体经济运行将砥砺前行。

一、经济运行平稳有序，三产比重达到新高度

2012 年上海市地区生产总值达到 20101.33 亿元，按可比价格计算比上年增长 7.5%。从季度增速走势看，一季度增长 7%，上半年增长 7.2%，前三季度增长 7.4%，全年增长 7.5%，呈现稳步回升的走势，在经济转型和结构调整中实现了平稳增长，确属不易。从发展水平看，按常住人口计算的人均地区生产总值达到 85033 元，在全国各省市中继续保持领先水平。同时，经济增长的质量效益总体保持平稳，全年完成地方财政收入 3743.71 亿元，比上年增长 9.2%，与经济基本保持了同步增长。

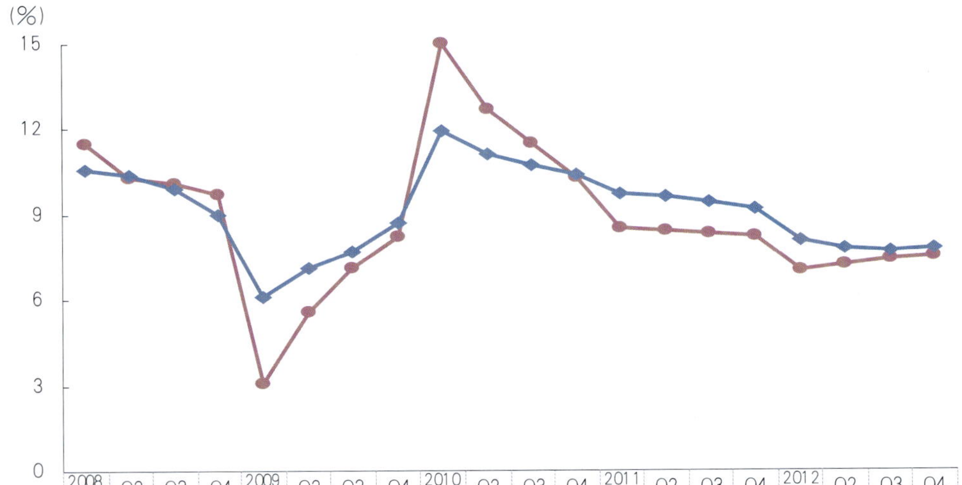

	2008 Q1	Q2	Q3	Q4	2009 Q1	Q2	Q3	Q4	2010 Q1	Q2	Q3	Q4	2011 Q1	Q2	Q3	Q4	2012 Q1	Q2	Q3	Q4
上海	11.5	10.3	10.1	9.7	3.1	5.6	7.1	8.2	15.0	12.7	11.5	10.3	8.5	8.4	8.3	8.2	7.0	7.2	7.4	7.5
全国	10.6	10.4	9.9	9.0	6.1	7.1	7.7	8.7	11.9	11.1	10.7	10.4	9.7	9.6	9.4	9.2	8.1	7.8	7.7	7.8

图 1　2008 年以来上海与全国经济增长趋势（季度累计）

继续加快形成以服务经济为主的产业结构，第三产业对经济增长的贡献不断增强。2012 年全市第三产业实现增加值 12060.76 亿元，比上年增长 10.6%，占全市生产总值的比重首次达到 60%，对全市经济增长贡献达到 82.7%。从主要行业看，信息传输、计算机服务和软件业增加值比上年增长 16.5%，金融业增加值比上年增长 12.6%，批发和零售业增加值比上年增长 11.5%。

二、转型效应继续显现，结构调整显现新进展

2012 年，上海继续按照中央“四个率先”

的要求，转变经济发展方式继续取得积极进展。

需求结构向消费、投资和出口协调拉动转变，消费增长快于投资，投资结构继续优化。2012 年全市实现商品销售总额 5.38 万亿元，比上年增长 16.8%；实现社会消费品零售总额 7412.3 亿元，比上年增长 8.8%，均快于全社会固定资产投资 3.1% 的增速。在市场销售中，网上商店实现零售额 238.59 亿元，增长 75.5%。在固定资产投资中，第三产业投资 3949.04 亿元，占全社会固定资产投资总额的比重达到 75.2%。

产业结构继续优化，重点产业发展稳中有进。在第三产业中，现代服务业、新兴服务业等发展态势良好。服务产业融合发展与新型服务业态成为重要增长点，电子商务、现代航运服务业和战略性新兴产业等加快增长。2012 年全市战略性新兴服务业总产出 2508.45 亿元，增长 7.5%；经济

	2010 Q1	Q2	Q3	Q4	2011 Q1	Q2	Q3	Q4	2012 Q1	Q2	Q3	Q4
社会消费品零售总额	16.6	17.5	17.6	17.5	12.9	11.5	11.6	12.3	10.6	9.4	9.1	9
全社会固定资产投资	18.3	2.2	-7.4	0.8	-8.1	-5.8	-2.2	0.3	-2.8	4.5	5.2	3.7
外贸出口	26.2	33.5	31.7	27.4	19.9	17.7	17.5	16	3.1	2.7	-0.1	-1.4

图 2　2008 年以来上海与全国经济增长趋势（季度累计）

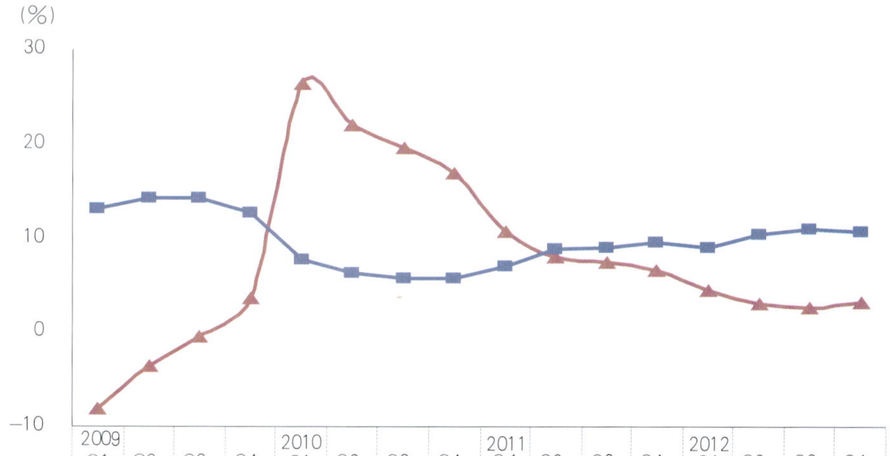

	2009 Q1	Q2	Q3	Q4	2010 Q1	Q2	Q3	Q4	2011 Q1	Q2	Q3	Q4	2012 Q1	Q2	Q3	Q4
第二产业	-8.1	-3.6	-0.6	3.5	26.3	21.9	19.5	16.8	10.7	8.0	7.4	6.5	4.4	3.0	2.6	3.1
第三产业	13.1	14.2	14.1	12.6	7.7	6.2	5.7	5.7	7.0	8.8	8.9	9.5	8.9	10.3	10.9	11

图 3　上海二、三产业增加值增长趋势（季度累计）

增长对房地产业的依赖进一步减弱，房地产业增加值占第三产业的比重从上年的 9.2% 下降到 9%。在第二产业中，制造业升级加快。加工型劳动密集型产业和高载能行业继续转移调整。全年电子信息产品制造业产值比上年下降 3.2%，成套设备制造业下降 4.7%。五大高载能行业仅增长 0.6%，增幅比上年回落 0.5 个百分点。战略性新兴产业制造业产值占全市工业产值的比重达到 22.8%。

三、中心建设顺利推进，服务功能取得新突破

国际金融中心资源配置功能进一步增强。金融机构继续集聚。至年末，全市各类金融单位达到 1124 家，年内新增 136 家。其中，在沪经营性外资金融单位数达到 208 家，外资金融机构代表处 210 家。金融市场功能持续增强。2012 年，上海证券交易所各类有价证券成交金额 54.75 万亿元，增长 20.4%。上海期货交易所各品种总成交金额 89.2 万亿元，增长 2.6%。中国金融期货交易所总成交金额 75.84 万亿元，增长 73.3%。全国银行间货币和债券市场成交金额 263.63 万亿元，增长 34.1%。金融创新步伐加快，又一批新的金融产品成功推出。

国际航运中心服务功能进一步提升。主要业务量指标继续稳居世界前列。2012 年，上海港口货物吞吐量达到 7.36 亿吨，连续第八年居全球第一；港口国际集装箱吞吐量 3252.94 万国际标准箱，连续第三年居全球第一，集装箱水水中转比例达到 42.8%；浦东、虹桥两大国际机场全年共起降航班 59.67 万架次，进出港旅客达到 7870.84 万人次。浦东机场货邮吞吐量连续第五年居全球第三。

国际贸易中心集聚辐射效应进一步显现。2012 年，上海制定出台了推进国际贸易中心建设条例，商务部与上海部市合作机制进一步深化。一批展示交易中心、国别商品中心以及技术标准服务中心建成运营或正式开业。在商品销售总额和社会消费品零售总额保持稳步增长的同时，完成电子商务交易额 7815 亿元，比上年增长 41.9%；上海关区进出口总额达到 8013.1 亿美元，占全国的五分之一。服务贸易继续保持较快增长，跨境人民币结算额突破 4800 亿美元。

四、改革开放不断深化，对外开放呈现新局面

浦东经济继续保持较快增长。2012 年，浦

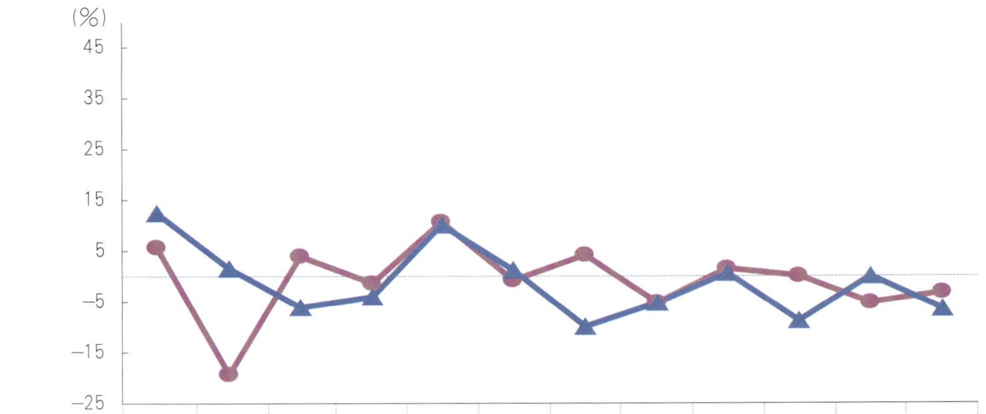

	2011.12	2012.1	3	4	5	6	7	8	9	10	11	12
进口	5.7	–19.4	3.8	–1.6	10.7	–0.8	4.2	–5.2	1.6	0.1	–5.3	–3.2
出口	12.4	1.6	–6.2	–4.1	10	1.1	–9.9	–5.3	0.7	–8.7	0	–6.4

图 4　进出口总额当月同比增幅走势

东新区实现增加值5929.91亿元，比上年增长10.1%。全年引进跨国公司地区总部22家，累计达193家。金桥出口加工区生产性服务业营业收入达到2092.46亿元，增长2.2倍。浦东综合配套改革试点深入推进，融资租赁业务创新试点等重大改革事项有序开展。至年末，拥有第三方支付许可企业20家，小额贷款公司16家，融资性担保机构13家。全年引进股权投资企业及其管理机构344家，累计达1128家。

贯彻落实国家和上海鼓励引导民间投资、支持中小微企业健康发展的各项政策，大力优化非公有制经济发展环境。2012年，上海非公有制经济增加值10159.34亿元，比上年增长8.4%，占全市生产总值的比重由上年的50.1%提高到50.5%。其中，私营及个体经济增加值4883.73亿元，增长8.8%，占全市生产总值的比重达到24.3%。

对外贸易增长方式继续显现积极转变。2012年上海对外贸易结构趋于优化，具体表现在，一是外贸进口增长快于出口。全年全市进口增长1%，出口则下降1.4%。二是一般贸易出口增长快于加工贸易。一般贸易出口增长2.3%，加工贸易出口下降6.9%。三是对新兴市场进出口快于传统市场，对东盟和中东进出口分别增长6%和4%，增幅高于全市平均水平。

利用外资态势良好。2012年批准外商直接投资合同项目4043项；合同金额223.38亿美元，比上年增长11.1%；实际到位金额151.85亿美元，增长20.5%，其中第三产业实际到位金额126.79亿美元，增长21.6%，占全市实际利用外资的比重达到83.5%。全年批准总投资在1000万美元以上的外商直接投资项目286项，合同金额194.49亿美元。至年末，在上海投资的国家和地区已达154个。至年末，在上海落户的跨国公司地区总部达到403家，投资性公司265家，外资研发中心351家。

五、智慧城市加快建设，创新能力实现新提升

智慧城市建设深入推进。2012年全市实现信息产业增加值2030.24亿元，比上年增长12.4%，增速快于全市经济4.9个百分点，占全市生产总值的比重超过10%。其中，信息服务业增加值1233.79亿元，增长17.5%。软件产业全年实现经营收入2085.76亿元，经营收入超亿元的软件企业248家；电信传输服务业662.89亿元；互联网信息服务业642.85亿元。信息基础建设稳步推进，新增光纤到户能力覆盖家庭数超过280万，实际光纤用户超过250万；下一代广播电视网（NGB）覆盖家庭400万，增加200万；互联网用户达1750万人，普及率为73.5%；无线局域网场点增加5000个，达到17000个；国际、国内互联网出口带宽分别达到550Gbps、2400Gbps；数字电视用户增加120万户，达386万户；交互式网络电视（IPTV）用户增加25万户，达178万户。

科技创新能力进一步提升。2012年全市用于研究与试验发展（R&D）经费支出635亿元，相当于全市生产总值的比例为3.16%，继续呈现稳步提升的态势。全年受理发明专利申请量37139件，比上年增长15.5%。发明专利授权量11379件，增长24.2%。国家级创新型企业达到15家，国家级创新型试点企业19家，市级创新型企业达到500家。至年末，共认定高新技术成果转化项目8545项。其中年内认定714项。在年内认定的高新技术成果转化项目中，电子信息、生物医药、新材料等重点领域项目占87.7%；100%的项目拥有自主知识产权。

六、生态环境持续改善，城市运行涌现新变化

扎实推进生态文明建设，环境保护取得新成效。2012年全市用于环境保护的资金投入570.49亿元，相当于上海市生产总值的比例达到2.8%。全年环境空气质量优良率（API）达到93.7%，比上年提高1.4个百分点。生活垃圾无害化处理率达到91.4%，比上年提高3.8个百分点，新建绿地1037.9公顷。其中，公共绿地513.35公顷。到年末，全市建成区绿化覆盖率

（闫涵摄）

达到 38.3%。造林 1168 公顷。森林覆盖率达到 12.58%。

继续完善长效管理机制，城市运行总体上安全有序。2012 年全市对 6952 个在建项目进行了检查，立案查处各类案件 1098 件，共有 1218 家企业被清出建筑市场。食品安全行政处罚立案 11798 起，年抽检样品数达到 8 件 / 千人，总体合格率达到 94%。全年发生道路交通、工矿商贸、火灾、铁路交通、农业机械生产安全事故 7045 起，死亡人数比上年下降 3.4%。亿元生产总值生产安全事故死亡率为 0.06，比上年继续下降。

七、社会事业稳步发展，民生保障出现新亮点

各项社会事业稳步推进，基本公共服务功能不断增强。继续加快建设国家教育综合改革试验区。2012 年全市普通高校毕业生数持续扩大，九年义务教育入学率保持在 99.9% 以上，共有 53.8 万随迁子女在义务教育阶段学校就读，高中阶段新生入学率达 96%。医疗卫生体制改革取得阶段性成果。出台基本公共卫生服务项目和重大公共卫生服务项目实施意见，全市 113.7 万农民参加农村合作医疗保险，参合率达 99%，实现了应保尽保。文化、体育事业继续蓬勃发展。

城乡居民收入实际增速双双超过经济增速。2012 年城市居民家庭人均年可支配收入 40188 元，比上年增长 10.9%，扣除价格因素，实际增长 7.9%；农村居民家庭人均年可支配收入 17804 元，增长 11.2%，扣除价格因素，实际增长 8.2%。城镇最低生活保障标准从上年的每人每月 505 元提高到 570 元，农村最低生活保障标准从每人每年 4320 元提高到 5160 元。最低工资从 1280 元提高到 1450 元。

人民生活水平不断提高。2012 年城市居民人均年消费支出 26253 元，其中服务性消费支出占比达到 30.3%；农村居民人均年生活消费支出 11971.5 元。至年末，平均每百户城市居民家庭拥有家用轿车 20 辆，家用空调 207 台，移动电话 239 部，家用电脑 144 台；平均每百户农村居民家庭拥有家用汽车 14 辆，彩电 190 台，洗衣机 90 台，移动电话 200 部，家用空调 136 台，家用电脑 49 台。

“四位一体”住房保障体系进一步完善。2012 年全市新开工建设和筹措各类保障性住房 16.7 万套，1292 万平方米，竣工 9.75 万套、687 万平方米。至年末，城镇居民人均住房建筑面积 33.9 平方米，折合人均住房居住面积 17.3 平方米。居民住宅成套率达到 96.3%。

砥砺奋进克难关，东方风来满眼春。2013 年，上海将继续全面贯彻落实中央精神，以中国特色社会主义理论为指导，紧紧围绕创新驱动、转型发展，以提高经济增长质量和效益为中心，稳中求进、开拓创新，按照“五个着力”的要求，努力实现经济持续健康发展和社会和谐稳定，努力当好全国改革开放排头兵和科学发展先行者。

（撰稿人：王建平 上海市统计局局长）

江苏省经济社会发展报告

2012年，全省上下牢牢把握主题主线和稳中求进的工作总基调，积极应对国际经济形势严峻和国内经济下行压力加大的挑战，统筹推进稳增长、控物价、调结构、惠民生、抓改革、促和谐各项工作，经济运行呈现稳中有进的态势，增速总体平稳，质量稳步提升，结构不断优化，民生继续改善，物价涨幅回落，在“两个率先”征程上迈出了新步伐。

一、2012年主要指标实现新突破

全省经济在加快转型升级中平稳较快发展，一些反映科学发展水平的重要指标实现了新突破。

——经济总量突破5万亿元：继2008年、2010年全省生产总值分别突破3万亿元、4万亿元后，2012年突破5万亿元大关，达到5.4万亿元，比上年增长10%。

——人均GDP突破1万美元：全省人均生产总值达到68347元，按当年汇率折算为10827美元，列全国各省区第一，标志着全省经济社会发展进入了一个新的重要阶段。

——公共财政预算收入超过5800亿元：全省公共财政预算收入5861亿元，比上年增长13.8%。税收收入占公共财政预算收入比重达到81.6%，比上年提高1.5个百分点。

——粮食总产量实现“九连增”：全年粮食总产量达3372.5万吨，比上年增加64.7万吨。

——R&D经费支出占GDP比重达2.3%：预计全省R&D经费支出达到1230亿元，占GDP比重达2.3%，比上年提高0.1个百分点。

——固定资产投资突破3万亿元：全年社会固定资产投资达3.1万亿元，比上年增长15.4%。

——社会消费品零售总额突破1.8万亿元：全省社会消费品零售总额达18331.3亿元，比上年增长14.7%。

——进出口总额超过5400亿美元：全年实现进出口总额达5481亿美元，比上年增长1.5%；其中出口总额突破3200亿美元，达3285亿美元，增长5.1%。

——高新技术产业产值和战略性新兴产业销售收入均突破4万亿元：预计全年高新技术产业产值达4.5万亿元，比上年增长17.3%；战略性新兴产业销售收入达40416亿元，比上年增长18%。

——城乡居民收入分别超过2.9万元和1.2万元：全年城镇居民人均可支配收入达29677元，比上年增长12.7%；农村居民人均纯收入达12202元，增长12.9%。

二、2012年经济运行的基本特征

（一）三次产业稳定发展，实体经济基础扎实

农业基础地位得到巩固。全省认真落实各项强农惠农政策，及时足额发放补贴资金，加快农业现代化建设，农业生产条件进一步改善。全年全省粮食总产3372.5万吨，比上年增加64.7万吨，增长2%，实现建国以来首次“九连增”；粮食单产421.3公斤，比上年增加6.7公斤，再创历史新高，因单产提高增加的粮食总产占增产总量的83%。畜牧业生产稳定发展，全年生猪累计出栏3043.1万头，增长5.7%；年末存栏1792.7万头，同比增长2.7%。全年家禽出栏8.9亿只，增长5.3%；年末存栏3.6亿只，增长3.7%。现代农业发展势头良好。2012年，全省设施农业面积达960万亩，占耕地面积比重达13.9%；高标准农田面积3202万亩，占耕地面积比重达46.5%；适度规模经营比重将超过50%，高效农

业整体发展水平位居全国前列。

工业生产稳定增长。全年规模以上工业增加值 26606 亿元，比上年增长 12.6%。民营工业拉动明显，规上民营工业增加值 13448.6 亿元，同比增长 17.7%，比规上工业高出 5.1 个百分点；“三资”工业增加值 10134.3 亿元，增长 7.9%。40 个工业大类行业产值均实现增长，其中 30% 行业产值增速超 20%，50% 行业产值增速较前三季度有所提升，电子、化工、电气、钢铁、通用设备、纺织等重点行业实现产值比前三季度分别提升 1.5 个、1 个、1.5 个、0.9 个、1.3 个、0.9 个百分点。多数产品产量实现增长，列统的 411 种工业产品中，55.7% 产品产量同比实现增长。多数产品产量实现增长，列统的 411 种工业产品中，55.7% 产品产量同比实现增长，47.4% 产品产量增幅较上半年回升。工业用电量企稳回升，全年工业用电量增长 5.2%，比 1—11 月提高 0.5 个百分点，其中 12 月份工业用电量同比增长 11.1%，比 11 月份提高 1.6 个百分点。工业利润逐月改善并实现正增长。全年规模以上工业企业实现主营业务收入 117774.3 亿元、利税 11214.2 亿元、利润 6881.8 亿元，同比分别增长 11%、9.1% 和 5.8%。在 40 个工业大类行业中，29 个行业利润同比增长，11 个行业利润同比下降。

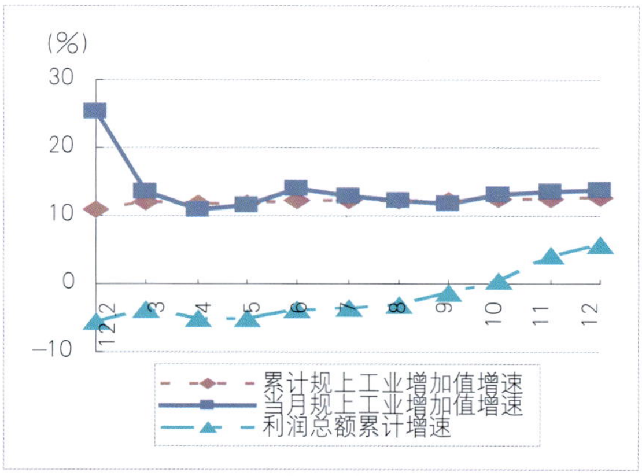

图 1　2012 年规模以上工业增加值、利润同比增速

服务业发展较快。全年全省服务业增加值 23676 亿元，占 GDP 比重达到 43.8%，比上年提高 1.1 个百分点。全年服务业税收总额 3934.4 亿元，同比增长 13.9%，高于税收收入合计增速 4.7 个百分点。服务业税收占国地税收入合计的比重为 45.2%，比上年提高 1.8 个百分点。交通运输生产稳健增长。铁路客运量完成 1.2 亿人次，增长 10.9%；公路客运量 25.5 亿人次，增长 8.4%；公路货运量 15.4 亿吨，增长 9.2%；水路货运量 5.9 亿吨，同比增长 8.6%。2012 年年底，全省服务外包企业登记单位数有 6524 家；全年完成离岸服务外包合同额 118.5 亿美元，同比增长 53.6%；离岸服务外包执行额 97.8 亿美元，同比增长 53.3%。

（二）投资消费较快增长，内需动力有所增强

全年全社会固定资产投资 32087.7 亿元，比上年增长 20.2%；完成固定资产投资（不含农户）31707.2 亿元，增长 20.5%。民间投资持续快增、比重上升。全年民间投资 21293.5 亿元，比上年增长 22.6%，增速比全部投资高 2.1 个百分点；占投资总量的比重为 67.2%，同比提高 1.2 个百分点。投资结构有所改善。第一、第二、第三产业完成投资分别增长 31.6%、19.5%、21.5%，占全省投资总量的 0.6%、52.5% 和 46.9%。第二产业投资中，工业投资 16559.4 亿元，增长 20.4%。服务业投资较快增长。全年服务业投资增长 21.4%，在 15 个服务业行业中，投资保持增长的有 14 个，其中金融业增长 77.4%、租赁和商务服务业增长 73.2%、文化、体育和娱乐业增长 63.6%、信息传输计算机服务和软件业增长 50.3%。新开工项目进展良好。全省新开工项目 29654 个，同比增长 12.4%；计划总投资 26956.7 亿元，增长 21.6%；完成投资 16656.2 亿元，增长 29.7%。其中亿元新开工项目 4332 个，增长 25.3%；计划总投资 17064.9 亿元，增长 22.6%；完成投资 7931.5 亿元，增长 36.7%。房地产市场运行总体稳定。全年房地产开发投资完成 6206.1 亿元，增长 11.5%。全省商品房销售面积 9019.2 万平方米，比上年增长 13.2%。

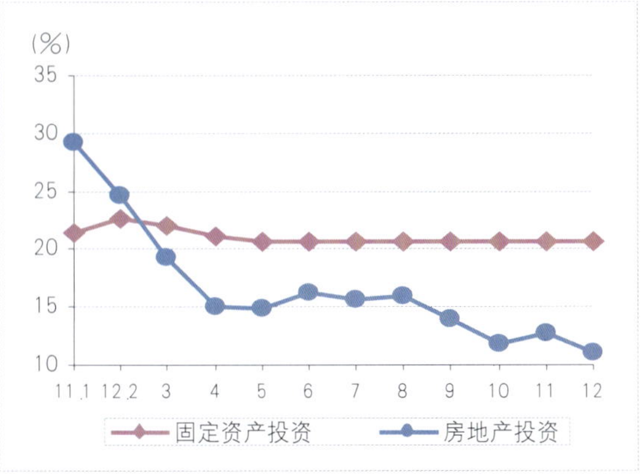

图 2　2012 年固定资产投资及房地产投资同比累计增速

全年实现社会消费品零售总额 18215.3 亿元，比上年增长 15%。按消费形态分，批发和零售业实现零售额 16448.8 亿元，同比增长 14.9%，占消费品零售总额的 90.3%；住宿和餐饮业实现零售额 1766.5 亿元，增长 16.1%，占全省消费品零售总额的 9.7%。按经营单位所在地分，全年城镇市场实现零售额 16373.3 亿元，占社会消费品零售总额的 89.9%；乡村市场实现零售额 1842 亿元，占社会消费品零售额的 10.1%。主要消费品零售额保持较快增速。限上批零企业吃、穿类商品零售额保持较快增长，分别实现零售额 1134.1 亿元和 841.6 亿元，增长 20.1% 和 17.6%。文化及娱乐需求类增势强劲，书报杂志、电子出版物及音像制品和通讯器材类分别实现零售额 111.4 亿元、11.2 亿元和 150.4 亿元，分别增长 42.5%、29.3% 和 33.6%；建筑及装潢材料、家具和五金电料类分别实现零售额 362.5 亿元、124.5 亿元和 92.1 亿元，分别增长 35.3%、34.1% 和 28.5%；汽车和石油及制品类实现零售额 2389.5 亿元和 956.2 亿元，分别增长 11.7% 和 12.1%，比 2012 年上半年分别提高 1.5 个和 0.4 个百分点。

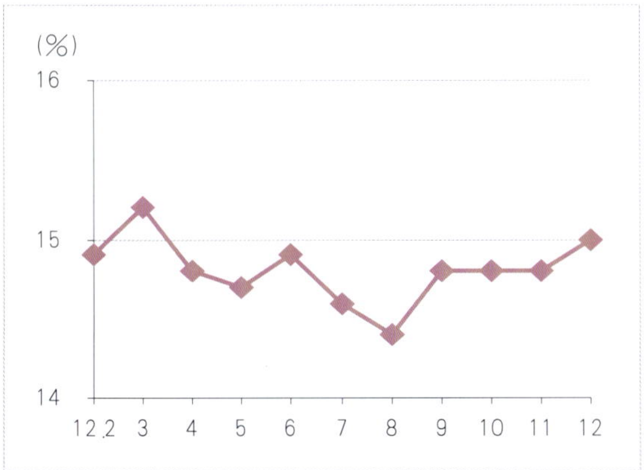

图 3　2012 年社会消费品零售额同比累计增速

（三）对外贸易保持增长，开放型经济稳步发展

对外贸易在攻坚克难中规模继续扩大。全年实现进出口总额 5480.7 亿美元，比上年增长 1.5%。其中，出口 3285.4 亿美元，增长 5.1%；进口 2195.6 亿美元，下降 3.3%。12 月份，全省进出口总额 518.5 亿美元，同比增长 4.6%，其中出口 318.9 亿美元，增长 14.4%；进口 199.6 亿美元，下降 6%。全年机电产品出口总额 2175.1 亿美元，同比增长 4.7%；高新技术产品出口总额 1315.6 亿美元，增长 1.6%。一般贸易增速快于加工贸易。全年实现一般贸易进出口总额 2192.8 亿美元，同比增长 2.3%；加工贸易同比下降 7.5%。私营企业进出口保持快速增长。全年私营企业实现进出口总额 1318.3 亿美元，同比增长 37.7%，增速快于国有和外商投资企业 34.9 个和 44.8 个百分点。对新兴市场出口增长较快。全年江苏对俄罗斯、拉美、东盟、非洲等新兴市场出口分别比上年增长 13.6%、13.3%、17.6% 和 22.6%。

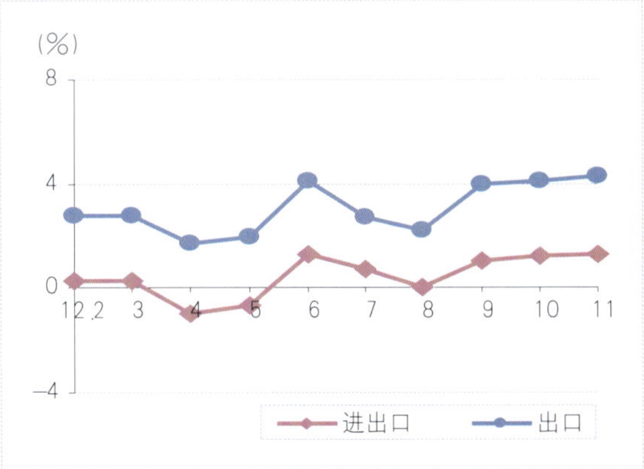

图 4　2012 年进出口、出口同比累计增速

吸引外资规模继续保持全国领先。全年新批外商投资企业 4156 家，新批协议外资 571.4 亿美元；实际到账外资 357.6 亿美元，比上年增长 11.3%。开发区建设取得新进展。全省开发区

完成进出口总额4368亿美元，其中出口2557亿美元，分别增长6.9%和10.1%，占全省总量的79.7%和77.8%；实际到账外资281亿美元，增长15.6%，占全省总量的78.6%。

"走出去"步伐加快。全年新批境外投资项目数572个，增长13.3%；境外投资中方协议投资额50.5亿美元，增长40.1%。全年新签对外承包工程合同额72亿美元，增长21%；新签对外承包工程完成营业额64.7亿美元，增长7.9%；劳务人员实际收入总额7.7亿美元，增长5.2%。

（四）创新能力持续增强，转型升级步伐加快

创新驱动战略成效明显。《中国区域创新能力报告2012》显示，江苏区域创新能力再次摘取桂冠，连续四年蝉联"全国创新能力最强的地区"。全年研发投入达到1230亿元，占GDP比重达2.3%。全年专利申请量47.3万件，发明专利申请量11万件，同比分别增长36.7%和30%。全年授权专利27万件，发明专利授权数为1.6万件，同比增长35%和46.2%。2012年，全省科技进步贡献率达56.5%。

新兴产业和高新技术产业加快发展。制定出台"十二五"战略性新兴产业发展规划和十大战略性新兴产业发展推进方案，设立专项资金和创业投资引导资金，新兴产业保持较快增长。预计全年战略性新兴产业销售收入40416亿元，比上年增长18%。其中，医药及生物技术产业、节能和环保产业、新一代信息技术和软件业、物联网和云计算等行业销售收入增长较快。预计全年高新技术产业产值达4.5万亿元，比上年增长17.3%，占规模以上工业产值比重达37%以上。

区域发展更趋协调。三大区域主要经济指标保持稳定增长，苏北和沿海地区主要经济指标增幅继续高于全省平均水平。2012年，苏南、苏中、苏北地区生产总值分别增长10.8%、12%和13%，苏北比全省平均高2.9个百分点；规上工业增加值增长9.3%、14.3%、17.7%，苏北比全省高5.1个百分点；固定资产投资增长19%、21.2%、23.2%，苏北比全省高2.7个百分点；进出口总额增长0.6%、-0.4%、24.5%，苏北比全省高23个百分点；出口总额增长3.9%、3.3%、32%，苏北比全省高26.9个百分点；公共财政预算收入增长10.6%、8.3%、17.1%，苏北比全省高3.3个百分点。全年沿海地区生产总值、规上工业增加值、工业用电量、固定资产投资、公共财政预算收入分别增长12.3%、15.9%、11.8%、22%、14.4%，比全省高2.2个、3.3个、6.6个、1.5个和0.6个百分点。

（五）财政收入持续增长，金融市场运行平稳

财政收入增长较快。全年公共财政预算收入5860.7亿元，比上年增长13.8%，其中税收收入4782.6亿元，增长16%。税收收入中，营业税收入1659.7亿元，同比增长31.7%，增幅比2011年提高8.5个百分点；增值税和企业所得税由年初负增长，逐季提高到全年最高，增速分别达5.8%和2%。个人所得税比2011年下降5.7%。非税收入增势回落明显。全年全省公共财政预算收入中非税收入同比增长5.3%，增幅比2011年回落28.2个百分点。

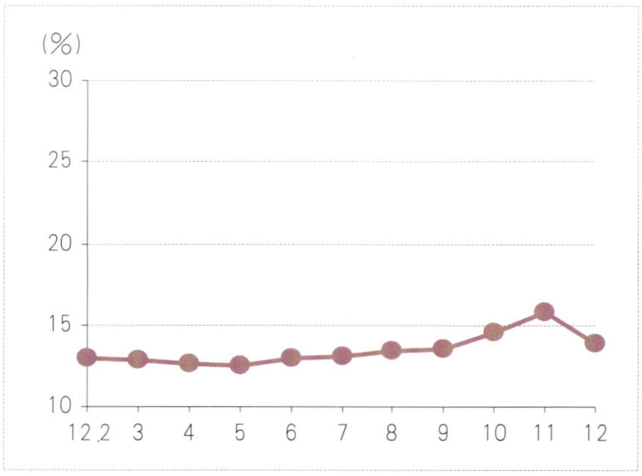

图5　2012年公共财政预算收入同比累计增速

金融机构存贷款规模较快增长。12月末，全省人民币存款余额75481.5亿元，同比增长14.8%，增速比2011年提高3.4个百分点。新增人民币存款9761.8亿元，同比多增3031亿元。12月末，全省人民币贷款余额54412.3亿元，同比增长13.7%，比2011年提高0.1个百分点。全年新增人民币贷款6550.7亿元，同比多增

759.1 亿元。

（六）物价水平总体稳定，民生质量持续改善

全年居民消费价格同比上涨 2.6%，涨幅同比回落 2.7 个百分点。其中，城市上涨 2.6%，农村上涨 2.6%。分类别看，食品上涨 4.7%，烟酒上涨 3.9%，衣着上涨 3.6%，家庭设备用品及维修服务上涨 3.6%，医疗保健和个人用品上涨 1.3%，交通和通信下跌 0.2%，娱乐教育文化用品及服务下跌 0.1%，居住上涨 2.4%。在食品价格中，粮食上涨 2.3%，油脂上涨 4.2%，肉禽及其制品上涨 2.5%，鲜菜上涨 10.1%，水产品上涨 8.4%，蛋下降 3%。12 月份，全省居民消费价格同比上涨 2.4%，涨幅比 11 月份提高 0.3 个百分点。全年工业生产者出厂价格、购进价格分别下跌 2.9%、4.2%。12 月份，全省居民消费价格同比上涨 2.4%，涨幅比 11 月份提高 0.3 个百分点。全年工业生产者出厂价格、购进价格分别下跌 2.9%、4.2%。

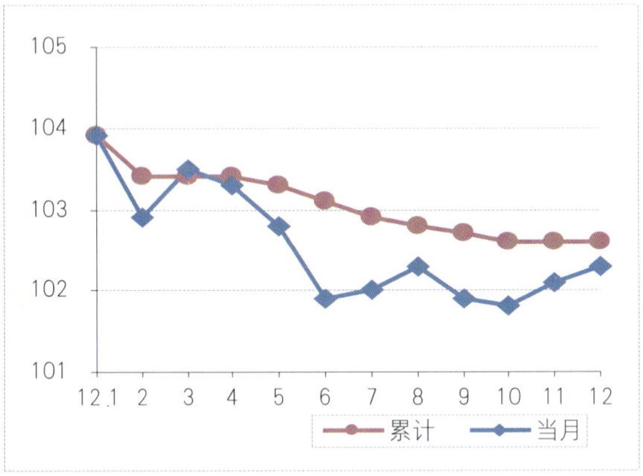

图 6　2012 年居民消费价格同比指数变动情况

全省以实施居民收入倍增计划为核心，以完善终身教育、就业服务、社会保障、基本医疗卫生、住房保障、养老服务体系为重点，加快推进民生幸福工程，统筹推进各项民生事业，大力增加居民收入特别是中低收入者收入，居民生活质量明显提升。2012 年年末城镇登记失业率 3.14%，控制在 4% 的年度计划预期目标内，“城镇零就业家庭”、“农村零转移家庭”保持动态为零，城乡居民主要险种参保率均在 95% 以上。全年城镇居民人均可支配收入为 29677 元，比上年名义增长 12.7%。居民人均家庭总收入中，工资性收入 19602 元，增长 13.2%；经营净收入 3422 元，增长 13.1%；财产性收入 690 元，增长 3.4%；转移性收入 8805 元，增长 10.6%。全年城镇居民人均可支配收入中位数 25979 元，同比名义增长 16.1%。按城镇居民五等份收入分组，低收入组人均可支配收入 12362 元，中等偏下收入组人均可支配收入 19404 元，中等收入组人均可支配收入 25402 元，中等偏上收入组人均可支配收入 34220 元，高收入组人均可支配收入 59319 元。农村居民人均纯收入为 12202 元，比上年名义增长 12.9%。其中，工资性收入 6475 元，增长 12.7%；家庭经营收入 4181 元，增长 10.6%；财产性收入 562 元，增长 18%；转移性收入 984 元，增长 22.9%。全年农村居民人均纯收入中位数 10396 元，同比名义增长 13%。按农村居民五等份收入分组，低收入组人均纯收入 3860 元，中等偏下收入组人均纯收入 7293 元，中等收入组人均纯收入 10680 元，中等偏上收入组人均纯收入 15291 元，高收入组人均纯收入 27072 元。全年城镇居民人均生活消费支出 18825 元，增长 12.2%，其中食品支出占人均生活消费支出的比重为 35.4%；农村居民人均生活消费支出 8655 元，增长 12.5%，其中食品支出占人均生活消费支出的比重为 37.4%。

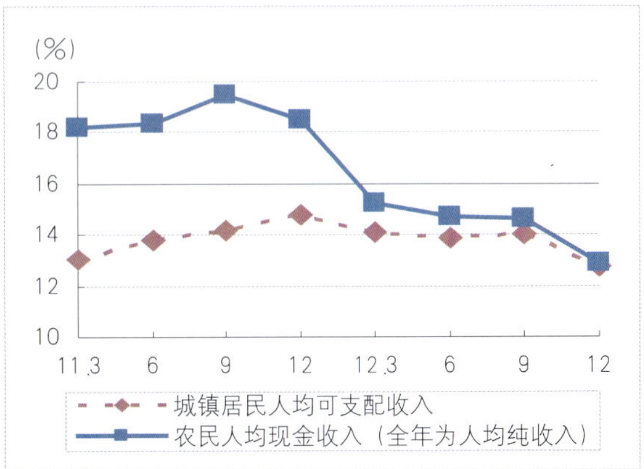

图 7　2011 年以来城乡居民收入同比累计增速

总体上看，2012 年全省经济运行呈现积极向好态势，但当前经济回暖的基础尚不稳固，仍存在一些突出的问题和矛盾。一是经济结构性矛盾仍然突出，产业结构有待进一步优化，自主创

沉毅广场（南京工业大学提供）

新能力需要进一步增强，企业经营环境有待进一步改善，推动经济转型升级任务艰巨。二是发展的协调性需要继续增强，城乡二元结构仍然是制约发展的突出问题，区域协调发展水平有待进一步提高。三民生事业有待加强，公共资源配置还不够合理，公共服务体系还不够完善，尤其是农村保障的水平仍需进一步提高。四是生态文明建设压力仍然存在，部分高耗能行业投资较快增长，节能减排压力较大，环境保护力度有待进一步加强。

三、2013 年全省经济走势

今年是全面贯彻落实十八大精神的开局之年，是实施“十二五”规划承前启后的关键一年。当前，全球经济出现温和回升迹象，美国和部分新兴经济体保持了向好态势，全球通胀压力减弱，国际金融市场趋于好转。但世界大部分国家实体经济仍不活跃，欧债危机的解决仍充满不确定性，日本经济复苏进程仍然困难重重，世界经济中的不稳定不确定因素依然众多。这对经济外向度比较高的江苏来说，既面临很大的压力，也蕴藏着新的机遇。从省内情况看，全省坚持稳中求进总基调，更大力度落实培育发展战略性新兴产业、推进重大项目建设、加快服务业发展、稳定外贸出口、加强科技创新、推进区域协调发展、促进民生改善等方面的政策措施，各项政策效应将继续显现。

综合判断，2013 年全省经济运行有望实现平稳开局，稳中有进的态势将进一步巩固。

（撰稿人：徐 劼 江苏省统计局局长）

科技创新大楼（南京工业大学提供）

浙江省经济社会发展报告

2012年，浙江深入贯彻落实科学发展观，深入实施“八八战略”和“创业富民、创新强省”总战略，围绕建设物质富裕精神富有的现代化浙江目标，面对严峻复杂的外部环境和困难挑战，坚持“稳中求进、转中求好”的工作基调，千方百计促发展，坚定不移抓转型，尽心尽力惠民生，全省经济在加快转型升级中实现平稳增长，民生不断改善，社会和谐进步，年初确定的预期目标基本实现。

一、经济运行回升向好

2012年，浙江生产总值34606亿元，比上年增长8%，其中，一、二、三产增加值分别为1670、17312和15624亿元，增长2%、7.3%和9.3%。三次产业比例由上年的4.9 ∶ 51.2 ∶ 43.9调整为4.8 ∶ 50.0 ∶ 45.2，三产比重比上年提高1.3个百分点。人均GDP为63266元，约合10022美元，增长7.7%。

1. 经济企稳回升。2011年下半年以来，经济增速逐月下滑，特别是2012年1-2月回落幅度加大，规模以上工业增加值仅增长2.9%，同比回落9.6个百分点，一季度GDP增长7.1%，为2009年下半年以来的新低。省委、省政府及时出台了一系列稳增长的政策措施，加大了强工业、扩投资、拓市场、促外贸等工作力度，着力改善发展环境，全省上下齐心协力、攻坚克难，取得了明显成效。经济运行呈现二季度止滑企稳，三、四季度小幅回升向上的态势，GDP增速回升至上半年的7.4%、前三季度的7.7%和全年的8%，从一季度低于全国1个百分点到全年比全国高0.2个百分点。1-2月与全年相比，规模以上工业增加值同比增速由2.9%回升至7.1%，；工业利润月度增速从9月份开始转降为升（9-12月利润分别增长2.2%、7.5%、18.3%、16.2%），累计降幅由30.8%缩小至6.1%；固定资产投资增速由15.3%加快至21.4%，商品房销售额由下降51.3%转为增长22.7%，销售面积由下降51.3%转为增长13.4%；社会消费品零售总额实际增速由8.5%回升至11.4%；规模以上工业出口交货值由下降2%转为增长1.3%；货运周转量由下降0.4%转为增长6.4%。地方财政收入、存贷款等指标在二季度加速下行之后也出现趋稳回升态势。地方财政收入增长9.2%，增速比上半年回升4.8个百分点；金融机构本外币贷款同比少增额由上半年的481减少到全年的215亿元。企业景气回升。四季度，企业家信心指数和企业景气指数分别为117.2和124.7，比三季度提高5.9和2.1个点。

2. “四大国家战略举措”获批实施和“四大建设”取得积极进展。浙江海洋经济发展示范区、舟山群岛新区、义乌国际贸易综合改革试点、温州金融综合改革试验区等“四大国家战略举措”相继获批实施。2012年，预计全省海洋经济生产总值4850亿元，增速快于GDP，占GDP的14%以上。舟山市GDP比上年增长10.2%，高于全省平均2.2个百分点，增速列丽水之后居11个市的并列第二位；进出口总额153.6亿美元，增长15.8%，其中出口92.2亿美元，增长23.4%。义乌市出口90.1亿美元，比上年增长1.5倍；义乌中国小商品城市场成交额达580亿元，增长12.6%。

大产业大平台大企业大项目“四大建设”扎实推进。产业集聚区发展较好地引领全省经济集约发展、集聚发展，高端装备制造业、新材料、新能源和现代服务业快速发展，主要经济发展指标增速均高于全省平均水平。14个省级产业集聚区重点规划区内已投产“四上”企业2779家，企业户均资产2.1亿元，比上年增长16.6%，新增投产世界500强企业9家、大型企业21家；实现生产总值1257亿元，比上年增长26.6%；工业总产值4103亿元，增长12.7%，战略性新兴产业所占比重为29.4%，提高2.6个百分点；服务业营业收入1640亿元，增长30.2%；固定资产投资1790亿元，增长47.5%；实现利税总额483.9亿元，增长24.5%，其中利润总额346.1亿元，增长27.9%；科技经费支出88亿元，增长38.2%。全省企业数稳定增长，一批企业做大做强。2012年末，全省有各类市场主体346.9万户，比上年净增26.2万户，其中，在册企业92.6万户，比上年增长6.4%，私营企业77.5万户，增长7.8%；个体工商户249.8万户，增长8.6%。全年已有超过3000户个体户转型为企业。企业集团有2527户。投资新项目推进力度加大。2012年，全省新开工固定资产投资项目2.3万个，比上年增长29.1%，新开工项目投资增长30.4%，占投资总额的35.5%。浙商回归和对外投资步伐明显加快。2012年，浙商回归新引进项目1426个，累计到位资金1298亿元，比上年增长43%。新批外商投资企业1597家，投资总额366.4亿美元，合同外资210.7亿美元，实际外资130.7亿美元，合同和实际外资分别增长2.4%和12.0%。全年经审批和核准的境外企业和机构共计634家，投资总额47.5亿美元，增长27.2%，中方投资额39亿美元，增长13%。

3. 结构调整取得新进展。一是战略性新兴产业、高新技术产业和装备制造业成为工业经济发展的新增长点，民间投资、工业和制造业投资快速增长。2012年，战略性新兴产业增加值比上年增长9.2%，拉动规模以上工业增长2.1个百分点，占规模以上工业的比重为23.2%，比上年提高0.2个百分点。高新技术产业和装备制造业增加值分别增长9.9%和6.9%，比重上升至24.1%和32.7%。在固定资产投资总额中，民间投资增长22.5%，占61.9%，比重比上年提高0.6个百分点。工业和制造业投资分别增长16.9%和17.3%。二是服务业发展较快，新兴业态发展势头良好。2012年，第三产业增加值比上年增长9.3%，拉动GDP增长4.1个百分点，增长贡献率达51.1%。其中，批发和零售、住宿和餐饮、金融业增加值分别增长10.3%、11.9%和9.7%。限额以上交通、信息、商务、科技、文化、居民服务及其他服务业企业营业收入比上年增长13.3%，营业利润增长12.2%，其中，淘宝公司营业收入和营业利润分别增长102.3%和134.8%。服务业投资比上年增长24.1%，占全省投资总额的63.6%。全省实现国际旅游（外汇）收入51.5亿美元，比上年增长13.4%，国内旅游收入4475.8亿元人民币，增长18.2%。组织出境游客160.6万人次，增长26.7%。三是农业和粮食生产保持稳定，高效生态农业发展势头良好。2012年，全省粮食播种面积1251.6千公顷，比上年略减0.2%，粮食总产量和单产分别为783.5万吨和6260公斤／公顷，比上年分别增长0.2%和0.5%。花卉苗木播种面积比上年增长5.8%，茶叶总产量增长1%。农业组织化程度为53.1%，比上年提高3.9个百分点。肉类总产量180.8万吨，渔业产品总产量541.9万吨，分别比上年增长2.8%和5.1%。

4. 转型升级取得积极成效。一是创新驱动作用有所增强。2012年，地方财政科技支出比上年增长15.3%；规模以上工业新产品产值率为23%，同比提高1.3个百分点，科技活动经费支出增长13.6%。全省国内专利申请受理数、授权数分别为24.9和18.8万件，居全国第二位，比上年分别增长40.8%和44.7%，其中，发明专利申请量、授权量分别为3.3和1.1万件，增长34.4%和25.4%，发明专利授权量跃居全国第四位。人才对经济社会发展的支撑作用进一步增强。2012年全省每万人口人才资源数为2106人，比上年增长19.5%。二是资源节约和环境保护成效明显。2012年，GDP能耗比上年下降6.1%，为“十一五”以来最好水平。规模以上工业增加值能耗下降7.6%，38个工业行业大类中，34个行业单耗下降，下降面接近九成。建设用地集约利用率为84.9%，比上年略有提高。环境质量综合评分为85.8分，比上年提高1.3分，完成了化学需氧量、氨氮、二氧化硫和氮氧化物的年度减排目标。221个省控断面地表水Ⅰ～Ⅲ类水质比例达到64.3%，比上年提高1.4个百分点。地表水环境功能区水质达标率为68.3%，比上年提高2.7个百分点。各设区市及国家环保模范城市开展PM2.5监测和数据实时发布，新增烟尘控制区300多平方公里，高污染燃料禁燃区30个。三是新型城市化深入推进。2012年，全省城市化率达到63.2%，比上年提高0.7个百分点。城市基础设施有效改善。2012年，城市污水处理率87.9%，比上年提高2.8个百分点；城市用水普及率99.5%；生活垃圾无害化处理率97.4%，提高0.95个百分点。城市燃气普及率98.9%；人均公园绿地面积12.4平方米，比上年增长5.5%。太阳能利用累计面积550万平方米，增长8.5%。四是新农村建设取得积极进展。村庄整治和美丽乡村创建加快推进。2012年，完成3600个村庄整治建设，全省村庄整治率已达89%；启动历史文化村落保护利用工作；创建美丽乡村先进县24个，一大批宜居宜业宜游的“美丽乡村”成为农民幸福生活的家园和市民休闲旅游的乐园。建成农村联网公路1386公里，客运班车通村率达93.1%。农村生活污水治理和农村生活垃圾集中收集处理行政村覆盖率分别为62.5%和93%以上，比上年提高7.1和3个百分点以上。农村沼气产气量1.9亿立方米，比上年增长7.1%。五是山区等欠发达地区发展加快。制定实施加快山区经济发展的政策意见和发展规划，推进衢州山区科学发展试验区、丽水山区科学发展综合改革试验区建设，启动建设山海协作产业园。2012年，丽水、衢州GDP分别比上年增长10.5%和8.7%，快于全省2.5和0.7个百分点；城镇居民人均可支配收入均增长12%以上，高于全省平均增速；丽水农村居民人均纯收入增长13.4%，居11市首位。深入实施重点欠发达县特别扶持计划，完成欠发达地区和海岛异地搬迁6.2万人。

5. 民生进一步改善。一是地方财政对民生支出保障有力。地方财政支出增量的三分之二以上用于民生。2012年，民生支出占财政支出的71.3%，其中，对社会保障和就业、教育、住房保障、文化体育与传媒、公共安全、医疗卫生、农林水事务等支出分别增长18.4%、16.8%、12.4%、10.7%、9.7%、9.7%和9.3%。二是居民收入增长快于GDP增长。2012年，城镇居民人均可支配收入34550元，比上年增长11.6%；农村居民人均纯收入14552元，增长11.3%，扣除价格因素，实际增长9.2%和8.8%，均高于GDP增速。城镇居民人均可支配收入中位数为30613元，比上年增加3330元，增长12.2%；农村居民人均纯收入中位数为12787元，比上年增加1234元，增长10.7%。城镇居民人均可支配收入连续12年列上海、北京后，居全国31个省（市、区）第三位，省区第一位；农村居民人均纯收入连续28年居全国各省区首位。城乡居民收入差距为2.37倍，是全国差距最小的省份之一。三是居民消费价格涨幅平稳回落。2012年，居民消费价格比上年上涨2.2%。八大类消费品及服务项目价格六涨二跌，食品、家庭设备用品及维修服务、居住、烟酒、医疗保健和个人用品、衣着类价格分别上涨5.3%、2.5%、1.6%、1.5%、1.3%和1.3%，交通和通信、娱乐教育文化用品及服务类价格下跌0.3%和0.6%。四是保障性安居工程进展良好，商品房价跌幅居前。据省建设厅统计，2012年，全省城镇保障性安居工程新开工建设16.16万套，超额完成本年目标任务。自二季度以来，杭州、宁波、温州、金华等4城市新建住宅销价同比降幅一直居全国70个大中城市前列。12月份，温州、杭州、宁波、金华新建商品住宅（不含保障性住房）销售价格同比分别下降11.4%、7.6%、7.4%和6.3%，跌幅居全国70个大中城市前4位；与上月环比，温州、宁波持平，杭州、金华上涨0.3%和0.9%。五是居民生活质量继续提高。2012年，城镇居民人均消费性支出21545元，农村居民人均消费性支出10208元，分别比上年增长5.4%和5.8%。城乡居民恩格尔系数分别为35.1%和37.7%，居民膳食结构追求营养和保健，穿着讲求舒适和个性化。汽车、高档消费品已进入普通居民家庭。年末每百户城镇、农村居民家庭汽车拥有量分别为36.5和15.2辆；每百户城镇居民家庭接入互联网的计算机和移动电话分别达95和53台。城镇居民的人均住房建筑面积由上年的36.85平方米增加到37.1平方米，农村居民人均居住面积由60.8平方米增加到61.5平方米。居民生活更加宽裕，2012年城乡居民人均本外币储蓄存款余额达达49119元（按常住人口计算）。

二、社会建设全面加强

1. 教育优质均衡发展。深化普通高中课程改革和高校综合评价招生改革，推进学前教育三年行动计划和义务教育高水平均衡发展，完成中小学校舍安全工程三年建设改造任务。2012年，十五年教育普及率 97.9%，九年义务教育完成率达 98.07%；初中毕业升高中段的比例为 98.29%。义务教育中小学进城务工人员随迁子女在校生 130.8 万人，比上年增长 8.2%。义务教育办学条件标准化，完成中小学校舍安全工程三年建设改造任务，建立了校车制度，优质教育资源城乡共享和合理配置，农村教育得到加强。大力提升高等教育水平，加快重点学科和优势特色专业建设。2012 年，普通高考录取率为 85.4%；高等教育毛入学率为 49.5%，比上年提高 2.5 个百分点。大力发展职业教育，加强学前教育、特殊教育和继续教育，建设学习型社会。教师队伍业务素质继续提高。义务教育中小学专任教师 29.8 万人，比上年增长 1.6%。高职教育双师型教师占专任教师和专业课教师的比例分别为 34.8% 和 68.8%，比上年分别提高 2.8 和 3.6 个百分点。普通高等学校专任教师中副高职称以上教师所占比例为 43.6%，比上年提高 0.7 个百分点。

2. 文化强省建设大力推进。2012 年，文化产业增加值占 GDP 的 4% 以上。着力构建公共文化服务体系，完善公共文化设施网络。年末共有艺术表演团体 64 个，群艺（文化）馆 102 个，公共图书馆 97 个，博物馆 128 个。省市级广播电台、电视台各 12 座，县级广播电视台 66 家。有线电视用户 1384.6 万户，比上年增长 4.7%；广播、电视综合覆盖率分别为 99.5% 和 99.6%。推进文化产业“122”工程，打造具有较高知名度和影响力的文化品牌，不断增强浙江文化影响力。全年共审查电影 40 部，制作电视剧 75 部 2803 集，有 36 部浙产电视剧在央视及全国各卫视播出。14 家图书出版社，共出版图书 10966 种，总印数 3.4 亿册，比上年增长 4.6%；公开发行报纸 71 种，年出版量 34.8 亿份；出版期刊 222 种，比上年增加 2 种，年出版量 0.79 亿册。推进体育强省和“健康浙江”建设，开展群众喜闻乐见的文化体育活动。2012 年伦敦奥运会上，我省取得 4 金 2 银 2 铜，破 2 项世界纪录和 2 项 3 次奥运会纪录的成绩。举办了女子体育节、职工运动会、农民运动会、老年人运动会和幼儿体育大会。

3. 基本医疗和公共卫生体系基本实现城乡全覆盖。2012 年，年末共有卫生机构 30522 个（包括村卫生室）。各类医院床位数 17.6 万张，比上年增长 7.9%；卫生技术人员 30.6 万人，增长 1.9%，其中，执业（助理）医师 11.9 万人，注册护士 11.4 万人，分别增长 0.4% 和 4.6%，每千人医生数为 2.17 人（不包括乡村医生）。医院年诊疗 20394 万人次，增长 12.3%。年末全省统一的预约诊疗网络平台有 80 家医院、38 家社区卫生服务中心（站）接入，注册用户达 100 万以上，日均成功预约量 6000 多人次。全年甲、乙类传染病发病率为 219.32/10 万，比上年下降 16.2%。孕产妇和 5 岁以下儿童死亡率分别为 4.01/10 万和 6.52‰，比上年下降 2.34/10 万和 0.85 个千分点。“五苗”接种率保持在 95% 以上。

4. 就业形势总体稳定，社会保障进一步加强。2012 年末，城镇登记失业率为 3.01%，低于上年末的 3.12%，新增城镇就业 98.7 万人。企业基本养老、城镇职工医疗、失业、工伤、生育保险参保人数分别比上年末增加 261.5、156.6、84.8、120.9、105 万人，城镇居民基本医疗保险参保人达到 639.3 万人，新增 33.35 万人，参加城乡居民养老保险的有 1332.3 万人。新型农村合作医疗参合人数 2872.9 万人，参合率为 97.7%；人均筹资标准为 482.5 元，比上年增加 97.9 元；所有统筹地区最高支付限额全部达到当地农村居民人均纯收入 6 倍以上。社会救助体系建设更趋完备。全省在册低保对象 67.5 万人，其中城镇 7.8 万人，农村 59.7 万人，支出低保金 17.6 亿元，比上年增长 13.8%，平均保障标准为城镇 476.78 元 / 月人、农村 350.03 元 / 月人，分别增长 8% 和 14%。推进社会养老服务体系建设，投入资金 19.7 亿元，新增各类养老机构床位数 3.2 万张，建设社区居家养老服务照料中心 1298 个。提升残疾人共享小康和困境儿童保障服务水平。发行各类福利彩票102.4亿元，比上年增加9.7亿元，共筹集公益金29.5亿元。

5. 平安浙江建设深入推进，社会保持和谐稳定。健全维护社会和谐稳定长效机制，村级（社区）便民服务中心建设实现全覆盖，逐步形成以人为本的社会管理新模式，社会公共安全得到有效维护。加强社会治安防控体系建设，严厉打击各类违法犯罪活动。2012年， 刑事案件总量比上年下降1.07%，刑事案件破案数比上年上升5.5%，命案和“五类”案件破案率分别达到97.88%和98.93%。强化安全生产责任落实，各类事故总量持续下降，连续9年实现“零增长”的目标。各类事故起数、死亡人数、受伤人数、直接经济损失分别比上年下降4.3%、5.3%、7.3%和6.8%，其中，道路交通事故四项指数分别下降4.5%、5.21%、7.34%和5.28%，严厉查处超速行驶、客运车辆超员、疲劳驾驶、酒后驾驶等严重交通违法行为取得明显成效。群众安全感满意率为95.9%，连续9年超过九成，成为全国最具安全感的省份之一。人口与优生优育工作扎实推进，人口再生产持续“低出生、低死亡、低增长”模式。2012年常住人口5477万人，比上年增长0.26%，人口自然增长率为4.6‰。开展了食品安全大整治百日行动，做好防灾救灾工作。

三、经济社会发展中存在的主要问题

浙江经济社会发展中还存在不少困难和问题，经济增长过多依赖低端产业、过多依赖低成本劳动力、过多依赖资源环境消耗等问题尚未根本改变，创新驱动发展的能力和动力不足。基本公共服务水平需要进一步提升。

1. 市场需求减弱特别是出口形势严峻成为影响当前经济增长的首要因素。2012年，规模以上工业销售产值仅增长5.9%，其中，出口交货值增长1.3%，内销增长7%，增速比上年低15.2、11和16.6个百分点。工业生产者出厂价格和购进价格分别下降2.7%和3.3%，也反映市场需求不足。对外贸易增速大幅下滑。受欧美日等主要市场疲软，贸易保护主义抬头等不利因素影响，2012年，我省外贸出口仅增长3.8%，增速比上年回落16.1个百分点，也比全国（7.9%）低4.1个百分点，低于广东（7.9%）、福建（5.4%）、江苏（5.1%）。对欧盟出口下降9.3%，占我省出口市场的比重从上年的25.8%下降到22.5%；对美国、日本出口仅分别增长9.3%、0.8%，增速明显回落。从出口产品看，服装出口下降2%，高新技术产品出口下降3.5%，船舶下降13.4%，光伏产品大幅下降47.9%。同时，出口企业还存在海外买家赊销坏账的巨大风险。居民消费支出增长低迷，消费倾向下降。2012年，城镇居民人均消费支出实际增长3.2%，比上年回落5.5个百分点，低于收入增速6个百分点；农村居民人均生活消费支出实际增长3.4%，比上年回落5.4个百分点，低于收入增速5.4个百分点。从限额以上贸易企业分类商品零售额看，2012年，汽车类增长7.3%，增速比上年回落9.3个百分点，对社会消费品零售总额的增长贡献率从上年的17.8%下降到10.2%。

2. 部分行业产能过剩和一些小微企业生产经营困难。企业收入增长缓慢，利润下降，亏损增加。2012年，规模以上工业38个行业大类中，增加值增速在5%以下的有13个行业，其中下降的行业有2个；主营业务收入仅增长3.5%，下降的行业有7个；利润降幅虽逐月略有收窄，但仍下降6.1%，全国是增长5.3%，利润下降的行业有19个；企业亏损面14%，同比扩大3.6个百分点，亏损253.7亿元，增长45.1%，增亏的行业有25个。周期性行业和光伏、船舶等新兴行业产能过剩，生产、销售和利润大幅下滑，大面积亏损。2012年，石油加工增加值下降3.7%，建材、光伏产业、电力工业增加值仅增长0.1%、0.5%和2.1%，工业发电量下降0.1%，工业用电量仅增长0.8%。石油加工、化学、化纤、钢铁、建材、船舶、通用和专用设备制造等八大行业影响规模以上工业利润下降9.4个百分点，是利润下降的最主要因素；八大行业亏损119.4亿元，占到规模以上工业的47%。制约企业特别是民营小微企业发展的因素尚未得到根本改善。相对于大中型企业2012

年以来生产稳步回升的态势，小微企业经历了2011年四季度短暂回升后又出现回落。2012年，规模以上小微企业工业增加值比上年增长6.7%，增速低于大型企业1.5个百分点。多数企业处于产品链和价值链的末端，产品附加值及利润率低，税负重，融资难，成本上升等因素对小微企业的影响比大型企业更加明显。2012年，规模以上工业主营业务利润率由上年的5.6%降至5.1%，而全国同期为6.07%，其中小微企业仅4.5%；主营业务成本占收入的86.1%，比全国（84.8%）高1.3个百分点，小微企业高达87.1%；规模以上工业应交税金总额同比增长3.8%，高于主营业务收入增幅0.3个百分点。

3. 科技创新投入亟待加大。R&D经费支出占GDP的比例近几年虽然有较大幅度的提高，但仍处于较低水平，2012年为2.04%左右，略高于1.97%的全国平均水平，低于北京（5.79%）、上海（3.16%）、天津（2.7%）、江苏（2.3%）、广东（2.1%）等省份。

此外，劳动报酬占GDP的比重不高，居民收入增长不快，尤其是低收入群众持续快速增收难度加大。另一方面，政府减税让利与财政民生支出持续增加的矛盾显现，财政收支平衡压力加大。关系群众切身利益的教育、医疗、生态环境、食品药品安全、社会公共安全等方面还存在不少亟待解决的问题。

2013年，是全面贯彻落实党的十八大精神的开局之年，是新一届省政府的开局之年，是实施省委省政府提出的干好“一三五”、实现“四翻番”决策部署的第一年，也是发展机遇和挑战并存、风险和困难较多的一年。浙江提出了全力推动产业转型升级和经济持续健康较快发展，扎实落实“四大国家战略举措”，全面推进“美丽浙江”建设，大力促进民生改善和社会和谐等各项举措。预计2013年浙江经济将延续2012年下半年以来的回升向好态势，实现经济持续健康较快发展和社会和谐稳定。

（撰稿人：李学忠 浙江省统计局局长）

桐乡市全国5A级景区－乌镇夜景（浙江省统计局提供）

安徽省经济社会发展报告

2012年，面对复杂严峻的宏观环境，全省人民在省委省政府的坚强领导下，深入贯彻落实科学发展，按照稳中求进的工作总基调，攻坚克难，开拓奋进，保持了经济平稳较快发展的良好势头。展望新的一年，全省经济有望延续平稳健康较快发展态势。

一、2012年全省经济运行的基本特点

2012年受国内外大环境的影响，我省经济增速放缓。去年下半年以来，随着中央和省一系列稳增长措施陆续出台并逐步发挥作用，经济运行呈现缓中趋稳态势，全年增速保持在12%及以上的较高增长平台上，实现了稳中求进的目标。

*1. 总体运行呈U型走势，多项指标增速全国靠前、中部领先。*全省生产总值一季度增长12.3%、上半年和前三季度均增长12%，四季度增速加快，带动全年增长12.1%。虽然增幅比上年回落1.4个百分点，但高于全国4.3个百分点，居全国第9、中部第1位。

主要指标中，规模以上工业增加值、社会消费品零售总额、外贸出口和农民人均纯收入分别增长16.2%、16%、56.6%和14.9%，增幅比全国高6.2个、1.7个、48.7个和1.4个百分点，居全国第3、第2、第5和第5位，在中部均居第1位；金融机构人民币贷款余额增长18.7%，规模以上工业企业利润增长11.3%，进出口总额增长25.6%，比全国分别高3.7个、6个和19.4个百分点，居全国第8、第5和第7位，均居中部第2位。

*2. 一产增幅提升，三产发展加快，工业仍是增长主引擎。*一产基础性地位巩固，全年一产增加值2178.7亿元，增长5.5%，增幅比上年提升1.5个百分点，对GDP增长的贡献率为5.8%，比上年提高1.6个百分点。粮食总产657.8亿斤，比上年增产30.7亿斤，增长4.9%，实现连续“七年增、九连丰”，粮食产量居全国位次由上年的第8位上升到第7位。油料产量227.7万吨，增长6.5%；棉花产量29.4万吨，下降22.2%。全年生猪出栏2927.6万头，增长7.6%；肉类总产量397.7万吨，增长5.9%；水产品产量207.5万吨，增长4%。

三产发展步伐加快，全年三产增加值5629.4亿元，增长11%，增幅比上年提升0.4个百分点，对GDP增长的贡献率为30%，比上年提升3.4个百分点。七大类服务业中，金融业增长16.5%，比上年高7.8个百分点；营利性服务业增长15.2%，高3.7个百分点；交通运输、仓储邮政业增加值增长8.2%，批发和零售业增长11.9%，住宿和餐饮业增长9.6%，房地产业增长5.7%，非营利性服务业增长9.9%，比上年分别回落1.8个、0.5个、1.9个、2.3个和0.7个百分点。

二产主导经济增长，全年二产增加值9404亿元，增长14.4%，增幅比上年回落3.6个百分点，对GDP增长的贡献率比上年下降5个百分点，但仍高达64.2%。二产中，建筑业增加值占14.7%，工业增加值占85.3%，工业仍是支撑经济增长的主动力。2012年末，全省规模以上工业企业达12970户，比上年净增2105户，实现增加值7550.5亿元，增长16.2%，比上年回落4.9个百分点；全省40个工业大类中有38个行业增加值保持增长，增幅超过20%的有16个。

*3. 三大需求“两降一升”，外贸出口逆势上扬。*投资增幅回落，全年固定资产投资（不含农户）14902.3亿元。其中，一、二、三产投资分别增长71.9%、14.7%和32.5%；亿元以上新开工项目增长14.9%，完成投资额增长29.6%；房地产投资3151.6亿元，增长20.7%。全年商品房新开工面积7874.2万平方米，下降9.1%；竣工面积3965.4万平方米，增长9.3%，比上年提高7.9

个百分点。

消费增幅回落，全年社会消费品零售总额5736.6亿元，增长15.8%。限额以上批发零售业中，石油及制品、金银珠宝零售额分别增长26.3%和21.9%，建筑及装潢材料增长35.7%，汽车增长19.6%，家用电器和音像器材增长11.6%。

出口大幅上升，全年进出口总额393.3亿美元，增长25.6%。其中，出口267.5亿美元，增长56.6%，增幅比上年提升19个百分点；进口125.8亿美元，下降11.6%。实际利用外商直接投资86.4亿美元，增长30.3%。

4. 经济运行质量较高，效益增长、结构优化。从效益看，财政收入、企业利润和居民收入均稳定增长。全年财政收入3026亿元，增长14.9%。其中，地方财政收入1792.7亿元，增长22.5%。规模以上工业企业实现利润1470.2亿元，增长11.3%。其中，私营企业利润588.8亿元，增长32.4%，高于全省21.1个百分点；中小型企业利润1012.3亿元，增长26.5%，高于全省15.2个百分点。城镇居民人均可支配收入21024.2元，增长13%，扣除价格因素，实际增长10.6%。农民人均纯收入突破7000元，达7160.5元，增长14.9%，扣除价格因素，实际增长12.2%。

从结构调整看，GDP中一、二、三产结构由上年的13.2：54.3：32.5转变为12.7：54.6：32.7，二、三产比重上升，其中工业占比由上年的46.2%提高到46.6%。规模以上工业中六大主导产业、装备制造业、高新技术产业增加值分别增长17.2%、18.2%和16.5%，增幅比全部规模以上工业高1个、2个和0.3个百分点；战略性新兴产业产值增长33.1%，高15.9个百分点。固定资产投资中通用设备制造业、专用设备制造业投资分别增长31.6%和59.3%，增幅比全部投资高7.4个和35.1个百分点；工业技改投资增长26.3%，高2.1个百分点。区域格局中，皖北和县域发展速度加快。皖北六市生产总值增长12.5%，增幅比全省高0.4个百分点；规模以上工业增加值增长17.2%，高1个百分点；财政收入增长21.5%，高6.6个百分点；固定资产投资增长28.3%，高4.1个百分点。62个县（市）财政收入增长23.2%，高于全省8.3个百分点，占全省比重由上年的28.7%提高到30.8%。

5. 宏观举措效果显现，发展环境有所改善。贷款保持较高增幅，年末全省金融机构人民币各项存款余额22977.3亿元，增长18.4%，增幅比全国高5个百分点；余额比年初增加3573.6亿元，同比多增569.6亿元。人民币各项贷款余额16294.3亿元，增长18.7%；余额比年初增加2565.2亿元，同比多增241.5亿元。

物价涨幅明显回落，居民消费价格上涨2.3%，比上年回落3.3个百分点。其中，食品价格上涨3.8%，居住上涨1%，衣着上涨2.5%，医疗保健和个人用品上涨1.5%，烟酒及用品上涨3.3%，家庭设备用品及维修服务上涨1.6%，交通和通信上涨0.7%，娱乐教育文化用品及服务上涨1.7%。工业生产者出厂价格同比下降1.7%，工业生产者购进价格同比下降1.8%。

财政支出较快增长，全年支出3936.7亿元，增长19.2%。社会保障与就业、城乡社区事务、医疗卫生、教育、住房保障等重点民生支出得到较好保障，分别增长15.6%、21.8%、13.5%、25.7%和50.2%。

企业库存大幅下降，年末规模以上工业企业产成品库存增长13.8%，增幅比上年末低14.2个百分点，比上半年、前三季度末分别回落5.5个和6.3个百分点，低于主营业务收入4.3个百分点。

综上所述，2012年在外部环境复杂多变、发展困难较多的情况下，我省经济不仅保持了近年来持续健康较快发展的良好势头，而且在全国区域发展中的优势进一步彰显，成绩来之不易。同时也表明，目前我省经济发展的内生动力不断增强，抗风险能力明显提高，这为今年持续稳定健康较快发展打下了良好基础。

二、当前经济运行中存在的主要问题

当前我省经济运行中也存在一些困难和问题，将对实现长时期、高质量和高水平的发展产生影响。主要有：

1. 部分企业生产经营仍面临较大压力。受市场需求及产品出厂价格下降、生产成本总体上升等的影响，部分企业生产经营仍面临较大压力。2012年，全省规模以上工业企业财务费用增长30.5%，增幅高于主营业务收入12.4个百分点；应付职工薪酬增长21.1%，高于主营业务收入3个百分点；主营业务收入利润率为5.27%，比全国低0.8个百分点；成本费用利润率为5.67%，比全国低0.93个百分点。另一方面，大型工业企业增加值仅增长4.5%，增幅比全部规模以上工业低11.7个百分点，产值最大的前10户企业累计产值下降6.3%，实现利润下降52.9%，全省亏损超亿元的12户企业中大型企业占8户。

2. 投资者信心仍显不足。突出表现为制造业投资增长乏力、工业出口交货值低增长。2012年全省制造业投资增长19.8%，增幅比上年回落16.6个百分点，比全部投资低4.4个百分点。从制造业新开工项目看，全年下降11.4%，降幅比全部投资高7.5个百分点。全年全省规模以上工业企业出口交货值增长10.5%，比上年回落47.6个百分点，低于全部规模以上工业增加值增幅5.7个百分点，低于出口增幅46.1个百分点。

3. 结构调整压力仍然较大。2012年，全省规模以上工业中，六大高耗能行业增加值增幅由上半年的12.6%、前三季度的13.5%，上升到全年的13.6%；耗能增长6.3%，增幅比全省高1.2个百分点，能耗占比由上年的83.8%上升到85.4%，其中电力、热力生产和供应业能耗增长9.4%，对全省规模以上工业能耗增长的贡献率达65%，比上年上升25.4个百分点。与此同时，能源加工转换效率下降，由上年的66.6%降为65.5%；主要产品单耗下降面由上年的65%降为61.9%。

三、关于当前全省经济形势研判

总体上看，今年全省经济将沿着宏观调控的

富凯付老庄矿全景（安徽地矿局提供）

预期方向，有望延续平稳健康较快发展态势。同时，考虑到国际环境充满复杂性和不确定性，国内市场信心和预期不稳，我省优势产业增势减缓、新兴产业面临竞争激烈和国际贸易保护主义抬头等制约因素，预计整体经济运行可能处于平稳较快增长区间。

1. 世界经济可能略好于去年。一是欧洲央行推出直接货币交易计划（OMT），欧元区提前启动欧洲稳定机制（ESM），美联储推出新一轮量化宽松（QE3）政策，将对稳定金融市场、降低市场避险情绪、提振需求预期发挥积极作用。二是近期美国失业率超预期下降显示复苏势头较好（去年 12 月份美国失业率已下降到 7.8%，为 2009 年 1 月份以来的最低点），若能避免跌入“财政悬崖”，今年经济可能缓慢复苏。三是正在实施的新一轮货币宽松政策，使大宗商品价格会逐步走高并维持在相对高位，这将有利于资源出口国投资和消费的恢复。不利因素主要有：一方面，发达经济体财政状况依然捉襟见肘，被迫实施紧缩性财政政策以应对主权债务压力，限制了政府支持需求扩张的能力，还有可能引发金融市场波动。另一方面，贸易摩擦和壁垒不断，对大宗商品供给、资本流动和经贸往来可能形成负面冲击。此外，新兴市场国家创新潜力总体不足、对外部市场的依赖性过大，将对其经济稳定增长形成制约。

2. 国内经济回升的有利条件增多。一是今年国家继续实行积极的财政政策和稳健的货币政策，积极扩大国内需求，加大经济结构战略性调整力度，有利于增强经济发展的内生动力和活力。二是新一届政府上任有可能强化政府主导经济发展的动力，催生新的投资计划与实施。三是收入分配改革出台将提高低收入群体消费水平，扩大消费空间。四是已出台的各项扩内需政策有利于稳定消费信心、持续促进消费。在需求的带动下，企业生产经营有望进一步趋于好转。不利因素主要有：全球大宗商品价格走高和短期资本回流，有可能推高我国今年的 CPI 水平，如果物价持续上涨可能抑制消费；钢铁、水泥、光伏等行业产能过剩问题突出，去产能化压力较大；要素成本上升，企业盈利水平下降。

3. 我省经济健康较快增长的动力仍然较强。一是我省正处于工业化和城镇化加速期，经济持续较快发展的空间巨大。二是国家支持的重点建设领域，如突出农村基础设施、交通基础设施、民生工程、生态环境、自主创新等建设，与我省省情和工作着力方向基本一致，为我省发展提供了有利条件。三是国内外产业转移加快，我省的综合优势进一步显现，充分利用国内外两种资源、两个市场迎来新机遇。四是随着长江中上游地区与俄罗斯伏尔加河中上游地区深入合作的推进，中原经济区规划的实施，皖江示范区建设的抢滩效应、合芜蚌试验区建设的倍增效应、振兴皖北的发酵效应，以及大别山连片扶贫开发和皖南旅游示范区建设等的边际效应将逐步显现。不利因素主要有：家电、汽车等优势产业增势减弱（去年家电、煤炭、钢铁、有色等行业增加值分别增长 15.7%、4.4%、9% 和 11.7%，增幅均低于全部工业；汽车下降 1.4%）、新兴产业（如光伏产业）受市场竞争和欧美制裁面临压力，企业利润下滑、融资成本高，导致社会投资预期降低、投资动力下降等。

综合以上有利条件和不利因素判断，今年全省经济有望稳定增长，工业、投资和消费将企稳回升。

当前，应着力支持实体经济的发展，强化省政府出台的促进经济持续健康较快发展“新 30 条意见”的全面落实，确保其真正收到成效。同时，充分发挥皖江示范、合芜蚌自主创新综合试验区以及各类经济园区的龙头作用，通过对内自主创新、调整升级，对外强化合作、吸引转移，实现全年经济稳定健康较快发展。

（撰稿人：钱晓康 安徽省统计局局长）

福建省经济社会发展报告

2012年，是“十二五”规划欣欣启步的第二年，也是福建人民为迈向全面小康社会而努力奋斗的重要之年。一年来，面对外需不足的不利局面，全省上下在中共福建省委、福建省人民政府的正确领导下，主动作为，稳中求进，在科学发展跨越发展的道路上踩下一个个坚实稳健的脚印。全省工农业生产和服务业保持平稳增长，内需实现较快提升，经济效益持续向好，社会事业全面进步，发展方式转变取得积极进展，开年伊始所设定的“全省生产总值增长11%以上”目标顺利实现，其他各项经济社会发展年度目标也如期完成。

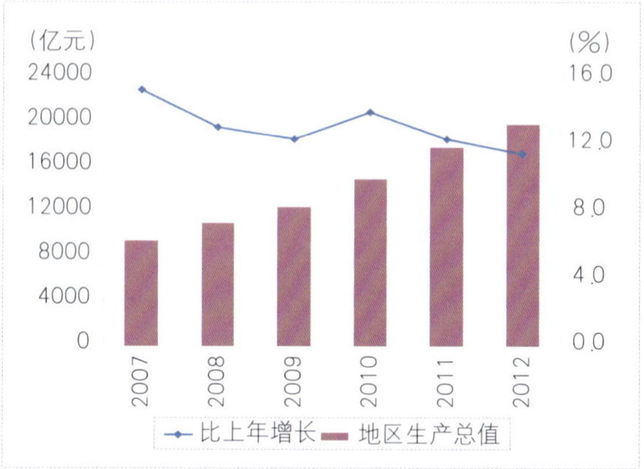

图1 2007-2012年地区生产总值(GDP)及其增长速度

一、经济社会在稳中求进中实现科学发展跨越发展

（一）稳中求进的上升波线是科学发展跨越发展的体现

2012年，在宏观经济形势低迷、外需相对不足、各方预判普遍看空的不利背景下，福建经济呈现稳中有进的上升波线。全省地区生产总值增速从1-2月的增长10.8%，逐月稳步提高到1-7月的增长11.4%，此后连续数月累计增速均维持在11.4%这一增长水平上。初步核算，2012年全省实现生产总值19701.78亿元，比2011年增长11.4%。其中，第一产业增加值1776.47亿元，增长4.2%；第二产业增加值10288.59亿元，增长14.6%；第三产业增加值7636.72亿元，增长8.5%。三次产业对经济增长的贡献率分别为3.2%、67.9%和28.9%，分别拉动GDP增长0.4、7.7和3.3个百分点。

（二）制度激励成为稳中求进发展的重要要素

在天赋要素、技术和人们的偏好这传统经济发展理论的三大柱石之外，经济发展的第四大柱石——政策制度，成为2012年福建经济始终保持稳步上升的重要推动因素。中共福建省委、省政府认真贯彻落实中央关于稳中求进的工作总基调，正确处理保持经济平稳较快发展、调整经济结构和转变发展方式三者的关系，提出了科学的发展目标，及时出台相应的政策措施，制度安排科学合理，重建发展信心，推动传统生产要素驱动型福建向制度要素驱动型福建的转变，在此基础上实现了经济的稳定和持续增长。

2012年，福建出台了促进农业机械化、扶持“世纪之村”、加快台湾农民创业园建设、治理水土流失、帮扶民族乡等涉农政策措施，推动农业稳步运行，全年农林牧渔业总产值3007.18亿元，按可比价计算比上年增长4.3%，增幅比上年提高0.2个百分点，全省粮食总产量659.30万吨，保持相对稳定态势。

出台了加快创新体系建设、加快信息产业发展、支持企业技术改造十二条措施、缓解企业用工短缺八条措施、金融业服务实体经济十一条措施等政策，推动工业经济平稳提升。2012年，全省全部工业实现增加值8644.19亿元，比上年增长14.2%，其中规模以上工业企业完成增加值 7856.29 亿元，增长 15.2%。其中轻工业 3904.20 亿元，增长 15.5%，重工业 3952.09 亿元，增长 14.9%。从全年走势看，各月累计增速从 1-2 月的 14.1% 逐步上升至 1-12 月的 15.2%。37 个工业大类行业中的 36 个行业增加值实现增长，电子信息、机械装备、石油化工三大主导产业分别实现增加值 607.59 亿元、1155.10 亿元和 907.01 亿元，分别增长 19.0%、10.4% 和 17.3%。产销衔接良好，实现销售产值 28759.16 亿元，增长 15.6%，产销率达 97.77%。

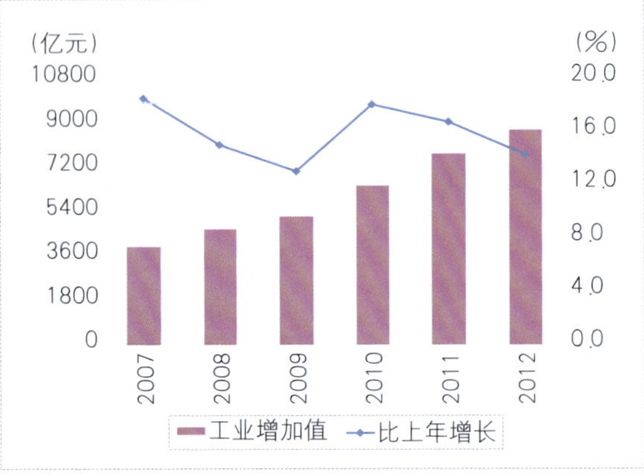

图 2　2007-2012 年全部工业增加值及其增长速度

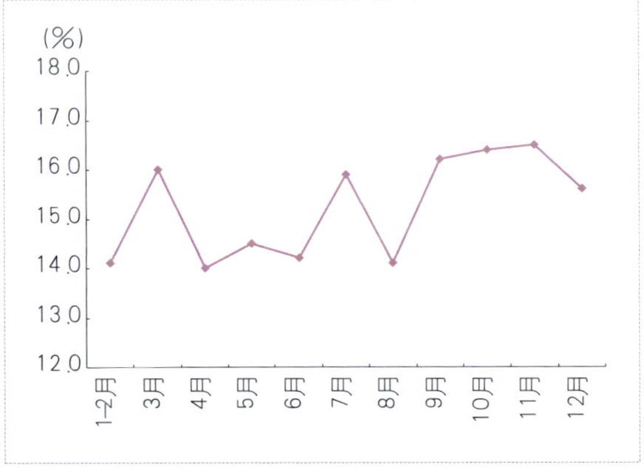

图 3　2012 年规模以上工业增加值增长速度

出台了加快海洋经济发展、加快旅游业发展、加快发展港口群促进"三群"联动、鼓励外商投资、促进服务外包加快发展等若干意见、推动第三产业平稳增长。2012 年，全省服务业各月累计增速从 1-2 月的 8.2% 稳步提升至 1-12 月的 8.5%。其中，金融业增加值增速由 1-2 月的 11.6% 稳步提升至 1-12 月的 14.0%，房地产业由 1-2 月的下降 11.5% 转为 1-12 月的增长 9.1%。物流运输行业发展势头良好，全省货物运输量 8.44 亿吨，增长 12.2%；发送旅客 8.37 亿人，增长 3.2%；沿海港口货物吞吐量 4.14 亿吨，增长 10.9%；集装箱吞吐量 1073.07 万标箱，增长 10.6%。

（三）发展方式解构、建构成为稳中求进的主旋律

农业结构稳步调整。2012 年，优良经济作物覆盖率高，主要粮油作物良种覆盖率达 98.7%，优质专用率达 81.5%，蔬菜良种覆盖率达 93.5%。经济作物品种结构优化，特色产业较快增长，盆景园艺播种面积 5.39 万亩，增长 35.5%；花卉播种面积 22.39 万亩，增长 19.9%；药材播种面积 22.91 万亩，增长 19.8%。林权改革继续深化，共完成造林绿化面积 331.22 万亩，占总任务数的 110.4%，全省林权登记发证率达 98.7%，比 2011 年底提高 11.5 个百分点，林权证到户率达 96.1%，提高 14.6 个百分点。着力发展水产养殖和远洋渔业，水产品总产量为 628.61 万吨，增长 4.1%，增幅比上年提高 1.3 个百分点，海水养殖增长 5.2%，淡水养殖增长 6.3%，同时积极调整优化远洋渔业结构，加快推进远洋基地建设。

工业集聚度提升。2012 年，全部工业实现增加值 8644.19 亿元，增长 14.2%，对经济增长的的贡献率达 56.2%，拉动 GDP 增长 6.4 个百分点。电子、石化两大主导产业稳步发展，分别实现增加值 607.59 亿元和 907.01 亿元，分别比上年增长 19.0% 和 17.3%，高于规模以上工业平均增速 3.8 和 2.1 个百分点。工业向重点产业群和大企业聚集的趋势明显，全省 38 个重点产业集群实现工业增加值 3482.17 亿元，比上年增长 14.6%，对规模以上工业增长的贡献率达 42.8%；亿元以上工业企业突破 5000 家，达 5569 家，累计实现增加值 6596.53 亿元，增长 17.5%，占规模以上工业总量的 84.0%，对规模以上工业增长的贡献率达 94.8%。

服务业结构升级整合。2012 年，金融业增加

值占服务业比重提高，实现增加值999.40亿元，比上年增长14.0%，增幅比上年提高7.4个百分点，比同期GDP和服务业增加值增幅分别高2.6和5.5个百分点，占服务业比重为13.1%，比上年提高0.6个百分点。批发零售业中网络消费等新兴业态方兴未艾，全省限额以上零售企业中，网上商店实现零售额22.30亿元，比上年增长2.1倍。此外，随着大型城市综合体的不断发展，家居建材店、购物中心等零售业态发展加快，2012年实现零售额85.77亿元和10.30亿元，分别增长66.5%和107.9%。

对外经济结构进一步优化。2012年，全省进出口总值1559.27亿美元，增长8.6%。一般贸易进出口1058.03亿美元，增长13.2%，占进出口总值的67.9%，比上年提高2.8个百分点。其中，一般贸易进口382.38亿美元，增长26.5%，一般贸易出口675.66亿美元，增长6.8%。一般贸易进出口增幅比全省进出口平均水平高4.6个百分点，比加工贸易进出口增幅高12.4个百分点。

（四）经济发展的支撑力得到强化

金融存贷款持续增加。2012年，全年金融机构本外币存款余额25057.75亿元，增长16.2%，其中人民币存款增长15.3%，外汇存款增长50.4%。本外币贷款余额22427.45亿元，增长18.2%，其中人民币贷款增长16.8%，外汇贷款增长49.3%。全省金融机构存贷比为89.5%，比上年提高3.2个百分点。

利用外资保持增长。全省新签外商直接投资项目916项。按验资口径统计，合同外资92.91亿美元，比上年增长0.8%；实际到资63.38亿美元，增长2.2%。全省吸收台湾合同外资13.62亿美元，增长80.2%；吸收美国合同外资1.27亿美元，增长120.3%；吸收港资53.07亿美元，仍是最大来源，但比上年有所减少，下降13.1%。

基础设施继续改善提供了良好的投资环境。现代化综合交通网络规模初具推动综合大通道功能的提升。全省铁路在建和运营里程均突破2000公里，进入了双线快速运输的动车时代；市政基础设施建设明显加强，城市轨道交通建设起步，福州地铁1号线全面开工；高速公路总里程突破3000公里，全面完成了“村村通客车”目标任务，农村等级公路及具备通客车条件的公路100%开通农村客车，农村受益群众约2500万人；港口群加快形成，吞吐能力达4.14亿吨，厦门港步入亿吨港行列；旅客周转量和货物周转量分别达587.90亿人公里和3877.73吨公里，五年来年均增长5.6%和13.2%。能源生产供给能力稳步提高，电力装机容量达到345万千瓦，建成电网500千伏大环网，一次能源生产量2915.38万吨标准煤，能源加工转换效率不断提高。邮电通信业蓬勃发展，2012年末移动用户达到4049万户，固定电话用户1017万户，年末全省电话普及率达136.2%。

科技创新能力继续提高。科技投入不断增加，2012年，省级财政科技投入48.18亿元，比上年增长19.0 %，省级科技经费中支持企业牵头和产学研合作的项目经费比例达到70%，全年争取国家经费11.41亿元，比上年增长20.6%。科技人才建设队伍成效明显，全省从事科技活动人员达260万人，其中大学本科及以上学历约9.5万人，占3.7%，从事研究与试验发展人员16万人，占6.2%。科技创新平台建设加快，全省9个设区市都已建成科技企业孵化器，拥有省级以上重点实验室77个、工程技术研究中心176个，生产力促进中心101家、科技企业孵化器47家，福建成为国家创新驿站试点省份。科技产出成果丰硕，共登记技术合同5390项，成交金额73.58亿元，增长37.6%，涉及知识产权的技术合同3153项，成交金额46亿元，增长46%；全省新增国家级创新型试点企业5家，新培育省级创新型企业89家、省级创新型试点企业187家，新认定高新技术企业96家、复审通过128家；登记技术合同5390项，成交金额73.58亿元，比上年增长37.6%；全省专利拥有量7764件，比上年增长54.5%；推荐申报2012年度省科学技术奖项目519项，评审产生省科技奖189项，其中自然科学奖7项、技术发明奖12项、科技进步奖170项。

财政支出增长稳定。全年财政支出2601.08亿元，比2011年增支402.9亿元，增长18.3%。支出结构进一步优化，民生类财政支出1906.02亿元，增长20.4%，占财政支出比重的73.3%，比上年提高1.3个百分点，其中教育支出增长37.5%，社会保障和就业支出增长12.1%，医疗卫生支出增长16.1%，节能环保支出增长26.7%，城乡社区事务支出增长22.7%，农林水务支出增长14.3%。各级支出协同增长，省级、设区市本级和县级财政支出分别为439.6亿元，621.18亿元和1540.3亿元，分别增长18.0%、21.0%和17.4%。

（五）经济社会发展可持续性增强

内需引擎及时有效接续。2012年，在出口乏力的情况下，福建的固定资产投资和消费保持较快增长，经济内生动力得到增强。全省实现全社会固定资产投资12423亿元，增长25.3%。固定资产投资（不含农户和跨地区项目）12165.64亿元，增长25.7%。主要领域中，基础设施投资3495.58亿元，增长22.4%；制造业投资3764.39亿元，增长23.3%；房地产开发投资2824.12亿元，增长17.4%。民生和社会事业领域投入增速较大，水利、环境和公共设施管理业投资增长32.5%，文化、体育和娱乐业投增长34.2%，教育投资增长31.8%，卫生和社会工作投资31.8%。改建和技术改造项目投资1205.24亿元，增长40.7%，增幅比上年提高17.6个百分点，比全省投资平均水平高14.8个百分点。2012年，社会消费品零售总额增速从1-2月的14.9%稳步提升至全年的15.9%。零售总额再上新台阶，突破7000亿元大关，达7256.5亿元。市场聚集度提升，限额以上企业实现零售额3190.63亿元，增长21.8%，占全省社会消费品零售总额的比重为44.6%，比上年提高1.7个百分点，贡献率达58.1%。新兴业态方兴未艾，限额以上零售企业中的网上商店实现零售额22.30亿元，增长2.1倍；家居建材店、购物中心零售额分别增长66.5%和107.9%。

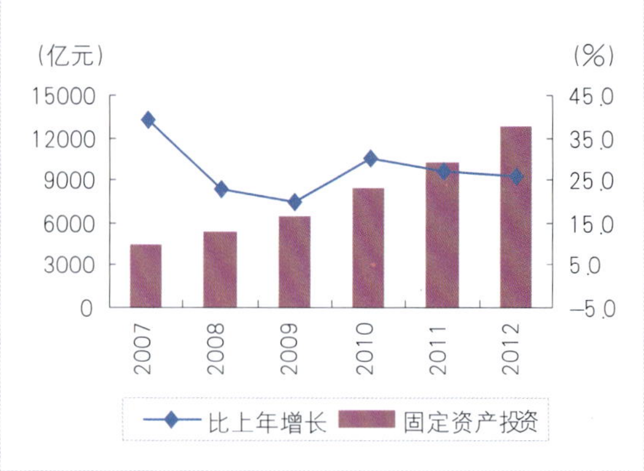

图4 2007-2012年全社会固定资产投资及其增长速度

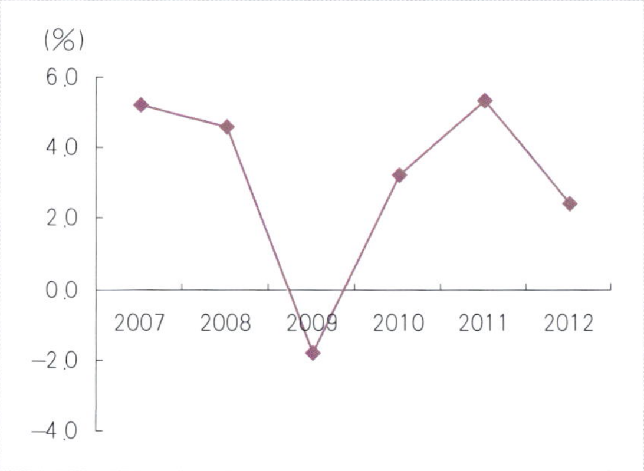

图5 2007-2012年居民消费价格涨跌幅度

节能减排工作效果显著。2012年，全社会用电量和工业用电量分别为1579.50亿千瓦时和1061.89亿千瓦时，比上年增长4.2%和2.8%，增幅分别比2011年回落11.1和12.9个百分点。规模以上工业综合能源消费量6411.10万吨标准煤，由2011年的增长16.1%转为下降1.1%；规模以上工业万元增加值能耗下降14.1%，降幅比2011年降幅扩大12.9个百分点，38个行业中有34个行业万元增加值能耗比上年下降，下降面达89.5%，六大主要耗能行业万元增加值能耗均有所下降。

环境保护成效明显。环境质量持续优化，2012年，全省12条主要河流水质保持优的水平，水域功能达标率为97.9%；9个设区城市、14个县级市、44个县城集中式饮用水源地水质达标率分别为100%、99.2%和98.9%；城市空气质量保持优良并继续改善，9个设区城市优良天数比例为99.6%，14个县级市空气质量达标率为100%。新（扩）建16座城市污水处理厂，全省已有城市污水处理厂93座、处理能力达377万吨/日。重视生态保护与绿色发展的关系，完成森林抚育800多万亩，封山育林742万亩，造林绿化树种增至40多种，森林生态效益的价值超过7000亿元，全省森林覆盖率 63.1%，连续多年位居全国第一。

（六）经济社会发展红利进一步巩固

财政收入增长较快。2012年，全年财政总收入3008.91亿元，比2011年增长15.9%。地方财政收入1776.21亿元，增长18.3%，其中税收收入1440.34亿元，增长14.8%；非税收入335.87亿元，增长35.9%。

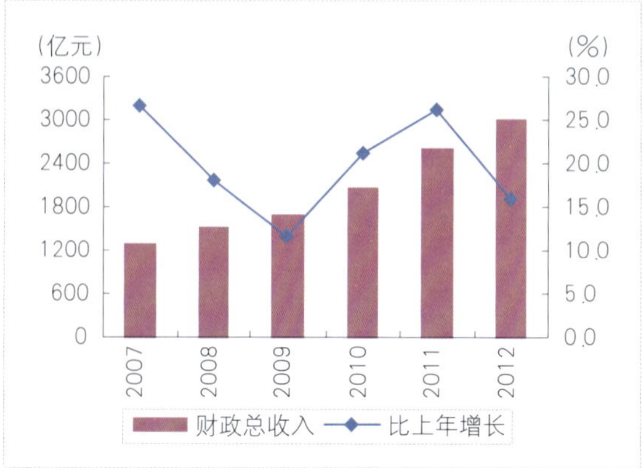

图6 2007-2012年财政总收入及其增长速度

城乡居民收支保持快速增长。2012年，全省城镇居民人均可支配收入28055.2元，比上年增长12.6%，扣除价格因素实际增长10.0%，增幅比上年提高1.3个百分点；城镇居民人均消费支出18593.2元，比上年增长11.6%，扣除价格因素实际增长9.0%。农村居民人均纯收入为9967.2元，增长13.5%，扣除价格因素实际增长10.8%，增幅比上年回落1.5个百分点；农村居民人均生活消费支出7401.9元，增长13.2%，扣除价格因素实际增长10.5%。

就业形势稳定。2012年，全省城镇新增就业人数65.38万人，完成全年目标的109.0%，就业人数比上年增长5.0%；下岗失业人员再就业13.91万人，完成全年任务173.9%；新增农村劳动力转移就业43.71万人，增长4.3%。全年各季度城镇登记失业率分别为3.67%、3.65%、3.71%和3.63%，保持低位运行并明显低于4.2%以内的年度目标。

物价涨幅回落。2012年，全省居民消费价格涨幅高开低走、年终略有反弹，整体上涨幅度明显低于2011年。1至7月全省居民消费价格涨幅不断回落，分别上涨3.8%、2.7%、3.3%、3.1%、2.8%、1.8%和1.7%，8至10月全省居民消费价格涨幅分别为2.0%、1.8%、1.7%，11-12月呈现涨幅扩大势头，分别上涨1.8%、2.5%。全年居民消费价格上涨2.4%，涨幅比上年缩小2.9个百分点。

社会事业发展成绩斐然。一是坚持教育优先、科教兴省。2012年，全省财政教育支出559.38亿元，占一般预算支出的21.5%，比上年增长37.5%；全省中小学校舍安全工程累计投入近120亿元，新竣工面积243万平方米，新建、改扩建358所公办幼儿园，幼儿园入园率为95.5%，比上年提高3.5个百分点；累计建成“义务教育标准化学校”4356所，保留农村小规模学校和教学点3504个。二是卫生事业加快发展步伐。新型农村合作医疗已基本覆盖全省，新农合参加人数达到2441万人，参合率达到99.7%，基层医疗卫生服务体系全面加强，完成4850个标准化村卫生所建设，实现每个乡镇均有1所卫生院、每个街道均有1所社区卫生服务中心、每个行政村均有1所卫生所。三是社会保障事业稳步推进。全省参加城镇基本养老保险人数756.46万人，比上年增加61.43万人，增长8.8%，继2011年新农保制度全覆盖后，2012年比全国提前半年实现城镇居民养老保险制度全覆盖。全省参加城镇基本医疗保险人数1262.92万人，比上年增加7.75万人。工伤、生育保险参保人数为520.42万人和 483.32万人，分别比上年增加 43.52万人、31.45万人。四是文化事业步入繁荣发展轨道。文化产业整体实力不断壮大，在促进经济增长和加快经济发展方式转变中的作用日益突显，基本实现了《关于加快文化产业发展的意见》和《福建文化旅游业2010-2012年发展规划》中文化产业发展的阶段性目标；深入实施文化产业提升工程，扎实实施“310 行动计划”，在全省评出 2011 年度福建文化企业十强、十大重点文化产业园区，确定可一批重点上市后备文化企业。五是体育事业蓬勃发展。竞技体育成绩喜人，2012 年福建运动员在国际比赛中共获得金牌 13 枚、银牌 5 枚、铜牌 3 枚，其中 21 名运动员参加了伦敦奥运会 12 个大项目、20 多个小项目的角逐，获得金牌 2 枚、银牌 3 枚、铜牌 3 枚，成绩为历届奥运会最佳；体育产业日趋成熟，体育产业首次组团参加了“9.8”投洽会，现场签约四个重点项目，总投资达 16.65 亿元，体育彩票发行量达 52.18 亿元，销量连续五年保持全国前列。

二、值得关注的问题

（一）投资主导发展的模式需要在结构上调整

经济发展对投资的依赖程度较高。“十一五”时期固定资本形成总额对福建经济增长的贡献率均在六成以上，2011 年也达 59.7%，2012 年仍维持在较高水平上。

投资的市场活力减弱。2012 年，民间固定资产投资的增速和增长贡献率比 2011 年分别回落 13.7 和 14.4 个百分点，国有投资分别提高 16.5 和 22.8 个百分点，政府预算投入依赖明显，而依赖政府预算投入的增长方式不可能成为长期有效的增长模式。

投资结构需进一步优化。科技含量较高、能够提升长期经济效益的投资比重偏低，2012 年，全省改建和技术改造项目投资占全省投资的比重不到一成，设备工器具购置投资增速比全省投资增长水平低 5.5 个百分点，增幅和比重均比 2011 年有所降低。

（二）主导产业发展带动作用减弱

曾经在“十一五”时期有力推动全省经济增长的三大主导产业，近年来发展速度明显减缓。2012 年，全省电子信息、机械装备、石油化工三大主导产业增加值比上年增长 14.6%，明显低于“十一五”末期 2010 年的 26.3%，增幅、比重和增长贡献率也分别比 2011 年回落 2.7、1.3 和 3.2 个百分点。三大主导产业完成固定资产投资增长 21.3%，增幅比全省固定资产投资和工业投资平均增长水平分别低 4.6 和个 1.6 百分点，也比 2011 年回落 13.1 个百分点，明显低于“十一五”中期 80% 左右的增长速度。

（三）出口增速明显回落

受外需不足的影响，2012 年，全省出口增速大幅回落。全年进出口总值 1559.27 亿美元，增长 8.6%，其中出口 978.36 亿美元，增长 5.4%，增幅比上年回落 24.5 个百分点。从全年走势看，大部分月份出口累计增速在 5-10% 之间波动，普遍比 2011 年同期低 20 个百分点以上。全年实现贸易顺差 397.45 亿美元，比 2011 年减少 24.08 亿美元。民营企业出口额 494.15 亿美元，增长 11.0%，增幅比上年回落 42.5 个百分点，国有企业出口 92.94 亿美元，仅增长 1.1%。一般贸易出口 675.66 亿美元，增长 6.8%，加工贸易出口 255.32 亿美元，增长 1.3%，增幅分别比 2011 年回落 37.5 和 5.5 个百分点。规模以上工业出口交货值 5843.70 亿元，增长 11.2%，增幅比上年回落 9.7 个百分点。

（四）小微企业发展仍面临诸多困难

用工难现象没有改观。据对全省 973 家规模以下工业企业的问卷调查显示，2012 年四季度无招工需求的企业约占六成，近半数企业反映用工成本上升快是目前影响企业发展最主要原因。

融资贵、融资难现象依然存在。调查显示，有借款需求的规模以下工业企业仅有不到一成能全部实现借款需求，三成的企业只能借到一部分，而近六成的企业无法借到款；2012 年全省规模以下工业企业和规模以上小微工业企业的利息支出分别增长 27.7% 和 34.9%。

优惠政策效果不明显。国家制定的税收优惠政策经由各地和部门细化后，审批手续更加复杂，很难真正落实到小企业身上。问卷调查显示，当前只有 5.8% 的小微企业能享受到减半征税政策。

（五）产业升级转型和可持续性发展有待继续推进

工业结构升级步伐缓慢。2012 年，装备制造业和高技术产业发展较慢，全年增加值增长分别增长 13.2% 和 10.5%，低于规模以上工业 2.0 和 4.7 个百分点，占比也有所降低。

高耗能行业增长依然较快。2012 年，主要耗能行业增加值增速比全省平均水平高 1.1 个百分点，高耗能产业投资增幅比上年提高 1.2 个百分点。

传统批发零售业遭遇发展瓶颈。2012 年，以传统零售业态为主的限额以上批发零售业商品销售额比上年增长 13.9%，明显低于同期网上商店增长 2 倍以上的水平，增幅也比 2011 年回落 14.3 个百分点。

工业环保节能投入下降。2012 年以来，全省工业投资中的节能降耗投资增幅呈现逐季趋缓的走势，三废治理投资从 7 月份开始连续 6 个月呈现下降态势，全年下降 4.3%，比 2011 年增幅回落 35.3 个百分点。

（撰稿人：孙希有 福建省统计局局长）

（闫涵摄）

江西省经济社会发展报告

2012年，在省委、省政府的正确领导下，全省上下深入贯彻落实科学发展观，牢牢把握“稳中求进”的总基调，统筹做好稳增长、调结构、抓改革、优生态、惠民生、促和谐各项工作，团结拼搏、锐意进取，有效克服了经济下行压力加大等不利影响，经济社会发展呈现稳中有进的良好态势，基本完成年初确定的预期目标。

一、经济平稳较快增长，综合实力稳步提高

1. 经济总量持续扩大。初步核算，2012年，全省实现地区生产总值12948.5亿元，按可比价计算，比上年增长11.0%。其中，第一产业增加值1520.2亿元，增长4.6%；第二产业增加值6967.5 亿元，增长13.1%；第三产业增加值4460.8亿元，增长9.5%。三次产业结构由上年的11.9:54.6:33.5调整为11.7:53.8:34.5，三次产业对经济增长的贡献率分别为5.0%、66.6%和28.4%。人均生产总值28799元，增长10.5%。

2. 财政收入快速增长。2012年，全省财政总收入2046.0亿元，增长24.4%。其中，公共财政预算收入1371.9亿元，增长30.2%。财政总收入占生产总值的比重为15.8%，同比提高1.7个百分点；税收总收入1652.1亿元，增长20.7%，占财政总收入的比重达80.7%。县域财力快速增强，财政总收入超10亿元的县（市、区）达到56个，超20亿元的17个，超30亿元的8个，丰城市超40亿元，南昌县超60亿元。

二、农业基础地位巩固，农业产业化进程继续推进

1. 农业生产保持稳定。2012年，全省粮食种植面积3675.9千公顷，比上年增长0.7%；油料种植面积744.2千公顷，增长1.2%；棉花种植面积85.0千公顷，增长3.7%；蔬菜种植面积548.4千公顷，增长2.4%。粮食总产量2084.8万吨，再创历史新高，实现“九连丰”。其中，早稻800.2万吨，增长1.9%。肉类总产量333.9万吨，增长5.4%。年末生猪存栏1911.6万头，增长4.6%；生猪出栏3130.6万头，增长5.7%。水产品产量237.0万吨，增长6.4%。牛奶产量12.8万吨，增长0.7%。禽蛋产量56.4万吨，增长5.6%。

2. 农业产业化加快推进。2012年，全省627家省级以上龙头企业实现销售收入1850.4亿元，增长15.0%；实现利润90.9亿元，增长2.1%。规模以上农产品加工企业达3002家，增长7.2%；实现销售收入2320亿元，增长16.0%。农民专业合作组织 19074个，增长24.7%；合作组织成员20.8万户，增长27.6%。

三、工业结构逐步调整，企业效益稳步提升

1. 工业生产平稳发展。2012年，全省全部工业完成增加值5854.6亿元，比上年增长13.4%，占生产总值比重为45.2%。其中，规模以上工业增加值4885.2亿元，增长14.7%。工业产业结构进一步优化。规模以上工业中，十大战略性新兴产业实现增加值1932.4亿元，增长15.3%，高于全省平均增速0.6个百分点，拉动工业增长4.7个百分点。高新技术企业完成工业增加值1163亿元，增长14.8%，占全省GDP的比重为9.0%，比上年提高0.4个百分点。六大高耗能行业实现工业增加值2003.0亿元，增长12.7%，低于全省平均增速2.0个百分点。

2. 企业效益水平稳步提升。2012年，全省规模以上工业产品销售率99.3%；工业经济效益

综合指数 298.3%。实现利税 2129.8 亿元，比上年增长 17.4%，其中，利润 1285.1 亿元，增长 16.4%。在 37 个行业中，有 35 个行业实现盈利，增长面达 94.6%，其中，增长 20% 以上的行业有 25 个。实现主营业务收入 22267.6 亿元，增长 18.5%，其中，主营业务收入过千亿元的行业达到 6 个，较上年增加 1 个；主营业务收入超百亿元工业企业总数达 14 户，增加 2 户。

3. 园区经济快速增长。2012 年末，全省工业园区投产企业达 8229 家；安置从业人数 188.9 万人，增长 8.7%。园区完成工业增加值 3465.6 亿元，增长 14.2%；主营业务收入、利润、利税分别完成 16190.4 亿元、1010.3 亿元和 1632.8 亿元，增长 16.5%、21.1% 和 22.3%。年主营业务收入超百亿元的园区新增 13 家，总数达 59 家。

四、投资规模继续扩大，房地产市场基本平稳

1. 投资保持较高增速。2012 年，全省完成固定资产投资（不含农户）11388.9 亿元，比上年增长 30.1%。分产业看，第一产业投资 303.4 亿元，增长 66.8%；第二产业投资 6773.1 亿元，增长 30.4%，其中工业投资 6631.0 亿元，增长 29.1%；第三产业投资 4312.4 亿元，增长 27.7%。分投资主体看，国有经济投资 2537.1 亿元，增长 28.9%；非国有投资 8851.8 亿元，增长 30.5%，其中，民间投资 7871.2 亿元，增长 31.2%。

2. 重点工程建设进展顺利。2012 年，赣州至崇义等 7 条高速公路建成通车，全省新增高速公路 618 公里，高速公路通车里程达 4260 公里，位居全国第八。一批重大电力能源项目建成投运，新增统调电力装机容量 115 万千瓦，总量达到 1533 万千瓦。峡江水利枢纽实现大江截流，山口岩水利枢纽下闸蓄水。

3. 房地产市场有序发展。2012 年，全省房地产开发投资 969.6 亿元，增长 11.8%。商品房竣工面积 1747.5 万平方米，下降 8.3%；商品房销售面积 2397.1 万平方米，下降 0.8%；商品房销售额 1137.3 亿元，增长 13.5%。

农业地质调查专家在“中国生态硒谷”丰城开展野外工作（江西省地矿局提供）

五、消费需求旺势不减，物价涨幅有所回落

1. 消费品市场发展较快。2012 年，全省社会消费品零售总额 4027.2 亿元，比上年增长 15.6%。其中，限额以上批发零售业零售额 1307.8 亿元，增长 23.3%。分城乡看，城镇消费品零售额 3331.2 亿元，增长 16.5%；乡村消费品零售额 675.0 亿元，增长 12.8%。热点商品销售旺盛。2012 年，全省限额以上批发和零售业中，汽车类零售额 308.9 亿元，增长 20.9%；家具类零售额 27.6 亿元，增长 1.2 倍；金银珠宝类零售额 19.0 亿元，增长 25.4%；建筑及装潢材料类零售额 17.0 亿元，增长 16.5%；化妆品类零售额 8.8 亿元，增长 21.5%。

2. 物价涨幅回落。2012 年，全省居民消费价格上涨 2.7%，为 2010 年以来近三年最低值，其中，城市上涨 2.6%，农村上涨 3.0%。构成居民消费价格指数的八大类商品及服务价格全面上涨，其中，食品类上涨 5.2%，居住类上涨 2.7%。工业生产者出厂价格下降 3.5%，其中，冶金工业下降幅度最大，达 9.0%。工业生产者购进价格下降 1.7%，其中，黑色金属材料类、有色金属材料和电线类价格下降幅度最大，分别达 7.8% 和 7.6%。

南岭 2000 米科学深钻验证孔终孔（江西省地矿局提供）

六、外经外贸活力增强，旅游产业加速发展

1. 对外贸易规模扩大。2012 年，全省进出口总额 334.09 亿美元，比上年增长 6.2%。其中，出口 251.11 亿美元，增长 14.8%；进口 82.99 亿美元，下降 13.5%。机电产品出口 93.60 亿美元，比上年增长 14.9%；高新技术产业出口 32.8 亿美元，下降 14.6%。对俄罗斯联邦、香港等国家或地区出口快速增长，分别增长 16.3 倍，69.8%。

2. 招商引资成效明显。2012 年，全省新批外商投资企业 789 个，实际使用外商直接投资 68.2 亿美元，增长 12.6%。实际引进省外单项投资 5000 万元以上项目资金 3189.4 亿元，增长 23.7%。截至 2012 年底，全省具有世界 500 强投资背景的企业达 51 家。

3. 旅游市场繁荣。2012 年，全省接待国内旅游人数 20347.3 万人次，增长 28.3%；国内旅游收入 1372.0 亿元，增长 27.1%。接待入境旅游人数 156.2 万人次，增长 15.0%；旅游外汇收入 4.9 亿美元，增长 16.8%。

七、金融市场运行稳健，交通邮电业取得长足发展

1. 金融存贷款较快增加。2012 年末，全省金融机构本外币各项存款余额 16839.0 亿元，比上年末增长 17.6%。其中，人民币各项存款余额 16715.9 亿元，增长 17.4%。金融机构本外币各项贷款余额 11080.2 亿元，增长 19.1%。其中，人民币各项贷款余额 10924.6 亿元，增长 17.4%。年末城乡居民人民币储蓄存款余额

8471.9亿元，增长18.9%。

2. 证券市场规模持续扩大。2012年末，全省境内证券市场共有上市公司33家，比上年新增2家，直接募集资金75.5亿元，增长26.9%。证券公司营业网点126家，证券交易额1.4万亿元。期货公司营业部24家，比上年增加1家，成交金额2.4万亿元，增长20.0%。

3. 保险业发展步伐加快。2012年末，全省共有保险公司34家，保费收入271.7亿元，增长7.7%。其中，财产险保费收入97.5亿元，增长14.5%；寿险保费收入155.2亿元，增长2.1%；健康险保费收入12.5亿元，增长30.1%；意外伤害险收入6.5亿元，增长17.7%。支付各类赔款及给付93.2亿元，增长25.4%。其中，财产险赔款56.6亿元，增长37.3%；寿险给付31.0亿元，增长10.3%；健康险赔款和给付4.0亿元，增长8.1%；意外险赔款1.7亿元，增长21.8%。

4. 交通运输业运行良好。2012年，全省铁路、公路、水运完成旅客运输量84239.3万人，增长6.7%；完成货物运输量127017.9万吨，增长13.8%。机场旅客吞吐量752.0万人，增长13.7%，其中，昌北机场旅客吞吐量601.8万人，增长12.5%。

5. 邮电通信业稳步发展。2012年，全省完成邮电业务总量309.7亿元。其中，邮政业务量31.6亿元，电信业务量278.1亿元。年末固定电话用户644.2万户。全年新增移动电话用户316.7万户，年末达到2638.8万户。年末互联网用户数达372万户，增长18.8%。

八、教科文卫体各项全面进步，社会事业蓬勃发展

1. 教育事业继续发展。2012年末，全省研究生教育在校研究生2.5万人，普通高校在校生85.1万人，普通高中、初中、小学在校生分别达83.7万人、194.5万人和434.1万人。高等教育毛入学率29.5%，比上年提高2.0个百分点；高中阶段毛入学率79.5%，提高2.0个百分点；初中适龄人口入学率99.2%，小学适龄儿童入学率99.9%。

2. 科技创新能力不断增强。2012年，全省高新技术产业实现增加值1163.0亿元，增长17.0%，占GDP的9.0%；技术市场合同成交金额39.8亿元，增长15.9%；研究与试验发展（R&D）经费支出107.5亿元。年末拥有国家重点实验室1家，省重点实验室75家；国家工程技术研究中心6家，省工程技术研究中心110家。通过省级科技主管部门鉴定的科技成果118项，获得国家级科学技术奖的科技成果4项。受理专利申请12458件，增长28.8%；授权专利7974件，增长43.8%。

3. 文化事业得到巩固。2012年末，全省有艺术表演团体88个，文化馆103个，公共图书馆114个，博物馆108个。广播电台11座，电视台11座。有线广播电视用户539.8万户，数字电视用户323.0万户。广播节目综合人口覆盖率97.2%；电视节目综合人口覆盖率98.4%。全年出版各类报纸75631万份，各类期刊7395万册，图书19694万册。

4. 卫生事业稳步发展。2012年末，全省有各类医疗卫生机构39514个（含村卫生室），其中，医院、卫生院2135个，妇幼保健院（所、站）112个，专科疾病防治院（所、站）112个，疾病预防控制中心147个，卫生监督所（中心）117个。卫生技术人员18.0万人，其中，执业医师和执业助理医师6.7万人，注册护士7.2万人。

5. 体育事业不断进步。2012年末，全省有青少年俱乐部121个，晨晚炼健身活动点7725个。乡镇体育健身工程182个，农民体育健身工程1377个，老区和贫困地区“雪炭工程”设施建设项目6个。全省体育健儿在国际和国内的重大比赛中共获得33枚金牌、32枚银牌和37枚铜牌。

九、居民生活水平明显改善，环境保护投入力度加大

1. 城乡居民收入稳定增长。2012年，全省

农民人均纯收入7828元，比上年增长13.6%；城镇居民人均可支配收入19860元，增长13.5%。农村居民恩格尔系数43.5%，城镇居民恩格尔系数39.7%。年末农村居民人均住房使用面积47平方米，比上年末增加0.9平方米。城镇居民人均住房建筑面积40.1平方米，比上年末增加0.7平方米。

2. *生态保护进一步加强*。2012年，全省主要河流监测断面水质达标率81.2%，对环境空气质量进行监测的11个设区市城区环境空气质量全部达到二级（达标）以上，城镇地表水集中式饮用水源地水质达标率100%。全年造林绿化“一大四小”工程完成造林面积298.7万亩，鄱阳湖综合整治扎实推进，重金属污染防治取得成效，森林覆盖率达63.1%。年末已建有自然保护区220个，其中，国家级自然保护区11个；自然保护区总面积1194.3千公顷，占全省土地面积的7.2%。

3. *节能减排取得重要进展*。2012年，我省采取有力措施淘汰炼铁、炼钢、焦炭等16个行业91家企业落后产能，全面完成了国家下达的2012年目标任务。初步核算，全年能源消费总量7232.8万吨标准煤，增长4.4%；万元生产总值综合能耗0.6133吨标准煤，下降5.9%；化学需氧量下降2.54%，二氧化硫排放量下降2.8%。

十、社会保障继续完善，和谐社会建设不断深入

1. *就业工作继续加强*。2012年末，全省从业人员2556.0万人，比上年末增加23.4万人。城镇新增就业53.3万人。年末城镇登记失业率为3.0%。全年农民外出务工人员756.3万人，增长3.0%，其中，省外务工522.7万人，省内务工233.6万人。全年失业人员实现再就业24.1万人，就业困难人员实现就业6.7万人。共发放小额担保贷款92.0亿元，扶持个人创业47.5万人次，带动就业151.5万人次。

2. *社会保障体系不断完善*。2012年末，全省参加城镇基本养老保险人数707.4万人，比上年末增长8.3%，实现了城乡居民社会养老保险制度全覆盖。参加城镇职工医疗保险人数546.8万人，参加失业保险人数267.4万人。开展新型农村合作医疗试点工作的县（市、区）达96个，实现了农村人口全覆盖。向城市低保户发放低保金月人均补差220元；向农村低保户发放低保金月人均补差105元。为全省城乡628.7万名义务教育阶段公办学校学生全面免除学杂费和免费提供教课书。全面实施尿毒症患者免费血透救治，启动了贫困家庭重性精神病患者免费救治工作，白内障、唇腭裂以及儿童白血病、先天性心脏病患者免费救治进入常态化。全年新开工建设保障性安居工程30.4万套，竣工30.9万套，发放廉租住房租赁补贴16.8万户，完成农村危房改造17.5万户。

3. *社会福利事业继续推进*。2012年末，全省有各类收养性社会福利单位1925个，提供床位15.3万张，收养人数14.5万人，临时救济困难户4.4万人次。全年销售社会福利彩票35.1亿元，筹集社会福利资金10.0亿元，直接接受社会捐赠1.4亿元。

总体上看，2012年，全省经济运行呈现稳中向好态势，同时我们也清醒地看到，全省经济社会发展中还存在不少矛盾和问题，经济结构性矛盾仍然突出，部分行业产能过剩问题亟需化解，需求不足的压力仍然较大，发展的协调性需要继续增强。下一阶段，要全面深入贯彻落实党的十八大、中央和全省经济工作会议精神，紧紧围绕主题主线，继续把握好稳中求进的工作总基调，紧紧围绕建设富裕和谐秀美江西的奋斗目标，深入实施促进中部地区崛起、鄱阳湖生态经济区建设和赣南等原中央苏区振兴发展三大国家战略，以提高经济增长质量和效益为中心，进一步增强创新驱动、内生增长的经济发展新动力，推动全省经济持续健康发展。

（撰稿人：王建农 江西省统计局局长）

山东省经济社会发展报告

2012年，面对复杂严峻的国内外经济环境，山东始终坚持以科学发展为主题，以加快转变经济发展方式为主线，按照稳中求进的工作总基调，及时加强和改善宏观调控，把稳增长放在更加重要的位置，全省经济发展稳中有进。

一、2012年山东经济社会发展的主要特点

（一）经济总量突破五万亿，全年运行稳中有进

2012年，全省实现生产总值50013.2亿元，经济总量继续居全国第三位，占全国GDP总量的9.6%。从运行走势看，全年经济保持了总体平稳、稳中有进的发展态势。一季度、上半年、前三季度及全年GDP增速分别为9.7%、9.7%、9.7%和9.8%，均高于我省“十二五”规划确定的9%和年初制定的9.5%的目标任务。从人均指标看，2012年山东人均GDP为51768元，按年均汇率折算达到8201美元，自2007年超过3000美元以来每年跨上一个千美元台阶。

农业生产形势总体平稳。2012年，全省粮食总产量4511.4万吨，比上年增加85.1万吨，增长1.9%，实现“十连增”。其中，夏粮产量2179.9万吨，增长3.6%；秋粮产量2331.5万吨，增长0.4%。畜牧、渔业产品供给稳定。猪牛羊禽肉产量752.5万吨，增长7.5%；禽蛋产量402.0万吨，增长0.2%；牛奶产量283.9万吨，增长5.6%。水产品产量828.4万吨，增长3.4%。其中，淡水产品155.8万吨，增长4.5%；海水产品672.6万吨，增长3.2%。农业生产的稳定增长，为全省经济实现平稳健康发展提供了坚实基础和有力保障。

工业生产稳中有进。2012年，全省规模以上工业增加值增长11.4%。其中，一季度增长11.3%，二季度增长11.1%，三季度增长10.8%，四季度增长12.4%，全年呈现缓中趋稳、稳中有升的运行态势。分轻重工业看，重工业增长11.5%，轻工业增长11.2%，重工业累计增速全年首次超过规模以上工业和轻工业，贡献率由年初的65.8%提高到68.4%。分行业看，41个大类行业中有39个行业增加值比上年实现增长。其中，装备工业增速由年初的7.5%逐月提高，全年增长11.1%；六大高耗能行业增长总体稳定，累计增速始终稳定在12.5%-14.1%的区间内，全年增长13.7%。分产品看，在国家重点调度的120种工业产品中，有92种产品产量实现增长，比重由年初的60.8%提高到76.7%。产销结合良好，规模以上工业企业产销率达到98.8%。

服务业平稳发展。2012年，全省服务业增加值19995.8亿元，增长9.8%，快于全国平均增速1.7个百分点。其中，批发和零售业增长12.5%，金融业增长19.0%，非营利性服务业增长7.5%，交通运输、仓储和邮政业增长5.9%，对服务业增长拉动作用明显，贡献率分别达到38.8%、18.8%、16.0%和8.4%。

（二）扩大内需稳定外需，经济发展动力保持稳定

投资保持较快增速。2012年，全省固定资产投资30319.8亿元，增长20.5%，全年投资保持了20%以上的较快增长，为稳增长提供了重要支撑。技改投资增势良好，全年改建和技术改造投资7721.9亿元，增长23.9%，比固定资产投资增速快3.4个百分点，占全部投资额的25.5%。民间投资活跃。全年民间投资24285.6亿元，增长23.3%，比固定资产投资增速快2.8个百分点，占全部投资额的80.1%，仍是支撑投资平稳较快增长的重要力量。项目储备能力明显增强。全年新开工项目28612个，增长29.3%；计划总投

资27100.0亿元，增长38.0%，分别比上年提高25.0和7.2个百分点。其中，亿元以上新开工项目4230个，增长71.9%；计划总投资15169.0亿元，增长55.6%。房地产调控效果明显。全年房地产投资4708.3亿元，增长14.6%，比上年回落11.8个百分点。

消费市场稳定增长。2012年，全省社会消费品零售总额19651.9亿元，增长14.6%。其中，限额以上企业消费品零售额10278.4亿元，增长18.1%。从城乡市场看，城镇消费品零售额，增长15.2%；乡村消费品零售额，增长14.3%。从消费形态看，餐饮收入2081.3亿元，增长15.6%；商品零售17094.1亿元，增长14.9%。主要商品销售兴旺。在限额以上企业商品零售中，粮油、食品、饮料、烟酒类增长19.4%，服装、鞋帽、针纺织品类增长20.4%，日用品类增长19.5%，建筑及装潢材料类增长35.6%，家具类增长24.2%，汽车类增长10.3%。

对外贸易增速放缓。受世界经济增长乏力、外需不足影响，2012年全省进出口保持低速增长态势。全年进出口总额2455.4亿美元，增长4.1%，增速比上年回落20.7个百分点。其中，出口1287.3亿美元，增长2.4%，增速比上年回落18.3个百分点；进口1168.1亿美元，增长6.0%，增速比上年回落23.8个百分点。从出口市场看，对欧盟出口下降6.3%，出口份额占15.9%，仍为我省第一大出口市场；三大传统市场的出口份额占39.5%，其中对美国出口增长2.2%，对日本出口增长2.5%，对韩国出口下降7.6%。招商引资情况良好。全年新批外商投资项目1333个；新签合同外资165.6亿美元，比上年增长4.9%；实际到帐外资123.5亿美元，增长10.7%。

（三）物价总水平保持平稳，全年稍显回落走低态势

2012年，全省继续加强通胀预期管理，综合施措巩固物价调控成果，物价总水平保持平稳，居民消费价格累计同比涨幅呈现逐季回落走势。1月份同比上涨4.7%，一季度上涨3.8%，上半年上涨3.0%，前三季度上涨2.4%，全年上涨2.1%，比全国平均涨幅低0.5个百分点，累计同比涨幅自上年11月以来连续14个月回落。其中，城市上涨2.1%，农村上涨2.0%。分类别看，八大类商品和服务项目价格全部上涨，其中，食品类上涨3.5%，烟酒及用品类上涨2.8%，衣着类上涨3.3%，家庭设备用品及维修服务类上涨1.2%，医疗保健及个人用品类上涨2.1%，交通及通信类上涨0.2%，娱乐教育文化用品及服务类上涨0.3%，居住类上涨1.8%。

全年工业生产者价格累计同比涨幅低开低走、逐月回落。工业生产者出厂价格1月份同比上涨0.3%，1-2月与上年同期持平，一季度下降0.2%，上半年下降0.7%，前三季度下降1.4%，全年下降1.6%。工业生产者购进价格1月份同比上涨2.9%，一季度上涨2.1%，上半年上涨0.9%，前三季度下降0.3%，全年下降0.8%。

（四）结构调整扎实推进，经济发展方式转变步伐加快

服务业占比大幅度提升。2012年，全省服务业投资15207.1亿元，增长20.1%，三次产业投资结构由上年的2.1：47.9：50.0调整为2.2：47.6：50.2，服务业投资比重超过50%。其中，批发和零售业、信息传输软件和信息技术服务业、金融业、租赁和商务服务业、科学研究和技术服务业等生产性服务业投资力度较大，增速在37.5%-64.4%之间。全年三次产业增加值结构由上年的8.8:52.9:38.3调整为8.6:51.4:40.0，服务业比重比上年提高1.7个百分点。

高新技术产业较快增长。2012年，全省高新技术产业完成投资4617.0亿元，占全部投资额的15.2%；实现产值33661.1亿元，增长20.5%，占规模以上工业总产值的29.1%，比重比年初提高1.2个百分点。高技术产业效益保持良好增势。全年规模以上工业六大高技术领域实现主营业务收入7198.7亿元，增长17.6%，高于规模以上工业1.7个百分点；实现利润536.7亿元，增长19.2%，高于规模以上工业8.3个百分点。

自主创新能力明显提升。2012年，全省专

泰安方特欢乐世界——彭涛摄（山东省旅游局提供）

利申请和授权量大幅度增长。全年专利申请量12.9万件，比上年增加1.9万件，增长17.4%，其中发明专利申请量4.0万件，增长57.6%，占全部专利申请量的31.4%，比重比上年提高8.0个百分点。全年专利授权量7.6万件，比上年增加1.7万件，增长28.3%，其中发明专利授权量7454件，增长27.3%。每万人口发明专利授权数0.77件，比上年提高0.16件。

（五）经济运行质量稳步提高，收入水平显著提升

工业企业效益缓中趋稳。2012年，面对需求放缓和成本上升的双重压力，全省工业企业积极化解各种矛盾，主动应对各种挑战，切实以提高经济增长质量和效益为中心，自8月份以来主要效益指标逐渐企稳回升。全年规模以上工业企业实现主营业务收入116222.0亿元，增长15.9%，增速连续4个月加快；实现利润7443.3亿元，增长10.9%；实现利税12090.7亿元，增长12.1%，利润、利税增速均连续5个月加快。企业扭亏成效显著。年末规模以上工业企业亏损面为5.6%，分别比9月末、6月末、3月末缩小1.1、1.5和2.4个百分点。全年亏损企业亏损额328.8亿元，增亏38.5%，增亏幅度比上年回落28.2个百分点。

地方财政收入增势平稳。2012年，全省财政收入累计增速除1月份略低外（14.5%），其余各月均保持在16.7%-18.3%之间，增势较为平稳。全年公共财政预算收入超过四千亿，达到4059.4亿元，增长17.5%。税收收入3050.2亿元，增长17.2%，占地方财政收入的75.1%。其中，增值税增长5.9%，营业税增长17.1%，企业所得税增长10.9%，个人所得税下降1.5%。

城乡居民收入实际增长快于GDP增长。2012年，全省城镇居民人均可支配收入25755元，增长13.0%；扣除物价因素，实际增长10.7%，比上年增速加快1.5个百分点，高于GDP增速0.9个百分点。在城镇居民人均家庭总收入中，人均工资性收入19856元，增长12.6%，占全部收入的70.9%，为城镇居民收入的主要来源。全省农

民人均纯收入 9446 元，增长 13.2%；扣除物价因素，实际增长 11.0%，比上年增速回落 1.7 个百分点，快于城镇居民人均可支配收入增速 0.3 个百分点，高于 GDP 增速 1.2 个百分点。农产品量增价升、农民工工资水平提高仍是推动农民增收的主要动力。其中，人均家庭经营纯收入 4234 元，增长 7.6%，占全部纯收入的 44.8%；人均工资性收入 4383 元，增长 18.0%，占全部纯收入的 46.4%。

（六）惠民政策成效显现，经济发展环境保持稳定

就业形势基本稳定。2012 年，全省城镇新增就业 119.9 万人，新增农村劳动力转移就业 137.4 万人。年末城镇登记失业率 3.33%，低于 4% 的全年控制目标。

民生支出水平继续加大。2012 年，全省公共财政预算支出 5901.7 亿元，增长 18.0%。民生支出水平继续加大。全年完成支出 3312.0 亿元，增长 20.6%，快于全省财政支出增速 2.6 个百分点；支出额占全部财政支出的 56.1%，比重比上年提高 1.2 个百分点。其中，教育支出增长 25.7%，文化体育与传媒支出增长 27.1%，社会保障和就业支出增长 17.8%，医疗卫生支出增长 17.9%，农林水事务支出增长 18.6%。

金融市场运行稳健。2012 年末，全省金融机构本外币存款余额 55386.4 亿元，同比增长 17.9%。全年本外币存款增加 8401.7 亿元，比上年多增 3052.4 亿元。其中，单位存款新增 3856.3 亿元，占全部新增存款的 45.9%；个人存款新增 4365.4 亿元，占 52.0%。年末金融机构本外币贷款余额 42899.9 亿元，同比增长 14.3%。全年本外币贷款增加 5345.1 亿元，比上年多增 316.1 亿元。新增贷款以短期为主。境内短期贷款新增 4043.6 亿元，占全部新增贷款的 75.7%；境内中长期贷款新增 358.9 亿元，仅占 6.7%。

二、2013 年山东经济社会发展形势展望

2013 年是全面深入贯彻落实党的十八大精神的开局之年，是实施“十二五”规划承前启后的关键一年，也是为全面建成小康社会奠定坚实基础的重要一年。展望山东经济的发展趋势，既有可能影响经济下行的不利因素，也有促进经济平稳较快发展的积极因素，不利因素和有利因素并存，挑战与机遇同在。

（一）从不利因素看，全省经济运行的外部环境复杂严峻，经济发展面临的困难仍然较多，各种挑战不能低估

一是国际经济形势的复杂性和不确定性不断加剧。国际金融危机的深层次影响还在继续显现，全球经济复苏进程曲折，主要发达国家经济增长持续低迷，欧元区出现第二次衰退，美国经济虽在温和复苏，但失业率依然较高，日本在震后重建的推动下勉强维持增势。新兴经济体对发达国家依赖程度较深，经济收缩步伐明显加快，印度、巴西、土耳其等国家的经济增长均大幅下降。2013 年，世界经济仍处在深度调整期，结构改革不到位和需求增长乏力等问题难以根本改观，国际金融危机影响呈现长期化趋势，欧洲能否有效阻止债务危机的恶化、美国能否有效避免“财政悬崖”的冲击、日本能否走出负增长的阴影等不确定因素将极大地影响世界经济走势。

二是国内外需求仍面临一定下行风险。一方面，外需形势难有较大改观。结合明年国际形势的判断，同时考虑到我国劳动力成本上升、低成本优势逐步削弱以及贸易保护主义抬头等因素，

好客山东欢迎您—— 邵连庆摄（山东省旅游局提供）

贺年会摄影大赛获奖《我们的节日》—— 吴冠摄
（山东省旅游局提供）

明年的外需环境不容乐观。在不久前结束的广交会上，出口成交额较上届下降9.3%，其中对欧盟、美国、日本成交分别下降10.5%、9.4%和36.6%，由此可以预见，2013年出口增幅恐不会出现较大幅度增长。另一方面，内需较快增长难度加大。受出口不振、产能过剩和利润偏低等因素影响，制造业投资动力不足，房地产开发投资回升速度缓慢。促消费政策退出的影响继续，新的消费热点尚未形成，同时受收入水平制约，消费需求也难以实现较快增长。

此外，我国经济正处于成本上升阶段，劳动力价格、地价、能源和原材料价格、环境污染治理成本等也会继续走高，通胀预期仍将长期存在。

（二）从有利因素看，我省经济仍具备较大发展潜力，经济运行基本面总体向好的趋势没有改变，全省经济保持平稳较快发展仍具备许多积极因素

一是经济稳定发展的环境和基础较好。党的十八大的胜利召开，为我国今后一个时期的发展指明了方向，明确了道路，也为我省经济发展创造了良好的环境，奠定了良好的基础。当前，我国发展仍处于可以大有作为的重要战略机遇期，深入推进工业化、信息化、城镇化和农业现代化，将释放出巨大的发展潜力和需求。2012年省委、省政府坚决贯彻中央关于支持小微企业发展、扩大内需、鼓励民间投资、促进外贸稳定增长等一系列稳增长的政策措施，经济发展的基本面是好的，经济增速趋于稳定并不断出现积极变化。

二是市场信心有所恢复，经济发展的预期平稳向好。全球制造业采购经理指数（PMI）总体有所改善，2012年9月份以来，美国、欧盟、德国、日本及新兴市场国家PMI指数都出现回升，我国PMI指数也连续2个月位于50%的荣枯线之上，特别是新订单指数、原材料库存指数分别比上月回升0.8和0.6个百分点。在市场信心有所提振的基础上，多家国际金融机构对2013年世界及中国经济发展的预期平稳向好。国际货币基金组织（IMF）最新预测，2013年世界和我国经济将分别增长3.5%和8.2%，略高于2012年3.2%和7.8%的增长率。

三是重点区域带动作用不断增强。近两年来，我省紧扣科学发展主题，积极推进实施两大区域发展战略，准确把握蓝黄“两区”产业发展现状和发展方向，深入实施高端高质高效产业发展战略，大力发展现代海洋产业和高效生态产业，重点突破，集群发展，抓好重点区域、重点产业、重点项目，着力培育10大产业集群，进一步完善产业布局，优化产业结构，推进产业转型升级，着力提高产业的核心竞争力和示范带动作用。2012年，“两区”地方财政收入分别增长18.3%和18.1%，快于全省平均增速0.8和0.6个百分点；进出口总额分别增长6.1%和10.7%，快于全省平均增速2.0和6.6个百分点，“两区”建设已经成为全省经济发展的强大引擎。

综合判断，2013年全省经济运行的外部环境依然复杂严峻，经济发展仍存在不少困难和挑战，经济增长预期总体较为平稳。随着经济发展环境和客观条件的转变，以及经济结构、增长动力和发展方式的转变，我省经济增长将逐步从过去的高速增长阶段进入到中速增长阶段。

（撰稿人：潘振文 山东省统计局局长）

河南省经济社会发展报告

2012 年，在国内外经济形势极其严峻复杂的情况下，省委、省政府牢牢把握“持续求进”的总基调，带领全省人民努力克服各种困难，积极推进各项改革和建设，有力地巩固和保持了“三势”，特别是下半年以来一些指标增速快速回落的势头得到一定程度的遏制，缓中趋稳、稳中有进的积极态势持续显现。但金融危机深层次影响还在不断发酵，需求不足的问题依然突出，经济结构性矛盾仍没有根本缓解，国内区域竞争日趋激烈，资金、土地等要素约束趋紧，发展中不平衡、不协调、不可持续的问题依然突出，保持全省经济持续平稳较快发展仍面临许多困难和挑战。

一、2012 年河南经济呈现缓中趋稳、稳中有进的积极态势

初步核算，2012 年，河南省地区生产总值 29810.14 亿元，比上年增长 10.1%。

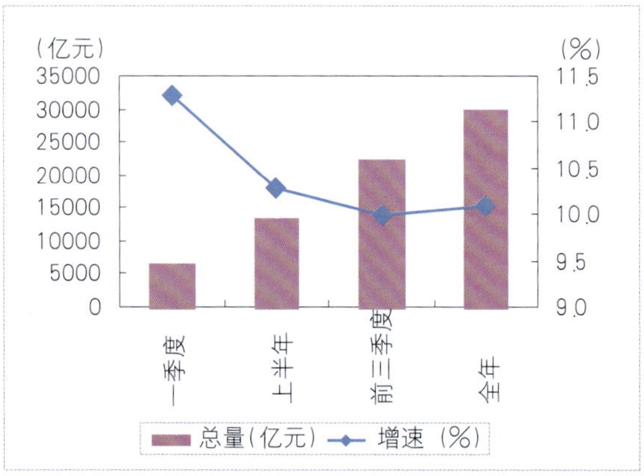

图 1　2012 年各季度生产总值数据图

1. 农业生产情况总体较好。2012 年，全省粮食总产量达到 1127.72 亿斤，比 2011 年增产 19.22 亿斤。连续 9 年增产，连续 7 年超千亿斤，为保障国家粮食安全做出了重要贡献。受季节因素和节日因素影响猪肉市场价格年内有一定程度的波动，但全年生猪生产形势总体稳定。

2. 工业经济波动趋稳。2012 年，全省规模以上工业增加值比上年增长 14.6%，增速较上年回落 5.0 个百分点。主要特点，一是工业生产增速回落幅度波动收窄。4 月至 10 月份，工业累计增速逐月分别回落 0.9 个、0.5 个、0.5 个、0.2 个、0.3 个、0.2 个、0.1 个百分点，11 月、12 月累计增速均与上月持平，总体呈现回落幅度收窄、增速趋稳态势。规模以上工业增加值当月增速上半年逐月回落，从 2 月的增长 17.6% 回落到 6 月的 12.8%，7 月一度反弹到 13.3%，8 月又回落到 12.8%，9 月开始逐月回升，至 12 月回升至 15.1%。与此同时，增速回升或稳定增长的产品波动增加，全省重点监测的 59 种产品中，当月同比增速较上月回升的产品 9 ～ 12 月分别为 29 个、33 个、35 个、37 个。二是工业效益呈现波动回落，逐步趋稳的态势。2012 年，全省规模以上工业主营业务收入增长 13.7%，全省工业利润比上年同期增长 6.8%。全年全省工业利润呈现阶段性特点，上半年逐月回落，三季度基本平稳，四季度出现回升，总体呈波动回升态势。效益提升行业呈现增多趋势。

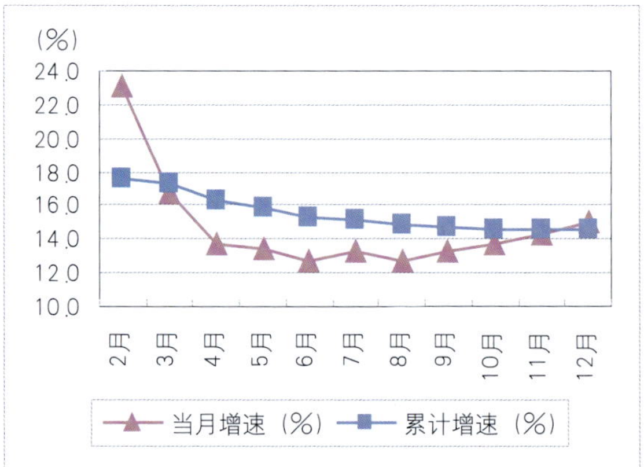

图 2　2012 年各月规模以上工业增加值增长速度图

3. 服务业稳定发展。一是交通运输邮政电信业增长稳定。2012 年，全省货运量比上年增长 13.0%；货物周转量增长 11.4%。二是金融业

快速增长。2012年全省社会融资规模达到4756亿元，创历史新高。金融业增加值首次突破千亿元大关，比上年增长17.5%，三是旅游业较快增长。2012年，全省共接待来豫旅游人数增长18.5%，旅游总收入增长20.1%。四是房地产市场趋稳。2012年，全省房地产开发投资增长15.6%，增速比前三季度加快1.9个百分点。商品房销售面积下降4.9%，降幅较前三季度收窄4.9个百分点。商品房销售额增长4.1%，增速比前三季度加快5.7个百分点。

4. 投资结构持续出现积极变化。2012年，全省固定资产投资（不含农户）增长23.2%，较上年回落4.7个百分点。一是工业投资保持较快增长，结构继续呈现积极变化。2012年，全省工业投资增长23.1%，占全省投资的比重为53.7%。其中，六大高成长性产业投资增长33.2%，占工业投资的比重为65.3%，同比提高5.0个百分点。二是民间投资持续较快增长，投资增长内生动力依然较强。2012年，全省民间投资增长26.7%，占全省投资的比重为80.8%，同比提高2.2个百分点。

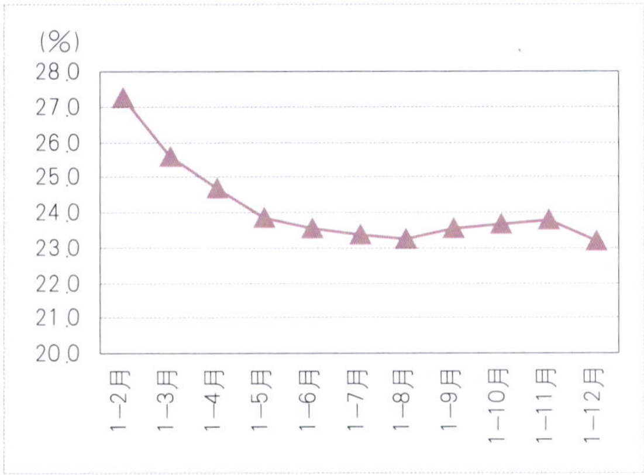

图3 2012年各月固定资产投资累计增长速度图

5. 市场平稳运行。2012年，社会消费品零售总额增长15.5%，实际增速比上年高出1.2个百分点，市场运行基本保持平稳。五大类商品拉动力强。零售额前五位的汽车类、石油及制品类、粮油食品饮料烟酒类、服装鞋帽针纺织品类、家用电器和音像器材类五类商品，实现零售额占限额以上批发和零售业零售额的77.9%，对限额以上批发和零售业零售额增长的贡献率为75.2%。市场价格基本稳定。2012年，全省CPI同比连续回落，同比增速从1-2月的4.1%回落至全年的2.5%。

6. 财政收入平稳增长。2012年，全省财政总收入达到3282.8亿元，比上年增长15.1%，二季度以来持续保持12%左右的平稳增长速度。地方公共财政预算收入2040.6亿元，比上年增长18.5%，二季度以来保持在波动中缓慢回升的态势。

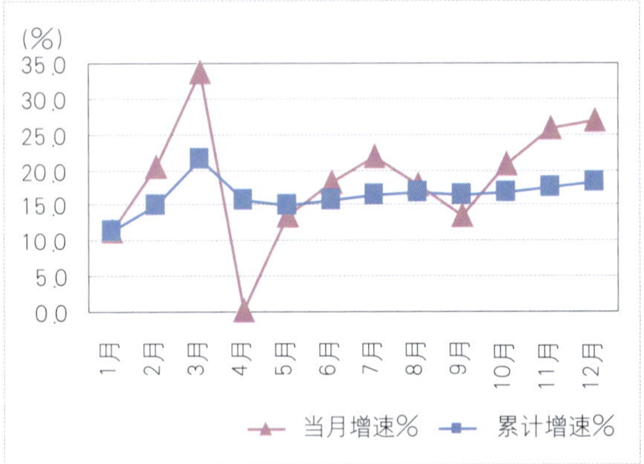

图4 2012年各月地方公共财政预算收入增长速度图

7. 城乡居民收入快速增长。2012年，全省城镇居民人均可支配收入20442.62元，实际增长9.5%，比上年加快1.1个百分点；农民人均纯收入7524.94元，实际增长11.3%，高于GDP增速1.2个百分点。

8. 节能减排成效明显。2012年，全省规模以上工业当月能源消费量平均约为1260万吨标准煤左右，能耗增速总体呈现下降的趋势，全年规模以上工业能耗增速同比下降2.3%。预计全年单位GDP能耗下降6%以上。

总体来看，2012年，在复杂严峻的国内外形势下，河南抢抓中原经济区建设重大机遇，坚持以新型城镇化引领促进“三化”协调发展，持续推进“一个载体、三个体系”建设，积极扩大开放，推进各项体制机制改革创新，巩固和保持了河南经济持续较快的增长态势。特别是四季度以来，随着各项政策措施的有效落实，宏观经济环境改善与近年来河南强化企业服务、积极推动结构转型升级等调控措施形成了叠加促进效应，经济下滑的态势得到有效遏制，主要指标出现回升态势。但同时也要看到，河南仍处于工业化、城镇化过程中，仍处于发展方式转变的过程中，仍处于中原崛起蓄势积累的过程中，城镇化水平较低、需求动力不足、综合竞争力不强、产业结构层次低、企业质量效益不高、创新能力不足等问题依然突出，保持河南经济持续健康较快发展仍面临诸多困难和挑战。

二、2013 年经济发展环境依然复杂，稳健运行压力较大

2013 年，河南经济发展面临的环境仍非常复杂。全球经济仍处在危机后的调整期，国际环境存在较大复杂性和不确定性，国内经济趋稳的基础也还不够稳固。

从国际看，美、日等主要经济体复苏缓慢，难以强劲拉动世界经济增长。世界银行在 2013 年 1 月 15 日公布的最新一期《全球经济展望》报告中将 2013 年全球经济增长预期下调至 2.4%，低于 2012 年 6 月份报告中 3% 的预测值。报告认为，如果美国的联邦预算削减措施按计划在 3 月初生效，美国经济将可能陷入衰退。欧元区经济下滑趋势也预计将延续全年。与此同时，发展中国家的增长速度将处于过去 10 年来的最低水平附近。同时，各国央行纷纷展开货币宽松竞赛，短期内虽可压低国债收益率，降低债务成本并为低迷经济注入流动性增加活力，为经济复苏争取时间。但这种做法会导致全球流动性泛滥，推升大宗商品价格以及加大发达国家债务风险，使新兴经济体面对输入性通胀压力。

从国内看，复杂的国际环境导致我国经济发展环境持续趋紧，我国总需求增长仍面临一定下行压力。一是制造业去库存化甚至去产业化的压力依然巨大，而国际大宗商品价格的走高以及劳动力成本的上升导致企业盈利水平普遍下降，众多企业出现亏损，企业自有资金不足、投资扩张动力减弱。2012 年，全国固定资产投资增长 20.6%，比上年回落 3.4 个百分点。同时，我国制造业投资与出口增长密切相关，由于外需不振，出口增长相对低迷，2012 年，我国进出口总值同比仅增长 6.2%，比上年回落 16.3 个百分点。二是从紧的房地产调控政策仍可能继续维持，以市场为主导的房地产投资虽将出现小幅回升，但回升力量不足。就基础设施投资而言，作为投资主体的地方政府目前负债率较高，税收增收困难而民生类支出压力较大，局部地区风险约束明显增加，基建投资扩张能力受到限制。特别是随着土地市场的降温，地方政府的财力与融资能力受到影响，大规模的基础设施投资受到限制。三是消费缺乏新热点，动力不足。由于国内消费热点缺乏，劳动报酬在国民收入分配中的比重偏低等，国内消费增长短期内难有质的变化。四是物价上涨压力加大。受新一轮全球性宽松货币政策影响，大宗商品价格走高和短期资本回流，都可能推高 2013 年的 CPI。食品供求总体处于紧平衡格局，国际、国内供给冲击或货币宽松都容易使物价上涨预期转化为上涨现实。

从河南看，一是需求制约依然突出，经济下行压力短期内难以消除。2012 年，全省工业产销率为 98.4%，产销衔接水平低于上年 0.2 个百分点。部分主要行业产销率也有所下降。电力行业产销率下降 1.4 个百分点，钢铁行业下降 1.0 个百分点，煤炭行业下降 0.4 个百分点。二是受需求和成本双头挤压，工业效益难有根本改善，制约企业生产经营积极性。2012 年，省工业企业生产经营和景气状况调查结果表明，原材料价格上升、企业用工成本上升是各季度影响企业生产经营的最重要的两个原因。全省工业主营业务成本同比增长 14.2%，高于主营业务收入增速 0.5 个百分点。利息支出增长 18.1%。工业企业利润较低，不少企业处于保本和亏本经营状态。年末，全省规模以上工业亏损企业 765 户，同比增加 243 户。亏损企业亏损额比上年增长 33.2%。全省六大高成长产业实现利润同比增长 13.6%，同比回落 21.6 个百分点。河南 18 个省辖市中仍有 8 个市的工业企业利润总额增速继续回落，洛阳、平顶山、安阳、三门峡、商丘等五市为负增长。三是潜在风险仍在累积。当前，河南一些主要行

业特别是部分传统行业生产经营仍面临较大困难，煤炭、化工、钢铁、有色等行业生产经营所面临的形势依然严峻。2012年，这四个行业实现增加值占全省工业的23.1%，而亏损企业亏损额占全省亏损企业亏损额的51.9%。一些大型传统骨干企业生产经营遇到了前所未有的困境，在资金链、就业面等方面存在一系列潜在风险。2012年各月双百企业利润总额下降速度始终在20%以上。企业经营持续困难，将在资金链、就业面等方面带来潜在风险。当前，虽然就业总体上仍保持增长态势，但增长速度已明显放缓，全年河南省规模以上工业企业全部从业人员平均人数同比增长6.3%，比上半年回落1.8个百分点。虽然央行连续降息和下调存款准备金率，但企业融资成本仍然居高不下，金融风险还在积聚。2012年，全省规模以上工业企业财务费用同比增速高于主营业务收入增速2.0个百分点，高于主营业务成本增速1.5个百分点。应收账款持续高速增长，全年增速达34.2%，增速比1～11月高出3.8个百分点。

三、积极因素持续积累，2013年河南经济仍有望保持平稳较快增长

尽管2013年河南经济发展面临的环境并不宽松，但是，经济全球化、国内市场一体化的趋势没有改变，中央“稳中求进”的经济工作总基调没有改变，全省工业化、城镇化加速推进的趋势没有改变，积极因素依然较多，保持经济持续健康较快发展仍然具备很多有利条件。

从国际看，虽然世界经济低速增长将成为常态，但积极的迹象仍在不断显现。一是在不断的政策刺激下，美国经济复苏的指向更加明显。尤其2012年9月美联储推出第三轮及11月推出的第四轮量化宽松政策，更加有利于其宏观经济状况的改善。美国经济2012年底形势意外良好，制造业产出攀升，且低通胀提高了消费者的购买力，消费者支出表现强劲。2012年12月，美国制造业产出攀升0.8%，且房屋建筑商信心持于七年高位附近。这些改善或许反映出美国整体经济活动在趋于活跃，消费者和投资者信心有所回升，2012年美国经济实现2%以上增长，成为西方“7国集团”中增长最快的国家。二是欧盟债务危机压力渐渐释放。为应对经济衰退，欧盟采取了一系列的货币、财政和改革政策，包括7月正式启动欧元区永久性救助机制——欧洲稳定机制（ESM）、9月欧洲央行颁布“直接货币交易计划”，欧盟采取包括降息、对国债市场干预等在内的宽松的货币政策，努力实现“财政紧缩”与“刺激增长”双平衡的举措以及加快结构性改革力度，这些有助于避免欧元区分裂，增强企业投资和消费者信心，进而推动欧盟财政一体化和货币一体化同步。三是新兴经济体应对危机的机能不断强化。面对严峻的外部环境，新兴经济体大多采取了经济刺激政策，在一定程度上扭转经济下滑势头。根据IMF预测，2013年新兴市场与发展中国家整体占全球GDP的比重将上升至50.8%，首次超越发达国家，有史以来第一次成为世界经济版图中的“主盘”。

从国内看，国家相继出台的稳增长政策，有利于经济企稳回升。一是国家适度放宽货币政策将进一步缓解企业资金压力和生产成本压力。2012年末，广义货币（M2）余额同比增长13.8%，比上年末高0.2个百分点；狭义货币（M1）余额同比增长6.5%，比11月末高1.0个百分点；全年人民币贷款增加8.20万亿元，同比多增7320亿元。2012年全年社会融资规模为15.76万亿元，比上年多2.93万亿元。二是国家加大刺激消费的政策力度有利于拉动消费需求。2012年12月份，全国社会消费品零售总额同比增长15.2%，比上月高0.3个百分点。其中，限额以上企业消费品零售额增长15.3%，比上月高0.2个百分点。三是加大企业扶持力度，降低生产成本，有利于企业经营效益改善。2012年，全国规模以上工业企业实现利润同比增长5.3%，增速比1-11月加快2.3个百分点。四是国家加快启动重大项目，加快项目审批力度，有利于拉动投资增长。2012年，全国新开工项目计划总投资同比增长28.6%。12月份，中国制造业采购经理指数（PMI）为50.6%，连续3个月位于临界

点以上，表明制造业市场需求回升。

从省内看，虽然当前河南经济运行中还存在不少矛盾和问题，但总体依然在较高增长平台上运行。特别是近年来省委省政府采取的一系列稳增长、创优势、破瓶颈、惠民生政策效应正在不断显现。一是招商引资和承接产业转移的成效持续显现。2012年实际利用外商直接投资121.18亿美元，比上年增长20.2%，总量及增速均居中部地区首位；实际到位省外资金突破5000亿元，增长25%。开放招商规模扩大、质量提升、领域拓宽，对经济增长、社会就业、产业升级等方面的带动作用更加凸显。二是产业集聚区支撑作用进一步增强。2012年，全省产业集聚区工业增加值增长22.6%，对全省工业增长的贡献率达到63.9%；全省产业集聚区投资增长35.7%，对全省投资增长的贡献率为68.3%。三是结构调整和转型升级作用明显。2012年，全省六大高成长性产业增加值增长18.3%，高于全省规模以上工业增速3.8个百分点。高技术制造业增加值增长60.6%，增速比全部规模以上工业高46.0个百分点。2012年，全省六大高成长性产业投资增长33.2%，高于全省工业投资增速10.1个百分点，占工业投资的比重为65.3%，同比提高5.0个百分点。高技术产业投资增长31.1%，占全省投资的比重为4.3%，同比提高0.3个百分点。四是稳增长、促转型、保态势行动计划，不仅有力地促进了经济运行由缓中趋稳向筑底企稳转变，也将增强今后一段时期河南经济增长的动力。2012年，全省新开工项目计划总投资同比增长26.8%，增速比1-11月加快4.2个百分点。其中，新开工亿元及以上项目计划总投资同比增长48.2%，高于全省新开工项目计划总投资增速21.4个百分点。特别是2013年，城镇建设快速推进，新型农村社区、城市新区与中心城区建设不断提速、房地产投资趋于稳定、产业转移步伐持续加快、结构优化与社会转型加快、城际铁路建设加快、高速铁路建设提速等也将形成新的投资需求。十八大以后的换届效应也将激发新的投资热情等均有利于2013年河南经济持续健康较快发展。

（撰稿人：胡五岳　河南省统计局局长）

兴泰智能化仿生馒头生产线（河南省粮食局提供）

湖北省经济社会发展报告

2012年，全省各地认真贯彻省委、省政府的各项决策部署，积极应对复杂多变的国际形势和国内经济运行中出现的新情况、新问题，扎实做好稳增长、调结构、惠民生、促和谐各项工作，全省经济运行呈现总体平稳、稳中有进态势，积极因素进一步增多。同时经济发展面临的困难和不确定因素仍然较多，各种挑战和风险不能低估。展望2013年，湖北正步入科学发展、跨越式发展的“黄金十年”机遇期。全省上下要认真贯彻落实党的“十八大”、“两会”精神和全省经济工作会议的各项决策部署，采取“竞进提质”的有力措施，努力实现跨越发展，加快湖北实现小康社会的伟大进程。

一、2012年湖北经济运行的“六大”亮点

（一）经济运行稳中有进，经济总量再上新台阶

2012年，全省经济运行呈现为稳中有进、筑底企稳的基本态势，经济增速快于全国。2012年全省生产总值保持11.3%的较快增幅，增速快于全国平均水平3.5个百分点。湖北经济跨越式发展势头凸显，经济总量再上新台阶。初步核算，2012年全省地区生产总值突破2万亿元，达到22250.16亿元，比上年净增2617.90亿元，比2007年净增12916.76亿元，翻了一番多。全省人均生产总值达到38572元，折合6110美元。产业结构稳步升级。2012年，全省第一、二、三产业分别完成增加值2848.77亿元、11190.45亿元和8210.94亿元，分别增长4.7%、13.2%和10.8%。三次产业结构为12.8：50.3 ：36.9。

（二）实体经济探底企稳，有效支撑进一步增强

1. 农业生产再创佳绩，实现了稳中有进、质效提升的总目标

2012年，全省继续深化农业结构调整，全面落实各项惠农政策，不断加大农业科技投入，加快发展产业化经营，全省农业再夺丰收，在高起点上再创佳绩，实现了稳中有进、质效提升的总目标。全省粮食实现“九连增”，总产达2441.81万吨，增产53.28万吨，增长2.23%。棉花产量达54.5万吨，增长0.11%。油料作物总产319.66万吨，增产14.95万吨，增长4.9%。畜牧生产稳定增长。全年全省生猪出栏4180.8万头，增长8.0%，猪肉产量317.3万吨，增长9.2%。牛出栏131.7万头，增长4.2%；羊出栏511万只，增长1.8%；家禽出笼49866.4万只，增长8.7%；禽蛋产量139.4万吨，增长1.7%。水产业形势喜人。水产品总产量达388.94万吨，同比增加32.72万吨，增长9.2%。

2. 第二产业呈现“筑底企稳”走势，工业经济效益持续温和反弹

2012年，工业经济运行主要呈现以下几个特点：

一是筑底企稳回暖的趋势正在形成。2012年全省规模以上工业完成增加值9552.35亿元，同比增长14.6%。从季度看，一季度增17.3%、二季度累计增15.6%、三季度累计增14.6%，呈现 “一季度较快增长、二季度增速放缓、三季度明显下滑、四季度筑底企稳”特征。

二是市场需求平稳增长，“去库存化”取得了明显成效。市场占有率稳步上升，2012年1-11月全省规模以上工业市场占有率为3.4%，居全国第9位，同比上升0.2个百分点，这也是自2005年以来连续8年回升。工业主动去库存接近尾声，逐步迈向被动去库存阶段，一些行业甚至出现补库存行为。2012年1-11月全省规模以上工业存货为3073.69亿元，同比增长15.9%，

增幅比一季度、上半年、前三季度回落 4.4、2.8 和 4.1 个百分点。

三是工业经济效益持续温和反弹。2012 年，全省规模以上工业实现利润 1602.9 亿元，同比增长 10.6%，增幅分别比一季度、上半年、前三季度回升 11.5、4.7 和 3.1 个百分点，快于全国 5.3 个百分点。完成税金 1402.2 亿元，增长 18.9%，上交增值税 769.8 亿元，增长 24.1%。亏损企业亏损额增幅放慢，全省规模以上工业亏损额为 154.3 亿元，同比增长 16.4%，增幅分别比一季度、上半年、前三季度回落 78.7、41.1 和 15.1 个百分点。

3. 第三产业稳中趋好，交通、邮电、金融、旅游等服务业增长较快

交通运输邮电稳步增长。2012 年，全省实现货运量 12.62 亿吨，比上年增长 14.5%，增幅同比提高 0.9 个百分点；实现货物周转量 4693.61 亿吨公里，增长 16.2%。电信邮政业务总量增长明显。全省实现邮电业务总量 491.44 亿元，增长 14.8%，增幅比上年提高 2.9 个百分点。

旅游市场较为活跃。全年接待旅游总人数达到 3.45 亿人次，比上年增长 26.0%；实现旅游总收入 2629.54 亿元，增长 32.0%。其中，接待国内游客 3.42 亿人次，增长 26.1%；实现国内旅游收入 2553.55 亿元，增长 32.2%。接待入境游客 264.72 万人次，增长 24.0%；实现旅游外汇收入 12.03 亿美元，增长 28.0%。

金融运行良好。到 12 月末，全省金融机构各项存款余额为 28257.85 亿元，比年初增加 4110.26 亿元，比上年增长 17.0%，增幅同比提高 2 个百分点。各项贷款余额为 19032.24 亿元，比年初增加 2818.67 亿元，增长 17.2%。

（三）内外需求协同拉动，经济增长内生动力加强

今年以来，虽然我省净出口下降明显，但投资、消费增长相对平稳、贡献增强。2012 年，全省累计完成全社会固定资产投资 15591.8 亿元，比上年增长 24.29%，处于较高水平。全省实现社会消费品零售总额 9562.5 亿元，比上年增长 15.6%，保持了较快增长态势。

——投资中民间和产业投资增长较快。2012 年，全省民间累计完成投资 10898.57 亿元，比上年增长 34.9%，高于全省平均水平 7.3 个百分点，占全省投资比重为 66.0%，比上年提高 3.6 个百分点。工业投资保持较高增速。全省工业完成投资 7270.10 亿元，同比增长 32.3%，高于全省投资平均增长水平 4.7 个百分点，工业投资占全省投资比重为 45.3%，比上年提高 1.6 个百分点，其中：制造业完成投资 6487.77 亿元，增长 36.3%，占工业投资比重为 89.2%，比上年提高 2.6 个百分点。

——重点项目投资进度较快，超额完成计划目标。2012 年，全省共安排 547 个重点建设项目，目前已经有 529 个项目有施工进度，占

荆江大堤——王大成摄（湖北水利厅提供）

重点项目个数的96.7%，全年计划投资2158.25亿元，完成投资2632.34亿元，占年度计划的139.0%，其中：先进制造业完成投资占年度计划的152.2%；现代服务业完成投资占年度计划的的159.1%；生态环境建设项目完成投资占年度计划的的177.1%。

——房地产开发投资增长较缓，商品房销售下滑。2012年，全省房地产开发累计完成投资2539.46亿元，同比增长22.9%，增速比上年回落4.6个百分点。2012年，全省商品房销售面积4037.85万平米，同比下降3.6%。其中：商品住宅销售面积3620.10万平米，下降4.4%。全省实现商品房销售额2036.20亿元，增长8.4%，增幅比上年回落34.2个百分点。

——消费中刚性消费与无店铺零售增长较快。2012年，全省限额以上批发和零售业实现商品零售额5255.73亿元，增长21.8%，其中食品饮料烟酒类、服装鞋帽针纺织品类和日用品类分别增长22.8%、24.0%和26.0%，分别高于平均增速1.0个、2.2个和4.2个百分点。无店铺销售较好。随着网络消费的兴起，无店铺零售形式逐渐被大众接受并得到快速发展，持续的价格刺激及各种促销活动使得其市场规模不断扩大。全省11家无店铺限额以上零售企业全年累计实现零售额40.1亿元，同比增长2.5倍。其中武汉京东世纪贸易有限公司全年实现零售额28.29亿元，湖北广电美嘉商贸有限公司全年实现零售额2.46亿元。

——外贸出口继续承压，招商引资较快增长。2012年，全省累计进出口总额319.59亿美元，同比下降4.8%，其中，出口194.01亿美元，下降0.7%，进口125.59亿美元，下降10.6%。2012年，全省实际使用外资56.66亿美元，同比增长21.7%，增幅同比提高6.8个百分点。引来省外资金实现较快增长，来鄂投资的境外世界500强企业新增12家，累计达到105家。

（四）转方式调结构扎实推进，节能降耗成效明显

工业结构调整步伐加快。一是规模效应彰显，行业、企业规模壮大。2012年，全省工业企业总产值过百亿元的企业达到25家，比上年增加1家；过十亿元的企业达到405家，比上年增加94家。二是轻重工业结构改善。2012年全省轻工业完成工业增加值3307.18亿元，增长20.1%，快于重工业8.1个百分点，轻工业占全省工业的比重为达到34.6%，比上年提高2.8个百分点。三是民营工业在全省工业经济中的地位提升。2012年全省非公有工业完成产值21300.98亿元，增长24.6%，增幅快于全省规模以上工业6.3个百分点。四是高耗能行业增速放缓，占比下降。2012年全省规模以上六大高耗能行业实现工业增加值2963.64亿元，增长11.6%，增幅慢于全省规模以上工业3个百分点，慢于上年5个百分点。五是新兴产业增长较快，新的增长点基础夯实。2012年，全省生产环境污染防治专用设备、锂离子电池、电动自行车、太阳能热水器同比分别增长1.1倍、26.3%、1.1倍和36.1%。

投资结构持续优化。投资继续向有利于推进产业结构调整的方向倾斜，制造业投资、高技术产业投资增速快、比重上升。2012年，全省高新技术产业完成投资647.61亿元，增长70.5%，增幅高于全省平均增长水平42.9个百分点，占投资的比重为4.0%，比上年提高1.0个百分点。其中：信息化学品制造完成投资增长213.1%；电子及通信设备制造业完成投资增长97.0%；医疗设备及仪器仪表制造业完成投资增长130.2%；公共软件服务业完成投资增长130.2%。

节能减排成效明显。2012年，全省规模以上工业综合能源消费量7703.83万吨（初步数），增长2.0%，增幅比上年回落9.7个百分点。全省规上工业单位增加值能耗同比下降11.0%，下降幅度高于上年同期。全省工业用电量下降0.3%，一方面反映工业增幅下降，同时表明能耗下降的幅度更大。

（五）城镇化建设步伐加快，县域经济支撑突出贡献大

近年来，我省先后完成仙洪新农村建设试点、鄂州城乡一体试点、竹房城镇带建设、七个山区

县市脱贫奔小康试点等创新城市管理和城镇化建设任务，城镇化发展进入新阶段。2011年，湖北省城乡人口结构首次逆转，实现历史性突破，全省城镇化率达51.83%，高于全国平均水平0.56个百分点，2012年全省城镇化率达到53.5%，比上年提高1.67个百分点。从世界一般发展规律看，一个地区城镇化率达到50%，就进入了城镇化发展的快速时期。湖北省正处于这样一个黄金期，已经具有强大的城镇化拉动力。

2012年在极其艰难的困境中，我省县域经济主要指标增长高于全省发展水平，呈现出速度快、效益好、后劲足的良好局面，为保持全省经济的平稳较快发展做出了重要贡献。一是速度快。2012年，全省县域生产总值达到12901.7亿元，按可比价格计算，增长12.8%，增幅高于全省1.5个百分点，占全省经济总量的58.0%；规模以上工业完成增加值6062.24亿元，增长18.0%，高出全省工业增速3.4个百分点。二是效益好。全省县域地方财政预算收入达到685.8亿元，增长32.5%，增幅高出全省13.1个百分点。三是后劲足。投资力度继续加大。前三季度，全省县域共引进省外境内资金3167.03亿元；全县累计完成固定资产投资10949.7亿元，增长36.4%，高出全省投资8.8个百分点，占全省的比重达到66.3%。

（六）财政收入增长较快，民生保障水平不断提高

2012年，全省完成财政总收入3115.63亿元，同比增长18.0%，其中地方财政收入1823.05亿元，比上年增长19.4%。从主体税种看，增值税增长9.5%，营业税增长28.8%，企业所得税增长26.6%，个人所得税下降0.6%。

漳河观音寺大坝——佚名摄（湖北水利厅提供）

全省财政支出重点逐步向民生方面倾斜，绝大部分新增支出着重用于保障和改善民生。2012年，全省地方财政支出3801.79亿元，增长18.3%。全省民生支出2864.22亿元，占总支出75.3%，同比增长19.1%，增支459.99亿元，占财政增支总额的78.4%。其中，全省社会保障和就业支出514.59亿元，同比增长14.5%，占财政支出总额的13.5%；住房保障支出139.08亿元，同比增长35.0%。保障体系不断完善，保障覆盖面持续扩大。

居民收入保持增长，就业形势总体平稳。2012年，全省城镇居民人均总收入22903.85元。其中，城镇居民人均可支配收入20839.59元，名义增长13.4%；扣除价格因素实际增长10.3%。在城镇居民人均总收入中，工资性收入名义增长12.4%，转移性收入增长14.5%，经营净收入增长13.2%，财产性收入增长33.3%。农村居民人均纯收入7851.71元，名义增长13.8%；扣除价格因素实际增长10.5 %。其中，工资性收入名义增长18.0%，家庭经营收入增长10.5%，转移性收入增长24.7%，财产性收入下降22.0%。城乡居民收入均保持两位数以上的高增长。就业形势总体平稳，劳动力供求基本平衡。2012年，全省城镇登记失业率为3.83%，比上年同期末下降0.27个百分点，继续保持在较低水平。2012年全年新增就业人数为79.99万人，同比增长4.4%。四季度末登记失业率为3.83%，低于上年同期0.27个百分点。

居民消费价格涨幅平稳，实现调控目标。2012年，居民消费价格上涨2.9%，比上年回落2.9个百分点。其中，城市上涨2.8%，农村上涨3.0%。分类别看，食品上涨 5.4%，烟酒上涨3.0%，衣着上涨2.5%，家庭设备用品及维修服务上涨2.2%，医疗保健和个人用品上涨2.8 %，娱乐教育文化用品及服务上涨0.6%，居住上涨2.3 %，交通和通信下降0.2%。全省工业生产者出厂价格上涨0.3%，涨幅比上年回落6.3个百分点；工业生产者购进价格下降1.1%，上年为上涨11.5%。

西北口水库——王建中摄（湖北水利厅提供）

二、经济运行中需重点关注的几个问题

在经济平稳增长、结构调整初显成效的同时，经济发展中仍存在着不平衡、不协调的矛盾与问题，需加以高度关注。

（一）经济增长面临下行压力，需警惕经济增速的继续下滑

1. 关注投入与需求不足的问题

持续投入和稳定增长的有效需求是经济增长的两个基本条件。从增长动力看，在逐渐减少对房地产、重化工业以及劳动密集型产业依赖的同时，新的增长动力和空间仍较缺乏。今年以来，我省经济增速同比出现了较大幅度回落，前三季度 GDP 增速回落到 2010 年以来的最低水平。主要原因是受国内外需求不足影响，投资、消费、出口增速均呈回落态势，2012 年，全省固定资产投资增速同比回落 1.1 个百分点、社会消费品零售总额增速同比回落 2.0 个百分点、出口增速同比回落 35.9 个百分点，出口增速是今年最低点。当前和今后一段时期内将持续面临经济潜在增长减弱、自身增长动力不足的局面。从内外需求看，工业生产增速持续回落，全年增幅回落至 15% 以下，工业生产价格出现快速回落，经济先行指标反映出市场需求的萎缩。从外部环境看，经济形势严峻复杂，特别是世界经济复苏的道路艰难曲折，外需市场难以乐观。产能过剩问题凸显。从制造业运行情况看，受基础设施和房地产投资萎缩等因素影响，包括钢铁、有色、建材和化工在内的原材料工业生产形势低迷，产能过剩问题凸现，部分行业处在行业性整体亏损边缘。受设备投资周期和出口萎缩等因素影响，装备制造业经济运行进入低迷状态，生产增速快速回落。

2. 关注产业发展中存在的困难

从当前形势看，第二产业和第三产业发展仍然存在诸多困难，总体仍难以实现较快增长。受需求不足影响，2012 年，全省第二、三产业增速回落。第二产业增速同比回落 4.7 个百分点，其中工业同比回落 5.7 个百分点。第三产业增速同比回落 1.2 个百分点。从体现经济活跃程度的指标观察，增速也出现不同程度回落。2012 年，全社会用电量增长 3.9%，其中工业用电量下降 0.3%，同比分别回落 5.1 和 8.9 个百分点；货运周转量增长 16.1%，回落 4.9 个百分点，表明当前经济下行压力仍然较大。

企业经营发展依然存在较大困难。成本控制难度加大，“三项费用”较快上涨。2012 年，全省规模以上工业“三项费用”为 2444.2 亿元，同比增长 20.7%，增幅快于主营业务收入 3.2 个百分点。用工成本不断增加、物流费用居高不下等因素导致企业经营成本不断增加。全省规模以上工业职工薪酬为 1161.0 亿元，同比增长 23.9%，土地和固定资产支出为 464.2 亿元，同比增长 24.4%。融资难度居高不下。全省规模工业企业利息支出同比增长 16.4%。特别是小型微型企业融资难、融资贵问题仍然突出。小型工业企业利息支出同比增长 33.3%，比大中型企业高出 21.2 个百分点。

（二）当前经济转型处于关键阶段，提档升级任重道远

1. 从需求结构看，扩大消费难度依然较大，投资结构需进一步调整

从扩大消费看，2012 年以来受经济增速回落影响，城乡居民收入增长的不确定性，未来支出仍有较高的预期，以及一些宏观刺激消费的政策〞淡出〞，致使汽车、住房及相关消费降温；食品安全和产品质量问题多发，也让部分消费者心存疑虑而缩减开支。2012 年，全省家用电器和音像器材类、家具类和建筑及装潢材料类零售额分别增长 13.8%、27.7% 和 28%，环比继续回落 0.3、

1.0 和 2.1 个百分点。同时受钓鱼岛事件影响，汽车消费也明显回落。从投资结构看，目前战略性新兴产业投资规模仍然较小，有待继续努力扩大，而民间投资仍主要集中于房地产开发投资和工业投资领域，难以对高新技术、公共服务及社会事业等进行大规模投资。

2. 从产业结构看，制造业战略性新兴产业仍处于培育发展阶段，转型升级的任务依然艰巨

湖北制造业战略性新兴产业正在加快发展，但仍处于起步培育阶段，与创新驱动、转型发展的要求仍有很大差距，其总体投资规模仍然较小，有待进一步扩大；产业附加值不高，增加值率偏低，亟需加强核心技术创新。湖北第三产业发展的稳定性和均衡性仍不足。新兴服务业规模尚小，支撑作用仍较弱。第三产业内部结构需要进一步调整优化，转型发展的任务艰巨。

（三）周边省份发展加快，外部竞争压力空前少有

面对产业转移的重大机遇，中西部各省市高度重视，纷纷采取强力措施承接产业转移，以更高的发展定位，更大的政策优惠来比环境、争客商、引项目，形成了一种赶超挤压的竞争态势。如近两年湖北实际利用外资一直处于落后的状态。2012 年，湖北实际利用外资在中部六省中排第 5 位，绝对量不足河南（121 亿美元）的一半，也只是安徽（86.4 亿美元）的 65.6%，处于落后状态。湖北外贸出口形势严峻。2012 年，湖北出口总额被安徽、河南、江西超过处于第 4 位；出口增幅更是为下降 0.6%，排最后一位，不仅远远落后于最快速度的安徽 56.6%，也与排名第 5 的江西（14.8%）有 15.4 个百分点的差距。东部发达省份也在采取措施推动产业就近向本省欠发达地区转移。如广东省在“双转移”推动下，最近 3 年珠三角累计转出企业 5983 家，其中转到粤东粤西北地区达到 3100 多家。当前中西部地区资源能源优势在上升，部分省份临近长三角、珠三角的综合交通地利优势在强化，湖北承接产业转移、强化新增长点面临的竞争形势比较严峻。

（四）全面建设小康社会，加快“五个”湖北建设的任务艰巨

一是实现两个翻番，湖北的任务大于全国。2010 年，湖北按常住人口计算，人均 GDP27906 元，低于全国平均水平（29992 元）。如果考虑到未来几年的发展，产业的转移和湖北流入人口增加，达到户籍人口规模，湖北的人均 GDP 达到或超过全国平均水平，则增长速度要高于全国 1.7 个百分点才能实现。

二是湖北的城乡居民收入低于全国平均水平。2010 年，湖北城镇居民人均可支配收入比全国平均水平低 3051 元，农村居民纯收入低 87 元。湖北城乡居民收入要达到或超过全国平均水平，城乡居民收入增幅要分别高于全国 1.8 个和 0.2 个百分点。

三是与全国同步建成小康社会任务仍很艰巨。从统计监测结果看，湖北全面建设小康社会稳步推进，但与全国平均水平相比，实现程度还是有差距。2011 年我省小康实现程度达到 82.8%，低于全国平均水平 0.4 个百分点。23 项指标中 14 项不达标。反映了湖北在全面建设小康社会的过程中还需找到更有效的突破点和新的增长点。具体分析，影响我省小康实现程度主要有四个方面因素：一是经济发展方面，人均 GDP 偏低，比全国低 984 元，小康实现程度比全国低 2.5 个百分点；产业结构不优，我省产业结构中农业比重大、第三产业比重低，小康实现程度为 73.8%，比全国低 9 个百分点。二是生活质量方面，主要是收入水平偏低。2012 年，我省城镇居民人均可支配收入、农民人均纯收入分别比全国平均水平低 3725 元、65 元，2011 年小康实现程度为 63.8%，比全国低 10.03 个百分点。三是文化教育方面，2011 年文化产业对全省生产总值的贡献率低，仅为 2.58%，小康实现程度为 51.6%，比全国低 7.0 个百分点；居民文教支出比重下滑，从 2002 年的 14.19% 降到 2011 年的 9.15%，小康实现程度为 57.2%，比全国低 5.1 个百分点。四是资源环境方面，主要是单位生产总值能耗偏高。2011 年，我省单位生产总值能耗实现程度为 63.7%，比全国低 7.3 个百分点。

（撰稿人：李克勤 湖北省统计局局长）

湖南省经济社会发展报告

2012年，全省上下按照省委、省政府的部署，积极应对国际经济形势严峻和国内经济下行压力加大的挑战，把稳增长、调结构、强保障、抓改革、惠民生、促和谐有机结合起来，全省经济运行总体平稳，实现了稳中求进的预期目标。展望2013年，湖南仍处在大有作为的重要战略期，必须抢抓机遇，全面落实十八大精神，加快推进“四化两型”、“四个湖南”建设，促进经济持续健康发展和社会和谐稳定。

一、回顾2012，经济运行稳中有进

2012年是全省国民经济和社会发展取得新成绩的一年。全年经济总量再上新台阶，地区生产总值突破2万亿元，达到22154.2亿元，比上年增长11.3%，比全国平均增速高3.5个百分点；非公有制经济突破万亿规模，增加值达到12791.2亿元，比上年增长13%。全省规模工业增加值、固定资产投资、社会消费品零售总额、财政收入和金融机构贷款余额等重要经济指标增速也均高于全国平均水平。在经济平稳较快发展的同时，运行质量得到提高，人民生活得到新的改善。

（一）产业发展总体平稳

受全球经济增速普遍下行的影响，全省经济增速延续回落态势，但总体较为平稳，全年在11%—12%之间运行（图1）。一季度、上半年和前三季度，全省地区生产总值同比增速分别为11.9%、11.5%和11.2%，四季度企稳至11.3%。从农业生产来看，农业基础进一步稳固。全省粮食总产量增长2.3%，实现“九连增”。畜牧业也恢复增长，全年出栏生猪、牛、羊分别增长5.4%、3.6%和0.8%，出笼家禽增长6.1%；水产品总产量增长10%。从工业运行来看，与全国发展态势一致，全省规模工业增速有所减缓，但各月累计增速基本稳定在14.6%以上，且全年增幅高于全国平均水平4.6个百分点。全省39个大类行业中，38个大类行业增加值比上年增长；主要产品产量增长的有292种，占产品总数的68.4%；新产品产值增长20.3%，所占比重提高0.5个百分点；轻工业增速也比重工业快了0.3个百分点。从服务业发展来看，2012年，第三产业增加值增长12.2%，增幅比上年提高1.2个百分点。其中，金融业，交通运输、仓储和邮政业发展较快，增加值分别增长了13.6%、11.4%。全年完成客货换算周转量增长14.1%，同比提高0.1个百分点。房地产业经营好转，全年商品房屋销售面积增长5.1%。全省实现旅游总收入2234.1亿元，增长25.1%。

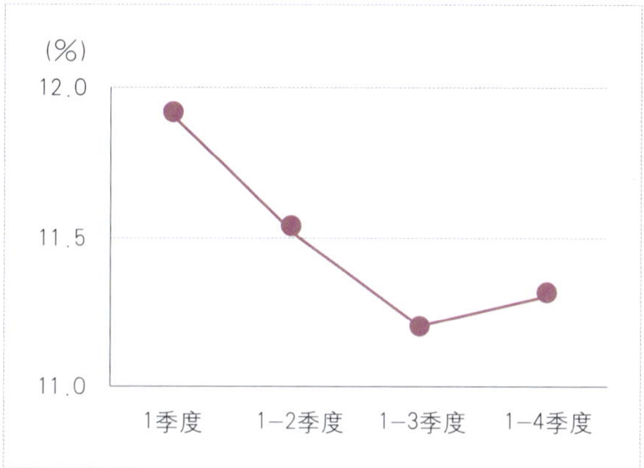

图1 全省地区生产总值同比增速

（二）结构调整稳步推进

从三次产业结构来看，初步核算，2012年，三次产业结构由上年的14.1 ∶ 47.6 ∶ 38.3调整为13.6 ∶ 47.4 ∶ 39.0，其中，第一产业比重比上年下降0.5个百分点，第三产业比重则提高了0.7个度百分点，产业结构不断优化。从工业结构来看，全省六大高耗能行业增加值占规模工业的比重比上年降低3.5个百分点，而高加工

度工业和高技术产业增加值占规模工业的比重分别提高 0.9 个和 2.2 个百分点。从投资结构来看，全省完成技改投资占全部投资的比重为 38.6%，比上年提高 2.4 个百分点；高新技术产业投资占工业投资的比重为 9.7%，提高 3.5 个百分点。从出口结构来看，机电产品和高新技术产品出口占出口总额的比重分别提高 4.4 个和 3 个百分点。

（三）发展动力稳步增强

投资持续较快增长。全省完成固定资产投资 14523.2 亿元，比上年增长 22.2%，比全国平均水平高 2 个百分点。其中，一、二、三次产业分别完成固定资产投资 468.1 亿元、6331.8 亿元和 7776.7 亿元，分别增长 46.1%、29.4% 和 25%。特别是，全年 16 条共 1320 公里高速公路建成通车，通车总里程达 3969 公里，“两纵五横”的高速公路骨架网基本形成。消费市场趋于活跃。全年实现社会消费品零售总额 7921.9 亿元，增长 15.1%(图 3)，高于全国平均水平 1.1 个百分点；扣除价格影响，实际增长 13.5%，实际增速比上年提高 1.7 个百分点。对外贸易发展较快。全年完成进出口总额 219.4 亿美元，增长 15.5%，高于全国平均水平 9.3 个百分点。其中，出口 126 亿美元，增长 27.3%；进口 93.4 亿美元，增长 2.7%。

（四）发展质量稳步提高

企业效益逐步提升。全省规模工业企业盈亏相抵后实现利润总额比上年增长 10.5%（图 4），比上半年提高 7.2 个百分点，比全国平均水平高

图 2　2012 年农村居民消费支出构成

5.2 个百分点。财政收入较快提高。全省实现财政总收入 2931.8 亿元，增长 16.2%。其中，地方财政收入 1776 亿元，增长 17.1%。节能降耗取得成效。全省规模工业综合能源消费量为 6708.6 万吨标准煤，下降 4.4%。其中，六大高耗能行业综合能源消费量 5197.9 万吨标煤，下降 6.3%。

（五）民生改善稳中有进

惠民支出增幅较大。全年涉及民生支出 2694.7 亿元，比上年增长 17%，增速比财政总支出平均水平快 0.9 个百分点；占财政支出的比重也达到了 66%，比上年提高 0.6 个百分点。居民收入增长较快。国家统计局湖南调查总队抽样调查显示，全省城镇居民人均可支配收入和农村居民人均纯收入扣除价格因素同比实际增长 10.7% 和 11.5%（图 4、图 5），分别比上年提高 2.8 个和 0.9 个百分点。社会保障力度较强。全省城镇新增就业 72.4 万人，比年度任务多增 12.4 万人，超额完成 20.6 个百分点。城乡居民社会养老保险实现全覆盖。全省廉租房新开工 8 万套，开工率达 107.6%。建设农村公路 7077 公里，完成年度任务的 118%。解决 330.1 万农村居民的饮水安全问题，完成年度任务的 110%。

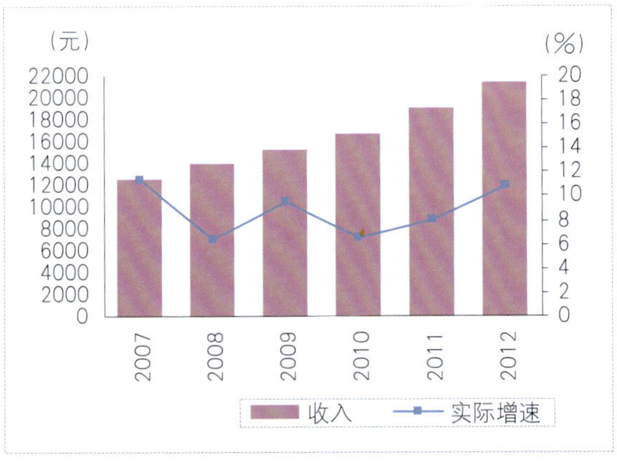

图 3　2007–2012 年全省城镇居民人均可支配收入及其实际增长速度

虽然全省经济发展中的积极因素不断积累，但仍然存在一些矛盾和问题。主要有：一是部分企业面临较多困难。2012 年，受国内外需求增长趋缓、产能过剩、成本上升和出厂价格走低等多重因素叠加影响，全省工业运行难度加大。全省

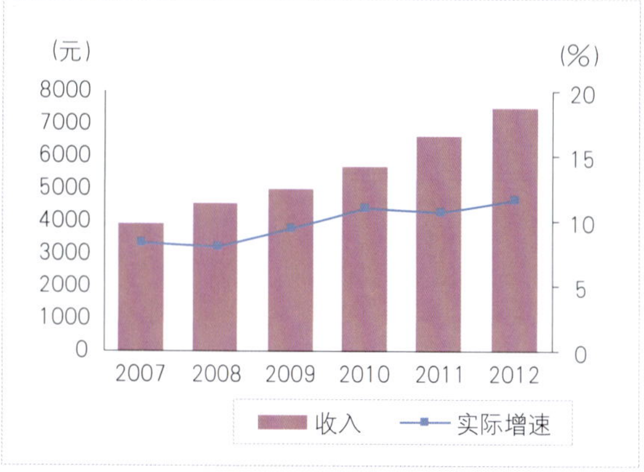

图 4　2007-2012 年全省农村居民人均纯收入

规模工业增加值增长 14.6%，增速为 2005 年以来同期最低水平。规模工业企业盈亏相抵后利润增长 10.5%，同比回落 33.4 个百分点。二是稳增长的基础不牢。2012 年，拉动力较大的基础设施投资仅增长 15.9%，低于全省投资增速 11.6 个百分点；房地产开发投资增长 13.7%，低于全国 16.2% 的平均水平。消费对全省经济增长的贡献率只有 38.9%，也远低于全国超过 50% 的平均水平。此外，发展不平衡、不协调的问题仍然突出，转方式、调结构的任务仍然艰巨，保障改善民生任务仍然繁重，等等。

二、展望 2013，经济发展蕴含空间

2013 年是实施“十二五”规划承前启后的关键一年，也是为全面建成小康社会奠定坚实基础的重要一年。从国内外经济形势来看，又是风险和困难较多的一年。随着国际金融危机深层次影响不断显现，世界经济低速增长态势仍将延续，我国经济发展面临的困难明显增大。尽管 2013 年经济增速超过 2012 年的可能性很大，但超过的幅度将比较有限。总体而言，2013 年中国经济将呈现平稳增长的运行格局，这对后发赶超的中部省份湖南来说，既带来很大的压力，也蕴藏着新的机遇。

（一）世界经济仍将低速增长，但回暖大势没变

2008 年金融危机以来，世界经济一直处在缓慢的复苏之中，四年多来没有明显改变。当前，虽然全球经济低速增长的大势短期内难以扭转，但各国及国际组织正在共同努力，世界经济回暖的趋势逐渐清晰。一是世界经济出现积极因素。数据显示，1 月份，全球制造业 PMI 为 51.5，高于上年 12 月的 50.8，连续两个月运行在 50% 以上，主要经济体制造业明显回暖；美国非制造业活动指数为 55.2，连续 37 个月扩张；欧元区综合 PMI 终值为 48.6，虽位于荣枯分界线之下，但为近 10 个月来的新高。经合组织认为，加拿大、意大利、中国及美国前景趋稳的迹象日益显现。国际货币基金组织（IMF）最新预计，2013 年，世界经济增长 3.6%，比 2012 年加快 0.3 个百分点。二是刺激政策取向比较明朗。美联储在实施第三轮货币量化宽松政策的基础上，已经启动新一轮购债计划，并继续维持低利率；众议院也投票通过了短期调高公共债务上限议案，“财政悬崖”问题得到暂时解决。英国推出 50 亿英镑的刺激计划，巴西实施新的刺激措施，日本实施“开放式”量化宽松政策提振疲软经济，法国也采取一系列促进就业和提高经济竞争力的措施等等，这些积极政策的实施将有助于世界经济的恢复。

（二）我国经济回升基础较弱，但运行趋于稳定

一是向好势头日益巩固。2012 年，由于世界经济复苏明显放缓，我国外贸受到很大冲击。继三季度尤其是 9 月份运行呈现企稳向好迹象以来，我国经济温和回升态势进一步发展。12 月份，全国规模工业增加值、社会消费品零售总额当月增速分别比 11 月份加快 0.2 个和 0.3 个百分点；全社会用电量环比增速超过 10%，较 11 月提高 6.7 个百分点。固定资产投资累计增长 20.6%，连续 4 个月保持在 20.5% 以上；企业效益改善，规模工业利润总额由 1-9 月下降 1.8% 转为 1-12 月增长 5.3%。2013 年 2 月，制造业采购经理指数（PMI）为 50.1%，已是连续五个月保持在临界点以上。二是内生动力持续增强。近年来，国内投资、消费均呈较快增长态势。2008-2012 年，全国投资、消费年均分别增长 24.8% 和 17.5%。2013 年，国

家将继续实施积极的财政政策和稳健的货币政策，加大产业结构调整升级力度，稳步推进城镇化的健康发展，经济增长的内生活力和动力将进一步增强。三是发展约束相对宽松。2012 年，全国城镇新增就业 1188 万人，超额完成年度目标；居民消费价格同比上涨 2.6%，控制在年度目标以内；粮食总产量增长 3.2%，成功实现九连增；12 月末，广义货币供应量（M_2）增长 13.8%，也在年初预定目标之内。就业、物价、粮食和货币供应等方面的较好形势为我国经济发展提供了更大的腾挪空间。

（三）湖南经济面临一些困难，但发展空间广阔

近年来，湖南经济总量不断扩张，是历史上发展最快的时期之一。2012 年，虽有部分企业遭遇严重困难，经济下行压力很大，但运行总体仍然平稳，处于企稳回升通道。且当前湖南正处于工业化、城镇化加速发展阶段，全省人均 GDP 已过 5000 美元，经济发展仍处在加速期，产业结构和消费结构加快升级，需求旺盛，发展潜力巨大。一是新型工业化后劲较足。2012 年，湖南工业化率为 41.3%，在中部六省中排名靠后。2008-2012 年，湖南规模工业增加值年均增长 19.4%，工业投资年均增长 31.1%，发展势头很旺。即使在 2012 年严峻形势下，全省规模工业增加值仍增长了 14.6%，工业投资增长了 28.5%，发展的潜力和后劲较足。二是自主性增长动力较强。近年，湖南陆续启动了一大批基础产业、基础设施、民生和社会发展的重大项目，带动投资快速增长。2008-2012 年，全省固定资产投资年均增长 27.7%。随着建设全面小康社会进程的加快推进，收入水平的持续提升，以及社会保障体系的日趋完善，湖南城乡居民消费稳定增长。2008-2012 年，全省社会消费品零售总额年均增长 18.4%。汽车、住房、家电等大宗商品消费规模明显扩大，体育、旅游、教育、家政等新兴服务业快速发展，消费需求对经济增长的支撑作用更加突出。三是城镇化发展潜力较大。城镇化是湖南今后若干年经济增长的主要动力，也是未来发展的新增长点。2012 年，湖南的城镇化率只有 46.65%，比全国平均水平低 5.92 个百分点。按照到 2020 年全面建成小康社会目标测算，湖南城镇化率年均要提高 1.66 个百分点，如果要提前实现目标，步伐还要进一步加快。新型城镇化的加速推进，必将有力带动湖南经济实现较快发展。

三、统筹兼顾，促进经济健康发展

党的十八大报告指出，我国发展仍处于可以大有作为的重要战略机遇期。省委、省政府审时度势，结合湖南实际，制定了 2013 年全省地区生产总值增长 10% 以上、城乡居民收入实际增长与经济增长同步等经济发展预期目标。从目前来看，尽管全省经济运行有望延续上年发展良好态势，实现平稳开局，但总体而言，还需未雨绸缪，扎实起步，统筹兼顾，积极化解目前经济运行中的一些困难和问题，为实现全年预期目标、促进全省经济持续健康发展奠定坚实的基础。

（一）加强企业运行监测

初步核算，2012 年，全省工业对经济增长的贡献率为 49.6%，同比下降 6.5 个百分点。要继续加强工业经济运行走势的预警，对生产要素供应、市场需求及重点行业、重点企业实施动态监测；继续对重点困难企业实行个性化帮扶，及时发现苗头性和趋势性问题，有效化解行业风险和政策风险，防止出现大的回落；继续完善省内产品采购等机制，帮助企业拓展国内外市场，增强企业发展信心；继续加大金融信贷、财税政策的落实力度，切实解决企业特别是中小企业融资难、融资贵问题。

（二）增强发展内生动力

投资方面，初步核算，2012 年，全省投资对经济增长的贡献率达 63.7%。对湖南而言，投资仍然是拉动经济增长最重要的动力。为此，要充分发挥好投资对扩大内需、推动经济增长的关键作用，及早在洞庭湖生态经济区、湘南承接产业转移示范区、绿色湖南、两型社会建设等方面，

做好项目的开发和储备，千方百计争取国家的重大项目布局湖南；要进一步加大基础设施投资力度，集中力量在重点基础产业项目、基础设施和生态民生工程上狠下功夫。消费方面，要着力细化落实促进消费的政策措施，建立扩大消费的长效机制。在着力抓好低收入群体消费能力提升的同时，培育中高端消费热点，鼓励引导住房、汽车、文化、旅游、养老和环保产品等消费，扩大居民有效需求。

（三）强化产业结构升级

大力推进新型工业化。2012年，全省规模工业中，战略性新兴产业所占比重仅为25%，高技术行业比重还不到10%，高耗能行业所占比重仍高达31.5%。要坚持新型工业化第一推动力不动摇，推进信息化与工业化深度融合，工业化和城镇化良性互动，利用信息技术改造传统产业；加快淘汰落后产能，推动产业结构向资源节约型、环境友好型转变；发展战略性新兴产业，选择具有相对优势的产业实行重点突破，对规模尚小的电子信息、新材料、新能源等产业要加大扶持力度。大力推动现代服务业。初步核算，2012年，全省第三产业对经济增长的贡献率为42.4%，比上年提高8.3个百分点。要进一步加快服务业发展，着力提升服务业比重和水平，进一步优化产业结构；要重点支持生产性服务业，推动工业和服务业融合发展；要提高文化产业规模化、集约化、专业化水平，力争保持文化产业增加值近年来年均20%的强劲发展势头。大力提升农业现代化水平。要认真落实国家支农惠农政策，创新农业生产经营体制，完善重要农产品供给保障机制，巩固现代农业的基础地位。

（四）统筹区域协调发展

初步核算，2012年，长株潭、湘南、大湘西、洞庭湖生态经济区生产总值分别增长12.7%、11.8%、11.3%和12.2%。长株潭地区占全省经济总量的比重上升至42.6%，比上年提高0.4个百分点。一方面，要继续增强长株潭地区在“两型社会”建设中的示范带动效应和核心增长极功能，继续发挥湘南地区在承接产业转移、发展开放型经济的重要作用。另一方面，要继续努力争取国家对洞庭湖生态经济区的实质性支持。特别是，对大湘西地区要多措并举，加大扶贫开发力度，进一步缩小大湘西地区与全省的差距（2012年，大湘西地区城乡居民人均收入分别仅为全省平均水平的72.9%和64.9%），努力在全省范围内构筑多元增长、协调平衡的区域发展新格局。

（撰稿人：张世平　湖南省统计局局长）

（闫涵摄）

广东省经济社会发展报告

2012年，面对错综复杂的国内外环境，广东认真贯彻落实中央各项宏观调控政策，加强经济运行调节，把稳增长、调结构、促改革、惠民生有机结合起来，较好地化解了经济下行压力，广东经济发展呈现稳中有进的特征。经济增长企稳趋升，物价得到控制，财政持续增收，发展的稳定性、协调性增强；转型升级步伐加快，先进制造业和现代服务业的拉动作用日益突出，经济发展的内生动力继续增强；民生保障水平不断提高，居民生活质量稳步提升。

一、经济运行的基本情况和主要特点

（一）稳增长取得成效，经济发展的稳定性和协调性增强。

1. 各项宏观调控目标基本实现。

——经济稳定增长。2012年，稳增长的各项宏观调控措施逐步落实到位，广东经济运行经历了年初下探、年中筑底企稳、三季度企稳回升、四季度继续回暖的发展过程，经济稳健发展。经国家统计局核定，2012年广东实现地区生产总值5.71万亿元，按可比价计算，同比增长8.2%，四个季度GDP累计分别增长7.2%、7.4%、7.9%和8.2%，呈现逐季提升态势。与全国相比，广东地区生产总值增幅第一季度低于全国0.9个百分点，而全年高于全国0.4个百分点。在华东主要省份中，广东经济增速高于上海（7.5%）和浙江（8.0%），低于江苏（10.1%）和山东（9.8%）。

表1 2012年广东地区生产总值累计增长情况

产业	一季度（%）	二季度（%）	三季度（%）	四季度（%）
全国	8.1	7.8	7.7	7.8
广东	7.2	7.4	7.9	8.2
第一产业	3.6	3.8	3.6	3.9
第二产业	7.1	6.9	7.3	7.6
#工业	6.7	7.0	7.5	8.0
第三产业	7.6	8.2	8.9	9.2

2012年，广东人均GDP达到54095.38元，增长7.4%，按平均汇率折算为8570美元，突破8500美元大关，比2011年增加了704美元。按照世界银行制定的国家与地区收入水平划分标准，广东已迈进中上等收入国家或地区的新门槛。随着经济持续发展，近年广东人均GDP连续突破几个1000美元大关，2007年突破4000美元大关，2008年突破5000美元大关，2010年突破6000美元大关，2011年突破7000美元大关，2012年迈上8000美元大关，基本一年一个台阶。

表2 2007–2012年广东GDP和人均GDP增长情况

年份	GDP		人均GDP		
	绝对数（亿元）	比上年增长（%）	绝对数（元）	绝对数（美元）	比上年增长（%）
2007	31777.01	14.9	33272	4376	12.1
2008	36796.71	10.4	37638	5419	7.9
2009	39482.56	9.7	39436	5773	7.1
2010	46013.06	12.4	44736	6608	9.5
2011	53210.28	10.0	50807	7866	8.0
2012	57067.92	8.2	54095	8570	7.4

——物价水平持续下降。受益于国际大宗商品价格走低和农产品供给的改善，同时受内外需求走弱的影响，2012年广东居民消费价格指数、工业生产者购进价格指数和工业生产者出厂价格指数三大指数呈逐步回落态势，通胀压力明显减少。1-12月居民消费价格指数累计上涨2.8%，是2010年12月以来的新低。工业生产者出厂价格指数和工业生产者购进价格指数双双持续走低至100点以下，1-12月两者均累计下降0.5%，“剪刀差”逐月缩小，至年末已基本消除，有利于减

缓工业企业经营困难的压力。

——财政保持增收。2012年，来源于广东的财政总收入达到14724.47亿元，同比增长7.7%，连续22年地方财政总收入全国第一。2012年，累计完成地方公共财政预算收入6228.20亿元，同比增长13.0%，增幅连续八个月回升。财政增收为政府扩大内需和增加公共服务提供了物质基础，1-12月，广东地方公共财政预算支出7267.70亿元，同比增长8.2%。

——就业形势保持稳定。2012年全省城镇新增就业人数167.5万人、失业人员实现再就业68.5万人、促进创业12.96万人、新增转移农村劳动力97.6万人，分别完成年度目标任务的139.6%、114.2%、129.6%和122%。城镇登记失业率2.48%，基本与上年持平。规模以上工业企业从业人员4月份以后保持在1360万人左右，比较稳定，同时季节性用工短缺、技术结构性用工短缺依然存在。

2. 从三大供给看，第三产业发展相对较快，贡献份额最大。

——农业农村经济平稳增长。全年全省农林牧渔业实现增加值2873.17亿元，增长3.9%。粮食作物播种面积3810.27万亩，增长0.4%，粮食总产量1396.33万吨，增长2.6%，从2009年起连续四年增收；园林水果产量1262.38万吨，增长4.8%；肉类总产量443.48万吨，增长2.0%；水产品产量793万吨，增长4.1%。

——工业增速逐月走高。2月份，规模以上工业增速以5.0%低速开局，之后逐月缓慢上升，1-3月增长6.7%，1-6月增长7.0%，1-9月增长7.6%，1-12月增长8.4%。其中轻工业增长9.2%，重工业增长7.9%；民营工业增长12.0%，国有及国有控股企业增长7.3%，外商及港澳台投资企业增长5.7%；大型工业企业增长8.1%，中型工业企业增长6.0%，小型工业企业增长13.3%。工业产品出口逐月提速，1-12月工业产品出口交货值增长6.5%。

——第三产业增长相对较快，贡献最大。在交通运输、金融等产业较快发展的带动下，2012年广东第三产业增速高于第一和第二产业。第三产业各季的累计增速分别为7.6%、8.2%、8.9%和9.2%；全年第三产业增速比第二产业高出1.6个百分点，第三产业对经济增长的贡献率为50.7%，比第二产业高3.6个百分点。

——保障经济运行的各项主要指标协调增长。2012年12月末，广东金融机构本外币存款余额突破10万亿元，增长14.8%；贷款余额6.7万亿元，增长14.4%。全省完成货运量27亿吨，增长14.9%；完成客运量58.50亿人，增长12.0%，其中武广、广珠城际、广深3条高铁完成客运量4300万人，增长49.8%；主要港口货物吞吐量增长5.0%。全社会用电量4619.41亿度，增长5.0%，其中第三产业用电增长8.9%。

3. 从三大需求看，内需对经济增长的拉动作用突出。

——固定资产投资增幅连续七个月回升。1-12月，累计完成固定资产投资（不含农户）18248亿元，同比增长9.9%，投资结构进一步优化，工业投资增长19.0%，高于整体投资3.5个百分点，民间投资增长22.5%，民间资本进入市场的活跃度提升；基础设施投资增长3.4%，2012年以来持续下滑的势头得到扭转；房地产开发投资增长11.3%，比上半年提高1.3个百分点，房地产市场逐步稳定。2012年，实际利用外资235.49亿元，增长8.0%。

——消费需求保持稳定，消费热点频现。2012年各月消费品零售总额增速在10%以上，比较稳定。1-12月，广东社会消费品零售总额达到22677.11亿元，同比增长12.0%，比上半年回升0.4个百分点。从消费特点看，生活必需品消费有增无减，服装鞋帽针纺织品类、日用品类增长较快，汽车消费明显萎缩（仅增2.5%），保值增值、娱乐、保健类消费成为平淡消费中的亮点，金银首饰、通讯器材、体育娱乐用品消费增速均超过35%。网购持续火爆，逐步成为消费新时尚，2012年限额以上网上销售企业实现零售额195.3亿元，大幅增长192%。

——外贸需求有所减弱，进出口增速个位数增长。与前两年相比，2012年广东外贸增速明显回调，但下半年形势有所好转。1-12月，累计完成进出口总额9838.2亿美元，同比增长7.7%，增幅比上半年回升2.7个百分点；其中出口5741.4亿美元，增长7.9%；进口4096.8亿美元，增长7.4%。

据初步测算，2012年内需对广东经济增长的贡献率超过98%，广东外贸依存度为109%，比2011年降低2个百分点，经济发展倚重内需的特征明显。

（二）调结构力度加大，呈现“五快”特点。

2012年，广东继续借助经济周期波动和国际市场的“倒逼”机制，加快推进经济结构调整和产业转型升级，产业结构、区域结构、内外需结构进一步优化，经济增长的内生动力得到增强。

*1. 现代服务业发展较快，第三产业比重继续提高。*2012年，广东交通运输、金融保险、现代物流、信息服务、研发设计等生产性服务业较快发展。2012年，交通运输仓储和邮政业、金融业增加值的增速分别高于整体服务业3.3个、1.7个百分点。新型业态快速发展，快递业务保持旺盛势头，全省累计完成快递业务量同比增长53.0%；3G移动电话用户同比增长66.9%。2012年，广东现代服务业实现增加值15036.65亿元，增长9.5%，占第三产业的比重为57.0%，占GDP的比重超过四分之一，达到26.3%。2012年，广东三次产业结构调整为5.0：48.8：46.2，第三产业比重比2011年提高0.9个百分点。

*2. 高端先进工业产业发展较快，成为新经济增长点。*高技术制造业、先进制造业和战略性新兴产业发展相对较快，占工业比重继续提高。2012年，高技术制造业增加值增幅（10.8%）高于规模以上工业2.4个百分点，占规模以上工业增加值比重(23.3%)比2011年上升1.4个百分点。先进制造业增加值增长8.3%，占规模以上工业增加值比重（47.9%）比2011年上升0.2个百分点。飞机制造及修理业成为新亮点，全年完成增加值同比增长23.6%，总量虽小但发展势头较好。战略性新兴产业实现增加值2651.41亿元，增长12.0%，增幅比规模以上工业高3.6个百分点，占规模以上工业增加值的比重为12.1%。

*3. 粤东西北地区发展加快，珠三角一体化进程加速。*随着“双转移”的深入推进和粤东西北产业发展新格局“落子”逐步到位，粤东西北地区工业化进程加快。2012年，粤东、粤西和粤北山区规模以上工业增加值增速分别比全省高10.1个、8.4个和2.4个百分点。东、西、北地区的地方公共财政预算收入增幅分别比全省高4.8个、4.8个和0.3个百分点。

珠三角地区三大经济圈内部的一体化和圈间一体化进程加快。三个经济圈城市间的轨道交通、公交线路、通信资费、水利建设等方面的一体化取得新的进展；《广州南沙新区发展规划》获国务院批准，深圳前海优惠政策获国家批复，珠海横琴和中新（广州）知识城等一批重要高端产业集聚区和重大平台建设加快推进。

*4. 外贸转型升级进程加快，广东产品对海外市场的依赖程度降低。*2012年以来，广东继续推进加工贸易企业转型升级，帮扶加工贸易型企业扩大产品内销，培育自主品牌，降低经济发展的对外依赖程度，内外市场结构更趋合理。2012年，广东规模以上工业企业实现销售产值9.32万亿，同比增长9.8%；其中内销产值6.41万亿，同比增长11.4%，出口交货值2.91万亿，同比增长6.5%。广东工业产品的内外销售比例调整为68.8：31.2。

*5. 产出能耗水平加快降低，经济发展的用能结构继续优化。*2012年，全社会能源消费量同比增长2.3%左右；工业能源消费量持续回落，规模以上工业综合能源消费量同比下降3.7%；六大高耗能行业发展放缓，2012年六大高耗能行业工业增加值增长7.1%，比规上工业慢1.3个百分点，综合能源消费量同比下降4.0%。主要工业产品单位能耗下降，在统计的68个主要工业产品中，有56个产品单位能耗下降，其中每重量箱平板玻璃耗油下降8.1%，每吨水泥综合能耗下降6.7%，火力发电标准煤耗下降2克/千瓦时。

（三）惠民生落到实处，居民收入增速高于 GDP 增速。

财政加大保民生保重点的投入力度。1-12 月，广东财政用于 11 类民生支出达 4781.18 亿元，占总支出的 65.8%。用于住房保障的支出增长 6.6%，社会保障和就业的支出增长 6.0%，医疗卫生支出增长 16.8%，城乡社区事务支出增长 17.5%。

城乡居民收入水平持续提高。受工资水平稳步提高、政府大幅上调企业离退休人员基本养老金、最低生活保障金标准等拉动，居民收入水平再上新台阶。城镇居民人均可支配收入突破三万元大关，累计达 30226.71 元，增长 12.4%，扣除价格因素，实际增长 9.3%。全年农村居民人均现金收入突破万元大关，累计达 10542.8 元，增长 12.5%，扣除价格因素实际增长 9.3%。城镇居民和农村居民收入增幅均比 GDP 增幅高出 1.1 个百分点。

社会保障工作稳步推进。2012 年，全省城镇职工基本养老、基本医疗、失业、工伤和生育保险参保人数分别达到 3965 万人、8420 万人、1990 万人、2943 万人、2483 万人，分别增长 6.3%、24.4%、7.1%、4% 和 6.2%。全年新开工建设保障房、棚户区改造住房 15.65 万套，完成全年目标任务的 108.8%。

二、当前广东经济发展存在的主要困难

当前，虽然广东经济运行各项主要指标稳中趋好，但内外需求较弱、企业生产经营压力较大、企业效益下滑状况未见明显好转，新的经济增长动力有待继续培育，经济继续向好的基础尚不牢固。

（一）国内外需求未见明显回升，广东稳增长还需努力。

从国际和国内经济发展形势看，虽然内外需有向好的趋势，但幅度很小，而且还存在较大的不确定性。国内 CPI 不断走低，虽然减缓了通胀压力，但也反映出消费需求短期内不会有太大的上升空间。

（二）从经济效益看，广东工业利润下滑制约实体经济发展后劲。

近两年，在各种生产经营成本持续上涨、市场需求有所减弱的影响下，广东工业企业盈利水平出现下降，2011 年规模以上工业利润仅增长 2.4%，而 2012 年以来企业利润一直处于下降区间，直到 12 月才扭转下降局面，全年实现利润 4635.90 亿元，同比增长 2.4%，但仍有 16 个行业大类利润下降，经营压力仍然较大。2012 年，广东工业主营业务收入利润率降至 5.0%，比同期全国利润率低 1.1 个百分点。从工业企业景气调查和第 112 届广交会参展企业的调查结果看，成本上升是企业面临的一个主要问题。

（三）新经济增长点的拉动作用尚不明显，结构调整任务艰巨。

虽然广东战略性新兴产业的发展势头良好，已经取得初步成效，但战略性新兴产业从投入到形成大规模的生产能力需要几年时间，目前其对经济增长的拉动作用还不够强大。中科炼化、湛江钢铁基地、中委合资广东石化、珠海中航通用飞机、佛山一汽大众和深圳长安标致汽车等重点项目尚处于建设或小规模试产阶段，需要从 2013 年起才能逐步发挥拉动作用。节能减排任务艰巨，特别是完成国家下达的二氧化硫、氮氧化物减排任务的压力很大。

三、对 2013 年经济运行形势的预判

2012 年下半年以来，广东各项主要经济指标保持持续向好态势，经济显示出多方回暖的迹象，2013 年将有望延续这种发展态势。2013 年广东经济发展的内外环境将继续改善，发展的稳定性进一步增强，但不可忽视国内外经济发展中的不确定性因素，经济发展仍将是平稳运行。从国际上看，近几个月美国宏观经济状况有所改善，美国消费者信心指数创下五年来新高，处于渐进和稳步复苏的轨道上，欧元区经济不确定性降低，

外需将会延续缓慢提升的态势。但美国的“财政悬崖”问题、欧元区债务压力、日本经济动力不足、贸易保护主义加剧等因素增加了 2013 年外贸的不确定性。从国内看，有几方面利好：一是十八大的胜利召开将释放出较强的制度红利，特别是深化经济体制改革，大力推进城镇化建设，鼓励民间资本进入市场，将增强市场活力。二是国内市场需求有增强的趋势，经济预期指标开始回暖。2012 年 1-12 月的中国消费者信心指数 103.7，比 1-9 月回升 2.9 个点，连续 4 个月处于 100 点以上的较高位；全国制造业 PMI 指数从 9 月起连续三个月上升，11 月和 12 月 PMI 指数达到 50.6;12 月汇丰制造业 PMI 指数为 51.5，连续四个月上升，并创 19 个月最高位。但也要看到不利的因素，包括潜在的输入型通胀压力不可小视，产能过剩的问题还比较突出，国内市场竞争激烈，新的消费热点未成大气候等。

综上分析，初步判断 2013 年广东经济将保持稳定发展态势，考虑到经济总盘子较大、国内外市场不确定性因素较多、推进改革和调整经济结构的任务较重等因素，预计 2013 年广东 GDP 增长 8.0% 左右。

（撰稿人：幸晓维 广东省统计局局长）

集团下属服装品牌“丝丽”门店（广东省丝绸纺织集体有限公司提供）

广西壮族自治区经济社会发展报告

2012年面对错综复杂的经济形势，面对经济下行压力不断加大的态势，在党中央、国务院的领导下，广西党委、政府团结带领全区各族人民，深入实践科学发展观，牢牢把握稳中求进的工作总基调，坚持主题主线，着力稳增长、促转型、扩内需、惠民生、保稳定，广西保持了经济社会平稳较快发展的良好势头，呈现出经济增长较快、投资强劲、消费活跃、外贸增长、物价平稳、民生改善的良好局面。

一、2012年广西经济社会发展的主要成就

（一）经济增长保持高于全国平均水平的“广西速度”

初步核算，2012年广西生产总值（GDP）13031.04亿元，按可比价格计算，比上年增长11.3%，增速高于全国3.5个百分点，连续5年高于全国3个百分点以上。规模以上工业增加值增长15.9%，高于全国5.9个百分点；固定资产投资（计划总投资500万元及以上的项目）增长23.8%，高于全国3.2个百分点；社会消费品零售总额增长15.9%，高于全国1.6个百分点；进出口总额增长26.2%，高于全国20.0个百分点。

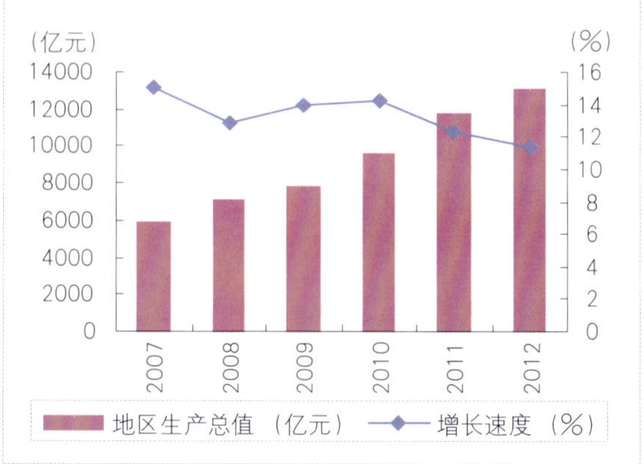

图1 2007-2012年广西地区生产总值及增长速度

三次产业中，第一产业增加值2172.37亿元，比上年增长5.6%；第二产业增加值6333.09亿元，增长14.4%；第三产业增加值4525.58亿元，增长9.5%。三次产业对经济增长的贡献率分别为8.1%、62.5%和29.4%。

（二）做大做强做优工业，产业结构不断优化

提升千亿元产业和战略性新兴产业发展水平，实施抓大壮小扶微工程。在优化提升食品、汽车、冶金、石化、机械5个工业千亿元产业基础上，新增有色金属、电力、建材3个千亿元产业，工业千亿元产业总数达到8个，其中食品产业主营业务收入率先突破2000亿元。上汽通用五菱宝骏基地、广西有色梧州再生铜、玉柴铸造中心二期等一批重大产业结构调整项目竣工，工业园区总产值突破万亿元，工业总产值超百亿元的园区达32个。2012年，全区全部工业增加值5364.92亿元，增长14.0%，工业对经济增长的贡献率达到52.1%。规模以上工业增加值增长15.9%，其中重工业增加值增长15.4%，轻工业增长17.2%。重点产业较快发展，电子信息、石化、冶金、有色金属、食品和建材等产业增加值分别增长26.9%、24.8%、19.1%、17.7%、17.4%和16.8%。规模以上工业主营业务收入14324.38亿元，比上年增长17.4%；企业效益好转，实现利润749.0亿元，增长8.8%，扭转了前11个月累计下降的局面。加快推进千亿元产业重大科技攻关工程，柳州汽车城、北海电子产业园等一批战略性新兴产业园区及项目加快推进。申请发明专利量比上年增长1.4倍，增长率排全国第1位。规模以上工业高技术产业增加值增长19.9%，高于规模以上工业增加值增速4.0个百分点。全力推进桂林国际旅游胜地和国家服务业综合改革试点区域建设，取得新成效。三次产业结构由上年

的 17.5：48.4:34.1 调整为 16.7:48.6:34.7，第一产业比重比上年下降 0.8 个百分点，第二、三产业比重分别提高 0.2 和 0.6 个百分点。

图 2 2007–2012 年广西工业增加值及增长速度

（三）农业综合生产能力提高，粮食单产创历史新高

实施“千万亩超级稻示范推广行动计划”、水稻超高产攻关等示范推广项目，大力发展特色优势农产品生产，加强农田水利建设，提高农业机械化水平，认真落实各项强农惠农富农政策，提高农民生产积极性。粮食获得多年难得的大增产，全年粮食总产量 1484.9 万吨，为 7 年来最高，比上年增加 55 万吨，增产 3.85%，总产增幅高于全国平均增幅 0.65 个百分点；粮食单产为 322.5 公斤 / 亩，比上年提高了 3.97%，单产增幅高于全国平均增幅 1.37 个百分点，创历史新高。优势农作物产量继续增加，蚕茧、水果产量创历史最好水平，糖料蔗产量比上年增长 7.1%，水果增长 9.1%，油料增长 8.7%，蔬菜增长 4.8%。大力扶持培育龙头企业，重点扶持果蔬、桑蚕和水产畜牧等产业，有 10 家企业被新认定为第五批农业产业化国家重点龙头企业，国家级龙头企业增加至 31 家。养殖业稳步增长，猪牛羊禽肉总产量 405.6 万吨，增长 5.1%，其中猪肉产量 252.5 万吨，增长 5.3%；水产品产量 303.45 万吨，增长 5.1%。

（四）积极扩大内需，投资消费较快增长

继续实施“项目建设年”活动，全力推进投资项目建设，在优化结构的基础上保持投资较快增长。防城港钢铁基地、金桂林浆纸一体化、中国联通南宁总部基地等一批重大项目实现开竣工，南宁轨道交通一号线全面施工。全年全社会固定资产投资 9808.58 亿元（计划总投资 500 万元及以上项目及全部农户投资），比上年增长 23.3%。固定资产投资（不含农户）9345.18 亿元，比上年增长 23.8%。更新改造投资增长较快，更新改造投资 3477.89 亿元，增长 39.7%；基本建设投资 3740.87 亿元，增长 17.8%；房地产开发投资 1554.94 亿元，增长 2.5%。民间投资活跃，非国有投资 6034.51 亿元，增长 29.5%，其中民间投资 5734.77 亿元，增长 31.0%；国有投资 3310.67 亿元，增长 13.4%。全面落实中央及自治区鼓励消费政策措施，组织开展一系列促销活动，全年社会消费品零售总额 4516.6 亿元，比上年增长 15.6%。在限额以上批发零售业中，通讯器材类零售额比上年增长 41.4%；中西药品类增长 26.0%；石油及制品类增长 20.9%；日用品类增长 20.0%；汽车类增长 11.2%；家用电器和音像器材类增长 9.2%。全年旅游总收入 1659.72 亿元，比上年增长 29.9%。民航旅客吞吐量 1427.36 万人次，增长 7.2%。

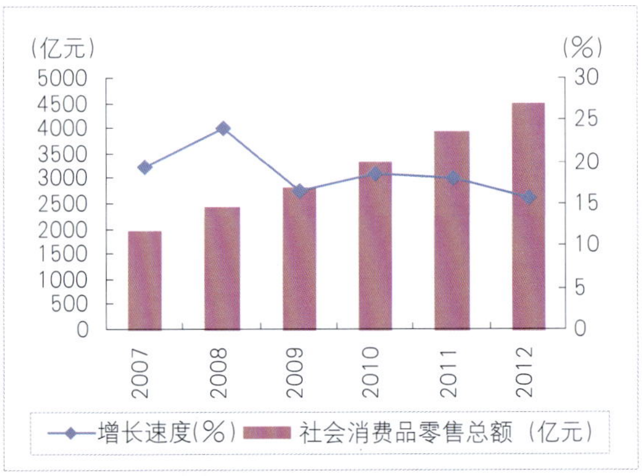

图 3 2007–2012 年广西社会消费品零售总额及增长速度

（五）大力推进城镇化，“两区一带”协调发展

把城镇化作为扩大内需的重要抓手，加快推进城乡统筹发展，加强规划编制和实施管理，深

入实施中心城市带动战略，加强产业园区发展规划与新区规划的全面对接，大力推进城镇基础设施和市政公用设施建设，着力增强城镇承载力。南宁五象新区建设拉开框架，广西文化产业城、广西体育产业城、“七馆三街”、中国—东盟国际物流基地、总部基地、龙象谷等规划建设加快。柳州汽车城建设初具规模，广西桂林世界旅游城规划建设全面铺开。城镇化率达到 43.53%，比上年提高 1.73 个百分点。广西北部湾经济区加快项目建设，促进产业集聚，经济持续快速发展，地区生产总值比上年增长 13.5%，增速比全区高 2.2 个百分点；规模以上工业增加值增长 25.7%，高于全区 9.8 个百分点；财政收入增长 21.3%，高于全区 3.9 个百分点；进出口增长 31.5%，高于全区 5.3 个百分点。桂东地区产业转移示范区加快建设，西江沿岸产业布局不断完善。桂西资源富集区发展取得新进展。

（六）深化改革，提高开放合作水平

认真贯彻落实国家促进民间投资“新 36 条”及实施细则，加快推进国有企业改革，规模以上国有企业基本完成改制。年底私营企业户数达 22.69 万户，注册资本 4324.22 亿元。成功举办第九届中国—东盟博览会和商务与投资峰会等重大活动。中马钦州产业园正式开园，马中关丹产业园全面启动，开创了“两国双园”国际合作新模式。积极参与国内区域和省际合作，与福建、湖南及华润集团签署深化战略合作协议，与广东共同起草完成关于建设粤桂合作特别试验区的指导意见，桂东承接产业转移示范区加快建设。深化桂港、桂澳、桂台合作，赴港澳举办广西北部湾经济区招商推介会，赴台举办 2012 年桂台经贸文化合作论坛。全年外贸进出口总额 294.74 亿美元，增长 26.2%，其中出口增长 24.2%。对东盟进出口 120.49 亿美元，增长 26.0%，其中出口增长 36.8%。广西企业积极走出去开拓市场，批准对外直接投资协议项目数 54 个，协议投资总额 7.21 亿美元，增长 59.6%，对外实际投资 2.36 亿美元，增长 93.0%。

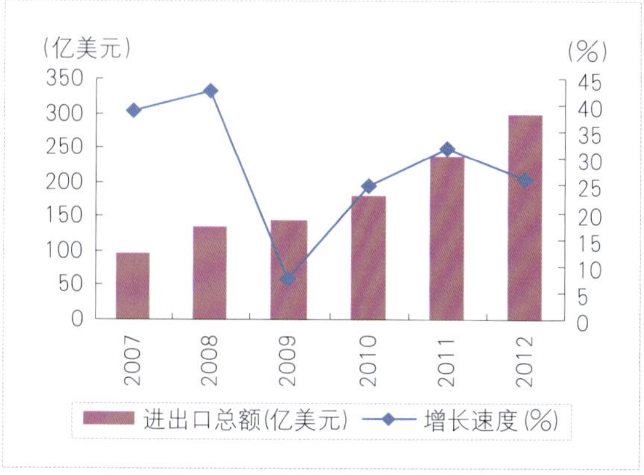

图 4　2007–2012 年广西进出口总额及增长速度

（七）财政增收，金融上新台阶

积极落实国家财税政策，支持实体经济发展，强化收入依法依规征管，堵塞流失漏洞，确保应收尽收。全年财政收入 1810.07 亿元，增长 17.4%，其中公共财政预算收入突破 1000 亿元，达 1165.98 亿元，增长 23.0%。南宁、柳州、桂林、钦州、北海、梧州、玉林等 7 个地级市财政收入超过 100 亿元，其中北海、梧州、玉林 3 个市财政收入为首次突破 100 亿元。县级财政收入突破 500 亿元，达 503.77 亿元，增长 16.5%。年末金融机构本外币各项存款余额 15966.65 亿元，增长 18.0%；本外币各项贷款余额 12355.52 亿元，增长 16.1%。全年新增本外币贷款 1708.37 亿元，比上年多增 45.31 亿元。社会融资总量突破 3000 亿元。金融业增加值增长 22.1%。

（八）节能减排加快推进，生态品牌进一步巩固

深入开展以环境倒逼机制推动产业转型升级攻坚战，积极推进水泥行业烟气脱硝、钢铁行业烧结机脱硫、制浆造纸企业废水深度处理和规模化畜禽养殖业等重点领域重点行业减排工程建设。大力发展循环经济，钦州港经济技术开发区被国家列为 2012 年循环化改造示范试点，梧州市被国家列入第二批餐厨废弃物资源化利用和无害化处理试点城市。万元生产总值能耗下降和主要污染物排放量削减目标基本完成，规模以上工业单位增加值能耗下降 8.4%，降幅比上年扩大 2.3 个百分点。城镇污水处理率和集中处理率分

别达到77%和65%，生活垃圾无害化处理率达到89%。深入实施通道绿化、城镇绿化、村屯绿化“三大战役”，加快实施“绿满八桂”造林绿化工程，森林覆盖率达到61.4%。柳州市成为继梧州、南宁之后广西又一个国家森林城市。制度实施主体功能区规划。全区14个设区市环境空气质量全部达到二级以上标准，优良天数比例为98.8%，39条主要河流水质达标率为97.2%。近岸海域水质保持稳定。“山清水秀生态美”优势品牌进一步巩固。

（九）切实保障和改善民生，社会事业显著进步

全年城镇居民人均可支配收入21243元，比上年名义增长12.7%，扣除价格因素，实际增长9.2%；农村居民人均纯收入6008元，名义增长14.8%，扣除价格因素，实际增长11.2%。城乡居民收入比为3.54：1(以农村居民人均纯收入为1)，比上年的3.60：1缩小。全年财政民生投入2252.14亿元，增长16.9%，占全区财政支出的76%。全年城镇新增就业54.05万人。城镇失业人员实现再就业10.7万人。就业困难人员实现就业3.3万人。新增农村劳动力转移就业89.93万人次。城镇登记失业率3.41%，低于年度控制目标（4.6%）。实现新型农村社会养老保险制度全覆盖。实施新一轮扶贫开发攻坚战。全面消除农村茅草树皮房。加快推进保障性安居工程建设，新开工保障性住房25.99万套。城镇职工、城镇居民和新农合基本医疗参保（合）率达到97.9%。物价水平总体平稳。居民消费价格(CPI)上涨3.2%，低于年度控制目标（4.0%），涨幅比上年回落2.7个百分点。稳步推进11项国家教育体制改革试点，实施农村义务教育学生营养改善计划、学前教育三年行动计划。提高学前三

（张军摄）

年毛入园率和义务教育巩固率取得重要进展。

二、经济运行中存在的主要问题及原因分析

（一）实体经济生产经营困难仍然较多

工业生产增速回落较大。全年规模以上工业增加值增速比上年回落 4.9 个百分点，回落幅度超过国际金融危机影响最严重的 2008 年（回落 3.9 个百分点）和 2009 年（回落 4.4 个百分点）。用电需求增幅明显下滑。全年全社会用电量比上年增长 3.7%，增幅比上年回落 8.3 个百分点，其中全部工业用电量仅增长 2.1%，回落 8.5 个百分点。生产价格持续下降。受市场需求不振影响，工业生产者出厂价格自 2 月份以来持续呈同比下降态势，全年累计下降 2.2%。外需萎缩，工业出口交货值增长 19.8%，比上年回落 21.7 个百分点。

（二）城乡居民收入水平仍然较低

2012 年广西城镇居民人均可支配收入 21243 元，相当于全国（24565 元）的 86.5%，与全国的差距从 2011 年的 2956 元扩大到 3322 元；扣除价格因素比上年实际增长 9.2%，低于全国 0.4 个百分点。2012 年广西农民人均纯收入 6008 元，相当于全国（7917 元）的 75.9%，与全国的差距由 2011 年的 1746 元扩大到 1909 元。

（三）房地产开发和商品房销售低迷

全年房地产投资 1554.94 亿元，仅比上年增长 2.5%，增速低于全国 13.7 个百分点，低于上年 23.3 个百分点。房地产开发企业房屋新开工施工面积比上年下降 6.3%，其中住宅新开工面积下降 7.4%。全年商品房销售面积比上年下降 6.9%，其中住宅销售面积下降 7.4%；商品房销售额仅增长 3.7%。商品房待售面积比上年大幅增长，高达 71.3%。

（四）消费热点降温明显

受促消费政策退出等因素影响，限额以上批发和零售业中，汽车类零售额增速比上年回落 2.3 个百分点；家用电器和音像器材类零售额增速回落 9.4 个百分点。消费热点降温，限额以上批发和零售业金银珠宝类、石油及制品类零售额增速分别比上年回落 42.0 和 16.9 个百分点。

（五）下半年物价涨幅呈扩大趋势

7-12 月份，当月居民消费价格同比分别上涨 2.6%、3.4%、3.9%、2.8%、3.9% 和 4.1%，涨幅不断扩大，其中 12 月份 CPI 达到全年月度最高值，比全国高 1.6 个百分点。

2013 年，广西经济发展具备较多有利条件和积极因素，但同时经济发展面临的困难仍然较多，各种挑战不能低估。下一阶段，要继续深入贯彻落实党的十八大精神和中央及自治区各项决策部署，坚持以科学发展为主题，以提高经济增长质量和效益为中心，不断增强工业主导地位，大力实施城乡居民收入倍增计划，加快新型城镇化建设步伐，积极扩大内需，推动房地产平稳健康发展，预防物价过快上涨，促进广西经济持续健康较快发展。

（撰稿人：邱祖强 广西壮族自治区统计局局长）

海南省经济社会发展报告

2012年，面对复杂严峻的国内外经济环境，全省上下深入贯彻落实科学发展观，按照第六次党代会提出的战略部署，大力推进“科学规划年”和“项目建设年”各项工作，着力调整经济结构和转变经济发展方式，进一步深化改革开放，经济保持平稳较快发展，调结构、转方式、惠民生取得新进展。从总体上看，在当前世界经济低迷和我国经济增速放缓的背景下，海南经济逆势而上保持较快增长，来之不易。

一、2012年经济运行的基本情况

（一）经济保持平稳较快增长

初步核算，全年实现地区生产总值（GDP）2855.26亿元，按可比价格计算，比上年增长9.1%。其中，第一产业增加值711.47亿元，增长6.3%；第二产业增加值803.67亿元，增长10.9%；第三产业增加值1340.12亿元，增长9.4%。

从动态看，经济增速呈现逐季加快，逆势而上。一季度全省地区生产总值增长8.0%，上半年增长8.1%，前三季度增长8.4%，全年增长9.1%。

（二）经济结构调整取得新进展

从三次产业结构看，第一产业占地区生产总值的比重为24.9%，比上年下降1.2个百分点；第二产业占比重为28.2%，稍回落0.1个百分点；第三产业占比重为46.9%，上升1.3个百分点，成为支撑经济发展的主要动力。

——热带特色农业较快发展，农业结构趋于优化。全年农业完成增加值711.47亿元，比上年增长6.3%。渔业保持较快发展势头，养殖规模不断扩大。全年水产品产量172.73万吨，比上年增长7.8%。深海捕捞能力不断增强，深水网箱养殖规模亚洲最大，罗非鱼及其制品出口量全国第一。“无疫区”品牌效应推动畜牧业较快发展。全年肉类总产量79.54万吨，比上年增长10.6%。瓜菜、水果、热作、南繁育种等特色高效农业产业加快发展。蔬菜产量501.13万吨，比上年增长6.8%；水果产量432.16万吨，增长7.1%；干胶产量39.98万吨，增长7.5%。

外向型农业进一步发展。全年农产品出口总值7.68亿美元，比上年增长5.6%。全年出岛瓜果菜590万吨，生猪220万头，家禽3950万只，分别增长3.5%、9.5%和10.5%。

表1　农业及各行业增加值

单位：亿元

	2012年	比上年增减%
农　业	711.47	6.3
#种植业	298.49	5.1
林　业	93.41	6.8
牧　业	125.50	6.9
渔　业	176.07	7.0
农林牧渔服务业	18.01	11.2

——工业生产保持增长，部分行业增速迅猛成为重要支撑。全年工业完成增加值521.15亿元，比上年增长8.8%。其中，规模以上工业增加值482.05亿元，增长8.9%。全年产值超30亿元的规模以上重点行业中，计算机、通信和其他电子设备制造业产值30.51亿元，增长87.4%；电气机械及器材制造业产值69.11亿元，增长46.6%；非金属矿物制品业产值115.18亿元，增长28.4%；电力、热力的生产和供应业产值173.59亿元，增长26.2%；医药制造业产值95.47亿元，增长21.3%。

——服务业内部结构得到调整，行业发展趋于协调。全年服务业完成增加值1340.12亿元，比上年增长9.4%。房地产业从“一枝独秀”回归正常发展，增加值增长5.9%；金融业快速发展，成为服务业的一大亮点，增加值增长21.3%。交通运输邮政仓储业、批发零售业、住宿餐饮业等保持较快增长。

表 2 服务业各行业增加值

单位：亿元

	2012 年	比上年增减%
服务业增加值	1340.12	9.4
#交通运输邮政仓储业	133.51	7.8
批发和零售业	309.16	9.9
住宿和餐饮业	108.26	6.6
金融业	130.98	21.3
房地产业	239.56	5.9
其他服务业	418.65	8.9
#信息传输、计算机服务及软件业	61.82	5.3

（三）转变经济发展方式取得新成效

深入贯彻落实科学发展观，加快经济发展方式转变不断取得新成效。全年地方公共财政收入增速快于 GDP 现价增速 7.2 个百分点。全年万元规模以上工业增加值能耗下降 4.3%；化学需氧量（COD）排放量 18.34 万吨，比上年下降 8.3%，二氧化硫（S02）排放量 2.89 万吨，下降 11.3%。工业企业污染物排放达标率达 96.6%。企业燃煤机组脱硫设施安装率达 100%、投运率达 98.8%。电力业脱硝设施安装率达 39.0%、投运率达 91.4%。国家下达的钢铁、造纸、水泥等落后产能淘汰率达 100%。

（四）宏观调控取得较好成效

地方公共财政收入较快增长。全年全口径公共财政收入 770.87 亿元，比上年增长 11.7%。其中，地方公共财政收入 409.44 亿元，比上年增长 20.4%，较好地完成年预期目标任务。

劳动就业情况良好，失业率控制在较低水平。年末从业人员 472.99 万人，比上年末增长 3.0%，就业规模继续扩大。其中，城镇从业人员 176.1 万人，增长 5.4%。全年城镇新增就业人数 9.7 万人，比上年增长 2.1%。农村劳动力转移 9.3 万人，增长 1.1%。年末城镇登记失业率 2%，继续控制在较低水平。

物价涨幅得到有效控制。全年居民消费价格（CPI）比上年上涨 3.2%，低于年初预期调控目标 1.8 个百分点。

（五）省内需求成为经济增长的重要拉动力

固定资产投资快速增长。全省上下围绕“项目建设年”工作部署，全力抓好项目建设，固定资产投资持续保持快速增长，成为拉动经济发展的重要引擎。全年全社会固定资产投资 2126.3 亿元，比上年增长 28.3%。其中，房地产开发完成投资 886.64 亿元，增长 33.7%。全年施工项目个数为 2485 个，同比增长 20.0%。其中，本年新开工的项目为 994 个，增长 24.1%。

一大批重大项目顺利推进。30 万箱红塔卷烟、英利 400 兆瓦多晶硅太阳能电池、汉能 250 兆瓦薄膜太阳能电池、中航特玻 3 号生产线、中高端光电倍增管、椰树集团老城饮料基地、澄迈含硫含镁作物专用肥、白沙生姜冷藏及加工、文昌光伏玻璃砂生产基地、文昌热带饮料产业基地、东方电厂二期工程等项目建成投产，清澜大桥、海口至屯昌高速公路竣工通车；海口国宾馆、海口天利酒店、三亚海棠湾洲际酒店、乐东温德姆酒店、乐东凯宾斯基别墅酒店等项目已进入收尾阶段；昌江核电一期工程、红岭水利枢纽工程、海棠湾国家海岸、陵水清水湾、万宁神州半岛、乐东龙沐湾、海南生态软件园、海马 30 万辆汽车、中海油精细化工一期工程、60 万吨聚酯原料、中石化成品油保税库、300 万吨 LNG、万宁奥特莱斯购物中心等 95 个项目已进入主体施工阶段。国际旅游岛先行试验区基础设施、海口观澜湖旅游小镇、布隆赛乡村文化旅游小镇、洋浦精密零部件制造、昌江生态建材、东软信息产业基地一期、屯昌至琼中高速公路、海口西海岸南片区一期工程、20 万吨镀锡原板扩建、联塑塑料管道生产基地项目、海南亚洲制药厂等 72 个新项目已开工建设。

消费需求较快增长。全年先后举办了“省长会网友乐享海南游”网络媒体推介活动、第六届海南汽车展销会、首届海南电脑手机数码博览会、中国（海南）国际旅游岛美食文化节、名特优产品展销会、第五届中国海南国际旅游地产文化节重庆房展会、组织企业参加美国波士顿水产博览等一系列促销活动，离岛免税政策放宽限额

海南生态软件园（海南省工业和信息化厅提供）

自11月1日起实施，进一步推动消费需求扩大。全年社会消费品零售总额870.8亿元，比上年增长15.0%。在限额以上企业商品零售额中，增幅较大的有：化妆品类零售额增长73.3%，粮油类增长34.5%，服装类增长22.5%，日用品类增长74.5%，书报杂志类增长22.8%，金银珠宝类增长34.5%，中西药品类增长28.9%，通讯器材类增长41.5%等。

（六）人民生活和民生保障水平进一步提高

城乡居民收入增长快于经济增长。全年城镇居民人均可支配收入20918元，比上年增长13.9%，扣除价格因素，实际增长10.4%；农村居民人均纯收入7408元，比上年增长14.9%，扣除价格因素，实际增长11.4%。城镇和农村居民收入增速分别快于地区生产总值1.3和2.3个百分点。

民生保障水平进一步提高。全年用于教育、医疗卫生、住房保障、社会保障和就业、农林水事务等民生支出656.9亿元，占地方公共财政支出71.5%。全省月最低工资标准上调220元，城乡居民医疗保险财政补助水平由每年200元提高到240元，60周岁以上农村居民基础养老金由70元提高到85元，率先全国实现五项社会保险省级统筹。新建、续建和改建幼儿园254所，新增学位2.6万多个；8所思源学校建成开学，新增学位1.82万个。全年城镇开工建设保障性住房8.41万套，占计划的111.4%。其中，竣工7.17万套，占计划的134.6%。解放军总医院海南分院、省眼科医院和耳鼻喉头颈外科医院建成开诊，海南医学院附属医院外科综合大楼建成投入使用。全年改造乡镇卫生院50个。全年新型农村合作医疗参合率达98.2%。

（七）区域经济发展出现新的变化

市县综合实力进一步提升。全省地区生产总值（GDP）超100亿元的市县达到9个，东方市和临高县新进入100亿元行列；固定资产投资超50亿元的市县达到9个，儋州（不含洋浦）市和东方市新进入50亿元行列；地方公共财政收入超10亿元的市县达到8个，文昌市和万宁市新进入10亿元行列。

西部地区投资增长势头强劲。西部地区固定资产投资增长53.7%，分别比中部地区和东部地区快14和26.9个百分点。

中部地区地方公共财政收入的增长明显加快。中部地区地方公共财政收入增长31.5%，分别比西部、东部地区快11.4和10.5个百分点。

二、经济运行中存在的主要问题

尽管2012年我省经济实现了9.1%增长，但受国内外多种因素的叠加影响，增长不如预期。其主要表现在：

一是受国内外市场需求减弱的影响，工业生产增速明显减缓。海南工业产品主要销往岛外，靠国内外需求拉动。由于国际市场低迷，国内场竞争激烈，影响对我省工业产品的需求。2012年规模以上工业增加值增长8.9%，同比回落5.1个百分点，成为拉低我省经济增速的主要因素。规模以上工业全年实现利润总额112.61亿元，同比下降9.6%；亏损企业107家，同比增加23家，亏损面达29.3%，亏损企业亏损额增长1.1倍。

二是房地产业增长乏力。受房地产市场低迷影响，房屋销售增长缓慢。2012年房地产销售面积931.84万平方米，比上年增长4.9%。由于房地产业增加值占服务业增加值17.9%和占GDP的8.4%，房地产业增速缓慢，使全省经济增速受到较大影响。

三是消费需求减缓，对经济增长的拉动作用减弱。全年社会消费品零售总额增长 15.0%，增速同比回落 3.8 个百分点。一是经济继续下行，使居民对就业和工资增加的前景不看好，以及物价上涨、股市低迷等因素影响，居民消费预期减弱，影响即期消费。二是汽车补贴政策退出以及房地产市场的持续低迷，导致汽车类、家电类、居住类商品等原来的消费热点明显降温，这是下拉社会消费品零售总额增速减缓的主因。三是成品油降价，成为影响消费品市场需求明显减速的重要因素之一。四是网购消费不断壮大，造成省外大城市分流了我省一部分零售市场份额。全年网购额约占社会消费品零售总额的 8% 左右。五是消费需求新亮点尚未形成，常规的消费热点未见起色。

三、2013 年经济展望

2013 年，我省经济运行面临的宏观环境将较 2012 年有所好转，有利于我省经济增长，经济增速仍会继续保持逐步回升的态势。

农业方面。2013 年农业增长面临的形势较好，预计农业将继续保持平稳增长。2013 年政府将继续加大强农惠农政策力度，有利于确保农业稳定发展。国内外农产品市场需求继续扩大，蔬菜、水果、水产品等农产品价格继续看好，“五区一地”的加快推进，将会带动我省农业继续较快增长。

工业方面。2013 年随着国家“稳增长”的政策措施成效明年将逐渐显现，有利于我省企业扩大生产规模；海南联塑、汉地阳光等 18 个上年续建项目计划竣工，将陆续形成一定规模产能，支撑工业经济加快增长。

服务业方面。居民收入较快增长有利于消费保持稳定增长；离岛免税政策放宽效应将进一步显现，万宁市奥特莱斯世界名牌折扣店项目即将开业，将进一步带动旅游业发展，促进商品消费需求，有效推动住宿餐饮业发展；洋浦一批重大石化和仓储项目的建设竣工投产运行，将带动我

2012 年 7 月我省 30 艘渔船赴南沙捕捞生产

（海南省海洋与渔业厅提供）

省外贸进出口增长；改革开放进一步深化，城镇化步伐加快，民生保障加强等，都为服务业发展提供新的机遇和动力；金融业“五个一”工程建设取得明显成效，阳光人寿保险公司总部、亚洲金融合作联盟落户三亚，海南大宗商品交易中心正式挂牌营业，中信银行、招商银行等挂牌营业，华夏银行、民生银行和浦发银行还将陆续在我省设立分支机构，可推动金融业继续保持较快增长。综合上述分析，服务业可望继续保持平稳增长。

但也要看到，2013 年海南经济发展仍面临着许多困难和挑战，经济运行的复杂性和不确定性因素仍然存在。一是产业结构单一，支撑经济发展的支柱性产业和大企业不多，经济发展容易受外界不利因素影响而产生较大波动。二是受房地产宏观调控政策的影响，房地产业市场存在不确定性。由于房地产占 GDP 比重 8.4%，成为影响整体经济增长的重要因素之一。三是工业发展不确定性。由于国外需求不会有根本好转，国内市场尽管有所好转，但面临我国各省市区之间的激烈争夺，加上我省产品市场竞争力不是很强，也使我省企业发展面临极大挑战；今年计划投产的企业能否按时竣工投产是工业较快增长的重要因素，尤其是 PTA、PET、精细化工等一批大型项目能否按时竣工、投产达产，是工业增长快慢的决定性因素。

（撰稿人：符国瑄 海南省统计局局长）

重庆市经济社会发展报告

2012年是极其不平凡的一年。在党中央、国务院的坚强领导下，重庆市委、市政府坚持把握好稳中求进的总基调，不动摇、不懈怠、不折腾，紧紧围绕“科学发展、富民兴渝”总任务，加强和改善宏观调控，稳增长、转方式、调结构，实现了经济社会持续健康发展。

一、经济发展总体快速平稳

2012年，重庆实现地区生产总值11459亿元，比上年增长13.6%。从全年经济运行轨迹看，重庆GDP增速在国内宏观经济持续下行的背景下也呈逐季放缓走势，但依然保持在直辖以来12.2%的年均增幅上方运行，处于快速增长区间。从全国范围看，重庆经济增长高出全国平均水平5.8个百分点，增幅排列全国第2，西部第1，实现了平稳快速增长。

通过过去十余年的打基础、建平台，重庆的西部大开发已经进入一个新的阶段，现在正是大城市的开发，大产业集群的开发，城市交通、金融融通、商贸流通“大三通”的开发，开放高地开发的发力阶段。正是由于前期投入的产能释放和现在基础设施建设、重点项目投资等自身需求，推动了经济稳定增长。相比于全国形势，重庆具有后发的优势。市委、市政府按照稳中求进的工作总基调，切实落实中央宏观调控政策，密集出台一系列“稳增长”措施，扎实全面推进各项工作。按照市第四次党代会的要求，专题部署全力推动新型工业化、新型城镇化、农业现代化以及职业教育、民营经济、民生改善等工作。这些会议精神的落实和政策措施的实施为保持经济稳定增长发挥了重要的积极的作用。2012年，在全国经济发展放缓的大背景下，重庆经济还能保持较高水平的增速，成绩来之不易。

二、经济增长支撑因素较多

（一）措施得当，农业生产形势良好

2012年，重庆粮食总产量1138.54万吨，同比增长1.0%；油料总产量50.11万吨，增长7.7%；蔬菜总产量1509.34万吨，增长7.2%；肉类总产量201.20万吨，增长2.5%。农业生产总体呈现平稳发展态势。

2012年农业生产呈现以下三个特点：一是由于洪涝灾害和病虫害防治得当，农业生产气候适宜，全市粮食总产量实现恢复性增长；二是以市场为导向，强化科技支撑大力发展特色效益农业，加大扶持力度，主要经济作物提速发展，实现由“量”到“质”的发展转变；三是在扶持标准化规模养殖和特色效益农业政策的促进下，生猪产量平稳增长，牛、羊、禽产量较快增长，有效保障了市场供给。市委、市政府以促进农民增收为中心，加快推进农业现代化和农业结构调整，一系列行之有效的措施对农业平稳发展形成有利支撑。

（二）结构调整，工业、金融业稳健回升

2012年，重庆工业增加值5181.01亿元，

蓝天白云下的重庆主城（重庆市环保局提供）

占地区生产总值的45.2%，对经济增长的贡献率达57.5%，拉动经济增长7.8个百分点；金融业增加值915.65亿元，增长20.8%，占全市生产总值的8.0%，比重比去年提高1.0个百分点，对经济增长的贡献率达8.7%，拉动经济增长1.2个百分。一年来，我市坚持稳增长、调结构，工业结构不断优化、现代金融服务业不断壮大。

正是由于经济结构调整的成效，有效缓解了宏观经济下行的冲击，保证了全市经济的平稳较快增长。一是电子信息、新型装备制造等发展迅速，全市通过大力发展笔电等新兴产业，长期以来汽摩“一枝独秀”的格局得以转变，逐步形成了电子、汽车“双轮驱动”和装备、化医、材料、能源、轻纺等“多点支撑”的工业发展格局，工业成为转变经济增长方式、产业结构调整的主战场。二是随着全市着力拓展金融要素市场，以小额贷款公司、担保公司、信托公司、风险投资公司、私募股权基金等为代表的新型金融机构正步入快速发展通道，拉动了金融业的迅速发展。二、三产业内部结构的调整和优化有力支撑了重庆全年的经济发展，结构调整的贡献显著、成效明显。

（三）重大项目推进，投资增长平稳较快

2012年，重庆固定资产投资（不含农户），达到8606.5亿元，同比增长16.8%。从主要产业看，工业完成投资3064.18亿元，增长21.1%；房地产开发完成投资2508.35亿元，增长24.5%。民间投资占全市投资总量的43.1%，对全市投资的贡献率为47.5%，拉动全市投资增长10.9个百分点。亿元以上施工项目占全市投资的比重为43.2%，对全市投资的贡献率为39.8%，拉动全市投资增长9.1个百分点。

“稳投资”作为“稳增长”的重要着力点，是推动经济增长的关键。2012年重庆投资，主要特点：一是工业投资作为拉动投资增长的主力，实现了平稳增长。二是房地产开发投资在城镇化加速、保障性住房建设保持较强力度支持下稳中有升。三是民间投资在陆续推出的多个促进民营经济发展政策的促进下实现较快增长。四是大项目投资拉动力强，亿元以上项目是拉动全市建设与改造项目投资增长的重要动力，巴斯夫重庆化医集团40万吨MDI一体化项目、轨道交通六号线一期工程、重庆铝业有限公司环保搬迁大板锭等项目直接拉动全市投资效益的提高。

（四）多点支撑，消费品市场企稳回升

2012年，重庆实现社会消费品零售总额4033.7亿元，同比增长15.7%，高于全国平均水平1.3个百分点。其中，城镇市场实现消费品零售额3765.47亿元，增长16.0%；乡村市场实现195.72亿元，增长14.7%。从行业结构看，批发和零售业实现零售额3360.93亿元，增长16.1%；住宿和餐饮业实现零售额600.26亿元，增长15.1%。

重庆加快改善消费环境，商圈建设提速上档，消费品市场从下半年开始逐步企稳回升，继续保持两位数的快速增长。主要运行特征：一是城乡消费品市场合力促发展，在家电惠民、汽车惠农等政策拉动下，农村消费增长较快，城乡消费品零售额增速差距持续缩小，由年初的3.0个百分点缩小到年末的1.3个百分点。二是批发零售业继续引领消费品市场发展，总量及增速均超过住宿和餐饮业。三是限额以上单位增势强劲，引领市场繁荣发展，全年限额以上单位实现消费品零售额占全市零售总额的85.7%，比上年提高6.9个百分点。

（五）深化对外开放，开放进程持续加快

2012年，重庆货物进出口总额532.04亿美元，同比增长82.2%。其中，出口385.71亿美元，增长94.5%；进口146.33亿美元，增长56.1%。实际利用外商投资105.33亿美元，与上年持平。实际利用内资金额5914.64亿元，增长20.2%。

2012年，全球经济仍处于深度结构调整之中，中国对外贸易增速回落，利用外资呈下行走势。面对持续低迷的外需市场，重庆积极主动深化对外开放，进一步夯实“内陆开放高地”，开放型经济发展良好。全市对外贸易规模不断扩大，屡

创新纪录，进出口总额三破百亿大关——7月底破300亿美元、9月底破400亿美元、12月底破500亿美元。进出口、出口和进口总额分别列全国第11位、10位和15位，位次较上年同期提高了6位、3位和5位；进出口、进口总额均列西部地区第2位，出口总额列第1位。从吸引内外资情况看，在国际投资持续低迷的局势下，全市利用外商投资连续两年破百亿实属难得。随着区域经济合作的稳步推进，全市利用内资规模继续扩大，实现稳定较快增长。

三、经济运行质量和效益显著提升

2012年，重庆居民消费价格比上年上涨2.6%；城镇新增就业人员65.45万人，增长19.0%；城镇居民家庭人均可支配收入22968元，增长13.4%；农民人均纯收入7383元，增长13.9%；规模以上工业企业经济效益综合指数达262.0，比上年同期提高13.5个百分点；地方财政一般预算收入1703.49亿元，增长14.5%。与经济发展质量紧密相关的各项指标全面向好。

2012年，重庆经济在国内外市场需求减弱、国内经济周期性下行调整压力加大的背景下保持了平均快速增长。从经济发展的协调性和匹配度看，经济的运行质量和效益得到显著提升，与经济增长态势匹配良好。首先，从经济运行质量看，一是物价水平高位回落，涨幅较上年缩小2.7个百分点，实现了全年控价目标。二是就业形势保持稳定，在政策、培训、创业、服务等多重机制带动下，年末城镇登记失业率为3.3%，同比下降0.2个百分点。其次，从经济发展效益看，一是城乡居民收入较快增长，随着各项惠民增收政策的落实，城乡居民收入得到提高，让民众充分分享经济发展的成果。二是企业经营形势逐渐好转，随着企业生产和市场需求的逐渐恢复，工业经济效益逐渐回升，企业获利能力正逐步提升。三是财政收入平稳增长，2012年，虽然房地产紧缩性宏观调控和结构性减税对全市财政收入增长有所影响，但一般预算收入仍然实现了两位数增长。

四、社会民生事业进步明显

2012年，重庆学龄儿童入学率达99.98%，普通初中入学率99.4%，大学毛入学率34.0%，市和区县两级财政增投5亿元，提高职业院校生均经费补助，全免中职教育学费。全市参加城镇企业职工基本养老保险人数比上年增长11.1%；参加城镇职工基本医疗保险人数增长8.3%；参加城乡居民合作医疗保险人数增长1.5%。新增财政资金63亿元，用于提高企业退休职工和农转非人员养老金、医保补助、各类社会救助和村卫生室补助。民生投入继续加大，2012年民生财政支出1606亿元，占一般预算支出的52.6%，多渠道的民生投入格局逐步形成。

2012年，市委、市府始终将保障和改善民生放在突出位置，全面凸显民生先行“主旋律”。一是统筹城乡取得明显实效，“圈翼”人均GDP之比由上年2.16∶1缩小到2.09∶1。城乡居民收入比由上年3.12∶1缩小到3.11∶1。二是以保障和改善民生为核心，构筑民众受益的战略基石。建立和完善惠及民生的体制机制，稳定扩大就业、建设公租房、改革农民工户籍制度和增加农民财产性收入等多项民生工作取得积极进展，城乡养老、医疗保险实现全覆盖，基本公共服务体系逐步完善，社会民生改善显著。

总之，面对复杂多变的国内外经济形势，2012年，重庆经济总体呈现稳中有进、快中见好的态势，各项社会事业取得新的进步，重庆发展迈上了一个新起点。2013年是全面贯彻落实党的十八大精神的开局之年，是实施“十二五”规划承前启后的关键一年，重庆将在统筹推进“三化”和统筹城乡改革发展上积极探索，立足实际、突出特色，科学发展、加快发展，为在西部率先全面建成小康社会奠定坚实基础。

（撰稿人：蓝庆华 重庆市统计局局长）

四川省经济社会发展报告

2012年，在世界经济复苏明显放缓和国内经济下行压力加大的严峻形势下，四川省委、省政府带领四川各族人民，深入贯彻落实科学发展观，牢牢把握“稳定增势、高位求进、加快发展”的工作基调，把稳增长放在突出位置，着力推进“两化”互动、统筹城乡、投资拉动、产业支撑，四川经济延续了近几年快速发展的好势头，呈现出经济发展、民生改善的良好局面。

一、2012年经济运行的基本态势

2012年四川实现地区生产总值（GDP）23849.8亿元，按可比价格计算比上年增长12.6%，增速比全国平均水平高4.8个百分点，经济增长继续领跑前十位经济大省。其中，第一产业增加值3297.2亿元，增长4.5%，第二产业增加值12587.8亿元，增长15.4%，第三产业增加值7964.8亿元，增长11.2%。经济运行的主要特征：

（一）从生产看，农业生产稳定，工业生产平稳，第三产业发展较快

农业方面：全年农林牧渔业增加值3297.2亿元，增长4.5%。农作物获得丰收，粮食产量增长0.7%，实现六连增。优势农业发展较快，油料产量286.6万吨，增长2.9%，蔬菜增产4.9%，茶叶增产12.1%。林产品、畜产品、水产品产量保持稳定增长。

工业方面：受国际国内市场需求不足影响，全国工业生产明显放缓，四川工业增速也呈回落态势，但在省政府“促进工业经济较快增长”等稳增长工作措施的推动下，工业生产逐步企稳，重点支柱产业增长带动作用增强，工业保持稳定较快增长。全年规模以上工业增加值突破万亿元大关，达10026.5亿元，比上年增长16.1%，增速比全国平均水平高6.1个百分点，比西部地区高3.5个百分点。

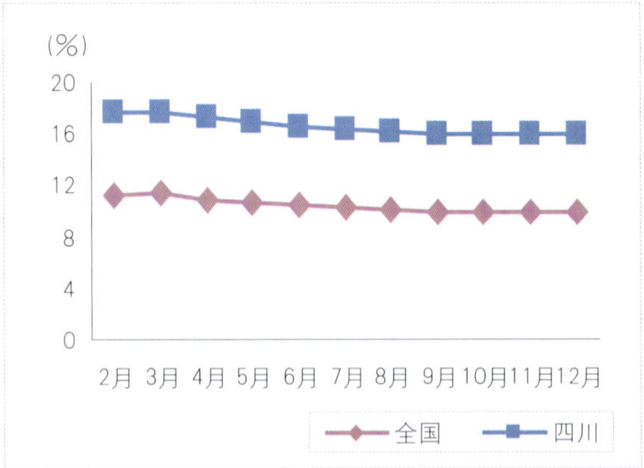

图1 2012年四川规上工业增加值增速（月度累计）

主要特点：

一是新建企业和重点行业支撑作用明显。从新建企业看，全年新建投产企业369户，拉动规模以上工业增加值增长2.1个百分点。同时，重点行业增长较快，支撑作用增强。其中，计算机通信和其他电子设备制造业、汽车制造业快速增长，两个行业增加值比上年增长35.8%，占四川规模以上工业增加值的比重提高到10.9%，拉动四川工业增长3.4个百分点；农副食品加工业、食品制造业、酒饮料和精制茶制造业、烟草制品业等4个行业增加值增长16.9%，占四川规模以上工业增加值的比重提高到17.8%。

二是产销衔接良好。全年工业产销率达98.2%，比上年提高0.5个百分点。主要工业产品产量保持稳定增长，其中发电量增长9.9%，白酒增长14.8%，化学原料药增长21.8%，汽车增长144.5%，电子计算机整机增长86.6%。

三是工业结构优化。分轻重工业看，轻工业增加值比上年增长16.4%，重工业增加值增长16.0%，轻工业增速比重工业快0.4个百分点。同时，高载能高耗能工业比重降低，其中石油加

工炼焦和核燃料加工业、化学原料和化学制品制造业、非金属矿物制品业、黑色金属冶炼和压延加工业、有色金属冶炼和压延加工业、电力热力生产和供应业等六大高耗能行业增加值占四川规模以上工业的比重降低到25.9%，比上年下降1.2个百分点。

四是出口企业增长较快。四川601户具有出口业务的规模以上工业企业，实现出口交货值突破2千亿大关，达2042.6亿元，比上年增长42.0%。其中，计算机通信和其他电子设备制造业增长64.8%，专用设备制造业增长54.0%。

服务业方面：在金融、旅游业增长较快的带动下，服务业保持较快发展。全年实现服务业增加值7964.8亿元，比上年增长11.2%。其中，批发零售业增加值增长11.3%，金融业增加值增长22.9%。

（二）从需求看，投资规模扩大，消费稳定增长，外贸进出口较快增长

投资方面：坚持把强化投资拉动作为稳增长的有力手段，产业投资发展较快，投资规模不断扩大。全年完成全社会固定资产投资17036.5亿元，比上年增长19.8%。主要特点：

一是新开工项目增长较快。全年施工项目28061个，比上年增长21.0%；新开工项目个数18366个，增长18.6%，新开工项目计划总投资38327亿元，增长18.8%，新开工项目平均投资规模7740万元，比上年扩大19.6%。尤其是重点项目建设进度较快，完成投资4696亿元，占四川全社会投资的比重提高到26%。

二是产业投资结构进一步改善。在三次产业投资中，第一产业投资462.8亿元，比上年增长65.1%；工业投资6499.5亿元，增长13.4%，其中“7+3”优势工业投资达到4584.2亿元，占工业投资的七成以上；第三产业投资突破万亿元，达11013.5亿元，增长21.6%，对四川投资增长的贡献率达67%。三次产业投资结构调整为2.6:36.4:61.0，“三二一”产业投资结构的发展格局进一步巩固。

三是民间投资主导地位突出。全年完成民间投资9644.0亿元，增长24.6%，增速比全社会投资快5.3个百分点；占全社会投资的比重由上年的51.2%提高到53.5%，提升2.3个百分点。

四是房地产投资增速回落。全年完成房地产开发投资3266.4亿元，增长15.9%，增速比上年回落13.4个百分点。同时，商品房施工面积29865.5万平方米，增长10.1%，增速比上年回落19个百分点；销售面积6455.9万平方米，下降1.3%。

市场方面：家电下乡、以旧换新等促进消费政策退出以后，各地坚持稳定城乡居民增收、改善消费环境等扩大消费需求的政策措施，消费品市场保持稳定增长。全年实现社会消费品零售总额9268.6亿元，比上年增长15.2%。

主要特点：

一是城镇市场发展快于乡村。乡村市场受家电下乡政策退出影响，增幅有所减缓，全年实现零售额1771.7亿元，增长14.4%；城镇市场零售额7316.2亿元，增长16.3%。

二是商品零售占主导地位。全年实现商品零售额7709.4亿元，增长15.8%，占社会消费品零售总额的比重为84.8%。餐饮收入1378.5亿元，增长17.0%。

三是热点商品增势较好。限额以上企业（单位）实现商品零售额4035.8亿元，增长23.5%。其中，化妆品类零售额增长25.5%、中西药类增长38.4%、通讯器材类零售额增长39.3%、石油及制品类零售额增长26.1%、汽车类零售额增长12.0%。

对外贸易：全年外贸进出口总额591.28亿美元，比上年增长23.9%。其中，出口额384.64亿美元，增长32.5%；进口额206.64亿美元，增长10.5%。

（三）从效益看，地方公共财政收入和工业利润较快增长，城乡居民持续增收

全年城镇居民人均可支配收入20307元，比上年增长13.5%，增速比全国平均水平快0.9个百分点；农村居民人均纯收入7001元，增长14.2%，增速比全国平均水平快0.7个百分点。

全年实现地方公共财政收入2421.3亿元，比上年增长18.4%。全年规模以上工业企业实现利润总额2142.7亿元，增长22.7%，增速比全国平均水平高17.4个百分点。

（四）从环境看，就业形势稳定、物价和金融运行平稳

就业方面：各地坚持实施积极的就业政策，促进高校毕业生、就业困难人员、失地农民就业效果明显。全年新增就业89.6万人，比上年增加13.5万人。其中，失业人员再就业28.8万人、就业困难人员再就业9.5万人。就业扩大，失业率稳定，全年城镇登记失业率4.1%，与上年持平。

物价方面：在宏观调控物价政策的作用下，食品价格涨幅逐步回落，居民消费价格平稳，涨幅呈现前高后稳的运行态势，全年居民消费价格（CPI）上涨2.5%，涨幅比全国平均水平低0.1个百分点。其中，八大类商品及服务项目价格“六涨二跌”，食品类及烟酒类价格分别上涨4.2%和2.7%。

受市场需求不足的影响，工业生产者出厂价格指数（PPI）、工业生产者购进价格指数（IPI）一路下行，全年PPI比上年下降1.4%，IPI持平。

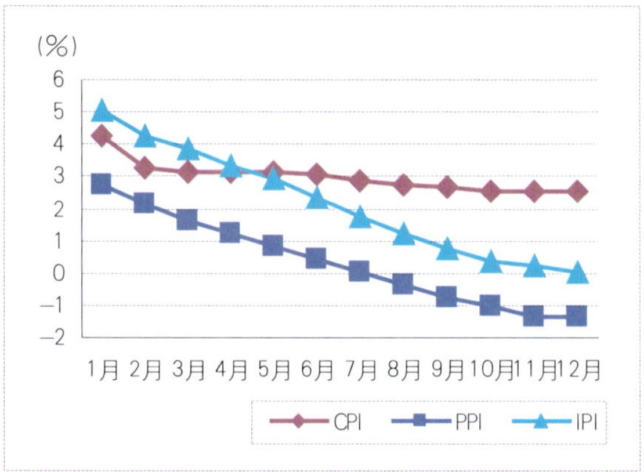

图2 2012年物价同比涨跌（月度累计）

金融方面：金融运行平稳，年末全社会金融机构人民币各项存款余额41130.8亿元，比年初增加6397.9亿元，比上年末增长18.4%。其中，城乡居民储蓄存款余额19438.3亿元，增长20.4%。全社会金融机构人民币各项贷款余额25560.4亿元，增长16.0%。

二、经济运行中值得重点关注的问题

2012年，四川经济实现了平稳较快增长，但经济运行中仍存在需求不足制约工业增长、成本增加降低企业盈利水平、投资基数扩大增大投资增长难度等问题值得重点关注。

一是需求不足制约工业增长。从反映市场需求的工业品价格涨跌情况看，四川工业生产者出厂价格指数（PPI）自2012年5月份以来连续8个月同比下跌，尽管12月份PPI跌幅收窄到下跌2.4%，但全年PPI累计仍然下跌1.4%。工业生产受市场需求不足影响增速回落，全年规模以上工业增加值增速比上年回落6.2个百分点。同时，工业投资增幅减缓，2011-2012年，四川工业投资分别增长14.4%和13.4%，均低于全社会固定资产投资增幅，工业投资比重下降到36%，影响后期工业增长。

二是成本增加影响企业盈利和农民增收。受上年工业贷款利率上调的影响，1-11月规模以上工业企业财务费用和利息支出同比分别增长29.3%和24.7%，加之市场需求不足导致停产半停产企业增多，到去年12月四川停产企业达1069户。亏损企业增多、亏损额增大，1-11月亏损企业1253户，比上年同期增加205户，亏损企业亏损额236.3亿元，同比增长62.9%，由此，导致工业利润增幅比上年同期降低20.2个百分点。同时，受上游原材料价格上涨、物流成本增加、国际市场农资价格上涨等因素影响，种子、化肥等主要农资价格持续上涨，机耕、机收等农业服务价格不断提高，全年农业生产资料价格上涨4.7%，农资调查的十大类商品及服务价格全线上涨，其中农业生产服务价格上涨12.2%。农业生产成本提高，降低了农民因粮油价格上涨带来的收益，影响农民增收。

三是投资基数扩大增大投资增长难度。受灾后恢复重建及一批重大项目的带动，四川投资规模不断扩大，全社会固定资产投资由2007年的5855.3亿元增加到2012年的18038.9亿元，年

均增长25.2%。规模扩大、基数提高增大了未来投资保持较快增长的难度，今年全社会固定资产投资每增长1%需新增投资180亿元。同时，随着富士康等一批重大工业制造业项目建成投产以后，工业投资基数扩大，增速放缓的趋势明显。

二、2013年四川经济展望

尽管当前国际宏观经济环境复杂多变，影响我省经济发展的不确定、不稳定因素依然存在，但有利因素仍然较多，四川经济保持平稳较快增长的趋势依然较强。

一是国际国内宏观经济环境可望有所改善。从国际看，尽管世界经济复苏基础依然十分脆弱，但美国"财政悬崖"问题的暂时解决增强了市场对美国经济复苏的信心，欧债危机在自救和外部援助双重努力下尽管复苏乏力，但已度过了最艰难的时期，包括中国在内的新兴经济体加快经济结构调整和增长方式转变有助于缓解和遏制经济增速下行态势。国际货币基金组织（IMF）预测，今年世界经济增长率将由2012年的3.3%微升至3.6%，世界经济或在2012年经历又一放缓低谷后，在2013年上半年企稳，下半年温和回升。从国内看，中央经济工作会议确定了"稳中有进"的工作基调，明确了继续实施积极的财政政策和稳健的货币政策。反映经济预期的先行指标中国制造业采购经理指数（PMI）自2012年9月份以来持续稳步小幅回升，12月为50.6%，连续三个月保持在临界点50%以上，显示国内经济温和回升态势基本确立，其中新订单指数为51.2%，表明制造业市场需求继续回升，今年我国经济增速有望实现小幅回升。

二是四川面临新的发展机遇。四川经过近几年在灾后恢复重建中的加快发展，西部经济发展高地建设取得重大进展，正在成为国家开发开放前沿和重要经济增长极。当前，国家加快实施区域协调发展战略，深入推进新一轮西部大开发，国内外重大产业加快向西部地区转移，党的十八大也明确提出"继续加大对中西部扶持力度"、"加大对革命老区、民族地区、边疆地区、贫困地区的扶持力度"这为作为西部地区经济大省的四川带来了新的重大的发展机遇。

三是产业支撑势头较强。随着灾后恢复重建的一批重大产业项目和"十二五"规划前期产业项目的陆续建成投产，新增生产能力将逐步释放。尽管自去年5月以来PPI持续下跌，但目前降幅趋缓，市场需求可望有所回升。装备制造业、传统钢铁行业有望走出低谷，电子信息产业和汽车产业产能将进一步释放，彭州石化、一汽大众、向家坝、溪洛渡等重大项目投产达产，将形成新的增长点，工业经济保持平稳较快增长的势头较强，预计2013年规模以上工业增加值增长14%以上。

四是投资消费增势稳定。2012年，新开工项目增长较快，年末在建项目结转投资规模1.67万亿元。依据近年来我省以政府投资为主导的投资增长模式逐步向民间投资主导转变的实际，今年四川自主投资力度依然较强，预计全年全社会固定资产投资将突破2万亿元。同时，随着国家陆续出台实施居民收入分配改革方案，我省坚持推进"两化"互动，城镇化水平逐步提高和劳动就业规模扩大，消费市场将继续保持平稳增长，预计全年社会消费品零售总额增长14%以上。

五是市场物价涨势稳定。2012年四川居民消费价格（CPI）呈现"涨幅较低、相对平稳"的运行态势，2013年受国际国内经济回升趋势的带动，社会总需求呈现扩大趋势。加上粮食、蔬菜、猪肉等食品价格以及资源性价格上涨压力较大，预计全年物价涨幅将超过3%，但仍处于温和上涨的可控区间。

综合以上因素分析，预计2013年四川经济增长12%左右，继续保持平稳较快增长。

（撰稿人：范秋美 四川省统计局局长）

贵州省经济社会发展报告

2012年，在中共贵州省委、贵州省人民政府的坚强领导下，全省贯彻落实党中央、国务院的各项决策部署，围绕“加速发展、加快转型、推动跨越”主基调，实施工业强省和城镇化带动战略，着力保增长、调结构、增活力、惠民生、促和谐，全省经济保持平稳较快发展，社会各项事业取得新的成绩。

一、经济社会发展基本情况

（一）经济综合实力明显提升，发展跃上新台阶

2012年贵州生产总值6802.20亿元，比上年增长13.6%。其中，第一产业增加值890.02亿元，增长8.5%；第二产业增加值2655.39亿元，增长16.8%；第三产业增加值3256.79亿元，增长12.1%。经济运行呈现出总量扩大、增速较快、效益良好的态势。

一是经济总量规模明显扩大。地区生产总值、公共财政预算收入、金融机构人民币存贷款等主要经济指标总量规模均有突破，发展跃上新台阶。全省生产总值接近7000亿元，连续两年净增1000亿元以上；人均生产总值跃上3000美元新台阶；公共财政预算收入突破1000亿元；金融机构人民币各项存、贷款余额分别突破10000亿元和8000亿元大关。

二是主要经济指标增长较快。生产总值、规模以上工业增加值（统计口径为年主营业务收入2000万元及以上工业企业，以下同）、固定资产投资（统计口径为计划总投资500万元及以上城镇投资、农村非农户投资和房地产开发投资）、社会消费品零售总额、公共财政预算收入、进出口总额增速分别高出全国5.8个、6.2个、11.2个、1.7个、15.0个、29.5个百分点，也高于东部、中部和西部地区。

三是发展效益持续向好。财政收入、企业收入均较快增长。财政总收入1644.48亿元，比上年增长23.6%。其中，公共财政预算收入1014.05亿元，增长31.2%，连续两年增长30%以上。规模以上工业企业实现主营业务收入5686.18亿元，比上年增长18.9%；盈亏相抵后的利润总额为466.04亿元，增长47.4%。

表 2012年贵州省主要经济指标发展情况

指　标	单位	绝对数	增长（%）
生产总值	亿元	6802.20	13.6
第一产业	亿元	890.02	8.5
第二产业	亿元	2655.39	16.8
第三产业	亿元	3256.79	12.1
人均生产总值	元	19566	13.5
固定资产投资	亿元	5304.93	31.8
社会消费品零售总额	亿元	2027.60	15.8
金融机构人民币各项存款余额	亿元	10540.06	20.6
金融机构人民币各项贷款余额	亿元	8274.78	20.9

注：固定资产投资统计口径为计划总投资500万元及以上城镇投资、农村非农户投资和房地产开发投资，以下若无特殊说明，与此同。

（二）产业结构继续调整，三次产业协调发展

第一产业、第二产业和第三产业增加值占生产总值的比重分别为13.1%、39.0%和47.9%。与上年比，第二产业比重提高0.5个百分点，第二产业特别是工业带动经济发展的作用进一步增强。

一是农业生产较好。在各项支农、惠农、强农政策措施的实施带动下，农业发展形势较好。粮食在上年因灾减产的情况下实现恢复性增产，全年粮食产量1079.5万吨，比上年增长23.1%。经济作物加快发展，油菜籽产量增长8.9%，达78.18万吨，创历史最高水平；茶叶、水果、烤

烟产量分别增长40.3%、22.6%和14.8%。畜牧业稳定发展，全年畜牧业增加值244.16亿元，比上年增长5.5%。畜禽出栏量稳步增长，肉类总产量达191.10万吨，比上年增长6.2%，其中猪肉产量156.13万吨，增长5.3%。

二是工业经济较快发展。工业投入力度较大，产业园区建设加快推进，一大批工业项目建成投产促进了工业经济较快增长。全年规模以上工业增加值2055.46亿元，比上年增长16.2%。主要工业产品产量大幅增长，白酒产量、发电量分别增长18.6%和14.8%，特别是酒的制造，已超过电力行业成为贵州第二大支柱产业。产业园区加快发展，年末共有1411户工业企业入驻各类产业园区，园区规模以上工业企业增加值、主营业务收入和利润总额均比上年增长15%以上。

三是服务业稳步发展。旅游业继续发挥龙头带动作用，全年旅游总人数2.14亿人次，实现旅游总收入1860.16亿元，分别比上年增长25.8%和30.1%。金融业较快发展，年末全省金融机构人民币各项存、贷款余额分别为10540.06亿元和8274.78亿元，比上年增长20.6%和20.9%。房地产业在国家调控政策下稳步发展，商品房屋销售面积、销售额分别增长16.2%和23.0%。交通、物流和通信等服务业保持较快增长，公路货物周转量、公路旅客周转量和电信业务总量分别增长25.9%、28.7%和19.5%。

（三）投资和出口增势强劲，需求拉动进一步增强

三大需求带动提升经济发展的作用进一步突显，投资、消费和进出口都保持较快增长，经济增长的协调性、可持续性明显增强。

一是固定资产投资快速增长。充分利用好国发2号文件带来的发展机遇，加大项目申报和审批力度，积极开展了一些先行先试项目，投资建设成效明显。固定资产投资5304.93亿元，比上年增长31.8%。重点领域投资进一步加强，工业投资增速较快，结构较好，工业投资（含工业园区基础设施）1884.40亿元，比上年增长41.4%，其中制造业投资904.34亿元，增长31.6%，占工业投资（含工业园区基础设施）的比重提高到48.0%。民生和社会事业等领域投资建设扎实推进，教育投资78.71亿元，比上年增长29.8%。

二是消费品市场稳步发展。在大型会议、会展活动增多以及对外开放交流合作力度不断加大等有利因素促进下，消费品市场继续保持活跃态势。社会消费品零售总额2027.6亿元，比上年增长15.8%。

三是对外贸易快速发展。随着外贸企业数量的增多、贸易方式多样化和贸易主体多元化，全省对外贸易，特别是出口贸易保持了2011年以来的较快增长态势。全年进出口总额66.32亿美元，比上年增长35.7%。其中出口49.52亿美元，增长65.9%。

（四）基础设施建设稳步推进，发展条件继续改善

在固定资产投资，特别是涉及交通、水利等基础设施建设投资快速增长推动下，全省加快发展的基础条件进一步改善。

一是铁路建设、公路建设快速推进。铁路投资263.35亿元，比上年增长56.9%；公路投资691.08亿元，增长30.4%。公路建设取得新突破，县县通高速公路项目全部开工，全部市（州）所在地和60个县（市、区）通高速公路。年末全省高速公路里程达2630公里。

二是水利建设加快推进。水利、环境和公共设施管理业投资643.54亿元，比上年增长20.5%。《贵州省水利建设生态建设石漠化治理综合规划》深入实施，黔中水利枢纽一期工程扎实推进，毕节夹岩等大型水库前期工作加快推进。

三是城镇基础设施建设加快推进。《贵州省城镇体系规划(2011-2030)》和《贵州省"十二五"城镇化发展专项规划》抓紧实施，城市市政设施继续完善，建成了一批城镇污水处理和垃圾处理项目，城市公共服务水平进一步提高，城市环境有所好转。城镇产业承载能力、就业吸纳能力和人口容纳能力明显提升。城市硬件设施的完善加快了城镇化发展步伐，城镇化率达36.4%，比上

年提高 1.4 个百分点。

（五）对外开放力度加大，发展活力增强

对外开放力度不断加大，行政审批项目简化，招商引资规模不断扩大，为经济发展增活力、强动力、添后劲。

一是体制改革进一步深化。国有资产监管体系进一步完善；县级经济管理权限不断扩大，省直管县财政改革范围扩大；投融资体制改革深入推进，新组建了贵阳龙洞堡国际机场股份有限公司、贵安新区开发投资有限公司等融资平台，组建了贵州银行等金融机构。

二是民营经济发展迅速。进一步完善促进民营经济、中小企业发展的政策体系。民营经济投资迅速增加，全年民营经济投资达 2493.62 亿元，比上年增长 41.1%，在投资高速增长带动下，民营经济发展迅速，其占生产总值的比重较上年提高 3.0 个百分点，达 40%。

三是对外交流合作力度加大。省外、境外资本对贵州的投资力度明显加大，全年引进省外到位资金达 3857 亿元，比上年增长 49.5%；实际利用外资 10.46 亿美元，比上年增长 55.4%。

（六）居民收入稳步增长，民生继续改善

经济发展较快增长带动全省居民收入继续增加，人民生活水平稳步提高，民生继续改善。

一是居民收入较快增长。产业园区加快发展，农村就近就地转移就业大量增加，工资性收入逐渐成为农村居民收入的重要来源和支柱。在工资性收入较快增长带动下，2012 年，全省城镇居民人均可支配收入为 18700.51 元，比上年增长 13.4%；农民人均纯收入为 4753.00 元，增长 14.7%。

二是就业工作取得新成绩。全省年末城镇新增就业人数 42.23 万人，比上年增加 13.86 万人，其中促进下岗失业人员再就业人数 13.25 万人，比上年增加 2.44 万人。年末城镇登记失业率 3.29%。

三是社会保障体系不断完善。年末全省城镇企业职工基本养老保险参保人数 220.65 万人，比上年增长 9.8%。新型农村社会养老保险试点工作取得新发展，参保人数比上年增长 48.2%。基本医疗保险参保人数 648.11 万人，比上年增长 3.0%。

（七）社会事业全面进步，经济社会发展协调性增强

在加快经济发展的同时，切实加强和创新社会建设和管理，加大投入力度，各项社会事业继续发展。

一是各级各类教育事业继续发展。年末各级各类学校专任教师 42.35 万人，比上年增长 4.2%。九年义务教育继续巩固，小学学龄儿童入学率和初中阶段毛入学率分别比上年提高 0.77 个和 3.24 个百分点。高中阶段毛入学率 62.2%，比上年提高 3.3 个百分点。高等教育规模继续扩大，普通高等学校在校生达 38.38 万人，比上年增长 11.5%。高等教育毛入学率 25.5%，比上年提高 2.3 个百分点。

二是科技创新能力继续增强。全年国家重点项目中有国家安排科技支撑计划项目 10 项、“973”计划项目 2 项、国家重点新产品试产项目 8 项。取得省部级以上科研成果登记 131 项，其中基础理论成果 28 项，应用技术成果 103 项。全年专利申请量 10720 件、专利授权量 6016 件，分别比上年增长 42.7% 和 77.7%。

三是文化事业繁荣发展。公共文化服务体系建设不断加强，文化艺术、广播影视、新闻出版等各项事业稳步发展。年末全省共有博物馆、纪念馆 53 个，公共图书馆 94 个，档案馆 107 个，文化馆和群众艺术馆 97 个，乡镇文化站 1490 个；文化艺术服务单位 2100 个，比上年增长 9.3%，其中艺术表演团体 45 个，艺术表演场所 11 个。

四是医疗卫生服务体系进一步健全。年末全省卫生机构（含村卫生室）27672 个，其中医院、卫生院 2171 个，卫生防疫防治机构 112 个，疾病预防控制中心 105 个，妇幼保健院（所、站）97 个。全省卫生机构床位数 13.1 万张。卫生技

术人员12万人，其中执业（助理）医师4.67万人，注册护士4.58万人。

二、存在的困难和问题

在贵州经济社会取得显著发展成绩的同时，长期积累的深层次矛盾和加速发展的瓶颈性制约仍然存在，其中较为突出的主要有以下两个方面：

（一）要素保障存在较大压力

2012年计划总投资500万元及以上城镇投资、农村非农户投资和房地产开发投资到位资金中，国内贷款920.09亿元，比上年增长12.4%，增速低于本年到位资金4.6个百分点，仅占本年到位资金的15.9%，国家信贷资金对产业的支撑保障作用有待进一步加强。科技人才资源匮乏，创新型、管理型人才缺乏，对产业智力支撑能力不强。

（二）部分企业生产经营压力较大

由于国内需求放缓，加之我省产业结构方面矛盾，使我省部分工业企业生产经营面临较大压力。产销衔接情况不甚理想。全年规模以上工业产销率95.0%，低于全国平均水平。

展望2013年，国际形势环境仍然复杂严峻，国内经济运行也面临很多不确定性因素。全球经济仍将处于深度结构调整之中。美国经济仍处在缓慢发展阶段，欧元区“经济增长”与“财政紧缩”的两难选择导致欧洲经济存在较大不确定性。据国际货币基金组织（IMF）预测，2013年全球经济仍将低速增长。

国内长期积累的结构性矛盾以及经济周期性减速问题相互交织，使经济运行中的一些突出问题短期内难以根本解决。主要包括国内工业企业经营困难，部分行业面临“去库存化”和“去产能化”双重压力；制造业缺乏新增长点等。

2013年贵州仍然面临加快发展的机遇。国发2号文件的深入实施，特别是涉及贵州一系列先试先行项目的开展，必将为贵州经济发展注入新的增长动力；近两年来贵州工业投资大幅增加，园区建设力度不断加大，随着一大批工业项目的建成投产，新增产能进一步释放，为贵州经济发展提供强有力的后劲。

（撰稿人：陶谋立 贵州省统计局局长）

（张军摄）

云南省经济社会发展报告

2012年，受欧洲主权债务危机进一步深化，世界经济不景气的影响，中国经济增长放缓，宏观经济运行不稳定和不确定因素增多，经济下行压力增大。在此大背景下，省委、省政府审时度势，攻坚克难，带领全省上下积极应对所面临的各种严峻挑战，科学谋划，全面部署，出手较快，行动较早，落实有力，积极推进桥头堡建设，加快实施“三大战役”，出台了一系列强有力稳增长的措施，全省国民经济保持平稳较快发展势头，实现“稳增长、冲万亿、促跨越”发展目标，为云南加快建成小康社会奠定良好基础。

一、2012年云南经济稳中求进加入万亿俱乐部

初步核算，2012年云南生产总值（GDP）10309.80亿元，比上年增长13.0%，高于全国5.2个百分点，其中：第一产业增加值1654.56亿元，增长6.7%；第二产业增加值4419.10亿元，增长16.2%，其中建筑业增加值968.38亿元，增长21.0%；第三产业增加值4236.14亿元，增长11.4%。云南经济总量突破万亿元大关，人均GDP达22195元（折合3531美元），比上年增长12.3%。经过十七年不懈努力，云南经济总量从千亿元跃上万亿元新台阶的梦想终成现实。中国万亿GDP俱乐部迎来第24个成员，也是2012年唯一的新成员，且经济增长速度仅次于天津、重庆和贵州，排全国第4位，西部第3位，无疑是2012年中国经济新版图中一颗耀眼“新星”！尤其是在国内外经济下行压力加大的环境下，云南各项主要经济指标表现良好，增幅高于全国水平，取得这样的骄人成绩实属不易！

（一）“三农”发展取得可喜成绩

2012年，云南省委、省政府把抗旱夺丰收作为中心任务来抓，政策好，人努力，价格好，天帮忙，云南全年农业取得一个好年景。一是农业连年丰收。2012年全省粮食总播种面积6500万亩以上，粮食总产达1749.1万吨，比上年增产4.5%；肉类总产量达540万吨，增长3.5%，烤烟产量114.29万吨，增长12.2%；二是农民持续增收。2012年全省农村居民人均纯收入5417元，扣除价格因素，比上年实际增长12.1%；三是农村经济稳步增效。2012年全省农业总产值达2680亿元，实现农业增加值1654.56亿元，比上年分别增长7.0%和6.7%，农业经济效益明显提高。全省粮食丰收实现连续十年增产，全年农业经济形势好于预期。

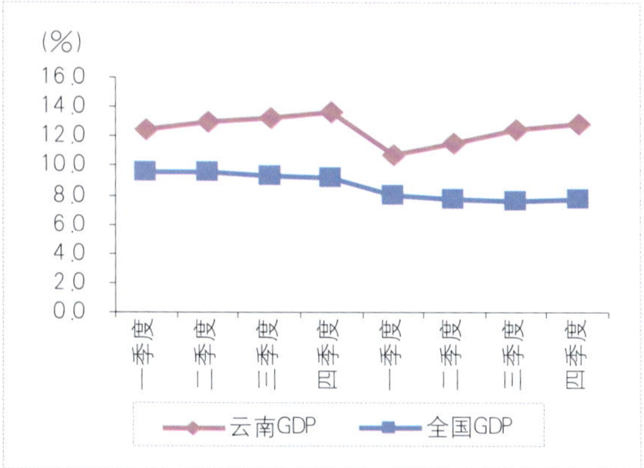

图1 2011-2012年云南和全国经济增长走势

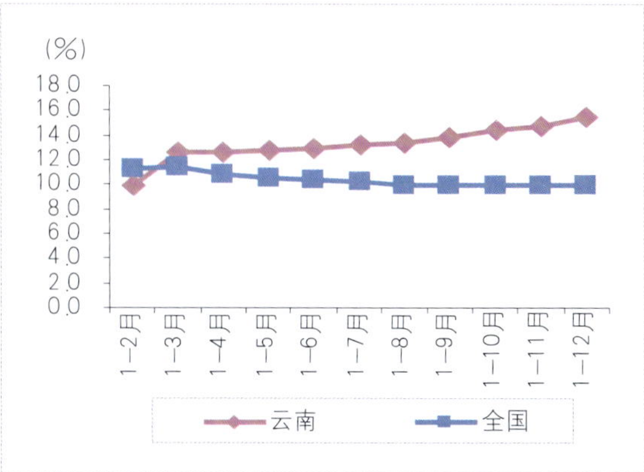

图2 2012年云南和全国工业经济增速走势

（二）工业经济稳增长成效明显

2012年，全省全部工业增加值3450.72亿元，比上年增长15.1%，其中规模以上工业增加值增长15.6%，比全国高5.6个百分点，按轻重工业分，轻重工业增加值分别增长17.1%和14.4%。全省工业经济逐月稳步回升，呈现较快增长的态势。

一是，重点行业拉动明显。2012年，在全省规模以上工业38大行业生产有32个实现增长，其中22大行业增速超过全省工业增长速度。15个重点行业中，13个行业增加值累计实现增长。其中：煤炭开采及洗选业增长18.2%，电力、热力的生产和供应业增长10.1%；燃气生产和供应业增长14.2%；有色金属冶炼及压延加工业增长20.5%，烟草制品业增长13.2%，医药制品业增长25.8% ，化学原料及化学制品制造业增长9.2%，有色金属矿采选业增长25.2%；食品工业、酒、饮料和茶加工业分别增长29.3%、26.6%和27.2%。重点支柱行业对工业稳增长作用明显。

二是，企业活力逐步增强。2012年，全省规模以上工业综合能源消费量6125.91万吨标准煤，比上年增长11.9%。全省规上工业企业煤炭消费8390万吨，增长6.4%；电力消费量853.28亿千瓦时，增长13.4%。全省六大高耗能行业能源消费总量5276.44万吨标准煤，比上年增长10.5%。随着全省煤电油运制约缓解，生产能力快速恢复。2012年全省生产原煤1.04亿吨，增长4.3%；成品钢材1600.40万吨，增长18.4%，水泥8013.83万吨，增长18.0%；发电量1745.51亿千瓦小时，增长12.2%，十种有色金属287.99万吨，增长6.4%。全省规模以上工业企业活动明显增强。

（三）扩内需稳增长措施效果显现

——投资需求稳步扩大。2012年，云南固定资产投资（不含农户）达7553.51亿元，比上年增长27.3%，高于全国6.7个百分点，其中，按三次产业分，第一产业143.13亿元，增长46.1%；第二产业2530.19亿元，增长29.3%；第三产业4880.19亿元，增长25.8%。从重点行业看，工业投资2526.41亿元，增长29.5%，其中电力工业862.07亿元，增长14.0%，非电工业1664.34亿元，增长39.4%、房地产开发投资1782.14亿元，增长39.2%；公路投资647.0亿元，下降10.7%；水利、环境和公共设施管理业762.85亿元，增长50.1%；教育业184.92亿元，增长46.7%，上述六大重点行业投资约6061亿元，比重达80.2%，发挥的支撑作用日渐明显。一批交通、能源、水利重大项目开工建设，长水机场、洛扎渡、向家坝电站等一批标志性重点项目竣工投产，大项目带动大建设，大建设带来大发展。从横向比较看，2012年云南固定资产投资规模排全国第22位、西部第6位，增长速度居全国第13位，西部第8位，全省固定资产投资呈现快速增长势头。

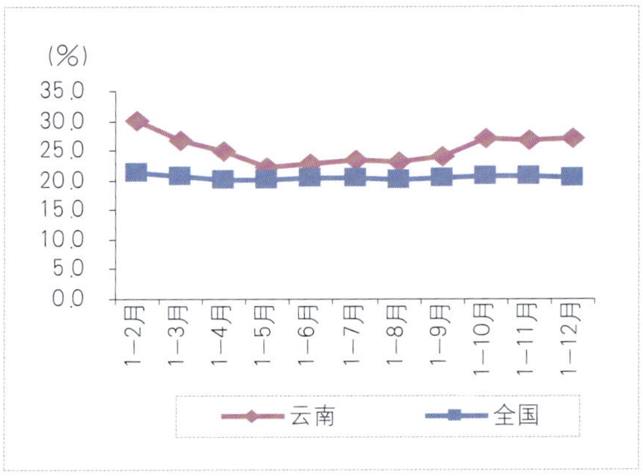

图3　2012年云南固定资产投资增速走势图

——城乡市场消费需求逐步提高。2012年，全省实现社会消费品零售总额3511.6亿元，比上年增长17.1%，高于全国2.7个百分点。其中：城镇增长18.3%；农村增长17.2%。市场消费热点商品持续看好。在全省限额以上批发零售业大类商品零售中，粮油类增长33.5%，肉禽蛋类增长47.2%，蔬菜类增长89.0%，水产品类增长63.9%，服装类增长18.2%，日用品类增长56.4%，石油及制品类增长26.8%，家具类增长1.3倍。全省城乡居民消费升级逐渐加快。

——楼市销售数据明显改善。2012年，全省商品房屋施工面积14362.0万平方米，竣工面积1851.57万平方米，比上年分别增长30.4%、17.8%；全省商品房销售面积3237.75万平方米，商品房销售额达1362.83亿元，比上年分别增长

0.5%和16.3%。随着我省政策保障房建设力度加大，房地产楼市价格过快上涨势头得到遏制，居民住房消费进一步回归理性，国家加大房地产楼市调控政策效果日渐稳固，全省房地产市场发展将进入一个新的关键期。

（四）对外经济贸易呈现企稳较快增长

2012年全省进出口贸易总额210.05亿美元，比上年增长31.0%，高于全国24.8个百分点。其中：出口贸易100.18亿美元，增长5.8%，进口贸易109.87亿美元，增长67.6%，边境小额贸易21.49亿美元，增长7.3%；实际外商直接投资额21.89亿美元，增长25.9%。全省出口实现了正增长，进出口贸易趋向平衡，外需增长动力稳步增强，进出口贸易出现企稳较快增长态势，对外开放度不断提高。

（五）财政金融保持积极稳健势头

一方面，公共财政收支保持较快增长。2012年全省财政总收入达2624.2亿元，比上年增长16.2%，其中地方公共财政预算收入1337.98 亿元，增长20.4 %，为年初预算的102.9%，按收入来源看，税收收入完成1063.89亿元，增长20.6%，其中增值税148.0亿元、营业税340.5亿元、企业所得税135.82亿元，三大税种收入分别增长8.3%、22.6%和22.8%。全省地方公共财政预算支出3573.41亿元，比上年同期增加643.8亿元，比上年增长22.0%，为年初预算的106.0%，其中：农林水事务支出516.82亿元，增长26.1%；一般公共服务支出339.07亿元，增长20.2%；交通运输支出309.80亿元，增长12.2%。全省地方公共财政收支实现平衡增长。

另一方面，金融机构存贷款延续较快增长态势。

2012年，全省金融机构人民币各项存款余额17966.38亿元，比上年增长17.0%；比年初增加2610.77亿元。其中单位存款余额9431.29亿元，比年初增加1433.85亿元；个人储蓄存款余额7741.59亿元，增长17.5%，比年初增加1086.69亿元。

2012年，全省金融机构人民币各项贷款余额13848.10亿元，比上年增长14.3%，新增贷款比年初增加1726.93亿元。从结构看：中长期贷款余额9587.38亿元，比年初增加709.48亿元，增长8.0%；短期贷款余额3958.64亿元，比年初增904.24亿元，增长29.9%。在国家宏观政策运用货币政策工具，提振和刺激经济增长背景下，全省金融运行保持平稳发展的较好态势。

（六）旅游文化产业持续取得佳绩

2012年，全省旅游业市场保持活跃繁荣景象。全省旅游业实现总收入达1702.54亿元，旅游外汇收入达19.47亿美元，比上年分别增长31.2%和21.0%；全年接待国内游客达1.96亿人次，接待海外旅游者达457.84万人次，比上年分别增长20.2%和15.8%，保持快速增长势头；全省文化产业稳步发展。全年实现文化产业增加值601.86亿元，比上年增长20.1%，突破600亿元大关，占全省GDP比重5.8%，成为全国5个文化产业比重超过5%的省份之一，云南文化强省建设迈出坚实的步伐。

（七）物价趋稳，民生就业不断改善

各级政府保障和改善民生力度加大。2012年，全省地方公共财政预算支出中，用于教育支出674.93亿元，增长39.7%；社会保障和就业支出438.92亿元，增长13.6%，医疗卫生支出267.08亿元，增长12.7%，全省2/3的公共财政支出用于保障和改善民生，人民享受到公共财政带来的实惠和改革发展成果。

城乡居民收入稳步增长，控物价见成效。2012年，全省城镇居民人均可支配收入21075元，比上年增长13.5%，农村居民人均纯收入5417元，增长14.7%，扣除价格因素，分别实际增长10.2%和12.1%，高于全国0.6个和1.4个百分点，全省出台实施一系列稳物价措施，建立政府控物价联动机制，保障生活物资供给，居民消费价格（CPI）指数102.7%，比上年温和上涨2.7%，居民消费升级进一步加快，生活质量日渐改善，老百姓日子越过越红火。

政策保障房建设力度加快推进。2012 年，全省积极推进建设城镇保障性住房 40.32 万套，完成投资 320 亿元，实施农村危房改造 50.3 万户。全年地方公共财政预算住房保障支出 231.66 亿元，比上年增长 52.7%，成为投入力度最大的一年。不仅缓解了中低收入家庭住房难的矛盾，也使全省房地产楼市房价过快上涨势头得到有效遏制。

经济发展改善就业形势。2012 年全省就业人口达 2905 万人，比上年增长 1.7%。全年实现新增城镇就业 29.3 万人，城镇登记失业率控制在 4.1% 以内，就业保持平稳增长态势。

二、云南经济发展需高度关注的矛盾和问题

回顾 20 年多来云南发展进程轨迹，从纵向看，云南经济社会自身发展取得巨大成就，从横向看，1992 年邓小平南巡讲话时云南经济总量（GDP）排全国第 17 位，固定资产投资规模列 20 位、地方财政收入排第 13 位、城镇居民可支配收入和农民人均纯收入分列第 13 位和第 22 位，到 2012 年云南经济（GDP）总量居第 24 位，地方财政收入排第 22 位、固定资产投资列第 22 位，城镇居民可支配收入和农民人均纯收入分别处第 15 位和第 28 位，在云南人口持续较快增长的同时，人均主要指标位次也逐年后移，差距呈现不断扩大趋势。

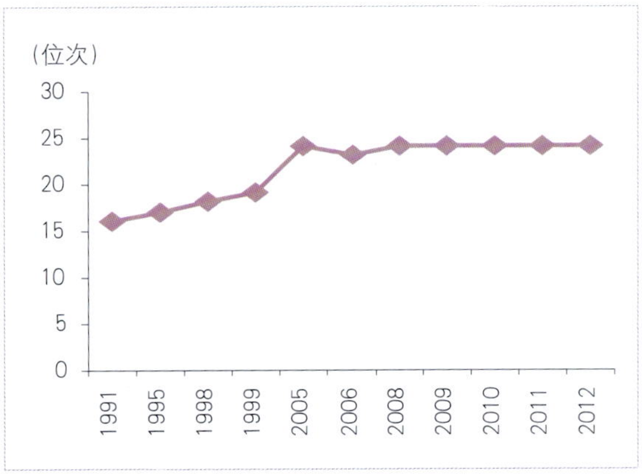

图 4　1991-2012 年云南生产总值在全国位次变化

从上可见，20 年来云南整体发展实力排位呈现逐年后移的现象。2005 年云南出现大幅波动下滑 5 位后，反弹了一位后稳定在第 24 位，处于“停滞”状态。反映出云南与兄弟省区发展差距在拉大的严峻现实。当前全省经济稳定增长要素保障条件与基础还不稳固，要实现争先进位，“富民强省”目标面临严峻挑战。

——从增长动力看，结构性矛盾突出。一是“三驾马车”拉动经济增长动力失调。2012 年，全省投资、消费和净出口对经济增长的贡献分别为 127%、67% 和 -94%，扭转内需出力不均衡，外需不振不利局面仍需做艰苦努力。二是投资与消费比例关系严重失调。2012 年固定资产投资率高达 76%，比 2011 年提高了 6.0 个百分点，且呈现不断上行的趋势，对消费产生日渐显著的“挤出效应”，这将严重透支云南可持续发展能力。三是产业结构调整优化进程出现放缓迹象。工业化是经济结构优化的主动力。2011 年云南三次产业结构为 15.9:42.5:41.6，　2012 年变化为 16:42.9:41.1，其中工业比重由 33.7% 变为 33.5%，比上年回落 0.2 个百分点，传统的、高能耗、资源型的工业体系，由于缺乏新兴支柱产业群的支撑，长期以来唯有依赖“烟产业”来摆脱工业经济的困境格局未改变，反映出工业经济增长乏力的迹象；四是收入分配结构不合理。2012 年全省城乡居民收入比为 3.9:1，差距仍较大，全省基尼系数超过 0.4 的国际警戒线，贫富差距、地区收入和行业收入差距呈扩大趋势，收入分配不公矛盾日渐突出，威胁社会和谐稳定。

——从增长质量看，发展方式亟待转变。长期以来，云南走的是一条以固定资产投资拉动经济增长为主要动力，追求经济（GDP）规模和速度为主要目标的发展路子，经济增长质量的不高矛盾日渐凸显。一是，劳动力成本价格快速上涨，土地、资源和人口红利因素逐渐减弱。初步测算，目前云南资金投入边际产出效益约 0.73，资金利用效益不够理想；二是固定资产投资效益减弱。初步测算，2012 年全省固定资产投资规模和边际效益分别为 0.31 和 -0.12；固定资产投资乘数效应比 10 年前减少了 40%，固定资产投资规模效益在递减，揭示出投资决策行为不经济，未来产出水平大幅减低，投资结构亟待调整优化的

现实和紧迫性；三是“不充分、不平衡、不可持续”三大发展矛盾，导致经济边际产出和潜在增长率呈现回落趋势。云南进入万亿 GDP 部以后进入转型发展的新时期，长期以来形成的“高投入、高代价、低产出、不可持续”的发展模式，主要依赖资源性和生产要素规模投入实现经济增长发展模式亟待转变。

——从发展潜力看，“四化”进程差距较大。一是工业化进程亟待加快。2012 年全省工业化率为 33.5%，比全国低 6.5 个百分点。长期以来，云南形成以“云烟”为代表的烟草工业“一枝独秀”，以水电为主的能源工业开始崛起，制造业和高新技术产业弱小的“资源型”工业发展格局，加快做大做强云南工业成为紧迫任务。二是城镇化进程落后。2012 年云南城镇化率约 39.3%，比全国低 13.3 个百分点。特别是伴随着工业化、城镇化进程提速过程中，农民工群体队伍迅速壮大，导致农村“空心化”危机，加剧农村人口老龄化趋势。三是信息化进程相对滞后。据国家统计局信息化发展指数（Ⅱ）监测报告显示，2011 年云南信息化发展总指数为 0.603，从分类指数看，除发展效果指数和产业技术指数外，基础设施、知识支撑指数与先进省区市差距不断扩大，属于末类（五类）地区，总指数名列全国第 29 位、西部第 11 位，仅高于西藏。四是农业现代化进程放缓。长期以来，云南农业生产方式落后，效率较低。农村人口人均粮食产出水平为 646 公斤 / 人，仅相当全国 70%；农村居民人均纯收入只达全国水平的 68%；自然灾害频发，水利设施欠账较多，抵御和减灾害能力薄弱。特别是按照国家新贫困标准衡量，全省有 1300-1500 万人贫困人口，约占全省总人口的 1/3，贫困面广，贫困深度大，加剧了云南脱贫奔小康的难度，云南全面建成小康社会还有艰苦的路要走。

——从发展主体看，实体经济面临市场风险挑战。企业是国民经济发展主体，也是实现充分就业的主渠道。2012 年，全省实体经济特别是工业企业面临成本上升，企业经济效益下降的不利局面。截止 2012 年 12 月末，全省工业企业主营业务收入 8662.81 亿元，同比增长 14.8%；实现利税 1640.24 亿元，增长 3.9%，其中利润总额 507.71 亿元，下降 10.6%。全省企业亏损额 128.91 亿元，增长 91.6%，企业亏损面达 26.7%；中小非公企业则普遍表现为融资难、贷款难、用工难，市场需求不振市场价格下滑，产品卖难，库存增加，增加就业困难等难题，导致实体经济面临困境。另一方面，全省总部经济实力不强，世界 500 强入驻企业不多，特别是缺乏高新创新技术大企业，战略性新兴产业尚未成气

西双版纳州告庄西双景（云南省旅游发展委员会提供）

保山市国家火山地质公园火山群—杜小红摄
（云南省旅游发展委员会提供）

候，缺少新支柱产业支撑，实体经济发展市场环境充满各种变数和挑战。

三、对 2013 年国内外经济形势的初步判断

（一）国际经济形势观察

2013 年美国经济“财政悬崖”和国债上限未解决拖累，就业增长乏力，欧债危机负面影响持续，复苏缓慢；日本重振经济乏力，继续低迷衰退成定局，金砖国家等新兴经济体应对通货膨胀增速普遍放缓，美日欧三大经济体陆续实施货币量化宽松政策刺激经济增长，导致各种形式贸易主义抬头，潜在通胀和资产泡沫的压力加大，国际大宗商品价格可能进一步推高，经济与环境压力加剧。因此，世界经济依然错综复杂，充满变数和不确定性，世界经济增长缓慢的态势恐难改变，前景不乐观！

（二）中国经济形势走向

根据宏观经济发展惯性原理分析，当前中国经济的基本面没有改变，国内经济下行压力依然较大，经济增长不确定因素和挑战依然严峻。中央经济工作会议明确提出了 2013 年经济工作坚持继续保持“稳中求进”的总基调，扎实推进改革，释放经济活力，经济增长预期目标 7.5%，维持在上年水平；二是把握宏观调控政策取向，继续实施积极的财政政策和稳健的货币政策，通过保持实体经济合理增长的货币需求和产业结构升级，以此推动经济进入创新驱动、内生增长的发展轨道。三是适应发展方式的新变化：“三驾马车”经济动力增长模式的变化，重心是扩大国内需求，培育一批拉动力强的消费新增长点；同时城镇化作为扩大内需的最大潜力被寄予厚望，产业结构升级将推动经济进入创新驱动、内生增长的发展轨道。

从总体形势上判断，我国仍处于加快发展难得的战略机遇期，经济已由高速增长转入次高速增长的新时期，同时面临加快转型发展，应对“中等收入国家陷阱”，缩小贫富差距，全面建成小康社会，构建新兴大国实力和影响力，努力实现中华民族伟大复兴的“中国梦”。

（三）云南经济形势判断

2012 年云南经济总量突破万亿元新台阶，成为万亿 GDP 俱乐部新成员，标志着云南经济社会进入量的积累向质的提升全新发展时期。2013 年，全省经济发展面临重大机遇和严峻挑战。一方面经济稳增长的积极因素较多。全省迎来实施西部大开发和推进桥头堡建设、推进“新四化”进程扩大内需，以及经济转型发展三大重大机遇期；能源、交通和通信基础设施建设的“短板”已相对“不短”，整体实力达到新水平等利好因素；另一方面，云南发展“不充分、不协调，不平衡、不可持续”矛盾长期存在，经济稳增长的基础不牢固，仍然面临结构性矛盾，贫困化难题，贫富差距扩大、老龄化趋势加剧、环境安全突出和社会管理不到位等风险的挑战。

从总体上分析判断，云南仍处于加快发展的重要机遇期，正进入转型发展的关键期，加快推进小康社会建设进程的攻坚期，也是科学发展和谐发展跨越发展黄金期。初步预期，2013 年云南经济增长 12% 以上，固定资产投资（不含农户）增长 20% 以上，社会消费品零售额增长 18% 以上，居民消费价格指数 103.5% 左右，城镇登记失业率控制在 4.2% 以内。2013 年国内宏观环境对加快云南科学发展和谐发展跨越发展有利。

（撰稿人：姚堂文　云南省统计局局长）

西藏自治区经济社会发展报告

2012年，是我区实施“十二五”规划的关键之年，自治区党委、政府沉着应对复杂的维稳形势和繁重的发展任务，团结带领全区各族人民积极迎接、学习、宣传、贯彻党的十八大，深入贯彻落实科学发展观，坚持走有中国特色、西藏特点的发展路子，按照中央稳中求进的工作总基调，全力以赴保稳定、促增长、控物价、抓改革、扩开放、惠民生，全区经济社会呈现出经济增长快、投资增长快，财政税收增幅高、外贸出口增幅高，城乡居民生活持续改善、发展环境持续改善，全区上下安定团结、社会大局持续和谐稳定的良好态势。

一、综合

初步核算，2012年，实现全区生产总值（GDP）695.6亿元，按可比价格计算，比上年增长11.8%。其中：第一产业增加值80.41亿元，增长3.4%；第二产业增加值241.65亿元，增长14.4%；第三产业增加值378.98亿元，增长12.0%。人均地区生产总值22936元，增长10.4%。

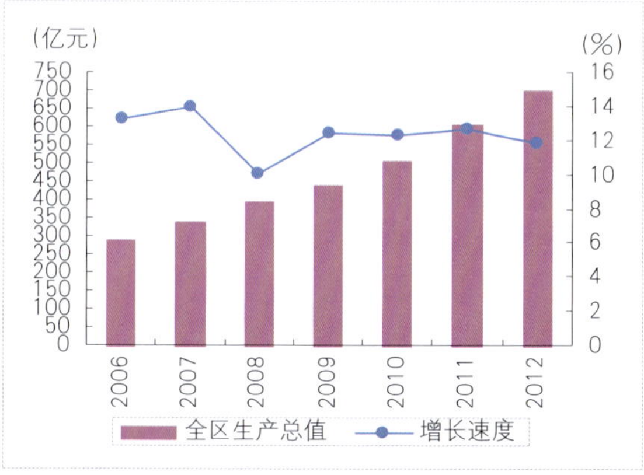

图1 全区生产总值及增长速度

在全区生产总值中，第一、二、三产业增加值所占比重分别为11.5%、34.5%、54.0%，与上年相比，第一产业比重下降0.8个百分点，第二产业持平，第三产业提高0.8个百分点。

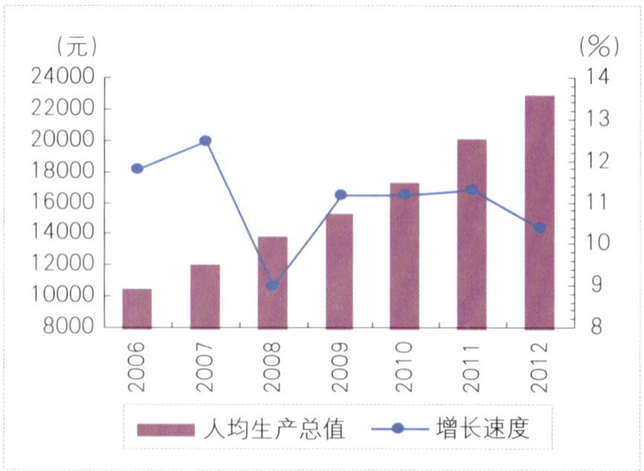

图2 全区人均生产总值及增长速度

图3 第一、二、三产业比重

全区居民消费价格总水平比上年上涨3.5%。其中：城市上涨3.6%，农村上涨3.4%。服务项目价格上涨2.0%，消费品价格上涨3.9%。从居民消费价格构成大类看，食品类、烟酒及用品类、衣着类、家庭设备用品及维修服务类、医疗保健及个人用品类、交通和通讯类、娱乐教育文化用品及服务类和居住类，分别比上年上涨6.9%、1.5%、4.3%、1.5%、0.9%、1.2%、0.3%和1.4%。商品零售价格上涨2.9%。农业生产资料价格上涨1.6%。工业品出厂价格下降0.3%。

表 1 我区居民消费价格变化情况

上年 =100

年份	2006	2007	2008	2009	2010	2011	2012
居民消费价格指数	102.0	103.4	105.7	101.4	102.2	105.0	103.5
城市	101.9	102.9	105.7	101.5	102.2	105.2	103.6
农村	102.4	104.2	105.7	101.3	102.2	104.7	103.4
服务项目价格指数	105.0	103.7	102.6	101.0	101.5	104.3	102.0
消费品价格指数	101.5	103.3	106.4	101.5	102.3	105.2	103.9
食品	102.9	106.6	112.1	103.9	104.5	109.1	106.9
烟酒及用品	100.3	102.5	102.3	101.9	101.1	102.7	101.5
衣着	99.7	102.0	103.1	101.6	102.1	102.8	104.3
家庭设备用品及维修服务	98.6	100.0	102.3	99.3	100.6	101.9	101.5
医疗保健及个人用品	100.8	100.1	102.7	101.4	101.2	102.8	100.9
交通和通信	104.0	100.6	101.3	97.0	99.8	102.2	101.2
娱乐教育文化用品及服务	104.8	100.2	99.0	99.1	99.7	100.7	100.3
居住	103.6	107.1	106.6	100.0	102.8	106.3	101.4
商品零售价格指数	100.2	101.7	103.9	99.5	101.0	103.7	102.9
城市	99.9	101.3	104.1	99.5	101.0	103.9	103.1
农村	100.8	102.5	103.5	99.6	101.0	103.3	102.5
农业生产资料价格指数	100.4	101.1	103.2	99.1	100.6	102.6	101.6

二、农牧业

全年农作物种植面积 243.95 千公顷，比上年增加 2.52 千公顷。其中：青稞面积 118.26 千公顷，比上年减少 0.16 公顷；小麦面积 37.73 千公顷，增加 0.13 千公顷；油菜籽面积 23.89 千公顷，减少 0.03 千公顷；蔬菜面积 23.72 千公顷，增加 1.32 千公顷。全年实现粮食总产量 94.89 万吨，比上年增长 1.2%；油菜籽 6.30 万吨，下降 0.5%；蔬菜 65.59 万吨，增长 9.1%。年末牲畜存栏总数 2056.31 万头（只、匹），比上年末减少 128.9 万头（只、匹）。其中：牛 624.92 万头，减少 19.96 万头；羊 1352.46 万只，减少 106.49 万只。全年猪牛羊肉产量达 28.95 万吨，比上年增长 4.6%；奶类产量 31.69 万吨，增长 1.1%。

三、工业和建筑业

全年全部工业实现增加值 55.11 亿元，比上年增长 14.7%。规模以上工业企业实现增加值 42.83 亿元，比上年增长 15.1%。其中：轻工业

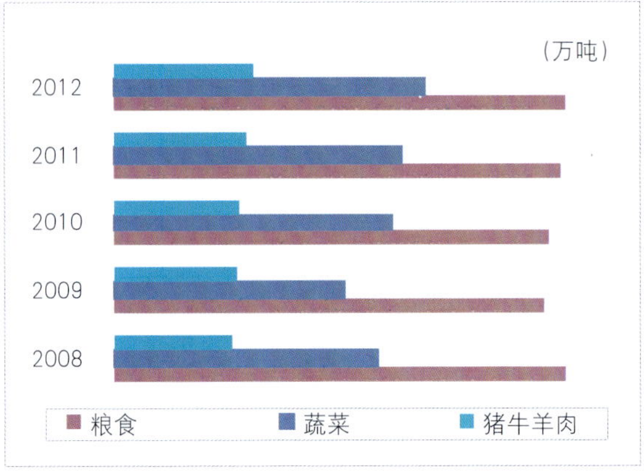

图 4 主要农畜产品产量

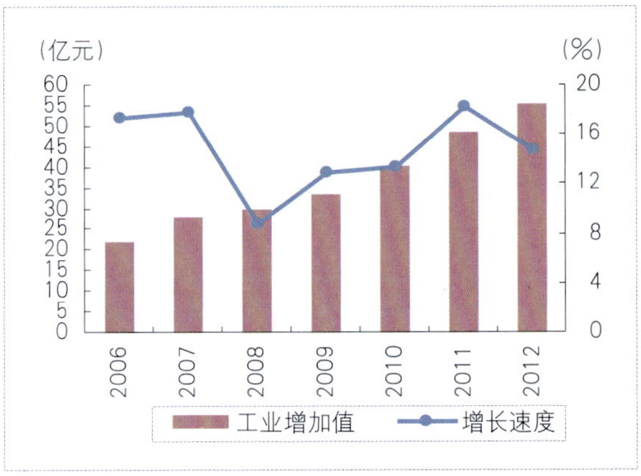

图 5 工业增加值及增长速度

实现增加值 11.32 亿元，增长 9.1%；重工业实现增加值 31.51 亿元，增长 17.3%。国有及国有控股企业全年实现增加值 21.50 亿元，比上年增长 8.8%。按登记注册类型分，国有企业实现增加值 14.33 亿元，增长 10.0%；集体企业实现增加值 0.57 亿元，增长 4.9%；股份制企业实现增加值 20.96 亿元，增长 22.0%；外商及港澳台企业实现增加值 2.47 亿元，增长 7.6%；其他经济类型企业实现增加值 4.49 亿元，增长 8.4%。

全年规模以上工业企业实现利润总额 13.07 亿元，比上年增长 3.4%。其中：外商及港澳台企业实现利润 1.53 亿元，增长 59.5%；其他经济类型企业实现利润 2.15 亿元，增长 21.0%；集体企业实现利润 0.27 亿元，增长 22.9%；股份制企业实现利润 13.80 亿元，增长 53.1%。规模以上工业企业产品销售率 102.2%。

全年规模以上工业企业完成水泥产量 286.67 万吨，比上年增长 23.1%；发电量 19.57 亿千瓦时，下降 9.6%；啤酒 17.52 万吨，下降 3.5%；中成药（藏医药）1346 吨，增长 24.8%；自来水 11535 万吨，增长 9.6%；瓶（罐）装饮用水 8.77 万吨，增长 6.1%；铬矿石 12.35 万吨，增长 12.4%。

全年建筑业实现增加值 186.54 亿元，比上年增长 14.3%。

四、固定资产投资

全年全社会完成固定资产投资总额 709.98 亿元，比上年增长 29.3%。其中：民间投资 219.09 亿元，增长 72.8%。

按产业分：第一产业 32.03 亿元，比上年增长 4.4%；第二产业 222.82 亿元，增长 47.9%；第三产业 455.13 亿元，增长 23.7%。按经济类型分：国有经济完成投资 473.01 亿元，比上年增长 15.5%；集体经济完成投资 14.74 亿元，增长 2.1 倍；其他各种经济类型完成投资 99.48 亿元，增长 28.7%；个体经济完成投资 32.04 亿元，增长 48.5%。按城乡分：城镇完成投资 606.93 亿元，比上年增长 26.2%；农村完成投资 103.05 亿元，增长 50.6%。

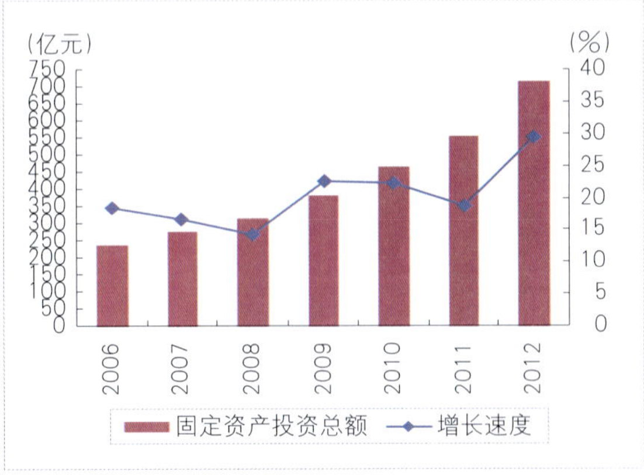

图 6 固定资产投资总额及增长速度

在城镇固定资产投资中，农、林、牧、渔业投资完成 22.45 亿元，增长 11.0%；采矿业投资完成 41.17 亿元，增长 2.0 倍；制造业投资完成 43.10 亿元，增长 28.2%；电力、燃气及水的生产和供应业投资完成 85.70 亿元，增长 39.4%；建筑业投资完成 25.51 亿元，下降 20.5%；交通运输、仓储和邮政业投资完成 132.24 亿元，下降 7.9%；信息传输、计算机服务和软件业投资完成 13.05 亿元，增长 1.1 倍；批发和零售业投资完成 14.65 亿元，增长 3.2 倍；住宿和餐饮业投资完成 24.95 亿元，增长 91.5%；金融业投资完成 2.58 亿元，增长 3.4 倍；房地产业投资完成 17.56 亿元，下降 1.3%；租赁和商务服务业投资完成 10.12 亿元，增长 4.4 倍；科学研究、技术服务和地质勘查业投资完成 2.56 亿元，增长 1.1 倍；水利、环境和公共设施管理业投资完成 45.03 亿元，增长 1.5%；居民服务和其他服务业投资完成 4.91 亿元，增长 2.4 倍；教育投资完成 19.66 亿元，增长 4.5%；卫生、社会保障和社会福利业投资完成 8.52 亿元，增长 13.9%；文化、体育和娱乐业投资完成 14.25 亿元，增长 24.3%；公共管理和社会组织投资完成 72.06 亿元，增长 67.2%。

全年房地产开发投资 6.87 亿元，比上年增长 33.8%。房地产开发施工房屋面积 47.33 万平方米，比上年下降 2.9%；竣工房屋面积 9.23 万平方米，下降 57.5%；商品房销售面积 22.50 万平方米，增长 18.5%。

五、国内贸易

全年社会消费品零售总额 254.64 亿元，比上年增长 16.3%。分地域看，城镇消费品零售额 211.79 亿元，增长 18.3%；乡村消费品零售额 42.85 亿元，增长 7.2%。分行业看，批发和零售业零售额 212.28 亿元，增长 14.7%；住宿和餐饮业零售额 42.36 亿元，增长 24.7%。

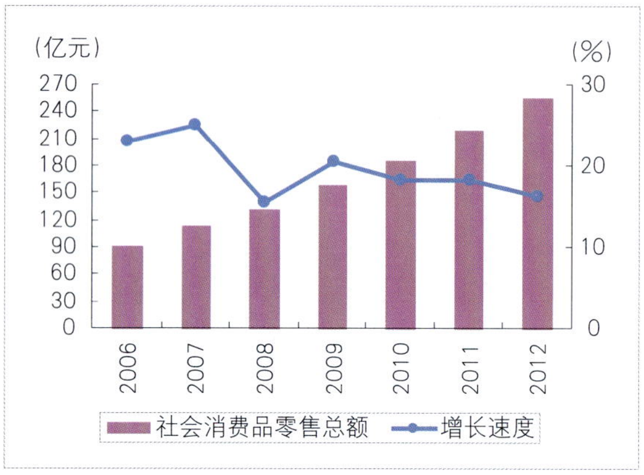

图 7　社会消费品零售总额及增长速度

在限额以上批发和零售业零售额中，增长较快的有：石油及制品类增长 18.9%，中西药类增长 45.2%，化妆品类增长 85.2%，服装、鞋帽、针纺织品类增长 27.4%。

六、对外贸易

全年进出口总额 342397 万美元，比上年增长1.5倍。其中：出口总额335501万美元，增长1.8倍；进口总额 6896 万美元，下降 60.7%。

在进出口贸易中，边境小额贸易实现进出口总额 168648 万美元，比上年增长 81.3%，占进出口贸易总额的 49.3%。其中：出口 167739 万美元，增长 81.5%；进口 909 万美元，增长 48.3%。

全年对亚洲进出口 266240 万美元，比上年增长 1.6 倍；对欧洲进出口 30229 万美元，增长 26.0%；对北美洲进出口 22347 万美元，增长 1.5 倍；对大洋洲进出口 2210 万美元，增长 3.6 倍。

全年合同利用外商直接投资 39353 万美元，实际利用外商直接投资 17402 万美元，全年审批利用外商直接投资项目 2 家。

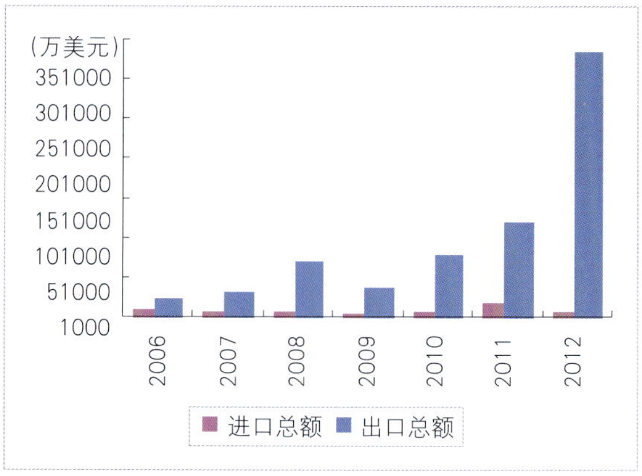

图 8　对外进出口

七、交通、邮电和旅游

全年完成货运量 1144 万吨，比上年增长 9.6%。其中：公路运输完成 1042 万吨，增长 6.4%；铁路运输完成 84.6 万吨，增长 74.0%；航空运输完成 1.65 万吨，增长 36.4%；管道运输完成 15.74 万吨，增长 5.6%。全年客运总量 4052.76 万人次，增长 2.9%，其中：公路运输完成 3739 万人次，增长 2.2%；铁路运输完成 92.03 万人次，下降 4.0%；航空运输完成 221.73 万人次，增长 21.1%。

年末公路总通车里程 65198 公里，比上年增加 2090 公里，其中：有铺装路面总里程 8896 公里，增加 2267 公里。

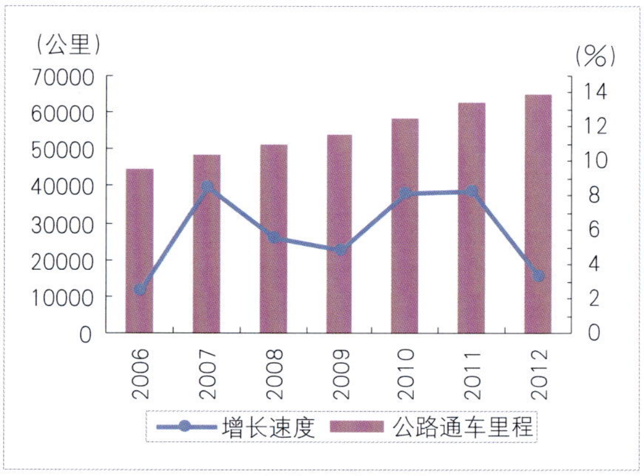

图 9　公路通车里程及增长速度

年末全区民用汽车拥有量达到 27.38 万辆，

比上年末增长 6.2%。

全年完成邮电业务总量 34.14 亿元，比上年增长 27.3%。其中：邮政业务总量 1.43 亿元，增长 4.4%；电信业务总量 32.98 亿元，增长 28.5%。年末局用交换机总容量 126.20 万门。年末固定电话用户 40.52 万户，其中：城市电话用户 39.10 万户，乡村电话用户 1.40 万户。新增移动电话交换机 117 万门，总容量达 342 万门。新增移动电话用户 39.09 万户，年末达到 235.49 万户。年末全区固定及移动电话用户总数达到 276 万户，比上年末增加 39.1 万户。电话普及率达到 92 部 / 百人。

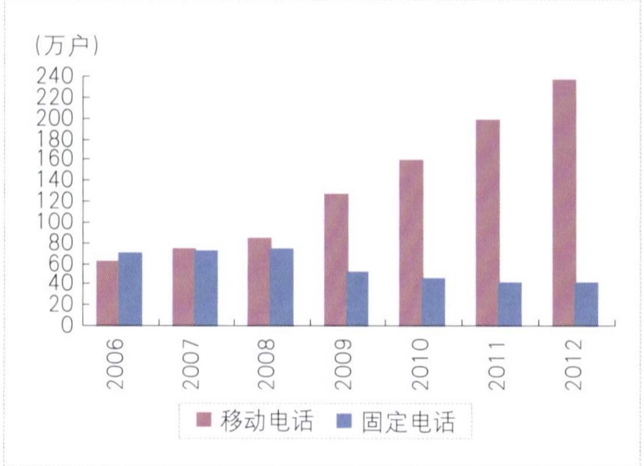

图 10　移动电话和固定电话用户数量

全年接待国内外旅游者 1058.39 万人次，比上年增长 21.7%。其中：接待国内旅游者 1038.89 万人次，增长 23.3%；接待入境旅游者 19.49 万人次，下降 28.0%。旅游总收入 126.48 亿元，增长 30.3%；旅游外汇收入 10570 万美元，下降 18.5%。

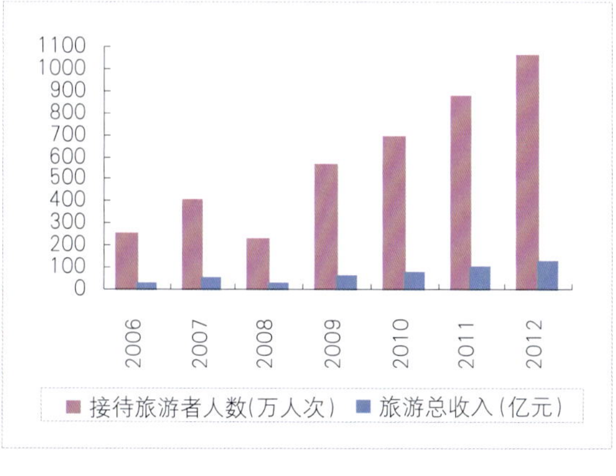

图 11　旅游情况

八、财政、金融和保险

全年完成地方财政收入 95.71 亿元，按同比口径计算，比上年增长 48.3%。其中：一般预算收入 86.58 亿元，增长 58.1%。

全年地方财政支出 929.74 亿元，按同比口径计算，比上年增长 19.9%。其中：一般预算支出 905.34 亿元，增长 19.4%。在一般预算支出中，社会保障和就业支出 62.16 亿元，增长 7.8%；教育支出 91.71 亿元，下降 17.9%；医疗

卫生支出 35.80 亿元，增长 1.4%；环保支出 23.44 亿元，增长 46.1%。

表 2　地方财政收入和支出情况

单位：亿元

	地方财政收入	#各项税收	地方财政支出
2006 年	17.27	8.84	202.30
2007 年	23.14	11.68	279.36
2008 年	28.59	15.19	384.02
2009 年	30.91	18.48	471.13
2010 年	42.47	25.25	562.58
2011 年	64.53	45.83	775.68
2012 年	95.71	70.07	929.74

年末全部金融机构本外币各项存款余额 2054.25 亿元，比上年末增长 23.7%。其中：个人储蓄存款 403.96 亿元，增长 25.7%。全部金融机构本外币各项贷款余额 664.05 亿元，增长 62.3%。

全年保险公司保费收入 9.54 亿元，比上年增长 25.5%。其中：财产险保费收入 6.52 亿元，比上年增长 13.7%，其中机动车辆险保费收入 4.26 亿元，增长 17.7%；人寿险保费收入 0.98 亿元，增长 25.4%；意外险保费收入 1.27 亿元，增长 1.9 倍；健康险保费收入 0.77 亿元，增长 18.0%。全年共支付各类赔款 4.05 亿元，比上年增长 21.2%。

九、教育、科学技术

全区普通高等教育院校 6 所，年内招生

10605人，其中：研究生473人，普通本专科10132人；在校生34531人，其中：研究生1079人，普通本专科33452人；毕业生8808人，其中：研究生228人，普通本专科8580人。中等职业学校6所，招生7901人，在校生18291人，毕业生9350人。中学122所，其中：高级中学22所，完全中学8所，初级中学92所，高中招生17529人，在校生47825人，毕业生13286人；初中招生43424人，在校生130266人，毕业生46578人。小学857所，招生51552人，在校生292016人，毕业生47537人。特殊学校招生150人，在校生420人。年末幼儿园在园幼儿61495人，比上年增加19744人。全区小学学龄儿童入学率达99.4%，比上年提高0.05个百分点。

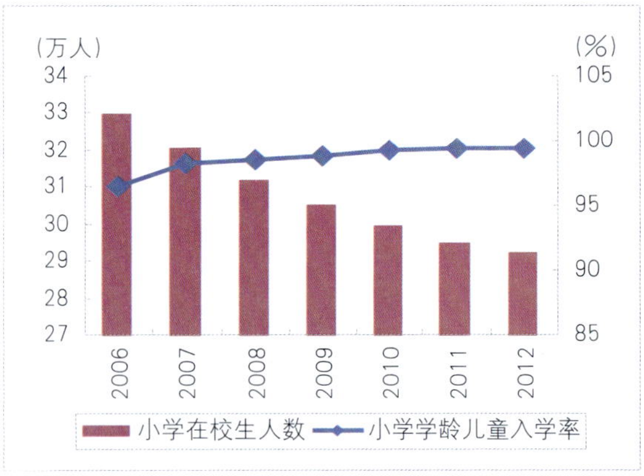

图12 小学在校生人数及小学学龄儿童入学率

2012年西藏气象系统共有137个自动气象站，其中：有人值守气象台站39个，无人值守气象站98个。天气雷达站7个，其中：多普勒雷达站4个，数字化雷达站3个。地震监测台站（点）共21个，其中试运行19个。水文监测站34个，水位监测站56个。

十、文化、卫生和体育

年末全区共有各类文化机构393个，其中，艺术事业67个，群众文化事业320个。公共图书馆4个，群众艺术馆8个，其他文化事业2个。年末全区共有电视台2 座，广播电视台6座，广播电台1座。广播、电视人口综合覆盖率分别达93.38%和94.51%。出版报纸205720千印张，各类杂志1705千册，图书1925万册。

年末全区共有卫生机构1390个，其中：医院、卫生院798个，疾病预防控制中心（卫生防治机构）81个，妇幼保健院、所、站57个。实有病床床位9850张，其中：医院9392张。卫生技术人员13600人，其中：执业/执业（助理）医师7500人。每千人病床数和卫生技术人员数分别达到了3.28张和4.53人。

表3 卫生机构床位数和技术人员数

单位：张、人

	床位数	技术人员数	每千人拥有床位数	每千人技术人员数
2006年	7496	8895	2.67	3.17
2007年	7127	8535	2.51	3.02
2008年	8765	9435	3.05	3.29
2009年	8553	10047	2.95	3.47
2010年	8838	9983	3.02	3.44
2011年	9642	10664	3.17	3.52
2012年	9850	13600	3.28	4.53

年末全区共有健身路径器材358套、农民体育健身工程1000个。我区运动员在国际国内各种竞技体育比赛中共取得金牌5枚、银牌8枚、铜牌5枚。本年度认证社会体育指导员399人，其中：一级体育指导员54人；二级体育指导员85人；三级体育指导员260人。全年销售体育彩票2.4亿元，筹集体育彩票公益金6601万元。

十一、人口、人民生活和社会保障

根据人口抽样调查资料推算，年末全区常住人口总数为308万人，比上年净增加4.7万人。其中城镇人口70万人，占总人口的22.75%；乡村人口238万人，占总人口的77.25%。人口出生率为15.48‰，死亡率为5.21‰，自然增长率为10.27‰ 。

全区城镇居民人均可支配收入达18028元，比上年增长11.3%；农牧民人均纯收入5719元，增长16.6%。通过推进新农村建设、实施安居工程，年末已有40.83万户、181.22万农牧民住上了宽敞明亮的新房。2012年年末城镇居民人均居住面积36.14平方米，农牧民人均居住面积达到29.58平方米。

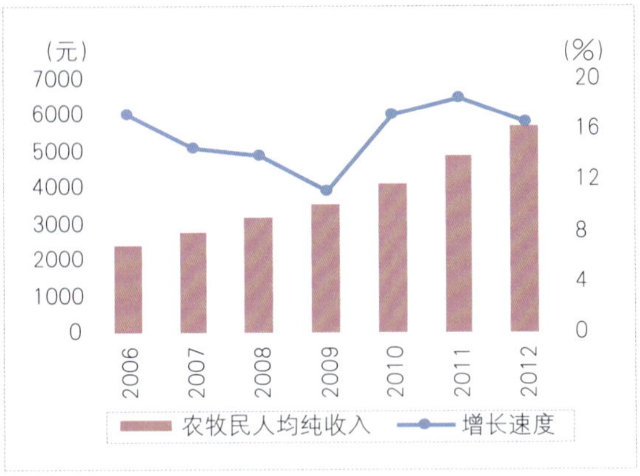

图13　农牧民人均纯收入增长速度

到2012年底，全区参加企业职工基本养老保险人数为12.22万人，城镇居民社会养老保险人数为6.9万人（含寺庙僧尼2.32万人），新农保人数为130.69万人，工伤保险人数为12.39万人，失业保险人数为11.33万人，生育保险人数为16.99万人；全区参加城镇职工基本医疗保险人数为26.63万人，参加居民基本医疗保险人数为22.57万人（含寺庙僧尼2.32万人）。

全区城镇居民共有47690人享受政府最低生活保障，发放低保救助金14906万元。农村居民有32.9万人享受政府最低生活保障，发放低保救助金25230万元。年末全区各类社会福利机构共有277个，公办儿童福利院10所，民办儿童福利院3所，集中收养4544人；供养五保户3429人，其中孤残儿童1115人。全年销售社会福利彩票3.1亿元，筹集社会福利公益金1.1亿元。

十二、矿产资源、安全生产

2012年度全年新发现矿产8处，重点评价2处，具有开发价值的矿床1处。有6种矿新增储量，实施地质勘探项目122项，完成了钻探实物工作量208974米。

全年共发生各类安全事故924起，比上年下降23.45%；死亡356人，上升5.64 %；直接财产损失1533.33万元。

注：
1. 本公报数据均为初步统计数，正式数据以《西藏统计年鉴—2013》为准。
2. 对外贸易、交通、邮电、旅游、财政、金融、保险、教育、科技、气象、环保、文化、卫生、体育、社会福利和保障、资源、安全生产方面的数据均由自治区有关部门提供。
3. GDP、各产业增加值绝对数按现价计算，增长速度按可比价计算。

（撰稿人：刘柏呈　西藏自治区统计局局长）

（贾彩苹摄）

陕西省经济社会发展报告

2012年面对复杂严峻的国际环境和国内经济运行出现的新情况新问题，省委省政府带领全省人民认真贯彻落实中央各项决策部署，紧紧把握稳中求进的总基调，以转变发展方式为主线，以富民强省为主题，将稳增长放在更加突出的位置，努力寻找和把握机遇，经济运行总体呈现“发展趋稳、稳中向好、好中有进、进中超越”的发展态势。

一、2012年经济运行特点

（一）稳中有进实现赶超，人均GDP首次达到全国平均水平

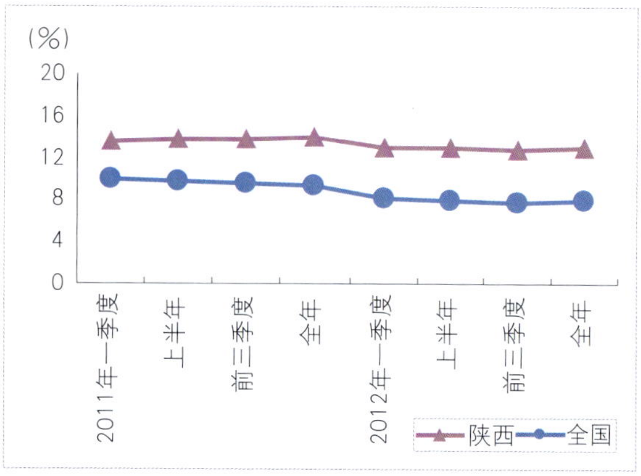

图1　陕西与全国生产总值同比增长速度

2012年，对陕西经济来说是奋力前行逆势赶超的一年。面对复杂的国内外经济形势，省委省政府超前谋划，坚持创新驱动、内生增长，瞄准新兴产业调结构，相继出台并实施了多项稳增长措施，从下半年开始，全省主要经济指标企稳回升、逐步加快的积极态势进一步显现。粮食全面丰收，规上工业增加值累计增速连续七个月居全国首位，投资增长保持在全国前10位，假日市场潜力迸发逆势上扬，全省经济筑底企稳、稳中向好的运行态势不断巩固。初步测算，2012年全省实现生产总值14451.18亿元，比上年增长12.9%，其中：第一产业实现增加值1370.16亿元，增长6%，第二产业8075.42亿元，增长14.9%，第三产业5005.6亿元，增长11.5%。

经济稳中有进，总量实现了历史性跨越。全省生产总值继2008年以来先后超越广西、江西和山西，2012年再次超越黑龙江，在全国各省的位次5年前移4个位次，位居第16位，创历史最好水平。经济运行的“稳”主要体现在生产总值增速波动幅度小、整体表现稳定，“进”体现在在全国位次前移。2012年陕西经济增速较2011年回落了1个百分点，回落幅度小于全国0.5个百分点，表现出较好的稳定性。同时，陕西GDP全年增长12.9%，高于全国平均水平5.1个百分点，位居全国第5位，比上年前移1位。

人均GDP自2009突破3000美元后，连续4年以每年增加1000美元的水平快速提升，到2012年实现38557元，约折合6110美元，首次达到全国平均水平。

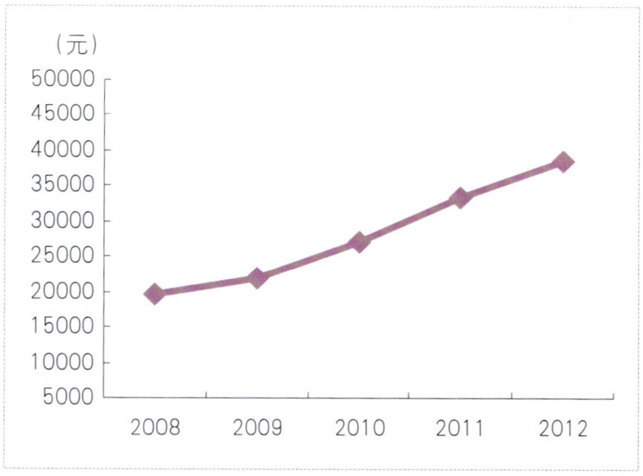

图2　陕西人均生产总值

（二）粮食产量“九连丰”，水果面积产量“十三连增”

2012年，各项支农惠农强农政策落实推进有力，粮油高产示范创建辐射带动作用增强，农

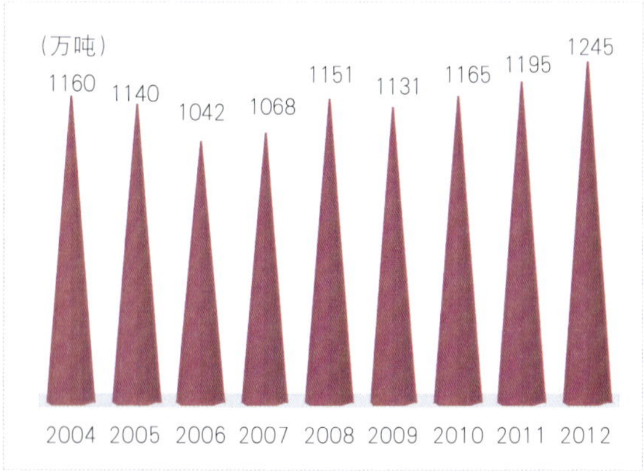

图 3　陕西粮食总产量

业园区和基础设施建设卓有成效，产业化、规模化经营积极推进，增产效益显著，加之气候条件总体适宜，粮食单产不断提高，粮食生产实现“九连丰”，为经济稳定发展奠定了坚实基础。全年粮食总产 1245.1 万吨，同比增加 50.4 万吨，增长 4.2%，粮食亩产继上年突破 250 公斤后，再次提至 265.4 公斤，创历史最好记录。

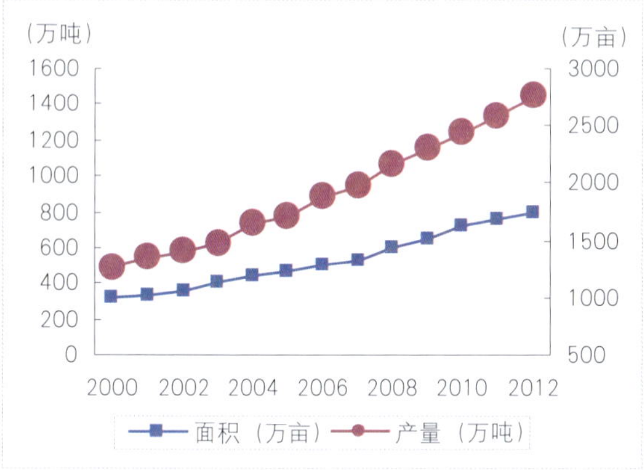

图 4　水果面积和产量

水果面积产量实现“十三连增”。全省水果总面积 1732.11 万亩，总产量 1437.74 万吨，面积和总产量实现了自 2000 年以来“十三连增”。其中苹果在“北扩西进”布局推进下，总面积达 967.68 万亩、总产量为 965.09 万吨，中国水果生产第一大省的地位更加稳固。

（三）工业“稳增长”措施得力，增速稳居全国之首

2012 年初始，受国际国内有效需求不足等因素影响，我省工业下行压力持续加大，为了确保工业生产稳定，省委省政府先后出台减免企业税费、收储大宗工业品、运煤车辆高速通行费用减半等多项措施，加大了生产销售、资金保障等支持力度，力推工业“促销保产稳市场”。从总量看，规模以上工业实现增加值 6641.54 亿元，保持了连续四年年增千亿元的好势头；从增速看，进入下半年后各项政策措施效应明显显现，工业增速逐月加快，累计增速连续七个月居全国首位，全年增长 16.6%。

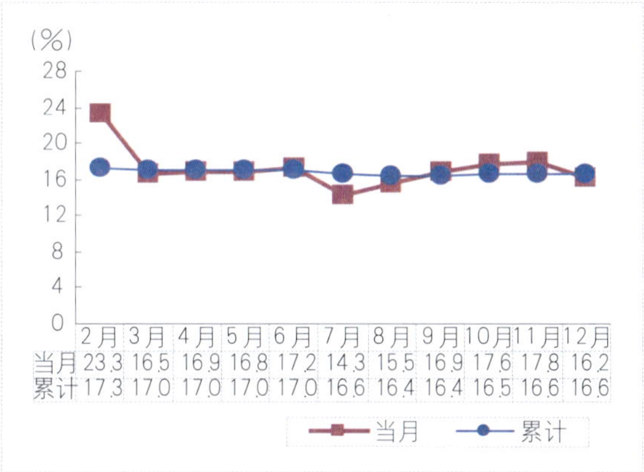

图 5　规模以上工业增加值增长速度

有色冶金工业成为拉动工业增长的第二支柱产业。受国际国内经济传导影响，我省主要支柱行业，能源化工和装备制造业增速减缓，但有色冶金工业增速加快，有效弥补了能源化工和装备制造业贡献减弱的短板。全年有色冶金工业增加值 620.11 亿元，增长 36.4%，比上年加快 13.4 个百分点，能源化工、装备制造业工业分别增长 12.7% 和 14.2%，对工业增长的贡献率分别为 47.6% 和 10.8%，有色冶金工业贡献率为 18.8%，首次超过装备制造业成为拉动工业增长的第二支柱产业。

“促销保产稳市场”措施效应凸显。随着“促销保产稳市场”措施的大力实施，下半年开始工业产销率持续回升，库存增幅收窄。全省工业企业产品销售率 5 月份仅为 93.1%，是 2009 年以来最低点，从 6 月份起持续回升至 12 月的 98.7%，全年达到 95.9%，比上年高了 0.2 个百分点。规模以上工业企业存货增速由上半年 20.4% 回落至 1-11 月的 13.1%。

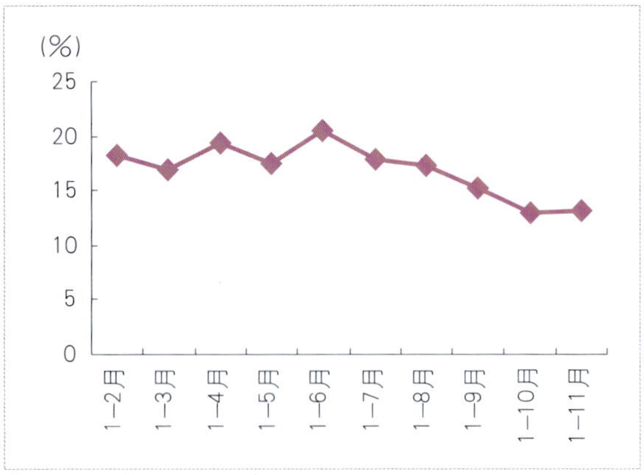

图 6　2012 年规上工业存货增速

（四）重大项目引领投资增长，保障房建设居全国前列

坚持稳增长先稳投资，以央企进陕和民企进陕为抓手，全年与 37 户央企、600 多家省外民企签定项目 847 个、投资规模 1.26 万亿元。加大重大投资项目招商引资力度，三星存储芯片项目、神化陶氏项目等重点项目取得重大进展，其中韩国三星电子存储芯片项目，刷新了外商在华单笔投资的纪录，民间投资和保障性安居工程等民生项目的拉动作用增强，投资保持较快增长。逐月看，2-4 月，增速呈回落态势，5 月份之后，随着各项稳投资政策措施的实施和各项重大项目相继到位，增速开始回升并逐月加快。全年完成全社会固定资产投资 12044.5 亿元，比上年增长 27.7%，其中固定资产投资（不含农户）11705.8 亿元，增长 28.5%。

民生工程投资加快增长。与以往投资拉动经济增长不同之处在于，本轮扩大投资不仅包括了铁路、公路及城市等基础建设，更加重视民生等重大项目投资。民生投资惠民富民，而且具有强有效的“牵引力”，成为投资一大亮点。2012 年全省保障性安居工程在建项目 1942 个，比上年增加 531 个，完成投资 784.74 亿元，增长 16.6%。实物建房实际开工 41.77 万套，超额完成 40.5 万套的目标任务。

民间投资提供持续动力。民间投资增速持续保持在 30% 以上，为稳增长提供了持续动力。全年完成民间投资 5513.25 亿元，比上年增长 32.3%，高于全国平均增速 7.5 个百分点，高于全省投资增速 3.4 个百分点。

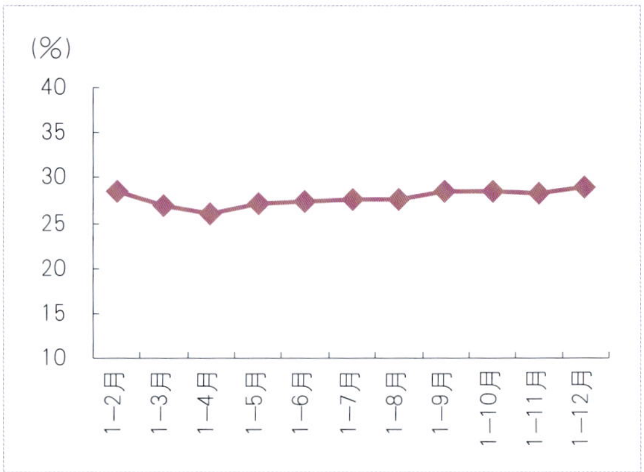

图 7　固定资产投资（不含农户）累计增速

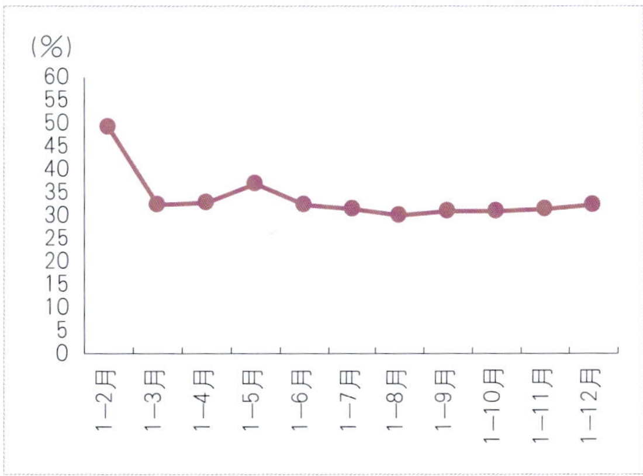

图 8　民间投资累计增速

房地产开发投资增速回升。受保障性安居工程建设等因素影响，房地产开发投资增速下半年以来，逐月回升明显。全年房地产开发投资 1835.93 亿元，比上年增长 30.1%，商品房销售面积 2755.59 万平米，下降 10.2%；商品房屋销售额 1420.75 亿元，下降 6.4%；商品房屋待售面积 258.67 万平米。

（五）物价调控成效显著，消费市场运行稳健

2012 年物价呈高开低走逐月回落态势。全年居民消费价格涨幅由 1 月份 5.1% 回落到 10 月份的 1.6%，后因冬季肉蛋菜价格上涨带动小幅上扬，全年累计上涨 2.8%，实现了全年控制在 4% 以内的调控目标，比上年涨幅回落 2.9 个百分点。涉及调查的八大类商品和服务价格呈“七升一降”

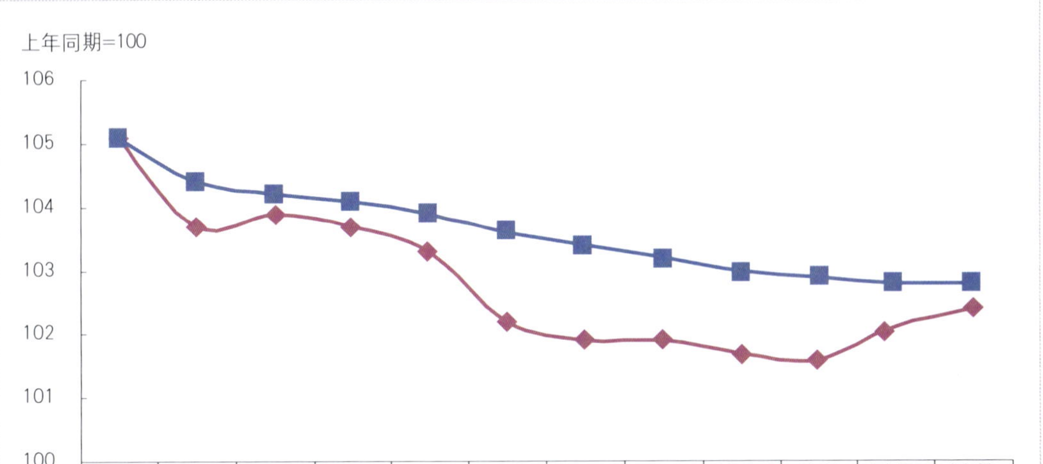

	1月	2月	3月	4月	5月	6月	7月	8月	9月	10月	11月	12月
当月	105.1	103.7	103.9	103.7	103.3	102.2	101.9	101.9	101.7	101.6	102.1	102.4
累计	105.1	104.4	104.2	104.1	103.9	103.6	103.4	103.2	103.0	102.9	102.8	102.8

图9 居民消费价格同比指数

态势。其中，食品、医疗保健和个人用品、烟酒类是推动居民消费价格上涨的主要因素，分别上涨 4.8%、3.9% 和 3%；衣着、家庭设备用品及维修服务、居住类分别上涨 2.7%、2.4% 和 2.2%；娱乐教育文化用品及服务价格平稳，仅上升 0.6%，交通和通讯价格下降 0.9%。

积极采取各种措施扩大消费需求。随着经济逐步企稳向好，在城镇化进程不断加快、居民收入水平和社会保障水平稳步提升、节能家电补贴等刺激消费政策推动下，着力开发休闲、体育、文化、保健等消费项目，居民消费信心提升，特别是假日消费市场潜力极大释放，消费品市场保持稳定增长态势，全年实现社会消费品零售总额 4330.75 亿元，比上年增长 16%。

（六）大力推进惠民政策，抓实筑牢富民基础

省委、省政府坚持“强省更要富民”的发展理念，加快完善统筹城乡的社会保障体系，其中养老保险和医疗保险从制度全覆盖迈向人群全覆盖，基本实现应保尽保。在全国首创 65 岁以上老人免费体检和农村孕产妇免费住院分娩制度，24.94 万农村孕产妇受益。积极推进陕南陕北避灾扶贫搬迁工程，千方百计促进就业增加收入，全省城镇新增就业 43.26 万人，失业人员再就业 15.37 万人，农村劳动力转移就业 689.7 万人。上调最低工资标准、增加部分行业工资及津贴等，带动城乡居民收入稳定提高。全年城镇居民人均可支配收入首次突破 2 万元，为 20734 元，位居全国第 18 位，较上年前移一位，比上年增加 2489 元，增长 13.6%，农村居民人均纯收入 5763 元，增加 735 元，增长 14.6%。

据初步统计，全省财政总收入完成 2800.1 亿元，其中地方一般预算收入完成 1600.69 亿元，分别比上年增长（同口径）18.6%、24.9%。结构性减税政策积极兑现，切实减轻企业和居民税负，2012 年全省增值税增长 7.6%，个人所得税下降 5.3%，增速低于全省财政收入总体增速。民生支出保障有力。积极整合财政专项资金，支持教育、文化、科技、医疗卫生、社会保障、农业、水利、保障性住房、移民搬迁等重点项目建设。全省财政支出 3326.91 亿元，比上年增加 396.08 亿元，增长 13.5%。其中民生支出 2662.06 亿元，增长 12.7%。

（七）高速公路突破 4000 公里，高铁“一日生活圈”初步形成

2012 年，在国家宏观调控政策依然趋紧、

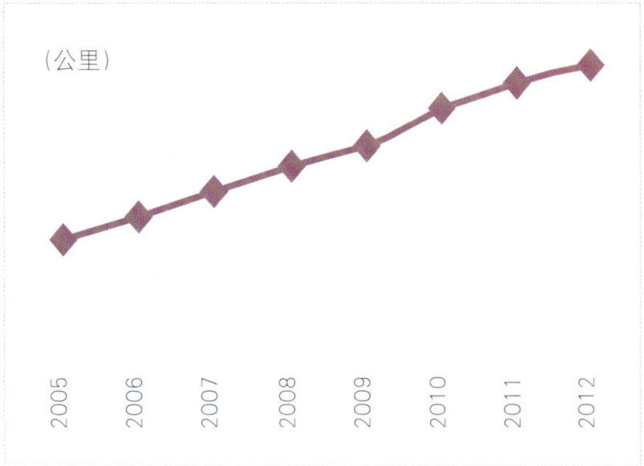

图 10 陕西高速公路里程

我省经济下行压力加大的环境下，全省基础设施建设迎难而上，高速公路通车里程突破 4000 公里大关，达到 4083 公里，继续领先西部，两纵五横八辐射铁路网加快形成，咸阳机场位居全国机场前八位。西安到北京、上海、武汉、广州、深圳等地高铁相继开通，高铁路网的一日交通圈初步形成。西部机场集团年旅客吞吐量突破 3000 万人次，迈入全国第六个 3000 万量级的机场，填补了西北地区的空白。

（八）现代农业园区发展迅猛，城镇化率突破 50%

高度重视现代农业园区发展，2012 年省级财政用于现代农业园区的奖补资金 6 亿多元。各地也纷纷以农业园区为平台，探索各种有利于传统农业现代改造的途径。在省级现代农业园区的带动下，目前，陕西省已建设各级各类农业园区 1300 多个，规划总面积 456 万亩，完成建设面积

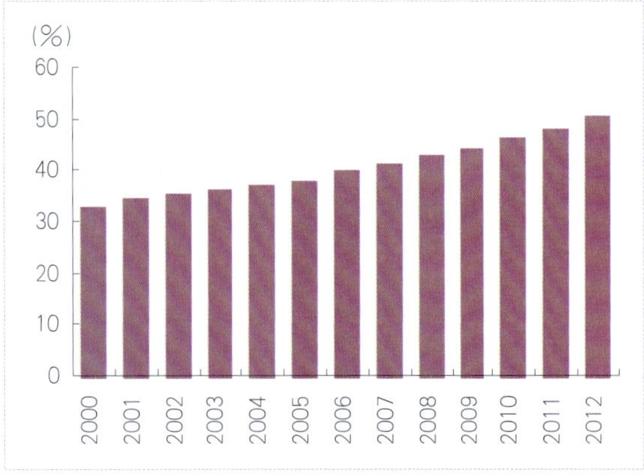

图 11 陕西城镇化率

226 万亩，占全省耕地总面积的 5.3%。现代农业园区已成为陕西现代农业的亮点。

2011 年开始建设的 31 个重点示范镇，是强力推进城乡统筹，带动城镇化的重要突破口，到 2012 年全省城镇化率达到 50.02%，比上年提高 2.72 个百分点。

2012 年，陕西经济在异常艰难中取得了骄人成绩，奏响了建设西部强省的最强音，成功实现了赶超目标。但目前国际国内经济环境依然复杂多变，陕西经济企稳向好的后劲有待进一步巩固和加强，转变发展方式、提升创新能力的任务仍然艰巨。总体分析，陕西保持经济持续健康发展有困难、有机遇、有基础、有条件。

二、需要关注的三个问题

在国内外经济均处于转型阶段的背景下，出于陕西经济自身可持续发展的要求，经济结构进一步调整势在必行，产业升级任务艰巨。

（一）转型期面临较大调整压力，产业发展过多依赖于少数行业

从工业结构看，2012 年规模以上工业中，能源化工工业增加值比重约占 61.1%，“独霸高位”，比位居第二行业的装备制造业比重高出多大 48.9 个百分点，其运行态势直接左右着工业走势。第三产业也存在类似的问题。增加值占比前四位的行业依次为批发和零售业（23.9%）、交通运输、仓储业和邮政业（12.3%）、金融业（11%）、房地产业（8.3%）；与 2005 年相比行业一致，传统服务业比重高的特征无明显变化。

（二）支撑经济发展动力亟待提高，启动新一轮经济结构升级力量尚有不足

一是投资效率下降。“十一五”时期，每亿元投资所增加的 GDP 为 0.17 亿元，较“七五”时期减少 0.22 亿元，投资呈粗放式扩张。二是车、房消费不具有可持续性，短期又无热点补充，消费持续增长后劲有待增强。

（三）劳动力要素优势效应减弱，现有

的分配格局亟待改善

一是经济增长对就业带动作用减弱。在转型期的产业优化升级中，资本和技术密集型产业，对劳动力要素有一定的挤出效应。二是现有的收入分配格局亟待调整。劳动者报酬在地区生产总值中的比重依然偏低，与发达地区的差距较大。2011 年，陕西劳动者报酬占地区生产总值的比重仅为 39.3%，低于全国平均水平，更低于 2007 年英国、美国和巴西 60%、68% 和 50% 左右的水平。

三、2013 年展望

2013 年，国内外经济环境仍将十分复杂，但积极向好的有利因素依然是主导因素，总体看，陕西保持经济持续健康发展有困难、有机遇、有基础、有条件。

从国际环境看：世界经济在经历国际金融危机、欧债危机等洗礼后，发达国家正在通过实施再制造业化战略，引导新的技术创新，重新分配经济格局。目前国际经济环境依然复杂多变，世界经济复苏"仍在路上"。同时宏观经济发展的外部环境趋好的因素也在增加，全球经济缓慢复苏，大多数经济学家预计 2013 年国际经济将稳步提速，整体实现温和增长。

从国内环境看，中国经济经过 30 余年平均高达 9.8% 的增长后，经济运行将全面转移到尊重规律、重视质量、提高效益和可持续的轨道上来，发展处于重要战略机遇期。"十八大"以提高经济发展质量和效益为中心的发展思路，振奋精神，鼓舞士气，2012 年全国经济企稳回升迹象已经显现。2013 年，对于中国经济来说，是质量效益和民生改善年，发展的基本面依然是积极向好的。

从我省自身看：经济发展在经历了复杂艰难环境的冲洗历练之后，陕西在发展当中与东部相比较，承担着双重的责任和压力。一是要同东部一样解决发展中出现的，比如说环境问题、结构问题，要把经济发展中不平衡、不协调、不可持续的问题努力解决好。二是在人均 GDP 突破 5000 美元后，将进入产业转型期，比将要承受短暂的"降速阵痛"。2012 年，陕西人均 GDP 已经突破 6000 美元大关，在调控政策作用下，陕西转方式调结构力度将进一步加大，经济增速将呈现放缓趋稳之势。三是 2012 年陕西经济已经出现了企稳向好的良好势头，发展仍处于较快增长的上升通道。展望 2013 年，这种势头仍将继续保持。

（撰稿人：丁云祥 陕西省统计局局长）

博学明理立诚济世（西安财经学院提供）

甘肃省经济社会发展报告

2012年，甘肃省上下深入贯彻落实省第十二次党代会、全省经济工作会议精神，牢牢把握“稳中求进、好中求快”的总基调，积极转变发展方式，奋力谋划项目建设，努力保障和改善民生，全省经济社会呈现出又好又快的发展态势，为转型跨越、富民兴陇，全面建成小康社会奠定了良好基础。

一、2012年经济运行的特点

（一）从生产看，三次产业较快增长，经济增长不断加快

2012年，全省实现生产总值5650.2亿元，比上年增长12.6%，增速比上年提高0.1个百分点，是1989年以来经济增长最快的一年。其中：第一产业完成增加值780.4亿元，增长6.8%；第二产业完成增加值2600.6亿元，增长14.2%；第三产业完成增加值2269.2亿元，增长12.5%。

1. *农业生产形势良好*。粮食产量再创历史新高。近年来，受一系列惠农政策的落实和粮食价格普遍上涨的双重影响，粮食综合生产能力得到逐步提高。尤其是随着全膜双垄沟播技术在旱作农业区的进一步推广，极大地调动了农民种粮的积极性。全年粮食产量突破1100万吨，达到1109.7万吨，比上年增长9.4%。自2004年以来粮食产量连续9年保持在800万吨以上，连续两年突破1000万吨，有力地保证了粮食安全。

草食畜牧业稳步发展。近年来，全省各地紧紧围绕省委、省政府提出的加快发展畜牧业的要求，进一步推进牛羊产业大县建设，优化畜牧业内部结构。年末，全省牛存栏为488.89万头，比上年下降1.9%，羊存栏1932.79万只，比上年增长1.8%；牛羊出栏分别为172.67万头和1087.16万只，比上年分别增长1.9%和2.3%；牛羊肉产量分别为18.04万吨和17.18万吨，比上年分别增长1.9%和2.3%。

2. *工业生产较快增长*。工业生产开局良好，2月份规模以上工业增加值增速达到21.7%，之后受国内外环境的影响，大宗商品价格大幅回落，规模以上工业增加值当月增速持续下滑。5月份省委省政府积极应对，及时出台《关于促进全省经济平稳较快发展的若干意见》，工业生产逐步企稳回升，12月份增速达到16.9%，创3月份以来的最高水平。全年全省规模以上工业企业完成工业增加值1931.4亿元，比上年增长14.6%。

有色金属冶炼和压延加工业等六行业对全省工业增长的贡献率近七成。在全省40个大类行业中，正增长的有38个行业，高于全省平均增速的有22个行业。其中：有色金属冶炼和压延加工业、石油和天然气开采业、煤炭开采业、黑色金属冶炼和压延加工业、非金属矿物制品业、烟草制品业共完成工业增加值985.7亿元，占全省总量的51.0%，比上年增长19.7%，比全省平均增速高出5.1个百分点，拉动全省工业增长9.9个百分点，对全省工业增长的贡献率达到67.9%。其中：有色金属冶炼和压延加工业的贡献率为29%，石油和天然气开采业贡献率为9.0%，煤炭开采业贡献率为8.5%，黑色金属冶炼和压延加工业贡献率为8.0%，非金属矿物制品业贡献率为7.2%，烟草制品业贡献率为6.2%。

小微企业快速发展。进一步优化小微企业发展环境，出台《关于促进小微型企业发展的指导意见》，加大对小型微型企业的扶持力度，创造有利于小型微型企业发展的良好环境，建设省、市两级中小企业服务中心，小微企业发展形势良好。2012年，全省规模以上工业企业中，小微企业共有1104户，比上年增长8.2%，完成工业增加值383.37亿元，比上年增长28.6%，增速比全省规模以上工业平均水平高14.0个百分点，对全省规模以上工业增长的贡献率达到32.9%。

3. 第三产业加快增长。第三产业实现增加值2269.2亿元，比上年增长12.5%，增速比上年提高0.9个百分点。第三产业的加快增长得益于金融保险业、营利性服务业等现代服务业的快速增长。其中，金融保险业实现增加值184.43亿元，增长24.2%，增幅比上年提高16.0个百分点；营利性服务业实现增加值333.74亿元，增长14.4%，增幅比上年提高0.4个百分点。

（二）从需求看，内需较快增长，外需规模扩大

1. 固定资产投资增势强劲。2012年，甘肃省各级各部门深入贯彻落实省第十二次党代会精神，大力实施项目带动行动和“3341”项目工程，以新建项目巡回观摩活动为契机，多措并举，着力推进项目建设，全省固定资产投资保持强劲增长势头。全年全省全社会固定资产投资5145.5亿元，比上年增长29.7%。房地产开发投资完成561.02亿元，增长54.6%。

第二产业投资快速增长。全省第二产业投资完成3211.64亿元，比上年增长58.0%，增速分别高于第一产业和第三产业33.7和26.9个百分点。其中，工业完成投资2215.09亿元，增长45.8%，增速比上年提高20.72个百分点。工业投资占全省固定资产投资的比重为36.84%，比上年提高0.5个百分点。在工业投资中，采矿业完成投资370.38亿元，比上年增长65.90%；制造业完成投资1171.49亿元，增长48.83%。

房地产开发投资快速增长。全省房地产开发企业1359个，比上年增加147家，全省房地产开发投资完成561.02亿元，比上年增长54.60%，增速比上年提高18.39个百分点。房屋施工面积达5634.95万平方米，增长47.90%。其中，本年新开工面积2404.51万平方米，增长55.47%；房屋竣工面积844.50万平方米，增长28.74%；商品房销售面积978.44万平方米，增长19.92%。

重大项目和新开工项目支撑作用显著。全省计划总投资亿元及以上施工项目1735个，完成投资2694.80亿元，比上年增长53.94%，占项目投资的49.42%，所占比重比上年提高4.08个百分点。全省计划总投资500万元及以上本年新开工项目完成投资4009.70亿元，比上年增长58.39%，占项目投资的73.54%，所占比重比上年提高7.22个百分点。

民间投资快速增长。各级各部门深入贯彻省委省政府关于鼓励和促进民间投资发展的各项政策措施，在更宽领域、更高层次对民间资本实行开放，鼓励和促进民间资本进入更多竞争性行业和领域，促进了民间资本健康发展。2012年，全省民间固定资产投资占项目投资的40.55%，民间投资比上年增长62.4%，增速高于项目投资19.6个百分点。

2. 消费品市场较快增长。全年全省实现社会消费品零售总额1906.5亿元，比上年增长15.7%。全省批零住餐业实现销售额（营业额）5439.79亿元，比上年增长20.7%。其中，批发业实现销售额3263.67亿元，增长19.3%；零售业实现销售额1762.19亿元，增长23.2%；住宿业实现营业额60.77亿元，增长24.6%；餐饮业实现营业额353.16亿元，增长21.6%。

基本生活类消费品增长较快。一是全省限额以上企业粮油、食品、饮料、烟酒类商品零售额比上年增长33.4%，其中：粮油类增长21.9%，水产品类增长26.4%，干鲜果品类增长33.5%，饮料类增长33.4%，烟酒类增长45.2%。二是服装、鞋帽、针纺织品类商品零售额增长24.8%，其中：服装类增长25.8%，鞋帽类增长28.4%。三是日用品类增长25.3%，其中：洗涤用品类增长38.5%，儿童玩具类增长38.2%。

3. 进出口贸易小幅增长。全年全省完成进出口总值89.05亿美元，比上年增长1.99%。其中：出口总值35.74亿美元，增长65.53%；进口总值53.31亿美元，下降18.88%。

机电产品出口增长明显。2012年，全省机电产品实现出口总值10.8亿美元，比上年增长1.1倍，占全省出口总值30%，所占比重比上年提高6.2个百分点，其中：炉用碳电极出口1.3亿美元，增长3.1%，厨房家用器具出口0.7亿美元，增长3倍，灯具及照明装置零件出口0.7

亿美元，增长134倍。

资源型产品进口和出口均呈下降态势。受有色金属市场需求下降和国际市场大宗产品价格大幅下跌影响，全省资源型产品进口和出口均出现下降。2012年，资源型产品实现进口额45.1亿美元，比上年下降24.4%，占全省进口总额的84.5%；资源型产品实现出口额5.7亿美元，下降16.1%，占出口总额的15.9%。其中：钢材出口额下降61.6%，镍出口额下降65%，钴及其制品出口额下降4.7%，碳化硅出口额下降47%，稀土产品出口额下降89.2%。

（三）从质量看，财政收入突破千亿，城乡收入继续增加

1. 大口径财政收入突破千亿。全年全省完成大口径财政收入1080.38亿元，比上年增长17.34%。完成公共财政预算收入520.88亿元，增长19.65%。完成税收收入347.78亿元，增长22.44%。其中：企业所得税、营业税、国内增值税分别增长27.79%、24.23%和23.64%；个人所得税下降3.67%。

全年全省完成公共财政预算支出2063.44亿元，比上年增长15.20%。其中：文化体育与传媒、一般公共服务、教育、农林水事务支出分别增长51.88%、31.50%、27.38%和27.22%。

财政有力地保障了民生和社会和谐。2012年，全省财政涉及民生支出1585亿元，占财政支出的75%。其中：教育支出362.18亿元，比上年增长27.38%；社会保障和就业支出296.22亿元，增长6.09%；住房保障支出103.38亿元，增长11.67%，确保了廉租房、公租房、经济适用房、农村危房、棚户区改造等保障性安居工程建设；医疗卫生支出149.45亿元，增长4.38%，提高了城乡居民医疗补助标准，全面实行新农合制度，推进医药卫生体制改革进程；文体传媒支出50.23亿元，增长51.88%。

2. 企业利润小幅增长。2012年全省规模以上工业企业实现利润总额259.2亿元，比上年增长5.3%。其中：电力行业由亏损转为盈利11.1亿元。石化行业、食品行业和机械行业分别实现利润115.3亿元、28.3亿元和16.6亿元，分别增长1.1倍、53.8%和16.6%。冶金行业、有色行业和煤炭行业分别实现利润6.2亿元、30.4亿元和18.8亿元，分别下降76.4%、57.9%和30.0%。

3. 城乡居民收入继续增加。2012年省上陆续出台了省直机关规范机关公务员津贴补贴，调整全省最低工资标准，发放科学发展观考核奖励等一系列增资政策，加之，企业人员基本养老金和低保标准不断提高，带动城镇居民收入快速增长。全年全省城镇居民人均可支配收入为17156.89元，比上年增长14.47%，增幅比上年提高0.82个百分点。其中：工资性收入12514.92元，增长11.79%；转移性收入4598.23元，增长15.07%；经营净收入1125.68元，增长23.12%；财产性收入259.63元，增长60.60%。

全省开展了“联村联户、为民富民”行动，增加了一系列强农惠农补贴，使农民收入快速增长。全年全省农民人均纯收入为4506.66元，比上年增长15.28%，增幅比上年提高1.13个百分点。其中：农村居民人均家庭经营收入2114.75元，增长13.28%；工资性收入1787.72元，增长14.50%；转移性收入492.12元，增长23.59%；财产性收入112.08元，增长35.93%。

（四）从环境看，价格涨幅回落，金融机构存贷规模再上新台阶

1. 居民消费价格涨幅回落。全年全省居民消费价格总水平比上年上涨2.7%，涨幅比上年回落3.2个百分点。其中：城市上涨2.5%，农村上涨3.1%。

八大类商品价格呈现全面上涨态势。全年食品类价格比上年上涨4.1%，医疗保健和个人用品类价格上涨3.8%，烟酒类价格上涨3.0%，衣着类价格上涨2.6%，居住类价格上涨1.8%，家庭设备用品及维修服务类价格上涨1.1%，娱乐教育文化用品及服务类价格上涨1.0%，交通和通信类价格上涨0.4%。

食品价格上涨明显。食品价格比上年上涨

4.1%，位居八大类商品价格涨幅之首。一是粮食价格稳中趋升。2012年，全省粮食价格上涨2.3%。其中，大米上涨2.9%、面粉上涨1.3%、粮食制品上涨3.1%、其他粮食上涨1.9%。二是牛羊肉价格上涨明显。牛肉价格上涨20.0%，羊肉价格上涨13.7%。三是鲜菜价格高位运行。鲜菜价格上涨10.7%。

2. 工业生产者价格呈下降态势。全年全省工业生产者出厂价格总水平比上年下降3.2%，工业生产者购进价格总水平下降1.3%。2月份开始工业生产者出厂价格呈现下降趋势，尤其是7月份和8月份降幅明显扩大，分别下降7.4%和8.5%，此后降幅逐步缩小，12月份下降1.1%，降幅比8月份缩小7.4个百分点。

全年有色金属冶炼及压延加工业、黑色金属冶炼及压延加工业、石油和天然气开采业等三个行业工业生产者出厂价格分别下降18.4%、11.9%和1.9%。煤炭开采和洗选业、化学原料及化学制品业、石油加工冶炼及核燃料加工业、有色金属矿采选业等四个行业工业生产者出厂价格分别上涨4.5%、4.0%、3.9%和0.9%。

3. 金融机构存贷规模再上新台阶。2012年末，金融机构本外币各项存款余额为10129.69亿元，比上年增长19.72%，增幅比上年提高1.33个百分点，高于全国平均水平5.62个百分点。一是金融机构住户存款余额为5128.41亿元，增长19.97%，占各项存款余额的50.63%，人均储蓄余额达到2万元。二是金融机构非金融企业存款余额为2889.52亿元，增长18.98%，占存款余额的28.53%。三是政府类存款余额2064.12亿元，增长19.98%，占各项存款余额的20.38%。金融机构本外币各项存款余额比年初增加1668.79亿元。

2012年末，金融机构本外币各项贷款余额为7196.60亿元，突破7000亿元，比上年增长25.46%，增幅较上年末提高了0.12个百分点，高于全国平均水平9.86个百分点。金融机构本外币各项贷款余额比年初增加1457.40亿元。其中，中长期贷款余额4220.71亿元，比年初增加706.33亿元；短期贷款余额2761.89亿元，比年初增加639.44亿元。

（五）从结构看，产业结构优化调整，城镇化水平继续提高

第三产业比重继续提高。2012年，三次产业结构由2011年的13.5:47.4:39.1调整为13.8:46.0:40.2，第二产业比重降低1.4个百分点，第三产业比重上升了1.1个百分点。第三产业增加值比上年增长12.5%，增速比上年提高0.9个百分点，金融保险业、营利性服务业等现代服务业的快速增长带动了第三产业加快发展。

种植业内部结构优化。全省各地充分发挥独特的气候资源优势，做大做强蔬菜、瓜果、中药材等优势产业，粮经饲播种面积结构由上年的69.7:27.9:2.4调整为69.0:28.6:2.4，经济作物比重提高0.7个百分点。

轻工业增加值比重提高。全省规模以上工业增加值中，轻工业所占比重为14.4%，比上年提高1.8个百分点。轻工业增长18.8%，增速高于重工业4.8个百分点，其中食品行业占轻工业78.0%，增长17.0%。

城镇化水平继续提高。2012年，全省城镇化水平达到38.75%，比上年提高1.6个百分点。

二、经济运行中存在的主要问题

（一）结构调整任务艰巨

2012年，三次产业结构由2011年的13.5:47.4:39.1调整为13.8:46.0:40.2。第一产业与第三产业比重分别上升了0.3和1.1个百分点，第二产业比重降低1.4个百分点，三次产业结构有所优化。但是我们应该清醒的认识到，经济结构调整既有主动调整促使转型的因素，又有客观经济形势变化的影响。2012年世界经济形势复杂多变，国际大宗商品价格大幅回落，导致全省工业增加值增速回落，影响第二产业比重下降。而一旦世界经济好转，国际大宗商品价格回升，重化工业将快速发展，届时第二产业增加值将快速增长，第二产业比重也将攀升。同时，甘肃第三产业比重低于全国4.4个百分点，与全

面建成小康社会的目标值相差 9.8 个百分点，结构调整的任务仍然十分艰巨。

此外，2012 年全省种植业增加值占农林牧渔业增加值的比重高达 74.4%，比上年提高 1.0 个百分点，是近年来的最高水平，而牧业增加值所占比重比上年降低了 0.9 个百分点。同时，种植业内部结构调整中，经济作物种植增长缓慢，而粮食作物比较效益低下，制约了甘肃农业快速发展。

（二）工业生产经营存在困难

一是实现利润增幅较低。2012 年前十个月，规模以上工业企业实现利润呈现下降态势，11 月利润增速由降转升，全年规模以上工业企业实现利润总额增长 5.3%，增幅比上年回落 5.2 个百分点。其中：冶金行业、有色行业和煤炭行业分别实现利润均比上年有所减少。

二是产成品库存居高不下。从 2012 年初开始全省产成品库存持续增加，年末全省规模以上工业企业产成品库存 502.7 亿元，比上年增长 36.0%。分行业看：有色金属行业产成品库存为 258.5 亿元，占全省产成品库存的 51.4%，增长 71.9%；食品行业产成品库存为 50.5 亿元，占全省产成品库存的 10%，增长 13.9%；煤炭行业产成品库存 18.3 亿元，占全省产成品库存的 3.64%，增长 2.1 倍。

三是多因素困扰小微企业发展。招工难，用工成本上升，资金短缺、融资渠道狭窄，原材料成本上升快，以及企业市场需求不足，订单量下降等问题成为制约小微企业生产发展的突出问题。

（三）城乡居民收入水平仍然较低

2012 年，在省委省政府多项政策的实施下，甘肃城乡居民收入增速均位居全国前列，但城乡居民收入绝对值仍居全国末位，城镇居民人均可支配收入比全国平均水平低 7408 元，相当于全国水平的 69.8%，农民人均纯收入比全国平均水平低 3410 元，仅相当于全国平均水平的 56.9%。

三、2013 年展望

2013 年是全面贯彻落实“十八大”精神的开局之年，是实施“十二五”规划承前启后的关键一年，是推动落实甘肃省第十二次党代会精神，为全面建成小康社会奠定坚实基础的重要一年。尽管存在加快发展面临的困难和不确定因素，但总体上看，2013 年甘肃经济仍将保持平稳较快的发展势头。

（一）有利因素

第一，多数世界经济组织认为 2013 年全球经济将会好转，2012 年底主要经济体经济指标有所改善，美国失业率创 2008 年 12 月以来最低值，欧元区投资者信心指数上升。

第二，中十八大确定了我国未来经济社会发展新思路，将进一步激发全国上下改革开放和加快发展的热情，稳增长系列政策的效应将进一步显现。中央经济工作会议提出要继续把握好稳中求进的总基调，加强和改善宏观调控，积极扩大国内需求，加大经济结构战略性调整力度，增强经济发展的内生活力和动力，保持物价总水平基本稳定，实现经济持续健康发展。加之，全国经济在经历了一段时间的下滑后，开始企稳回升，为甘肃经济发展创造了良好的外部环境。

第三，甘肃省委省政府深入实施“3341”项目工程，深入实施区域发展战略。国务院办公厅已正式批复甘肃省建设华夏文明传承创新区，这是继兰州新区之后，甘肃又一个国家层面的战略平台，必将对中华民族文化传承创新和甘肃经济、社会、文化发展起到重大的推动作用和深远的影响。同时，国家实行差别化的经济政策，扶持西部大开发的着力点和导向更加明显，支持甘肃发展的各项措施正不断推进。加之，经济步入快速发展周期，近年来主要经济指标呈现出加快发展的势头，为甘肃经济较快发展奠定了良好的基础。

（二）不利因素

从世界形势看，国际金融危机爆发以来，全球经济增长动力依然较弱，大多数发达经济体特别是欧洲的发达经济体，陷入了失业率高企、金融系统脆弱、主权债务风险上升、财政紧缩和低增长的恶性循环。全球经济依然充满了巨大的不确定性和下滑风险。

从国内形势看，虽然主要经济指标企稳回升，但基础并不牢靠。同时，我国发展仍面临不少风险和挑战，不平衡、不协调、不可持续问题依然突出，经济增长产能相对过剩的矛盾有所加剧，企业生产经营成本上升和创新能力不足的问题并存，金融领域存在潜在风险，经济发展和资源环境的矛盾仍然突出。

从自身发展情况看，甘肃经济结构单一，经济增长点不多，抗风险能力较差，经济发展主要依靠大企业、重化工业，受市场的冲击和影响非常大。同时，企业销售不畅，产成品库存规模不断扩大，将对工业企业生产经营产生一定的影响。

（撰稿人：樊怀玉　甘肃省统计局局长）

（闫涵摄）

青海省经济社会发展报告

2012年，面对复杂多变的国内外经济形势，青海省委、省政府深入贯彻落实科学发展观，积极应对、迎难而上、精心谋划，团结带领全省各族人民牢固树立自信、开放、创新的青海意识，加快转变经济发展方式，着力推动“四个发展”，确保了全省经济平稳较快发展。

一、2012年全省经济运行特点

（一）经济总量较快增长，经济总体稳健运行

2012年，全省全面贯彻中央加强和改善宏观调控的各项政策措施，在国际经济困境纷至、国内经济增速明显回落的情况下全省经济保持平稳较快增长的态势。全省实现生产总值1884.54亿元，按可比价格计算，比上年增长12.3%。其中，第一产业增加值176.81亿元，增长5.2%；第二产业增加值1091.98亿元，增长14.1%；第三产业增加值615.75亿元，增长11.1%。从2012年各季度来看，经济稳中加快，一季度同比增长11.4%，上半年、前三季度、全年累计同比增速均为12.3%。2008年以来的五年，尽管遭遇了全球金融危机的冲击、玉树强烈地震的影响，但经济仍保持了10%以上的较高增速，年均增速达12.9%，为历史较高水平，较全国同期年均增速高3.6个百分点，为新青海建设提供了强有力的支撑。

（二）三次产业生产有序，社会供给保障有力

1. 农牧业生产形势稳定。2012年，全省认真贯彻落实中央1号文件精神，积极调整农牧业生产结构，大力推动十大特色农牧业产业建设，加之春季东部农业区雨雪充沛，土壤墒情好、农作物出苗齐，牧业区狠抓接羔育幼，加大牲畜出栏力度，全年种植业生产基本平稳、畜牧业生产发展良好。2012年全省粮食总产量达到101.5万吨，已连续五年突破百万吨；油料产量35.22万吨；蔬菜产量158.75万吨，比上年增长10.6%；肉类总产量30.57万吨，增长6.0%；牛奶产量27.55万吨，增长2.2%。

2. 工业生产保持两位数增长。2012年，全省积极落实支持工业企业发展十项举措、支持小微企业发展60条政策措施，对困难较大的企业实施电价、运价补贴，组织万名干部开展“帮企业、稳增长、调结构”活动，全省规模以上工业增加值①保持两位数的较快增速。全年规模以上工业完成增加值897.16亿元，按可比价格计算，比上年增长15.0%。

股份制经济增速高于全省平均。全年全省股份制企业完成增加值729.24亿元，比上年增长17.8%，较规模以上工业增加值增速高2.8个百分点，占规模以上工业增加值的81.3%，比重比上年提高1.8个百分点；国有企业完成增加值135.10亿元，增长7.6%，占规模以上工业增加值的15.1%，比重下降0.8个百分点。

轻工业生产保持快速增长。全年全省轻工业完成增加值72.30亿元，比上年增长32.2%，增速比上年高13.2个百分点；重工业完成增加值824.86亿元，增长13.8%。

八成以上工业行业保持增长。在全省规模以上工业有产值的32个行业中，27个行业增加值比上年增长，其中19个行业增幅高于全部规模以上工业。增加值超10亿元的12个行业均保持增长。

注：①规模以上工业：规模以上工业企业的统计口径为年主营业务收入2000万元及以上的工业企业。

3. 第三产业加快发展。2012年，全省认真贯彻落实中央出台的《关于促进物流业健康发展政策措施的意见》、《关于加快发展高技术服务业的指导意见》等政策措施，就促进第三产业发展组织开展了第三产业普查，全面掌握第三产业发展状况。省政府立足制定、落实相应政策措施，营造优良的发展环境，扶持第三产业健康有序发展，出台了《促进若干经营性服务业加快发展的政策意见》、《扶持民营经济发展具体措施》等政策措施，支持第三产业加快发展。2012年，全省用于第三产业的投资为945.54亿元，同比增长40.1%。第三产业完成增加值615.75亿元，同比增长11.1%。其中，金融业增加值同比增长17.1%，批发和零售业增长14.4%，非营利性服务业增长12.1%，营利性服务业增长9.9%，交通运输、仓储邮政业增长5.5%，房地产业增长5.2%。

国内旅游呈现较快增长态势，但受全球经济不景气的影响，入境游客及旅游外汇收入比上年下降。全年全省接待国内外游客1581.48万人次，比上年增长12.0%；实现旅游总收入123.75亿元，增长34.1%。其中，国内游客1576.75万人次，增长12.1%；实现国内旅游收入122.16亿元，增长34.9%。

（三）投资消费双轮驱动，需求拉动作用较强

1. 固定资产投资快速增长。2012年，全省紧紧围绕发展大局，不断致力于投资环境的改善和优化，加大招商引资力度，调动各方投资积极性，充分发挥投资对产业结构的带动作用，推动产业结构优化升级。全省固定资产投资持续健康平稳运行，规模不断扩大，有效地促进了全省经济社会的发展。全年完成全社会固定资产投资1848.4亿元，比上年增长28.8%。

第三产业投资增幅领跑三次产业。第三产业投资中，增速较高的行业有，租赁和商务服务业投资增长3.2倍，金融业投资增长2.5倍，信息传输、计算机服务和软件业投资增长1.2倍，公共管理和社会组织投资增长97.6%，交通运输、仓储及邮政业投资增长73.6%，住宿、餐饮业投资增长49.8%，批发和零售业投资增长40.0%，文化、体育和娱乐业投资增长34.0%。

基础设施投资贡献率提高。全年全省完成基础设施投资540.39亿元，比上年增长44.6%，对全社会固定资产投资的贡献率达34.3%，比上年提高9.8个百分点。其中，能源供应业完成投资231.49亿元，增长30.8%；交通、运输业完成投资219.41亿元，增长71.6%；环境和公共设施管理完成投资58.88亿元，增长18.4%；供水、排水业完成投资28.55亿元，增长56.5%。

亿元及以上投资项目拉动作用大。全年全省亿元以上施工项目546个，比上年增长24.7%，完成投资1149.40亿元，增长38.5%，占全社会固定资产投资的比重为59.9%，比上年提高2.0个百分点，拉动全社会固定资产投资增长22.3个百分点。

藏区惠民投资力度加大。全年全省农村基础设施投资40.76亿元，比上年增长34.2%，其中藏区六州投资增长22.9%。文化体育和娱乐业投资20.81亿元，增长34.0%，其中藏区六州投资增长1.4倍。藏区六州居民服务和其他服务业投资增长3.7倍。

房地产投资增速提高。全年全省房地产开发投资189.68亿元，比上年增长31.0%，增速较上半年提高12.9个百分点。本年新开工房屋施工面积772.90万平方米，增长45.2%，其中90平米以下住宅施工面积增长2.9倍。商品房销售面积262.96万平方米，下降24.5%，其中90平米以下住宅销售面积增长39.6%。实现商品房销售额106.46亿元，下降6.7%，其中90平米以下住宅销售额增长60.8%。

2. 消费市场保持活跃。2012年，面对国内外市场需求不足的形势，省委、省政府及时采取有效措施，支持企业发展，全省经济继续保持了平稳增长态势，为消费品市场平稳增长提供了良好的政策环境。同时，贯彻落实好《关于深化流通体制改革加快流通产业发展的意见》等政策，深入实施“家电下乡”、“小排量轿车下乡”、“节能产品惠民工程”等，支持新能源产品进入公共设施和家庭，加大对保障性住房和农村危房改造

支持力度等，政策措施的实施有效改善了消费环境，增强了消费对经济增长的拉动作用，为消费品市场平稳较快发展提供新动力。目前，全省正处在迈向全面小康的关键阶段，人民的物质和文化需求迅速增长，消费能量正在加速蓄积，消费市场潜力亟待开发。全年全省实现社会消费品零售总额476亿元，比上年增长16.0%，扣除价格因素比上年实际增长13.7%，增幅比上年提高2.7个百分点。

从限额以上批发零售业企业[②]分类商品零售额看，粮油食品类零售额比上年增长21.1%（其中，粮油类增长39.3%，蔬菜类增长18.9%，干鲜果品类增长19.5%），服装、鞋帽、针纺织品类增长44.0%，化妆品类增长22.4%，金银珠宝类增长20.9%，日用品类增长13.9%，电子出版物及音像制品类增长49.4%，家用电器和音像器材类增长33.1%，通讯器材类增长2.0倍，石油及其制品类增长31.9%；煤炭及其制品类下降21.9%。

3. 对外贸易市场逐步转暖。2012年，受国际市场持续低迷等多种因素影响，全省对外贸易持续下滑，进出口总值最大降幅达18.3%，尤其是出口值明显下滑，最大降幅（1-6月）达37.4%。针对复杂严峻的形势，省委、省政府着力于外贸市场的稳增长、调结构、促平衡，一方面，立足当前，密切跟踪形势变化，确保已出台的各项政策措施落实到位；另一方面，着眼长远，充分利用市场环境趋紧形成的倒逼机制，加快转变外贸发展方式，培育外贸竞争新优势，增强外贸长远发展后劲。同时，完善进口政策，搭建更多进口促进平台，积极扩大省内短缺的先进技术设备、原材料、关键零部件等的进口，促进对外贸易平衡发展。下半年以来，进出口总值降幅逐步收窄，并转为增长。全年全省海关进出口总值11.60亿美元，比上年增长25.6%，其中，出口总值7.30亿美元，增长10.3%；进口总值4.30亿美元，增长64.2%（下半年以来均保持55%以上的高速增长）。

（四）结构调整成效显现，发展方式加快转变

1. 三次产业结构。2012年，全省上下着力转方式、调结构，三次产业结构由2011年的9.3:58.4:32.3转变为9.4:57.9:32.7。第一产业的基础作用得到加强，第三产业贡献率提高。

2. 工业内部结构。非公有工业比重提高。全年全省规模以上工业中非公有工业完成增加值350.95亿元，比上年增长26.5%，占规模以上工业增加值的39.1%，比重较上年提高3.6个百分点。

轻工业比重提高。全年全省规模以上轻工业完成增加值占规模以上工业增加值的比重为8.1%，较上年比重提高1.4个百分点。

十大特色工业产业体系初具规模。以循环经济理念推动工业转型升级，全省盐湖化工、装备制造、有色金属等传统产业改造升级力度加大，新能源、新材料等战略性新兴产业迅速崛起。全年全省规模以上工业中，十大特色优势产业完成增加值513.74亿元，比上年增长12.4%，占全省规模以上工业增加值的57.3%。

3. 投资结构。第三产业投资比重提高。全年全省第三产业完成投资945.54亿元，比上年增长40.1%，增幅高于全社会固定资产投资6.2个百分点，占全社会固定资产投资的比重达49.2%，比上年提高2.1个百分点。

民间投资快速增长。全年全省完成民间投资799.05亿元，比上年增长42.9%，高于全社会固定资产投资增速9.0个百分点，占全社会固定资产投资的比重为41.6%，比上年提高2.6个百分点。从行业看，民间投资主要集中在制造业、房地产业和农林牧渔业。其中，私营个体完成投资占全社会固定资产投资的比重为14.0%，比上年提高2.6个百分点。

注：②限额以上批发零售业企业：限额以上批发业包括年主营业务收入在2000万元及以上的批发业企业及个体户；限额以上零售业包括年主营业务收入在500万元及以上的零售业企业及个体户。

工业十大特色优势产业投资占工业投资近八成。全年全省工业十大特色优势产业固定资产投资达653.19亿元，占工业投资的比重达79.0%，占全社会固定资产投资的比重达34.0%。

4. 消费结构。经过三十多年来的快速发展，全省经济取得了巨大成就，物质生产由短缺变为丰裕，城乡居民消费水平不断提高，消费结构不断优化升级，居民消费支出重点由生存消费转向发展享受型消费，服务消费占消费总支出的比重不断提高，消费品不断升级换代。2012年，在限额以上批发和零售业商品零售额中，服装类和鞋帽类零售额所占比重为6.7%，比上年提高1.2个百分点；化妆品类零售额所占比重为1.2%，比上年提高0.1个百分点；家用电器和音像器材类零售额所占比重为5.0%，比上年提高0.6个百分点。从城乡居民生活消费支出看，城镇居民食品支出占消费性支出的比重比上年下降1.1个百分点，交通通迅支出比重提高0.8个百分点，娱乐文教服务支出比重提高0.1个百分点，居住支出比重提高0.4个百分点；农牧民食品支出占生活消费支出的比重比上年下降3.0个百分点，医疗保健支出比重提高6.0个百分点，文化教育娱乐支出比重提高3.9个百分点。

（五）运行质量不断提高，发展成果人民共享

1. 财政收入突破300亿元。全年全省公共财政预算收入319.69亿元，比上年增长18.2%。其中，地方公共财政预算收入186.40亿元，增长22.8%；中央公共财政预算收入133.29亿元，增长12.4%。近年来，在财政收入增加的同时，全省坚持推进“小财政大民生”，加大财政支出特别是民生领域支出力度。全年全省公共财政预算支出1188.00亿元，比上年增长22.8%。民生领域支出快速增长，教育支出增长32.1%；文化体育与传媒支出增长32.1%；社会保障与就业支出增长9.7%（其中城市居民最低生活保障支出增长23.1%）；医疗卫生支出增长26.7%（其中基层医疗卫生机构支出增长73.9%，医疗保障支出增长32.1%）；城乡社区事务支出增长1.1倍；农林水事务支出增长28.3%；支持中小企业发展和管理支出增长55.9%；旅游业管理与服务支出增长26.8%。

2. 城乡居民收入增速提高。在增加在岗职工津贴、离退休职工和企业离退休人员养老金，提高最低生活保障标准和最低工资标准等政策的推动下，城镇居民人均可支配收入不断提高。全年全省城镇居民人均可支配收入17566.28元，比上年增长12.6%，扣除价格因素实际增长9.3%，增幅比上年提高3.1个百分点。在人均家庭总收入中，人均工资性收入12614.39元，增长10.6%；人均经营净收入1191.42元，增长13.0%；人均转移性收入5847.84元，增长11.2%；人均财产性收入92.98元，增长18.2%。

在进一步落实各项支农惠农政策，增加农牧民政策性补贴、村干部和乡村教师工资，劳动收入及出租房屋、农用机械收入增长，农牧产品价格上涨等因素的推动下，农牧民家庭人均纯收入快速增长。全年农牧民家庭人均纯收入5364.38元，比上年增长16.4%，较全国平均水平高2.9个百分点，扣除价格因素实际增长12.9%，增幅比上年提高0.8个百分点。其中，人均工资性收入1989.69元，增长12.1%；人均家庭经营收入2221.92元，增长6.4%；人均财产性收入95.26元，增长1.7%；人均转移性收入1057.51元，增长62.6%（其中各项政策性补贴人均897.1元，增长1.0倍）。

3. 企业利润降幅收窄。2012年，受国际国内经济形势复杂多变，市场需求表现疲弱等因素影响，全省规模以上工业企业经济效益状况不佳，利润下滑，最大降幅在1-8月达到39.8%，但随着全球主要经济体的缓慢复苏，国内经济回升的表现逐步明显，全省企业经济效益状况也逐步好转，自9月份以来，利润累计降幅逐月收窄（1-8月下降39.8%、1-9月下降35.3%，1-10月下降28.6%，1-11月下降26.9%）。全年规模以上工业实现利润152.37亿元，比上年下降26.5%，降幅比1-8月的最大降幅收窄13.3个百分点。

（六）经济运行环境稳定，要素保障不断加强

1. 人民币存贷款增速提高。12月末，全省金融机构人民币各项存款余额3528.41亿元，比年初增加702.58亿元，同比多增加196.26亿元，同比增长24.9%，增速较上年末提高3.1个百分点。其中单位存款余额1985.81亿元，增长25.7%；个人存款余额1279.44亿元，增长22.6%，增速较上年末提高2.4个百分点。

12月末，全省金融机构人民币各项贷款余额2791.68亿元，比年初增加551.16亿元，同比多增加142.25亿元，同比增长25.1%，增速较上年末提高2.7个百分点。其中短期贷款余额649.95亿元，增长31.6%，增速较上年末提高7.2个百分点；中长期贷款余额1990.52亿元，增长20.6%，增速较上年末回落2.2个百分点。

2. 居民消费价格涨幅总体回落。2012年，全省居民消费价格总体小幅上涨，但与上年相比涨幅回落。全年全省居民消费价格比上年上涨3.1%，涨幅比上年回落3.0个百分点。与上年相比，被调查的八大类商品及服务价格呈“五升三降”，其中食品类（上涨6.6%）、居住类（上涨5.0%）涨幅较高，衣着类（下降1.6%）降幅较大。

3. 工业生产者价格月同比降幅有所收窄。2012年，全省工业生产者价格指数双双走低。出厂价格从2月份起由涨转跌，降幅不断扩大，9月份起降幅开始收窄，全年出厂价格比上年下降3.1%。与上年相比，34个大类行业价格呈“18升3平13降”，价格上涨的主要行业是：煤炭开采和洗选业上涨5.5%，农副食品加工业上涨10.6%，食品制造业上涨4.4%，纺织业上涨5.0%，医药制造业上涨1.2%，电力、热力的生产和供应业上涨4.7%，水的生产和供应业上涨12.8%。价格下降的主要行业是：黑色金属矿采选业下降14.1%，石油加工及炼焦业下降11.1%，黑色金属冶炼和压延加工业下降10.9%，有色金属冶炼和压延加工业下降6.1%，化学原料和化学制品制造业下降6.6%。

购进价格月同比从4月份开始下降，最高降幅为3.4%，全年购进价格比上年下降1.4%。与上年相比，价格上涨的主要行业是：农副食品加工业上涨29.6%，金属制品业上涨26.5%，煤炭开采和洗选业上涨7.9%，电力、热力的生产和供应业上涨2.6%，非金属矿采选业上涨9.7%；价格下降的主要行业是：黑色金属矿采选业下降12.0%，石油加工和炼焦业下降7.4%，化学原料和化学制品制造业下降7.1%，有色金属冶炼及压延加工业下降4.0%，黑色金属冶炼及压延加工业下降0.9%。

4. 客、货运输量平稳增长。全年全省完成客运量12830.32万人，比上年增长7.2%，其中铁路增长4.6%，公路增长7.0%，民航增长35.7%。全省完成货物运输量13484.43万吨，增长7.1%，其中，铁路增长4.1%，公路增长8.4%，民航增长43.2%。在铁路运输的主要物资中，石油运输量增长16.0%，焦炭增长86.1%，金属矿石增长14.0%，水泥增长1.2倍，钾肥增长32.7%，木材增长36.8%，化工品增长38.0%，集装箱增长39.0%；煤下降15.5%，盐下降2.6%，钢铁、有色金属下降13.3%，农副土特产品下降53.8%。

二、经济运行中存在的主要问题

2012年，青海省经济发展形势总体良好，但在经济运行中依然存在一些值得关注的突出问题：

一是部分行业和企业生产经营困难。2012年以来，受国际国内经济环境趋紧、市场需求不足的影响，部分行业和企业生产经营困难，工业企业利润减少。全年规模以上工业企业实现利润152.37亿元，同比下降26.5%，虽然自9月份以来，降幅逐月收窄（1-8月降幅最高为39.8%），但仍处于下降区间且降幅仍较高，特别是黑色金属冶炼及压延加工业、黑色金属矿采选业、酒饮料制造业和非金属矿物制品业亏损较多。

二是物价反弹压力加大。2012年，全省居民消费价格比上年上涨3.1%，涨幅比上年回落3个百分点。但从全年运行情况看，自6月份开

始月同比涨幅高于全国平均涨幅，在全国31个省（市、区）中均居前列，并逐月攀升，12月份比上年同月上涨5.3%，比全国平均涨幅高2.8个百分点。全年涨幅（3.1%）高于全国平均涨幅0.5个百分点（而全国居民消费价格月累计涨幅呈逐月下降态势，全年上涨2.6%，比1-2月低1.3个百分点）。

三、2013年经济发展趋势

从全球看，2013年，国际环境仍然充满复杂性和不确定性，世界经济仍处在调整期，结构改革不到位和需求增长乏力等问题难以根本改观，金融危机的影响呈现长期化趋势。美国经济相对强势，对于维持全球经济信心仍起重要作用，但美国经济又陷“财政悬崖”威胁，若有闪失，全球经济信心将受到较大冲击。新兴市场经济体作为经济引擎的动力不足。欧债危机对欧洲乃至世界经济的拖累呈现常态化，短期内难以全面改善。同时，发达国家实施再制造业化战略，以互联网、新能源为代表的第三次工业革命正在兴起，全球产业结构调整出现新动向。年初世界银行发布的《2013全球经济展望》显示，世行预计2012年全球GDP增长2.3%，低于2011年6月份预测的2.5%，2013年增长会大致稳定在2.4%不变；发展中国家2012年的GDP增长5.1%，预计2013年上升至5.5%；对高收入国家的增长率预测做出下调，2012年和2013年为1.3%，2014年上升至2.0%，2015年升至2.3%。目前对欧元区的增长预测是到2014年才能回归正增长，预计2013年GDP收缩0.1%。因此，2013年全球经济仍将处于低速复苏阶段，新的增长力和增长区域尚未形成。

从国内看，2012年9月以来，全国经济运行企稳回升的态势有所显现，规模以上工业当月增速由8月的8.9%提高到12月的10.3%，消费品零售额增速由1-8月的14.1%提高到1-12月的14.3%，固定资产投资（不含农户）增速保持在20.6%左右的较高水平，采购经理指数（PMI）10月份起重回50%以上，全年GDP增长8.1%，比前三季度提高0.2个百分点，为2013年奠定较好的基础。但是，由于2013年全球经济仍处于危机后的调整期，国际环境的复杂性和不确定性，我国原有竞争优势、增长动力逐渐削弱，新优势尚未形成，市场信心和预期不稳，经济运行都处在寻求新平衡的过程中，经济也存在诸多的不确定性，回升的基础尚不稳固，扩大有效需求面临不少制约因素，企业生产经营困难加大，结构调整转型发展任务艰巨。全国经济从2010年第二季度以来连续十个季度的回落，不仅仅意味着客观周期的波动，更可能是结构性的转变。党的十八大提出必须把科学发展观贯彻到我国现代化建设全过程、体现到党的建设各方面，科学发展成为党的指导思想，中国特色社会主义事业总体布局从“四位一体”扩展为“五位一体”，更加注重发展的平衡性、协调性、可持续性及发展的质量。

我省经济既有发展机遇，也面临着巨大的挑战。有利因素：受国际国内经济缓慢复苏、环境趋暖，“十二五”规划逐步实施、第二轮西部大开发战略、中央支持青海等省藏区发展、全面建设小康社会、收入倍增计划、加快推进城镇化等政策措施的实施等利好因素的推动，全省经济将继续保持平稳较快的增长态势，面临的挑战：经济格局调整大背景中经济总体增速回落，通胀压力较大等。但综合来看，全省经济运行的基本面较好，因此，2013年我省经济总体将延续2012年后几个月的企稳回升态势，保持平稳较快增长。

（撰稿人：侯碧波 青海省统计局局长）

宁夏回族自治区经济社会发展报告

2012年以来，面对复杂严峻的国内外经济形势，在自治区党委政府的坚强领导下，全区上下紧扣科学发展主题和加快转变经济发展方式主线，坚持稳中求进的工作总基调，着力推进稳增长、控物价、调结构、惠民生、抓改革、保稳定的各项工作，把稳增长放在更加重要的位置，采取一系列行之有效的举措加大对经济运行的调节，经济下行势头逐步得到扭转，继续朝着宏观调控的预期方向发展，全区经济筑底回升，各项社会事业取得新成效，开创了宁夏转型跨越、富民兴宁的新局面。

一、2012年全区经济运行的基本特点

2012年，在国家积极财政政策和稳健货币政策的持续作用下，全区经济继续保持平稳较快增长的发展态势。总体呈现以下特点：

（一）从宏观经济运行分析：整体经济稳步加快，第三产业带动增强

2012年，自治区党委政府针对复杂多变的国际形势和国内经济运行中出现的新情况、新问题，及时制定和实施了一系列转方式、调结构、促增长、防通胀、保民生的重要举措，在全区上下的共同努力下，经济增长的内生动力逐步增强，宏观经济运行稳步加快。初步核算，2012年全区实现地区生产总值2326.64亿元（现价），按可比价格计算，比上年增长11.5%，高于全国同期水平3.7个百分点。分季度看，一季度增长12.0%，上半年增长11.4%，前三季度增长11.0%。分三次产业看，第一产业实现增加值200.16亿元，增长5.6%，高于全国同期水平1.1个百分点；第二产业实现增加值1158.58亿元，增长13.8%，高于全国同期水平5.7个百分点；第三产业实现增加值967.9亿元，增长9.7%，高于全国同期水平1.6个百分点。从三次产业对经济增长的贡献来看，一、二、三产业对经济增长的贡献率分别由2011年的3.9%、71.2%和24.9%变化为2012年的4.3%、62.0%和33.7%，第三产业对经济的带动作用显著增强。从三次产业的构成看，三次产业增加值结构由2011年的8.8:50.2:41.0调整为2012年的8.6:49.8:41.6，第一产业、第二产业所占比重分别下降0.2个和0.4个百分点，第三产业所占比重提高了0.6个百分点。

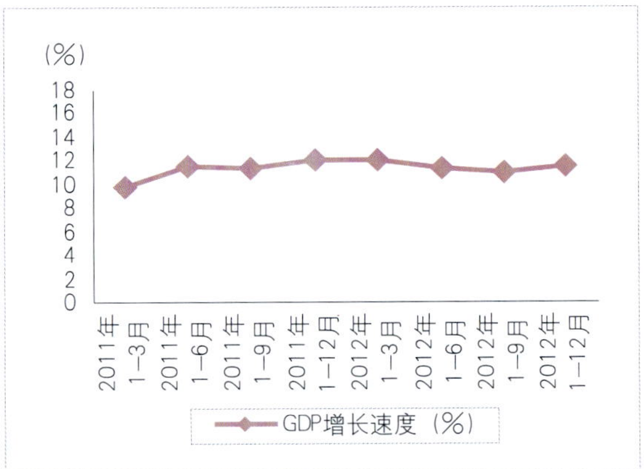

图1 全区生产总值各季度累计及增速

（二）从生产运行分析：农业经济稳定发展，工业生产保持较快增长

农业经济稳定发展。2012年，全区各级党委政府强化各项惠农富民政策的贯彻落实，着力提升农业科技保障能力，着力发展现代节水农业、设施高效农业、优势特色农业，调结构促发展，全区农业经济呈现稳定的发展态势。全年粮食总产达到375万吨，比上年增长4.5%，实现九连增，总产再创历史新高。畜牧业生产持续稳定发展。全年猪牛羊禽肉产量26.1万吨，比上年增长5.6%；禽蛋产量6.2万吨，下降15.2%；牛奶产量103.5万吨，增长7.8%。水产养殖实现新发展。2012年全区适水产业面积81.8万亩（含稻田养

蟹 13.7 万亩，同比增长 47.3%），增长 10.4%；水产品产量 12.35 万吨，增长 17.2%。优势特色农业产业化进程明显加快。在政策、市场等诸多利好因素推动下，全区枸杞、葡萄、红枣、蔬菜、瓜果和中药材等优势特色产业在规模继续扩张的同时，其标准化、集约化和产业化水平也得到显著提升。全年蔬菜产量 471.1 万吨，增长 7.4%；瓜果产量 168.8 万吨，增长 2.4%。

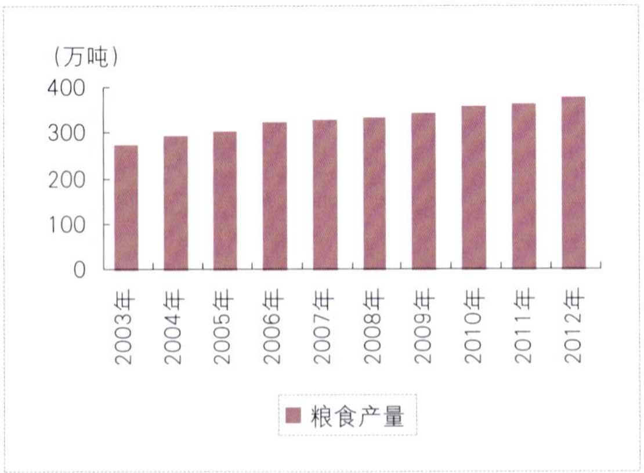

图 2 2003 年－2012 年粮食产量

工业生产加快发展。2012 年全区工业经济在连续下滑的严峻形势下，各级党委政府把推动工业提速增效作为保增长的首要任务，多措并举扭转工业生产增速下行势头，加强企业运行分析调度，密切跟踪重点行业和骨干企业生产运营动态变化，研究制定了“一行业一方案”和“一厂一策”等一系列稳增长政策措施，全区工业经济逐步企稳回升，全年总体保持平稳较快增长。全区规模以上工业实现增加值 818.2 亿元，按可比价格计算（下同），增长 14%，高于全国平均增速 4 个百分点，增速比一季度、上半年分别回落 2.5 个和 0.5 个百分点，但比前三季度加快 1.4 个百分点。重工业增速高于轻工业 6.2 个百分点。全区规模以上重工业实现增加值 719.8 亿元，增长 14.8%，增幅高于全区平均水平 0.8 个百分点，对全区规模以上工业增长的贡献率为 92.1%，拉动全区工业增长 12.9 个百分点。国有控股工业快速增长。全区规模以上国有控股工业企业完成增加值 451.2 亿元，比上年增长 15.4%，高出全区平均水平 1.4 个百分点，对工业增长的贡献率达到 58.8%，拉动全区工业增长 8.2 个百分点。大中型企业对规模以上工业形成稳固支撑。全区大中型工业企业完成增加值 651.6 亿元，比上年增长 12.4%，占规模以上工业增加值的 79.6%，对规模以上工业增加值增长的贡献率为 71.9%，拉动规模以上工业增长 10.1 个百分点。重点行业部门贡献突出。全区 14 个工业行业部门中，有 10 个行业部门实现增加值持续增长。其中增长较快的有：石油石化增长 118.3%，有色增长 23.9%，轻工增长 15.6%，化工增长 19.1%。六成以上的工业产品产量保持增长。在全区主要监测

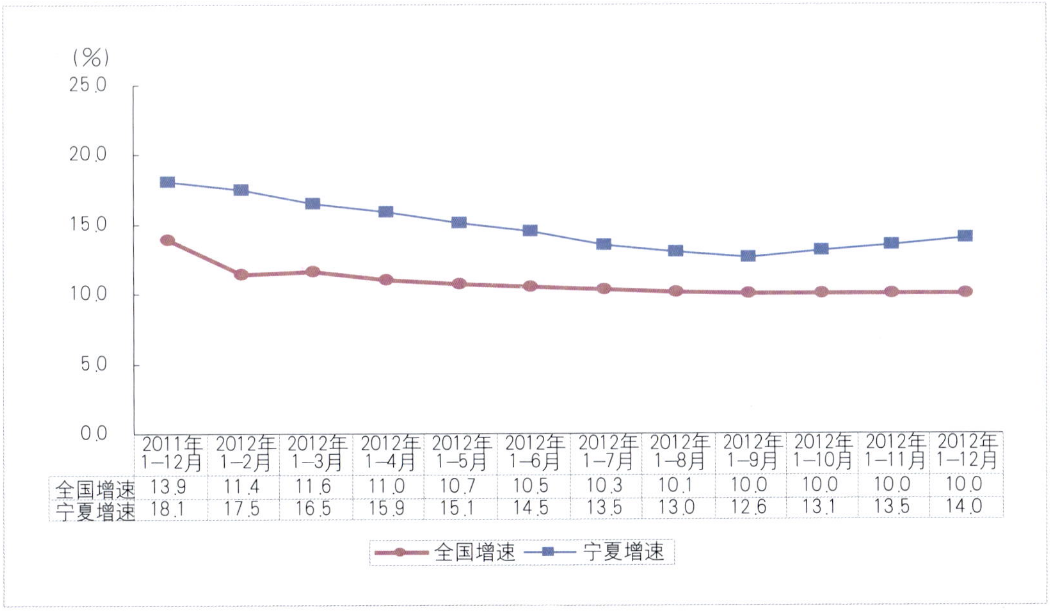

	2011年1—12月	2012年1—2月	2012年1—3月	2012年1—4月	2012年1—5月	2012年1—6月	2012年1—7月	2012年1—8月	2012年1—9月	2012年1—10月	2012年1—11月	2012年1—12月
全国增速	13.9	11.4	11.6	11.0	10.7	10.5	10.3	10.1	10.0	10.0	10.0	10.0
宁夏增速	18.1	17.5	16.5	15.9	15.1	14.5	13.5	13.0	12.6	13.1	13.5	14.0

图 3 规模以上工业增加值增长速度

的 46 种工业产品中，有 30 种产品产量保持增长，增长面为 65.2%。其中，增长较快的有：原油加工增长 2.5 倍，树脂增长 96.0%，乳制品增长 76.5%，轴承增长 76.5%，钢材增长 41.7%，电解铝增长 28.7%，小麦粉增长 23.7%，焦炭增长 12.6%，电石增长 14.3%。

（三）从需求状况分析：固定资产投资保持较快增长、消费品零售额增速平稳、对外贸易小幅下降，总体呈现“两增一降”发展格局

全区固定资产投资保持持续较快增长。2012 年，全区各地狠抓投资项目落实，加快推进重大项目建设进度，固定资产投资保持持续较快增长态势。全区全社会完成固定资产投资 2096.9 亿元，比上年增长 27.5%，高出全国平均水平 6.9 个百分点。其中，基本建设投资完成 1361.49 亿元，增长 28.8%。固定资产投资结构逐步优化。民间投资高速增长，对全区投资增长贡献率明显提升。全区民间固定资产投资完成 1194.33 亿元，增长 51.2%，增速比全区全社会固定资产投资快 23.7 个百分点，占全区全社会固定资产投资的比重为 56.6%，比 2011 年提高 8.8 个百分点。民间投资对全区固定资产投资增长的贡献率为 88.8%，拉动全区投资增长 24.4 个百分点。工业投资较快增长。全区工业完成投资 1018.03 亿元，比上年增长 27.6%。更新改造投资力度进一步加大。全区更新改造投资完成 238.18 亿元，比上年增长 26.3%。全区固定资产投资中本年资金来源 1947.11 亿元，同比增长 21.0%。其中，国家预算内资金 176.97 亿元，同比增长 33.3%；国内贷款 465.89 亿元，同比增长 30.3%；自筹资金 1080.72 亿元，同比增长 21.3%。房地产市场宏观调控有力有效。全区房地产开发企业完成投资 429.15 亿元，比上年增长 27.6%，增幅比上年回落 4.6 个百分点，但高出全国平均水平 11.4 个百分点。全区商品房销售面积 804.43 万平方米，比上年下降 5.0%，销售额为 317.58 亿元，增长

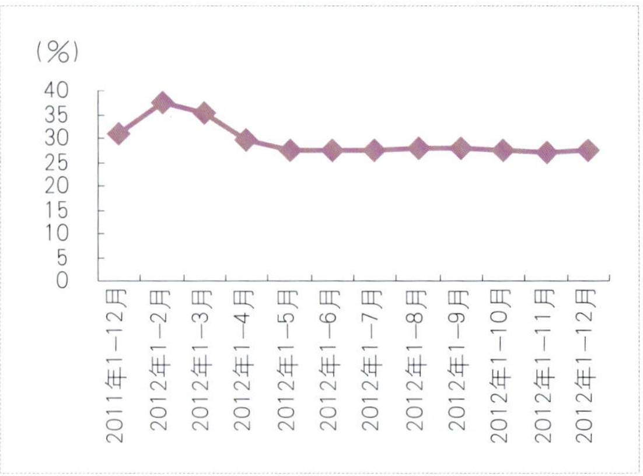

图 4　全区固定资产投资增速

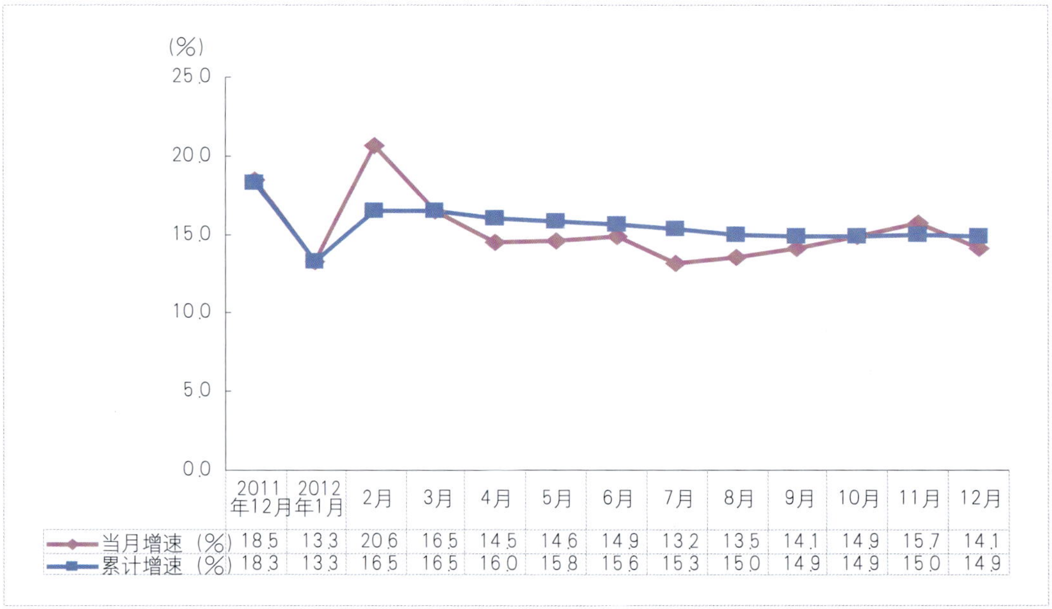

图 5　2011 年 12 月－2012 年 12 月各月零售额增长情况

0.5%。其中，商品住宅销售面积707.57万平方米，增长0.3%，销售额为256.19亿元，增长7.2%。截止12月末，全区商品房待售面积为727.18万平方米，比上年增长20.0%。其中，住宅待售面积490.47万平方米，增长15.9%。

消费品零售额增速平稳。2012年，随着内需的逐步扩大，城乡居民收入提高以及社会保障制度的不断完善，消费市场继续保持平稳增长。1-12月，全区实现社会消费品零售总额548.8亿元，同比增长14.9%，增速与前三季度持平，比上年回落3.4个百分点，高出全国平均水平0.6个百分点。按经营单位所在地分，城镇实现消费品零售额502.3亿元，同比增长15.0%；乡村实现消费品零售额46.5亿元，同比增长13.7%。按消费形态分，餐饮收入81.9亿元，同比增长21.6%；商品零售额466.9亿元，同比增长13.8%。在商品零售中，限额以上企业（单位）商品零售额310.0亿元，同比增长12.0%，其中，粮油食品类增长21.0%，日用品类增长20.1%，汽车类增长3.1%。

对外贸易小幅下降。由于受国际市场需求不足和国内经济增速趋缓等多重因素的影响，全区对外贸易额小幅下降。据银川海关统计，全区外贸实现进出口总额22.17亿美元，比上年下降3.0%。其中，出口16.41亿美元，增长2.6%；进口5.76亿美元，下降16.2%。优势特色产品出口增长较快。全区机电产品出口总额2.49亿美元，增长31.1%，其中金属制品和机械设备出口分别增长16.8%和19.4%。羊绒纱线、羊绒衫、饲料添加剂和双氰胺出口分别增长97.1%、29.5%、56.5%和34.2%。对阿拉伯国家出口快速增长。全区对阿拉伯国家实现出口额5167万美元，增长35.1%，主要出口产品为羊绒衫、抗菌素、铁合金、涂布牛皮纸等。

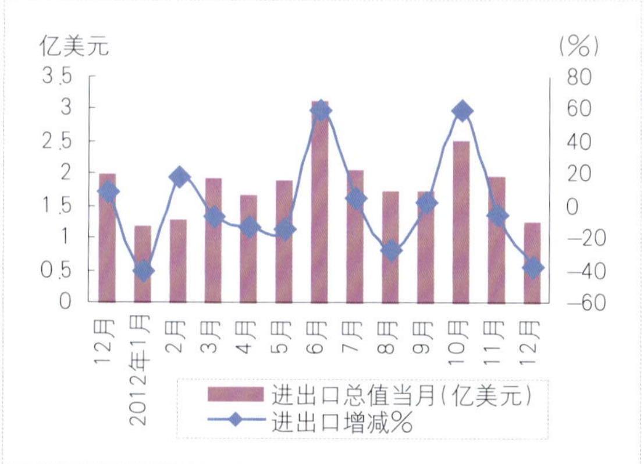

图6 2011年12月－2012年12月进出口总值及增速

（四）从质量效益分析：财政收支较快增长，居民收入持续增加

随着转方式、调结构、惠民生各项措施的实施，经济发展质量进一步提高。

财政收入较快增长。全区经济持续健康发展促进了财政收入的较快增长。2012年全区完成公共财政预算总收入460.1亿元，比上年增长23.9%。其中，完成地方公共财政预算收入264.0亿元，增长20.0%。在地方公共财政预算收入中，完成各项税收收入207.1亿元，增长16.9%。其中，营业税增长15.4%，企业所得税增长5.1%，增值税增长7.6%，个人所得税下降10.9%。2012年全区公共财政预算支出872.2亿元，比上年增长22.7%。其中，一般公共服务支出增长18.7%，城乡社区事务支出增长33.6%，社会保障和就业支出增长28.4%，住房保障支出增长67.3%，交通运输支出增长23.4%。

城乡居民收入持续增加。随着一系列富民惠民政策措施的贯彻落实，城乡居民收入增长势头良好。2012年全区城镇居民人均可支配收入19831.4元，同比名义增长12.8%，比上年降低1.8个百分点，比全国高出0.2个百分点，扣除价格因素实际增长10.4%，高出全国平均水平0.8个百分点。其中，工资性收入、家庭经营净收入、

表1 2012年城镇居民收入情况表

指　标	居民收入（元）	增量（元）	增幅（%）
家庭总收入	21902.2	2247.7	11.4
其中:可支配收入	19831.4	2252.5	12.8
工资性收入	13965.6	1568.9	12.7
经营净收入	2522.8	155.4	6.6
财产性收入	160.9	-37.6	-18.9
转移性收入	5252.9	561	12

转移性收入分别增长 12.7%、6.6% 和 12.0%，财产性收入下降 18.9%。2012 年全区农民人均纯收入 6180.3 元，同比名义增长 14.2%，比上年降低 1.5 个百分点，比全国高出 0.7 个百分点，扣除价格因素实际增长 12.3%，高出全国平均水平 1.6 个百分点。其中，工资性收入、家庭经营收入、转移性收入分别增长 16.0%、12.5%和 24.5%，财产性收入下降 12.8%。

表 2 2012 年农村居民收入情况表

指 标	居民收入	增量（元）	增幅（%）
家庭总收入	9485.8	1096.9	13.1
其中:人均纯收入	6180.3	770.3	14.2
工资性收入	2510.5	346.3	16
经营性收入	6302.3	651.5	12.5
财产性收入	101.6	−14.8	−12.8
转移性收入	571.4	113.9	24.5

（五）从运行环境分析：金融存贷款稳步增长，价格水平保持平稳

金融存贷款稳步增长。截止 2012 年末，全区金融机构人民币各项存款余额 3495.4 亿元，比上年末增长 17.8%。其中，个人存款余额 1688.1 亿元，增长 24.6%。2012 年新增人民币存款 534.26 亿元。金融机构人民币各项贷款余额 3339.6 亿元，增长 16.8%。价格水平保持平稳。2012 年以来，全区居民消费价格总体上运行平稳，1-12 月，全区居民消费价格同比上涨 2.0%，涨幅比全年预期控制目标低 3.0 个百分点，低于全国 2.6% 的涨幅。其中农村上涨 1.7%、城镇上涨 2.2%，农村居民消费价格涨幅 10 年来首次低于城镇。八大类商品价格呈“六涨两降”态势。其中，食品、烟酒、衣着类、家庭设备用品及维修服务类、医疗保健和个人用品类、居住类价格分别上涨 4.5%、1.5%、3%、0.2%、1.6% 和 0.8%。交通和通信类、娱乐教育文化用品和服务类价格分别下降 0.5%和 1.4%。工业生产者价格持续回落。1-12 月，全区工业生产者出厂价格下降 2.6%，比上年回落 12.1 个百分点；全区工业生产者购进价格下降 0.5%，比上年回落 13.3 个百分点。

（六）从统筹发展分析：区域发展趋于协调，生态环境不断改善

农村投入不断加大。地方财政支出中用于农林水事务支出由 2011 年的 113.4 亿元增加到 2012 年的 132.2 亿元，增长 16.5%。实施塞上农村新居和危房改造工程，建设新村 193 个，整治旧村 1501 个，改造危窑危房 20.6 万户，100 万户群众喜迁新居。

县域财力明显增强。全区有 13 个县市（区）

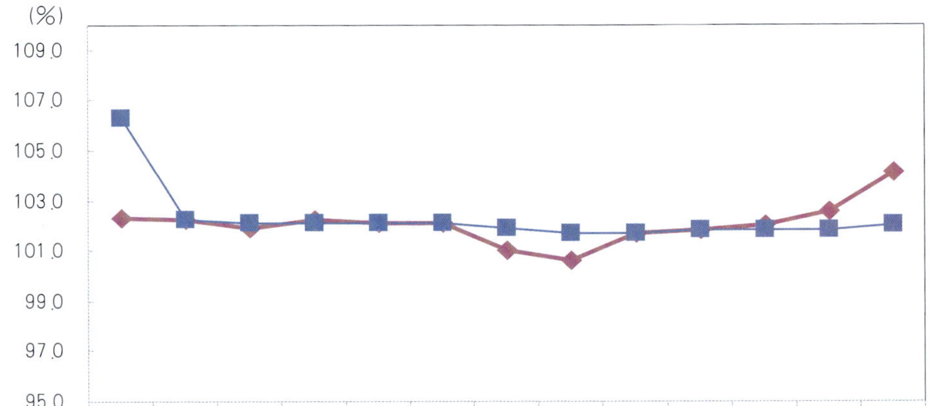

	2011年12月	2012年1月	2月	3月	4月	5月	6月	7月	8月	9月	10月	11月	12月
当月	102.3	102.2	101.9	102.2	102.1	102.1	101.0	100.6	101.7	101.8	102.0	102.6	104.1
累计	106.3	102.2	102.1	102.1	102.1	102.1	101.9	101.7	101.7	101.8	101.8	101.8	102

图 7 居民消费价格同比指数（CPI）走势图

生产总值翻番，17个县市（区）地方公共财政预算收入翻番，6个县市进入西部强县。截至2012年底，五个市中地方公共财政预算收入超100亿元的1个。22个县市（区）中地方公共财政预算收入超10亿元的2个，超5亿元的8个。

城乡居民收入差距进一步缩小。城乡居民收入比由2011年的3.25：1调整为2012年的3.21：1(以农村居民人均纯收入为1)。城镇化进程加快。2012年末，全区城镇化率达到50.7%，比上年提高0.9个百分点。

生态环境建设稳步推进。继续实施贺兰山东麓百万亩生态防护林、沿黄灌区百万亩特色经济林等"六个百万亩"生态林业建设和我国西部"生态屏障"建设。2012年末实有封山（沙）育林面积439.46万亩，比上年增长15.3%；完成人工造林80.15万亩，比上年增长4.8%。森林覆盖率提高到12.8%。

（七）从社会发展分析：社会建设加快推进，社会事业取得新进步

教育科技取得丰硕成果。继续推进教育优先发展战略，各类教育事业健康发展。全区各级各类学校2796所，教职工91297人。其中，各类普通高校16所，中等职业教育学校34所，普通中学314所，初中阶段毛入学率100.94%，普通小学1896所，小学学龄儿童入学率99.68%，特殊学校8所。全区共有幼儿园527所，在园幼儿160254人。

科技创新取得新进展。全年登记自治区级科技成果234项，比上年增长21.2%。其中，基础理论成果41项，应用技术成果151项，软科学成果42项。全年申请专利量1985件。其中，发明专利846件，增长91.4%。专利授权量842件，增长37.4%。其中，发明专利授权量141件，增长36.9%。

文化、卫生和体育事业不断推进。全区共有博物馆6个，公共图书馆27个，国家综合档案馆27个，文化馆28个，各类艺术表演团体37个。全年地方出版报纸24种，出版杂志36种，出版图书1760种。广播综合人口覆盖率95.2%，有线广播电视用户83.21万户，电视综合人口覆盖率98.9%。编演的《花儿》（舞剧）获得第十二届"五个一工程"歌舞剧奖；电影《画皮Ⅱ》国内票房突破7亿元，位居华语电影票房排行榜前列。成功举办中阿经贸论坛等六大节会。年末全区共有医疗卫生机构4136个，其中：医院141个，卫生院228个，疗养院（所）1个，门诊部（所）21个，疾病预防控制中心25个，妇幼保健机构22个，卫生监督所25个，村卫生室2431个。床位27393张；卫生技术人员34265人。其中，执业（助理）医师13011人，护师、护士12504人。城乡居民基本医保政府补贴标准提高到200元。在全国率先实施了妇幼卫生"四免一救助"和"六免一救助"工程，并纳入自治区人民政府的民生计划，惠及群众30万余人。

2012年举办县级以上全民健身活动130次，举办青少年单项比赛13项，参加活动的人数总计达到100万人次。全区运动员在世界比赛中取得金牌4枚、银牌2枚。在全国比赛取得金牌12枚、银牌15枚、铜牌13枚；全年有36人达国家一级运动员等级标准，265人达国家二级运动员等级标准，78人获得国家一级裁判员等级称号。

社会保障更趋完善。到2012年末，全区基本养老保险参保人数达到131.2万人，比上年增长8.4%；年末基本医疗保险参保人数达到558.4万人；年末失业保险参保人数达到64.0万人，增长6.1%。城乡居民基础养老金从2012年1月1日起每人每月提高了15元，更多的城乡居民和非公经济组织及灵活就业人员等群体拥有了社会保障。

就业和再就业形势基本稳定。2012年，全区在保持经济平稳较快增长的同时，努力改善就业环境，积极拓宽就业渠道，加强就业技能培训，城乡就业规模不断扩大。全区城镇新增就业7.3万人；转移农村劳动力70.9万人；年末城镇登记失业率稳定在4.2%。逐步形成了经济发展与扩大就业的良性互动。

二、经济运行中值得关注的主要问题

从全年经济运行的走势来看，面对如此复杂多变的经济发展环境，全区经济继续保持平稳较快发展的内生动力和活力不断增强，能取得可喜的成绩，是来之不易的。但也清醒的认识到，当前全区经济运行中仍存在一些不容忽视的矛盾和问题。

（一）全区经济加快发展的难度较大

2012 年受多种因素叠加的影响，全区经济加快增长的难度较大。一是国际经济环境和国内宏观经济政策影响。国际经济增长乏力，恢复缓慢，国内经济增速逐步趋缓，房地产调控措施趋紧等诸多因素，影响和制约了全区经济的持续快速发展。二是市场需求不足、价格下行影响。国内外市场需求不足，导致工业品价格持续下降。2012 年，全区工业生产者购进价格指数为 99.5，比上年同期（112.8）回落了 13.3 个百分点；工业生产者出厂价格指数为97.4，比上年同期（109.5）回落了 12.1 个百分点；进出价格指数相差 2.1 个百分点，进出价格倒挂严重影响了工业企业生产。三是全区经济总量逐年较快增加。2000 年以来，全区经济总量两位数增长已经持续 13 年，随着经济总量的快速扩张、基数的加大，经济继续保持快速增长的难度越来越大。

（二）工业企业生产经营依然困难

工业企业经济效益不佳。由于受原材料价格上涨、购销价格倒挂、劳动力成本增加、用电和运输等生产要素成本增加的影响，工业企业经济效益明显下降。1-11 月，全区规模以上工业企业盈亏相抵后实现利润 92.3 亿元，同比下降 27.6%。石油石化、冶金、有色、化工四大行业依然整体亏损，亏损额达 22.3 亿元。全区规模以上工业企业中亏损企业达 330 户，亏损面近四成，亏损企业亏损额增长 1.1 倍。二是工业企业运营成本费用高企不下。1-11 月，全区规模以上工业企业主营业务成本同比增长 26.0%，增幅高于主营业务收入 2.2 个百分点，每百元主营业务收入中的成本为 85.6 元；销售费用同比增长 25.7%，管理费用增长 16.8%，财务费用增长 39.9%。成本费用增幅普遍高于收入增长，企业依靠内部挖潜提升盈利的空间十分有限。

（三）基础设施投资增长乏力，建设资金供给仍然紧张

一是基础设施投资增长速度有所放缓，对全区投资的拉动作用减弱。2012 年，全区基础设施完成投资 446.61 亿元，总量与去年基本持平，占全区全社会固定资产投资比重为 21.2%，比上年下降 5.8 个百分点。其中电力、热力的生产和供应业投资 209.40 亿元，同比下降 5.9%。二是建设资金供给仍然较为紧张。2012 年，全区固定资产投资本年到位资金增长 21%，远低于同期全区固定资产投资增速。其中，自筹资金增长 21.3%，比上年回落 21.8 个百分点，各项应付工程款增长 27.9%，增速仍然较高，表明建设资金紧张的状况依然存在，投资增长的支撑不足。资金制约不但影响项目顺利推进，也对投资持续稳定较快发展产生不利的影响。

（四）消费增速低于往年同期，大宗消费品增速回落

一是消费增速处于近三年来同期最低水平。1-12 月，全区社会消费品零售总额同比增长 14.9%，增幅比上年同期和前年同期分别回落 3.4 个和 4 个百分点，其中 12 月份增长 14.1%，增幅比上年同期和前年同期分别回落 4 个和 5.8 个百分点。二是大宗消费品增速回落。1-12 月，全区限额以上大宗商品石油及制品类和汽车类零售额增幅同比明显下降，分别比上年下降 20.1 个和 15.6 个百分点；家用电器和音响器材类零售额比上年下降 4.4 个百分点。

（五）城镇居民收入实际增长与经济增长保持同步的压力依然很大

从城乡居民收入增速来看，2012 年全区城乡居民收入名义增长均高于地区生产总值增长速度，但扣除价格因素，城镇居民人均可支配收入

大型葡萄种植基地（宁夏农垦局提供）

实际增长低于全区同期经济增长 1.1 个百分点，实现城镇居民收入实际增长与经济增长保持同步的压力依然很大。

（六）节能降耗形势依然严峻

一是高耗能产业在工业中的比重依然较高。2012 年，全区六大高耗能工业占工业的比重高达 57%，远高于全国平均水平。六大高耗能行业实现工业增加值 463.3 亿元，比上年增长 17.5%，比全区平均水平高 3.5 个百分点，占规模以上工业增加值比重达 56.6%，对规模以上工业增长贡献率为 67.6%，工业增长对高耗能工业的依赖性较大，调结构转方式依然任重而道远。二是节能降耗任务仍然艰巨。国家下达的全区节能降耗目标任务是“十二五”单位 GDP 能耗累计下降 15%，年均下降 3.2%。从前两年完成情况看，2011 年全区单位 GDP 能耗上升 4.6%，未完成年度节能降耗目标，2012 年单位 GDP 能耗虽然下降了 5% 左右，前两年仅完成“十二五”节能降耗进度任务的 3.9%，未能达到 40% 的进度节能目标任务，“十二五”后三年仍需年均降低 5.07%，才能完成下降 15% 的总体目标任务，节能降耗形势依然严峻。

三、2013 年全区经济发展展望

2013 年是全面贯彻落实党的十八大的开局之年，也是实施“十二五”规划承前启后的关键一年。全区经济增长的不确定、不稳定因素较多，经济运行仍面临诸多风险和挑战。尽管国内外宏观经济环境依然复杂多变，短期矛盾和长期问题相互交织，有利因素与潜在风险同时存在。但总体来看，经济发展的有利因素多于不利因素。

（一）从国际看

在金融市场改善、众多国家的扩张性货币政策刺激下，主要经济体经济增长有望略有加快。国际货币基金组织（IMF）2012 年 10 月份预测，按 PPP 法 GDP 汇总，2013 年世界经济增长 3.6%，比 2012 年加快 0.3 个百分点；IMF 同时预测，2013 年世界贸易量增速 4.5%，比 2012 年加快 1.3 个百分点。

（二）从国内看

中央经济工作会议明确提出要以提高经济增长质量和效益为中心，稳中求进，在打基础、利长远、惠民生的基础设施领域加大公共投资力度，继续实施积极的财政政策和稳健的货币政策，为经济增长提供了有力的政策支撑。2013 年国家将实行差别化的经济政策，加大支持中西部地区加快发展，加大对革命老区、民族地区、边疆地区的扶持力度，加大集中连片特殊贫困地区的扶贫开发，为全区经济发展提供了新的机遇。中国物流与采购联合会、国家统计局服务业调查中心发布的 2012 年 12 月宏观经济先行指标制造业 PMI 为 50.6%，这是该指数连续 3 个月保持在 50% 以上。宏观先行指标平稳向好，显示经济温和回升态势基本确立，为 2013 年经济运行展示了良好前景。

（三）从区内看

近 5 年来全区经济呈现较快发展态势，经济规模、质量和效益显著提升，农业发展的基础进一步加强，特色优势更加明显，投资建设的一批工业项目的投产、达产，使经济持续平稳健康发展的基础更加稳固。全区沿黄经济战略和扶贫攻坚战略的深入实施以及内陆开放型经济试验区和银川综合保税区建设的启动等，支撑经济持续健康发展的因素不断增加，这些积极变化将为全区经济加快发展提供动能，有利于经济的持续平稳增长。

综合各方面影响因素分析判断，促进全区经济平稳增长的有利因素多于不利因素，2013 年全区经济增速会延续 2012 年下半年以来的运行态势，呈现平稳发展，稳中趋进的运行格局。确保 2013 年全区国民经济实现“稳中求进”的良好运行局面，要把“用发展来解决发展中的问题”与“边发展边解决发展中的问题”有机结合起来，积极采取切实可行的政策措施，为全年预期目标任务的顺利完成提供可靠保障。

（撰稿人：张存平　宁夏回族自治区统计局副局长）

沙湖生态旅游区（宁夏农垦局提供）

新疆维吾尔自治区经济社会发展报告

今年以来，面对复杂的国际国内经济形势，自治区党委、人民政府沉着应对，牢牢把握“稳中求进、进中求变”主基调，增强调控的前瞻性、灵活性和有效性，以三大“主题促进周”务实开局，以“稳增长”为重要目标主动作为，国民经济逆势上行，先于全国企稳回升向好，多项指标增速高于全国平均水平，经济社会发展亮点纷呈，后发赶超势头强劲。

一、经济发展“稳中有进，进中有变”，在复杂多变的环境下，实现了“七稳、六进、五变”的骄人业绩

（一）经济运行七“稳”特征突出

1. 经济（GDP）增长率先企稳逆势回升。初步核算，全年实现地区生产总值7466.3亿元，按可比价格计算，比上年增长13.0%。

全年经济走势呈现出“一回（一季度回落）、二触（上半年触底）、三稳（前三季度企稳）、四升（全年逆势上升）”的态势。比全国提前一个季度确认回升拐点，实现逆势企稳回升，一改过去滞后全国半年下降或回升的态势；经济增速与全国的对比优势从一季度高于全国3.1、上半年2.9、前三季度3.8扩大到全年的高于全国4.2个百分点，对比优势创1992年以来新高，为我区实现到2020年与全国同步建成小康社会奠定了坚实的基础。

2. 农业形势稳中趋好。第一产业增加值比上年同期增长7.0%，比上年加快0.5个百分点，保持了平稳较快增长的态势。农林牧副渔业总产值2275.67亿元，比上年同期增长7.4%，其中，农业增长6.8%，林业增长7.6%，畜牧业增长9.8%，渔业增长4.1%，农林牧渔服务业增长7.8%。

今年以来在惠农政策到位、农业投入增加、科技水平提高等积极因素的共同促进下，粮食棉花丰收。国家统计局新疆调查总队预计全年粮食产量1273万吨，增长3.9%；棉花产量353.95万吨，增长22.2%，连续20年稳居全国第1位，继2008年突破300万吨之后，再创历史新高。特色林果产品（不含果用瓜）700.94万吨，增长16.5%。

3. 工业经济稳中趋快。全口径工业增加值2929.90亿元，按可比价格计算，比上年增长12.7%。

规模以上工业率先企稳，增长速度快于全国。一季度至全年，全区规模以上工业同比增速分别达到12.6%、11.2%、11.7%、12.7%，稳定在12%左右，分别快于全国1.0、0.7、1.7、2.7个百分点。分轻重工业看，轻工业增加值207.24亿元，比上年增长14%，重工业增加值2596.76亿元，增长12.5%。从当月增速看，全区从2月份的16.1%回落至最低值8.3%，经过7个月时间完成探底，8月份开始迅速进入企稳回升通道；全国工业增速持续下行至8月份，9月份开始缓慢回升，我区比全国提前1个月企稳回升，且回升幅度明显快于全国。

4. 经济效益筑底企稳。全区工业企业主营业务收入增速自2012年7月开始筑底企稳，1-12月实现主营业务收入7375亿元，比上年同期增长8.3%，增速比1-11月加快0.6个百分点。利润总额增速前三季度为全年的最低点，进入10月份以后降幅逐步收窄，1-12月全区规模以上企业实现利润841.67亿元，同比下降7.5%，比1-11月收窄5.4个百分点，比前三季度收窄10.3个百分点。企业亏损情况有所好转，12月末，全区规模以上工业亏损企业528家，比上月减少98家；亏损面28.9%，比上月下降5.3个百分点。

5. 消费市场稳健支撑。全区社会消费品零售总额 1858.6亿元，比上年同期增长15.0%，比全国快0.7个百分点。一改我区消费增速大部

分年份低于全国平均水平的颓势。一季度至全年，社会消费品零售总额同比增速分别达到 15.9%、15.2%、15.1%、15.5%，稳定在 15% 以上。

分行业看，批发业和零售业零售额 1553.37 亿元，增长 14.9%；住宿和餐饮业零售额 245.62 亿元，增长 19.5%。

分商品类别看，限额以上石油及制品类零售额增长 22.5%，金银珠宝类零售额增长 22.5%，粮油、食品、饮料、烟酒类零售额增长 18.0%，服装、鞋帽、针纺织品类零售额增长 15.7%，家用电器和音响器材类零售额增长 2.4%，汽车类零售额增长 4.2%。

6. 对外贸易稳步回升。全年进出口贸易总额 251.71 亿美元，比上年同期增长 10.3%，增速比全国快 4.1 个百分点。其中，出口 193.47 亿美元，增长 15 %，进口 58.24 亿美元，下降 2.8%。

从全年走势看，一季度，全区贸易形势较为严峻，进出口贸易总额比上年同期下降 7.6%，进入 4 月以后，呈现稳步回升，进出口贸易总额同比增速从 1-4 月的 3.3% 逐月回升至全年的 10.3%。其中，出口增速从 1-4 月的 7.8% 回升至全年的 15%；进口增速从下降 4.9% 收窄至全年的下降 2.8%。

7. 物价水平整体稳定。2012 年以来，我区把稳控物价作为宏观调控的重要内容和重大民生工程，多管齐下、综合施策，物价水平逐步回落，全区居民消费价格总指数从年初的上涨 5.0% 回落至全年的上涨 3.8%，回落 1.2 个百分点，物价涨幅低于年初调控目标。其中，城市上涨 3.4%，农村上涨 4.7%。从季度涨幅看，一季度至全年，居民消费价格涨幅为 4.6%、4.2%、3.8 %、3.8%，稳中趋缓特征较为明显，物价已基本保持稳定。

八大类商品和服务项目“七涨、一降”，其中，食品类上涨 7.6%，烟酒类上涨 5.6%，医疗保健和个人用品类上涨 2.9%，居住类上涨 2.8%，衣着类上涨 1.9%，家庭设备用品及维修服务类上涨 1.9%，娱乐教育文化用品类上涨 0.1%，交通和通信类下降 0.5%。

食品类价格持续回落，从 1 月份的上涨 10.9%，逐步回落到全年上涨 7.6%，涨幅回落 3.3 个百分点。

工业生产者出厂价格（PPI）下降 3.1%。工业生产者购进价格（IPI）下降 2.1%。农资价格上涨 6.2%

（二）提速进位六“进”势头强劲

1. GDP 增速前移 10 位。进入 2012 年以来，国际经济环境欲振乏力，国内经济困难明显增多，区内石油工业增势低迷，在不利局面下，自治区党委、人民政府攻艰克难，迎难而上，不断加强经济运行调控，我区经济实现了逆势加速，增速在全国和西部呈现进位赶超的良好势头。2010 年我区 GDP 增速位居全国第 29 位，西部第 12 位；2011 年位居全国第 21 位，西部第 12 位；2012 年我区 GDP 增速位居全国第 11 位，西部第 8 位，分别比上年前移 10 位、3 位。

2. 农林牧渔业总产值增速居全国第 1 位。2010 年，我区农林牧渔业总产值增速位居全国第 18 位，西部第 9 位；2011 年居全国和西部第 1 位，在全国和西部的位次分别比上年前移 17 位、8 位；进入 2012 年以来，全区上下继续以强基础、促转型、抓增收、保供给、惠民生为重点，围绕农业经济增产增效，大力巩固农业基础地位，农业生产保持平稳较快增长，预计全区农林牧渔业总产值比上年同期增长 7.4%，增速继上年居全国第 1 位之后，连续两年摘取全国桂冠，自改革开放以来尚属首次。

3. 工业增速前移 7 位。2010 年以来我区工业增速的位次呈现破位前移趋势。2010 年位居全国第 24 位，西部第 9 位；2011 年位居全国第 28 位，西部第 12 位；进入 2012 年以来，自治区把确保工业生产平稳较快增长作为稳增长的重要环节，全区工业增速先于全国企稳回升，在全国的位次稳步前移。2012 年预计工业增速位居全国第 21 位，比上年前移 7 位，表明我区工业已开始进入快速增长通道，持续推进的新型工业化战略已取得成效。

4. 投资增速居全国第 1 位。2010 年以来我区固定资产投资增速在全国的位次赶超态势明显。2010 年位居全国第 18 位、西部第 8 位；

2011 年居全国和西部第 2 位，增速在全国和西部的位次分别比上年前移 16 位、6 位； 2012 年全区城镇固定资产投资增速将达到 31.8%，与贵州省并列居全国第 1 位，增速创 1993 年以来新高，增速在全国的位次创改革开放以来新高。投资增速持续高位增长为我区增强发展后劲夯实了基础。

5. 财政收入增速居全国第 3 位。2010 年以来，我区财政收入大幅增加，增速在全国的位次不断前移。2010 年全区公共财政预算收入 500.58 亿元，比上年增加 111.8 亿元，增量首次超过 100 亿元，同比增长 28.8%，增速比上年加快 21.1 个百分点，居全国第 9 位，比上年前移 21 位；2011 年全区公共财政预算收入 720.91 亿元，比上年增加 220.33 亿元，增量超过 200 亿元，同比增长 44%，增速比上年加快 15.2 个百分点，居全国第 6 位，比上年前移 3 位；2012 年，全区公共财政预算收入 909.10 亿元，在前两年大幅增长的基础上又增长 26.2%，增速居全国第 3 位，比上年又前移 3 位。

6. 城乡居民收入增速双双居全国第 1 位。近年来，我区城乡居民收入增速在全国的位次趋势反映出“民生优先、基层重要、群众第一”执政理念已产生明显成效。2012 年全区城镇居民人均可支配收入增长 15.5%，增速居全国第 1 位；农村居民人均纯收入增长 17.5%，增速居全国第 1 位。城乡居民收入增速双双居全国第 1 位，自改革开放以来尚属首次。

（三）发展方式五“变”成效凸显

1. 经济增长动力向多元化方向变化。农业方面，由单纯依靠种植业转变为林业、畜牧业共同发力。在连续三年加强农业基础投入、持续做强林果业、畜牧业产业基地的作用下，初步预计，林业产值增长 7.6%，比上年提高 1.7 个百分点；畜牧业产值增长 9.8%，比上年提高 7.8 个百分点，林业、畜牧业占农业比重 23.2%，比上年提高 0.2 个百分点。

第二产业中建筑业持续快速增长，已成为经济增长中的重要支撑点。近年来，在我区固定资产投资快速增长，道路建设、城镇建设步伐加快，涉及“安居富民、定居兴牧、抗震安居”等民生工程投资大幅增加的带动下，全区建筑业增速持续加快。2011 年，全区建筑业增加值比上年增长 15.0%，增速比上年加快 6.7 个百分点，占第二产业的 16.3%；2012 年预计增长 18.2%，比上年加快 3.2 个百分点，占第二产业的 17.7%，比上年提高 1.4 个百分点，拉动经济增长 1.5 个百分点，比上年提高 0.3 个百分点。

服务业方面，以金融业、交通运输业为代表的生产性服务业成为推进三产增长的新动力；以旅游业、住宿餐饮业为代表的生活性服务业增长迅速。金融业增加值增速大幅提高，预计全年实现金融业增加值 363.72 亿元，比上年增长 23.2%，高于 GDP 增速 11.2 个百分点。同时，在连续加大交通运输投入后，交通、运输邮电通信仓储业成为稳定三产增长的重要因素。全年预计增速将双双超过 10%；旅游外汇收入 5.51 亿美元，增长 18.4%；住宿餐饮业快速发展，全年住宿餐饮业实现零售总额 246 亿元，增长 19.5%，比社会消费品零售总额增速快 4.0 个百分点。

2. 工业结构向自我驱动为主方面变化。非石油工业占据半壁江山。全区规模以上工业中，非石油工业增加值 1417.83 亿元，增长 21.8%，比石油工业增速快 17.7 个百分点，占工业比重达到 50.6%，高于石油工业 1.2 个百分点，对工业经济增长的贡献率 84.5%，比上年提高 13.4 个百分点；我区工业发展由单纯依靠石油工业发展转变为产业多元化。

中、小型企业快速增长，彰显经济发展活力。大型企业实现增加值 1866.78 亿元，增长 9.2%；中型企业实现增加值 453.37 亿元，增长 10.3%；小型企业实现增加值 475.63 亿元，增长 31.5%；微型企业实现增加值 8.21 亿元，增长 9.1%。

重点产业规模优势稳步增强，差别化产业政策效果初步显现。近九成行业增加值实现增长，有一半行业实现两位数增长，其中，有色金属冶炼和压延加工业增长 43.4%，化学原料和化学制品业增长 25.2%，黑色金属冶炼和压延加工业增长 18.5%，煤炭开采和洗选业增长 17.4%。近七成工业产品产量稳步增长，其中，原铝（电解铝）增长2.2倍，汽车增长2倍，钢材增长30.9%，软饮料增长30.7%，水泥增长36.1%，原煤增长13.8%，发电量增长35.8%，天然气增长7.6%，天然原油增长2.1%。

3. 投资结构向以服务业为主的优势资源方面变化。一、三产业投资增速加快，三次产业投资结构呈现一产投资增速大幅提高、二产投资稳中有降、三产投资快速增长的新变化。三次产业更趋协调。在城镇固定资产投资中，第一产业投资114.52亿元，增长23.9%，增速比上年加快11.4个百分点；第二产业投资3075.49亿元，比上年增长33.4%，增速比上年回落14.5个百分点，其中，工业投资2988.09亿元，比上年增长33.0%，增速比上年回落13.3个百分点；第三产业投资2403.80亿元，增长37.7%，加快16.7个百分点。

基础设施投资持续增长。电力、交通运输业、电信业、水利业、环境和公共设施管理业等七大基础设施投资1639.82亿元，增长36.5%，对城镇投资的贡献率为30.2%，拉动城镇投资增长10.6个百分点。其中，电力、热力、燃气及水的生产和供应业投资增长36.8%；水利、环境和公共设施管理业投资增长81.5%。

优势能源工业投资增势强劲。受益于差别化产业政策支持，重点产业投资规模持续加大。黑色金属冶炼及压延加工业投资205.78亿元，增长85.5%；有色金属工业投资203.95亿元，增长49.9%；电力、热力的生产和供应业投资617.43亿元，增长37.8%。

民间投资持续活跃。民间投资2268.79亿元，增长43.8%，增速快于城镇投资8.8个百分点；占城镇投资的比重达到40.6%，对城镇投资的贡献率为47.7%，拉动城镇投资增长16.7个百分点。

4. 金融信贷向支持涉农及中小微企业方面变化。年末金融机构各项存款余额12330.89亿元，比年初增加1943.67亿元，比上年增长18.7%，其中，单位存款6588.72亿元，增长18.2%；个人存款5305.81亿元，增长19.7%。

年末金融机构各项贷款余额7914亿元，比年初增加1640.93亿元，比上年增长26.2%，其中，短期贷款增长22.6%；中长期贷款增长23.4%。个人消费贷款增长24.7%。

存贷比持续上升。在连续三年存贷比持续上升的情况下，2012年全区存贷比64.2%，比上年提高3.8个百分点，连续两年超过60%。企业贷款5202.61亿元，其中，中小微型企业贷款余额2938.80亿元，占企业贷款的56.5%；涉农贷款余额3858.11亿元，增长26.8%，占全部贷款的48.8%，比上年提高0.3个百分点。

5. 经济发展成果着力向民生方面倾斜变化。民生类财政支出持续增长，连续三年比重超过七成。财政用于民生类支出1960 .11亿元，增长17.3%，近3年民生累计支出占地方财政公共预算支出的72.6%。

民生投资大幅增长，连续三年拉动投资增长超过40%。民生类工程投资1381.79亿元，增长41.0%。涉及安居富民工程、抗震安居工程、定居兴牧工程和保障性住房建设的房地产业投资增长37.6%。卫生、社会工作投资增长40%；教育投资增长73.5%；文化、体育和娱乐业投资增长1.2倍；居民服务和其他服务业投资增长1.3倍。

城乡居民收入实际增速均高于GDP增速，还富于民初见成效。初步统计，农村居民家庭人均纯收入达到6394元，比上年增加952元，增长17.5%，比全国快4.0个百分点，居全国第1位。城镇居民人均可支配收入达到17921元，增长15.5%，增速比全国快2.9个百分点，居全国第1位。二十年后重返首位。

二、经济发展中长期积累的深层次矛盾和问题较为突出，保持经济快速增长仍面临不少困难

（一）石油工业持续低速增长，对工业影响较大

2012年，石油天然气产量延续2009年以来低速增长的态势，对全区工业增长影响较大。1-11月，原油产量增长2.1%，原油加工量增长1.6%，与石化行办年初预计全年增长3.9%和11.0%的

目标还有不小的差距。石油工业增加值增长4.1%，对工业经济的贡献仅为14.5%。全区非石油工业增速自去年以来连续7个季度在全国工业增速中排名第1位，但受石油工业低速增长的影响，2011年，全区规模以上工业增速在全国仅排名第27位，西部第12位；2012年上半年，全国排名第23位，西部排名第12位；2012年全年全国排名21位，西部第12位。

（二）产品价格走低，经济效益仍不乐观

从去年8月份开始，全区工业生产者价格指数（PPI）持续走低，并从今年5月份开始转为同比下降，全年下降3.1%。从调查情况看，1-10月，下降幅度较大的行业是化学纤维制造业下降27.2%，纺织行业下降15.8%，化学原料和化学制品制造业下降11.4%，黑色金属冶炼和压延加工业下降7.8%，有色金属冶炼和压延加工业下降7.0%，石油和天然气开采业下降4.3%；工业生产者购进价格同比下降2.3%。1-11月，全区规模以上工业实现利润总额743.19亿元，下降12.9%。亏损企业亏损额114.81亿元，亏损面34.2%

三、经济发展机遇大于挑战，支撑经济快速增长的积极因素在不断积累、增多并开始显现

从国际情况看，近期，美国和部分新兴经济体保持了向好态势，全球通胀压力减弱，国际金融市场趋于好转。但大部分国家实体经济仍不活跃，世界经济中的不稳定不确定因素众多，真正实现好转依然困难重重。今年，我国的外部环境依然不乐观，但略好于去年，对外贸易增速可能会有反弹，但反弹力度比较有限。欧元区受欧债危机影响经济仍然会有所衰退，但不会进一步恶化；美国经济已经出现复苏迹象，日本经济复苏缓慢脆弱，金砖五国等新兴市场国家经济增速比去年有所提高。国际货币基金组织最新发布的《世界经济报告》预计，今年世界经济增长速度略有提高，预计增长3.6%左右，比上年加快0.3个百分点；美国经济增长2.1%，与上年2.2%的增速基本持平；欧元区经济增速可能由负转正，预计有0.2%的增长；日本经济增长将进一步下降，预计增长1.2%。发展中国家增长5.6%，高于上年5.3%的增速0.3个百分点。

从国内情况看，我国经济增长的积极因素在不断积累、增多并开始显现，从近期国家统计局发布的有关数据看，2012年12月份中国制造业采购经理指数（PMI）为50.9%，比11月上升0.4个百分点，这是该指数连续4个月走高，连续3个月高于50%的荣枯分界线；用电量连续2个月反弹，其中，11月份同比增长7.6%，比上个月反弹1.5个百分点；居民消费价格指数自2012年7月份进入1时代（1.8%）之后，开始企趋并缓慢回升，其中，11月份增长2%，重新回到2时代；工业生产者出厂价格和购进价格在2012年9月份进入谷底，10月份开始双双降幅收窄；从施工和新开工项目看，2012年1-11月份，施工项目计划总投资同比增长16.3%，增速比1-10月份加快0.3个百分点，新开工项目计划总投资同比增长28.8%，加快2.1个百分点；去年1-11月份，全国房地产开发投资同比名义增长16.7%，增速比1-10月份提高1.3个百分点，其中，住宅投资增长11.9%，增速提高1.1个百分点。以上数据表明我国经济已经企稳回升。今年经济走势趋于乐观，经济增长速度将在注重质量和效益的前提下，进一步加速。预计2013年全国经济增速或将达到8%左右。

从我区情况看，支撑经济发展的动力进一步增强，基础不断巩固，经济企稳回升向好的态势明显。2012年我区发电量增长35.8%，全国排名第1位；在全国煤炭产量和价格双降的情况下，我区煤炭产量、增加值双双呈现两位数的增长，煤炭开采和洗选业出厂价格上涨10%以上；在房地产市场不景气的情况下，我区水泥产量增长36.1%，钢材增长30.9%；贷款增长26.2%，高于全国13.2个百分点。

分产业看，农业中粮食、棉花连续多年喜获丰收，农民受益颇多，种植热情不减，加之支农

惠农政策给力，预计粮食、棉花等大宗农产品仍将保持稳定增长；经过多年的努力，全区特色林果已进入盛果期，特色林果业又将是一个丰收年；畜牧业在基地化建设加快、大量新技术不断应用和对肉、蛋、奶等需求持续旺盛的带动下，畜牧业将保持稳定发展；随着农业化进程的不断加快，带动能力必将进一步加强，预计第一产业仍将保持 6% 以上的平稳较快增长态势。工业方面：国家实施的高载能产业西移战略和对我区特殊的差别化产业政策效应开始显现，2012 年 8 月之后，我区工业触底反弹，增速逐月加快，工业加速增长的态势已经确立，特别是以电解铝、煤化工、有色金属等为代表的非石油工业全年保持了 20% 以上高速增长，为工业快速增长增添了强劲动力，预计今年工业在非石油工业强劲增长的带动下，增速将进一步加快。第三产业在民生建设、基础设施、政策优惠、财政收入、金融环境、社会就业等长期向好的支撑下，仍将保持较快增长态势。

从需求看，投资需求依然强劲。中央新疆工作座谈会以来，中央持续加大对口援疆力度，以基础设施、民间投资、民生投资、工业制造业为重点的各种投资增势迅猛，投资资金来源广泛充裕，固定资产投资出现后发赶超之势。今年，自治区重点项目计划完成投资 3000 亿元，比上年增长 32.7%，为投资快速增长增添重要支撑因素。消费拉动作用将凸显。一直以来，投资是拉动我区经济增长的主要支撑点，但从长远和发展趋势看，消费必将替代投资成为经济增长的最主要动力。2011 年，我区社会消费品零售总额增速开始摆脱自 1992 年以来长期低于全国平均水平（20 年中仅有 2 年增速高于全国）的窘境，增速高于全国 0.5 个百分点，2012 年高于全国 1.2 个百分点，表明我区消费水平已进入新一轮上升通道；从城乡居民收入情况看，2010 年城乡居民收入增速开始提速，2012 年城乡居民收入增速双双跃居全国第 1 位，自改革开放以来尚属首次，城乡居民收入的快速增长，为启动消费奠定了基础。今年，随着城镇居民大范围、宽领域政策性增资效应的集中释放，随着政策性补贴收入效应的显现，随着民生建设年的继续实施，随着新型工业化、新型城城镇化进程的加快推进和以“吃、住、行”为主导的消费结构升级的进一步深化，必将有效刺激消费扩张，消费增长必将进一步加速，从而使消费拉动经济的作用不断增强，成为今年拉动我区经济增长的新亮点。

总体来看，2013 年面对国内外依然复杂的经济环境，我区面临加快发展和结构升级的双重压力，但我区经济发展的总体环境依然向好。预计 2013 年经济仍将延续去年三季度以来回升向好的趋势，全年经济将达到 12% 以上的较高增速。经济增速在全国的位次还将进一步前移，预计全国排名 3-8 位。

（撰稿人：王忠山 新疆维吾尔自治区统计局局长）

乌鲁木齐到伊犁高速公路赛里木湖段乌伊高速即将全线贯通（宋广磊摄）

新疆生产建设兵团经济社会发展报告

2012年，在兵团党委、兵团的正确领导下，围绕迎接党的十八大召开和学习贯彻十八大精神，兵团各级认真落实中央要求和自治区党委部署，深入推进跨越式发展和长治久安，按照“稳中求进、进中求快、又好又快”的工作要求，积极主动变化变革、扩大对外开放，全力推进“三化”进程，重点加强基础设施、重点产业和民生工程建设。兵团经济持续快速发展、职工生活不断改善、综合实力进一步提升，全面小康社会建设扎实推进。

一、经济运行主要成就及特点

总的来看，全年经济发展进中加快，呈现“一个突破”、“两个同步”、“三个新高”的特点。即，经济总量突破千亿元，全年实现生产总值1197.21亿元，占新疆比重15.9%，较上年提高1.2个百分点；团场农牧工家庭人均纯收入和城镇居民人均可支配收入与经济增长基本保持同步，增速均为18%以上；生产总值增速、工业生产增速、第三产业增速创新高，生产总值增速创1979年以来新高，达到18.4%；工业生产增速创1981年以来新高，达到30.3%；第三产业增速创2005年以来新高，达到14.5%。全面小康社会建设实现程度预计达80%以上。

（一）生产持续加快：三次产业凸显“稳、进、快”，工业生产加快，建筑业高位运行

一产稳中有进，二产稳定增长，三产进中加快。2012年，第一产业实现增加值388.37亿元，增长9.0%，增速比上年加快1.4个百分点；第二产业475.16亿元，增长29.5%，增速下降1.0个百分点；第三产业333.68亿元，增长14.5%，增速加快4.5个百分点。兵团三次产业增速均领先全国，其中第一产业增速高于全国平均增速4.5个百分点，高于新疆2.0个百分点；第二产业增速高于全国平均增速21.4个百分点，高于新疆15.8个百分点；第三产业增速高于全国平均增速6.4个百分点，高于新疆2.2个百分点。三次产业对经济的贡献率分别为16.3%、61.4%和22.3%，分别拉动经济增长3.0、11.3和4.1个百分点。

农业生产形势稳定，现代化建设积极推进。农业按照“稳粮、优棉、增果、兴牧、大力发展农产品加工”的基本方针，在保持传统大宗农产品生产规模的同时，大力发展设施农业和畜禽规模化、集约化、标准化养殖，农业生产技术和经营管理水平不断提高，农业丰产丰收，农、林、牧、渔、服全面增长。2012年，兵团实现农业总产值802.09亿元，较上年增长9.1%。

粮棉油甜四大作物种植面积三增一减。全年农作物总播种面积1695.23万亩，较上年增长1.4%。其中，粮食、棉花、甜菜种植面积分别为411.91万亩、836.96万亩、44.87万亩，分别增长8.8%、4.4%、9.7%；油料种植面积80.35万亩，下降15.4%。全年粮食产量187.13万吨，增长11.9%，亩产454公斤，增长2.8%；棉花产量141.77万吨，增长9.6%，亩产169公斤，增长5.1%，总产和亩产均创历史新高，有两个团场棉花亩产突破200公斤，其中，五师八十一团亩产达205公斤，一师十六团50亩试验田籽棉亩产838.31公斤，创造世界高产纪录；甜菜产量216.25万吨，增长5.0%；油料产量13.57万吨，下降24.1%。

果蔬园艺业发展势头良好。水果获得全面丰收，生产由规模扩张进一步转向品质提升。2012年末，兵团实有果园面积292.29万亩，较上年末增长3.2%。全年结果面积210.43万亩，较上年增长22.2%。上年香梨、葡萄受冻灾影响减产，今年灾情较小，总体有利于水果生长，产

量明显提高，尤其苹果、梨、红枣亩产分别提高9.3%、48.9%和13.8%，全年水果总产量172.35万吨，增长36.3%。其中，苹果产量26.72万吨，增长30.6%；梨33.45万吨，增长70.6%；葡萄43.24万吨，增长17.3%；红枣60.39万吨，增长39.0%。葡萄和红枣产量分别占水果总产量25.1%和35.0%，基本形成“南疆以红枣直播建园、北疆以葡萄标准化生产为主”的园艺业发展格局。设施农业发展迅速，2012年大棚达到4.10万个，比上年增长7.1%，已投入使用的大棚占87.3%，生产各类大棚蔬菜26.10万吨、瓜果0.25万吨。

生猪、家禽规模养殖成效明显。全年出栏各类牲畜682.78万头（只），较上年下降1.2%，肉类总产32.46万吨，增长2.6%，牛奶53.56万吨，增长7.9%。年末，生猪存栏130.53万头，增长3.4%。年出栏3千头以上规模养猪场49个，万头以上规模养猪场19个。蛋禽、肉禽和特色禽类规模养殖成为畜牧业发展新亮点，二师“朗德”鹅、五师“天山”有机鸡、六师“正大”鸡蛋、九师珍珠鸡在新疆已小有名气，并占据市场一定份额。全年家禽出栏1720.67万羽，增长19.2%，禽蛋产量6.01万吨，增长10.9%。

农业现代化建设取得新成效。南北疆现代农业示范区、天山北坡示范带和20个示范团场以及优质棉基地、农机标准化库区建设快速推进。农作物精量半精量播种面积1228.69万亩，增长5.4%，测土配方施肥面积1264.00万亩，增长5.1%。新增高新节水灌溉面积67.72万亩，达到1155.06万亩。棉花机采面积达到430万亩，机采比例达到51.8%，较上年提高近3个百分点，主要农作物综合机械化率达到92%，较上年提高1个百分点。标准化果园面积30万亩，国家级园艺作物标准园6个。规模化标准化养殖场（区）3994个，其中，大型规模养殖场516个，全国标准化示范场43个。国家级农业产业化龙头企业15家，兵团级65家。果业集团正式组建，肉类、乳业、农机装备制造、种业集团组建工作稳步推进。

工业生产持续加快，重化工业发展迅速。兵团充分发挥新疆资源优势，积极利用好国家给予新疆和兵团的差别化产业政策，在以电力、水泥和有色金属等重化工业为主的新增产能带动下，工业生产持续加快。全年全部工业总产值1211.95亿元，比上年增长37.9%，增速较上年加快10.9个百分点。全部工业增加值327.70亿元，增长30.3%，增速较上年加快1.7个百分点。全部工业总产值中，重工业产值761.07亿元，占62.8%，增长51.2%，其中，化学原料及化学制品业、有色金属冶炼及压延加工业、电力热力的生产和供应业、非金属矿物制品业四个行业工业产值合计占全部工业总产值比重50.1%，分别占16.3%、13.0%、10.8%和10.0%；轻工业产值450.88亿元，占37.2%，增长21.0%，其中，农副食品加工业产值占全部工业总产值比重超一成，占15.1%，纺织业、食品制造业、酒饮料和精制茶制造业分别占全部工业总产值比重8.0%、5.1和4.1%。

主要工业产品产量多数保持增长。33个产品大类，19个保持增长。其中，水泥1534.47万吨，增长27.1%；水泥电杆21.51万根，增长95.7%；发电量331.94亿千瓦时，增长68.0%；焦炭319.80万吨，增长93.3%；电解铝82.15万吨，增长2.40倍；农用氮、磷、钾化学肥料46.60万吨，增长2.48倍。葡萄酒和呢绒分别增长3.95倍和1.80倍。

工业园区升级步伐加快。2012年末，兵团共有各类园区28个，比上年末增加6个。其中，国家级经济开发区5个，比上年增加4个；自治区和兵团级23个，增加2个。

建筑业生产高位运行，竣工产值大幅增长。全年，建筑业签订合同额1030.74亿元，增长32.1%。实现建筑业增加值147.46亿元，较上年增长27.6%。建筑业施工产值657.04亿元，增长42.5%。竣工产值422.01亿元，增长56.6%。

（二）需求稳步扩大：投资增势强劲，消费增长较快，进出口平稳增长

投资高速增长，第三产业投资引领三次产业增速。全社会固定资产投资在上年52.5%高增长基础上，继续保持强劲态势。全年完成固定资产

投资 1039.34 亿元，比上年增长 52.1%。第一产业完成投资 62.17 亿元，增长 23.9%；第二产业 500.42 亿元，增长 36.9%；第三产业 476.75 亿元，增长 78.0%。固定资产投资三次产业构成为 6:48:46。按地区分，南疆垦区投资 215.68 亿元，增长 61.7%；北疆垦区投资 823.66 亿元，增长 49.7%。房地产开发投资 110.57 亿元，增长 1.21 倍。

工业投资规模持续扩大，交通水利投资力度加大。全年，工业完成投资 498.74 亿元，占全社会固定资产投资 48.0%，较上年增长 37.1%。其中，制造业完成投资 331.98 亿元，增长 37.6%；电力、燃气及水的生产和供应业完成投资 158.99 亿元，增长 41.4%。交通运输业完成投资 55.24 亿元，增长 82.6%。新建改扩建公路 1978 公里，建成园区出口路、过境路 236.5 公里，新建客货运输场站点 22 个。农田水利及水利工程完成投资 29.74 亿元，增长 53.4%。

消费市场持续繁荣，居民消费支出快速增长。全年，批发零售业商品销售总额 1039.31 亿元，较上年增长 24.3%。限额以上批发和零售业商品销售类值中，棉麻类销售额增长 23.8%，石油及制品类增长 11.1%，化工材料及制品类增长 16.9%。

居民消费支出增长较快。全年，社会消费品零售总额 296.23 亿元，扣除价格因素实际增长 18.2%，比上年加快 4.4 个百分点。其中，批发和零售业增长 19.9%，住宿和餐饮业增长 32.6%。农工人均生活消费支出 1.39 万元，增长 21.9%。城镇居民人均消费支出 1.55 万元，增长 11.5%。

对外贸易持续回升，自产品出口稳步增长。全年，货物进出口总额 96.49 亿美元，比上年增长 26.4%，进出口规模恢复并超过 2008 年 88.20 亿美元。其中，货物出口 83.43 亿美元，增长 28.4%；货物进口 13.06 亿美元，增长 14.5%。自产品出口 14.6 亿美元，增长 22.0%。扩大了原油、棉花、燃料油等重点商品进出口配额计划。出口商品中，纺织原料及制品类出口额 29.46 亿美元，占出口商品总额 35.3%，增长 1.1%；机电产品类 19.14 亿美元，占 22.9%，增长 75.7%；植物产品、木制产品、玻璃及制品、珠宝类和医疗器械类分别增长 2.67 倍、2.08 倍、2.09 倍、11.27 倍和 2.51 倍。

（三）运行质量不断提高：经济结构继续优化，企业利税保持增长，居民收入持续提高

结构不断优化，人均水平继续提高。2012 年，兵团三次产业结构由上年 34:38:28 调整为 32:40:28，二产比重提高 2 个百分点。第二产业成为带动一产，活跃三产的中坚力量，实现了以农业为主导向以二产为主跨越的重大转变。其中，工业增加值占生产总值比重 27.4%，较上年提高 1.2 个百分点；建筑业增加值占 12.3%，提高 0.6 个百分点。农业内部结构进一步优化，水果、饮料和香料作物产值占农业总产值比重 19.6%，较上年提高 5.2 个百分点。人均生产总值 45501 元，较上年增长 17.1%，比新疆高 11592 元。人均粮食 711 公斤，增长 10.9%，比新疆高 138 公斤。人均棉花 539 公斤，增长 9.1%，比新疆高 380 公斤。

企业盈利能力不断提高，利税保持增长。全年，兵团上缴各类税费 121.66 亿元，比上年增长 14.3%。规模以上工业企业实现利润 74.68 亿元，增长 8.0%，亏损企业亏损额 13.82 亿元，下降 5.7%，利税总额 115.01 亿元，增长 12.3%。具有资质等级的总承包和专业承包建筑企业实现利润 9.74 亿元，增长 76.1%。交通运输企业实现主营业务收入 67.35 亿元，增长 11.8%，个体运输纯收入 39.29 亿元，增长 49.0%。旅游总收入 30.6 亿元，增长 28.6%。

居民收入快速增长，初步实现与经济增长同

新疆喀纳斯禾木日落风景（宋广磊摄）

步。全年，兵团城镇居民人均可支配收入19641元，比上年增长18.1%，扣除价格因素，实际增长14.2%；团场农牧工家庭人均纯收入12106元，增长18.3%，扣除价格因素，实际增长13.0%。在岗职工工资总额286.70亿元，增长24.6%。在岗职工平均工资37525元，增加6182元，增长19.7%，扣除价格因素，实际增长19.0%。

（四）社会民生显著改善：民生投入快速增长，社会保障水平进一步提高，科教文卫全面发展

民生投入力度加大，“十件实事”成效显著。2012年，兵团民生支出占预算支出比重82.63%，较上年提高1.87个百分点。“十件实事”扩展为10大类23项民生工程，增加了连队安居住房、团场学前教育和初中校舍改造、南疆三地州团场中小学生“营养改善”、弱势群体医疗救助等项目，完成投资206.7亿元，比上年增长17.3%。其中，开工建设保障性住房16.4万户，建成和投入使用9.5万套，28万职工喜迁新居，完成投资173亿元；建成通营连公路1149公里；解决了10万名职工群众和2万名师生饮水问题；对3万名“三无”人员、重度残疾人、儿童和老人等弱势群体实施门诊、住院和资助参保救助；累计帮扶1.4万就业困难人员实现就业，开展各类职业技能培训20万人（次）。加快少数民族团场发展，对37个少数民族聚居团场各类投入56.25亿元、实施项目365个。

社会保障水平提高，参保人数进一步扩大。年末，参加职工基本养老保险人数146.61万人、居民社会养老保险参保人数11.91万人。参加基本医疗保险222.78万人，其中职工基本医疗保险126.51万人，居民基本医疗保险96.27万人。参加失业保险64.79万人、工伤保险68.16万人、生育保险63.66万人。各类保险参保人数较上年均有提高，其中，参加职工基本养老保险人数较上年增长73.6%，基本医疗保险人数增长1.4%，失业保险人数增长2.0%，工伤保险人数增长2.7%，生育保险人数增长2.6%。

社会事业加强，科教文卫全面发展。全年，各类科技经费总额3.23亿元，较上年增长25.6%。争取科技部等各类国家科技计划项目批准立项203项，较上年增加23项，兵团本级科技项目立项421项，增加33项，项目年投入强度每项17.1万元，每项投入较上年增加1.13万元。批准建设产业技术创新联盟3家、高新技术产业化中试平台3个、工程技术研究中心10家、创新型企业试点21家、各类科技服务机构9家。高中阶段毛入学率90.13%，较上年提高6.55个百分点。学前两年毛入园率95.45%，提高14.45个百分点。广播覆盖率97.0%，电视覆盖率98.8%，分别比上年提高0.5和0.3个百分点。每千人有医院床位7.62张，较上年增加0.42张。传染病报告发病率（甲乙类传染病）347.18/10万，较上年下降2.54/10万。

（五）发展环境继续向好：改革开放步伐加快，招商引资大幅增长，对口援疆全面推进

改革开放步伐加快，发展活力进一步释放。2012年，兵团各农业师实现更名挂牌，兵团公共财政保障机制基本建立。石河子国家级经济技术开发区成功扩区，阿拉尔、五家渠两个开发区升格为国家级开发区，喀什和霍尔果斯两个经济开发区兵团分区管委会成立，分区建设有序推进。公司制股份制改革步伐加快，企业改制面达80.7%。兵团与央企合作开发油气资源实现零突破。兵团企业与160多个国家和地区开展贸易往来，实际利用外资1.29亿美元，较上年增长85.0%。对外工程承包和劳务合作营业额达4.57亿美元，增长34.3%。

招商引资大幅增长，资金保障能力进一步提高。全年，招商引资项目1129个，当年引进兵团以外项目到位资金631.9亿元，较上年增长58.9%。其中，第一产业11.4亿元，增长1.4倍；第二产业504.4亿元，增长46.6%；第三产业116.1亿元，增长1.4倍。国有投资项目到位资金35.40亿元，非国有投资项目到位资金596.5亿元。外省投资项目到位资金423.2亿元，外资项目到位资金1.5亿元，兵地融合项目到位

资金199.9亿元，上市公司项目到位资金7.3亿元。驻疆银行金融机构对兵团贷款余额1440亿元，比上年增长23.0%。兵团企业实现直接融资171.3亿元，比上年增长1.4倍。

对口援疆全面推进，援疆效应进一步放大。兵团紧紧抓住内地10个省市对口支援兵团12个师的机遇，建立健全对口援疆工作机制，积极推进产业援疆和企业援疆。全年对口援疆项目计划222个，总投资55.1亿元，其中援助资金17.58亿元。当年援疆项目全部开工，已完工项目212个，实际完成投资60.29亿元，到位援助资金17.54亿元。其中，改善民生项目111个，完成投资54.04亿元；支持产业发展项目34个，完成投资4.58亿元；组织及人才建设项目71个，完成投资1.29亿元；其他项目6个，完成投资0.38亿元。19家央企与兵团建立合作关系，内地省市21个开发区对口支援兵团16个产业聚集园区。随着援疆工作的深入，援疆效应进一步延伸放大。

二、经济发展中存在的主要问题

2012年，兵团经济社会发展实现了生产加快、需求扩大、运行质量提高、社会民生改善、发展环境向好的良好势头，为兵团全面建成小康社会奠定了坚实基础。在取得这些成绩的同时，也要清醒地看到发展的压力和存在的主要问题，主要是企业生产经营面临较大困难、结构调整面临较大压力和全面小康社会建设面临“短板”制约等。

（一）企业生产经营面临较大困难

企业生产经营面临用工短缺、人工费用和原材料价格上涨、融资困难、货物出疆运力紧张、部分行业产能过剩需求下降和盈利空间受挤压等问题。据兵团四季度企业景气抽样调查结果显示，生产总量、盈利变化、流动资金、劳动力需求、固定资产投资、产品订货、企业融资景气指数环比均有不同程度下降，尤其劳动力需求、盈利变化和产品订货景气指数下降达27.6点、19.6点和16.5点。2012年规模以上工业企业亏损面20.6%，比上年扩大2.8个百分点，亏损企业主要集中在蔬菜、水果罐头制造业、棉纺纱加工业、水泥制造业、食用植物油加工业食品制造业。2012年四季度兵团企业景气指数和企业家信心指数环比、同比均呈下降趋势，企业生产经营面临困难较大。

（二）结构调整面临较大压力

从三次产业比重看，兵团产业结构虽然不断优化，但与全国和自治区比，仍有较大差距。2012年度兵团三次产业比重为32:40:28，新疆自治区为18:47:35，全国为10:45:45，兵团一产比重仍然较高，三产较低，突出表现为一产不精，二产不强，三产不活。从农产品加工产值率看，2012年农产品加工产值占农业总产值比重50%，低于全国2011年170%水平。从投资构成看，高耗能行业投资比重较大，化工、水泥、钢铁、电解铝、电力投资占全社会固定资产投资总额36.6%。从城镇化看，虽然城镇化率较高，达到60.4%，但城镇化质量还不高，人口城镇化特征明显，偏重外延扩张，内涵发展不足，缺乏产业支撑，公共基础设施不完善，公共服务欠缺，职工群众享受现代化城市生活水平不高，城市污水及生活垃圾集中处理率为70.6%，集中供热普及率为82.7%。

（三）全面小康社会建设面临“短板”制约

当前，兵团全面建设小康社会总体实现程度领先西北省区，23项指标已有13项实现程度超过90%，基本或接近实现小康目标，但仍然存在“短板”指标，主要集中在第三产业比重偏低、职工生活质量不高和发展方式粗放三个方面。2012年，第三产业增加值占生产总值比重28%，低于全面小康社会建设标准值22个百分点，实现程度56%；居民文教娱乐服务支出占家庭消费支出比重6.80%，低于标准值9.2个百分点，实现程度42.5%；R&D经费支出占生产总值比重0.93%，低于标准值1.57个百分点，实现程度59.2%。

（撰稿人：孙法臣 新疆生产建设兵团统计局局长）

Important Documents

一、主题报告篇

二、地区报告篇

三、统计图表篇

国内生产总值

年	季	国内生产总值	第一产业	第二产业	第三产业
		累计值(亿元)			
2010	I	82 613.4	5 143.6	39 436.1	38 033.6
	I–II	174 878.8	13 379.1	86 261.0	75 238.8
	I–III	272 626.7	25 623.1	129 947.2	117 056.4
	I–IV	401 512.8	40 533.6	187 383.2	173 596.0
2011	I	97 479.5	5 951.7	46 944.2	44 583.6
	I–II	206 488.1	15 625.7	102 526.6	88 335.8
	I–III	322 344.7	30 196.4	154 552.1	137 596.2
	I–IV	473 104.0	47 486.2	220 412.8	205 205.0
2012	I	108 486.4	6 922.0	51 413.1	50 151.2
	I–II	228 035.0	17 471.0	110 863.8	99 700.2
	I–III	353 723.6	33 088.0	165 428.5	155 207.1
	I–IV	519 322.1	52 377.0	235 318.6	231 626.5
		指数(上年同期=100)			
2010	I	112.1	103.8	114.5	110.5
	I–II	111.2	103.6	113.3	109.9
	I–III	110.7	104.0	112.6	109.7
	I–IV	110.4	104.3	112.3	109.8
2011	I	109.8	103.3	110.8	109.7
	I–II	109.7	103.0	110.6	109.7
	I–III	109.5	103.6	110.6	109.5
	I–IV	109.3	104.3	110.3	109.4
2012	I	108.1	103.8	109.1	107.5
	I–II	107.8	104.3	108.3	107.8
	I–III	107.7	104.2	108.1	107.9
	I–IV	107.8	104.5	108.1	108.1

规模以上工业增加值增速

比上年同期增长(%)

年	月	规模以上工业增加值	轻工业	重工业	国有及国有控股企业
2010	1-2	20.7	14.5	23.7	20.7
	3	18.1	13.4	20.0	18.2
	4	17.8	14.1	19.4	17.6
	5	16.5	13.6	17.8	16.8
	6	13.7	12.0	14.5	13.3
	7	13.4	13.5	13.3	11.4
	8	13.9	13.1	14.2	11.7
	9	13.3	13.0	13.4	11.0
	10	13.1	12.9	13.2	10.6
	11	13.3	12.7	13.6	10.9
	12	13.5	13.0	13.7	9.8
2011	1-2	14.1	13.3	14.4	10.6
	3	14.8	12.8	15.6	12.9
	4	13.4	11.9	14.0	10.4
	5	13.3	12.9	13.5	8.9
	6	15.1	13.9	15.6	10.7
	7	14.0	12.8	14.5	9.5
	8	13.5	13.4	13.5	9.4
	9	13.8	12.8	14.3	9.9
	10	13.2	12.1	13.7	8.9
	11	12.4	12.4	12.4	7.8
	12	12.8	12.6	13.0	9.2
2012	1-2	11.4	12.7	10.9	7.3
	3	11.9	13.9	11.2	8.0
	4	9.3	10.3	8.9	4.3
	5	9.6	9.1	9.8	6.6
	6	9.5	9.0	9.6	6.5
	7	9.2	10.1	8.8	4.8
	8	8.9	8.6	9.0	5.3
	9	9.2	9.0	9.3	6.3
	10	9.6	9.1	9.7	7.0
	11	10.1	9.2	10.5	7.2
	12	10.3	9.6	10.6	8.0

货物运输及沿海主要港口货物吞吐量

年	月	货运量总计 (万吨)	铁路	公路	水运	民用航空	沿海主要港口货物吞吐量 (亿吨)	外贸货物吞吐量	货物周转量总计 (亿吨公里)
2010	1	24.4	3.1	18.5	2.9	45.1	4.4	1.9	
	2	21.7	2.8	16.5	2.4	34.3	3.9	1.7	10 639.8
	3	25.2	3.2	19.1	2.9	48.0	4.4	1.9	9 393.1
	4	25.8	3.0	19.8	3.1	46.6	4.5	1.9	10 914.3
	5	26.6	3.1	20.3	3.1	46.7	4.7	1.9	10 893.0
	6	26.4	3.0	20.3	3.1	43.6	4.6	1.9	11 310.2
	7	27.4	3.1	21.3	3.1	44.5	4.5	1.9	11 384.1
	8	27.7	3.1	21.5	3.2	46.3	4.6	1.9	11 330.7
	9	27.8	3.0	21.6	3.2	51.6	4.5	1.8	11 833.7
	10	28.3	3.1	21.8	3.4	49.6	4.5	1.8	11 799.4
	11	27.8	3.0	21.4	3.3	49.8	4.7	2.0	12 166.2
	12		3.1			51.4			11 954.4
2011	1	27.2	3.3	20.8	3.1	49.7	5.1	2.2	11 457.8
	2	24.9	2.9	19.2	2.8	30.1	4.3	1.7	10 853.3
	3	28.8	3.3	22.0	3.5	48.9	5.0	2.0	12 536.0
	4	29.2	3.1	22.5	3.6	47.8	5.1	2.0	12 527.1
	5	30.3	3.3	23.3	3.6	44.7	5.3	2.1	13 148.8
	6	30.3	3.2	23.5	3.6	43.5	5.1	2.0	13 297.0
	7	31.3	3.3	24.3	3.7	45.0	5.2	2.2	13 054.2
	8	31.7	3.2	24.7	3.7	45.5	5.2	2.1	13 488.6
	9	32.1	3.2	25.1	3.8	50.6	5.2	2.1	14 015.4
	10	32.3	3.3	25.2	3.8	46.9	5.2	2.2	14 011.4
	11	31.8	3.2	24.8	3.7	48.6	5.1	2.2	13 518.8
	12		3.3			49.9			
2012	1	29.5	3.4	22.9	3.2	35.4	5.3	2.3	12 801.4
	2	28.7	3.1	22.3	3.2	37.8	5.0	2.1	12 339.4
	3	32.4	3.5	25.2	3.7	46.8	5.5	2.3	13 487.3
	4	33.0	3.3	25.8	3.9	44.5	5.6	2.3	13 826.9
	5	34.0	3.5	26.5	4.0	45.0	5.7	2.5	14 507.8
	6	34.1	3.2	27.1	3.9	42.9	5.5	2.3	14 346.7
	7	34.3	3.0	27.5	3.7	43.7	5.5	2.3	14 513.4
	8	34.8	3.0	28.0	3.8	44.3	5.4	2.2	14 148.9
	9	35.8	3.1	28.8	4.0	52.8	5.7	2.3	14 980.5
	10	36.3	3.3	29.0	4.0	45.6	5.7	2.3	15 121.6
	11	36.3	3.3	28.9	4.1	51.4	5.6	2.3	14 824.8
	12		3.4			50.0			

固定资产投资完成额

年	月	投资完成额①（亿元）	比上年同期增长（%）	其中：房地产开发（亿元）	比上年同期增长（%）
2010	1–2	13 014.0	26.6	3 143.6	31.1
	1–3	29 792.7	26.4	6 594.5	35.1
	1–4	46 742.7	26.1	9 932.1	36.2
	1–5	67 358.3	25.9	13 917.4	38.2
	1–6	98 047.4	25.5	19 747.1	38.1
	1–7	119 866.2	24.9	23 864.8	37.2
	1–8	140 997.7	24.8	28 355.0	36.7
	1–9	165 869.6	24.5	33 511.3	36.4
	1–10	187 556.1	24.4	38 069.5	36.5
	1–11	210 697.8	24.9	42 697.3	36.5
	1–12	241 414.9	24.5	48 267.1	33.2
2011	1–2	17 444.2	24.9	4 250.4	35.2
	1–3	39 464.9	25.0	8 846.4	34.1
	1–4	62 716.2	25.4	13 340.2	34.3
	1–5	90 254.5	25.8	18 737.2	34.6
	1–6	124 566.7	25.6	26 250.4	32.9
	1–7	152 419.9	25.4	31 873.0	33.6
	1–8	180 607.6	25.0	37 780.8	33.2
	1–9	212 274.0	24.9	44 224.8	32.0
	1–10	241 365.1	24.9	49 922.8	31.1
	1–11	269 452.1	24.5	55 483.0	29.9
	1–12	301 932.8	23.8	61 739.8	27.9
2012	1–2	21 188.8	21.5	5 431.5	27.8
	1–3	47 865.4	20.9	10 927.2	23.5
	1–4	75 591.6	20.2	15 835.2	18.7
	1–5	108 924.2	20.1	22 212.9	18.5
	1–6	150 710.1	20.4	30 609.8	16.6
	1–7	184 311.8	20.4	36 774.5	15.4
	1–8	217 958.1	20.2	43 687.9	15.6
	1–9	256 932.9	20.5	51 045.9	15.4
	1–10	292 542.0	20.7	57 628.8	15.4
	1–11	326 236.2	20.7	64 772.4	16.7
	1–12	364 835.1	20.6	71 803.8	16.2

注：2011和2012年固定资产投资完成额为不含农户投资，2010年及以前年度为城镇投资。

社会消费品零售总额

年	月	社会消费品零售总额（亿元）	比上年同期增长（%）
2010	1	12 718.1	14.0
	2	12 334.2	22.1
	3	11 321.7	18.0
	4	11 510.4	18.5
	5	12 455.1	18.7
	6	12 329.9	18.3
	7	12 252.8	17.9
	8	12 569.8	18.4
	9	13 536.5	18.8
	10	14 284.8	18.6
	11	13 910.9	18.7
	12	15 329.5	19.1
2011	1	15 249.0	19.9
	2	13 769.1	11.6
	3	13 588.0	17.4
	4	13 649.0	17.1
	5	14 696.8	16.9
	6	14 565.1	17.7
	7	14 408.0	17.2
	8	14 705.0	17.0
	9	15 865.1	17.7
	10	16 546.4	17.2
	11	16 128.9	17.3
	12	17 739.7	18.1
2012			
	1-2	33 668.6	14.7
	3	15 650.2	15.2
	4	15 603.1	14.1
	5	16 714.8	13.8
	6	16 584.9	13.7
	7	16 314.9	13.1
	8	16 658.9	13.2
	9	18 226.6	14.2
	10	18 933.8	14.5
	11	18 476.7	14.9
	12	20 334.2	15.2

进出口总值表

单位：亿美元

年	月	进出口总值	出口总值	进口总值	进出口差额
2010	1	2 050.1	1 095.0	955.2	139.8
	2	1 815.9	944.8	871.1	73.6
	3	2 315.4	1 120.7	1 194.7	-74.0
	4	2 383.0	1 198.5	1 184.5	14.1
	5	2 438.7	1 316.7	1 122.0	194.7
	6	2 545.2	1 373.4	1 171.8	201.6
	7	2 622.9	1 454.4	1 168.5	285.9
	8	2 585.6	1 392.5	1 193.2	199.3
	9	2 731.6	1 449.4	1 282.1	167.3
	10	2 448.3	1 359.4	1 088.8	270.6
	11	2 838.8	1 533.1	1 305.7	227.4
	12	2 952.2	1 541.5	1 410.7	130.8
2011	1	2 955.7	1 507.0	1 448.7	58.3
	2	2 012.1	966.8	1 045.3	-78.5
	3	3 044.4	1 521.3	1 523.0	-1.7
	4	2 999.3	1 555.9	1 443.4	112.5
	5	3 011.6	1 570.5	1 441.1	129.4
	6	3 016.0	1 619.0	1 397.0	221.9
	7	3 199.4	1 751.5	1 447.9	303.6
	8	3 286.8	1 732.4	1 554.3	178.1
	9	3 246.3	1 695.9	1 550.5	145.4
	10	2 976.7	1 573.7	1 403.0	170.6
	11	3 342.6	1 744.3	1 598.3	146.0
	12	3 328.9	1 746.7	1 582.2	164.5
2012	1	2 726.8	1 498.6	1 228.1	270.5
	2	2 608.0	1 144.1	1 464.0	-319.9
	3	3 259.8	1 655.8	1 604.0	51.8
	4	3 077.3	1 631.3	1 445.9	185.4
	5	3 439.1	1 810.3	1 628.7	181.6
	6	3 280.6	1 798.4	1 482.2	316.3
	7	3 285.1	1 769.2	1 515.9	253.3
	8	3 293.5	1 778.8	1 514.7	264.2
	9	3 448.4	1 861.3	1 587.1	274.2
	10	3 189.7	1 755.4	1 434.3	321.2
	11	3 391.0	1 793.7	1 597.3	196.4
	12	3 668.4	1 992.3	1 676.1	316.2

资料来源：中华人民共和国海关总署。

价格分类指数

（上年同月=100）

年	月	居民消费价格指数	商品零售价格指数	农业生产资料价格总指数	工业品出厂价格指数	工业生产者购进价格指数
2010	1	101.5	101.8	99.6	104.3	108.0
	2	102.7	102.5	100.3	105.4	110.3
	3	102.4	102.3	100.9	105.9	111.5
	4	102.8	102.8	101.2	106.8	112.0
	5	103.1	103.1	102.1	107.1	112.2
	6	102.9	102.7	102.5	106.4	110.8
	7	103.3	102.8	102.9	104.8	108.5
	8	103.5	103.0	103.5	104.3	107.5
	9	103.6	103.0	103.9	104.3	107.1
	10	104.4	103.9	105.2	105.0	108.1
	11	105.1	104.7	106.5	106.1	109.7
	12	104.6	104.1	106.0	105.9	109.5
2011	1	104.9	103.7	105.4	106.6	109.7
	2	104.9	104.3	106.5	107.2	110.4
	3	105.4	104.6	108.6	107.3	110.5
	4	105.3	104.7	110.2	106.8	110.4
	5	105.5	104.9	111.4	106.8	110.2
	6	106.4	105.8	113.5	107.1	110.5
	7	106.5	106.1	114.6	107.5	111.0
	8	106.2	106.0	114.7	107.3	110.6
	9	106.1	106.0	115.0	106.5	110.0
	10	105.5	105.3	113.7	105.0	108.0
	11	104.2	104.0	111.2	102.7	105.1
	12	104.1	103.8	110.4	101.7	103.5
2012	1	104.5	104.1	109.8	100.7	102.0
	2	103.2	102.9	109.3	100.0	101.0
	3	103.6	103.5	108.0	99.7	100.1
	4	103.4	103.1	107.7	99.3	99.2
	5	103.0	102.5	107.1	98.6	98.4
	6	102.2	101.4	105.2	97.9	97.5
	7	101.8	100.8	103.7	97.1	96.6
	8	102.0	101.0	103.1	96.5	95.9
	9	101.9	100.9	102.9	96.4	95.9
	10	101.7	100.9	103.2	97.2	96.7
	11	102.0	101.1	103.7	97.8	97.2
	12	102.5	101.5	103.9	98.1	97.6

主要农产品生产价格指数

上年同期=100

年	季	农产品生产价格总指数	种植业产品					
				粮食	油料	棉花	糖料	烟叶
2010	I	106.7	113.7	111.5	107.7	134.8	113.1	108.4
	II	109.0	114.9	114.1	112.4	121.5	97.2	103.5
	III	110.6	113.7	112.7	111.1	125.1	113.1	103.2
	IV	115.9	119.2	114.4	116.5	166.7	125.1	106.1
2011	I	115.6	116.5	112.1	111.2	155.1	132.9	103.0
	II	118.0	108.6	109.6	114.3	141.0	126.7	105.0
	III	120.5	109.0	108.4	116.0		119.3	110.6
	IV	111.9	101.9	107.7	106.9	77.4	119.8	113.0
2012	I	109.2	102.9	105.6	108.2	70.9	107.4	114.2
	II	103.0	107.0	105.1	107.6	81.1	107.1	98.5
	III	100.1	106.2	103.8	104.4		123.3	111.8
	IV	100.3	103.7	104.1	104.5	101.5	100.4	111.7

主要农产品生产价格指数

年	季				林业产品	畜牧业产品	渔业产品
		蔬菜	水果	茶叶			
2010	I	111.2	123.0	103.7	108.3	97.4	106.9
	II	116.9	115.5	124.1	122.1	99.6	108.4
	III	117.0	107.9	119.7	122.7	105.4	108.5
	IV	118.5	124.3	121.9	129.2	111.6	109.7
2011	I	105.9	129.0	109.5	113.2	116.0	109.8
	II	99.5	104.8	116.7	118.4	129.0	109.8
	III	108.9	105.0	113.9	114.0	135.3	111.9
	IV	97.8	104.4	112.4	112.9	121.9	108.7
2012	I	110.9	89.4	112.7	107.3	115.0	111.5
	II	116.4	103.7	109.8	100.2	98.1	108.4
	III	109.1	111.4	106.4	102.2	90.2	103.7
	IV	103.9	99.4	104.8	97.1	96.3	104.1

国家财政预算收支

年	月	收入合计（亿元）	比上年同期增长（%）	税收收入（亿元）	比上年同期增长（%）	支出合计（亿元）	比上年同期增长（%）
2010	1–2	13 603.6	32.9	12 473.5	35.0	8 406.0	7.7
	1–3	19 627.1	34.0	17 702.6	35.9	14 330.0	11.9
	1–4	27 552.7	34.1	25 004.6	36.4	19 905.5	11.3
	1–5	35 470.4	30.8	32 029.9	33.2	25 692.2	14.2
	1–6	43 349.8	27.6	38 611.5	30.8	33 811.4	17.0
	1–7	51 133.0	25.7	45 534.2	28.4	39 622.2	16.9
	1–8	56 752.3	23.6	50 555.8	26.0	46 035.9	19.2
	1–9	63 039.5	22.4	55 957.4	24.2	54 505.0	20.6
	1–10	70 899.8	21.5	62 895.1	22.6	60 993.3	22.3
	1–11	76 740.5	21.1	68 332.4	22.7	71 592.9	27.3
2011	1–2	18 494.4	36.0	16 894.8	35.4	10 483.6	24.7
	1–3	26 125.7	33.1	23 438.9	32.4	18 053.6	26.0
	1–4	36 207.8	33.9	32 631.5	35.0	25 358.0	27.4
	1–5	46 820.1	40.3	41 896.2	34.8	33 626.0	30.9
	1–6	56 875.8	38.3	50 028.4	35.4	44 435.1	31.4
	1–7	66 739.9	37.5	58 708.0	35.5	51 385.1	29.7
	1–8	74 286.3	30.9	64 880.1	28.3	59 462.0	29.2
	1–9	81 663.3	29.5	71 292.2	27.4	69 480.6	27.5
	1–10	90 851.7	28.1	79 634.3	26.6	77 559.6	27.2
	1–11	97 309.0	26.8	85 216.4	24.7	88 955.8	24.3
2012	1–2	20 918.3	13.1	18 501.3	9.5	13 924.1	32.8
	1–3	29 976.3	14.7	25 857.8	10.3	24 118.1	33.6
	1–4	40 750.3	12.5	35 285.6	8.1	32 003.8	26.2
	1–5	52 755.0	12.7	45 821.1	9.4	41 168.8	22.4
	1–6	63 795.3	12.2	54 931.6	9.8	53 893.0	21.3
	1–7	74 467.0	11.6	64 008.2	9.0	63 420.7	23.4
	1–8	82 330.0	10.8	70 626.4	8.9	72 440.3	21.8
	1–9	90 588.4	10.9	77 410.1	8.6	84 119.3	21.1
	1–10	101 032.0	11.2	86 791.6	9.0	92 735.9	19.6
	1–11	108 903.3	11.9	93 551.7	9.8	104 895.6	17.9

货币供应量(期末余额)

单位：亿元

年	月	货币和准货币	货币			准货币			
				流通中现金	活期存款		定期存款	储蓄存款	其他存款
2010	1	625 609.3	229 589.0	40 758.6	188 830.4	396 020.3	86 605.0	263 241.9	46 173.4
	2	636 072.3	224 287.0	42 865.8	181 421.2	411 785.3	89 278.2	279 086.8	43 420.4
	3	649 947.5	229 397.9	39 080.6	190 317.4	420 549.5	91 564.0	281 047.2	47 938.3
	4	656 561.2	233 909.8	39 657.5	194 252.2	422 651.5	94 670.3	280 653.3	47 327.8
	5	663 351.4	236 497.9	38 653.0	197 844.9	426 853.5	96 234.6	281 171.3	49 447.7
	6	673 921.7	240 580.0	38 904.8	201 675.2	433 341.7	97 624.3	288 130.1	47 587.3
	7	674 051.5	240 664.1	39 543.2	201 120.9	433 387.4	97 736.6	287 150.4	48 500.5
	8	687 506.9	244 340.6	39 922.8	204 417.9	443 166.3	100 227.1	288 794.8	54 144.4
	9	696 471.5	243 821.9	41 854.4	201 967.5	452 649.6	107 460.7	299 282.9	45 906.0
	10	699 776.7	253 313.2	41 646.2	211 667.0	446 463.6	102 869.4	292 418.1	51 176.1
	11	710 339.0	259 420.3	42 252.2	217 168.2	450 918.7	103 652.3	293 966.0	53 300.4
	12	725 774.1	266 621.3	44 628.2	221 993.2	459 152.7	105 858.7	303 302.2	49 991.9
2011	1	733 884.8	261 765.0	58 063.9	203 701.1	472 119.8	143 049.5	318 424.5	10 645.8
	2	736 130.9	259 200.5	47 270.2	211 930.3	476 930.4	140 988.8	320 944.4	14 997.2
	3	758 130.9	266 255.5	44 845.2	221 410.3	491 875.4	148 781.1	331 308.9	11 785.4
	4	757 384.6	266 766.9	45 489.0	221 277.9	490 617.7	153 312.6	326 673.1	10 632.0
	5	763 409.2	269 289.6	44 602.8	224 686.8	494 119.6	156 370.6	327 473.1	10 275.8
	6	780 820.9	274 662.6	44 477.8	230 184.8	506 158.3	159 299.8	337 570.6	9 287.9
	7	772 923.7	270 545.7	45 183.1	225 362.6	502 378.0	160 322.3	331 071.2	10 984.5
	8	780 852.3	273 393.8	45 775.3	227 618.5	507 458.5	163 846.4	331 418.3	12 193.8
	9	787 406.2	267 193.2	47 145.3	220 047.9	520 213.0	171 105.4	341 792.3	7 315.3
	10	816 829.2	276 552.7	46 579.4	229 973.3	540 276.6	162 366.3	334 498.1	43 412.2
	11	825 493.9	281 416.4	47 317.3	234 099.1	544 077.6	162 640.0	336 627.2	44 810.3
	12	851 590.9	289 847.7	50 748.5	239 099.2	561 743.2	166 616.0	352 797.5	42 329.7
2012	1	855 898.9	270 010.4	59 820.7	210 189.7	585 888.5	165 955.0	370 563.9	49 369.7
	2	867 171.4	270 312.1	51 448.8	218 863.3	596 859.3	168 850.6	372 271.3	55 737.4
	3	895 565.5	277 998.1	49 595.7	228 402.4	617 567.4	177 916.5	385 443.5	54 207.4
	4	889 604.0	274 983.8	50 199.3	224 784.5	614 620.2	179 841.0	378 925.9	55 853.3
	5	900 048.8	278 656.3	49 039.7	229 616.6	621 392.5	181 670.5	381 242.0	58 480.0
	6	924 991.2	287 526.2	49 284.6	238 241.5	637 465.0	186 605.6	396 299.6	54 559.8
	7	919 072.4	283 090.7	49 705.9	233 384.8	635 981.7	188 282.4	390 815.0	56 884.3
	8	924 894.6	285 739.3	50 235.1	235 504.2	639 155.3	190 002.3	391 896.7	57 256.3
	9	943 688.8	286 788.2	53 433.5	233 354.7	656 900.5	200 657.5	403 174.6	53 068.5
	10	936 404.3	293 309.8	51 467.7	241 842.1	643 094.5	191 726.6	396 448.2	54 919.7
	11	*944 832.4*	*296 883.0*	*52 392.1*	*244 490.9*	*647 949.3*	*192 173.8*	*398 962.2*	*56 813.4*
	12	974 159.5	308 673.0	54 659.8	254 013.2	665 486.5	195 946.3	411 352.2	58 188.0

货币供应量(期末余额同比增速)

比上年同期增长(%)

年	月	货币和准货币	货币			准货币			
				流通中现金	活期存款		定期存款	储蓄存款	其他存款
2010	1	26.1	39.0	-0.8	52.1	19.7	36.3	12.9	35.3
	2	25.5	35.0	22.0	38.5	20.9	39.5	17.5	11.2
	3	22.5	29.9	15.8	33.3	18.8	33.7	15.6	12.7
	4	21.5	31.3	15.8	34.9	16.7	30.8	14.9	3.7
	5	21.0	29.9	15.2	33.3	16.6	31.7	14.2	5.1
	6	18.5	24.6	15.7	26.4	15.3	28.9	15.5	-6.0
	7	17.6	22.9	15.5	24.4	14.9	29.5	15.4	-8.1
	8	19.2	21.9	16.0	23.2	17.8	30.9	16.2	5.7
	9	19.0	20.9	13.8	22.5	18.0	28.4	17.0	3.6
	10	19.3	22.1	16.6	23.2	17.8	28.8	15.6	10.8
	11	19.5	22.1	16.3	23.3	18.0	29.7	15.8	10.3
	12	19.7	21.2	16.7	22.1	18.9	28.7	16.3	15.8
2011	1	17.2	13.6	42.5	7.4	19.3	24.3	20.8	-31.3
	2	15.7	14.5	10.3	15.5	16.4	20.8	15.1	5.5
	3	16.6	15.0	14.8	15.1	17.5	23.5	18.0	-31.6
	4	15.3	12.9	14.7	12.5	16.7	22.6	16.5	-29.0
	5	15.1	12.7	15.4	12.2	16.4	22.7	16.5	-35.8
	6	15.9	13.1	14.4	12.8	17.4	23.6	17.2	-34.5
	7	14.7	11.6	14.3	11.0	16.4	24.5	15.2	-28.2
	8	13.6	11.2	14.7	10.5	14.9	23.2	14.6	-37.2
	9	13.0	8.9	12.7	8.1	15.3	21.6	14.1	-31.2
	10	12.9	8.4	11.9	7.7	15.3	19.3	14.3	9.1
	11	12.7	7.8	12.0	7.0	15.5	17.8	14.5	14.5
	12	13.6	7.9	13.8	6.7	16.8	18.1	16.2	17.7
2012	1	12.4	3.2	3.0	3.2	17.2	16.0	16.4	29.1
	2	13.0	4.3	8.8	3.3	17.5	19.8	16.0	20.9
	3	13.4	4.4	10.6	3.2	18.0	19.6	16.3	25.6
	4	12.8	3.1	10.4	1.6	17.7	17.3	16.0	32.9
	5	13.2	3.5	10.0	2.2	18.2	16.2	16.4	39.0
	6	13.6	4.7	10.8	3.5	18.2	17.1	17.4	28.5
	7	13.9	4.6	10.0	3.6	18.6	17.4	18.1	27.2
	8	13.5	4.5	9.7	3.5	18.0	16.0	18.3	23.2
	9	14.8	7.3	13.3	6.1	18.4	17.3	18.0	26.6
	10	14.1	6.1	10.5	5.2	18.2	18.1	18.5	16.8
	11	13.9	5.5	10.7	4.4	18.2	18.2	18.5	16.1
	12	13.8	6.5	7.7	6.2	17.6	17.6	16.6	25.1

资料来源:中国人民银行。

金融机构人民币信贷收支表

单位：亿元

年	月	资金来源总计	各项存款	资金运用总计	各项贷款
2010	1	697 197.0	612 877.3	697 197.0	413 679.6
	2	705 516.1	622 436.8	705 516.1	420 678.4
	3	715 020.3	638 090.4	715 020.3	425 785.3
	4	727 276.1	649 915.5	727 276.1	433 524.9
	5	736 923.5	660 756.8	736 923.5	440 018.1
	6	745 762.4	674 098.0	745 762.4	446 045.6
	7	753 807.0	675 706.9	753 807.0	451 372.5
	8	764 507.1	686 463.5	764 507.1	456 818.6
	9	774 572.3	701 024.5	774 572.3	462 822.6
	10	786 498.9	702 793.7	786 498.9	468 699.9
	11	796 588.6	708 784.3	796 588.6	474 389.2
	12	805 879.9	718 233.2	805 879.9	479 196.4
2011	1	809 303.1	712 828.1	809 303.1	483 493.9
	2	817 321.1	726 017.6	817 321.1	488 871.0
	3	828 977.4	752 838.4	828 977.4	494 740.7
	4	840 401.6	756 262.4	840 401.6	502 170.8
	5	850 976.8	767 339.0	850 976.8	507 686.3
	6	862 194.2	786 432.6	862 194.2	514 025.5
	7	870 438.8	779 731.7	870 438.8	518 941.4
	8	881 851.2	786 797.6	881 851.2	524 425.8
	9	890 896.7	794 100.4	890 896.7	529 118.3
	10	898 639.9	791 885.0	898 639.9	534 986.8
	11	905 902.0	795 114.0	905 902.0	540 616.2
	12	913 226.3	809 368.3	913 226.3	547 946.7
2012	1	924 452.6	801 385.3	924 452.6	555 253.0
	2	934 180.4	817 398.1	934 180.4	562 360.4
	3	948 135.8	846 931.7	948 135.8	572 474.8
	4	954 335.7	842 275.3	954 335.7	579 292.1
	5	962 286.1	854 499.7	962 286.1	587 224.4
	6	974 719.1	883 068.7	974 719.1	596 422.6
	7	981 259.4	878 062.3	981 259.4	601 823.8
	8	990 695.2	883 106.3	990 695.2	608 863.2
	9	1 002 829.0	899 647.1	1 002 829.0	615 089.5
	10	1 008 671.5	896 846.6	1 008 671.5	620 143.2
	11	1 013 664.4	901 585.9	1 013 664.4	625 363.6
	12	1 024 072.8	917 368.1	1 024 072.8	629 906.6

人民币汇率与国家外汇储备

年	月	人民币/100美元(元)	人民币/100日元(元)	人民币/100港币(元)	人民币/100欧元(元)	人民币/100英镑(元)	期末国家外汇储备(亿美元)
2010	1	682.73	7.4812	87.95	975.84	1 104.26	24 152.21
	2	682.70	7.5662	87.90	936.56	1 068.96	24 245.91
	3	682.64	7.5429	87.95	927.00	1 027.97	24 470.84
	4	682.62	7.3100	87.94	916.96	1 046.77	24 905.12
	5	682.74	7.4245	87.68	856.04	999.80	24 395.06
	6	681.65	7.5087	87.53	832.20	1 004.62	24 542.75
	7	677.75	7.7306	87.14	864.38	1 034.32	25 388.94
	8	679.01	7.9418	87.39	876.24	1 063.51	25 478.38
	9	674.62	7.9954	86.86	876.92	1 048.24	26 483.03
	10	667.32	8.1884	86.00	929.09	1 057.42	27 608.99
	11	665.58	8.0725	85.83	910.78	1 063.17	27 678.09
	12	665.15	7.9809	85.56	878.37	1 037.37	28 473.38
2011	1	660.27	7.9868	84.87	881.27	1 041.22	29 316.74
	2	658.31	7.9494	84.50	898.38	1 061.41	29 913.86
	3	656.62	8.0326	84.26	919.21	1 061.56	30 446.74
	4	652.92	7.8460	83.99	944.44	1 069.44	31 458.43
	5	649.88	8.0084	83.59	931.00	1 061.44	31 659.97
	6	647.78	8.0432	83.20	931.61	1 050.83	31 974.91
	7	646.14	8.1321	82.96	923.85	1 042.58	32 452.83
	8	640.90	8.3075	82.19	918.76	1 048.72	32 624.99
	9	638.33	8.3100	81.89	880.10	1 007.88	32 016.83
	10	635.66	8.2999	81.74	878.09	1 006.09	32 737.96
	11	634.08	8.1736	81.48	860.18	1 002.39	32 209.07
	12	632.81	8.1261	81.36	833.47	986.83	31 811.48
2012	1	631.68	8.2213	81.35	811.78	977.36	32 536.31
	2	630.00	8.0409	81.24	833.12	995.21	33 096.57
	3	630.04	7.7367	81.17	826.45	1 009.58	33 049.71
	4	629.66	7.2408	81.12	827.03	1 006.34	32 989.13
	5	630.62	7.9047	81.22	807.15	1 004.30	32 061.09
	6	631.78	7.9733	81.42	792.10	981.99	32 400.05
	7	632.35	8.0038	81.53	777.85	985.97	32 399.52
	8	634.04	8.0567	81.75	785.65	995.80	32 729.01
	9	633.95	8.1083	81.75	814.97	1 020.57	32 850.95
	10	631.44	7.9681	81.46	819.38	1 013.56	32 874.26
	11	629.53	7.7618	81.22	807.89	1 005.19	32 976.71
	12	629.00	7.4973	81.12	824.63	1 014.23	33 115.89

资料来源：国家外汇管理局。

股票市场主要统计指标

年	月	境内上市公司数(A、B股)(家)	市价总值(亿元)	流通市值(亿元)	总股本(亿股)	股票成交额(亿元)
2010	1	1 754	226 361.6	144 919.6	26 346.6	47901.28
	2	1 775	236 597.0	150 489.7	26 557.2	24318.61
	3	1 807	244 952.6	156 605.6	26 768.2	44114.92
	4	1 837	227 905.5	147 308.4	26 994.8	51929.37
	5	1 863	209 639.4	136 372.7	27 307.6	32847.26
	6	1 891	195 138.7	126 761.5	27 681.4	25307.96
	7	1 916	225 922.1	143 114.3	31 221.7	32673.46
	8	1 947	235 121.4	148 750.3	31 795.5	47370.87
	9	1 976	238 740.4	152 413.1	32 017.3	44180.05
	10	1 997	270 133.6	175 984.9	32 218.2	62837.86
	11	2 026	264 315.6	190 075.2	32 663.4	82570.13
	12	2 063	265 422.6	193 110.4	33 184.4	49581.77
2011	1	2 094	261 289.9	192 350.9	33 320.5	34699.3
	2	2 121	276 857.7	204 864.7	33 396.7	37574.41
	3	2 151	277 662.2	207 838.9	33 551.0	63298.89
	4	2 175	274 637.4	207 513.6	33 900.6	45925.31
	5	2 201	258 191.4	196 869.7	34 390.7	34072.92
	6	2 229	264 214.3	200 864.8	34 860.1	31386.25
	7	2 249	263 380.7	200 023.5	35 289.7	42172.59
	8	2 273	254 617.2	193 076.4	35 512.2	36973.02
	9	2 294	231 596.3	176 104.2	35 644.6	22316.34
	10	2 304	242 982.9	184 611.9	35 811.2	20683.26
	11	2 324	231 715.4	176 152.1	35 951.3	32556.65
	12	2 342	214 758.1	164 921.3	36 095.5	19990.8
2012	1	2 352	220 919.3	171 191.7	36 152.6	16627.03
	2	2 364	238 810.5	184 524.9	36 194.6	33661.98
	3	2 389	224 704.9	172 635.2	36 582.1	38630.64
	4	2 403	238 177.9	183 644.5	36 774.0	26838.92
	5	2 422	239 308.1	183 743.6	37 220.6	35140.16
	6	2 444	226 209.3	173 101.3	37 596.8	24031.77
	7	2 462	213 192.0	164 556.9	37 880.9	24969.93
	8	2 477	209 565.0	161 576.4	38 110.1	24027.04
	9	2 489	213 947.4	165 705.4	38 189.0	23224.81
	10	2 493	212 784.0	165 033.4	38 299.8	18258.33
	11	2 494	199 378.1	156 247.6	38 345.0	17533.93
	12	2 494	230 357.6	181 658.3	38 395.0	31722.87

全国行政区划(一)

(年底数) 单位：个

年 份	省 级	地 级	#地级市	县 级	市辖区	县级市	县及其它
1978	30	310	98	2653	408	92	2153
1979	30	315	104	2690	428	109	2153
1980	30	318	107	2775	511	113	2151
1981	30	316	108	2780	514	122	2144
1982	30	322	112	2797	527	130	2140
1983	30	322	144	2785	552	142	2091
1984	30	322	147	2814	595	150	2069
1985	30	327	162	2826	621	159	2046
1986	30	325	166	2830	629	184	2017
1987	30	326	170	2826	632	208	1986
1988	31	334	183	2831	647	248	1936
1989	31	336	185	2829	648	262	1919
1990	31	336	185	2833	651	279	1903
1991	31	338	187	2833	650	289	1894
1992	31	339	191	2833	662	323	1848
1993	31	335	196	2835	669	371	1795
1994	31	333	206	2845	697	413	1735
1995	31	334	210	2849	706	427	1716
1996	31	335	218	2858	717	445	1696
1997	33	332	222	2862	727	442	1693
1998	33	331	227	2863	737	437	1689
1999	34	331	236	2858	749	427	1682
2000	34	333	259	2861	787	400	1674
2001	34	332	265	2861	808	393	1660
2002	34	332	275	2860	830	381	1649
2003	34	333	282	2861	845	374	1642
2004	34	333	283	2862	852	374	1636
2005	34	333	283	2862	852	374	1636
2006	34	333	283	2860	856	369	1635
2007	34	333	283	2859	856	368	1635
2008	34	333	283	2859	856	368	1635
2009	34	333	283	2858	855	367	1636
2010	34	333	283	2856	853	370	1633
2011	34	332	284	2853	857	369	1627
2012	34	333	285	2852	860	368	1624

注：1.本表资料由民政部提供(下表同)。
2.县及其它包括：县、自治县、旗、自治旗、特区和林区。

全国行政区划（二）

（年底数） 单位：个

年　份	乡镇级	#镇数	#乡数	#民族乡	#街　道办事处
1978	6198	2176			
1979	10424	2361			4444
1980					
1981	11434	2678			4965
1982					
1983	49695	2968	35514		5304
1984	106439	7186	85290		5844
1985	104900	9140	82450	3144	5402
1986	84018	10718	61417	2936	5718
1987	81025	11103	58739	3020	5680
1988	65345	11481	45195	1571	5099
1989	65419	11873	44624	1755	5420
1990	65188	12084	44397	1980	5269
1991	63391	12455	42654	1403	5186
1992	54830	14539	33827	1348	5233
1993	54863	15805	32445	1351	5470
1994	54605	16702	31463	1322	5372
1995	53360	17532	29502	1330	5596
1996	51336	18171	27056	1383	5565
1997	50967	18925	25966	1545	5678
1998	50999	19216	25712	1517	5732
1999	50750	19756	24745	1222	5904
2000	49668	20312	23199	1356	5902
2001	45303	20374	19341	1188	5510
2002	44850	20601	18639	1167	5576
2003	44067	20226	18064	1149	5751
2004	43258	19883	17451	1124	5904
2005	41636	19522	15951	1093	6152
2006	41040	19369	15306	1089	6355
2007	40813	19249	15120	1093	6434
2008	40828	19234	15067	1097	6524
2009	40858	19322	14848	1099	6686
2010	40906	19410	14571	1096	6923
2011	40466	19683	13587	1086	7194
2012	40446	19881	13281	1064	7282

按行业分法人单位数

单位：个

行 业 门 类	2007年	2008年	2009年	2010年	2011年
全国总计	**6495064**	**7098765**	**8003868**	**8754588**	**9593729**
农、林、牧、渔业	98546	2023	184764	242429	321086
采矿业	97678	97315	103403	104065	105490
制造业	1702455	1818370	1959254	2098370	2240315
电力、燃气及水的生产和供应业	49052	57923	62038	64151	66652
建筑业	190517	226768	261694	302232	346026
交通运输、仓储和邮政业	117228	157589	175914	195829	219630
信息传输、计算机服务和软件业	115101	153290	176326	191182	208867
批发和零售业	1246042	1403141	1670315	1965118	2276295
住宿和餐饮业	118173	145297	154895	164762	172070
金融业	31815	28668	36907	45512	55513
房地产业	187444	214391	244043	284726	323985
租赁和商务服务业	368763	427001	511666	590478	687575
科学研究、技术服务和地质勘查业	176677	201689	233221	256865	283777
水利、环境和公共设施管理业	50953	57553	61740	64794	69186
居民服务和其他服务业	110525	120467	141936	158152	175813
教育	312339	335065	342003	342408	346390
卫生、社会保障和社会福利业	187376	206480	209016	205778	205173
文化、体育和娱乐业	76430	81878	90891	95633	102775
公共管理和社会组织	1257950	1363857	1383842	1382104	1387111

注：1.2008年为经济普查年份，农、林、牧、渔业统计口径与其他年份不同，法人单位数为兼营第二、三产业的农、林、牧、渔业法人单位。
2.统计范围不包括国际组织。

国民经济与社会发展总量指标（一）

指　标	单　位	1978年	1990年	2000年	2011年	2012年
人口						
年末总人口	万人	96259	114333	126743	134735	135404
城镇人口	万人	17245	30195	45906	69079	71182
乡村人口	万人	79014	84138	80837	65656	64222
就业和失业						
就业人员	万人	40152	64749	72085	76420	76704
#城镇就业人员	万人	9514	17041	23151	35914	37102
城镇登记失业人员	万人	530	383	595	922	917
国民经济核算						
国内生产总值	亿元	3645.2	18667.8	99214.6	473104.0	519322.1
第一产业	亿元	1027.5	5062.0	14944.7	47486.2	52377.0
第二产业	亿元	1745.2	7717.4	45555.9	220412.8	235318.6
第三产业	亿元	872.5	5888.4	38714.0	205205.0	231626.5
支出法国内生产总值	亿元	3605.6	19347.8	98749.0	472619.2	527607.7
最终消费支出	亿元	2239.1	12090.5	61516.0	232111.5	259599.6
资本形成总额	亿元	1377.9	6747.0	34842.8	228344.3	253524.3
货物和服务净出口	亿元	-11.4	510.3	2390.2	12163.3	14483.8
固定资产投资						
全社会固定资产投资总额	亿元		4517.0	32917.7	311485.1	374675.7
城　镇	亿元		3274.4	26221.8	302396.1	364835.1
#房地产开发	亿元		253.3	4984.1	61796.9	71803.8
对外贸易和实际利用外资						
货物进出口总额	亿美元	206.4	1154.4	4742.9	36418.6	38667.6
出口额	亿美元	97.5	620.9	2492.0	18983.8	20489.3
进口额	亿美元	108.9	533.5	2250.9	17434.8	18178.3
外商直接投资	亿美元		34.9	407.2	1160.1	1117.2
财政和金融						
国家财政收入	亿元	1132.3	2937.1	13395.2	103874.4	117209.8
国家财政支出	亿元	1122.1	3083.6	15886.5	109247.8	125712.3
金融机构人民币各项存款余额	亿元	1155	13943	123804	809368	917555
金融机构人民币各项贷款余额	亿元	1890	17511	99371	547947	629910
主要农业、工业产品产量						
粮食	万吨	30476.5	44624.3	46217.5	57120.8	58958.0
棉花	万吨	216.7	450.8	441.7	658.9	683.6
油料	万吨	521.8	1613.2	2954.8	3306.8	3436.8
肉类	万吨			6013.9	7965.1	8387.2
原煤	亿吨	6.18	10.80	13.84	35.20	36.50
原油	万吨	10405	13831	16300	20288	20748
水泥	万吨	6524	20971	59700	209926	221000
粗钢	万吨	3178	6635	12850	68528	71716
发电量	亿千瓦小时	2566	6212	13556	47130	49378

国民经济与社会发展总量指标（二）

指　　标	单　位	1978年	1990年	2000年	2011年	2012年
建筑业						
建筑业企业从业人员	万人		1011	1994	3853	3689
建筑业总产值	亿元		1345	12498	116463	135303
交通和邮电						
客运量	万人	253993	772682	1478573	3526319	3804035
货运量	万吨	248946	970602	1358682	3696961	4099400
沿海主要港口货物吞吐量	万吨	19834	48321	125603	616292	665245
邮电业务总量	亿元	34.1	155.5	4792.7	13333.5	15021.5
移动电话用户	万户		1.8	8453.3	98625.3	111215.5
固定电话用户	万户	192.5	685.0	14482.9	28511.5	27815.3
国内贸易和旅游						
社会消费品零售总额	亿元	1559	8300	39106	183919	210307
入境过夜游客	万人次	71.6	1048.4	3122.9	5758.1	5772.5
国际旅游外汇收入	亿美元	2.6	22.2	162.2	484.6	500.3
教育、科技、卫生. 文化						
在校学生数						
#普通本、专科	万人	85.6	206.3	556.1	2308.5	2391.3
普通中学	万人	6548.3	4633.8	7457.6	7521.6	7230.2
普通小学	万人	14624.0	12241.4	13013.3	9926.4	9695.9
研究与试验发展经费支出	亿元			895.7	8687.0	10240.0
技术市场成交额	亿元		75	651	4764	6437
医院数	个	9293	14377	16318	21979	23005
医院床位数	万张	110.0	186.9	216.7	370.5	416.1
执业(助理)医师	万人	97.8	176.3	207.6	246.6	261.6
图书总印数	亿册(张)	37.7	56.4	62.7	77.1	81.0
期刊总印数	亿册	7.6	17.9	29.4	32.9	34.0
报纸总印数	亿份	127.8	211.3	329.3	467.4	476.0

注：1.由于计算误差的影响，按支出法计算的国内生产总值不等于按生产法计算的国内生产总值。
2.2011年起，城镇固定资产投资数据发布口径改为固定资产投资(不含农户)。
3.本表邮电业务总量2000年及以前按1990年不变价格计算，2001—2010年按2000年不变价格计算，2011年起按2010年不变价格计算。其余价值量指标按当年价格计算。

国民经济与社会发展速度指标（一）

指　　标	2012年为下列各年%				平均每年增长%		
	1978年	1990年	2000年	2011年	1979—2012年	1991—2012年	2001—2012年
人口							
年末总人口	140.7	118.4	106.8	100.5	1.0	0.8	0.6
城镇人口	412.8	235.7	155.1	103.0	4.3	4.0	3.7
乡村人口	81.3	76.3	79.4	97.8	-0.6	-1.2	-1.9
就业和失业							
就业人员	191.0	118.5	106.4	100.4	1.9	0.8	0.5
#城镇就业人员	390.0	217.7	160.3	103.3	4.1	3.6	4.0
城镇登记失业人员	173.0	239.4	154.1	99.5	1.6	4.0	3.7
国民经济核算							
国内生产总值	2425.0	860.8	319.1	107.8	9.8	10.3	10.2
第一产业	456.4	239.3	164.8	104.5	4.6	4.0	4.2
第二产业	3812.2	1253.6	352.4	108.1	11.3	12.2	11.1
第三产业	3274.2	904.2	342.5	108.1	10.8	10.5	10.8
固定资产投资							
全社会固定资产投资总额		8294.8	1138.2	120.3		22.5	22.8
#城　镇		11142.0	1391.3	120.6		23.9	24.4
#房地产开发		28347.3	1440.7	116.2		30.5	25.4
对外贸易和实际利用外资							
货物进出口总额	18734.3	3349.6	815.3	106.2	16.6	17.3	19.1
出口额	21014.7	3299.9	822.2	107.9	17.0	17.2	19.2
进口额	16692.6	3407.4	807.6	104.3	16.2	17.4	19.0
外商直接投资		3203.8	274.4	96.3		17.1	8.8
财政收支							
国家财政收入	10351.8	3990.7	875.0	112.8	14.6	18.2	19.8
国家财政支出	11203.4	4076.8	791.3	115.1	14.9	18.4	18.8
主要农业、工业产品产量							
粮食	193.5	132.1	127.6	103.2	2.0	1.3	2.0
棉花	315.5	151.6	154.8	103.7	3.4	1.9	3.7
油料	658.6	213.0	116.3	103.9	5.7	3.5	1.3
肉类			139.5	105.3			2.8
原煤	590.6	338.0	263.7	103.7	5.4	5.7	8.4
原油	199.4	150.0	127.3	102.3	2.1	1.9	2.0
水泥	3387.5	1053.8	370.2	105.3	10.9	11.3	11.5
粗钢	2256.6	1080.9	558.1	104.7	9.6	11.4	15.4
发电量	1924.3	794.9	364.2	104.8	9.1	9.9	11.4

国民经济与社会发展速度指标（二）

指标	2012年为下列各年%				平均每年增长%		
	1978年	1990年	2000年	2011年	1979—2012年	1991—2012年	2001—2012年
建筑业							
建筑业企业从业人员		365.0	185.0	95.8		6.1	5.3
建筑业总产值		10059.7	1082.6	116.2		23.3	22.0
交通和邮电							
客运量	1497.7	492.3	257.3	107.9	8.3	7.5	8.2
货运量	1646.7	422.4	301.7	110.9	8.6	6.8	9.6
沿海主要港口货物吞吐量	3354.1	1376.7	529.6	107.9	10.9	12.7	14.9
邮电业务总量	164913.4	36142.5	1173.0	112.7	24.3	30.7	22.8
移动电话用户		6178639	1315.6	112.8		65.1	24.0
固定电话用户	14446.2	4060.4	192.1	97.6	15.8	18.3	5.6
国内贸易和旅游							
社会消费品零售总额	13493.3	2533.8	537.8	114.3	15.5	15.8	15.0
入境过夜旅游者人数	8062.2	550.6	184.8	100.3	13.8	8.1	5.3
国际旅游外汇收入	19022.8	2255.6	308.4	103.2	16.7	15.2	9.8
教育、科技、卫生、文化							
在校学生数							
#普通本、专科	2793.6	1159.1	430.0	103.6	10.3	11.8	12.9
普通中学	110.4	156.0	97.0	96.1	0.3	2.0	-0.3
普通小学	66.3	79.2	74.5	97.7	-1.2	-1.1	-2.4
研究与试验发展经费支出			1143.3	117.9			22.5
技术市场成交额		8571.2	989.2	135.1		22.4	21.0
医院数	247.6	160.0	141.0	104.7	2.7	2.2	2.9
医院床位数	378.3	222.6	192.0	112.3	4.0	3.7	5.6
执业(助理)医师	267.4	148.4	126.0	106.1	2.9	1.8	1.9
图书总印数	214.9	143.6	129.2	105.1	2.3	1.7	2.2
期刊总印数	447.4	189.9	115.6	103.3	4.5	3.0	1.2
报纸总印数	372.5	225.3	144.5	101.8	3.9	3.8	3.1

注：本表价值量指标中，国内生产总值和邮电业务总量按可比价格计算，其他按当年价格计算；固定资产投资总额平均每年增长速度按累计法计算。

国民经济与社会发展结构指标

单位：%

指　　标	1978年	1990年	2000年	2011年	2012年
人口					
城镇	17.9	26.4	36.2	51.3	52.6
乡村	82.1	73.6	63.8	48.7	47.4
就业人员					
第一产业	70.5	60.1	50.0	34.8	33.6
第二产业	17.3	21.4	22.5	29.5	30.3
第三产业	12.2	18.5	27.5	35.7	36.1
国内生产总值					
第一产业	28.2	27.1	15.1	10.0	10.1
第二产业	47.9	41.3	45.9	46.6	45.3
第三产业	23.9	31.5	39.0	43.4	44.6
全社会固定资产投资总额					
#城镇		72.5	79.7	97.1	97.4
货物进出口总额					
出口总额	47.2	53.8	52.5	52.1	53.0
进口总额	52.8	46.2	47.5	47.9	47.0
财政收入					
中央	15.5	33.8	52.2	49.4	47.9
地方	84.5	66.2	47.8	50.6	52.1
财政支出					
中央	47.4	32.6	34.7	15.1	14.9
地方	52.6	67.4	65.3	84.9	85.1
农林牧渔业产值					
#农业	80.0	64.7	55.7	51.6	52.5
林业	3.4	4.3	3.8	3.8	3.9
牧业	15.0	25.7	29.7	31.7	30.4
渔业	1.6	5.4	10.9	9.3	9.7
规模以上工业企业总资产					
大型企业			56.3	39.5	48.5
中型企业			12.9	32.3	22.6
小型企业			30.8	28.2	28.9
在校学生数					
大学生	0.4	1.2	2.6	11.7	12.4
中学生	30.8	27.1	35.5	38.1	37.4
小学生	68.8	71.7	61.9	50.2	50.2
卫生技术人员数					
#执业(助理)医师	39.7	45.2	46.2	39.8	39.2
注册护士	16.4	25.0	28.2	36.2	37.4

注：2011年起，城镇固定资产投资数据发布口径改为固定资产投资(不含农户)。

人均主要农业产品产量

单位：公斤

年 份	粮食	棉花	油料	糖料	水果	水产品
1978	318.7	2.3	5.5	24.9	6.9	4.9
1980	326.7	2.8	7.8	29.7	6.9	4.6
1985	360.7	3.9	15.0	57.5	11.1	6.7
1990	393.1	4.0	14.2	63.6	16.5	10.9
1995	387.3	4.0	18.7	65.9	35.0	20.9
1996	414.4	3.5	18.2	68.7	38.2	27.0
1997	401.7	3.7	17.5	76.3	41.4	25.4
1998	412.5	3.6	18.6	78.8	43.9	27.2
1999	405.8	3.1	20.8	66.5	49.8	28.5
2000	366.0	3.5	23.4	60.5	49.3	29.4
2001	355.9	4.2	22.5	68.1	52.3	29.8
2002	357.0	3.8	22.6	80.4	54.3	30.9
2003	334.3	3.8	21.8	74.8	112.7	31.6
2004	362.2	4.9	23.7	73.8	118.4	32.8
2005	371.3	4.4	23.6	72.5	123.6	33.9
2006	379.9	5.7	20.1	79.8	130.4	35.0
2007	380.6	5.8	19.5	92.5	137.6	36.0
2008	399.1	5.7	22.3	101.3	145.1	37.0
2009	398.7	4.8	23.7	92.2	153.2	38.4
2010	408.5	4.5	24.1	89.8	160.0	40.2
2011	425.0	4.9	24.6	93.1	169.4	41.7
2012	436.5	5.1	25.4	99.8	178.1	43.7

注：本表计算中所使用的人口数为年平均人口数(下表同)。2003年起水果产量含果用瓜。

人均主要工业产品产量

年 份	原煤(吨)	原油(公斤)	布(米)	水泥(公斤)	粗钢(公斤)	发电量(千瓦小时)
1978	0.65	108.8	11.5	68.2	33.2	268.4
1980	0.63	108.0	13.7	81.4	37.8	306.3
1985	0.83	118.8	14.0	138.9	44.5	390.8
1990	0.95	121.8	16.6	184.7	58.4	547.2
1995	1.13	124.5	21.6	394.7	79.1	835.8
1996	1.15	129.2	17.2	403.4	83.2	888.1
1997	1.13	130.7	20.2	416.0	88.6	923.2
1998	1.07	129.6	19.4	431.6	93.1	939.7
1999	1.09	127.7	20.0	457.4	99.2	989.3
2000	1.10	129.1	21.9	472.8	101.8	1073.6
2001	1.16	128.9	22.8	519.7	119.2	1164.3
2002	1.21	130.4	25.2	566.2	142.4	1291.8
2003	1.42	131.6	27.4	669.1	172.6	1482.9
2004	1.64	135.7	37.2	746.0	218.3	1700.0
2005	1.80	139.1	37.2	819.8	270.9	1917.8
2006	1.93	140.9	45.7	943.4	319.7	2185.9
2007	2.04	141.4	51.2	1032.8	371.3	2490.0
2008	2.12	143.8	54.6	1074.7	379.8	2639.0
2009	2.23	142.3	56.6	1234.9	429.8	2790.3
2010	2.42	151.3	59.8	1406.8	476.4	3145.1
2011	2.62	150.9	60.6	1561.8	509.8	3506.4
2012	2.70	153.6	62.2	1636.2	531.0	3655.7

国民经济核算指标

指　　标	单位	1978年	1990年	2000年	2011年	2012年
绝对数						
国民总收入	亿元	3645.2	18718.3	98000.5	468562.4	516662.0
国内生产总值	亿元	3645.2	18667.8	99214.6	473104.0	519322.1
第一产业	亿元	1027.5	5062.0	14944.7	47486.2	52377.0
第二产业	亿元	1745.2	7717.4	45555.9	220412.8	235318.6
第三产业	亿元	872.5	5888.4	38714.0	205205.0	231626.5
人均国内生产总值	元	381	1644	7858	35198	38449
支出法国内生产总值	亿元	3605.6	19347.8	98749.0	472619.2	527607.7
最终消费支出	亿元	2239.1	12090.5	61516.0	232111.5	259599.6
居民消费支出	亿元	1759.1	9450.9	45854.6	168956.6	188370.1
政府消费支出	亿元	480.0	2639.6	15661.4	63154.9	71229.6
资本形成总额	亿元	1377.9	6747.0	34842.8	228344.3	253524.3
固定资本形成	亿元	1073.9	4827.8	33844.4	215682.0	243151.9
存货变动	亿元	304.0	1919.2	998.4	12662.3	10372.4
货物和服务净出口	亿元	-11.4	510.3	2390.2	12163.3	14483.8
指数(1978年=100)						
国民总收入指数		100.0	282.5	750.6	2228.9	2412.6
国内生产总值指数		100.0	281.7	759.9	2250.5	2425.0
第一产业		100.0	190.7	277.0	436.8	456.4
第二产业		100.0	304.1	1081.8	3527.4	3812.2
第三产业		100.0	362.1	956.1	3028.0	3274.2
人均国内生产总值指数		100.0	237.3	575.5	1600.9	1716.7
构成						
支出法国内生产总值=100						
最终消费支出	%	62.1	62.5	62.3	49.1	49.2
资本形成总额	%	38.2	34.9	35.3	48.3	48.1
最终消费支出=100						
居民消费支出	%	78.6	78.2	74.5	72.8	72.6
政府消费支出	%	21.4	21.8	25.5	27.2	27.4
资本形成总额=100						
固定资本形成总额	%	77.9	71.6	97.1	94.5	95.9
存货变动	%	22.1	28.4	2.9	5.5	4.1

注：1.绝对数和构成按当年价格计算，指数按不变价格计算。
2.由于统计误差的影响，按支出法计算的国内生产总值不等于按生产法计算的国内生产总值。

国民总收入和国内生产总值

年　份	国　民 总收入 (亿元)	国内生产 总　值 (亿元)	第一产业	第二产业	第三产业	人均国内 生产总值 (元)
1978	3645.2	3645.2	1027.5	1745.2	872.5	381
1979	4062.6	4062.6	1270.2	1913.5	878.9	419
1980	4545.6	4545.6	1371.6	2192.0	982.0	463
“六五”时期	**32490.0**	**32401.7**	**10195.7**	**14257.0**	**7948.9**	**631**
1981	4889.5	4891.6	1559.5	2255.5	1076.6	492
1982	5330.5	5323.4	1777.4	2383.0	1163.0	528
1983	5985.6	5962.7	1978.4	2646.2	1338.1	583
1984	7243.8	7208.1	2316.1	3105.7	1786.3	695
1985	9040.7	9016.0	2564.4	3866.6	2585.0	858
“七五”时期	**73081.1**	**73036.8**	**19215.0**	**31326.9**	**22494.8**	**1321**
1986	10274.4	10275.2	2788.7	4492.7	2993.8	963
1987	12050.6	12058.6	3233.0	5251.6	3574.0	1112
1988	15036.8	15042.8	3865.4	6587.2	4590.3	1366
1989	17000.9	16992.3	4265.9	7278.0	5448.4	1519
1990	18718.3	18667.8	5062.0	7717.4	5888.4	1644
“八五”时期	**191942.5**	**193030.5**	**39881.1**	**88381.0**	**64768.4**	**3258**
1991	21826.2	21781.5	5342.2	9102.2	7337.1	1893
1992	26937.3	26923.5	5866.6	11699.5	9357.4	2311
1993	35260.0	35333.9	6963.8	16454.4	11915.7	2998
1994	48108.5	48197.9	9572.7	22445.4	16179.8	4044
1995	59810.5	60793.7	12135.8	28679.5	19978.5	5046
“九五”时期	**417707.3**	**423443.5**	**72989.7**	**196971.6**	**153482.3**	**6816**
1996	70142.5	71176.6	14015.4	33835.0	23326.2	5846
1997	78060.9	78973.0	14441.9	37543.0	26988.1	6420
1998	83024.3	84402.3	14817.6	39004.2	30580.5	6796
1999	88479.2	89677.1	14770.0	41033.6	33873.4	7159
2000	98000.5	99214.6	14944.7	45555.9	38714.0	7858
“十五”时期	**705211.8**	**710626.3**	**93532.7**	**327347.8**	**289745.8**	**11017**
2001	108068.2	109655.2	15781.3	49512.3	44361.6	8622
2002	119095.7	120332.7	16537.0	53896.8	49898.9	9398
2003	134977.0	135822.8	17381.7	62436.3	56004.7	10542
2004	159453.6	159878.3	21412.7	73904.3	64561.3	12336
2005	183617.4	184937.4	22420.0	87598.1	74919.3	14185
“十一五”时期	**1538436.2**	**1538585.8**	**162128.6**	**723576.3**	**652880.8**	**23200**
2006	215904.4	216314.4	24040.0	103719.5	88554.9	16500
2007	266422.0	265810.3	28627.0	125831.4	111351.9	20169
2008	316030.3	314045.4	33702.0	149003.4	131340.0	23708
2009	340320.0	340902.8	35226.0	157638.8	148038.0	25608
2010	399759.5	401512.8	40533.6	187383.2	173596.0	30015
“十二五”时期						
2011	468562.4	473104.0	47486.2	220412.8	205205.0	35198
2012	516662.0	519322.1	52377.0	235318.6	231626.5	38449

注：1.本表按当年价格计算。
2.各时期人均国内生产总值为该时期各年的平均数。

国内生产总值指数（一）

（上年=100）

年 份	国 民 总收入	国内生产总值	第一产业	第二产业	第三产业	人均国内生产总 值
1978	111.7	111.7	104.1	115.0	113.8	110.2
1979	107.6	107.6	106.1	108.2	107.9	106.1
1980	107.8	107.8	98.5	113.6	106.0	106.5
1981	105.2	105.2	107.0	101.9	110.4	103.9
1982	109.2	109.1	111.5	105.6	113.0	107.5
1983	111.1	110.9	108.3	110.4	115.2	109.3
1984	115.3	115.2	112.9	114.5	119.3	113.7
1985	113.2	113.5	101.8	118.6	118.2	111.9
1986	108.5	108.8	103.3	110.2	112.0	107.2
1987	111.5	111.6	104.7	113.7	114.4	109.8
1988	111.3	111.3	102.5	114.5	113.2	109.5
1989	104.2	104.1	103.1	103.8	105.4	102.5
1990	104.1	103.8	107.3	103.2	102.3	102.3
1991	109.1	109.2	102.4	113.9	108.9	107.7
1992	114.1	114.2	104.7	121.2	112.4	112.8
1993	113.7	114.0	104.7	119.9	112.2	112.7
1994	113.1	113.1	104.0	118.4	111.1	111.8
1995	109.3	110.9	105.0	113.9	109.8	109.7
1996	110.2	110.0	105.1	112.1	109.4	108.9
1997	109.6	109.3	103.5	110.5	110.7	108.2
1998	107.3	107.8	103.5	108.9	108.4	106.8
1999	107.9	107.6	102.8	108.1	109.3	106.7
2000	108.6	108.4	102.4	109.4	109.7	107.6
2001	108.1	108.3	102.8	108.4	110.3	107.5
2002	109.5	109.1	102.9	109.8	110.4	108.4
2003	110.5	110.0	102.5	112.7	109.5	109.3
2004	110.5	110.1	106.3	111.1	110.1	109.4
2005	110.8	111.3	105.2	112.1	112.2	110.7
2006	113.3	112.7	105.0	113.4	114.1	112.0
2007	114.6	114.2	103.7	115.1	116.0	113.6
2008	110.1	109.6	105.4	109.9	110.4	109.1
2009	108.3	109.2	104.2	109.9	109.6	108.7
2010	110.2	110.4	104.3	112.3	109.8	109.9
2011	108.7	109.3	104.3	110.3	109.4	108.8
2012	108.2	107.8	104.5	108.1	108.1	107.2

注：本表按不变价格计算。

国内生产总值指数（二）

(1978年=100)

年　　份	国民总收入	国内生产总值	第一产业	第二产业	第三产业	人均国内生产总值
1978	100.0	100.0	100.0	100.0	100.0	100.0
1979	107.6	107.6	106.1	108.2	107.9	106.1
1980	116.0	116.0	104.6	122.9	114.3	113.0
1981	122.0	122.1	111.9	125.2	126.2	117.5
1982	133.3	133.1	124.8	132.1	142.6	126.2
1983	148.2	147.6	135.1	145.8	164.3	137.9
1984	170.8	170.0	152.6	166.9	196.0	156.8
1985	193.4	192.9	155.4	197.9	231.7	175.5
1986	209.9	210.0	160.5	218.2	259.6	188.2
1987	234.1	234.3	168.1	248.1	296.8	206.6
1988	260.6	260.7	172.3	284.1	335.9	226.3
1989	271.4	271.3	177.6	294.8	353.9	231.9
1990	282.5	281.7	190.7	304.1	362.1	237.3
1991	308.2	307.6	195.2	346.3	394.3	255.6
1992	351.5	351.4	204.4	419.5	443.3	288.4
1993	399.6	400.4	214.0	502.8	497.4	324.9
1994	452.0	452.8	222.6	595.2	552.5	363.3
1995	494.2	502.3	233.7	677.7	606.9	398.6
1996	544.5	552.6	245.6	759.8	664.1	433.9
1997	596.9	603.9	254.2	839.4	735.3	469.4
1998	640.6	651.2	263.1	914.2	796.8	501.4
1999	691.5	700.9	270.5	988.6	871.2	534.9
2000	750.6	759.9	277.0	1081.8	956.1	575.5
2001	811.1	823.0	284.8	1173.1	1054.2	618.7
2002	888.5	897.8	293.0	1288.4	1164.2	670.4
2003	981.6	987.8	300.3	1451.7	1274.9	733.1
2004	1084.5	1087.4	319.3	1613.0	1403.1	802.2
2005	1201.7	1210.4	336.0	1807.9	1574.7	887.7
2006	1361.2	1363.8	352.8	2050.0	1797.3	994.7
2007	1560.5	1557.0	366.0	2358.8	2084.6	1129.6
2008	1717.8	1707.0	385.6	2591.8	2301.4	1232.1
2009	1861.1	1864.3	401.8	2849.4	2521.5	1339.0
2010	2050.0	2059.0	418.9	3198.4	2767.5	1471.7
2011	2228.9	2250.5	436.8	3527.4	3028.0	1600.9
2012	2412.6	2425.0	456.4	3812.2	3274.2	1716.7
平均每年增长(%)						
1979–2012年	9.8	9.8	4.6	11.3	10.8	8.7
1991–2012年	10.2	10.3	4.0	12.2	10.5	9.4
2001–2012年	10.2	10.2	4.2	11.1	10.8	9.5

注：本表按不变价格计算。

支出法国内生产总值

单位：亿元

年份	支出法国内生产总值	最终消费支出	居民消费支出	政府消费支出	资本形成总额	固定资本形成总额	存货变动	货物和服务净出口
1978	3605.6	2239.1	1759.1	480.0	1377.9	1073.9	304.0	-11.4
1979	4092.6	2633.7	2011.5	622.2	1478.9	1153.1	325.8	-20.0
1980	4592.9	3007.9	2331.2	676.7	1599.7	1322.4	277.3	-14.7
“六五”时期	**33254.4**	**22035.3**	**17191.3**	**4844.0**	**11426.0**	**9384.8**	**2041.2**	**-206.9**
1981	5008.8	3361.5	2627.9	733.6	1630.2	1339.3	290.9	17.1
1982	5590.0	3714.8	2902.9	811.9	1784.2	1503.2	281.0	91.0
1983	6216.2	4126.4	3231.1	895.3	2039.0	1723.3	315.7	50.8
1984	7362.7	4846.3	3742.0	1104.3	2515.1	2147.0	368.1	1.3
1985	9076.7	5986.3	4687.4	1298.9	3457.5	2672.0	785.5	-367.1
“七五”时期	**74833.6**	**47720.6**	**37559.8**	**10160.8**	**27183.8**	**20887.5**	**6296.3**	**-70.8**
1986	10508.5	6821.8	5302.1	1519.7	3941.9	3139.7	802.2	-255.2
1987	12277.4	7804.6	6126.1	1678.5	4462.0	3798.7	663.3	10.8
1988	15388.6	9839.5	7868.1	1971.4	5700.2	4701.9	998.3	-151.1
1989	17311.3	11164.2	8812.6	2351.6	6332.7	4419.4	1913.3	-185.6
1990	19347.8	12090.5	9450.9	2639.6	6747.0	4827.8	1919.2	510.3
“八五”时期	**200515.0**	**119185.5**	**90356.7**	**28828.8**	**79483.2**	**66090.9**	**13392.3**	**1846.3**
1991	22577.4	14091.9	10730.6	3361.3	7868.0	6070.3	1797.7	617.5
1992	27565.2	17203.3	13000.1	4203.2	10086.3	8513.7	1572.6	275.6
1993	36938.1	21899.9	16412.1	5487.8	15717.7	13309.2	2408.5	-679.5
1994	50217.4	29242.2	21844.2	7398.0	20341.1	17312.7	3028.4	634.1
1995	63216.9	36748.2	28369.7	8378.5	25470.1	20885.0	4585.1	998.6
“九五”时期	**432066.8**	**260801.2**	**197881.7**	**62919.5**	**157861.4**	**142953.8**	**14907.6**	**13404.2**
1996	74163.6	43919.5	33955.9	9963.6	28784.9	24048.1	4736.8	1459.2
1997	81658.5	48140.6	36921.5	11219.1	29968.0	25965.0	4003.0	3549.9
1998	86531.6	51588.2	39229.3	12358.9	31314.2	28569.0	2745.2	3629.2
1999	91125.0	55636.9	41920.4	13716.5	32951.5	30527.3	2424.2	2536.6
2000	98749.0	61516.0	45854.6	15661.4	34842.8	33844.4	998.4	2390.2
“十五”时期	**714497.0**	**403346.0**	**298319.5**	**105026.5**	**288322.6**	**274227.9**	**14094.8**	**22828.4**
2001	109028.0	66933.9	49435.9	17498.0	39769.4	37754.5	2014.9	2324.7
2002	120475.6	71816.5	53056.6	18759.9	45565.0	43632.1	1932.9	3094.1
2003	136613.4	77685.5	57649.8	20035.7	55963.0	53490.7	2472.3	2964.9
2004	160956.6	87552.6	65218.5	22334.1	69168.4	65117.7	4050.7	4235.6
2005	187423.4	99357.5	72958.7	26398.8	77856.8	74232.9	3624.0	10209.1
“十一五”时期	**1556877.8**	**762149.0**	**554921.6**	**207227.4**	**700289.7**	**660282.1**	**40007.7**	**94439.1**
2006	222712.5	113103.8	82575.5	30528.4	92954.1	87954.1	5000.0	16654.6
2007	266599.2	132232.9	96332.5	35900.4	110943.2	103948.6	6994.6	23423.1
2008	315974.6	153422.5	111670.4	41752.1	138325.3	128084.4	10240.9	24226.8
2009	348775.1	169274.8	123584.6	45690.2	164463.2	156679.8	7783.4	15037.0
2010	402816.5	194115.0	140758.6	53356.3	193603.9	183615.2	9988.7	15097.6
“十二五”时期								
2011	472619.2	232111.5	168956.6	63154.9	228344.3	215682.0	12662.3	12163.3
2012	527607.7	259599.6	188370.1	71229.6	253524.3	243151.9	10372.4	14483.8

注：本表按当年价格计算

人口基本情况

指　　标	单位	1982年	1990年	2000年	2010年	2011年	2012年
年末总人口	**万人**	**101654**	**114333**	**126743**	**134091**	**134735**	**135404**
按性别分							
男性人口	万人	52352	58904	65437	68748	69068	69395
女性人口	万人	49302	55429	61306	65343	65667	66009
按城乡分							
城镇人口	万人	21480	30195	45906	66978	69079	71182
乡村人口	万人	80174	84138	80837	67113	65656	64222
人口比重							
按性别分							
男性人口	%	51.5	51.5	51.6	51.3	51.3	51.3
女性人口	%	48.5	48.5	48.4	48.7	48.7	48.7
按城乡分							
城镇人口	%	21.1	26.4	36.2	49.9	51.3	52.6
乡村人口	%	78.9	73.6	63.8	50.1	48.7	47.4
出生率		**22.28**	**21.06**	**14.03**	**11.90**	**11.93**	**12.10**
死亡率		**6.60**	**6.67**	**6.45**	**7.11**	**7.14**	**7.15**
自然增长率		**15.68**	**14.39**	**7.58**	**4.79**	**4.79**	**4.95**
各年龄段人口比重							
0–14岁人口	%	33.6	27.7	22.9	16.6	16.5	16.5
15–64岁人口	%	61.5	66.7	70.1	74.5	74.4	74.1
65岁以上人口	%	4.9	5.6	7.0	8.9	9.1	9.4
总抚养比	%	**62.6**	**49.8**	**42.6**	**34.2**	**34.4**	**34.9**
少儿抚养比	%	54.6	41.5	32.6	22.3	22.1	22.2
老年抚养比	%	8.0	8.3	9.9	11.9	12.3	12.7
平均预期寿命	**岁**	**67.77***	**68.55**	**71.40**	**74.83**		

注：1.总人口包括中国人民解放军现役军人,但不包括香港、澳门特别行政区和台湾地区人口(下表同)。
2.城镇人口中包括中国人民解放军现役军人(下表同)。
3.表中带“*”号的数字为1981年数据。

人　口　数

(年末数)　　单位：万人

年　份	总人口	按性别分		按城乡分	
		男	女	城镇人口	乡村人口
1978	96259	49567	46692	17245	79014
1979	97542	50192	47350	18495	79047
1980	98705	50785	47920	19140	79565
1981	100072	51519	48553	20171	79901
1982	101654	52352	49302	21480	80174
1983	103008	53152	49856	22274	80734
1984	104357	53848	50509	24017	80340
1985	105851	54725	51126	25094	80757
1986	107507	55581	51926	26366	81141
1987	109300	56290	53010	27674	81626
1988	111026	57201	53825	28661	82365
1989	112704	58099	54605	29540	83164
1990	114333	58904	55429	30195	84138
1991	115823	59466	56357	31203	84620
1992	117171	59811	57360	32175	84996
1993	118517	60472	58045	33173	85344
1994	119850	61246	58604	34169	85681
1995	121121	61808	59313	35174	85947
1996	122389	62200	60189	37304	85085
1997	123626	63131	60495	39449	84177
1998	124761	63940	60821	41608	83153
1999	125786	64692	61094	43748	82038
2000	126743	65437	61306	45906	80837
2001	127627	65672	61955	48064	79563
2002	128453	66115	62338	50212	78241
2003	129227	66556	62671	52376	76851
2004	129988	66976	63012	54283	75705
2005	130756	67375	63381	56212	74544
2006	131448	67728	63720	58288	73160
2007	132129	68048	64081	60633	71496
2008	132802	68357	64445	62403	70399
2009	133450	68647	64803	64512	68938
2010	134091	68748	65343	66978	67113
2011	134735	69068	65667	69079	65656
2012	135404	69395	66009	71182	64222

注：1.本表1982年以前数据为户籍统计数；1982—1989年数据根据1990年人口普查数据有所调整；1990— 2000年数据根据2000年人口普查数据进行了调整；2001—2004年、2006—2009年和2011—2012年数据根据人口变动抽样调查资料推算；2005年数据根据全国1%人口抽样调查数据推算。2010年数据为第六次全国人口普查数据推算数，2006—2009年数据根据2010年人口普查数据进行了调整。

2.1982年以前的城镇人口是指辖区内全部人口；乡村人口是指县人口，但不包括镇人口。1982—1999年的城镇人口是指设区的市所辖区人口和不设区的市所辖街道人口以及不设区的市所辖镇的居民委员会人口和县辖镇的居民委员会人口；乡村人口是指除城镇人口以外的人口。2000—2005年城乡人口是按国家统计局1999年发布的《关于统计上划分城乡的规定（试行）》计算的。2006、2007年的城乡人口是按国家统计局2006年发布的《关于统计上划分城乡的暂行规定》计算的。2008—2012年的城乡人口是按2008年国家统计局《关于统计上划分城乡的规定》计算的。

就业和工资基本情况

项　　目	单位	1978年	1990年	2000年	2011年	2012年
就业人员(年底数)	**万人**	**40152**	**64749**	**72085**	**76420**	**76704**
第一产业	万人	28318	38914	36043	26594	25773
第二产业	万人	6945	13856	16219	22544	23241
第三产业	万人	4890	11979	19823	27282	27690
按城乡分就业人员(年底数)						
城镇就业人员	万人	9514	17041	23151	35914	37102
#国有单位	万人	7451	10346	8102	6704	6839
城镇集体单位	万人	2048	3549	1499	603	589
其他单位	万人		164	2011	7106	7808
乡村就业人员	万人	30638	47708	48934	40506	39602
城镇新增就业人员	**万人**				**1221**	**1266**
城镇登记失业人数(年底数)	**万人**	**530**	**383**	**595**	**922**	**917**
城镇登记失业率	**%**	**5.3**	**2.5**	**3.1**	**4.1**	**4.1**
城镇单位就业人员工资总额	**亿元**	**569**	**2951**	**10955**	**59955**	**70914**
国有单位	亿元	469	2324	7745	28955	32950
城镇集体单位	亿元	100	581	951	1737	1990
其他单位	亿元		46	2259	29262	35974
城镇单位就业人员平均工资	**元**	**615**	**2140**	**9333**	**41799**	**46769**
国有单位	元	644	2284	9441	43483	48357
城镇集体单位	元	506	1681	6241	28791	33784
其他单位	元		2987	11238	41323	46360

注：城镇单位就业人数、工资总额、平均工资均不包括城镇私营单位。

固定资产投资概况

指　标	单位	1990年	2000年	2011年	2012年
全社会固定资产投资额	**亿元**	**4517.0**	**32917.7**	**311485.1**	**374675.7**
按登记注册类型分					
内资	亿元		30311.5	292768.3	353861.4
港、澳、台商投资	亿元		1293.0	9431.0	10184.5
外商投资	亿元		1313.2	9285.9	10629.7
按资金来源分					
国家预算资金	亿元	393.0	2109.5	14843.3	19244.4
国内贷款	亿元	885.5	6727.3	46344.5	50212.1
利用外资	亿元	284.6	1696.2	5062.0	4509.4
自筹资金	亿元	2954.4	22577.1	229346.8	278060.6
其他资金	亿元			50387.5	57254.3
按隶属关系分					
中央项目	亿元		6433.8	21797.2	21663.0
地方项目	亿元		26483.9	289687.9	353012.7
按构成分					
建筑安装工程	亿元	3008.7	20536.3	200195.7	243456.2
设备工器具购置	亿元	1165.5	7785.6	65152.3	78139.8
其他费用	亿元	342.7	4595.9	46137.1	53079.7
新增固定资产	**亿元**	**3995.3**	**26842.2**	**192964.4**	**238490.8**
房屋建筑面积					
施工面积	万平方米	137171	263294	1035519	1165406
#住宅	万平方米		180634	574910	614586
竣工面积	万平方米	107952	181974	329073	334323
#住宅	万平方米	86425	134529	197452	194703
房地产开发					
房地产开发投资额	亿元	253.3	4984.1	61796.9	71803.8
新增固定资产	亿元		3698.6	29051.7	33541.4
开发房屋竣工住宅面积	万平方米	3527	20603	74319	79043

全社会固定资产投资

年　份	全社会固定资产投资(亿元)	#城　镇	#房地产	比上年增长(%)
"六五"时期	**7997.6**	**5770.5**		**19.4**
1981	961.0	711.1		5.5
1982	1230.4	900.5		28.0
1983	1430.1	1014.4		16.2
1984	1832.9	1279.0		28.2
1985	2543.2	1865.5		38.8
"七五"时期	**20593.5**	**14871.3**	**1034.1**	**16.5**
1986	3120.6	2300.4	101.0	22.7
1987	3791.7	2730.6	149.9	21.5
1988	4753.8	3431.9	257.2	25.4
1989	4410.4	3134.0	272.7	-7.2
1990	4517.0	3274.4	253.3	2.4
"八五"时期	**63808.3**	**49619.0**	**8708.0**	**36.9**
1991	5594.5	4057.9	336.2	23.9
1992	8080.1	6079.7	731.2	44.4
1993	13072.3	10303.4	1937.5	61.8
1994	17042.1	13534.3	2554.1	30.4
1995	20019.3	15643.7	3149.0	17.5
"九五"时期	**139033.2**	**109206.6**	**19096.3**	**11.2**
1996	(22974.0)	(17627.7)	(3216.4)	14.8
	22913.5	17567.2	3216.4	
1997	24941.1	19194.2	3178.4	8.8
1998	28406.2	22491.4	3614.2	13.9
1999	29854.7	23732.0	4103.2	5.1
2000	32917.7	26221.8	4984.1	10.3
"十五"时期	**295531.0**	**245425.0**	**53356.4**	**20.2**
2001	37213.5	30001.2	6344.1	13.0
2002	43499.9	35488.8	7790.9	16.9
2003	55566.6	45811.7	10153.8	27.7
2004	70477.4	59028.2	13158.3	26.6
2005	88773.6	75095.1	15909.2	26.0
"十一五"时期	**922871.2**	**794922.8**	**160416.1**	**25.5**
2006	109998.2	93368.7	19422.9	23.9
2007	137323.9	117464.5	25288.8	24.8
2008	172828.4	148738.3	31203.2	25.9
2009	224598.8	193920.4	36241.8	30.0
2010	(278121.9)	(241430.9)	(48259.4)	23.8
	251683.8	243797.8	48259.4	
"十二五"时期				
2011	311485.1	302396.1	61796.9	23.8
2012	374675.7	364835.1	71803.8	20.3
平均每年增长(%)				
1982—2012年	21.2	22.0		
1991—2012年	22.5	23.9	30.5	
2001—2012年	22.8	24.4	25.4	

注：1.1997年起，除房地产投资、农村集体投资、农村个人投资外，其他固定资产投资的统计起点由5万元提高到50万元。2004年受经济普查影响，投资额与上年有不可比因素。2011年，除房地产投资、农村个人投资外，固定资产投资统计起点由50万元提高到500万元。为便于比较，1996、2010年数据作了相应调整，括号内为原口径数(以下相关表同)。口径变动年份的增速均按可比口径计算。
2.本表增长速度均未扣除价格因素，平均每年增长速度按累计法计算(以下相关表同)。
3.2011年起，城镇固定资产投资数据发布口径改为固定资产投资(不含农户)。固定资产投资(不含农户)等于原口径的城镇固定资产投资加上农村企事业组织项目投资(以下相关表同)。

按行业分固定资产投资(一)

行　　业	投资额（亿元）		2012年比上年增长(%)	2012年比重(%)
	2011年	2012年		
全 国 总 计	**302396.1**	**364835.1**	**20.6**	**100.0**
农、林、牧、渔业	**6811.6**	**9004.3**	**32.2**	**2.5**
农业	2334.2	3280.4	40.5	0.9
林业	889.9	1023.3	15.0	0.3
畜牧业	1750.6	2315.6	32.3	0.6
渔业	371.3	524.6	41.3	0.1
农、林、牧、渔服务业	1465.6	1860.4	26.9	0.5
采矿业	**11746.8**	**13128.7**	**11.8**	**3.6**
#煤炭开采和洗选业	4907.3	5285.8	7.7	1.4
石油和天然气开采业	2691.1	2854.0	6.1	0.8
黑色金属矿采选业	1235.4	1528.7	23.7	0.4
有色金属矿采选业	1241.2	1477.3	19.0	0.4
非金属矿采选业	1291.0	1631.0	26.3	0.4
制造业	**102411.6**	**124970.7**	**22.0**	**34.3**
农副食品加工业	5233.7	6906.6	32.0	1.9
食品制造业	2404.9	3080.0	28.1	0.8
酒、饮料和精制茶制造业	1910.1	2601.9	36.2	0.7
烟草制品业	268.6	245.2	-8.7	0.1
纺织业	3656.1	4094.8	12.0	1.1
纺织服装、服饰业	2101.8	2610.9	24.2	0.7
皮革、毛皮、羽毛及其制品和制鞋业	1170.5	1337.6	14.3	0.4
木材加工及木、竹、藤、棕、草制品业	1900.3	2495.0	31.3	0.7
家具制造业	1196.4	1557.2	30.2	0.4
造纸及纸制品业	1922.6	2220.9	15.5	0.6
印刷和记录媒介复制业	876.2	1092.6	24.7	0.3
文教、工美、体育和娱乐用品制造业	950.7	1148.2	20.8	0.3
石油加工、炼焦和核燃料加工业	2268.5	2391.0	5.4	0.7
化学原料和化学制品制造业	8786.5	11483.9	30.7	3.1
医药制造业	2648.9	3564.7	34.6	1.0
化学纤维制造业	744.0	883.4	18.7	0.2
橡胶和塑料制品业	3714.8	4334.7	16.7	1.2
非金属矿物制品业	10359.5	12217.6	17.9	3.3
黑色金属冶炼和压延加工业	5160.6	5055.5	-2.0	1.4
有色金属冶炼和压延加工业	3720.3	4484.9	20.6	1.2
金属制品业	5418.4	5955.0	9.9	1.6
通用设备制造业	6364.07	8505.47	33.6	2.3
专用设备制造业	5791.7	8430.2	45.6	2.3
汽车制造业	6027.4	8004.2	32.8	2.2
铁路、船舶、航空航天和其他运输设备制造业	2211.4	2318.9	4.9	0.6

注：本表为新行业口径，数据为固定资产投资(不含农户)。

按行业分固定资产投资(二)

行　　业	投资额（亿元）		2012年比上年增长(%)	2012年比重(%)
	2011年	2012年		
电气机械和器材制造业	7881.2	8258.7	4.8	2.3
计算机、通信和其他电子设备制造业	5259.0	5936.9	12.9	1.6
仪器仪表制造业	992.8	1301.7	31.1	0.4
其他制造业	1001.4	1402.3	40.0	0.4
废弃资源综合利用业	469.0	717.9	53.1	0.2
金属制品、机械和设备修理业		332.8		0.1
电力、热力、燃气及水的生产和供应业	**14659.2**	**16536.5**	**12.8**	**4.5**
电力、热力生产和供应业	11603.5	12815.2	10.4	3.5
燃气生产和供应业	1244.4	1576.8	26.7	0.4
水的生产和供应业	1811.3	2144.5	18.4	0.6
建筑业	**3239.9**	**4035.6**	**24.6**	**1.1**
批发和零售业	**7379.7**	**9816.3**	**33.0**	**2.7**
交通运输、仓储和邮政业	**27765.9**	**30296.4**	**9.1**	**8.3**
#铁路运输业	5915.0	6056.3	2.4	1.7
道路运输业	16076.8	17134.9	6.6	4.7
水上运输业	1926.5	1967.6	2.1	0.5
航空运输业	835.8	1088.0	30.2	0.3
管道运输业	148.1	192.4	29.9	0.1
仓储业	2437.2	3120.1	28.0	0.9
住宿和餐饮业	**3918.8**	**5102.5**	**30.2**	**1.4**
信息传输、软件和信息技术服务业	**2169.8**	**2834.4**	**30.6**	**0.8**
#电信、广播电视和卫星传输服务	1427.8	1646.9	15.3	0.5
金融业	**637.7**	**932.2**	**46.2**	**0.3**
房地产业	**75664.7**	**92357.1**	**22.1**	**25.3**
租赁和商务服务业	**3379.9**	**4644.9**	**37.4**	**1.3**
科学研究和技术服务业	**1702.6**	**2175.8**	**27.8**	**0.6**
水利、环境和公共设施管理业	**24520.7**	**29296.3**	**19.5**	**8.0**
水利管理业	3412.6	4059.4	19.0	1.1
生态保护和环境治理业	1070.8	1098.1	2.5	0.3
公共设施管理业	20037.4	24138.8	20.5	6.6
居民服务、修理和其他服务业	**1363.0**	**1717.5**	**26.0**	**0.5**
教育	**3890.4**	**4678.6**	**20.3**	**1.3**
卫生和社会工作	**2151.0**	**2645.2**	**23.0**	**0.7**
#卫生	1909.5	2218.4	16.2	0.6
文化、体育和娱乐业	**3155.6**	**4299.1**	**36.2**	**1.2**
#文化艺术业	1209.6	2002.4	65.5	0.5
公共管理、社会保障和社会组织	**5827.0**	**6363.0**	**9.2**	**1.7**
国际组织				

对外贸易和利用外资

指　　标	单　位	1990年	2000年	2010年	2011年	2012年
对外经济贸易						
货物进出口总额	**亿美元**	**1154.4**	**4742.9**	**29740.0**	**36418.6**	**38667.6**
出口总额	亿美元	620.9	2492.0	15777.5	18983.8	20489.3
初级产品	亿美元	158.9	254.6	816.9	1005.5	1005.8
工业制成品	亿美元	462.0	2237.4	14960.7	17978.4	19483.5
进口总额	亿美元	533.5	2250.9	13962.4	17434.8	18178.3
初级产品	亿美元	98.5	467.4	4338.5	6042.7	6346.0
工业制成品	亿美元	434.9	1783.5	9623.9	11392.1	11832.2
进出口差额	亿美元	87.4	241.1	1815.1	1549.0	2311.1
吸收外商投资						
合同项目	个	7371	22347	27406	27712	24925
#外商直接投资	个	7273	22347	27406	27712	24925
实际使用外资额	亿美元	102.9	593.6	1088.2	1177.0	1132.9
#外商直接投资	亿美元	34.9	407.2	1057.4	1160.1	1117.2
外商其他投资	亿美元	2.7	86.4	30.9	16.9	15.8
非金融类对外直接投资额	**亿美元**			**601.8**	**685.8**	**772.2**
对外经济合作						
合同金额	亿美元	26.0	149.4	1430.9		
#对外承包工程	亿美元	21.3	117.2	1343.7	1423.3	1565.3
对外劳务合作	亿美元	4.8	29.9	87.2		
完成营业额	亿美元	18.7	113.3	1010.5		
#对外承包工程	亿美元	16.4	83.8	921.7	1034.2	1166.0
对外劳务合作	亿美元	2.2	28.1	88.8		

注：1.本表进出口、对外经济数据分别由海关总署和商务部提供。
2.2000年起吸收外商投资数据不包括对外借款。
3.非金融类对外直接投资从2002年开始统计。
4.2011年起，商务部不再对外公布对外劳务合作合同数、合同金额以及完成营业额数据。

国家财政收支和国债余额

单位：亿元

指　　标	1990年	1995年	2000年	2010年	2011年	2012年
财政收入	**2937.1**	**6242.2**	**13395.2**	**83101.5**	**103874.4**	**117209.8**
中央	992.4	3256.6	6989.2	42488.5	51327.3	56132.4
地方	1944.7	2985.6	6406.1	40613.0	52547.1	61077.3
财政收入指数（上年=100）	110.2	119.6	117.0	121.3	125.0	112.8
财政收入按项目分						
#各项税收	2821.9	6038.0	12581.5	73210.8	89738.4	100600.9
#国内增值税	400.0	2602.3	4553.2	21093.5	24266.6	26415.7
国内消费税		541.5	858.3	6071.6	6936.2	7872.1
营业税	515.8	865.6	1868.8	11157.9	13679.0	15747.5
企业所得税	716.0	878.4	999.6	12843.5	16769.6	19653.6
个人所得税	21.1	131.3	659.6	4837.3	6054.1	5820.2
关税	159.0	291.8	750.5	2027.8	2559.1	2782.7
财政支出	**3083.6**	**6823.7**	**15886.5**	**89874.2**	**109247.8**	**125712.3**
中央	1004.5	1995.4	5519.9	15989.7	16514.1	18764.8
地方	2079.1	4828.3	10366.7	73884.4	92733.7	106947.5
财政支出指数（上年=100）	109.2	117.8	120.5	117.8	121.6	115.1
财政支出按项目分						
#一般公共服务				9337.2	10987.8	12890.8
国防				5333.4	6027.9	6691.3
教育				12550.0	16497.3	21164.6
科学技术				3250.2	3828.0	4429.5
社会保障和就业				9130.6	11109.4	12541.8
医疗卫生				4804.2	6429.5	7198.8
节能环保				2442.0	2641.0	2932.0
城乡社区事务				5987.4	7620.6	9019.6
农林水事务				8129.6	9937.6	11903.1
交通运输				5488.5	7497.8	8172.9
年末国债余额				**67548.1**	**72044.5**	**77565.7**
内债余额				66988.0	71410.8	76747.9
外债余额				560.1	633.7	817.8

注：1.本表及其他各表有关财政数据由财政部提供。2012年全国数据为预算执行数，以前各年数据为财政决算数。
2.财政收支不包括国内外债务收支，2000年起财政支出包括国内外债务付息支出。
3.中央、地方财政收支均为本级收支。
4.1990年和1995年企业所得税数据仅包括国有和集体企业所得税。
5.本表财政支出项目按2012年《政府收支分类科目》设置。

中央和地方财政收支

单位：亿元

年份	国家财政收入	中央	地方	国家财政支出	中央	地方
1978	1132.26	175.77	956.49	1122.09	532.12	589.97
1979	1146.38	231.34	915.04	1281.79	655.08	626.71
1980	1159.93	284.45	875.48	1228.83	666.81	562.02
“六五”时期	**7402.75**	**2583.02**	**4819.73**	**7483.18**	**3725.64**	**3757.54**
1981	1175.79	311.07	864.72	1138.41	625.65	512.76
1982	1212.33	346.84	865.49	1229.98	651.81	578.17
1983	1366.95	490.01	876.94	1409.52	759.60	649.92
1984	1642.86	665.47	977.39	1701.02	893.33	807.69
1985	2004.82	769.63	1235.19	2004.25	795.25	1209.00
“七五”时期	**12280.60**	**4104.41**	**8176.19**	**12865.67**	**4420.27**	**8445.40**
1986	2122.01	778.42	1343.59	2204.91	836.36	1368.55
1987	2199.35	736.29	1463.06	2262.18	845.63	1416.55
1988	2357.24	774.76	1582.48	2491.21	845.04	1646.17
1989	2664.90	822.52	1842.38	2823.78	888.77	1935.01
1990	2937.10	992.42	1944.68	3083.59	1004.47	2079.12
“八五”时期	**22442.10**	**9038.39**	**13403.71**	**24387.46**	**7323.13**	**17064.33**
1991	3149.48	938.25	2211.23	3386.62	1090.81	2295.81
1992	3483.37	979.51	2503.86	3742.20	1170.44	2571.76
1993	4348.95	957.51	3391.44	4642.30	1312.06	3330.24
1994	5218.10	2906.50	2311.60	5792.62	1754.43	4038.19
1995	6242.20	3256.62	2985.58	6823.72	1995.39	4828.33
“九五”时期	**50774.39**	**25618.37**	**25156.02**	**57043.46**	**17481.55**	**39561.91**
1996	7407.99	3661.07	3746.92	7937.55	2151.27	5786.28
1997	8651.14	4226.92	4424.22	9233.56	2532.50	6701.06
1998	9875.95	4892.00	4983.95	10798.18	3125.60	7672.58
1999	11444.08	5849.21	5594.87	13187.67	4152.33	9035.34
2000	13395.23	6989.17	6406.06	15886.50	5519.85	10366.65
“十五”时期	**115050.69**	**61888.28**	**53162.41**	**128022.85**	**36629.87**	**91392.98**
2001	16386.04	8582.74	7803.30	18902.58	5768.02	13134.56
2002	18903.64	10388.64	8515.00	22053.15	6771.70	15281.45
2003	21715.25	11865.27	9849.98	24649.95	7420.10	17229.85
2004	26396.47	14503.10	11893.37	28486.89	7894.08	20592.81
2005	31649.29	16548.53	15100.76	33930.28	8775.97	25154.31
“十一五”时期	**303032.14**	**159290.52**	**143741.62**	**318970.83**	**66023.15**	**252947.68**
2006	38760.20	20456.62	18303.58	40422.73	9991.40	30431.33
2007	51321.78	27749.16	23572.62	49781.35	11442.06	38339.29
2008	61330.35	32680.56	28649.79	62592.66	13344.17	49248.49
2009	68518.30	35915.71	32602.59	76299.93	15255.79	61044.14
2010	83101.51	42488.47	40613.04	89874.16	15989.73	73884.43
“十二五”时期						
2011	103874.43	51327.32	52547.11	109247.79	16514.11	92733.68
2012	117209.75	56132.42	61077.33	125712.25	18764.80	106947.45

注：中央、地方财政收支均为本级收支。

金融机构本外币存贷款余额

项目	存款余额	#非金融企业存款	#住户存款	#人民币	贷款余额	#境内短期贷款	#境内中长期贷款
年底余额(亿元)							
2003	220364				169771	87398	67252
2004	254089				189411	90818	81007
2005	300209				206838	91157	92941
2006	169331				238519	101762	113173
2007	401051	195149	179526	175749	277747	118898	138581
2008	478444	224489	225641	222006	320049	128571	164160
2009	612006	305365	268650	264652	425597	151353	235579
2010	733382	314111	312302	308380	509226	171236	305127
2011	826701	313981	351957	348046	581893	217480	333747
2012	943102	345124	410201	406192	672875	268152	363894
比上年增长(%)							
2003	20.2				21.4	13.8	30.0
2004	15.3				14.3	7.4	22.1
2005	18.2				13.1	6.8	16.5
2006	13.5				14.7	10.9	21.3
2007	15.2	21.7	5.7	6.8	16.4	16.8	22.5
2008	19.3	15.1	25.7	26.3	17.9	12.3	20.2
2009	27.7	36.1	19.2	19.3	33.0	17.7	43.5
2010	19.8	21.5	16.3	16.5	19.7	13.1	29.5
2011	13.5	9.5	15.5	15.7	15.7	21.8	11.8
2012	14.1	9.9	16.6	16.7	15.6	23.3	9.0

注：1.本表中外币存贷余额已折合人民币。
2.人民银行从2007年开始正式编制发布按部门分类《金融机构信贷收支表》，故2007年前各年存款无分类数据。
3.2010年前，“住户存款”称为“居民户存款”，主要为居民储蓄存款；“非金融企业存款”称为“非金融性公司存款”，主要包括企事业单位存款和机关团体存款。
4.2011年金融统计制度调整，“非金融企业存款”与2010年之前数据不可比，增长按可比口径计算。

金融机构人民币存贷款余额和货币供应量

单位：亿元

年份	金融机构		货币供应量		
	存款余额	贷款余额	货币和准货币 (M_2)	狭义货币 (M_1)	流通中现金 (M_0)
1978	1155.0	1890.4			212.0
1979	1362.6	2082.5			267.7
1980	1689.7	2478.1			346.2
1981	2097.2	2853.3			396.3
1982	2449.1	3162.7			439.1
1983	2883.3	3566.6			529.8
1984	3735.3	4746.8			792.1
1985	4560.0	6198.4			987.8
1986	5933.9	8142.7			1218.4
1987	7392.4	9814.1			1454.5
1988	8810.4	11964.3			2134.0
1989	10709.6	14248.8			2344.0
1990	13942.9	17511.0	15293.4	6950.7	2644.4
1991	17972.8	21116.4	19349.9	8633.3	3177.8
1992	23143.8	25742.8	25402.2	11731.5	4336.0
1993	29646.0	32955.8	34879.8	16280.4	5864.7
1994	40502.5	39976.0	46923.5	20540.7	7288.6
1995	53882.1	50544.1	60750.5	23987.1	7885.3
1996	68595.6	61156.6	76094.9	28514.8	8802.0
1997	82392.8	74914.1	90995.3	34826.3	10177.6
1998	95697.9	86524.1	104498.5	38953.7	11204.2
1999	108778.9	93734.3	119897.9	45837.3	13455.5
2000	123804.4	99371.1	134610.3	53147.2	14652.7
2001	143617.2	112314.7	158301.9	59871.6	15688.8
2002	170917.4	131293.9	185007.0	70881.8	17278.0
2003	208055.6	158996.2	221222.8	84118.6	19745.9
2004	241424.3	178197.8	254107.0	95969.7	21467.3
2005	287163.0	194690.4	298755.7	107278.8	24031.7
2006	335459.8	225347.2	345603.6	126035.1	27072.6
2007	389371.2	261690.9	403442.2	152560.1	30375.2
2008	466203.3	303394.6	475166.6	166217.1	34219.0
2009	597741.1	399684.8	606225.0	220001.5	38246.0
2010	718237.9	479195.6	725774.1	266621.5	44628.2
2011	809368.3	547946.7	851590.9	289847.7	50748.5
2012	917554.8	629909.6	974148.8	308664.2	54659.8

注：2001年6月起货币供应量(M_2)含证券公司客户保证金。

金融机构人民币存贷款余额和货币供应量同比增长率

单位：%

年 份	金融机构		货币供应量		
	存款余额	贷款余额	货币和准货币 (M_2)	狭义货币 (M_1)	流通中现金 (M_0)
1978	6.9	11.2			
1979	18.0	10.2			26.3
1980	24.0	19.0			29.3
1981	24.1	15.1			14.5
1982	16.8	10.8			10.8
1983	17.7	12.8			20.7
1984	29.5	33.1			49.5
1985	22.1	30.6			24.7
1986	30.1	31.4			23.3
1987	24.6	20.5			19.4
1988	19.2	21.9			46.7
1989	21.6	19.1			9.8
1990	30.2	22.9			12.8
1991	28.9	20.6	26.5	24.2	20.2
1992	28.8	21.9	31.3	35.9	36.4
1993	28.1	28.0			
1994	36.6	21.3	34.5	26.2	24.3
1995	33.0	26.4	29.5	16.8	8.2
1996	27.3	21.0	25.3	18.9	11.6
1997	20.1	22.5	17.3	16.5	15.6
1998	15.7	15.5	14.8	11.9	10.1
1999	13.5	12.3	14.7	17.7	20.1
2000	13.8	17.6	12.3	16.0	8.9
2001	16.0	12.9	17.6	12.7	7.1
2002	18.9	15.8	16.8	16.8	10.1
2003	21.7	21.1	19.6	18.7	14.3
2004	16.0	14.4	14.7	13.6	8.7
2005	18.9	13.3	17.6	11.8	11.9
2006	16.8	15.1	17.0	17.5	12.7
2007	16.1	16.1	16.7	21.1	12.2
2008	19.7	16.0	17.8	9.1	12.7
2009	28.2	31.7	27.7	32.4	11.8
2010	20.2	19.9	19.7	21.2	16.7
2011	13.5	15.8	13.6	7.9	13.8
2012	13.3	15.0	13.8	6.5	7.7

注：本表按可比口径计算。

证券市场基本情况

项　　目	单位	2008年	2009年	2010年	2011年	2012年
境内上市公司数（A、B股）	家	1625	1718	2063	2342	2494
境内上市外资股（B股）	家	109	108	108	108	107
境外上市公司数（H股）	家	153	159	165	171	179
股票发行量	亿股	180.3	416.0	928.4	167.2	299.8
股票筹资额	亿元	3852.2	6124.7	11971.9	5073.1	3172.5
股票总发行股本	亿股	24523	26163	33184	36096	38395
#流通股本	亿股	12579	19760	25642	28850	31340
股票市价总值	亿元	121366	243939	265423	214758	230358
#股票流通市值	亿元	45214	151259	193110	164921	181658
股票成交量	亿股	24131	51107	42152	33958	3288106
股票成交金额	亿元	267113	535987	545634	421650	314667
上证综合指数(收盘)		1820.81	3277.14	2808.08	2199.42	2269.13
深证综合指数(收盘)		553.30	1201.34	1290.86	866.65	881.17
股票有效账户数	万户	10450	12038	13391	14050	14046
平均市盈率						
上海		14.9	28.7	21.6	13.4	12.3
深圳		16.7	46.0	44.7	23.1	22.0
平均换手率						
上海	%	393.0	499.4	198.0	124.8	101.6
深圳	%	469.0	793.3	557.0	340.5	297.9
国债发行额	亿元	8558	17927	19778	17100	16154
公司信用类债券发行额	亿元	8435	15864	15491	20143	37366
债券成交量	万手	288912	405677	760076	2162808	4134076
债券成交额	亿元	28885	40635	76206	216350	403427
国债现货成交金额	亿元	2123	2086	1662	1253	914
国债回购成交金额	亿元	24269	35929	65878	204621	371376
证券投资基金只数	只	439	557	704	914	1173
证券投资基金规模	亿份	25742	26767	24228	26510	31708
证券投资基金成交金额	亿元	5831	10250	8996	6366	8667
期货总成交量	万手	136396	215752	312890	105414	145053
期货总成交额	亿元	719173	1305143	2959480	1375162	1711269

注：1.本表资料由中国证券监督管理委员会提供。
2.公司信用类债券包含非金融企业债务融资工具、企业债券以及公司债、可转债、可分离债、中小企业私募债。该指标为2012年新增指标，与以前年份不可比(以前年份数据为企业债发行额)。

国家外债余额和外债风险指标

年 份	外债余额（亿美元）	按偿还期限分		外债风险指标（%）		
		长期债务	短期债务	偿债率	负债率	债务率
1985	158.3	94.1	64.2	2.7	5.2	56.0
1986	214.8	167.1	47.7	15.4	7.3	72.1
1987	302.0	244.8	57.2	9.0	9.4	77.1
1988	400.0	326.9	73.1	6.5	10.0	87.1
1989	413.0	370.3	42.7	8.3	9.2	86.4
1990	525.5	457.8	67.7	8.7	13.6	91.6
1991	605.6	502.6	103.0	8.5	14.9	91.9
1992	693.2	584.7	108.5	7.1	14.4	87.9
1993	835.7	700.2	135.5	10.2	13.6	96.5
1994	928.1	823.9	104.2	9.1	16.6	78.0
1995	1065.9	946.7	119.2	7.6	14.6	72.4
1996	1162.8	1021.7	141.1	6.0	13.6	67.7
1997	1309.6	1128.2	181.4	7.3	13.7	63.2
1998	1460.4	1287.0	173.4	10.9	14.3	70.4
1999	1518.3	1366.5	151.8	11.2	14.0	68.7
2000	1457.3	1326.5	130.8	9.2	12.2	52.1
2001	2033.0	1195.3	837.7	7.5	15.3	67.9
2002	2026.3	1155.5	870.8	7.9	13.9	55.5
2003	2193.6	1165.9	1027.7	6.9	13.4	45.2
2004	2629.9	1242.9	1387.0	3.2	13.6	40.2
2005	2965.4	1249.0	1716.4	3.1	13.1	35.4
2006	3385.9	1393.6	1992.3	2.1	12.5	31.9
2007	3892.2	1535.3	2356.9	2.0	11.1	29.0
2008	3901.6	1638.8	2262.8	1.8	8.6	24.7
2009	4286.5	1693.9	2592.6	2.9	8.6	32.2
2010	5489.4	1732.4	3757.0	1.6	9.3	29.2
2011	6950.0	1941.0	5009.0	1.7	9.5	33.3
2012	7369.9	1960.6	5409.3	1.6	9.0	32.8

注：1.本表数据由国家外汇管理局提供。2001年起外债余额增加3个月以内贸易项下的对外融资余额。
2.偿债率指偿还外债本息与当年贸易和非贸易外汇收入(国际收支口径)之比；负债率指外债余额与当年国内生产总值之比；债务率指外债余额与当年贸易和非贸易外汇收入(国际收支口径)之比。

各种价格指数

(上年=100)

年份	居民消费价格指数	商品零售价格指数	农业生产资料价格指数	农产品生产价格指数	工业生产者出厂价格指数	工业生产者购进价格指数	固定资产投资价格指数
1978	100.7	100.7	99.9	103.9	100.1		
1979	101.9	102.0	100.4	122.1	101.5		
1980	107.5	106.0	101.0	107.1	100.5		
1981	102.5	102.4	101.7	105.9	100.2		
1982	102.0	101.9	101.9	102.2	99.8		
1983	102.0	101.5	103.0	104.4	99.9		
1984	102.7	102.8	108.9	104.0	101.4		
1985	109.3	108.8	104.8	108.6	108.7		
1986	106.5	106.0	101.1	106.4	103.8		
1987	107.3	107.3	107.0	112.0	107.9		
1988	118.8	118.5	116.2	123.0	115.0		
1989	118.0	117.8	118.9	115.0	118.6	126.4	
1990	103.1	102.1	105.5	97.4	104.1	105.6	108.0
1991	103.4	102.9	102.9	98.0	106.2	109.1	109.5
1992	106.4	105.4	103.7	103.4	106.8	111.0	115.3
1993	114.7	113.2	114.1	113.4	124.0	135.1	126.6
1994	124.1	121.7	121.6	139.9	119.5	118.2	110.4
1995	117.1	114.8	127.4	119.9	114.9	115.3	105.9
1996	108.3	106.1	108.4	104.2	102.9	103.9	104.0
1997	102.8	100.8	99.5	95.5	99.7	101.3	101.7
1998	99.2	97.4	94.5	92.0	95.9	95.8	99.8
1999	98.6	97.0	95.8	87.8	97.6	96.7	99.6
2000	100.4	98.5	99.1	96.4	102.8	105.1	101.1
2001	100.7	99.2	99.1	103.1	98.7	99.8	100.4
2002	99.2	98.7	100.5	99.7	97.8	97.7	100.2
2003	101.2	99.9	101.4	104.4	102.3	104.8	102.2
2004	103.9	102.8	110.6	113.1	106.1	111.4	105.6
2005	101.8	100.8	108.3	101.4	104.9	108.3	101.6
2006	101.5	101.0	101.5	101.2	103.0	106.0	101.5
2007	104.8	103.8	107.7	118.5	103.1	104.4	103.9
2008	105.9	105.9	120.3	114.1	106.9	110.5	108.9
2009	99.3	98.8	97.5	97.6	94.6	92.1	97.6
2010	103.3	103.1	102.9	110.9	105.5	109.6	103.6
2011	105.4	104.9	111.3	116.5	106.0	109.1	106.6
2012	102.6	102.0	105.6	102.7	98.3	98.2	101.1

注：1.居民消费价格指数1985年及以前为职工生活费用价格指数（下表同）。
2.从2011年起工业品出厂价格指数改为工业生产者出厂价格指数，原材料、燃料、动力购进价格指数改为工业生产者购进价格指数。

居民消费价格指数

(上年=100)

项　　目	2010年	2011年	2012年		
				城　市	农　村
居民消费价格指数	**103.3**	**105.4**	**102.6**	**102.7**	**102.5**
食品	**107.2**	**111.8**	**104.8**	**105.1**	**104.0**
#粮食	111.8	112.2	104.0	104.1	103.6
油脂	103.8	113.4	105.1	105.6	104.1
肉禽及其制品	102.9	122.6	102.1	102.8	100.2
蛋	108.3	114.2	97.1	97.3	96.8
水产品	108.1	112.1	108.0	107.7	109.0
菜	118.5	101.1	113.7	113.7	113.9
糖	108.3	111.2	104.2	104.6	103.3
茶及饮料	101.3	104.0	104.2	104.4	103.3
干鲜瓜果	114.6	115.9	100.1	100.0	100.2
液体乳及乳制品	102.8	105.1	103.2	103.3	102.6
烟酒及用品	**101.6**	**102.8**	**102.9**	**102.9**	**102.7**
烟草	100.5	100.3	100.5	100.3	100.9
酒	103.6	106.7	106.3	106.9	105.2
衣着	**99.0**	**102.1**	**103.1**	**102.9**	**103.8**
#服装	99.1	102.4	103.3	103.2	103.9
鞋袜帽	98.2	100.7	102.3	102.0	103.3
家庭设备用品及维修服务	**100.0**	**102.4**	**101.9**	**102.1**	**101.5**
#耐用消费品	98.5	100.4	100.4	100.4	100.3
室内装饰品	99.9	101.0	100.8	100.7	100.9
家庭服务及加工维修服务	106.7	111.4	109.7	110.2	107.5
医疗保健和个人用品	**103.2**	**103.4**	**102.0**	**102.0**	**102.1**
医疗保健	103.3	102.9	101.7	101.7	101.8
个人用品及服务	103.0	104.4	102.6	102.5	103.1
交通和通信	**99.6**	**100.5**	**99.9**	**99.7**	**100.6**
交通	101.7	102.6	101.2	100.9	101.9
通信	97.3	97.5	98.0	97.8	98.6
娱乐教育文化用品及服务	**100.6**	**100.4**	**100.5**	**100.4**	**101.0**
文娱用耐用消费品及服务	94.3	93.7	94.5	94.0	96.0
教育	101.4	101.3	101.7	101.7	101.9
文化娱乐	101.0	101.1	101.3	101.3	101.1
旅游	104.9	103.8	101.7	101.4	103.4
居住	**104.5**	**105.3**	**102.1**	**102.2**	**101.9**
建房及装修材料	103.3	104.7	101.0	101.1	100.9
住房租金	104.9	105.3	102.7	102.7	103.2
自有住房	103.6	106.5	102.3	102.3	102.2
水电燃料	105.5	103.5	102.4	102.5	102.4

人民生活基本情况

指标名称	单位	1990年	2000年	2010年	2011年	2012年
就业						
城镇居民家庭每一就业者负担人数	人	1.77	1.86	1.93	1.94	1.92
农村居民家庭每一劳动力负担人数	人	1.64	1.52	1.39	1.40	1.40
城镇登记失业率	%	2.5	3.1	4.1	4.1	4.1
收入与支出						
城镇居民人均可支配收入	元	1510	6280	19109	21810	24565
农村居民人均纯收入	元	686	2253	5919	6977	7917
城镇居民人均可支配收入指数	1978年=100	198.1	383.7	965.0	1046.3	1146.7
农村居民人均纯收入指数	1978年=100	311.2	483.4	954.4	1063.2	1176.9
城镇居民人均消费支出	元	1279	4998	13471	15161	16674
农村居民人均消费支出	元	585	1670	4382	5221	5908
城镇居民家庭恩格尔系数	%	54.2	39.4	35.7	36.3	36.2
农村居民家庭恩格尔系数	%	58.8	49.1	41.1	40.4	39.3
住房						
城镇居民人均住房建筑面积	平方米			31.6	32.7	32.9
农村居民人均住房面积	平方米	17.8	24.8	34.1	36.2	37.1
文化						
城镇每百户彩色电视机拥有量	台	59.0	116.6	137.4	135.2	136.1
农村每百户彩色电视机拥有量	台	4.7	48.7	111.8	115.5	116.9
城镇每百户计算机拥有量	台		9.7	71.2	81.9	87.0
农村每百户计算机拥有量	台		0.5	10.4	18.0	21.4
广播节目综合人口覆盖率	%	74.7	92.5	96.8	97.1	97.5
电视节目综合人口覆盖率	%	79.4	93.7	97.6	97.8	98.2
教育						
小学学龄儿童净入学率	%	97.8	99.1	99.7	99.8	99.9
每十万人口高等教育在校生数	人	326	723	2189	2253	2335
社会保障						
参加城镇基本养老保险人数	万人	6166	13617	25707	28391	30379
参加城镇基本医疗保险人数	万人		3787	43263	47343	53589
参加失业保险人数	万人		10408	13376	14317	15225
参加工伤保险人数	万人		4350	16161	17696	18993
参加生育保险人数	万人		3002	12336	13892	15445
社会保险基金收入	亿元	187	2645	18823	24043	28465

注：本表价值量指标按当年价格计算，指数按可比价格计算。

城乡居民家庭人均收入和指数

年　份	城镇居民家庭人均可支配收入			农村居民家庭人均纯收入		
	绝对数（元）	指　数（上年=100）	指　数（1978年=100）	绝对数（元）	指　数（上年=100）	指　数（1978年=100）
1978	343.4		100.0	133.6		100.0
1979	405.0	115.7	115.7	160.2	119.2	119.2
1980	477.6	109.7	127.0	191.3	116.6	139.0
1981	500.4	102.2	129.9	223.4	115.4	160.4
1982	535.3	104.9	136.3	270.1	119.9	192.3
1983	564.6	103.9	141.5	309.8	114.2	219.6
1984	652.1	112.2	158.7	355.3	113.6	249.5
1985	739.1	101.1	160.4	397.6	107.8	268.9
1986	900.9	113.9	182.7	423.8	103.2	277.6
1987	1002.1	102.2	186.8	462.6	105.2	292.0
1988	1180.2	97.6	182.3	544.9	106.4	310.7
1989	1373.9	100.1	182.5	601.5	98.4	305.7
1990	1510.2	108.5	198.1	686.3	101.8	311.2
1991	1700.6	107.1	212.4	708.6	102.0	317.4
1992	2026.6	109.7	232.9	784.0	105.9	336.2
1993	2577.4	109.5	255.1	921.6	103.2	346.9
1994	3496.2	108.5	276.8	1221.0	105.0	364.3
1995	4283.0	104.9	290.3	1577.7	105.3	383.6
1996	4838.9	103.8	301.6	1926.1	109.0	418.1
1997	5160.3	103.4	311.9	2090.1	104.6	437.3
1998	5425.1	105.8	329.9	2162.0	104.3	456.1
1999	5854.0	109.3	360.6	2210.3	103.8	473.5
2000	6280.0	106.4	383.7	2253.4	102.1	483.4
2001	6859.6	108.5	416.3	2366.4	104.2	503.7
2002	7702.8	113.4	472.1	2475.6	104.8	527.9
2003	8472.2	109.0	514.6	2622.2	104.3	550.6
2004	9421.6	107.7	554.2	2936.4	106.8	588.0
2005	10493.0	109.6	607.4	3254.9	106.2	624.5
2006	11759.5	110.4	670.7	3587.0	107.4	670.7
2007	13785.8	112.2	752.5	4140.4	109.5	734.4
2008	15780.8	108.4	815.7	4760.6	108.0	793.2
2009	17174.7	109.8	895.4	5153.2	108.5	860.6
2010	19109.4	107.8	965.2	5919.0	110.9	954.4
2011	21809.8	108.4	1046.3	6977.3	111.4	1063.2
2012	24564.7	109.6	1146.7	7916.6	110.7	1176.9
平均每年增长(%)						
1979–2012年			7.4			7.5
1991–2012年			8.3			6.2
2001–2012年			9.6			7.7

注：本表绝对数按当年价格计算，指数和平均增长速度按可比价格计算。

城乡居民家庭人均消费支出和住房情况

年 份	城镇居民家庭		农村居民家庭		城镇居民人均住房建筑面积(平方米)	农村居民人均住房面积(平方米)
	人均消费支出(元)	恩格尔系数(%)	人均消费支出(元)	恩格尔系数(%)		
1978	311.2	57.5	116.1	67.7		8.1
1979			134.5	64.0		8.4
1980	412.4	56.9	162.2	61.8		9.4
1981	456.8	56.7	190.8	59.9		10.2
1982	471.0	58.6	220.2	60.7		10.7
1983	505.9	59.2	248.3	59.4		11.6
1984	559.4	58.0	273.8	59.2		13.6
1985	673.2	53.3	317.4	57.8		14.7
1986	799.0	52.4	357.0	56.4		15.3
1987	884.4	53.5	398.3	55.8		16.0
1988	1104.0	51.4	476.7	54.0		16.6
1989	1211.0	54.5	535.4	54.8		17.2
1990	1278.9	54.2	584.6	58.8		17.8
1991	1453.8	53.8	619.8	57.6		18.5
1992	1671.7	53.0	659.0	57.6		18.9
1993	2110.8	50.3	769.7	58.1		20.7
1994	2851.3	50.0	1016.8	58.9		20.2
1995	3537.6	50.1	1310.4	58.6		21.0
1996	3919.5	48.8	1572.1	56.3		21.7
1997	4185.6	46.6	1617.2	55.1		22.5
1998	4331.6	44.7	1590.3	53.4		23.3
1999	4615.9	42.1	1577.4	52.6		24.2
2000	4998.0	39.4	1670.1	49.1		24.8
2001	5309.0	38.2	1741.1	47.7		25.7
2002	6029.9	37.7	1834.3	46.2	24.5	26.5
2003	6510.9	37.1	1943.3	45.6	25.3	27.2
2004	7182.1	37.7	2184.7	47.2	26.4	27.9
2005	7942.9	36.7	2555.4	45.5	27.8	29.7
2006	8696.6	35.8	2829.0	43.0	28.5	30.7
2007	9997.5	36.3	3223.9	43.1	30.1	31.6
2008	11242.9	37.9	3660.7	43.7	30.6	32.4
2009	12264.6	36.5	3993.5	41.0	31.3	33.6
2010	13471.5	35.7	4381.8	41.1	31.6	34.1
2011	15160.9	36.3	5221.1	40.4	32.7	36.2
2012	16674.3	36.2	5908.0	39.3	32.9	37.1

注：城镇居民人均住房建筑面积为城镇住户抽样调查数据(不含集体户)。

城乡居民人民币储蓄存款

单位：亿元

年 份	年底余额			年增加额		
	总 计	定 期	活 期	总 计	定 期	活 期
1978	210.6	128.9	81.7	29.0	17.2	11.8
1979	281.0	166.4	114.6	70.4	37.5	32.9
1980	395.8	304.9	90.9	114.8	138.5	-23.7
1981	523.4	396.4	127.0	127.6	91.5	36.1
1982	675.4	519.3	156.1	152.0	122.9	29.1
1983	892.9	682.4	210.5	217.5	163.1	54.4
1984	1214.7	900.9	313.8	321.8	218.5	103.3
1985	1622.6	1225.2	397.4	407.9	324.3	83.6
1986	2237.8	1729.2	508.6	615.2	504.0	111.2
1987	3083.4	2357.8	725.6	845.6	628.6	217.0
1988	3819.1	2845.3	973.8	735.7	487.5	248.2
1989	5184.5	4208.5	976.0	1365.4	1363.2	2.2
1990	7119.6	5909.4	1210.2	1935.1	1700.9	234.2
1991	9244.9	7634.9	1610.0	2125.3	1725.5	399.8
1992	11757.3	9445.0	2312.3	2512.4	1810.1	702.3
1993	15203.5	12108.3	3095.2	3446.2	2663.3	782.9
1994	21518.8	16838.7	4680.1	6315.3	4730.4	1584.9
1995	29662.3	23778.3	5884.1	8143.5	6939.6	1203.9
1996	38520.8	30873.2	7647.6	8858.6	7095.0	1763.6
1997	46279.8	36226.7	10053.1	7759.0	5353.5	2405.4
1998	53407.5	41791.6	11615.9	7127.7	5564.8	1562.8
1999	59621.8	44955.1	14666.7	6214.4	3163.5	3050.8
2000	64332.4	46141.7	18190.7	4710.6	1186.6	3524.0
2001	73762.4	51434.9	22327.6	9430.1	5293.2	4136.9
2002	86910.7	58788.9	28121.7	13148.2	7354.1	5794.1
2003	103617.7	68498.7	35119.0	16707.0	9709.7	6997.3
2004	119555.4	78138.9	41416.5	15937.7	9640.2	6297.6
2005	141051.0	92263.5	48787.5	21495.6	14124.7	7370.9
2006	161587.3	103011.4	58575.9	20544.0	10777.3	9766.7
2007	172534.2	104934.5	67599.7	10946.9	1923.1	9023.8
2008	217885.4	139300.2	78585.2	45351.2	34365.7	10985.5
2009	260771.7	160230.4	100541.3	42886.3	20930.2	21956.1
2010	303302.5	178413.9	124888.6	42530.8	18183.5	24347.3
2011	343635.9			40333.4		
2012	399551.0			55915.2		

注：2011年起，城乡居民人民币储蓄存款统计不再划分活期、定期存款。

城镇居民家庭基本情况

项　　目	单位	1990年	2000年	2010年	2011年	2012年
调查户数	户	**35660**	**42220**	**65607**	**65655**	**65981**
平均每户家庭人口数	人	3.50	3.13	2.88	2.87	2.86
平均每户就业人口数	人	1.98	1.68	1.49	1.48	1.49
平均每人全部年收入	元	**1516.2**	**6295.9**	**21033.4**	**23979.2**	**26959.0**
工资性收入	元	1149.7	4480.5	13707.7	15411.9	17335.6
经营净收入	元	22.5	246.2	1713.5	2209.7	2548.3
财产性收入	元	15.6	128.4	520.3	649.0	707.0
转移性收入	元	328.4	1440.8	5091.9	5708.6	6368.1
#可支配收入	元	1510.2	6280.0	19109.4	21809.8	24564.7
平均每人每年总支出	元	**1413.9**	**6147.4**	**18258.4**	**20365.7**	**22341.4**
消费支出	元	1278.9	4998.0	13471.5	15160.9	16674.3
非消费支出	元	37.2	1146.1	4786.9	5204.8	5667.1
恩格尔系数	%	**54.2**	**39.4**	**35.7**	**36.3**	**36.2**

注：本表为城镇住户抽样调查资料。2002年起城镇住户调查对象由原来的非农业人口改为城市市区和县城关镇区常住人口。

农村居民家庭基本情况

项　　目	单位	1990年	2000年	2010年	2011年	2012年
调查户数	户	**66960**	**68116**	**68190**	**73630**	**73750**
平均每户常住人口	人	4.80	4.20	3.95	3.90	3.88
平均每户整、半劳动力	人	2.92	2.76	2.85	2.78	2.76
平均每人经营耕地面积	亩	2.10	1.98	2.28	2.30	2.34
平均每人年收入						
总收入	元	**990.4**	**3146.2**	**8119.5**	**9833.1**	**10990.7**
工资性收入	元	138.8	702.3	2431.1	2963.4	3447.5
家庭经营收入	元	815.8	2251.3	4937.5	5939.8	6461.0
财产性收入	元	35.8	45.0	202.2	228.6	249.1
转移性收入	元		147.6	548.7	701.4	833.2
纯收入	元	**686.3**	**2253.4**	**5919.0**	**6977.3**	**7916.6**
工资性收入	元	138.8	702.3	2431.1	2963.4	3447.5
家庭经营收入	元	518.6	1427.3	2832.8	3222.0	3533.4
财产性收入	元	29.0	45.0	202.2	228.6	249.1
转移性收入	元		78.8	452.9	563.3	686.7
现金收入	元	**676.7**	**2381.6**	**7088.8**	**8638.5**	**9787.2**
工资性收入	元	136.4	700.4	2427.9	2959.7	3443.5
家庭经营收入	元	481.2	1498.8	3955.4	4810.4	5313.1
财产性收入	元	59.1	38.9	168.3	185.8	219.3
转移性收入	元		143.5	537.2	682.6	811.2
平均每人年支出						
总支出	元	903.5	2652.4	6991.8	8641.6	9605.5
#消费支出	元	584.6	1670.1	4381.8	5221.1	5908.0
恩格尔系数	%	58.8	49.1	41.1	40.4	39.3
现金支出	元	639.1	2140.4	6307.4	7984.9	8961.9

农业基本情况

项　　目	单 位	1990年	2000年	2010年	2011年	2012年
农业机械拥有量						
农用机械总动力	万千瓦	28708	52574	92781	97735	102559
大中型拖拉机	万台	81.4	97.5	392.2	440.6	485.2
小型拖拉机	万台	698	1264	1786	1811	1797
大中型拖拉机配套农具	万部	97	140	613	699	764
小型拖拉机配套农具	万部	649	1789	2993	3062	3081
农用排灌柴油机	万台	411.1	688.1	946.3	968.4	982.3
渔业机械	万台	32.1	46.0	247.6	301.6	348.8
灌溉、施肥、用电量						
有效灌溉面积	万公顷	4740.3	5382.0	6034.8	6168.2	
农用化肥施用量(折纯)	万吨	2590.3	4146.4	5561.7	5704.2	5838.8
乡村办水电站个数	个	52387	29962	44815	45151	
乡村办水电站装机容量	万千瓦	428.8	698.5	5924.0	6212.3	
农村用电量	亿千瓦小时	844.5	2421.3	6632.3	7139.6	7508.5
农作物总播种面积	**万公顷**	**14836**	**15630**	**16067**	**16228**	**16342**
粮食	万公顷	11347	10846	10988	11057	11120
谷物	万公顷		8526	8985	9102	9262
豆类	万公顷		1266	1128	1065	971
薯类	万公顷	912	1054	875	891	888
油料	万公顷	1090	1540	1389	1386	1393
棉花	万公顷	559	404	485	504	469
麻类	万公顷	50	26	13	12	10
糖料	万公顷	168	151	191	195	203
烟叶	万公顷	159	144	134	146	160
蔬菜	万公顷	634	1524	1900	1964	2035
茶园面积	**万公顷**	**106**	**109**	**197**	**211**	**228**
果园面积	**万公顷**	**518**	**893**	**1154**	**1183**	**1214**
受灾面积和成灾面积						
受灾面积	万公顷	3847	5469	3743	3247	2496
成灾面积	万公顷	1782	3437	1854	1244	1147
成灾占受灾面积的比重	%	46.3	62.9	49.5	38.3	46.0

农林牧渔业总产值

单位：亿元

年 份	农林牧渔业总产值	#农 业	#林 业	#牧 业	#渔 业
1978	1397.0	1117.5	48.1	209.3	22.1
1980	1922.6	1454.1	81.4	354.2	32.9
1985	3619.5	2506.4	188.7	798.3	126.1
1990	7662.1	4954.3	330.3	1967.0	410.6
1995	20340.9	11884.6	709.9	6045.0	1701.3
1996	22353.7	13539.8	778.0	6015.5	2020.4
1997	23788.4	13852.5	817.8	6835.4	2282.7
1998	24541.9	14241.9	851.3	7025.8	2422.9
1999	24519.1	14106.2	886.3	6997.6	2529.0
2000	24915.8	13873.6	936.5	7393.1	2712.6
2001	26179.6	14462.8	938.8	7963.1	2815.0
2002	27390.8	14931.5	1033.5	8454.6	2971.1
2003	29691.8	14870.1	1239.9	9538.8	3137.6
2004	36239.0	18138.4	1327.1	12173.8	3605.6
2005	39450.9	19613.4	1425.5	13310.8	4016.1
2006	40810.8	21522.3	1610.8	12083.9	3970.5
2007	48893.0	24658.2	1861.6	16124.9	4457.5
2008	58002.2	28044.2	2152.9	20583.6	5203.4
2009	60361.0	30777.5	2193.0	19468.4	5626.4
2010	69319.8	36941.1	2595.5	20825.7	6422.4
2011	81303.9	41988.6	3120.7	25770.7	7568.0
2012	89453.0	46940.5	3447.1	27189.4	8706.0

注：本表按当年价格计算，从2003年起执行新国民经济行业分类标准，总产值包括农林牧渔服务业产值(下表同)。

农林牧渔业总产值指数

(1978年=100)

年 份	农林牧渔业总产值	#农 业	#林 业	#牧 业	#渔 业
1978	100.0	100.0	100.0	100.0	100.0
1980	109.1	106.4	113.7	122.6	103.9
1985	161.6	152.2	176.2	203.4	185.1
1990	203.9	186.5	179.5	282.0	346.7
1995	291.9	230.1	257.7	495.4	730.3
1996	319.3	248.0	272.2	551.6	832.4
1997	340.8	259.1	281.2	607.3	928.2
1998	361.1	271.9	289.4	651.9	1009.9
1999	377.9	283.6	298.6	681.6	1082.5
2000	391.5	287.6	314.7	724.5	1152.9
2001	408.1	297.7	315.2	770.1	1197.8
2002	428.1	309.3	337.6	816.3	1270.9
2003	444.8	310.8	360.9	875.9	1338.3
2004	478.2	337.2	368.2	939.0	1418.6
2005	505.5	351.0	380.0	1012.2	1510.8
2006	532.8	370.0	401.3	1062.8	1601.4
2007	553.6	384.8	429.0	1087.3	1678.3
2008	585.3	403.1	463.6	1160.7	1778.4
2009	612.2	418.2	496.7	1228.2	1879.6
2010	639.3	435.2	529.1	1278.4	1983.9
2011	667.8	459.5	569.5	1300.5	2072.7
2012	700.6	479.7	607.5	1368.5	2179.4

注：本表按可比价格计算。

主要农产品产量（一）

单位：万吨

年 份	粮 食	谷 物	#稻 谷	#小 麦	#玉 米	豆 类	薯 类
1978	30477		13693	5384	5595		3174
1980	32056		13991	5521	6260		2873
1985	37911		16857	8581	6383		2604
1990	44624		18933	9823	9682		2743
1995	46662	41612	18523	10221	11199	1788	3263
1996	50454	45127	19510	11057	12747	1790	3536
1997	49417	44349	20073	12329	10431	1876	3192
1998	51230	45625	19871	10973	13295	2001	3604
1999	50839	45304	19849	11388	12809	1894	3641
2000	46218	40522	18791	9964	10600	2010	3685
2001	45264	39648	17758	9387	11409	2053	3563
2002	45706	39799	17454	9029	12131	2241	3666
2003	43070	37429	16066	8649	11583	2128	3513
2004	46947	41157	17909	9195	13029	2232	3558
2005	48402	42776	18059	9745	13937	2158	3469
2006	49804	45099	18172	10847	15160	2004	2701
2007	50160	45632	18603	10930	15230	1720	2808
2008	52871	47847	19190	11246	16591	2043	2980
2009	53082	48156	19510	11512	16397	1930	2995
2010	54648	49637	19576	11518	17725	1897	3114
2011	57121	51939	20100	11740	19278	1908	3273
2012	58958	53947	20424	12102	20561	1732	3279

主要农产品产量（二）

单位：万吨

年 份	油 料	#花 生	#油菜籽	#芝 麻	棉 花	麻 类	#黄红麻
1978	521.8	237.7	186.8	32.2	216.7	135.1	108.8
1980	769.1	360.0	238.4	25.9	270.7	143.6	109.8
1985	1578.4	666.4	560.7	69.1	414.7	444.8	411.9
1990	1613.2	636.8	695.8	46.9	450.8	109.7	72.6
1995	2250.3	1023.5	977.7	58.3	476.8	89.7	37.1
1996	2210.6	1013.8	920.1	57.5	420.3	79.5	36.5
1997	2157.4	964.8	957.8	56.6	460.3	74.9	43.0
1998	2313.9	1188.6	830.1	65.6	450.1	49.5	24.8
1999	2601.2	1263.9	1013.2	74.3	382.9	47.2	16.4
2000	2954.8	1443.7	1138.1	81.1	441.7	52.9	12.6
2001	2864.9	1441.6	1133.1	80.4	532.4	68.1	10.6
2002	2897.2	1481.8	1055.2	89.5	491.6	96.4	15.9
2003	2811.0	1342.0	1142.0	59.3	486.0	85.3	10.0
2004	3065.9	1434.2	1318.2	70.4	632.4	107.4	8.7
2005	3077.1	1434.2	1305.2	62.5	571.4	110.5	8.3
2006	2640.3	1288.7	1096.6	66.2	753.3	89.1	8.7
2007	2568.7	1302.7	1057.3	55.7	762.4	72.8	9.9
2008	2952.8	1428.6	1210.2	58.6	749.2	62.5	8.4
2009	3154.3	1470.8	1365.7	62.2	637.7	38.8	7.5
2010	3230.1	1564.4	1308.2	58.7	596.1	31.7	6.9
2011	3306.8	1604.6	1342.6	60.5	658.9	29.6	7.5
2012	3436.8	1669.2	1400.7	63.9	683.6	26.1	6.8

主要农产品产量(三)

单位：万吨

年 份	糖 料	甘 蔗	甜 菜	茶 叶	烟 叶	#烤 烟
1978	2381.9	2111.6	270.2	26.8	124.2	105.2
1980	2911.3	2280.7	630.5	30.4	84.5	71.7
1985	6046.8	5154.9	891.9	43.2	242.5	207.5
1990	7214.5	5762.0	1452.5	54.0	262.7	225.9
1995	7940.1	6541.7	1398.4	58.9	231.4	207.2
1996	8360.2	6818.7	1541.5	59.3	323.4	294.6
1997	9386.5	7889.7	1496.8	61.3	425.1	390.8
1998	9790.4	8343.8	1446.6	66.5	236.4	208.8
1999	8334.1	7470.3	863.9	67.6	246.9	218.5
2000	7635.3	6828.0	807.3	68.3	255.2	223.8
2001	8655.1	7566.3	1088.9	70.2	235.0	204.5
2002	10292.7	9010.7	1282.0	74.5	244.7	213.5
2003	9641.6	9023.5	618.2	76.8	225.7	201.5
2004	9570.7	8984.9	585.7	83.5	240.6	216.3
2005	9451.9	8663.8	788.1	93.5	268.3	243.5
2006	10460.0	9709.2	750.8	102.8	245.6	225.5
2007	12188.2	11295.1	893.1	116.5	239.5	217.8
2008	13419.6	12415.2	1004.4	125.8	283.8	262.3
2009	12276.6	11558.7	717.9	135.9	306.6	281.4
2010	12008.5	11078.9	929.6	147.5	300.4	273.1
2011	12516.5	11443.4	1073.1	162.3	313.2	287.0
2012	13485.4	12311.4	1174.0	179.0	340.7	312.6

主要农产品产量(四)

单位：万吨

年 份	水 果	#苹 果	#柑 橘	#梨	#香 蕉	蔬 菜
1978	657.0	227.5	38.3	151.7	8.5	
1980	679.3	236.3	71.3	146.6	6.1	
1985	1163.9	361.4	180.8	213.7	63.1	
1990	1874.4	431.9	485.5	235.3	145.6	
1995	4214.6	1400.8	822.5	494.2	312.5	25726.7
1996	4652.8	1704.7	845.7	580.7	253.6	30123.1
1997	5089.3	1721.9	1010.2	641.5	289.2	35962.4
1998	5452.9	1948.1	859.0	727.5	351.8	38491.9
1999	6237.6	2080.2	1078.7	774.2	419.4	40513.5
2000	6225.1	2043.1	878.3	841.2	494.1	44467.9
2001	6658.0	2001.5	1160.7	879.6	527.2	48422.4
2002	6952.0	1924.1	1199.0	930.9	555.7	52860.6
2003	14517.4	2110.2	1345.4	979.8	590.3	54032.3
2004	15340.9	2367.5	1495.8	1064.2	605.6	55064.7
2005	16120.1	2401.1	1591.9	1132.4	651.8	56451.5
2006	17102.0	2605.9	1789.8	1198.6	690.1	53953.1
2007	18136.3	2786.0	2058.3	1289.5	779.7	56452.0
2008	19220.2	2984.7	2331.3	1353.8	783.5	59240.3
2009	20395.5	3168.1	2521.1	1426.3	883.4	61823.8
2010	21401.4	3326.3	2645.2	1505.7	956.1	65099.4
2011	22768.2	3598.5	2944.0	1579.5	1040.0	67929.7
2012	24056.8	3849.1	3167.8	1707.3	1155.8	70883.1

注：2003年起水果产量含果用瓜。

主要林产品产量

年份	木材（万立方米）	橡胶（万吨）	松脂（万吨）	生漆（万吨）	油桐籽（万吨）	油茶籽（万吨）
1978	5162	10.2	33.8	0.2	39.1	47.9
1980	5359	11.3	42.1	0.3	30.3	49.0
1985	6323	18.8	34.4	0.2	37.9	61.9
1990	5571	26.4	43.5	0.3	35.1	52.3
1995	6767	42.4	54.8	0.3	40.5	62.3
1996	6710	40.2	58.1	0.4	40.8	69.7
1997	6395	45.2	70.1	0.4	45.4	85.7
1998	5966	46.2	54.3	0.5	43.9	72.3
1999	5237	49.0	57.1	0.5	44.8	79.3
2000	4724	48.0	55.1	0.5	45.3	82.3
2001	4552	47.7	56.4	0.5	40.7	82.5
2002	4436	52.7	56.4	0.6	38.9	85.5
2003	4759	56.5	62.6	0.9	37.3	77.9
2004	5197	57.5	67.3	1.0	38.1	87.5
2005	5560	51.4	76.7	1.4	36.9	87.5
2006	6612	53.8	90.9	2.1	38.3	92.0
2007	6977	58.8	96.6	1.3	36.1	93.9
2008	8108	54.8	84.9	1.6	37.1	99.0
2009	7068	61.9	104.7	2.0	36.5	116.9
2010	8090	69.1	111.6	2.0	43.4	109.2
2011	8146	75.1	115.7	1.9	43.8	148.0
2012	8175	80.2	121.5	2.6	42.7	172.8

水产品产量

单位：万吨

年份	水产品总产量	海水产品			淡水产品		
			捕捞	养殖		捕捞	养殖
1978	465.4	359.5	314.5	45.0	105.9	29.6	76.2
1980	449.7	325.7	281.3	44.4	124.0	33.9	90.2
1985	705.2	419.7	348.5	71.2	285.4	47.6	237.8
1990	1237.0	713.3	550.9	162.4	523.7	78.3	445.4
1995	2517.2	1439.1	1026.8	412.3	1078.1	137.3	940.8
1996	3288.1	2012.9	1249.0	763.9	1275.2	176.3	1099.0
1997	3118.6	1888.1	1196.4	691.7	1230.5	163.5	1067.0
1998	3382.7	2044.5	1292.6	752.0	1338.1	197.5	1140.6
1999	3570.1	2145.3	1293.4	851.9	1424.9	198.0	1226.9
2000	3706.2	2203.9	1275.9	928.0	1502.3	193.4	1308.9
2001	3795.9	2233.5	1244.1	989.4	1562.4	186.2	1376.2
2002	3954.9	2298.5	1238.0	1060.5	1656.4	194.7	1461.7
2003	4077.0	2332.8	1237.0	1095.9	1744.2	213.3	1530.9
2004	4246.6	2404.5	1253.2	1151.3	1842.1	209.6	1632.5
2005	4419.9	2465.9	1255.1	1210.8	1954.0	221.0	1733.0
2006	4583.6	2509.6	1245.4	1264.2	2074.0	220.4	1853.6
2007	4747.5	2550.9	1243.6	1307.3	2196.6	225.6	1971.0
2008	4895.6	2598.3	1258.0	1340.3	2297.3	224.8	2072.5
2009	5116.4	2681.5	1276.3	1405.2	2434.9	218.4	2216.5
2010	5373.0	2797.5	1315.2	1482.3	2575.5	228.9	2346.4
2011	5603.2	2908.1	1356.7	1551.3	2695.2	223.2	2471.9
2012	5907.7	3033.3	1389.5	1643.8	2874.3	229.8	2644.5

牲畜饲养情况

单位：万头(只)

年份	大牲畜年底头数	牛	马	驴	骡	骆驼
1996	13360.2	11031.8	871.5	944.4	478.0	34.5
1997	14541.8	12182.2	891.2	952.8	480.6	35.0
1998	14803.2	12441.9	898.1	955.8	473.9	33.5
1999	15024.8	12698.3	891.4	934.8	467.3	33.0
2000	14638.1	12353.2	876.6	922.7	453.0	32.6
2001	13980.9	11809.2	826.0	881.5	436.2	27.9
2002	13672.3	11567.8	808.8	849.9	419.4	26.4
2003	13467.3	11434.4	790.0	820.7	395.7	26.5
2004	13191.4	11235.4	763.9	791.9	374.0	26.2
2005	12894.8	10990.8	740.0	777.2	360.4	26.6
2006	12287.1	10465.1	719.5	730.6	345.1	26.9
2007	12309.3	10594.8	702.8	689.1	298.5	24.2
2008	12250.7	10576.0	682.1	673.1	295.5	24.0
2009	12357.6	10726.5	678.5	648.4	279.3	24.8
2010	12238.5	10626.4	677.1	639.7	269.7	25.6
2011	11966.2	10360.5	670.9	647.8	259.8	27.3
2012	11891.8	10343.4	633.5	636.1	249.2	29.5

年份	肉猪出栏头数	猪年底头数	牛出栏头数	羊年底只数	山羊	绵羊
1996	41225.2	36283.6	2685.9	23728.3	12315.8	11412.5
1997	46483.7	40034.8	3283.9	25575.7	13480.1	12095.6
1998	50215.1	42256.3	3587.1	26903.5	14168.3	12735.2
1999	51977.2	43144.2	3766.2	27925.8	14816.3	13109.5
2000	51862.3	41633.6	3806.9	27948.2	14945.6	13002.6
2001	53281.1	41950.5	3794.8	27625.0	14562.3	13062.8
2002	54143.9	41776.2	3896.2	28240.9	14841.2	13399.7
2003	55701.8	41381.8	4000.1	29307.4	14967.9	14339.5
2004	57278.5	42123.4	4101.0	30426.0	15195.5	15230.5
2005	60367.4	43319.1	4148.7	29792.7	14659.0	15133.7
2006	61207.3	41850.4	4222.0	28369.8	13768.0	14601.8
2007	56508.3	43989.5	4359.5	28564.7	14336.5	14228.2
2008	61016.6	46291.3	4446.1	28084.9	15229.2	12855.7
2009	64538.6	46996.0	4602.2	28452.2	15050.1	13402.1
2010	66686.4	46460.0	4716.8	28087.9	14203.9	13884.0
2011	66326.1	46862.7	4670.7	28235.8	14274.2	13961.5
2012	69789.5	47592.2	4760.9	28504.1	14136.1	14368.0

畜产品产量

年份	肉类产量（万吨）	#猪牛羊肉	猪肉	牛肉	羊肉	奶类（万吨）	#牛奶
1996	4584.0	3694.7	3158.0	355.7	181.0	735.8	629.4
1997	5268.8	4249.9	3596.3	440.9	212.8	681.1	601.1
1998	5723.8	4598.2	3883.7	479.9	234.6	745.4	662.9
1999	5949.0	4762.3	4005.6	505.4	251.3	806.9	717.6
2000	6013.9	4743.2	3966.0	513.1	264.1	919.1	827.4
2001	6105.8	4832.1	4051.7	508.6	271.8	1122.9	1025.5
2002	6234.3	4928.4	4123.1	521.9	283.5	1400.4	1299.8
2003	6443.3	5089.8	4238.6	542.5	308.7	1848.6	1746.3
2004	6608.7	5234.3	4341.0	560.4	332.9	2368.4	2260.6
2005	6938.9	5473.5	4555.3	568.1	350.1	2864.8	2753.4
2006	7089.0	5591.0	4650.5	576.7	363.8	3302.5	3193.4
2007	6865.7	5283.8	4287.8	613.4	382.6	3633.4	3525.2
2008	7278.7	5614.0	4620.5	613.2	380.3	3731.5	3555.8
2009	7649.7	5915.7	4890.8	635.5	389.4	3677.7	3518.8
2010	7925.8	6123.1	5071.2	653.1	398.9	3748.0	3575.6
2011	7965.1	6101.0	5060.4	647.5	393.1	3810.7	3657.8
2012	8387.2	6405.9	5342.7	662.3	401.0	3868.6	3743.6

年份	绵羊毛（吨）	#细羊毛	#半细羊毛	山羊毛（吨）	羊绒（吨）	禽蛋（万吨）	蜂蜜（万吨）
1996	298102	121020	74099	35284	9585	1965.2	18.3
1997	255059	116054	55683	25865	8626	1897.1	21.1
1998	277545	115752	68775	31417	9799	2021.3	20.7
1999	283152	114103	73700	31849	10180	2134.7	23.0
2000	292502	117386	84921	33266	11057	2182.0	24.6
2001	298254	114651	88075	34241	10968	2210.1	25.2
2002	307588	112193	102419	35459	11765	2265.7	26.5
2003	338058	120263	110249	36692	13528	2333.1	28.9
2004	373902	130413	119514	37727	14515	2370.6	29.3
2005	393172	127862	123068	36904	15435	2438.1	29.3
2006	388777	131808	116098	40512	16395	2424.0	33.3
2007	363470	123920	106760	38382	18483	2529.0	35.4
2008	367687	123838	104838	44406	17184	2702.2	40.0
2009	364002	127352	113018	49453	16964	2742.5	40.2
2010	386768	123173	114944	42714	18518	2762.7	40.1
2011	393072	132836	120119	44047	17989	2811.4	43.1
2012	400057	125709	131983	43924	18021	2861.2	44.8

规模以上工业企业工业增加值增长速度

单位：%

分　　类	2006年	2007年	2008年	2009年	2010年	2011年	2012年
工业增加值	**16.6**	**18.5**	**12.9**	**11.0**	**15.7**	**13.9**	**10.0**
在总计中：							
#国有及国有控股企业	12.6	13.8	9.1	6.9	13.7	9.9	6.4
在总计中：							
#集体企业	11.6	11.5	8.1	10.2	9.4	9.3	7.1
股份合作企业	15.5	17.5	11.4	10.3	14.0	14.7	6.5
股份制企业	17.8	20.6	15.0	13.3	16.8	15.8	11.8
外商及港澳台投资企业	16.9	17.5	9.9	6.2	14.5	10.4	6.3
在总计中：							
#私营企业	24.4	26.7	20.4	18.7	20.0	19.5	14.6
在总计中：							
轻工业	13.8	16.3	12.3	9.7	13.6	13.0	10.1
重工业	17.9	19.6	13.2	11.5	16.5	14.3	9.9

注：1.本表按可比价格计算。
2.从2011年起，规模以上工业的统计范围为年主营业务收入2000万元以上的工业企业。之前为年主营业务收入500万元以上的工业企业。

规模以上工业企业主要经济指标

年　份	企业单位数（万个）	资产总计（亿元）	主营业务收　入（亿元）	利润总额（亿元）	税金总额（亿元）	全部从业人员年平均人数（万人）
1978	34.8	4525				
1980	37.7	4233	4459	692	367	5600
1985	46.3	6972	7899	929	727	6605
1990	50.4	15953	16793	560	1386	7663
1995	59.2	79234	52936	1635	3415	8360
1996	57.9	90016	57970	1490	3657	8187
1997	53.4	103400	63451	1703	4037	7873
1998	16.5	108822	64149	1458	4064	6196
1999	16.2	116969	69852	2288	4414	5805
2000	16.3	126211	84152	4393	5119	5559
2001	17.1	135403	93733	4733	5572	5441
2002	18.2	146218	109486	5784	6238	5521
2003	19.6	168808	143172	8337	7537	5749
2004	27.6	215358	198909	11929	9529	6622
2005	27.2	244784	248544	14803	11518	6896
2006	30.2	291215	313592	19504	14454	7358
2007	33.7	353037	399717	27155	18422	7875
2008	42.6	431306	500020	30562	23968	8838
2009	43.4	493693	542522	34542	26486	8831
2010	45.3	592882	697744	53049	33656	9545
2011	32.6	675797	841830	61396	38972	9167
2012	33.3	744920	915915	55578	40939	9273

注：1.1997年及以前为乡及乡以上独立核算工业企业数据；1998—2006年为全部国有及年主营业务收入在500万元以上非国有工业企业数据；2007—2010为年主营业务收入在500万元以上工业企业；2011年及以后年份为主营业务收入在2000万元及以上工业企业数据。
2.2012年为快报数据，之前年份为年报数据。

主要工业产品产量(一)

年 份	原 煤 (亿吨)	原 油 (万吨)	天然气 (亿立方米)	原 盐 (万吨)	成品糖 (万吨)	卷 烟 (亿支)
1978	6.18	10405.0	137.3	1953.0	227.0	1182.0
1980	6.20	10595.0	142.7	1728.0	257.0	1520.0
1985	8.72	12490.0	129.3	1479.0	451.0	2370.0
1990	10.80	13831.0	153.0	2023.0	582.0	3298.0
1995	13.61	15005.0	179.5	2977.7	558.6	3485.0
1996	13.97	15733.4	201.1	2903.6	640.2	3401.9
1997	13.88	16074.1	227.0	3082.7	702.6	3377.4
1998	13.32	16100.0	232.8	2242.5	826.0	3374.0
1999	13.64	16000.0	252.0	2812.4	861.0	3340.0
2000	13.84	16300.0	272.0	3128.0	700.0	3397.0
2001	14.72	16395.9	303.3	3410.5	653.1	3402.1
2002	15.50	16700.0	326.6	3602.4	926.0	3467.1
2003	18.35	16960.0	350.2	3437.7	1083.9	3580.9
2004	21.23	17587.3	414.6	4043.4	1033.7	18736.4
2005	23.50	18135.3	493.2	4661.1	912.4	19389.1
2006	25.29	18476.6	585.5	5663.1	949.1	20218.1
2007	26.92	18631.8	692.4	6167.0	1271.4	21438.8
2008	28.02	19043.1	803.0	6664.4	1432.6	22199.2
2009	29.73	18949.0	852.7	6662.8	1338.4	22901.5
2010	32.35	20241.4	948.5	7037.8	1117.6	23752.6
2011	35.20	20287.6	1026.9	6742.2	1187.4	24474.0
2012	36.50	20747.8	1072.2	6215.8	1406.8	25160.9

注：1.原煤包括无烟煤、褐煤、烟煤，不包括石煤。原煤1997—2007年产量为第二次全国经济普查后 修订数据。
2.成品糖指标名称1997年及以前为糖，1998—2004年为机制糖，产量包括土糖。
3.卷烟2003年及以前计量单位为万箱。

主要工业产品产量(二)

年 份	纱 (万吨)	布 (亿米)	焦 炭 (万吨)	硫 酸 (万吨)	烧 碱 (万吨)	纯 碱 (万吨)
1978	238.2	110.3	4690.0	661.0	164.0	132.9
1980	292.6	134.7	4343.0	764.3	192.3	161.3
1985	353.5	146.7	4802.0	676.4	235.3	201.1
1990	462.6	188.8	7328.0	1196.9	335.4	379.5
1995	542.2	260.2	13510.0	1811.0	531.8	597.7
1996	512.2	209.1	13643.0	1883.6	573.8	669.3
1997	559.8	248.8	13731.0	2036.9	574.4	725.8
1998	542.0	241.0	12806.0	2171.0	539.4	744.0
1999	567.0	250.0	12073.7	2356.0	580.1	766.0
2000	657.0	277.0	12184.0	2427.0	667.9	834.0
2001	760.7	290.0	13130.7	2696.3	788.0	914.4
2002	850.0	322.4	14279.8	3050.4	878.0	1033.2
2003	983.6	353.5	17775.7	3371.2	945.3	1133.6
2004	1291.3	482.1	20619.0	3928.9	1041.1	1334.7
2005	1450.5	484.4	25411.7	4544.7	1240.0	1421.1
2006	1743.0	598.6	29768.3	5033.2	1511.8	1560.0
2007	1958.4	675.3	33553.4	5412.6	1759.3	1765.0
2008	2055.7	723.1	32031.5	5098.0	1926.0	1854.6
2009	2266.4	753.4	35510.1	5960.9	1832.4	1944.8
2010	2572.8	800.0	38864.0	7090.5	2228.4	2034.8
2011	2717.9	814.1	43270.8	7482.7	2473.5	2294.0
2012	2984.0	840.8	44323.2	7686.3	2696.1	2408.8

注：根据2012年纱专项调查，对2007—2011年纱产量进行了修订。

主要工业产品产量(三)

年 份	乙 烯 (万吨)	农用化肥 (万吨)	化学纤维 (万吨)	水 泥 (万吨)	平板玻璃 (万重量箱)	生 铁 (万吨)
1978	38.0	869.3	28.5	6524.0	1784.0	3479.0
1980	49.0	1232.1	45.0	7986.0	2466.0	3802.0
1985	65.2	1322.2	94.8	14595.0	4942.0	4384.0
1990	157.2	1879.7	165.4	20971.0	8067.0	6238.0
1995	240.1	2548.1	341.2	47560.6	15731.7	10529.3
1996	304.0	2809.0	375.5	49118.9	16069.4	10722.5
1997	358.6	2821.0	471.6	51173.8	16630.7	11511.4
1998	377.3	3010.0	510.0	53600.0	17194.0	11863.7
1999	435.0	3251.0	600.0	57300.0	17419.8	12539.2
2000	470.0	3186.0	694.0	59700.0	18352.2	13101.5
2001	480.6	3383.0	841.4	66104.0	20964.1	15554.3
2002	543.0	3791.0	991.2	72500.0	23445.6	17084.6
2003	611.8	3881.3	1181.2	86208.1	27702.6	21366.7
2004	629.9	4804.8	1699.8	96682.0	37026.2	26831.0
2005	755.5	5177.9	1664.8	106884.8	40210.2	34375.2
2006	940.5	5345.1	2073.2	123676.5	46574.7	41245.2
2007	1027.8	5825.0	2413.8	136117.3	53918.1	47651.6
2008	987.6	6028.1	2453.3	142355.7	59890.4	47824.4
2009	1072.6	6385.0	2747.3	164397.8	58574.1	55283.5
2010	1421.3	6337.9	3090.0	188191.2	66330.8	59733.3
2011	1527.5	6625.6	3390.1	209925.9	79107.6	64050.9
2012	1486.8	7296.0	3800.0	221000.0	71416.6	65790.5

注：农用化肥按有效成分100%计算。

主要工业产品产量(四)

年 份	粗 钢 (万吨)	钢 材 (万吨)	原 铝 (万吨)	大中型拖拉机 (万台)	汽 车 (万辆)	#轿 车
1978	3178.0	2208.0	29.6	11.4	14.9	
1980	3712.0	2716.0	39.6	9.8	22.2	0.5
1985	4679.0	3693.0	52.3	4.5	43.7	0.9
1990	6635.0	5153.0	84.7	3.9	51.4	3.5
1995	9536.0	8979.8	167.6	6.3	145.3	33.7
1996	10124.1	9338.0	177.1	8.4	147.5	38.3
1997	10894.2	9978.9	203.5	8.2	158.3	48.6
1998	11559.0	10737.8	233.6	6.8	163.0	50.7
1999	12426.0	12109.8	259.9	6.5	183.2	57.1
2000	12850.0	13146.0	279.4	4.1	207.0	60.7
2001	15163.4	16067.6	337.1	3.8	234.2	70.4
2002	18236.6	19251.6	432.1	4.5	325.1	109.2
2003	22233.6	24108.0	554.7	4.9	444.4	207.1
2004	28291.1	31975.7	669.0	11.4	509.1	227.6
2005	35324.0	37771.1	778.7	16.3	570.5	277.0
2006	41914.9	46893.4	926.6	19.9	727.9	386.9
2007	48928.8	56560.9	1234.0	20.3	888.9	479.8
2008	50305.8	60460.3	1316.5	28.4	930.6	503.8
2009	57218.2	69405.4	1288.6	37.1	1379.5	748.5
2010	63723.0	80276.6	1577.1	33.7	1826.5	957.6
2011	68528.3	88619.6	1767.9	40.2	1841.6	1012.7
2012	71716.0	95317.6	1985.8	46.3	1927.7	1077.1

注：2009年起电解铝指标名称改为原铝。

主要工业产品产量(五)

年 份	家 用 电冰箱 (万台)	房间空气 调节器 (万台)	程 控 交换机 (万线)	传真机 (万台)	移动通信 手持机 (万台)	微型计算机 设备 (万台)
1978	2.8	0.02				
1980	4.9	1.3				
1985	144.8	12.4				
1990	463.1	24.1				8.2
1995	918.5	682.6	2091.6	136.1		83.6
1996	979.7	786.2	2274.8	137.9		138.8
1997	1044.4	974.0	2787.3	162.5		206.6
1998	1060.0	1156.9	4219.9	128.7		291.4
1999	1210.0	1337.6	4726.0	160.0		405.0
2000	1279.0	1826.7	7136.0	196.3	5247.9	672.0
2001	1351.3	2333.6	7223.5	318.2	8031.7	877.7
2002	1598.9	3135.1	5860.7	297.3	12146.4	1463.5
2003	2242.6	4820.9	7379.9	746.6	18231.4	3216.7
2004	3007.6	6390.3	7625.2	851.2	23751.6	5974.9
2005	2987.1	6764.6	7720.9	1068.2	30354.2	8084.9
2006	3530.9	6849.4	7404.6	1188.6	48013.8	9336.4
2007	4397.1	8014.3	5387.1	888.5	54857.9	12073.4
2008	4800.0	8147.4	4584.0	749.4	55945.1	15853.7
2009	5930.5	8078.3	4152.5	683.5	68193.4	18215.1
2010	7295.7	10887.5	3138.0	181.1	99827.4	24584.5
2011	8699.2	13912.5	3034.0	268.1	113257.7	32036.9
2012	8427.0	13281.1	2826.3	249.7	118154.3	35411.0

注：2009年起微型电子计算机指标名称改为微型计算机设备。

主要工业产品产量(六)

年 份	集成电路 (亿块)	彩 色 电视机 (万台)	复印和胶版 印刷设备 (万台)	发 电 量 (亿千瓦小时)	#火 电	#水 电
1978	0.3	0.4		2566.0	2120.0	446.0
1980	0.2	3.2		3006.0	2424.0	582.0
1985	0.6	435.3		4107.0	3183.0	924.0
1990	1.1	1033.0	2.4	6212.0	4945.0	1267.0
1995	55.2	2057.7	21.8	10070.3	8024.0	1905.8
1996	38.9	2537.6	63.9	10813.1	8777.0	1879.7
1997	25.5	2711.3	107.8	11355.5	9241.0	1959.8
1998	26.3	3497.0	117.9	11670.0	9267.0	1988.9
1999	41.5	4262.0	210.3	12393.0	9868.0	1965.8
2000	58.8	3936.0	156.6	13556.0	10885.0	2224.1
2001	63.6	4093.7	144.1	14808.0	11768.0	2774.3
2002	96.3	5155.0	207.4	16540.0	13274.0	2879.7
2003	148.3	6541.4	264.2	19105.8	15804.0	2836.8
2004	235.5	7431.8	324.6	22033.1	17956.0	3535.4
2005	270.0	8283.2	403.6	25002.6	20473.4	3970.2
2006	335.7	8375.4	467.8	28657.3	23696.0	4357.9
2007	411.6	8478.0	452.4	32815.5	27229.3	4852.6
2008	438.8	9187.1	517.7	34957.6	27072.3	6369.6
2009	414.4	9898.8	421.0	37146.5	29827.8	6156.4
2010	652.5	11830.0	534.8	42071.6	33319.3	7221.7
2011	719.5	12231.3	655.1	47130.2	38337.0	6989.5
2012	823.1	12823.3	687.0	49377.7	38554.5	8608.5

注：2009年起复印机械指标名称改为复印和胶版印刷设备。

能源生产总量和构成

年份	能源生产总量(万吨标准煤)	构成(能源生产总量=100) 原煤	原油	天然气	水电、核电、风电
1978	62770	70.3	23.7	2.9	3.1
1980	63735	69.4	23.8	3.0	3.8
1985	85546	72.8	20.9	2.0	4.3
1990	103922	74.2	19.0	2.0	4.8
1995	129034	75.3	16.6	1.9	6.2
1996	133032	75.0	16.9	2.0	6.1
1997	133460	74.2	17.2	2.1	6.5
1998	129834	73.3	17.7	2.2	6.8
1999	131935	73.9	17.3	2.5	6.3
2000	135048	73.2	17.2	2.7	6.9
2001	143875	73.0	16.3	2.8	7.9
2002	150656	73.5	15.8	2.9	7.8
2003	171906	76.2	14.1	2.7	7.0
2004	196648	77.1	12.8	2.8	7.3
2005	216219	77.6	12.0	3.0	7.4
2006	232167	77.8	11.3	3.4	7.5
2007	247279	77.7	10.8	3.7	7.8
2008	260552	76.8	10.5	4.1	8.6
2009	274619	77.3	9.9	4.1	8.7
2010	296916	76.6	9.8	4.2	9.4
2011	317987	77.8	9.1	4.3	8.8
2012	333300	76.6	8.9	4.4	10.1

能源消费总量和构成

年份	能源消费总量(万吨标准煤)	构成(能源消费总量=100) 煤炭	石油	天然气	水电、核电、风电
1978	57144	70.7	22.7	3.2	3.4
1980	60275	72.2	20.7	3.1	4.0
1985	76682	75.8	17.1	2.2	4.9
1990	98703	76.2	16.6	2.1	5.1
1995	131176	74.6	17.5	1.8	6.1
1996	135192	73.5	18.7	1.8	6.0
1997	135909	71.4	20.4	1.8	6.4
1998	136184	70.9	20.8	1.8	6.5
1999	140569	70.6	21.5	2.0	5.9
2000	145531	69.2	22.2	2.2	6.4
2001	150406	68.3	21.8	2.4	7.5
2002	159431	68.0	22.3	2.4	7.3
2003	183792	69.8	21.2	2.5	6.5
2004	213456	69.5	21.3	2.5	6.7
2005	235997	70.8	19.8	2.6	6.8
2006	258676	71.1	19.3	2.9	6.7
2007	280508	71.1	18.8	3.3	6.8
2008	291448	70.3	18.3	3.7	7.7
2009	306647	70.4	17.9	3.9	7.8
2010	324939	68.0	19.0	4.4	8.6
2011	348002	68.4	18.6	5.0	8.0
2012	361700	67.1	18.4	5.3	9.2

建筑业企业概况

年 份	企 业 单位数 (个)	从 业 人 员 (万人)	总 产 值 绝对数 (亿元)	总 产 值 指 数 (上年=100)	增 加 值 绝对数 (亿元)	增 加 值 指 数 (上年=100)
1980	6604	648.0	286.9			
1985	11150	911.5	675.1	130.5		
1990	13327	1010.7	1345.0	104.8		
1995	24133	1497.9	5793.8	124.5	1668.6	126.2
1996	41364	2121.9	8282.2	142.9	2405.6	144.2
1997	44017	2101.5	9126.5	110.2	2540.5	105.6
1998	45634	2030.0	10062.0	110.3	2783.8	109.6
1999	47234	2020.1	11152.9	110.8	3022.3	108.6
2000	47518	1994.3	12497.6	112.1	3341.1	110.5
2001	45893	2110.7	15361.6	122.9	4023.6	120.4
2002	47820	2245.2	18527.2	120.6	3822.4	116.8
2003	48688	2414.3	23083.9	124.6	4654.7	121.8
2004	59018	2500.3	29021.5	125.7	5615.8	120.6
2005	58750	2699.9	34552.1	119.1	6899.7	122.9
2006	60166	2878.2	41557.2	120.3	8116.4	117.6
2007	62074	3133.7	51043.7	122.8	9944.4	122.5
2008	71095	3315.0	62036.8	121.5	12488.9	121.5
2009	70817	3672.6	76807.7	123.8	15619.8	125.1
2010	71863	4160.4	96031.1	125.0	18983.5	121.5
2011	72280	3852.5	116463.3	121.3	22071.0	116.3
2012	74042	3689.4	135303.3	116.2	25510.7	115.6

注：1.本表1980—1992年为全民和集体所有制建筑业企业数据；1993—1995年为各种经济成分的建制镇以上企业数据；1996—2001年为资质等级(旧资质)四级及四级以上建筑业企业数据；2002年起为具有资质等级的施工总承包、专业承包建筑业企业(不含劳务分包建筑业企业)数据(下表同)。
2.2002、2008年建筑业增加值统计口径调整，绝对数与上年度不可比，指数按可比口径计算。

建筑业企业生产完成情况

项 目	单 位	2008年	2009年	2010年	2011年	2012年
签订合同额	亿元	104241	133529	172604	210117	245688
上年结转合同额	亿元	37872	48281	62245	81323	100657
本年新签合同额	亿元	66369	85248	110359	128794	145030
竣工产值	亿元	39342	47266	57108	66349	75504
房屋建筑施工面积	万平方米	530519	588594	708024	851828	981490
#本年新开工面积	万平方米	271378	300824	381552	430753	445882
#投标承包面积	万平方米	438752	492144	589076	694077	795692
房屋建筑竣工面积	万平方米	223592	245402	277450	316429	345854
#住宅	万平方米	133881	151881	172493	200749	226075
房屋建筑竣工价值	亿元	21723	26054	31573	38591	46868
#住宅	亿元	12521	15547	19015	23596	29604

交通运输业基本情况

指　　标	单 位	1990年	2000年	2010年	2011年	2012年
运输线路长度						
铁路营业里程	万公里	5.8	6.9	9.1	9.3	9.8
公路里程	万公里	102.8	168.0	400.8	410.6	423.8
内河航道里程	万公里	10.9	11.9	12.4	12.5	12.5
民航航线里程	万公里	50.7	150.3	276.5	349.1	328.0
客运量	**万人**	**772682**	**1478573**	**3269508**	**3526319**	**3804035**
#铁路	万人	95712	105073	167609	186226	189337
公路	万人	648085	1347392	3052738	3286220	3557010
旅客周转量	**亿人公里**	**5628**	**12261**	**27894**	**30984**	**33383**
#铁路	亿人公里	2613	4533	8762	9612	9812
公路	亿人公里	2620	6657	15021	16760	18468
货运量	**万吨**	**970602**	**1358682**	**3241807**	**3696961**	**4099400**
#铁路	万吨	150681	178581	364271	393263	390438
公路	万吨	724040	1038813	2448052	2820100	3188475
水运	万吨	80094	122391	378949	425968	458705
货物周转量	**亿吨公里**	**26208**	**44321**	**141837**	**159324**	**173771**
#铁路	亿吨公里	10622	13770	27644	29466	29187
公路	亿吨公里	3358	6129	43390	51375	59535
水运	亿吨公里	11592	23734	68428	75424	81708
铁路机车数量	**台**	**13981**	**15253**	**19431**	**20721**	**20797**
国家铁路	台	13592	14472	18349	19590	19625
地方铁路	台	389	327	279	295	297
合资铁路	台		454	803	836	875
铁路客车数量	**辆**	**27538**	**37249**	**52275**	**54731**	**57721**
铁路货车数量	**辆**	**368561**	**443902**	**625110**	**651175**	
民用汽车拥有量	**万辆**	**551.4**	**1608.9**	**7801.8**	**9356.3**	**10933.1**
#载客汽车	万辆	162.2	853.7	6124.1	7478.4	8943.0
载货汽车	万辆	368.5	716.3	1597.6	1788.0	1894.7
#私人汽车	万辆	81.6	625.3	5938.7	7326.8	8838.6
民用运输船舶拥有量	**艘**	**425934**	**229676**	**178407**	**179242**	**178591**
#机动船	艘	325888	185018	155624	157950	158309
驳船	艘	82482	44658	22783	21292	20282
#私人运输船舶	艘	231168	142117	45786	45889	45518
沿海规模以上港口 货物吞吐量	**万吨**	**48321**	**125603**	**548358**	**616292**	**665245**

注：1.1993年起铁路货物运输增加行包运量(以下相关表同)。
2.2005年起公路里程含村道(以下相关表同)。
3.2008年起全国公路水路运输统计口径有调整(以下相关表同)。
4.2009年起沿海规模以上港口统计范围有调整(以下相关表同)。

邮电业务基本情况

指　　标	单 位	1990年	2000年	2010年	2011年	2012年
邮电业务量						
邮电业务总量	亿元	155.5	4792.7	31978.5	13333.5	15021.5
邮政业务总量	亿元	46.0	232.8	1985.3	1607.7	2036.8
电信业务总量	亿元	109.6	4559.9	29993.2	11725.8	12984.6
函件	亿件	54.9	77.7	74.0	73.8	70.7
快递	万件	343	11031	233892	367311	568548
报刊期发数	万份	20078	20090	17158	15008	15402
固定长途电话通话时长	亿分钟			1068.9	856.9	700.7
移动电话用户	万户	1.8	8453.3	85900.3	98625.3	111215.5
移动短信业务量	亿条			8277.5	8787.6	8973.1
固定电话用户	万户	685.0	14482.9	29434.2	28511.5	27815.3
城市电话	万户	538.4	9311.6	19658.1	19110.0	18893.4
#住宅	万户	152.7	7219.4	11973.4	11409.5	11013.2
农村电话	万户	146.6	5171.3	9776.1	9401.5	8921.9
#住宅	万户	30.7	4597.8	8325.0	7877.5	7308.8
#公用电话	万部	4.6	352.0	2595.9	2468.3	2347.1
邮政局所及邮电通信电路						
营业网点	处	53629	58437	75739	78667	95889
邮路总长度	万公里	161.8	307.3	463.6	514.0	585.5
农村投递路线长度	万公里	336.5	336.4	369.1	363.3	373.2
长途光缆线路长度	公里	3334	286642	818133	856616	868443
邮电通信设备拥有量						
固定长途自动交换机容量	万路端	16.1	563.5	1641.5	1615.5	1608.6
局用交换机容量	万门	1232	17826	46537	43467	43906
移动电话交换机容量	万户	5	13986	150285	170691	182870
邮电通信服务水平						
电话普及率(含移动)	部/百人	1.11	19.10	86.41	94.90	103.23
移动电话普及率	部/百人	0.002	6.72	64.36	73.62	82.58

注：1.邮电业务总量2000年及以前按1990年不变价格计算，2001—2010年按2000年不变价格计算，2011年起按2010年不变价格计算。
2.1997年及以前城市电话用户为市内电话用户数。
3.1998年及以前邮政局所为邮电局所。
4.2006年及以前邮政业务总量、特快专递和邮政局所统计口径为中国邮政集团，2007年起包括规模以上(年业务收入200万元以上)邮政业法人企业数据。

社会消费品零售总额

年　份	社会消费品零售总额 (亿元)	比上年增长 (%)
1978	1558.6	8.8
1979	1800.0	15.5
1980	2140.0	18.9
"六五"时期	**15450.8**	**15.0**
1981	2350.0	9.8
1982	2570.0	9.4
1983	2849.4	10.9
1984	3376.4	18.5
1985	4305.0	27.5
"七五"时期	**34611.5**	**14.0**
1986	4950.0	15.0
1987	5820.0	17.6
1988	7440.0	27.8
1989	8101.4	8.9
1990	8300.1	2.5
"八五"时期	**76916.4**	**23.3**
1991	9415.6	13.4
1992	10993.7	16.8
1993	14270.4	29.8
1994	18622.9	30.5
1995	23613.8	26.8
"九五"时期	**167744.8**	**10.6**
1996	28360.2	20.1
1997	31252.9	10.2
1998	33378.1	6.8
1999	35647.9	6.8
2000	39105.7	9.7
"十五"时期	**271561.2**	**11.8**
2001	43055.4	10.1
2002	48135.9	11.8
2003	52516.3	9.1
2004	59501.0	13.3
2005	68352.6	14.9
"十一五"时期	**577223.7**	**18.1**
2006	79145.2	15.8
2007	93571.6	18.2
2008	114830.1	22.7
2009	132678.4	15.5
2010	156998.4	18.3
"十二五"时期		
2011	183918.6	17.1
2012	210307.0	14.3
平均每年增长(%)		
1979-2012年		15.5
1991-2012年		15.8
2001-2012年		15.0

注：1.本表按当年价格计算(下表同)。
2.1992年及以前为社会商品零售总额；1997年起社会消费品零售总额不含居民购买住房。

旅游人数和收入

指　　标	单 位	2007年	2008年	2009年	2010年	2011年	2012年
旅游人数							
入境游客	**万人次**	**13187.3**	**13002.7**	**12647.6**	**13376.2**	**13542.4**	**13240.5**
外国人	万人次	2611.0	2432.5	2193.8	2612.7	2711.2	2719.2
#日本	万人次	397.8	344.6	331.8	373.1	365.8	351.8
韩国	万人次	477.7	396.0	319.8	407.6	418.5	407.0
菲律宾	万人次	83.3	79.5	74.9	82.8	89.4	96.2
新加坡	万人次	92.2	87.6	89.0	100.4	106.3	102.8
英国	万人次	60.5	55.2	52.9	57.5	59.6	61.8
德国	万人次	55.7	52.9	51.9	60.9	63.7	66.0
俄罗斯	万人次	300.4	312.3	174.3	237.0	253.6	242.6
加拿大	万人次	57.7	53.5	55.0	68.5	74.8	70.8
美国	万人次	190.1	178.6	171.0	201.0	211.6	211.8
澳大利亚	万人次	60.7	57.2	56.2	66.1	72.6	77.4
港澳同胞	万人次	10113.6	10131.7	10005.4	10249.5	10304.9	9987.4
台湾同胞	万人次	462.8	438.6	448.4	514.1	526.3	534.0
#入境过夜游客	万人次	5472.0	5304.9	5087.5	5566.5	5758.1	5772.5
国内居民出境人数	**万人次**	**4095.4**	**4584.4**	**4765.6**	**5738.6**	**7025.0**	**8318.2**
#因私出境	万人次	3492.4	4013.1	4221.0	5150.8	6412.0	7705.5
国内旅游人数	**亿人次**	**16.1**	**17.1**	**19.0**	**21.0**	**26.4**	**29.6**
旅游收入							
国际国内旅游总收入	亿元	10956.5	11585.8	12893.9	15681.1	22435.3	25866.6
国际旅游外汇收入	亿美元	419.2	408.4	396.8	458.1	484.6	500.3
国内旅游收入	亿元	7770.6	8749.3	10183.7	12579.8	19305.4	22706.2

注：本表数据由国家旅游局提供。

各级各类学校、教职工、专任教师情况

(2012年)

项　　目	学校数(所)	教职工数(人)	专任教师(人)
高等教育			
研究生培养机构	(811)		
普通高校	(534)		
科研机构	(277)		
普通高等学校	2442	2254372	1440292
本科院校	1145	1627642	1013957
#独立学院	303	189194	139657
高职(专科)院校	1297	622425	423381
其他机构(教学点)	(36)	4305	2954
成人高等学校	348	65612	39393
民办的其他高等教育机构	(823)	31941	14868
中等教育	**81685**	**7605953**	**5989473**
高中阶段教育	26891	3657366	2477482
高中	14205	2469918	1600836
普通高中	13509	2462575	1595035
完全中学	6108	1089877	525142
高级中学	6547	1214827	1030190
十二年一贯制学校	854	157871	39703
成人高中	696	7343	5801
中等职业教育	12686	1187448	876646
普通中专	3681	430636	305564
成人中专	1564	77482	54207
职业高中	4517	394292	311743
技工学校	2924	266116	192575
其他机构(教学点)	(509)	18922	12557
初中阶段教育	54794	3948587	3511991
初中	53216	3939088	3504363
初级中学	39592	2943720	2618519
九年一贯制学校	13575	993711	431814
十二年一贯制学校			39938
完全中学			412566
职业初中	49	1657	1526
成人初中	1578	9499	7628
初等教育	**255400**	**5595781**	**5615781**
普通小学	228585	5538481	5585476
小学	228585	5538481	5121626
九年一贯制学校			427841
十二年一贯制学校			36009
成人小学	26815	57300	30305
#扫盲班	18092	38265	17801
工读学校	**79**	**2706**	**1756**
特殊教育	**1853**	**53615**	**43697**
学前教育	**181251**	**2489972**	**1479237**

注：1. “()”内数据为不计校数。
2.技工学校数据为2011年数据。
3.完全中学的学校数和教职工数计入高中阶段。九年一贯制学校的校数和教职工数计入初中阶段教育。十二年一贯制学校的校数和教职工数计入高中阶段教育。
4.专任教师按照教育层次划分归类。

各级各类学历教育学生情况

(2012年) 单位：人

项　　目	招生数	在校生数	毕业生数
高等教育			
研究生	589673	1719818	486455
博士	68370	283810	51713
硕士	521303	1436008	434742
普通本专科	6888336	23913155	6247338
本科	3740574	14270888	3038473
专科	3147762	9642267	3208865
成人本专科	2439551	5831123	1954357
本科	984817	2475495	801015
专科	1454734	3355628	1153342
其他各类高等学历教育			
在职人员攻读硕士学位	140629	489857	
网络本专科	1964468	5704112	1360870
本科	696698	2002698	477949
专科	1267770	3701414	882921
中等教育	**31763594**	**94280377**	**32007681**
高中阶段教育	16055894	46018963	14767358
高中	8446071	24815911	8031310
普通高中	8446071	24671712	7915046
完全中学	2878240	8278864	2613879
高级中学	5348540	15788100	5119686
十二年一贯制学校	219291	604748	181481
成人高中		144199	116264
中等职业教育	7609823	21203052	6736048
普通中专	2773643	8125608	2653135
成人中专	1058110	2542747	716307
职业高中	2139032	6230465	2174398
技工学校	1639038	4304232	1192208
初中阶段教育	15707700	48261414	17240323
初中	15707700	47630607	16607751
初级中学	11484894	35032212	12382897
九年一贯制学校	1822554	5402756	1801127
十二年一贯制学校	218920	633749	197499
完全中学	2176027	6543086	2216885
职业初中	5305	18804	9343
成人初中		630807	632572
初等教育	**17146640**	**98602286**	**18007271**
普通小学	17146640	96958985	16415565
小学	15697392	88527616	14902844
九年一贯制学校	1342630	7778434	1398080
十二年一贯制学校	106618	652935	114641
成人小学		1643301	1591706
#扫盲班		689067	585749
工读学校	**4547**	**10640**	**3653**
特殊教育	**65699**	**378751**	**48590**
学前教育	**19119154**	**36857624**	**14335717**

注：1.技工学校数据为2011年数据。
　　2.特殊教育学生数中包括中小学随班就读的学生和附设特种班的学生。

科技事业发展情况

指　　标	单位	1991年	2000年	2010年	2011年	2012年
研究与试验发展(R&D)活动						
R&D人员全时当量	万人年	67.1	92.2	255.4	288.3	327.3
R&D经费支出	亿元		896	7063	8687	10240
R&D经费支出占						
国内生产总值比重	%		0.90	1.76	1.84	1.97
技术成果和国家奖励						
科技成果登记数	项	32653	32858	42108	44208	51723
#应用技术成果	项	28258	28843	37029	39218	43234
国家奖励						
#国家自然科学奖	项	53	15	30	36	41
国家技术发明奖	项	209	23	46	55	77
国家科技进步奖	项	502	250	273	283	212
国际科学技术合作奖	项		2	5	8	5
技术市场成交额	亿元	95	651	3907	4764	6437
成功发射卫星	次		6	15	19	19
科技服务						
出版地图	种		1150	2009	1808	1662
气象观测站点	个	3903	5117	37992	41440	54969
气象科学数据共享服务数据量	GB			358220	398134	440988
地震台站	个	1125	1234	1477	1617	1687
海洋观测站	个			71	74	79
质量监督						
产品检测实验室	个		5500	25171	25669	28128
#国家检测中心	个		230	443	476	509
抽查产品	种	138	235	132	156	149
抽查产品	批	3907	9705	16357	20965	20355
专利						
专利申请受理量	万件	5.00	17.07	122.23	163.33	205.06
境内	万件	4.40	12.82	108.40	147.88	188.56
境外	万件	0.60	4.25	13.83	15.46	16.51
专利申请授权量	万件	2.46	10.53	81.48	96.05	125.51
境内	万件	2.05	8.55	71.94	86.39	114.36
境外	万件	0.41	1.99	9.54	9.66	11.15

卫生、文化和体育基本情况

项　　目	单　位	1990年	2000年	2010年	2011年	2012年
卫生						
医疗卫生机构	万个	101.3	103.4	93.7	95.4	95.0
#医院	万个	1.4	1.6	2.1	2.2	2.3
医疗卫生机构床位	万张	292.5	317.7	478.7	516.0	572.4
卫生人员	万人	613.8	691.0	820.8	861.6	911.9
#卫生技术人员	万人	389.8	449.1	587.6	620.3	667.9
#执业(助理)医师	万人	176.3	207.6	241.3	246.6	261.6
注册护士	万人	97.5	126.7	204.8	224.4	249.7
开展新农合县(市、区)	个			2678	2637	2566
参加新农合人数	亿人			8.36	8.32	8.05
新农合参合率	%			96.0	97.5	98.3
卫生总费用	亿元	747.4	4586.6	19980.4	24345.9	
文化						
公共图书馆	个	2527	2675	2884	2952	3075
省、地市级群众艺术馆	个	366	390	374	379	382
博物馆	个	1013	1384	2435	2650	3069
艺术表演团体	个	2805	2619	6864	7055	7340
艺术表演场馆	个	1955	1900	2112	1956	2344
广播节目综合人口覆盖率	%	74.7	92.5	96.8	97.1	97.5
电视节目综合人口覆盖率	%	79.4	93.7	97.6	97.8	98.2
有线广播电视用户	万户		8476	18872	20264	21509
国有电影制片厂	个			38	38	38
电影院线	条			37	39	40
图书总印数	亿册(张)	56.4	62.7	71.7	77.1	81.0
期刊总印数	亿册	17.9	29.4	32.2	32.9	34.0
报纸总印数	亿份	211.3	329.3	452.1	467.4	476.0
体育						
创造世界纪录	次	16	30	15	8	14
获得世界冠军	个	54	110	108	138	107

社会服务基本情况

指标	单位	2007年	2008年	2009年	2010年	2011年	2012年
社会服务							
提供住宿的社会服务机构	万个	4.5	4.1	4.4	4.4	4.6	4.8
为残疾人提供服务的福利企业							
单位	万个	2.5	2.4	2.3	2.2	2.2	2.0
残疾职工	万人	56.3	61.9	62.7	62.5	62.8	59.7
生活困难群众救助							
城市居民最低生活保障人数	万人	2272	2335	2346	2311	2277	2144
农村居民最低生活保障人数	万人	3566	4306	4760	5214	5306	5345
农村五保供养人数	万人	531	549	553	556	551	546
医疗救助							
城市	万人次	442	444	410	460	672	690
农村	万人次	377	760	730	1019	1472	1484
民政部门资助							
参加医疗保险人数	万人		643	1096	1461	1550	1387
参加新农合人数	万人	2517	3432	4059	4615	4825	4490
优抚安置服务							
国家重点优抚对象	万人	622.4	633.2	630.7	625.0	852.5	944.4
接收军队离退休人员	万人	2.8	2.1	1.9	1.3	1.5	1.9
社区服务							
社区服务机构	万个	17.2	16.3	17.5	15.2	16.0	20.0
为弱势群体筹集资金的活动							
民政部门接收社会捐赠款	亿元	50.9	479.3	66.5	179.8	96.6	101.7
福利彩票销售	亿元	631.6	604.0	756.0	968.0	1278.0	1510.3
自然灾害情况							
受灾人口	万人次	39778	47795	47934	42610	43290	29422
因灾死亡人口	人	2325	88928	1299	6541	1014	1325
直接经济损失	亿元	2363.0	11752.4	2523.7	5339.9	3096.4	4185.5
社会组织							
社会团体	万个	21.2	23.0	23.9	24.5	25.5	27.1
民办非企业单位	万个	17.4	18.2	19.0	19.8	20.4	22.5
基金会	个	1340	1597	1843	2200	2614	3031
自治组织							
村民委员会	万个	61.3	60.4	59.9	59.5	59.0	58.8
社区居委会	万个	8.2	8.3	8.5	8.7	8.9	9.1
婚姻服务							
结婚登记	万对	991.4	1098.3	1212.2	1241.0	1302.4	1323.6
粗结婚率		7.5	8.3	9.1	9.3	9.7	9.8
离婚登记	万对	209.8	226.9	246.8	267.8	287.4	310.4
粗离婚率		1.6	1.7	1.9	2.0	2.1	2.3
殡葬服务							
火化率	%	48.4	48.5	48.2	49.0	48.8	49.5

环境保护基本概况

项　　目	单　位	2007年	2008年	2009年	2010年	2011年	2012年
水环境							
水资源总量	亿立方米	25255	27434	24180	30906	23257	28410
人均水资源量	立方米/人	1916	2071	1816	2310	1730	2098
用水总量	亿立方米	5819	5910	5965	6022	6107	6110
#农业	亿立方米	3600	3664	3723	3689	3744	3725
工业	亿立方米	1403	1397	1391	1447	1462	1450
生活	亿立方米	710	729	748	766	790	815
生态	亿立方米	106	120	103	120	112	120
化学需氧量排放量	万吨	1382	1321	1278	1238	2500	
大气环境							
二氧化硫排放量	万吨	2468	2321	2214	2185	2218	
固体废物							
工业固体废物排放量	万吨	1197	782	711	498		
工业固体废物综合利用量	万吨	110311	123482	138186	161772		
工业固体废物综合利用率	%	62.1	64.3	67.0	66.7		
生态环境							
森林面积	万公顷	19545	19545	19545	19545	19545	19545
森林覆盖率	%	20.36	20.36	20.36	20.36	20.36	20.36
当年造林面积	万公顷	391	535	626	591	600	601
全国自然保护区数	个	2531	2538	2541	2588	2640	2640
#国家级	个	303	303	319	319	335	363
全国自然保护区面积	万公顷	15188	14894	14775	14944	14971	
全国保护区面积占辖区面积	%	15.2	14.9	14.7	14.9	14.9	
全国湿地面积	万公顷	3849	3849	3849	3849	3849	3849
全国湿地面积占国土面积	%	4.0	4.0	4.0	4.0	4.0	4.0
自然灾害							
发生地质灾害次数	次	25364	26580	10580	30670	15804	
发生地震灾害次数	次	3	17	8	12	18	16
发生赤潮次数	次	82	68	68	69	55	

注：1.森林面积和森林覆盖率为第七次全国森林资源清查(2004—2008)资料；全国湿地面积和占国土面积比重为我国首次湿地调查(1995—2003)资料。

2.2011年环境保护部对统计制度中的指标体系、调查方法及相关技术规定等进行了修订，统计范围扩展为工业源、农业源、城镇生活源、机动车、集中式污染治理设施5个部分。2011年化学需氧量、二氧化硫、固体废物等指标数据与以前年度不可直接比较。

分地区年末常住人口

单位：万人

地　区	2006年	2007年	2008年	2009年	2010年	2011年	2012年
全　国	**131448**	**132129**	**132802**	**133450**	**134091**	**134735**	**135404**
北　京	1601	1676	1771	1860	1962	2019	2069
天　津	1075	1115	1176	1228	1299	1355	1413
河　北	6898	6943	6989	7034	7194	7241	7288
山　西	3375	3393	3411	3427	3574	3593	3611
内蒙古	2415	2429	2444	2458	2472	2482	2490
辽　宁	4271	4298	4315	4341	4375	4383	4389
吉　林	2723	2730	2734	2740	2747	2749	2750
黑龙江	3823	3824	3825	3826	3833	3834	3834
上　海	1964	2064	2141	2210	2303	2347	2380
江　苏	7656	7723	7762	7810	7869	7899	7920
浙　江	5072	5155	5212	5276	5447	5463	5477
安　徽	6110	6118	6135	6131	5957	5968	5988
福　建	3585	3612	3639	3666	3693	3720	3748
江　西	4339	4368	4400	4432	4462	4488	4504
山　东	9309	9367	9417	9470	9588	9637	9685
河　南	9392	9360	9429	9487	9405	9388	9406
湖　北	5693	5699	5711	5720	5728	5758	5779
湖　南	6342	6355	6380	6406	6570	6596	6639
广　东	9442	9660	9893	10130	10441	10505	10594
广　西	4719	4768	4816	4856	4610	4645	4682
海　南	836	845	854	864	869	877	887
重　庆	2808	2816	2839	2859	2885	2919	2945
四　川	8169	8127	8138	8185	8045	8050	8076
贵　州	3690	3632	3596	3537	3479	3469	3484
云　南	4483	4514	4543	4571	4602	4631	4659
西　藏	285	289	292	296	300	303	308
陕　西	3699	3708	3718	3727	3735	3743	3753
甘　肃	2547	2548	2551	2555	2560	2564	2578
青　海	548	552	554	557	563	568	573
宁　夏	604	610	618	625	633	639	647
新　疆	2050	2095	2131	2159	2185	2209	2233

注：1.全国数据包括中国人民解放军现役军人数，但不包括香港、澳门特别行政区和台湾地区数据；分省数据中未包括中国人民解放军现役军人数。
2.2010年数据为当年人口普查数据推算数；其余年份数据根据年度人口抽样调查推算。

地区生产总值

单位：亿元

地　区	2006年	2007年	2008年	2009年	2010年	2011年	2012年
北　京	8117.8	9846.8	11115.0	12153.0	14113.6	16251.9	17801.0
天　津	4462.7	5252.8	6719.0	7521.9	9224.5	11307.3	12885.2
河　北	11467.6	13607.3	16012.0	17235.5	20394.3	24515.8	26575.0
山　西	4878.6	6024.5	7315.4	7358.3	9200.9	11237.6	12112.8
内蒙古	4944.2	6423.2	8496.2	9740.3	11672.0	14359.9	15988.3
辽　宁	9304.5	11164.3	13668.6	15212.5	18457.3	22226.7	24801.3
吉　林	4275.1	5284.7	6426.1	7278.8	8667.6	10568.8	11937.8
黑龙江	6211.8	7104.0	8314.4	8587.0	10368.6	12582.0	13691.6
上　海	10572.2	12494.0	14069.9	15046.5	17166.0	19195.7	20101.3
江　苏	21742.1	26018.5	30982.0	34457.3	41425.5	49110.3	54058.2
浙　江	15718.5	18753.7	21462.7	22990.4	27722.3	32318.9	34606.3
安　徽	6112.5	7360.9	8851.7	10062.8	12359.3	15300.7	17212.1
福　建	7583.9	9248.5	10823.0	12236.5	14737.1	17560.2	19701.8
江　西	4820.5	5800.3	6971.1	7655.2	9451.3	11702.8	12948.5
山　东	21900.2	25776.9	30933.3	33896.7	39169.9	45361.9	50013.2
河　南	12362.8	15012.5	18018.5	19480.5	23092.4	26931.0	29810.1
湖　北	7617.5	9333.4	11328.9	12961.1	15967.6	19632.3	22250.2
湖　南	7688.7	9439.6	11555.0	13059.7	16038.0	19669.6	22154.2
广　东	26587.8	31777.0	36796.7	39482.6	46013.1	53210.3	57067.9
广　西	4746.2	5823.4	7021.0	7759.2	9569.9	11720.9	13031.0
海　南	1044.9	1254.2	1503.1	1654.2	2064.5	2522.7	2855.3
重　庆	3907.2	4676.1	5793.7	6530.0	7925.6	10011.4	11459.0
四　川	8690.2	10562.4	12601.2	14151.3	17185.5	21026.7	23849.8
贵　州	2339.0	2884.1	3561.6	3912.7	4602.2	5701.8	6802.2
云　南	3988.1	4772.5	5692.1	6169.8	7224.2	8893.1	10309.8
西　藏	290.8	341.4	394.9	441.4	507.5	605.8	695.6
陕　西	4743.6	5757.3	7314.6	8169.8	10123.5	12512.3	14451.2
甘　肃	2277.4	2704.0	3166.8	3387.6	4120.8	5020.4	5650.2
青　海	648.5	797.4	1018.6	1081.3	1350.4	1670.4	1884.5
宁　夏	725.9	919.1	1203.9	1353.3	1689.7	2102.2	2326.6
新　疆	3045.3	3523.2	4183.2	4277.1	5437.5	6610.1	7466.3

注：本表按当年价格计算。

分地区全社会固定资产投资

单位：亿元

地区	2006年	2007年	2008年	2009年	2010年	2011年	2012年
全国总计	**109998.2**	**137323.9**	**172828.4**	**224598.8**	**278121.9**	**311485.1**	**374675.7**
北京	3296.4	3907.2	3814.7	4616.9	5403.0	5578.9	6111.7
天津	1820.5	2353.1	3389.8	4738.2	6278.1	7067.7	7934.8
河北	5470.2	6884.7	8866.6	12269.8	15083.4	16389.3	19661.3
山西	2255.7	2861.5	3531.2	4943.2	6063.2	7073.1	8863.3
内蒙古	3363.2	4372.9	5475.4	7336.8	8926.5	10365.2	11858.2
辽宁	5689.6	7435.2	10019.1	12292.5	16043.0	17726.3	21836.3
吉林	2594.3	3651.4	5038.9	6411.6	7870.4	7441.7	9711.4
黑龙江	2236.0	2833.5	3656.0	5028.8	6812.6	7475.4	9695.4
上海	3900.0	4420.4	4823.1	5043.8	5108.9	4962.1	5117.6
江苏	10069.2	12268.1	15300.6	18949.9	23184.3	26692.6	30807.7
浙江	7590.2	8420.4	9323.0	10742.3	12376.0	14185.3	17554.4
安徽	3533.6	5087.5	6747.0	8990.7	11542.9	12455.7	15384.3
福建	2981.8	4287.8	5207.7	6231.2	8199.1	9910.9	12423.1
江西	2683.6	3301.9	4745.4	6643.1	8772.3	9087.6	11784.7
山东	11111.4	12537.7	15435.9	19034.5	23280.5	26749.7	31256.0
河南	5904.7	8010.1	10490.6	13704.5	16585.9	17769.0	21761.5
湖北	3343.5	4330.4	5647.0	7866.9	10262.7	12557.3	15591.8
湖南	3175.5	4154.8	5534.0	7703.4	9663.6	11880.9	14523.2
广东	7973.4	9294.3	10868.7	12933.1	15623.7	17069.2	18749.4
广西	2198.7	2939.7	3756.4	5237.2	7057.6	7990.7	9808.6
海南	423.9	502.4	705.4	988.3	1317.0	1657.2	2126.3
重庆	2407.4	3127.7	3979.6	5214.3	6688.9	7473.4	8732.3
四川	4412.9	5639.8	7127.8	11371.9	13116.7	14222.2	17036.5
贵州	1197.4	1488.8	1864.5	2412.0	3104.9	4235.9	5517.8
云南	2208.6	2759.0	3435.9	4526.4	5528.7	6191.0	7831.1
西藏	231.1	270.3	309.9	378.3	462.7	516.3	670.5
陕西	2480.7	3415.0	4614.4	6246.9	7963.7	9431.1	12044.5
甘肃	1022.6	1304.2	1712.8	2363.0	3158.3	3965.8	5145.5
青海	408.5	482.8	583.2	798.2	1016.9	1435.6	1848.4
宁夏	498.7	599.8	828.9	1075.9	1444.2	1644.7	2096.9
新疆	1567.1	1850.8	2260.0	2725.5	3423.2	4632.1	6158.4
不分地区	1947.6	2530.8	3734.9	5779.7	6759.1	5651.3	5032.7

注：2012年为快报数据，之前年份为年报数据。

分地区社会消费品零售总额

单位：亿元

地　区	2006年	2007年	2008年	2009年	2010年	2011年	2012年
全国总计	**79145.2**	**93571.6**	**114830.1**	**132678.4**	**156998.4**	**183918.6**	**210307.0**
北　京	3295.3	3835.2	4645.5	5309.9	6229.3	6900.3	7702.8
天　津	1383.1	1650.6	2078.7	2430.8	2860.2	3395.1	3921.4
河　北	3435.7	4053.8	4991.1	5764.9	6821.8	8035.5	9254.0
山　西	1635.4	1953.3	2421.1	2809.0	3318.2	3903.4	4506.8
内蒙古	1628.6	1964.0	2463.0	2855.3	3384.0	3991.7	4572.5
辽　宁	3471.6	4097.8	5032.4	5812.6	6887.6	8095.3	9346.6
吉　林	1697.6	2038.3	2549.2	2957.3	3504.9	4119.8	4772.9
黑龙江	2029.0	2386.2	2928.3	3401.8	4039.2	4750.1	5491.0
上　海	3375.2	3873.3	4577.2	5173.2	6070.5	6814.8	7412.3
江　苏	6706.2	7985.9	9905.1	11484.1	13606.8	15988.4	18331.3
浙　江	5358.0	6271.3	7533.3	8622.3	10245.4	12028.0	13588.3
安　徽	2056.5	2451.9	3045.2	3527.8	4197.7	4955.1	5736.6
福　建	2717.6	3212.3	3866.7	4481.0	5310.0	6276.2	7256.5
江　西	1448.2	1718.9	2142.0	2484.4	2956.2	3485.1	4027.2
山　东	7217.1	8607.5	10658.8	12363.0	14620.3	17155.5	19651.9
河　南	3932.6	4690.3	5815.4	6746.4	8004.2	9453.6	10915.6
湖　北	3461.1	4115.8	5109.7	5928.4	7013.9	8275.2	9562.5
湖　南	2869.4	3419.2	4222.6	4913.7	5839.5	6884.7	7921.9
广　东	9194.3	10731.3	12986.6	14891.8	17458.4	20297.5	22677.1
广　西	1620.3	1932.7	2395.8	2790.7	3312.0	3908.2	4516.6
海　南	313.4	370.9	463.2	537.5	639.3	759.5	870.8
重　庆	1431.5	1711.1	2147.1	2479.0	2938.6	3487.8	4033.7
四　川	3472.5	4105.6	4944.8	5758.7	6810.1	8044.6	9268.6
贵　州	710.0	858.2	1075.2	1247.3	1482.7	1751.6	2027.6
云　南	1204.8	1422.5	1764.7	2051.1	2542.4	3000.1	3511.6
西　藏	90.0	112.6	130.0	156.6	185.3	219.0	254.6
陕　西	1542.4	1837.3	2317.1	2699.7	3195.7	3790.0	4383.8
甘　肃	729.5	854.4	1023.6	1183.0	1394.5	1648.0	1906.5
青　海	182.6	212.6	259.7	300.5	350.8	410.5	476.0
宁　夏	202.5	239.5	295.4	339.3	403.6	477.6	548.8
新　疆	733.2	857.5	1041.5	1177.5	1375.1	1616.3	1858.6

分地区货物进出口总额

(按经营单位所在地分) 单位：亿美元

地　区	2006年	2007年	2008年	2009年	2010年	2011年	2012年
全国总计	**17604.4**	**21765.7**	**25632.6**	**22075.4**	**29740.0**	**36418.6**	**38667.6**
北　京	1580.4	1930.0	2716.9	2147.3	3017.2	3895.6	4079.2
天　津	644.6	714.5	804.0	638.3	821.0	1033.8	1156.2
河　北	185.3	255.2	384.2	296.3	420.6	536.0	505.5
山　西	66.3	115.8	144.0	85.7	125.8	147.4	150.4
内蒙古	59.6	77.4	89.2	67.7	87.3	119.3	112.6
辽　宁	483.9	594.7	724.3	629.3	807.1	960.4	1039.9
吉　林	79.1	103.0	133.3	117.4	168.5	220.6	245.7
黑龙江	128.6	173.0	231.3	162.3	255.2	385.2	378.2
上　海	2275.2	2828.5	3220.6	2777.1	3689.5	4375.5	4365.4
江　苏	2839.8	3494.7	3922.7	3387.4	4658.0	5395.8	5480.9
浙　江	1391.4	1768.5	2111.3	1877.3	2535.3	3093.8	3122.3
安　徽	122.5	159.3	201.8	156.8	242.7	313.1	393.3
福　建	626.6	744.5	848.2	796.5	1087.8	1435.2	1559.3
江　西	61.9	94.5	136.2	127.8	216.2	314.7	334.1
山　东	952.1	1224.7	1584.1	1390.5	1891.6	2358.9	2455.4
河　南	97.9	127.9	174.8	134.8	178.3	326.2	517.5
湖　北	117.6	148.7	207.1	172.5	259.3	335.9	319.6
湖　南	73.5	96.9	125.5	101.5	146.6	189.4	219.4
广　东	5272.0	6341.9	6849.7	6110.9	7849.0	9134.7	9838.2
广　西	66.7	92.6	132.4	142.5	177.4	233.6	294.7
海　南	28.5	35.1	45.3	48.8	86.5	127.6	143.3
重　庆	54.7	74.4	95.2	77.1	124.3	292.1	532.0
四　川	110.2	143.8	221.1	241.7	326.9	477.2	591.3
贵　州	16.2	22.7	33.7	23.0	31.5	48.9	66.3
云　南	62.2	87.9	96.0	80.5	134.3	160.3	210.0
西　藏	3.3	3.9	7.7	4.0	8.4	13.6	34.2
陕　西	53.6	68.9	83.3	84.1	121.0	146.5	148.0
甘　肃	38.2	55.2	61.0	38.7	74.0	87.3	89.0
青　海	6.5	6.1	6.9	5.9	7.9	9.2	11.6
宁　夏	14.4	15.8	18.8	12.0	19.6	22.9	22.2
新　疆	91.0	137.2	222.2	139.5	171.3	228.2	251.7

分地区城镇居民家庭人均可支配收入

单位：元

地区	2006年	2007年	2008年	2009年	2010年	2011年	2012年
全国总计	**11759.5**	**13785.8**	**15780.8**	**17174.7**	**19109.4**	**21809.8**	**24564.7**
北　京	19977.5	21988.7	24724.9	26738.5	29072.9	32903.0	36468.8
天　津	14283.1	16357.4	19422.5	21402.0	24292.6	26920.9	29626.4
河　北	10304.6	11690.5	13441.1	14718.3	16263.4	18292.2	20543.4
山　西	10027.7	11565.0	13119.1	13996.6	15647.7	18123.9	20411.7
内蒙古	10358.0	12377.8	14432.6	15849.2	17698.2	20407.6	23150.3
辽　宁	10369.6	12300.4	14392.7	15761.4	17712.6	20466.8	23222.7
吉　林	9775.1	11285.5	12829.5	14006.3	15411.5	17796.6	20208.0
黑龙江	9182.3	10245.3	11581.3	12566.0	13856.5	15696.2	17759.8
上　海	20667.9	23622.7	26674.9	28837.8	31838.1	36230.5	40188.3
江　苏	14084.3	16378.0	18679.5	20551.7	22944.3	26340.7	29677.0
浙　江	18265.1	20573.8	22726.7	24610.8	27359.0	30970.7	34550.3
安　徽	9771.1	11473.6	12990.4	14085.7	15788.2	18606.1	21024.2
福　建	13753.3	15506.1	17961.5	19576.8	21781.3	24907.4	28055.2
江　西	9551.1	11451.7	12866.4	14021.5	15481.1	17494.9	19860.4
山　东	12192.2	14264.7	16305.4	17811.0	19945.8	22791.8	25755.2
河　南	9810.3	11477.1	13231.1	14371.6	15930.3	18194.8	20442.6
湖　北	9802.7	11485.8	13152.9	14367.5	16058.4	18373.9	20839.6
湖　南	10504.7	12293.5	13821.2	15084.3	16565.7	18844.1	21318.8
广　东	16015.6	17699.3	19732.9	21574.7	23897.8	26897.5	30226.7
广　西	9898.8	12200.4	14146.0	15451.5	17063.9	18854.1	21242.8
海　南	9395.1	10996.9	12607.8	13750.9	15581.1	18369.0	20917.7
重　庆	11569.7	12590.8	14367.6	15748.7	17532.4	20249.7	22968.1
四　川	9350.1	11098.3	12633.4	13839.4	15461.2	17899.1	20307.0
贵　州	9116.6	10678.4	11758.8	12862.5	14142.7	16495.0	18700.5
云　南	10069.9	11496.1	13250.2	14423.9	16064.5	18575.6	21074.5
西　藏	8941.1	11130.9	12481.5	13544.4	14980.5	16195.6	18028.3
陕　西	9267.7	10763.3	12857.9	14128.8	15695.2	18245.2	20733.9
甘　肃	8920.6	10012.3	10969.4	11929.8	13188.6	14988.7	17156.9
青　海	9000.4	10276.1	11640.4	12691.9	13855.0	15603.3	17566.3
宁　夏	9177.3	10859.3	12931.5	14024.7	15344.5	17578.9	19831.4
新　疆	8871.3	10313.4	11432.1	12257.5	13643.8	15513.6	17920.7

注：本表按当年价格计算。

分地区农村居民家庭人均纯收入

单位：元

地区	2006年	2007年	2008年	2009年	2010年	2011年	2012年
全国总计	**3587.0**	**4140.4**	**4760.6**	**5153.2**	**5919.0**	**6977.3**	**7916.6**
北京	8275.5	9439.6	10661.9	11668.6	13262.3	14735.7	16475.7
天津	6227.9	7010.1	7910.8	8687.6	10074.9	12321.2	14025.5
河北	3801.8	4293.4	4795.5	5149.7	5958.0	7119.7	8081.4
山西	3180.9	3665.7	4097.2	4244.1	4736.3	5601.4	6356.6
内蒙古	3341.9	3953.1	4656.2	4937.8	5529.6	6641.6	7611.3
辽宁	4090.4	4773.4	5576.5	5958.0	6907.9	8296.5	9383.7
吉林	3641.1	4191.3	4932.7	5265.9	6237.4	7510.0	8598.2
黑龙江	3552.4	4132.3	4855.6	5206.8	6210.7	7590.7	8603.8
上海	9138.7	10144.6	11440.3	12482.9	13978.0	16053.8	17803.7
江苏	5813.2	6561.0	7356.5	8003.5	9118.2	10805.0	12202.0
浙江	7334.8	8265.2	9257.9	10007.3	11302.6	13070.7	14551.9
安徽	2969.1	3556.3	4202.5	4504.3	5285.2	6232.2	7160.5
福建	4834.8	5467.1	6196.1	6680.2	7426.9	8778.6	9967.2
江西	3459.5	4044.7	4697.2	5075.0	5788.6	6891.6	7829.4
山东	4368.3	4985.3	5641.4	6118.8	6990.3	8342.1	9446.5
河南	3261.0	3851.6	4454.2	4807.0	5523.7	6604.0	7524.9
湖北	3419.4	3997.5	4656.4	5035.3	5832.3	6897.9	7851.7
湖南	3389.6	3904.2	4512.5	4909.0	5622.0	6567.1	7440.2
广东	5079.8	5624.0	6399.8	6906.9	7890.3	9371.7	10542.8
广西	2770.5	3224.1	3690.3	3980.4	4543.4	5231.3	6007.5
海南	3255.5	3791.4	4390.0	4744.4	5275.4	6446.0	7408.0
重庆	2873.8	3509.3	4126.2	4478.4	5276.7	6480.4	7383.3
四川	3002.4	3546.7	4121.2	4462.1	5086.9	6128.6	7001.4
贵州	1984.6	2374.0	2796.9	3005.4	3471.9	4145.4	4753.0
云南	2250.5	2634.1	3102.6	3369.3	3952.0	4722.0	5416.5
西藏	2435.0	2788.2	3175.8	3531.7	4138.7	4904.3	5719.4
陕西	2260.2	2644.7	3136.5	3437.6	4105.0	5027.9	5762.5
甘肃	2134.1	2328.9	2723.8	2980.1	3424.7	3909.4	4506.7
青海	2358.4	2683.8	3061.2	3346.2	3862.7	4608.5	5364.4
宁夏	2760.1	3180.8	3681.4	4048.3	4674.9	5410.0	6180.3
新疆	2737.3	3183.0	3502.9	3883.1	4642.7	5442.2	6393.7

注：本表按当年价格计算。

分地区农林牧渔业总产值及增长速度

(2012年)

地　区	农林牧渔业总产值(亿元)	#农　业	#林　业	#牧　业	#渔　业	农林牧渔业总产值比上年增长(%)
全国总计	**89453.0**	**46940.5**	**3447.1**	**27189.4**	**8706.0**	**4.9**
北　京	395.7	166.3	54.8	154.2	13.0	2.9
天　津	375.6	196.0	2.8	105.0	61.7	3.2
河　北	5340.1	3095.3	77.9	1747.7	177.7	4.0
山　西	1304.3	847.4	79.1	298.8	8.4	5.6
内蒙古	2449.3	1172.0	97.8	1118.9	26.1	5.7
辽　宁	4062.4	1539.6	128.7	1621.2	618.7	4.9
吉　林	2502.0	1166.6	98.1	1130.4	34.1	5.9
黑龙江	3952.3	2315.6	134.5	1350.7	77.9	6.7
上　海	321.7	171.5	9.5	72.6	57.5	0.5
江　苏	5808.8	2966.7	99.7	1226.2	1235.4	4.8
浙　江	2658.7	1229.4	142.1	549.0	687.0	1.8
安　徽	3728.3	1867.6	209.5	1119.7	384.4	5.6
福　建	3007.4	1263.7	256.5	481.3	903.4	4.3
江　西	2399.3	1003.2	228.9	752.7	333.1	4.6
山　东	7945.8	3960.6	107.0	2285.9	1267.1	4.5
河　南	6679.0	3958.9	140.9	2255.6	86.4	4.5
湖　北	4732.1	2488.1	100.1	1334.0	626.2	5.6
湖　南	4904.1	2651.7	260.0	1488.6	279.9	3.0
广　东	4656.8	2229.3	222.7	1134.1	914.0	3.7
广　西	3490.7	1724.0	245.3	1072.8	331.7	5.7
海　南	1082.1	460.7	137.9	214.1	236.3	6.3
重　庆	1402.0	841.8	43.5	453.9	45.0	5.1
四　川	5433.1	2764.9	151.5	2269.9	163.8	4.5
贵　州	1436.6	864.9	54.2	421.5	28.2	9.3
云　南	2680.2	1398.2	225.8	913.0	63.1	7.0
西　藏	118.3	53.4	2.6	59.0	0.2	3.6
陕　西	2303.2	1526.3	58.4	598.7	14.6	6.0
甘　肃	1358.2	984.2	20.1	231.7	1.8	6.4
青　海	263.9	117.1	4.6	137.1	0.6	5.4
宁　夏	385.1	240.5	9.8	105.7	13.4	6.0
新　疆	2275.7	1675.0	43.0	485.4	15.3	7.4

注：本表绝对数按当年价格计算，增长速度按可比价格计算。

分地区居民消费价格指数

（上年=100）

地 区	2006年	2007年	2008年	2009年	2010年	2011年	2012年
全 国	**101.5**	**104.8**	**105.9**	**99.3**	**103.3**	**105.4**	**102.6**
北 京	100.9	102.4	105.1	98.5	102.4	105.6	103.3
天 津	101.5	104.2	105.4	99.0	103.5	104.9	102.7
河 北	101.7	104.7	106.2	99.3	103.1	105.7	102.6
山 西	102.0	104.6	107.2	99.6	103.0	105.2	102.5
内蒙古	101.5	104.6	105.7	99.7	103.2	105.6	103.1
辽 宁	101.2	105.1	104.6	100.0	103.0	105.2	102.8
吉 林	101.4	104.8	105.1	100.1	103.7	105.2	102.5
黑龙江	101.9	105.4	105.6	100.2	103.9	105.8	103.2
上 海	101.2	103.2	105.8	99.6	103.1	105.2	102.8
江 苏	101.6	104.3	105.4	99.6	103.8	105.3	102.6
浙 江	101.1	104.2	105.0	98.5	103.8	105.4	102.2
安 徽	101.2	105.3	106.2	99.1	103.1	105.6	102.3
福 建	100.8	105.2	104.6	98.2	103.2	105.3	102.4
江 西	101.2	104.8	106.0	99.3	103.0	105.2	102.7
山 东	101.0	104.4	105.3	100.0	102.9	105.0	102.1
河 南	101.3	105.4	107.0	99.4	103.5	105.6	102.5
湖 北	101.6	104.8	106.3	99.6	102.9	105.8	102.9
湖 南	101.4	105.6	106.0	99.6	103.1	105.5	102.0
广 东	101.8	103.7	105.6	97.7	103.1	105.3	102.8
广 西	101.3	106.1	107.8	97.9	103.0	105.9	103.2
海 南	101.5	105.0	106.9	99.3	104.8	106.1	103.2
重 庆	102.4	104.7	105.6	98.4	103.2	105.3	102.6
四 川	102.3	105.9	105.1	100.8	103.2	105.3	102.5
贵 州	101.7	106.4	107.6	98.7	102.9	105.1	102.7
云 南	101.9	105.9	105.7	100.4	103.7	104.9	102.7
西 藏	102.0	103.4	105.7	101.4	102.2	105.0	103.5
陕 西	101.5	105.1	106.4	100.5	104.0	105.7	102.8
甘 肃	101.3	105.5	108.2	101.3	104.1	105.9	102.7
青 海	101.6	106.6	110.1	102.6	105.4	106.1	103.1
宁 夏	101.9	105.4	108.5	100.7	104.1	106.3	102.0
新 疆	101.3	105.5	108.1	100.7	104.3	105.9	103.8

世界主要国家和地区国内生产总值增长率

单位：%，同比

	美国	欧元区	日本	巴西	印度	俄罗斯	南非
2005年	3.1	1.7	1.3	3.2	9.5	6.4	5.3
2010年	2.4	2.0	4.7	7.5	8.5	4.0	2.8
2012年	2.2	-0.6	2.0	0.9	4.8	3.4	2.5
2010年							
第一季度	1.9	1.0	4.9	9.4	9.4	2.9	2.2
第二季度	2.5	2.3	4.4	8.7	8.5	5.0	3.2
第三季度	2.8	2.3	6.0	6.9	7.6	3.1	3.1
第四季度	2.4	2.2	3.3	5.3	8.3	4.5	3.0
2011年							
第一季度	1.8	2.4		4.3	9.2	4.0	3.4
第二季度	1.9	1.6	-1.6	3.3	7.5	3.4	3.3
第三季度	1.6	1.3	-0.5	2.1	6.5	5.0	3.0
第四季度	2.0	0.6	-0.3	1.4	6.0	4.8	2.9
2012年							
第一季度	2.4	-0.1	3.4	0.8	5.3	4.9	2.4
第二季度	2.1	-0.5	4.0	0.5	5.5	4.0	3.1
第三季度	2.6	-0.7	0.3	0.9	5.3	2.9	2.3
第四季度	1.7	-0.9	0.5	1.4	4.5	2.1	2.1

资料来源：各经济体官方统计网站，国际货币基金组织全球主要指标(PGI)数据库。

世界主要国家和地区工业生产增长率

单位：%，同比

	美国	欧元区	日本	巴西	印度	俄罗斯	南非
2005年	3.2	1.5	1.3	3.4	7.9	5.2	3.0
2010年	5.7	7.3	16.4	10.6	9.7	8.3	4.9
2012年	3.6	-2.4	-0.3	-2.7	0.9	2.4	2.1
1月	3.2	-1.9	-1.6	-2.8	0.7	3.3	2.0
2月	4.8	-1.9	1.5	-4.1	4.2	6.2	4.0
3月	3.1	-2.1	14.2	-4.6	-3.0	2.1	-3.1
4月	4.7	-2.7	12.9	-3.7	-1.4	1.2	1.2
5月	4.8	-2.5	6.0	-5.5	2.5	3.3	4.4
6月	4.6	-1.8	-1.5	-4.2	-1.7	1.6	0.8
7月	4.1	-2.4	-0.8	-4.2		3.7	6.6
8月	3.1	-1.3	-4.6	-1.9	2.1	2.4	2.7
9月	3.2	-2.5	-8.1	-1.0	-0.7	2.0	-1.5
10月	2.5	-3.0	-4.5	1.0	8.1	1.6	3.2
11月	3.2	-4.1	-5.5	-0.5	-1.0	1.6	3.8
12月	2.5	-1.7	-7.9	-1.4	-0.7	0.8	2.2

资料来源：各经济体官方统计网站，国际货币基金组织全球主要指标(PGI)数据库。

世界主要国家和地区货物出口额

单位：亿美元

	美国	欧元区①	日本	巴西	印度	俄罗斯	南非
2005年	9010.8	15388.1	5949.4	1185.3	996.2	2438.0	516.3
2010年	12782.6	20309.9	7698.4	2019.2	2199.6	4001.3	818.2
2012年	15472.8	24021.9	7986.2	2425.8	2932.1	5292.6	872.1
1月	1182.1	1973.5	586.4	161.4	253.8	397.3	66.4
2月	1234.3	1974.7	694.3	180.3	251.9	451.6	72.9
3月	1399.6	2006.9	752.5	209.1	282.5	468.1	80.6
4月	1274.1	1974.7	682.9	195.7	236.2	451.1	66.6
5月	1317.3	1988.9	656.9	232.1	248.6	457.1	77.0
6月	1330.2	2036.4	711.3	193.5	247.2	409.4	73.5
7月	1215.6	1994.0	672.6	210.0	227.7	412.7	77.0
8月	1286.3	2059.5	641.3	223.8	220.2	413.1	74.2
9月	1282.4	2030.0	685.4	200.0	246.9	431.6	68.5
10月	1340.2	1995.3	651.9	217.6	238.0	460.5	70.8
11月	1303.7	2014.6	616.8	204.7	226.8	454.5	75.4
12月	1307.0	1974.7	634.0	197.5	252.3	485.7	69.2

注：①欧元区数据来自欧盟统计局，并用汇率折算。
资料来源：世界贸易组织数据库。

世界主要国家和地区货物进口额

单位：亿美元

	美国	欧元区①	日本	巴西	印度	俄罗斯	南非
2005年	17327.1	15306.0	5158.7	776.3	1428.7	1254.3	623.0
2010年	19691.8	20498.0	6940.5	1914.9	3272.3	2487.4	940.4
2012年	23353.7	22996.6	8860.4	2332.7	4893.6	3354.5	1016.0
1月	1882.9	1918.2	780.0	182.4	429.5	193.4	85.9
2月	1761.1	1963.2	691.0	170.6	401.2	249.1	83.4
3月	2023.1	1945.2	762.4	197.4	423.3	287.0	87.8
4月	1946.1	1922.1	746.5	194.8	377.8	269.0	79.2
5月	2035.1	1910.5	770.8	211.8	415.6	281.9	88.0
6月	1968.0	1927.2	704.2	193.7	357.3	270.0	80.4
7月	1976.3	1918.2	739.5	189.7	405.7	297.5	85.1
8月	1998.7	1949.0	738.9	200.4	373.6	300.2	89.0
9月	1910.4	1900.2	758.1	182.5	417.4	275.7	85.2
10月	2039.8	1914.4	722.3	210.3	446.5	315.5	95.4
11月	1992.7	1886.1	735.2	216.1	412.7	300.9	84.4
12月	1819.5	1842.4	711.2	183.1	433.1	314.4	72.3

注：①欧元区数据来自欧盟统计局，并用汇率折算。
资料来源：世界贸易组织数据库。

世界主要国家和地区消费者价格涨跌率

比上年同期增长（%）

	美国	欧元区	日本	巴西	印度	俄罗斯	南非
2005年	3.4	2.2	-0.3	6.9	4.2	12.7	3.4
2010年	1.6	1.6	-0.7	5.9	12.0	8.8	4.3
2012年	2.1	2.5		6.0	9.4	5.1	5.6
1月	2.9	2.7	0.1	6.2	5.3	4.2	6.3
2月	2.9	2.7	0.3	5.3	7.6	3.7	6.1
3月	2.7	2.7	0.5	5.2	8.6	3.7	6.0
4月	2.3	2.6	0.4	5.1	10.2	3.6	6.1
5月	1.7	2.4	0.2	5.0	10.2	3.6	5.7
6月	1.7	2.4	-0.2	4.9	10.1	4.3	5.5
7月	1.4	2.4	-0.4	5.2	10.3	5.6	4.9
8月	1.7	2.6	-0.4	5.2	10.0	5.9	4.9
9月	2.0	2.6	-0.3	5.5	9.7	6.6	5.4
10月	2.2	2.5	-0.4	5.5	9.8	6.5	5.6
11月	1.8	2.2	-0.2	5.4	9.9	6.5	5.6
12月	1.7	2.2	-0.1	5.8	10.6	6.6	5.7

资料来源：各经济体官方统计网站，国际货币基金组织全球主要指标(PGI)数据库。

世界主要国家和地区失业率

单位：%

	美国	欧元区	日本	巴西	韩国	俄罗斯	南非
2005年	5.1	9.0	4.4	9.8	3.7	7.6	23.9
2010年	9.6	10.1	5.1	6.7	3.7	7.5	24.7
2012年	8.1	11.4	4.3	5.5	3.2	5.5	25.1
1月	8.3	10.8	4.5	5.5	3.2	6.6	
2月	8.3	10.9	4.5	5.7	3.7	6.5	
3月	8.2	11.0	4.5	6.2	3.4	6.5	25.2①
4月	8.1	11.2	4.5	6.0	3.4	5.8	
5月	8.2	11.2	4.4	5.8	3.2	5.4	
6月	8.2	11.4	4.3	5.9	3.2	5.4	24.9①
7月	8.2	11.4	4.3	5.4	3.1	5.4	
8月	8.1	11.5	4.2	5.3	3.1	5.2	
9月	7.8	11.6	4.3	5.4	3.1	5.2	25.5①
10月	7.9	11.7	4.2	5.3	3.0	5.3	
11月	7.8	11.8	4.2	4.9	3.0	5.4	
12月	7.8	11.8	4.3	4.6	3.0	5.3	24.9①

注：①季度数据。
资料来源：各经济体官方统计网站，国际货币基金组织全球主要指标(PGI)数据库。